SCÈNES
DE LA
VIE PARISIENNE
ET
SCÈNES DE LA VIE POLITIQUE

SPLENDEURS ET MISÈRES DES COURTISANES (3ᵉ PARTIE) :
OU MÈNENT LES MAUVAIS CHEMINS
UN PRINCE DE LA BOHÊME — ESQUISSE D'HOMMES D'AFFAIRES — GAUDISSART II
LES COMÉDIENS SANS LE SAVOIR — UN ÉPISODE SOUS LA TERREUR
UNE TÉNÉBREUSE AFFAIRE — Z. MARCAS
L'ENVERS DE L'HISTOIRE CONTEMPORAINE — LE DÉPUTÉ D'ARCIS

VIGNETTES

PAR MM. TONY JOHANNOT, MEISSONIER, GAVARNI, HENRI MONNIER
BERTALL, C. NANTEUIL, GÉRARD SÉGUIN, FRANÇAIS, ETC.

PARIS
Vᵉ Aᵈʳᵉ HOUSSIAUX, ÉDITEUR
HÉBERT ET Cⁱᵉ, SUCCESSEURS
7, RUE PERRONET, 7

1874

ŒUVRES COMPLÈTES

DE

H. DE BALZAC

LA

COMÉDIE HUMAINE

DOUZIÈME VOLUME

PREMIÈRE PARTIE

ÉTUDES DE MOEURS

TROISIÈME ET QUATRIÈME LIVRES

PARIS. — IMPRIMERIE DE E. MARTINET, RUE MIGNON, 2

SCÈNES

DE LA

VIE PARISIENNE

ET

SCÈNES DE LA VIE POLITIQUE

SPLENDEURS ET MISÈRES DES COURTISANES (3ᵉ PARTIE)
UN PRINCE DE LA BOHÈME. — UNE ESQUISSE D'HOMME D'AFFAIRES.
GAUDISSART II. — LES COMÉDIENS SANS LE SAVOIR.
UN ÉPISODE SOUS LA TERREUR. — UNE TÉNÉBREUSE AFFAIRE.
Z. MARCAS. — ENVERS DE L'HISTOIRE CONTEMPORAINE.
LE DÉPUTÉ D'ARCIS.

PARIS

Vᵉ Aᵈʳᵉ HOUSSIAUX, ÉDITEUR

HÉBERT ET Cᴵᴱ, SUCCESSEURS

7, RUE PERRONET, 7

—

1874

MADAME NOURRISSON.

Revendeuse à la toilette.

(LES COMÉDIENS SANS LE SAVOIR.)

TROISIÈME LIVRE,

SCÈNES DE LA VIE PARISIENNE.

SPLENDEURS ET MISÈRES

DES COURTISANES.

TROISIÈME PARTIE.

OU MÈNENT LES MAUVAIS CHEMINS.

Le lendemain, à six heures, deux voitures menées en poste et appelées par le peuple dans sa langue énergique des *paniers à salade* sortirent de la Force, pour se diriger sur la Conciergerie au Palais de Justice.

Il est peu de flâneurs qui n'aient rencontré cette geôle roulante ; mais, quoique la plupart des livres soient écrits uniquement pour les Parisiens, les Étrangers seront sans doute satisfaits de trouver ici la description de ce formidable appareil de notre justice criminelle. Qui sait ? les polices russe, allemande ou autrichienne, les magistratures des pays privés de paniers à salade en profiteront peut-être ; et, dans plusieurs contrées étrangères, l'imitation de ce mode de transport sera certainement un bienfait pour les prisonniers.

Cette ignoble voiture à caisse jaune, montée sur deux roues et doublée en tôle, est divisée en deux compartiments. Par-devant, il se trouve une banquette garnie de cuir sur laquelle se relève un tablier. C'est la partie libre du panier à salade, elle est destinée à un huissier et à un gendarme. Une forte grille de fer treillissé sépare, dans toute la hauteur et la largeur de la voiture, cette espèce de cabriolet du second compartiment où sont deux bancs de bois placés, comme dans les omnibus, de chaque côté de la caisse et sur lesquels s'asseyent les prisonniers; ils y sont introduits au moyen d'un marchepied et par une portière sans jour qui s'ouvre au fond de la voiture. Ce surnom de panier à salade vient de ce que, primitivement, la voiture étant à claire-voie de tous côtés les prisonniers devaient y être secoués absolument comme des salades. Pour plus de sécurité, dans la prévision d'un accident, cette voiture est suivie d'un gendarme à cheval, surtout quand elle emmène des condamnés à mort pour subir leur supplice. Ainsi l'évasion est impossible. La voiture, doublée de tôle, ne se laisse mordre par aucun outil. Les prisonniers, scrupuleusement fouillés au moment de leur arrestation ou de leur écrou, peuvent tout au plus posséder des ressorts de montre propres à scier des barreaux, mais impuissants sur des surfaces planes. Aussi le panier à salade, perfectionné par le génie de la police de Paris, a-t-il fini par servir de modèle pour la voiture cellulaire qui sert maintenant à transporter les forçats au bagne et par laquelle on a remplacé l'effroyable charrette, la honte des civilisations précédentes, quoique Manon Lescaut l'ait illustrée.

Le panier à salade sert à plusieurs usages. On expédie d'abord ainsi les prévenus des différentes prisons de la capitale au Palais pour y être interrogés par le magistrat instructeur. En argot de prison, cela s'appelle *aller à l'instruction*. On amène ensuite les accusés de ces mêmes prisons au Palais pour y être jugés, quand il ne s'agit que de la justice correctionnelle; puis, quand il est question, en termes de palais, du Grand Criminel, on les transvase des Maisons d'Arrêt à la Conciergerie, qui est la Maison de Justice du Département de la Seine. Enfin les condamnés à mort sont menés dans un panier à salade de Bicêtre à la barrière Saint-Jacques, place destinée aux exécutions capitales, depuis la Révolution de Juillet. Grâce à la philanthropie, ces malheureux ne subissent plus le supplice de l'ancien trajet qui se faisait auparavant de la Conciergerie à la place de Grève dans une charrette absolument semblable à celle dont se servent les marchands de bois. Cette charrette n'est plus affectée aujourd'hui qu'au transport de l'échafaud. Sans cette explication, le mot d'un illustre condamné à son complice : — « C'est maintenant l'affaire des chevaux ! » en montant dans le panier à salade, ne se comprendrait pas. Il est impossible d'aller au dernier supplice plus commodément qu'on n'y va maintenant à Paris.

En ce moment, les deux paniers à salade sortis de si grand matin servaient exceptionnellement à transférer deux prévenus de la Maison d'Arrêt de la Force à la Conciergerie, et chacun de ces prévenus occupait à lui seul un panier à salade.

Les neuf dixièmes des lecteurs et les neuf dixièmes du dernier dixième ignorent certainement les différences considérables qui séparent ces mots : Inculpé, Prévenu, Accusé, Détenu, Maison d'Arrêt, Maison de Justice ou Maison de Détention ; aussi tous seront-ils vraisemblablement étonnés d'apprendre ici qu'il s'agit de tout notre Droit Criminel, dont l'explication succincte et claire leur sera donnée tout à l'heure autant pour leur instruction que pour la clarté du dénoûment de cette histoire. D'ailleurs, quand on saura que le premier panier à salade contenait Jacques Collin et le second Lucien qui venait en quelques heures de passer du faîte des grandeurs sociales au fond d'un cachot, la curiosité sera suffisamment excitée déjà. L'attitude des deux complices était caractéristique. Lucien de Rubempré se cachait pour éviter les regards que les passants jetaient sur le grillage de la sinistre et fatale voiture dans le trajet qu'elle faisait par la rue Saint-Antoine pour gagner les quais par la rue du Martroi, et par l'arcade Saint-Jean sous laquelle on passait alors pour traverser la place de l'Hôtel-de-Ville. Aujourd'hui cette arcade forme la porte d'entrée de l'hôtel du préfet de la Seine dans le vaste palais municipal. L'audacieux forçat collait sa face sur la grille de sa voiture, entre l'huissier et le gendarme qui, sûrs de leur panier à salade, causaient ensemble.

Les journées de juillet 1830 et leur formidable tempête ont tellement couvert de leur bruit les événements antérieurs, l'intérêt politique absorba tellement la France pendant les six derniers mois de cette année, que personne aujourd'hui ne se souvient plus ou se souvient à peine, quelque étranges qu'elles aient été, de ces catastrophes privées, judiciaires, financières qui forment la consommation annuelle de la curiosité parisienne et qui ne manquèrent pas dans les six premiers mois de cette année. Il est donc nécessaire de faire observer combien Paris était alors momentanément agité par la nouvelle de l'arrestation d'un prêtre espagnol trouvé chez une courtisane et par celle de l'élégant Lucien de Rubempré, le futur de mademoiselle de Grandlieu, pris sur la grand'route d'Italie, au petit village de Grez, inculpés tous les deux d'un assassinat dont le fruit allait à sept millions ; car le scandale de ce procès surmonta cependant quelques jours l'intérêt prodigieux des dernières élections faites sous Charles X !

D'abord ce procès criminel intéressait en partie un des plus riches banquiers, le baron de Nucingen. Puis Lucien, à la veille de devenir le secrétaire intime du premier ministre, appartenait à la société parisienne la plus élevée. Dans tous les salons de Paris plus d'un jeune homme se souvint d'avoir envié Lucien quand il avait été distingué par la belle duchesse de Maufrigneuse, et toutes les femmes savaient qu'il intéressait alors madame de Sérizy, femme d'un des premiers personnages de l'État. Enfin la beauté de la victime jouissait d'une célébrité singulière dans les différents mondes qui composent Paris : dans le grand monde, dans le monde financier, dans le monde des courtisanes, dans le monde des jeunes gens, dans le monde littéraire. Depuis deux jours, tout Paris parlait donc de ces deux arrestations. Le juge d'instruction à qui l'affaire était dévolue, monsieur Camusot, y vit un titre à son avancement ; et, pour procéder avec toute la vivacité possible, il avait ordonné de transférer les deux inculpés de la Force à la Conciergerie dès que Lucien de Rubempré serait arrivé de Fontainebleau. L'abbé Carlos et Lucien n'ayant passé, le premier que douze heures et le second qu'une demi-nuit à la Force, il est inutile de dépeindre cette prison qu'on a depuis entièrement modifiée ; et, quant aux particularités de l'écrou, ce serait une répétition de ce qui devait se passer à la Conciergerie.

Mais avant d'entrer dans le drame terrible d'une instruction criminelle, il est indispensable, comme il vient d'être dit, d'expliquer la marche normale d'un procès de ce genre ; d'abord ses diverses phases seront mieux comprises et en France et à l'Étranger ; puis ceux qui l'ignorent apprécieront l'économie du Droit criminel, tel que l'ont conçu les législateurs sous Napoléon. C'est d'autant plus important que cette grande et belle œuvre est, en ce moment, menacée de destruction par le système dit pénitentiaire.

Un crime se commet : s'il y a flagrance, les *inculpés* sont emmenés au corps-de-garde voisin et mis dans ce cabanon nommé par le peuple *violon*, sans doute par ce qu'on y fait de la musique on y crie ou l'on y pleure. De là, les inculpés sont traduits par devant le commissaire de police, qui procède à un commencement d'instruction et qui peut les relaxer, s'il y a erreur ; enfin les inculpés sont transportés au *dépôt de la Préfecture*, où la police les tient à la disposition du procureur du roi et du juge d'instruction, qui, selon la gravité des cas, avertis plus ou moins promptement, arrivent et interrogent les gens en état d'arrestation provisoire. Selon la nature des présomptions, le juge d'instruction lance un mandat de dépôt et fait écrouer les inculpés à la Maison d'Arrêt. Paris a trois Maisons d'Arrêt : Sainte-Pélagie, la Force et les Madelonnettes.

Remarquez cette expression d'*inculpés*. Notre Code a créé trois distinctions essentielles dans la criminalité : l'inculpation, la prévention, l'accusation. Tant que le mandat d'arrêt n'est pas signé, les auteurs présumés d'un crime ou d'un délit grave sont des inculpés ; sous le poids du mandat d'arrêt, ils deviennent des *prévenus*, ils restent purement et simplement prévenus tant que l'instruction se poursuit. L'instruction terminée, une fois que le tribunal a jugé que les prévenus devaient être déférés à la Cour, ils passent à l'état d'*accusés*, lorsque la cour royale a jugé, sur la requête du procureur-général, qu'il y a charges suffisantes pour les traduire en cour d'assises. Ainsi, les gens soupçonnés d'un crime passent par trois états différents, par trois cribles avant de comparaître devant ce qu'on appelle la Justice du pays. Dans le premier état, les innocents possèdent une foule de moyens de justification : le public, la garde, la police. Dans le second état, ils sont devant un magistrat, confrontés aux témoins, jugés par une chambre de tribunal à Paris, ou par tout un tribunal dans les départements. Dans le troisième, ils comparaissent devant douze conseillers, et l'arrêt de renvoi par-devant la cour d'assises peut, en cas d'erreur ou pour défaut de forme, être déféré par les accusés à la cour de cassation. Le jury ne sait pas tout ce qu'il soufflette d'autorités populaires, administratives et judiciaires quand il acquitte des accusés. Aussi, selon nous, à Paris (nous ne parlons pas des autres Ressorts), nous paraît-il bien difficile qu'un innocent s'asseye jamais sur les bancs de la cour d'assises.

Le détenu, c'est le condamné. Notre Droit criminel a créé des Maisons d'Arrêt, des Maisons de Justice et des Maisons de Détention, différences juridiques qui correspondent à celles de prévenu, d'accusé, de condamné. La prison comporte une peine légère, c'est la punition d'un délit minime ; mais la détention est une peine afflictive, et, dans certains cas, infamante. Ceux qui proposent aujourd'hui le système pénitentiaire bouleversent donc un admirable Droit criminel où les peines étaient supérieurement graduées, et ils arriveront à punir les peccadilles presque aussi sévèrement que les plus grands crimes. On pourra d'ailleurs comparer dans les SCÈNES DE LA VIE POLITIQUE (Voir *Une Ténébreuse Affaire*) les différences curieuses qui existèrent entre le droit criminel du code de Brumaire an IV et celui du code Napoléon qui l'a remplacé.

Dans la plupart des grands procès, comme dans celui-ci, les inculpés deviennent aussitôt des prévenus. La Justice lance immédiatement le mandat de dépôt ou d'arrestation. En effet, dans le plus grand nombre des cas, les inculpés ou sont en fuite, ou doivent être surpris instantanément. Aussi, comme on l'a vu, la Police, qui n'est là que le moyen d'exécution, et la Justice étaient-elles venues avec la rapidité de la foudre au domicile d'Esther. Quand même il n'y aurait pas eu des motifs de vengeance soufflés par Corentin à l'oreille de la police judiciaire, il y avait dénonciation d'un vol de sept cent cinquante mille francs par le baron de Nuncingen.

Au moment où la première voiture qui contenait Jacques Collin atteignit à l'arcade Saint-Jean, passage étroit et sombre, un embarras força le postillon d'arrêter sous l'arcade. Les yeux du prévenu brillaient à travers la grille comme deux escarboucles, malgré le masque de moribond qui la veille avait fait croire au directeur de la Force à la nécessité d'appeler le médecin. Libres en ce moment, car ni le gendarme ni l'huissier ne se retournaient pour voir *leur pratique*, ces yeux flamboyants parlaient un langage si clair qu'un juge d'instruction habile, comme monsieur Popinot par exemple, aurait reconnu le forçat dans le sacrilége. En effet Jacques Collin, depuis que le panier à salade avait franchi la porte de la Force, examinait tout sur son passage. Malgré la rapidité de la course, il embrassait d'un regard avide et complet les maisons depuis leur dernier étage jusqu'au rez-de-chaussée. Il voyait tous les passants et il les analysait. Dieu ne saisit pas mieux sa création dans ses moyens et dans sa fin que cet homme ne saisissait les moindres différences dans la masse des choses et des passants. Armé d'une espérance, comme le dernier des Horaces le fut de son glaive, il attendait du secours. A tout autre qu'à ce Machiavel du bagne, cet espoir eût paru tellement impossible à réaliser qu'il se serait laissé machinalement aller, ce que font tous les coupables. Aucun d'eux ne songe à résister dans la situation où la

Justice et la Police de Paris plongent les prévenus, surtout ceux mis au secret, comme l'étaient Lucien et Jacques Collin. On ne se figure pas l'isolement soudain où se trouve un prévenu : les gendarmes qui l'arrêtent, le commissaire qui l'interroge, ceux qui le mènent en prison, les gardiens qui le conduisent dans ce qu'on appelle littéralement un cachot, ceux qui le prennent sous les bras pour le faire monter dans un panier à salade, tous les êtres qui dès son arrestation l'entourent, sont muets ou tiennent registre de ses paroles pour les répéter soit à la police, soit au juge. Cette absolue séparation, si simplement obtenue entre le monde entier et le prévenu, cause un renversement complet dans ses facultés, une prodigieuse prostration de l'esprit, surtout quand ce n'est pas un homme familiarisé par ses antécédents avec l'action de la justice. Le duel entre le coupable et le juge est donc d'autant plus terrible que la justice a pour auxiliaires le silence des murailles et l'incorruptible indifférence de ses agents.

Néanmoins, Jacques Collin ou Carlos Herrera (il est nécessaire de lui donner l'un ou l'autre de ces noms selon les nécessités de la situation) connaissait de longue main les façons de la police, de la geôle et de la justice. Aussi, ce colosse de ruse et de corruption avait-il employé les forces de son esprit et les ressources de sa mimique à bien jouer la surprise, la niaiserie d'un innocent, tout en donnant aux magistrats la comédie de son agonie. Comme on l'a vu, Asie, cette savante Locuste, lui avait fait prendre un poison mitigé de manière à produire le semblant d'une maladie mortelle. L'action de monsieur Camusot, celle du commissaire de police, l'interrogante activité du Procureur du roi avaient donc été annulées par l'action, par l'activité d'une apoplexie foudroyante.

— Il s'est empoisonné, s'était écrié monsieur Camusot épouvanté par les souffrances du soi-disant prêtre quand on l'avait descendu de la mansarde en proie à d'horribles convulsions.

Quatre agents avaient eu beaucoup de peine à convoyer l'abbé Carlos par les escaliers jusqu'à la chambre d'Esther où tous les magistrats et les gendarmes étaient réunis.

— C'est ce qu'il avait de mieux à faire s'il est coupable, avait répondu le Procureur du roi.

— Le croyez-vous donc malade ?... avait demandé le commissaire de police.

La Police doute toujours de tout. Ces trois magistrats s'étaient

alors parlé, comme on le suppose, à l'oreille, mais Jacques Colli
avait deviné sur leurs physionomies le sujet de leurs confidences,
et il en avait profité pour rendre impossible ou tout à fait insignifiant
l'interrogatoire sommaire qui se fait au moment d'une arrestation ;
il avait balbutié des phrases où l'espagnol et le français se combi
naient de manière à présenter des non-sens.

A la Force, cette comédie avait obtenu d'abord un succès d'autant
plus complet que le chef de *la Sûreté* (abréviation de ces mots
chef de la brigade de police de sûreté), Bibi-Lupin, qui jadis avait
arrêté Jacques Collin dans la pension bourgeoise de madame Vauquer, était en mission dans les départements, et suppléé par un agent
désigné comme le successeur de Bibi-Lupin et à qui le forçat était
inconnu.

Bibi-Lupin, ancien forçat, compagnon de Jacques Collin au
bagne, était son ennemi personnel. Cette inimitié prenait sa source
dans des querelles où Jacques Collin avait toujours eu le dessus, et
dans la suprématie exercée par Trompe-la-Mort sur ses compagnons.
Enfin, Jacques Collin avait été pendant dix ans la Providence des
forçats libérés, leur chef, leur conseil à Paris, leur dépositaire et
par conséquent l'antagoniste de Bibi-Lupin.

Donc, quoique mis au secret, il comptait sur le dévouement
intelligent et absolu d'Asie, son bras droit, et peut-être sur Paccard
son bras gauche, qu'il se flattait de retrouver à ses ordres une fois
que le soigneux lieutenant aurait mis à l'abri les sept cent cinquante
mille francs volés. Telle était la raison de l'attention surhumaine
avec laquelle il embrassait tout sur sa route. Chose étrange ! cet
espoir allait être pleinement satisfait.

Les deux puissantes murailles de l'arcade Saint-Jean étaient
revêtues à six pieds de hauteur d'un manteau de boue permanent
produit par les éclaboussures du ruisseau ; car les passants n'avaient
alors, pour se garantir du passage incessant des voitures et de
ce qu'on appelait les coups de pied de charrette, que des bornes
depuis longtemps éventrées par les moyeux des roues. Plus d'une
fois la charrette d'un carrier avait broyé là des gens inattentifs.
Tel fut Paris pendant longtemps et dans beaucoup de quartiers.
Ce détail peut faire comprendre l'étroitesse de l'arcade Saint-Jean
et combien il était facile de l'encombrer. Qu'un fiacre vînt à y entrer par la place de Grève, pendant qu'une marchande dite des
quatre-saisons y poussait sa petite voiture à bras pleine de pommes

par la rue du Martroi, la troisième voiture qui survenait occasionnait alors un embarras. Les passants se sauvaient effrayés en cherchant une borne qui pût les préserver de l'atteinte des anciens moyeux, dont la longueur était si démesurée qu'il a fallu des lois pour les rogner. Quand le panier à salade arriva, l'arcade était barrée par une de ces marchandes des quatre-saisons dont le type est d'autant plus curieux qu'il en existe encore des exemplaires dans Paris, malgré le nombre croissant des boutiques de fruitières. C'était si bien la marchande des rues, qu'un sergent de ville, si l'institution en avait été créée alors, l'eût laissée circuler sans lui faire exhiber son permis, malgré sa physionomie sinistre qui suait le crime. La tête, couverte d'un méchant mouchoir de coton à carreaux en loques, était hérissée de mèches rebelles qui montraient des cheveux semblables à des poils de sanglier. Le cou rouge et ridé faisait horreur, et le fichu ne déguisait pas entièrement une peau tannée par le soleil, par la poussière et par la boue. La robe était comme une tapisserie. Les souliers grimaçaient à faire croire qu'ils se moquaient de la figure aussi trouée que la robe. Et quelle pièce d'estomac!.., un emplâtre eût été moins sale. A dix pas, cette guenille ambulante et fétide devait affecter l'odorat des gens délicats. Les mains avaient fait cent moissons! Ou cette femme revenait d'un sabbat allemand, ou elle sortait d'un dépôt de mendicité. Mais quels regards!... quelle audacieuse intelligence, quelle vie contenue quand les rayons magnétiques de ses yeux et ceux de Jacques Collin se rejoignirent pour échanger une idée!

— Range-toi donc, vieil hospice à vermine!... cria le postillon d'une voix rauque.

— Ne vas-tu pas m'écraser, hussard de la guillotine, répondit-elle, ta marchandise ne vaut pas la mienne.

Et en essayant de se serrer entre deux bornes pour livrer passage, la marchande embarrassa la voie pendant le temps nécessaire à l'accomplissement de son projet.

— O Asie! se dit Jacques Collin qui reconnut sur-le-champ sa complice, tout va bien.

Le postillon échangeait toujours des aménités avec Asie, et les voitures s'accumulaient dans la rue du Martroi.

— Ahé!... *pecairé fermati. Souni là. Vedrem!...* s'écria la vieille Asie avec ces intonations illinoises particulières aux marchandes des rues qui dénaturent si bien leurs paroles qu'elles deviennent des onomatopées compréhensibles seulement pour les Parisiens.

Dans le brouhaha de la rue et au milieu des cris de tous les cochers survenus, personne ne pouvait faire attention à ce cri sauvage qui semblait être celui de la marchande. Mais cette clameur distincte pour Jacques Collin, lui jetait à l'oreille dans un patois de convention mêlé d'italien et de provençal corrompus, cette phrase terrible : — *Ton pauvre petit est pris ; mais je suis là pour veiller sur vous. Tu vas me revoir...*

Au milieu de la joie infinie que lui causait son triomphe sur la Justice, car il espérait pouvoir entretenir des communications au dehors, Jacques Collin fut atteint par une réaction qui eût tué tout autre que lui.

— Lucien arrêté!... se dit-il. Et il faillit s'évanouir. Cette nouvelle était plus affreuse pour lui que le rejet de son pourvoi s'il eût été condamné à mort.

Maintenant que les deux paniers à salade roulent sur les quais, l'intérêt de cette histoire exige quelques mots sur la Conciergerie pendant le temps qu'ils mettront à y venir. La Conciergerie, nom historique, mot terrible, chose plus terrible encore, est mêlée aux révolutions de la France, et à celles de Paris surtout. Elle a vu la plupart des grands criminels. Si de tous les monuments de Paris c'est le plus intéressant, c'en est aussi le moins connu... des gens qui appartiennent aux classes supérieures de la société ; mais, malgré l'immense intérêt de cette digression historique, elle sera tout aussi rapide que la course des paniers à salade.

Quel est le Parisien, l'étranger ou le provincial, pour peu qu'ils soient restés deux jours à Paris, qui n'ait remarqué les murailles noires flanquées de trois grosses tours à poivrières, dont deux sont presque accouplées, ornement sombre et mystérieux du quai dit des Lunettes. Ce quai commence au bas du pont au Change et s'étend jusqu'au Pont-Neuf. Une tour carrée, dite la tour de l'Horloge, où fut donné le signal de la Saint-Barthélemy, tour presque aussi élevée que celle de Saint-Jacques-la-Boucherie, indique le Palais et forme le coin de ce quai. Ces quatre tours, ces murailles sont revêtues de ce suaire noirâtre que prennent à Paris toutes les façades à l'exposition du Nord. Vers le milieu du quai, à une arcade déserte, commencent les constructions privées que l'établissement du Pont-Neuf détermina sous le règne de Henri IV.

La place Royale fut la réplique de la place Dauphine. C'est le même système d'architecture, de la brique encadrée par des chaînes de pierre de taille. Cette arcade et la rue de Harlay indiquent les limites du Palais à l'ouest. Autrefois la Préfecture de police, hôtel des premiers présidents au Parlement, dépendait du Palais. La cour des Comptes et la cour des Aides y complétaient la justice suprême, celle du souverain. On voit qu'avant la Révolution, le Palais jouissait de cet isolement qu'on cherche à créer aujourd'hui.

Ce carré, cette île de maisons et de monuments, où se trouve la Sainte-Chapelle, le plus magnifique joyau de l'écrin de saint Louis, cet espace est le sanctuaire de Paris; c'en est la place sacrée, l'arche sainte. Et d'abord, cet espace fut la première cité tout entière, car l'emplacement de la place Dauphine était une prairie dépendante du domaine royal où se trouvait un moulin à frapper les monnaies. De là le nom de rue de la Monnaie, donné à celle qui mène au Pont-Neuf. De là aussi le nom d'une des trois tours rondes, la seconde, qui s'appelle la *tour d'Argent*, et qui semblerait prouver qu'on y a primitivement battu monnaie. Le fameux moulin, qui se voit dans les anciens plans de Paris, serait vraisemblablement postérieur au temps où l'on frappait la monnaie dans le palais même, et dû sans doute à un perfectionnement dans l'art monétaire. La première tour, presque accolée à la tour d'Argent, se nomme la tour de Montgommery. La troisième, la plus petite, mais la mieux conservée des trois, car elle a gardé ses créneaux, a nom la tour Bonbec. La Sainte-Chapelle et ces quatre tours (en comprenant la tour de l'Horloge) déterminent parfaitement l'enceinte, le périmètre, dirait un employé du Cadastre, du palais, depuis les Mérovingiens jusqu'à la première maison de Valois; mais pour nous, et par suite de ses transformations, ce palais représente plus spécialement l'époque de saint Louis.

Charles V, le premier, abandonna le Palais au Parlement, institution nouvellement créée, et alla, sous la protection de la Bastille, habiter le fameux hôtel Saint-Pol, auquel on adossa plus tard le palais des Tournelles. Puis, sous les derniers Valois, la royauté revint de la Bastille au Louvre, qui avait été sa première bastille. La première demeure des rois de France, le palais de saint Louis, qui a gardé ce nom de Palais tout court, pour signifier le palais par excellence, est tout entier enfoui sous le Palais-de-Justice, il en forme les caves, car il était bâti dans la Seine, comme la cathédrale, et bâti si soigneusement que les plus hautes eaux de la rivière en couvrent à peine les premières marches. Le quai de l'Horloge enterre d'environ vingt pieds ces constructions dix fois séculaires. Les voitures roulent à la hauteur du chapiteau des fortes colonnes de ces trois tours, dont jadis l'élévation devait être en harmonie avec l'élégance du palais, et d'un effet pittoresque sur l'eau, puisque aujourd'hui ces tours le disputent encore en hauteur aux monuments les plus élevés de Paris. Quand on contemple cette vaste capitale du haut de la lanterne du Panthéon, le Palais avec la Sainte-Chapelle est encore ce qui paraît le plus monumental parmi tant de monuments. Ce palais de nos rois, sur lequel vous marchez quand vous arpentez l'immense salle des Pas-Perdus était une merveille d'architecture, il l'est encore aux yeux intelligents du poëte qui vient l'étudier en examinant la Conciergerie. Hélas! la Conciergerie a envahi le palais des rois. Le cœur saigne à voir comment on a taillé des geôles, des réduits, des corridors, des logements, des salles sans jour ni air dans cette magnifique composition où le byzantin, le roman, le gothique, ces trois faces de l'art ancien, ont été raccordés par l'architecture du douzième siècle. Ce palais est à l'histoire monumentale de la France des premiers temps ce que le château de Blois est à l'histoire monumentale des seconds temps. De même qu'à Blois (Voir *Étude sur Catherine de Médicis*, ÉTUDES PHILOSOPHIQUES), dans une cour vous pouvez admirer le château des comtes de Blois, celui de Louis XII, celui de François Ier, celui de Gaston; de même à la Conciergerie vous retrouvez, dans la même enceinte, le caractère des premières races, et dans la Sainte-Chapelle, l'architecture de saint Louis. Conseil municipal, si vous donnez des millions, mettez aux côtés des architectes un ou deux poëtes, si vous voulez sauver le berceau de Paris, le berceau des rois, en vous occupant de doter Paris et la cour souveraine d'un palais digne de la France! C'est une question à étudier pendant quelques années avant de rien commencer. Encore une ou deux prisons de bâties, comme celle de la Roquette, et le palais de saint Louis sera sauvé.

Aujourd'hui bien des plaies affectent ce gigantesque monument, enfoui sous le palais et sous le quai, comme un de ces animaux antédiluviens dans les plâtres de Montmartre; mais la plus grande, c'est d'être la Conciergerie! Ce mot, on le comprend. Dans les premiers temps de la monarchie, les grands coupables, car les villains (il faut tenir à cette orthographe qui laisse au mot sa signification de paysan) et les bourgeois appartenant à des juridictions urbaines ou seigneuriales, les possesseurs des *grands ou petits fiefs* étaient amenés au roi et gardés à la Conciergerie. Comme on saisissait peu de ces grands coupables, la Conciergerie suffisait à la justice du Roi. Il est difficile de savoir précisément l'emplacement de la primitive Conciergerie. Néanmoins, comme les cuisines de saint Louis existent encore, et forment aujourd'hui ce qu'on nomme la *Souricière*, il est à présumer que la Conciergerie primitive devait être située là où se trouvait, avant 1825, la Conciergerie judiciaire du Parlement, sous l'arcade à droite du grand escalier extérieur qui mène à la cour royale. De là, jusqu'en 1825, partirent les condamnés pour aller subir leurs supplices. De là sortirent tous les grands criminels, toutes les victimes de la politique, la maréchale d'Ancre comme la reine de France, Semblançay comme Malesherbes, Damien comme Danton, Desrues comme Castaing. Le cabinet de Fouquier-Tinville, le même que celui actuel du procureur du roi, se trouvait placé de manière à ce qu'il pût voir défiler dans leurs charrettes les gens que le tribunal révolutionnaire venait de condamner. Cet homme fait glaive pouvait ainsi donner un dernier coup d'œil à ses fournées.

Depuis 1825, sous le ministère de monsieur de Peyronnet, un grand changement eut lieu dans le Palais. Le vieux guichet de la Conciergerie, où se passaient les cérémonies de l'écrou et de la toilette, fut fermé et transporté où il se trouve aujourd'hui, contre la tour de l'Horloge et la tour Montgommery, dans une cour intérieur indiquée par une arcade. A gauche se trouve la Souricière, à droite le guichet. Les paniers à salade entrent dans cette cour assez irrégulière, et peuvent y rester, y tourner avec facilité, s'y trouver, en cas d'émeute, protégés contre une tentative par la forte grille de 'arcade; tandis qu'autrefois ils n'avaient pas la moindre facilité pour manœuvrer dans l'étroit espace qui sépare le grand escalier extérieur de l'aile droite du Palais. Aujourd'hui la Conciergerie, à peine suffisante pour les accusés (il y faudrait de la place pour trois cents personnes, hommes et femmes), ne reçoit plus ni prévenus ni détenus, excepté dans de rares occasions, comme celle qui y faisait amener Jacques Collin et Lucien. Tous ceux qui y sont prisonniers doivent comparaître en cour d'assises. Par exception, la magistrature y souffre les coupables de la haute société qui, déjà suffisamment déshonorés par un arrêt de cour d'assises, seraient punis au delà des bornes, s'ils subissaient leur peine à Melun ou à Poissy. Ouvrard préféra le séjour de la Conciergerie à celui de Sainte-Pélagie. En ce moment, le notaire Lehon, le prince de Bergues y font leur temps de détention par une tolérance arbitraire, mais pleine d'humanité.

Généralement les prévenus, soit pour aller, en argot de palais, à l'instruction, soit pour comparaître en police correctionnelle, sont versés par les paniers à salade directement à la Souricière. La Souricière, qui fait face au guichet, se compose d'une certaine quantité de cellules pratiquées dans les cuisines de saint Louis, et où les prévenus extraits de leurs prisons attendent l'heure de la séance du tribunal ou l'arrivée de leur juge d'instruction. La Souricière est bornée au nord par le quai, à l'est par le corps-de-garde de la garde municipale, à l'ouest par la cour de la Conciergerie, et au midi par une immense salle voûtée (sans doute l'ancienne salle des festins), encore sans destination. Au-dessus de la Souricière s'étend un corps-de-garde intérieur, ayant vue par une croisée sur la cour de la Conciergerie; il est occupé par la gendarmerie départementale et l'escalier y aboutit. Quand l'heure du jugement sonne, les huissiers viennent faire l'appel des prévenus, les gendarmes descendent en nombre égal à celui des prévenus, chaque gendarme prend un prévenu sous le bras; et, ainsi accouplés, ils gravissent l'escalier, traversent le corps-de-garde et arrivent par des couloirs dans une pièce contiguë à la salle où siége la fameuse Sixième Chambre du tribunal, à laquelle est dévolue l'audience de la police correctionnelle. Ce chemin est celui que prennent aussi les accusés pour aller de la Conciergerie à l'audience, et pour en revenir.

Dans la salle des Pas-Perdus, entre la porte de la Première Chambre du Tribunal de première instance et le perron qui mène à la Sixième, on remarque immédiatement, en s'y promenant pour la première fois, une entrée sans porte, sans aucune décoration d'architecture, un trou carré vraiment ignoble. C'est par là que les juges, les avocats, pénètrent dans ces couloirs, dans le corps-de-garde, descendent à la Souricière et au Guichet de la Conciergerie. Tous les cabinets des juges d'instruction sont situés à différents étages dans cette partie du Palais. On y parvient par d'affreux escaliers, un dédale où se perdent presque toujours ceux à qui le

Palais est inconnu. Les fenêtres de ces cabinets donnent les unes sur le quai, les autres sur la cour de la Conciergerie. En 1830, quelques cabinets de juges d'instruction avaient vue sur la rue de Barillerie.

Ainsi quand un panier à salade tourne à gauche dans la cour de la Conciergerie, il amène des prévenus à la Souricière ; quand il tourne à droite, il importe des accusés à la Conciergerie. Ce fut donc de ce côté que le panier à salade où se trouvait Jacques Collin se dirigea pour le déposer au Guichet. Rien de plus formidable. Criminels ou visiteurs aperçoivent deux grilles de fer forgé, séparées par un espace d'environ six pieds, qui s'ouvrent toujours l'une après l'autre, et à travers lesquelles tout est observé si scrupuleusement que les gens à qui le *permis de visiter* est accordé passent cette pièce à travers la grille, avant que la clef ne grince dans la serrure. Les magistrats instructeurs, ceux du parquet eux-mêmes, n'entrent pas sans avoir été reconnus. Aussi, parlez de la possibilité de communiquer ou de s'évader ?... le directeur de la Conciergerie aura sur les lèvres un sourire qui glacera le doute chez le romancier le plus téméraire dans ses entreprises contre la vraisemblance. On ne connaît, dans les annales de la Conciergerie, que l'évasion de Lavalette ; mais la certitude d'une auguste connivence, aujourd'hui prouvée, a diminué sinon le dévouement de l'épouse, du moins le danger d'un insuccès. En jugeant sur les lieux de la nature des obstacles, les gens les plus amis du merveilleux reconnaîtront qu'en tout temps ces obstacles étaient ce qu'ils sont encore, invincibles. Aucune expression ne peut dépeindre la force des murailles et des voûtes, il faut les voir. Quoique le pavé de la cour soit en contre-bas de celui du quai ; lorsque vous franchissez le Guichet, il faut encore descendre plusieurs marches pour arriver dans une immense salle voûtée dont les puissantes murailles sont ornées de colonnes magnifiques, et sont flanquées de la tour Montgommery, qui fait partie aujourd'hui du logement du directeur de la Conciergerie et de la tour d'Argent qui sert de dortoir aux surveillants, guichetiers ou porte-clefs, comme il vous plaira de les appeler. Le nombre de ces employés n'est pas aussi considérable qu'on peut l'imaginer (ils sont vingt) ; leur dortoir, de même que leur coucher, ne diffère pas de celui dit de la *Pistole*. Ce nom vient sans doute de ce que jadis les prisonniers donnaient une pistole par semaine pour ce logement, dont la nudité rappelle les froides mansardes que les grands hommes sans fortune commencent par habiter à Paris. A gauche, dans cette vaste salle d'entrée, se trouve le greffe de la Conciergerie, espèce de bureau formé par des vitrages où siégent le directeur et son greffier, où sont les registres d'écrou. Là, le prévenu, l'accusé sont inscrits, décrits et fouillés. Là se décide la question du logement dont la solution dépend de la bourse du patient. En face du guichet de cette salle, on aperçoit une porte vitrée, celle d'un parloir où les parents et les avocats communiquent avec les accusés par un guichet à double grille de bois. Ce parloir tire son jour du préau, le lieu de promenade intérieure où les accusés respirent au grand air et font de l'exercice à des heures déterminées.

Cette grande salle éclairée par le jour douteux de ces deux guichets, car l'unique croisée donnant sur la cour d'arrivée est entièrement prise par le greffe qui l'encadre, présente aux regards une atmosphère et une lumière parfaitement en harmonie avec les images préconçues par l'imagination. C'est d'autant plus effrayant que parallèlement aux tours d'Argent et de Montgommery, vous apercevez ces cryptes mystérieuses, voûtées, formidables, sans lumière, qui tournent autour du parloir, qui mènent aux cachots de la reine, de madame Élisabeth, et aux cellules appelées *les secrets*. Ce dédale de pierre de taille est devenu le souterrain du Palais-de-Justice, après avoir vu les fêtes de la royauté. De 1825 à 1832, ce fut dans cette immense salle, entre un gros poêle qui la chauffe et la première des deux grilles, que se faisait l'opération de la toilette. On ne passe pas encore sans frémir sur ces dalles qui ont reçu le choc et les confidences de tant de derniers regards.

Pour sortir de son affreuse voiture le moribond eut besoin de l'assistance de deux gendarmes qui le prirent chacun sous un bras, le soutinrent et le portèrent comme évanoui dans le greffe. Ainsi traîné, le mourant levait les yeux au ciel de manière à ressembler au Sauveur descendu de la croix. Certes dans aucun tableau Jésus n'offre une face plus cadavérique, plus décomposée que ne l'était celle du faux Espagnol, il semblait près de rendre le dernier soupir. Quand il fut assis dans le greffe, il répéta d'une voix défaillante les paroles qu'il adressait à tout le monde depuis son arrestation : — Je me réclame de son excellence l'ambassadeur d'Espagne...

— Vous direz cela, répondit le directeur, à monsieur le juge d'instruction...

— Ah! Jésus! répliqua Jacques Collin en soupirant. Ne puis-je avoir un bréviaire?... Me refusera-t-on toujours un médecin?... Je n'ai pas deux heures à vivre.

Carlos Herrera devant être mis au secret, il fut inutile de lui demander s'il réclamait les bénéfices de la pistole, c'est-à-dire le droit d'habiter une de ces chambres où l'on jouit du seul comfort permis par la Justice. Ces chambres sont situées au bout du préau dont il sera question plus tard. L'huissier et le greffier remplirent de concert et flegmatiquement les formalités de l'écrou.

— Monsieur le directeur, dit Jacques Collin en baragouinant le français, je suis mourant, vous le voyez. Dites, si vous le pouvez, dites surtout le plus tôt possible, à ce monsieur juge, que je sollicite comme une faveur ce qu'un criminel devrait le plus redouter, de paraître devant lui dès qu'il sera venu; car mes souffrances sont vraiment intolérables, et dès que je le verrai, toute erreur cessera...

Règle générale, les criminels parlent tous d'erreur! Allez dans les bagnes, questionnez-y les condamnés, ils sont presque tous victimes d'une erreur de la justice. Aussi ce mot fait-il sourire imperceptiblement tous ceux qui sont en contact avec des prévenus, des accusés, ou des condamnés.

— Je puis parler de votre réclamation au juge d'instruction, répondit le directeur.

— Je vous bénirai donc, monsieur!... répliqua l'Espagnol en levant les yeux au ciel.

Aussitôt écroué, Carlos Herrera, pris sous chaque bras par deux gardes municipaux accompagnés d'un surveillant, à qui le directeur désigna celui des secrets où devait être renfermé le prévenu, fut conduit par le dédale souterrain de la Conciergerie dans une chambre très saine, quoi qu'en aient dit certains philanthropes, mais sans communications possibles.

Quand il eut disparu, les surveillants, le directeur de la prison, son greffier, l'huissier lui-même, les gendarmes se regardèrent en gens qui se demandent les uns aux autres leur opinion, et sur toutes les figures se peignit le doute; mais à l'aspect de l'autre prévenu, tous les spectateurs revinrent à leur incertitude habituelle, cachée sous un air d'indifférence. A moins de circonstances extraordinaires, les employés de la Conciergerie sont peu curieux, les criminels étant pour eux ce que les pratiques sont pour les coiffeurs. Aussi toutes les formalités dont l'imagination s'épouvante s'accomplissent-elles plus simplement que des affaires d'argent chez un banquier, et souvent avec plus de politesse. Lucien présenta le masque du coupable abattu, car il se laissait faire, il s'abandonnait en machine. Depuis Fontainebleau, le poëte contemplait sa ruine, et il se disait que l'heure des expiations avait sonné. Pâle, défait, ignorant tout ce qui s'était passé pendant son absence chez Esther, il se savait le compagnon intime d'un forçat évadé. Cette situation suffisait à lui faire apercevoir des catastrophes pires que la mort. Quand sa pensée enfantait un projet, c'était le suicide. Il voulait échapper à tout prix aux ignominies qu'il entrevoyait comme un rêve pénible.

Jacques Collin fut placé, comme le plus dangereux des deux prévenus, dans un cabanon tout de pierre de taille, qui tire son jour d'une de ces petites cours intérieures, comme il s'en trouve dans l'enceinte du palais, et situé dans l'aile où le Procureur-général a son cabinet. Cette petite cour sert de préau au quartier des femmes. Lucien fut mené par le même chemin, car, selon ses ordres, le directeur eut des égards pour lui, dans un cabanon contigu aux Pistoles.

Généralement, les personnes qui n'auront jamais de démêlés avec la justice conçoivent les idées les plus noires sur la mise au secret. L'idée de justice criminelle ne se sépare point des vieilles idées sur la torture ancienne, sur l'insalubrité des prisons, sur la froideur des murailles de pierre d'où suintent des larmes, sur la grossièreté des geôliers et de la nourriture, accessoires obligés des drames; mais il n'est pas inutile de dire ici que ces exagérations n'existent qu'au théâtre, et font sourire les magistrats, les avocats, et ceux qui, par curiosité, visitent les prisons ou qui viennent les observer. Pendant longtemps ce fut terrible. Il est certain que les accusés étaient, sous l'ancien Parlement, dans les siècles de Louis XIII et de Louis XIV, jetés pêle-mêle dans une espèce d'entresol au-dessus de l'ancien guichet. Les prisons ont été l'un des crimes de la révolution de 1789, et il suffit de voir le cachot de la reine et celui de madame Élisabeth pour concevoir une horreur profonde des anciennes formes judicaires. Mais aujourd'hui, si la philanthropie a fait à la société des maux incalculables, elle a produit un peu de bien pour les individus. Nous devons à Napoléon notre Code criminel, qui, plus que le Code civil, dont la réforme est en quelques points urgente, sera l'un des plus grands monuments de ce règne si court. Notre nouveau Droit criminel ferma tout un abîme de souffrances. Aussi, peut-on affirmer qu'en mettant à part les affreuses tortures morales auxquelles les gens des classes supérieures sont en proie en se trouvant sous la main de la Justice, l'action de ce pouvoir est d'une douceur et d'une simplicité d'autant plus grandes qu'elles sont inattendues. L'inculpé, le prévenu ne sont certainement pas logés comme chez eux; mais le nécessaire se trouve dans les prisons de Paris. D'ailleurs, la pesanteur des sentiments auxquels on se livre ôte aux accessoires de la vie leur signification habituelle. Ce n'est jamais le corps qui souffre. L'esprit est dans un état si violent que toute espèce de malaise, de brutalité, s'il s'en rencontrait dans le milieu où l'on est, se supporterait aisément. Il faut admettre, à Paris surtout, que l'innocent est promptement mis en liberté.

Lucien, en entrant dans sa cellule, trouva donc la fidèle image de la première chambre qu'il avait occupée à Paris, à l'hôtel Cluny. Un lit semblable à ceux des plus pauvres hôtels garnis du quartier Latin, des chaises foncées de paille, une table et quelques ustensiles composaient le mobilier de l'une de ces chambres, où souvent on réunit deux accusés quand leurs mœurs sont douces et leurs crimes d'une catégorie rassurante, comme les faux et les banqueroutes. Cette ressemblance entre son point de départ, plein d'innocence, et le point d'arrivée, dernier degré de la honte et de l'avilissement, fut si bien saisie par un dernier effort de sa fibre poétique, qu'il fondit en larmes. Il pleura pendant quatre heures, insensible en apparence comme une figure de pierre, mais souffrant de toutes ses espérances renversées, atteint dans toutes ses vanités sociales écrasées, dans son orgueil anéanti, dans tous les moi que présentent l'ambitieux, l'amoureux, l'heureux, le dandy, le Parisien, le poëte, le voluptueux et le privilégié. Tout en lui s'était brisé dans cette chute icarienne.

Carlos Herrera, lui, tourna dans son cabanon dès qu'il y fut seul comme l'ours blanc du Jardin des Plantes dans sa cage. Il vérifia minutieusement la porte et s'assura que, le judas excepté, nul trou n'y avait été pratiqué. Il sonda tous les murs, il regarda la hotte par la gueule de laquelle venait une faible lumière et il se dit : —

Je suis en sûreté ! Il alla s'asseoir dans un coin où l'œil d'un surveillant appliqué au judas à grillage n'aurait pu le voir. Puis il ôta sa perruque et y décolla promptement un papier qui en garnissait le fond. Le côté de ce papier en communication avec la tête était si crasseux qu'il semblait être le tégument de la perruque. Si Bibi-Lupin avait eu l'idée d'enlever cette perruque pour reconnaître l'identité de l'Espagnol avec Jacques Collin, il ne se serait pas défié de ce papier, tant il paraissait faire partie de l'œuvre du perruquier. L'autre côté du papier était encore assez blanc et assez propre pour recevoir quelques lignes. L'opération difficile et minutieuse du décollage avait été commencée à la Force, deux heures n'auraient pas suffi, la moitié de la journée y avait été employée la veille. Le prévenu commença par rogner ce précieux papier de manière à s'en procurer une bande de quatre à cinq lignes de largeur, il la partagea en plusieurs morceaux ; puis, il remit dans ce singulier magasin sa provision de papier après en avoir humecté la couche de gomme arabique à l'aide de laquelle il pouvait rétablir l'adhérence. Il chercha dans une mèche de cheveux un de ces crayons, fins comme des tiges d'épingle, dont la fabrication due à Susse était récente, et qui s'y trouvait fixé par de la colle ; il en prit un fragment assez long pour écrire et assez petit pour tenir dans son oreille. Ces préparatifs terminés avec la rapidité, la sécurité d'exécution particulière aux vieux soldats qui sont adroits comme des singes, Jacques Collin s'assit sur le bord de son lit et se mit à méditer ses instructions pour Asie, avec la certitude de la trouver sur son chemin, tant il comptait sur le génie de cette femme.

— Dans mon interrogatoire sommaire, se disait-il, j'ai fait l'Espagnol parlant mal le français, se réclamant de son ambassadeur, alléguant les priviléges diplomatiques et ne comprenant rien à ce qu'on lui demandait, tout cela bien scandé par des faiblesses, par des points d'orgue, des soupirs, enfin toutes les *balançoires* d'un mourant. Restons sur ce terrain. Mes papiers sont en règle. Asie et moi, nous mangerons bien monsieur Camusot, il n'est pas fort. Pensons donc à Lucien, il s'agit de lui refaire le moral, il faut ariver à cet enfant à tout prix, lui tracer un plan de conduite, aurement il va se livrer, me livrer et tout perdre !... Avant son interrogatoire il doit avoir été seriné. Puis il me faut des témoins qui maintiennent mon état de prêtre !

Telle était la situation morale et physique des deux prévenus dont le sort dépendait en ce moment de monsieur Camusot, juge d'instruction au Tribunal de Première Instance de la Seine, souverain arbitre, pendant le temps que lui donnait le code criminel, des plus petits détails de leur existence ; car lui seul pouvait permettre que l'aumônier, le médecin de la Conciergerie ou qui que ce soit communiquât avec eux.

Aucune puissance humaine, ni le roi, ni le garde des sceaux, ni le premier ministre ne peuvent empiéter sur le pouvoir d'un juge d'instruction, rien ne l'arrête, rien ne lui commande. C'est un souverain soumis uniquement à sa conscience et à la loi. En ce moment où philosophes, philanthropes et publicistes sont incessamment occupés à diminuer tous les pouvoirs sociaux, le droit conféré par nos lois aux juges d'instruction est devenu l'objet d'attaques d'autant plus terribles qu'elles sont presque justifiées par ce droit, qui, disons-le, est exorbitant. Néanmoins, pour tout homme sensé, ce pouvoir doit rester sans atteinte ; on peut, dans certains cas, en adoucir l'exercice par un large emploi de la caution ; mais la société, déjà bien ébranlée par l'inintelligence et par la faiblesse du jury (magistrature auguste et suprême qui ne devrait être confiée qu'à des notabilités élues), serait menacée de ruine si l'on brisait cette colonne qui soutient tout notre Droit criminel. L'arrestation préventive est une de ces facultés terribles, nécessaires, dont le danger social est contre-balancé par sa grandeur même. D'ailleurs, se défier de la magistrature est un commencement de dissolution sociale. Détruisez l'institution, reconstruisez-la sur d'autres bases ; demandez, comme avant la Révolution, d'immenses garanties de fortune à la magistrature ; mais croyez-y ? n'en faites pas l'image de la Société pour y insulter. Aujourd'hui le magistrat, payé comme un fonctionnaire, pauvre pour la plupart du temps, a troqué sa dignité d'autrefois contre une morgue qui semble intolérable à tous les égaux qu'on lui a faits ; car la morgue est une dignité qui n'a pas de points d'appui. Là gît le vice de l'institution actuelle. Si la France était divisée en dix Ressorts, on pourrait relever la magistrature en exigeant d'elle de grandes fortunes, ce qui devient impossible avec vingt-six Ressorts. La seule amélioration réelle à réclamer dans l'exercice du pouvoir confié au juge d'instruction, c'est la réhabilitation de la Maison d'Arrêt. L'état de prévention devrait n'apporter aucun changement dans les habitudes des individus. Les Maisons d'Arrêt devraient ne

Paris, être construites, meublées et disposées de manière à modifier profondément les idées du public sur la situation des prévenus. La loi est bonne, elle est nécessaire, l'exécution en est mauvaise, et les mœurs jugent les lois d'après la manière dont elles s'exécutent. L'opinion publique en France condamne les prévenus et réhabilite les accusés par une inexplicable contradiction. Peut-être est-ce le résultat de l'esprit essentiellement frondeur du Français. Cette inconséquence du public parisien fut un des motifs qui contribuèrent à la catastrophe de ce drame; ce fut même, comme on le verra, l'un des plus puissants. Pour être dans le secret des scènes terribles qui se jouent dans le cabinet d'un juge d'instruction; pour bien connaître la situation respective des deux parties belligérantes, les prévenus et la Justice dont la lutte a pour objet le secret gardé par ceux-ci contre la curiosité du juge, si bien nommé *le curieux* dans l'argot des prisons, on ne doit jamais oublier que les prévenus mis au secret ignorent tout ce que disent les sept à huit publics qui forment le public, tout ce que savent la police, la justice; et le peu que les journaux publient des circonstances du crime. Aussi donner à des prévenus un avis comme celui que Jacques Collin venait de recevoir par Asie sur l'arrestation de Lucien, est-ce jeter une corde à un homme qui se noie. On va voir échouer, par cette raison, une tentative qui certes, sans cette communication, eût perdu le forçat. Ces termes une fois bien posés, les gens les moins faciles à s'émouvoir vont être effrayés de ce que produisent ces trois causes de terreur : la séquestration, le silence et le remords.

Monsieur Camusot, gendre d'un des huissiers du cabinet du roi, trop connu déjà pour expliquer ses alliances et sa position, se trouvait en ce moment dans une perplexité presque égale à celle de Carlos Herrera, relativement à l'instruction qui lui était confiée. Naguère, président d'un tribunal du Ressort, il avait été tiré de cette position et appelé juge à Paris, l'une des places les plus enviées en magistrature, par la protection de la célèbre duchesse de Maufrigneuse dont le mari, menin du Dauphin et colonel d'un des régiments de cavalerie de la garde royale, était autant en faveur auprès du roi qu'elle l'était auprès de Madame. Pour un très léger service rendu, mais capital pour la duchesse, lors de la plainte en faux portée contre le jeune comte d'Esgrignon par un banquier d'Alençon (Voir, dans les SCÈNES DE

LA VIE DE PROVINCE, *le Cabinet des Antiques*), de simple juge en province il avait passé président, et de président juge d'instruction à Paris. Depuis dix-huit mois qu'il siégeait dans le tribunal e plus important du royaume, il avait déjà pu, sur la recommandation de la duchesse de Maufrigneuse, se prêter aux voix d'une grande dame non moins puissante, la marquise d'Espard mais il avait échoué. (Voir l'*Interdiction*.) Lucien, comme on l'a dit au début de cette Scène, pour se venger de madame d'Espard qui voulait faire interdire son mari, put rétablir la vérité des faits aux yeux du procureur-général et du comte de Sérisy. Ces deux hautes puissances une fois réunies aux amis du marquis d'Espard, la femme n'avait échappé que par la clémence de son mari au blâme du tribunal. La veille, en apprenant l'arrestation de Lucien, la marquise d'Espard avait envoyé son beau-frère, le chevalier d'Espard, chez madame Camusot. Madame Camusot était allée incontinent faire une visite à l'illustre marquise. Au moment du dîner, de retour chez elle, elle avait pris à part son mari dans sa chambre à coucher.

— Si tu peux envoyer ce petit fat de Lucien de Rubempré en Cour d'assises, et qu'on obtienne une condamnation contre lui, lui dit-elle à l'oreille, tu seras conseiller à la Cour royale...

— Et comment?

— Madame d'Espard voudrait voir tomber la tête de ce pauvre jeune homme. J'ai eu froid dans le dos en écoutant parler une haine de jolie femme.

— Ne te mêle pas des affaires du Palais, répondit Camusot à sa femme.

— Moi, m'en mêler? reprit-elle. Un tiers aurait pu nous entendre, il n'aurait pas su ce dont il s'agissait. La marquise et moi, nous avons été l'une et l'autre aussi délicieusement hypocrites que tu l'es avec moi dans ce moment. Elle voulait me remercier de tes bons offices dans son affaire, en me disant que, malgré l'insuccès, elle en était reconnaissante. Elle m'a parlé de la terrible mission que la loi vous donne. « C'est affreux d'avoir à envoyer un homme à l'échafaud, mais celui-là! c'est faire justice!... etc. » Elle a déploré qu'un si beau jeune homme, amené par sa cousine, madame du Chatelet, à Paris, eût si mal tourné. » C'est là, disait-elle, où les mauvaises femmes, comme une Coralie, une Esther, mènent les jeunes gens assez corrompus pour partager avec elles d'ignobles profits ! » Enfin de belles tirades sur la charité, sur la religion ! Madame du Chatelet lui avait dit que Lucien méritait mille morts pour avoir failli tuer sa sœur et sa mère... Elle a parlé d'une vacance à la cour royale, elle connaissait le garde des sceaux. — « Votre mari, madame, a une belle occasion de se distinguer ! » a-t-elle dit en finissant. Et voilà.

— Nous nous distinguons tous les jours, en faisant notre devoir, dit Camusot.

— Tu iras loin, si tu es magistrat partout, même avec ta femme, s'écria madame Camusot. Tiens, je t'ai cru niais, aujourd'hui je t'admire...

Le magistrat eut sur les lèvres un de ces sourires qui n'appartiennent qu'à eux, comme celui des danseuses n'est qu'à elles.

— Madame, puis-je entrer ? demanda la femme de chambre.

— Que me voulez-vous ? lui dit sa maîtresse.

— Madame, la première femme de madame la duchesse de Maufrigneuse est venue ici pendant l'absence de madame, et prie madame, de la part de sa maîtresse, de venir à l'hôtel de Cadignan, toute affaire cessante.

— Qu'on retarde le dîner, dit la femme du juge en pensant que le cocher du fiacre qui l'avait amenée attendait son paiement.

Elle remit son chapeau, remonta dans le fiacre, et fut dans vingt minutes à l'hôtel de Cadignan. Madame Camusot, introduite par les petites entrées, resta pendant dix minutes seule dans un boudoir attenant à la chambre à coucher de la duchesse qui se montra resplendissante, car elle partait à Saint-Cloud où l'appelait une invitation à la cour.

— Ma petite, entre nous, deux mots suffisent.

— Oui, madame la duchesse.

— Lucien de Rubempré est arrêté, votre mari instruit l'affaire, je garantis l'innocence de ce pauvre enfant, qu'il soit libre avant vingt-quatre heures. Ce n'est pas tout. Quelqu'un veut voir Lucien demain secrètement dans sa prison, votre mari pourra, s'il le veut, être présent, pourvu qu'il ne se laisse pas apercevoir... Je suis fidèle à ceux qui me servent, vous le savez. Le Roi espère beaucoup du courage de ses magistrats dans les circonstances graves où il va se trouver bientôt; je mettrai votre mari en avant, je le recommanderai comme un homme dévoué au Roi, fallût-il risquer sa tête. Notre Camusot sera d'abord conseiller, puis premier président n'importe où... Adieu... je suis attendue, vous m'excusez, n'est-ce pas ? Vous n'obligez pas seulement le procureur-général, qui dans cette affaire ne peut pas se prononcer ; vous sauvez encore la vie à une femme qui se meurt, à madame de Sérisy. Ainsi vous ne manquerez pas d'appuis... Allons, vous voyez ma confiance, je n'ai pas besoin de vous recommander... vous savez !

Elle se mit un doigt sur les lèvres et disparut.

— Et moi qui n'ai pas pu lui dire que la marquise d'Espard veut voir Lucien sur l'échafaud !... pensait la femme du magistrat en regagnant son fiacre.

Elle arriva dans une telle anxiété qu'en la voyant le juge lui dit :

— Amélie, qu'as-tu ?...

— Nous sommes pris entre deux feux...

Elle raconta son entrevue avec la duchesse en parlant à l'oreille de son mari, tant elle craignait que sa femme de chambre n'écoutât à la porte.

— Laquelle des deux est la plus puissante ? dit-elle en terminant. La marquise a failli te compromettre dans la sotte affaire de la demande en interdiction de son mari, tandis que nous devons tout à la duchesse. L'une m'a fait des promesses vagues ; tandis que l'autre a dit : Vous serez conseiller d'abord, premier président ensuite !... Dieu me garde de te donner un conseil, je ne me mêlerai jamais des affaires du Palais ; mais je dois te rapporter fidèlement ce qui se dit à la cour et ce qu'on y prépare...

— Tu ne sais pas, Amélie, ce que le préfet de police m'a envoyé ce matin, et par qui ? par un des hommes les plus importants de la police générale du royaume, le Bibi-Lupin de la politique qui m'a dit que l'État avait des intérêts secrets dans ce procès. Dînons et allons aux Variétés... nous causerons cette nuit, dans le silence du cabinet, de tout ceci ; car j'aurai besoin de ton intelligence, celle du juge ne suffit peut-être pas...

Les neuf dixièmes des magistrats nieront l'influence de la femme sur le mari en semblable occurrence ; mais, si c'est là l'une des plus fortes exceptions sociales, on peut faire observer qu'elle est vraie quoique accidentelle. Le magistrat est comme le prêtre, à Paris surtout où se trouve l'élite de la magistrature, il parle rarement des affaires du Palais, à moins qu'elles ne soient à l'état de chose jugée. Les femmes de magistrats non-seulement affectent de ne jamais rien savoir, mais encore elles ont toutes assez le sentiment des convenances pour deviner qu'elles nuiraient à leurs maris si, quand elles sont instruites de quelque secret, elles le laissaient voir. Néanmoins, dans les grandes occasions où il s'agit d'avancement d'après tel ou tel parti pris, beaucoup de femmes ont assisté, comme Amélie, à la délibération du magistrat. Enfin, ces exceptions d'autant plus niables qu'elles sont toujours inconnues, dépendent entièrement de la manière dont la lutte entre deux caractères s'est accomplie au sein d'un ménage. Or, madame Camusot dominait entièrement son mari. Quand tout dormit chez eux, le magistrat et sa femme s'assirent au bureau sur lequel le juge avait déjà classé les pièces de l'affaire.

— Voici les notes que le préfet de police m'a fait remettre, sur ma demande d'ailleurs, dit Camusot.

« L'ABBÉ CARLOS HERRERA.

» Cet individu est certainement le nommé Jacques Collin dit
» Trompe-la-Mort, dont la dernière arrestation remonte à l'année
» 1819, et fut opérée au domicile d'une dame Vauquer, tenant
» pension bourgeoise rue Neuve-Sainte-Geneviève, et où il demeu-
» rait caché sous le nom de Vautrin. »

En marge, on lisait de la main du préfet de police :

« *Ordre a été transmis par le télégraphe à Bibi-Lupin, chef*
» *de la sûreté, de revenir immédiatement pour aider à la con-*
» *frontation, car il connaît personnellement Jacques Collin,*
» *qu'il a fait arrêter en 1819 avec le concours d'une demoiselle*
» *Michonneau.*

» Les pensionnaires qui logeaient dans la Maison Vauquer exis-
» tent encore et peuvent être cités pour établir l'identité.

» Le soi-disant Carlos Herrera est l'ami intime, le conseiller de
» monsieur Lucien de Rubempré, à qui, pendant trois ans, il
» a fourni des sommes considérables, évidemment provenues de
» vols.

» Cette solidarité, si l'on établit l'identité du soi-disant Espa-
» gnol et de Jacques Collin, sera la condamnation du sieur Lucien
» de Rubempré.

» La mort subite de l'agent Peyrade est due à un empoisonne-

» ment consommé par Jacques Collin, par Rubempré ou leurs af-
» fidés. La raison de cet assassinat vient de ce que l'agent était,
depuis longtemps, sur les traces de ces deux habiles criminels. »

En marge, le magistrat montra cette phrase écrite par le préfet de police lui-même :

» *Ceci est à ma connaissance personnelle, et j'ai la certitude
» que le sieur Lucien de Rubempré s'est indignement joué de sa
» Seigneurie le comte de Sérisy et de monsieur le procureur
» général.* »

» — Qu'en dis-tu, Amélie?

» — C'est effrayant!... répondit la femme du juge. Achève donc!
» La substitution du prêtre espagnol au forçat Collin est le résultat
» de quelque crime plus habilement commis que celui par lequel
» Cogniard s'est fait comte de Saint-Hélène. »

« LUCIEN DE RUBEMPRÉ.

» Lucien Chardon, fils d'un apothicaire d'Angoulême et dont la
» mère est une demoiselle de Rubempré, doit à une ordonnance du
» Roi le droit de porter le nom de Rubempré. Cette ordonnance a
» été accordée à la sollicitation de la duchesse de Maufrigneuse et
» de monsieur le comte de Sérisy.

» En 182..., ce jeune homme est venu à Paris sans aucun moyen
» d'existence, à la suite de madame la comtesse Sixte du Chatelet,
» alors madame de Bargeton, cousine de madame d'Espard.

» Ingrat envers madame de Bargeton, il a vécu maritalement avec
» une demoiselle Coralie, décédée actrice du Gymnase, qui a quitté
» pour lui monsieur Camusot, marchand de soieries de la rue des
» Bourdonnais.

» Bientôt, plongé dans la misère par l'insuffisance des secours que
» lui donnait cette actrice, il a compromis gravement son honorable
» beau-frère, imprimeur à Angoulême, en émettant de faux billets
» pour le paiement desquels David Séchard fut arrêté pendant un
» court séjour dudit Lucien à Angoulême.

» Cette affaire a déterminé la fuite de Rubempré, qui subitement a reparu à Paris avec l'abbé Carlos Herrera.

» Sans moyens d'existence connus, le sieur Lucien a dépensé,

» en moyenne, durant les trois premières années de son second sé-
» jour à Paris, environ trois cent mille francs qu'il n'a pu tenir que
» du soi-disant abbé Carlos Herrera, mais à quel titre ?

» Il a, en outre, récemment employé plus d'un million à l'achat
» de la terre de Rubempré pour obéir à une condition mise à son
» mariage avec mademoiselle Clotilde de Grandlieu. La rupture de
» ce mariage tient à ce que la famille Grandlieu, à laquelle le sieur
» Lucien avait dit tenir ces sommes de son beau-frère et de sa
» sœur, a fait prendre des informations auprès des respectables
» époux Séchard, notamment par l'avoué Derville, et non-seulement
» ils ignoraient ces acquisitions, mais encore ils croyaient Lucien
» excessivement endetté.

» D'ailleurs la succession recueillie par les époux Séchard con-
» siste en immeubles ; et l'argent comptant, suivant leur déclaration,
» montait à deux cent mille francs.

» Lucien vivait secrètement avec Esther Gobseck, il est donc
» certain que toutes les profusions du baron de Nucingen, protec-
» teur de cette demoiselle, ont été remises audit Lucien.

» Lucien et son compagnon le forçat ont pu se soutenir plus
» longtemps que Cognard en face du monde, en tirant leurs res-
» sources de la prostitution de ladite Esther, autrefois *fille sou-*
» *mise.* »

Malgré les redites que ces notes produisent dans le récit du drame, il était nécessaire de les rapporter textuellement pour faire apercevoir le rôle de la Police à Paris. La police a, comme on a déjà pu le voir d'ailleurs d'après la note demandée sur Peyrade, des dossiers, presque toujours exacts, sur toutes les familles et sur tous les individus dont la vie est suspecte, dont les actions sont répréhensibles. Elle n'ignore rien de toutes es déviations. Ce calepin universel, bilan des consciences, est aussi bien tenu que l'est celui de la Banque de France sur les fortunes. De même que la Banque pointe les plus légers retards, en fait de payement, soupèse tous les crédits, estime les capita- listes, suit de l'œil leurs opérations ; de même fait la police pour l'honnêteté des citoyens. En ceci, comme au Palais, l'innocence n'a rien à craindre, cette action ne s'exerce que sur les fautes. Quelque haut placée que soit une famille elle ne saurait se garantir de cette providence sociale. La discrétion est d'ailleurs égale à l'étendue de ce pouvoir. Cette immense quantité de procès-verbaux des commissaires de police, de rapports, de notes, de dossiers, cet océan de renseignements dort immobile, profond et calme comme la mer. Qu'un accident éclate, que le délit ou le crime se dressent, la justice fait un appel à la police ; et aussitôt, s'il existe un dossier sur les inculpés, le juge en prend connaissance. Ces dossiers, où les antécédents sont analysés, ne sont que des renseignements qui meurent entre les murailles du palais ; la justice n'en peut faire aucun usage légal, elle s'en éclaire, elle s'en sert, voilà tout. Ces cartons fournissent en quelque sorte l'envers de la tapisserie des crimes, leurs causes premières, et presque toujours inédites. Aucun jury n'y croirait, le pays tout entier se soulèverait d'indignation si l'on en excipait dans le procès oral de la Cour d'assises. C'est enfin la vérité condamnée à rester dans son puits, comme partout et toujours. Il n'est pas de magistrat, après douze ans de pratique à Paris, qui ne sache que la Cour d'assises, la police correctionnelle cachent la moitié de ces infamies, qui sont comme le lit sur lequel a couvé pendant longtemps le crime, et qui n'avoue que la justice ne punit pas la moitié des attentats commis. Si le public pouvait connaître jusqu'où va la discrétion des employés de la police qui ont de la mémoire, elle révérerait ces braves gens à l'égal des Cheverus. On croit la police astucieuse, machiavélique, elle est d'une excessive bénignité ; seulement, elle écoute les passions dans leur paroxysme, elle reçoit les délations et garde toutes ses notes. Elle n'est qu'épouvantable d'un côté. Ce qu'elle fait pour la justice, elle le fait aussi pour la politique. Mais, en politique, elle est aussi cruelle, aussi partiale que feu l'Inquisition.

— Laissons cela, dit le juge en remettant les notes dans le dossier, c'est un secret entre la police et la justice, le juge verra ce que cela vaut ; mais monsieur et madame Camusot n'en ont jamais rien su.

— As-tu besoin de me répéter cela ? dit madame Camusot.

— Lucien est coupable, reprit le juge, mais de quoi ?

— Un homme aimé par la duchesse de Maufrigneuse, par la comtesse de Sérisy, par Clotilde de Grandlieu, n'est pas coupable, répondit Amélie, l'autre *doit* avoir tout fait.

— Mais Lucien est complice ! s'écria Camusot.

— Veux-tu m'en croire?... dit Amélie. Rends le prêtre à la diplomatie dont il est le plus bel ornement, innocente ce petit misérable, et trouve d'autres coupables...

— Comme tu y vas!... répondit le juge en souriant. Les femmes tendent au but à travers les lois, comme les oiseaux que rien n'arrête dans l'air.

— Mais, reprit Amélie, diplomate ou forçat, l'abbé Carlos te désignera quelqu'un pour se tirer d'affaire.

— Je ne suis qu'un bonnet, tu es la tête, dit Camusot à sa femme.

— Eh bien! la délibération est close, viens embrasser ta Mélie, il est une heure...

Et madame Camusot alla se coucher en laissant son mari mettre ses papiers et ses idées en ordre pour les interrogatoires à faire subir le lendemain aux deux prévenus.

Donc, pendant que les paniers à salade amenaient Jacques Collin et Lucien à la Conciergerie, le juge d'instruction, après avoir déjeuné toutefois, traversait Paris à pied, selon la simplicité de mœurs adoptée par les magistrats parisiens, pour se rendre à son cabinet où déjà toutes les pièces de l'affaire étaient arrivées. Voici comment.

Tous les juges d'instruction ont un commis-greffier, espèce de secrétaire judiciaire assermenté, dont la race se perpétue sans primes, sans encouragements, qui produit toujours d'excellents sujets, chez lesquels le mutisme est naturel et absolu. On ignore au Palais, depuis l'origine des parlements jusqu'aujourd'hui, l'exemple d'une indiscrétion commise par les greffiers-commis aux instructions judiciaires. Gentil a vendu la quittance donnée à Semblançay par Louise de Savoie, un commis de la guerre a vendu à Czernicheff le plan de la campagne de Russie; tous ces traîtres étaient plus ou moins riches. La perspective d'une place au Palais, celle d'un greffe, la conscience du métier suffisent pour rendre le commis-greffier d'un juge d'instruction le rival heureux de la tombe, car la tombe est devenue indiscrète depuis les progrès de la chimie. Cet employé, c'est la plume même du juge. Beaucoup de gens comprendront qu'on soit l'arbre de la machine et se demanderont comment on peut en rester l'écrou; mais l'écrou se trouve heureux, peut-être a-t-il peur de la machine? Le greffier de Camusot, jeune homme de vingt-deux ans, nommé Coquart, était venu le matin prendre toutes les pièces et les notes du juge, et il avait déjà tout préparé dans le cabinet, quand le magistrat allait flânant le long des quais, regardant des curiosités dans les boutiques, et se demandant à lui-même : — Comment s'y prendre avec un gaillard aussi fort que Jacques Collin, en supposant que ce soit lui ? Le chef de la sûreté le reconnaîtra, je dois avoir l'air de faire mon métier, ne fût-ce que pour la police ! Je vois tant d'impossibilités, que le mieux serait d'éclairer la marquise et la duchesse, en leur montrant les notes de la police, et je vengerai mon père à qui Lucien a pris Coralie... En découvrant de si noirs scélérats, mon habileté sera proclamée, et Lucien sera bientôt renié par tous ses amis. Allons, l'interrogatoire en décidera.

Il entra chez un marchand de curiosités, attiré par une horloge de Boule.

— Ne pas mentir à ma conscience et servir les deux grandes dames, voilà un chef-d'œuvre d'habileté, pensait-il. — Tiens, vous aussi, monsieur le procureur-général, dit Camusot à haute voix, vous cherchez des médailles !

— C'est le goût de presque tous les justiciards, répondit en riant e comte de Grandville, à cause des revers.

Et, après avoir regardé la boutique pendant quelques instants comme s'il y achevait son examen, il emmena Camusot le long du quai, sans que Camusot pût croire à autre chose qu'à un hasard.

— Vous allez interroger ce matin monsieur de Rubempré, dit le procureur général. Pauvre jeune homme, je l'aimais...

— Il y a bien des charges contre lui, dit Camusot.

— Oui, j'ai vu les notes de la police ; mais elles sont dues, en partie, à un agent qui ne dépend pas de la préfecture, au fameux Corentin, un homme qui a fait couper le cou à plus d'innocents que vous n'enverrez de coupables à l'échafaud, et... Mais ce drôle est hors de notre portée. Sans vouloir influencer la conscience d'un magistrat tel que vous, je ne peux pas m'empêcher de vous faire observer que, si vous pouviez acquérir la conviction de l'ignorance Lucien relativement au testament de cette fille, il en résulterait 'il n'avait aucun intérêt à sa mort, car elle lui donnait prodigieusement d'argent !...

— Nous avons la certitude de son absence pendant l'empoisonnement de cette Esther, dit Camusot. Il guettait à Fontainebleau .e passage de mademoiselle de Grandlieu et de la duchesse de Lenoncourt.

— Oh! reprit le procureur général, il conservait, sur son mariage avec mademoiselle de Grandlieu, de telles espérances (je le tiens de la duchesse de Grandlieu elle-même) qu'il n'est pas possible de supposer un garçon si spirituel compromettant tout par un crime inutile.

— Oui, dit Camusot, surtout si cette Esther lui donnait tout ce qu'elle gagnait...

— Derville et Nucingen disent qu'elle est morte ignorant la succession qui lui était depuis longtemps échue, ajouta le procureur-général.

— Mais, à quoi croyez-vous donc alors? demanda Camusot, car il y a quelque chose.

— A un crime commis par les domestiques, répondit le procureur général.

— Malheureusement, fit observer Camusot, il est bien dans les mœurs de Jacques Collin, car le prêtre espagnol est bien certainement ce forçat évadé, de prendre les sept cent cinquante mille francs produits par la vente de l'inscription des rentes en trois pour cent donnée par Nucingen.

— Vous pèserez tout, mon cher Camusot, ayez de la prudence. L'abbé Carlos Herrera tient à la diplomatie... mais un ambassadeur qui commettrait un crime ne serait pas sauvegardé par son caractère. Est-ce ou n'est-ce pas l'abbé Carlos Herrera, voilà la question la plus importante...

Et monsieur de Granville salua comme un homme qui ne veut pas de réponse.

— Lui aussi veut donc sauver Lucien? pensa Camusot, qui prit par le quai des Lunettes pendant que le procureur général entrait au Palais par la cour de Harlay.

Arrivé dans la cour de la Conciergerie, Camusot, entra chez le directeur de cette prison et l'emmena loin de toute oreille, au milieu du pavé.

— Mon cher monsieur, faites-moi le plaisir d'aller à la Force, savoir de votre collègue s'il a l'avantage de posséder en ce moment quelques forçats qui aient habité, de 1810 à 1815, le bagne de Toulon; voyez si vous en avez aussi chez vous. Nous ferons transférer ceux de la Force ici pour quelques jours, et vous me direz si le prétendu prêtre espagnol sera reconnu par eux pour être Jacques Collin dit Trompe-la-Mort.

— Bien, monsieur Camusot ; mais Bibi-Lupin est arrivé...
— Ah ! déjà ! s'écria le juge.
— Il était à Melun. On lui a dit qu'il s'agissait de Trompe-la-Mort, il a souri de plaisir et il attend vos ordres...
— Envoyez-le-moi.

Le directeur de la Conciergerie put alors présenter au juge d'instruction la requête de Jacques Collin, en en peignant l'état déplorable.

— J'avais l'intention de l'interroger le premier, répondit le magistrat, mais non pas à cause de sa santé. J'ai reçu ce matin une note du directeur de la Force. Or, ce gaillard, qui dit être à l'agonie depuis vingt-quatre heures, a si bien dormi, que l'on est entré dans son cabanon, à la Force, sans qu'il entendît le médecin que le directeur avait envoyé chercher ; le médecin ne lui a pas même tâté le pouls, il l'a laissé dormir ; ce qui prouve qu'il aurait une aussi bonne conscience qu'une aussi bonne santé. Je ne vais croire à cette maladie que pour étudier le jeu de mon homme, dit en souriant monsieur Camusot.

— On apprend tous les jours avec les prévenus et les accusés, fit observer le directeur de la Conciergerie.

La Préfecture de police communique avec la Conciergerie, et les magistrats, de même que le directeur de la prison, par suite de la connaissance de ces passages souterrains, peuvent s'y rendre avec une excessive promptitude. Ainsi s'explique la facilité miraculeuse avec laquelle le ministère public et les présidents de la Cour d'assises peuvent, séance tenante, avoir certains renseignements. Aussi quand monsieur Camusot fut en haut de l'escalier qui menait à son cabinet, trouva-t-il Bibi-Lupin accouru par la salle des Pas-Perdus.

— Quel zèle ! lui dit le juge en souriant.
— Ah ! c'est que si c'est *lui*, répondit le chef de la Sûreté, vous verrez une terrible danse au préau, pour peu qu'il y aurait des *chevaux de retour* (anciens forçats, en argot).
— Et pourquoi ?
— Trompe-la-Mort a mangé la grenouille, et je sais qu'*ils* ont juré de l'exterminer.

Ils signifiaient les forçats dont le trésor confié depuis vingt ans à Trompe-la-Mort avait été dissipé pour Lucien, comme on le

— Pourriez-vous retrouver des témoins de sa dernière arrestation ?

— Donnez-moi deux citations de témoins, et je vous en amène aujourd'hui.

— Coquart, dit le juge en ôtant ses gants, mettant sa canne et son chapeau dans un coin, remplissez deux citations sur les renseignements de monsieur l'agent.

Il se regarda dans la glace de la cheminée sur le chambranle de laquelle il y avait, à la place de pendule, une cuvette et un pot à eau. D'un côté une carafe pleine d'eau et un verre, et de l'autre une lampe. Le juge sonna. L'huissier vint après quelques minutes.

— Ai-je déjà du monde ? demanda-t-il à l'huissier chargé de recevoir les témoins, de vérifier leurs citations et de les placer dans leur ordre d'arrivée.

— Oui, monsieur.

— Prenez les noms des personnes venues, apportez-m'en la liste.

Les juges d'instruction, avares de leur temps, sont quelquefois obligés de conduire plusieurs instructions à la fois. Telle est la raison des longues factions que font les témoins appelés dans la pièce où se tiennent les huissiers et où retentissent les sonnettes des juges d'instruction.

— Après, dit Camusot à son huissier, vous irez chercher l'abbé Carlos Herrera.

— Ah ! il est en Espagnol ? en prêtre, m'a-t-on dit. Bah ! c'est renouvelé de Collet, monsieur Camusot, s'écria le chef de la Sûreté.

— Il n'y a rien de neuf, répondit Camusot en signant deux de ces citations formidables qui troublent tout le monde, même les plus innocents témoins que la justice mande ainsi à comparoir sous des peines graves, faute d'obéir.

En ce moment, Jacques Collin avait terminé, depuis une demi-heure environ, sa profonde délibération, et il était sous les armes. Rien ne peut mieux achever de peindre cette figure du peuple en révolte contre les lois que les quelques lignes qu'il avait tracées sur ses papiers graisseux.

Le sens du premier était ceci, car ce fut écrit dans le langage convenu entre Asie et lui, l'argot de l'argot, le chiffre appliqué à l'idée.

« Va chez la duchesse de Maufrigneuse ou chez madame de

» Sérisy, que l'une ou l'autre voie Lucien avant son interrogatoire,
» et qu'elle lui donne à lire le papier ci-inclus. Enfin, il faut trouver
» nos deux voleurs, qu'ils soient à ma disposition, et prêts à jouer
» le rôle que je leur indiquerai.

» Cours chez Rastignac, dis-lui, de la part de celui qu'il a ren-
» contré au bal de l'Opéra, de venir attester que l'abbé Carlos
» Herrera ne ressemble en rien au Jacques Collin arrêté chez la
» Vauquer.

» Obtenir pareille chose du docteur Bianchon.

» Faire travailler les deux *femmes à Lucien* dans ce but. »

Sur le papier inclus, il y avait en bon français :

« Lucien, n'avoue rien sur moi. Je dois être pour toi l'abbé
» Carlos Herrera. Non-seulement c'est ta justification ; mais encore
» un peu de tenue, et tu as sept millions, plus l'honneur sauf. »

Ces deux papiers collés du côté de l'écriture, de manière à faire
croire que c'était un fragment de la même feuille, furent roulés avec
un art particulier à ceux qui ont rêvé dans le bagne aux moyens
d'être libres. Le tout prit la forme et la consistance d'une boule de
crasse grosse comme ces têtes de cire que les femmes économes
adaptent aux aiguilles dont le chas s'est rompu.

— Si c'est moi qui vais à l'instruction le premier, nous sommes
sauvés ; mais si c'est le petit, tout est perdu, se dit-il en attendant.

Ce moment était si cruel que cet homme si fort eut le visage couvert d'une sueur blanche. Ainsi, cet homme prodigieux devinait vrai
dans sa sphère de crime, comme Molière dans la sphère de la poésie
dramatique, comme Cuvier avec les créations disparues. Le génie en
toute chose est une intuition. Au-dessous de ce phénomène, le reste
des œuvres remarquables se doit au talent. En ceci consiste la différence qui sépare les gens du premier des gens du second ordre.
Le crime a ses hommes de génie. Jacques Collin, aux abois, se
rencontrait avec madame Camusot l'ambitieuse et avec madame de
Sérisy dont l'amour s'était réveillé sous le coup de la terrible catastrophe où s'abîmait Lucien. Tel était le suprême effort de l'intelligence humaine contre l'armure d'acier de la Justice.

En entendant crier la lourde ferraille des serrures et des ver-
rous de sa porte, Jacques Collin reprit son masque de mourant ; il
y fut aidé par l'enivrante sensation de plaisir que lui causa le bruit
des souliers du surveillant dans le corridor. Il ignorait par quels
moyens Asie arriverait jusqu'à lui ; mais il comptait la voir sur

son passage, surtout après la promesse qu'il en avait reçue à l'arcade Saint-Jean.

Après cette heureuse rencontre, Asie était descendue sur la Grève. En 1830, le nom de la Grève avait un sens aujourd'hui perdu. Toute la partie du quai, depuis le pont d'Arcole jusqu'au pont Louis-Philippe, était alors telle que la nature l'avait faite, à l'exception de la voie pavée qui d'ailleurs était disposée en talus. Aussi, dans les grandes eaux, pouvait-on aller en bateau le long des maisons et dans les rues en pente qui descendaient sur la rivière. Sur ce quai, les rez-de-chaussée étaient presque tous élevés de quelques marches. Quand l'eau battait le pied des maisons, les voitures prenaient par l'épouvantable rue de la Mortellerie, abattue tout entière aujourd'hui pour agrandir l'Hôtel-de-Ville. Il fut donc facile à la fausse marchande de pousser rapidement la petite voiture au bas du quai, et de l'y cacher jusqu'à ce que la véritable marchande, qui d'ailleurs buvait le prix de sa vente en bloc dans un des ignobles cabarets de la rue de la Mortellerie, vint la reprendre à l'endroit où l'emprunteuse avait promis de la laisser. En ce moment, on achevait l'agrandissement du quai Pelletier, l'entrée du chantier était gardée par un invalide, et la brouette confiée à ses soins ne courait aucun risque.

Asie prit aussitôt un fiacre sur la place de l'Hôtel-de-Ville, et dit au cocher : — « Au Temple! et du train, *il y a gras.* »

Une femme vêtue comme l'était Asie pouvait, sans exciter la moindre curiosité, se perdre dans la vaste halle où s'amoncellent toutes les guenilles de Paris, où grouillent mille marchands ambulants, où babillent deux cents revendeuses. Les deux prévenus étaient à peine écroués, qu'elle se faisait habiller dans un petit entresol humide et bas situé au-dessus d'une de ces horribles boutiques où se vendent tous les restes d'étoffe volés par les couturières ou par les tailleurs, et tenue par une vieille demoiselle appelée la Romette, de son petit nom de Jéromette. La Romette était aux marchandes à la toilette ce que ces madames La Ressource sont elles-mêmes aux femmes, dites comme il faut, dans l'embarras, une usurière à cent pour cent.

— Ma fille! dit Asie, il s'agit de ficeler. Je dois être au moins une baronne du faubourg Saint-Germain. Et bricollons tout *pus vite que ça?* reprit-elle, car j'ai les pieds dans l'huile bouillante! Tu sais quelles robes me vont. En avant le pot de rouge, trouve-

moi des dentelles-chouettes! et donne-moi les plus reluisants *bib*-
lots... Envoie la petite chercher un fiacre, et qu'elle le fasse arrêter
à notre porte de derrière.

— Oui, madame, répondit la vieille fille avec une soumission et
un empressement de servante en présence de sa maîtresse.

Si cette scène avait eu quelque témoin, il eût facilement vu que
la femme cachée sous le nom d'Asie était chez elle.

— On me propose des diamants!... dit la Romette en coiffant
sie.

— Sont-ils volés?...

— Je le crois.

— Eh bien, quel que soit le profit, mon enfant, il faut s'en priver. Nous avons les *curieux* à craindre pendant quelque temps.

On comprend dès lors comment Asie put se trouver dans la salle
des Pas-Perdus du Palais-de-Justice, une citation à la main, se faisant guider dans les corridors et dans les escaliers qui mènent chez
les juges d'instruction, et demandant monsieur Camusot, un quart
d'heure environ avant l'arrivée du juge.

Asie ne se ressemblait plus à elle-même. Après avoir, comme
une actrice, lavé son visage de vieille, mis du rouge et du blanc,
elle s'était enveloppée la tête d'une admirable perruque blonde.
Mise absolument comme une dame du faubourg Saint-Germain en
quête de son chien perdu, elle paraissait avoir quarante ans, car elle
s'était caché le visage sous un magnifique voile de dentelle noire. Un
corset rudement sanglé maintenait sa taille de cuisinière. Très bien
gantée, armée d'une tournure un peu forte, elle exhalait une odeur
de poudre à la maréchale. Badinant avec un sac à monture en or,
elle partageait son attention entre les murailles du Palais où elle
errait évidemment pour la première fois et la laisse d'un joli
kings'dog. Une pareille douairière fut bientôt remarquée par la
population en robe noire de la Salle des Pas-Perdus.

Outre les avocats sans cause qui balaient cette salle avec leurs
robes et qui nomment les grands avocats par leurs noms de baptême, à la manière des grands seigneurs entre eux, pour faire
croire qu'ils appartiennent à l'aristocratie de l'Ordre; on voit souvent de patients jeunes gens, à la dévotion des avoués, faisant le
pied de grue à propos d'une seule cause retenue en dernier et
susceptible d'être plaidée si les avocats des causes retenues en
premier se faisaient attendre. Ce serait une peinture curieuse que

celle des différences entre chacune des robes noires qui se promènent dans cette immense salle trois par trois, quelquefois quatre à quatre, en produisant par leurs causeries l'immense bourdonnement qui retentit dans cette salle, si bien nommée, car la marche use les avocats autant que les prodigalités de la parole; mais elle trouvera place dans l'Étude destinée à peindre les avocats de Paris. Asie avait compté sur les flâneurs du Palais; elle riait sous cape de quelques plaisanteries qu'elle entendait et finit par attirer l'attention de Massol, un jeune stagiaire plus occupé de la *Gazette des Tribunaux* que par ses clients, qui mit en riant ses bons offices à la discrétion d'une femme si bien parfumée et si richement habillée.

Asie prit une petite voix de tête pour expliquer à cet obligeant monsieur qu'elle se rendait à une citation d'un juge, nommé Camusot...

— Ah! pour l'affaire Rubempré.

Le procès avait déjà son nom!

— Oh! ce n'est pas moi, c'est ma femme de chambre, une fille surnommée Europe que j'ai eue pendant vingt-quatre heures et qui s'est enfuie en voyant que mon suisse m'apportait ce papier timbré.

Puis, comme toutes les vieilles femmes dont la vie se passe en bavardages au coin du feu, poussée par Massol, elle fit des parenthèses, elle raconta ses malheurs avec son premier mari, l'un des trois directeurs de la caisse territoriale. Elle consulta le jeune avocat sur la question de savoir si elle devait entamer un procès avec son gendre, le comte de Gross-Narp, qui rendait sa fille très malheureuse, et si la loi lui permettait de disposer de sa fortune. Massol ne pouvait, malgré ses efforts, deviner si la citation était donnée à la maîtresse ou à la femme de chambre. Dans le premier moment, il s'était contenté de jeter les yeux sur cette pièce judiciaire dont les exemplaires sont bien connus; car, pour plus de célérité, elle est imprimée, et les greffiers des juges d'instruction n'ont plus qu'à remplir des blancs ménagés pour les noms et la demeure des témoins, l'heure de la comparution, etc. Asie se faisait expliquer le Palais qu'elle connaissait mieux que l'avocat ne le connaissait lui-même: enfin, elle finit par lui demander à quelle heure ce monsieur Camusot venait.

— Mais en général les juges d'instruction commencent leurs interrogatoires vers dix heures.

— Il est dix heures moins un quart, dit-elle en regardant à une jolie petite montre, un vrai chef-d'œuvre de bijouterie qui fit penser Massol : — Où la fortune va-t-elle se nicher !...

En ce moment Asie était arrivée à cette salle obscure donnant sur la cour de la Conciergerie et où se tiennent les huissiers. En apercevant le guichet à travers la croisée, elle s'écria : — Qu'est-ce que c'est que ces grands murs-là ?

— C'est la Conciergerie.

— Ah ! voilà la Conciergerie où notre pauvre reine..... Oh ! je voudrais bien voir son cachot !...

— C'est impossible, madame la baronne, répondit l'avocat qui donnait le bras à la douairière, il faut avoir des permissions qui s'obtiennent très difficilement.

— On m'a dit, reprit-elle, que Louis XVIII avait fait lui-même, et en latin, l'inscription qui se trouve dans le cachot de Marie-Antoinette.

— Oui, madame la baronne.

— Je voudrais savoir le latin pour étudier les mots de cette inscription-là ! répliqua-t-elle. Croyez-vous que monsieur Camusot puisse me donner une permission...

— Cela ne le regarde pas ; mais il peut vous accompagner...

— Mais ses interrogatoires ? dit-elle.

— Oh ! répondit Massol, les prévenus peuvent attendre.

— Tiens, ils sont prévenus, c'est vrai ! répliqua naïvement Asie. Mais je connais monsieur de Grandville, votre procureur général...

Cette interjection produisit un effet magique sur les huissiers et sur l'avocat.

— Ah ! vous connaissez monsieur le procureur général, dit Massol qui pensait à demander le nom et l'adresse de *la cliente* que le hasard lui procurait.

— Je le vois souvent chez monsieur de Sérisy, son ami. Madame de Sérisy est ma parente par les Ronquerolles...

— Mais si madame veut descendre à la Conciergerie, dit un huissier, elle...

— Oui, dit Massol.

Et les huissiers laissèrent descendre l'avocat et la baronne qui se trouvèrent bientôt dans le petit corps de garde auquel aboutit l'escalier de la Souricière, local bien connu d'Asie, et qui forme, ainsi qu'on l'a vu, entre la Souricière et la Sixième chambre comme un poste d'observation par où tout le monde est obligé de passer.

— Demandez donc à ces messieurs si monsieur Camusot est venu! dit-elle en observant les gendarmes qui jouaient aux cartes.

— Oui, madame, il vient de monter de la Souricière...

— La Souricière! dit-elle. Qu'est-ce que c'est... Oh! suis-je bête de ne pas être allée tout droit chez le comte de Grandville... Mais je n'ai pas le temps... Menez-moi, monsieur, parler à monsieur Camusot avant qu'il ne soit occupé.

— Oh! madame, vous avez bien le temps de parler à monsieur Camusot, dit Massol. En lui faisant passer votre carte, il vous évitera le désagrément de faire antichambre avec les témoins... On a des égards au Palais pour les femmes comme vous... Vous avez des cartes...

En ce moment Asie et son avocat se trouvaient précisément devant la fenêtre du corps de garde d'où les gendarmes peuvent voir le mouvement du guichet de la Conciergerie. Les gendarmes, nourris dans le respect dû aux défenseurs de la veuve et de l'orphelin, connaissant d'ailleurs les priviléges de la robe, tolérèrent pour quelques instants la présence d'une baronne accompagnée d'un avocat. Asie se laissait raconter par le jeune avocat les épouvantables choses qu'un jeune avocat peut dire sur le Guichet. Elle refusa de croire qu'on fît la toilette aux condamnés à mort derrière les grilles qu'on lui désignait; mais le brigadier le lui affirma.

— Comme je voudrais voir cela!... dit-elle.

Elle resta là coquetant avec le brigadier et son avocat jusqu'à ce qu'elle vît Jacques Collin, soutenu par deux gendarmes et précédé de l'huissier de monsieur Camusot sortant du Guichet.

— Ah! voilà l'aumônier des prisons qui vient sans doute de préparer un malheureux...

— Non, non, madame la baronne, répondit le gendarme. C'est un prévenu qui vient à l'instruction.

— Et de quoi donc est-il accusé?

— Il est impliqué dans cette affaire d'empoisonnement...

— Oh! je voudrais bien le voir...

— Vous ne pouvez pas rester ici, dit le brigadier, car il est au secret, et va traverser notre corps de garde. Tenez, madame, cette porte donne sur l'escalier...

— Merci, monsieur l'officier dit la baronne en se dirigeant vers la porte pour se précipiter dans l'escalier où elle s'écria : — Mais où suis-je?

Cet éclat de voix alla jusqu'à l'oreille de Jacques Collin qu'elle voulait ainsi préparer à la voir. Le brigadier courut après madame la baronne, la saisit par le milieu du corps, et la transporta comme une plume au milieu de cinq gendarmes qui s'étaient dressés comme un seul homme ; car, dans ce corps de garde, on se défie de to C'était de l'arbitraire, mais de l'arbitraire nécessaire. L'avocat l même avait poussé deux exclamations : — « Madame! madame pleines d'effroi, tant il craignait de se compromettre.

L'abbé Carlos Herrera, presque évanoui, s'arrêta sur une chaise dans le corps de garde.

— Pauvre homme! dit la baronne. Est-ce là un coupable?

Ces paroles, quoique prononcées à l'oreille du jeune avocat, furent entendues par tout le monde, car il régnait dans cet affreux corps de garde un silence de mort. Quelques personnes privilégiées obtiennent quelquefois la permission de voir les fameux criminels pendant qu'ils passent dans ce corps de garde ou dans les couloirs, en sorte que l'huissier et les gendarmes chargés d'amener l'abbé Carlos Herrera ne firent aucune observation. D'ailleurs, il existait, grâce au dévouement du brigadier qui avait *empoigné* la baronne pour empêcher toute communication entre le prévenu mis au secret et les étrangers, un espace très rassurant.

— Allons ! dit Jacques Collin qui fit un effort pour se lever.

En ce moment la petite boule tomba de sa manche, et la place où elle s'arrêta fut remarquée par la baronne à qui son voile laissait la liberté de ses regards. Humide et graisseuse, la boulette n'avait pas roulé, car ces petites choses en apparence indifférentes étaient toutes calculées par Jacques Collin pour une complète réussite. Lorsque le prévenu fut conduit dans la partie supérieure de l'escalier, Asie lâcha très naturellement son sac et le ramassa lestement; mais en se baissant elle avait pris la boule que sa couleur, absolument pareille à celle de la poussière et de la boue du plancher, empêchait d'être aperçue.

— Ah! dit-elle, ça m'a serré le cœur... il est mourant...

— Ou il le paraît, répliqua le brigadier.

— Monsieur, dit Asie à l'avocat, conduisez-moi promptement chez monsieur Camusot ; je viens pour cette affaire... et peut-être sera-t-il bien aise de me voir avant d'interroger ce pauvre abbé..

L'avocat et la baronne quittèrent le corps de garde aux murs oléagineux et fuligineux; mais, quand ils furent en haut de l'escalier, Asie fit une exclamation : — Et mon chien !... oh! monsieur, moi pauvre chien.

Et, comme une folle, elle s'élança dans la salle des Pas-Perdus, en demandant son chien à tout le monde. Elle atteignit la galerie marchande, et se précipita vers un escalier en disant : — Le voilà !...

Cet escalier était celui qui mène à la cour de Harlay, par où, sa comédie jouée, elle alla se jeter dans un des fiacres qui stationnent au quai des Orfévres, et elle disparut avec le mandat à comparaître lancé contre Europe dont les véritables noms étaient encore ignorés par la police et par la justice.

— Rue Neuve-Saint-Marc, cria-t-elle au cocher.

Asie pouvait compter sur l'inviolable discrétion d'une marchande à la toilette appelée madame Nourrisson, également connue sous le nom de madame Saint-Estève, qui lui prêtait non-seulement son individualité, mais encore sa boutique, où Nucingen avait marchandé la livraison d'Esther. Asie était là comme chez elle, car elle occupait une chambre dans le logement de madame Nourrisson. Elle paya le fiacre et monta dans sa chambre après avoir salué madame Nourrisson de manière à lui faire comprendre qu'elle n'avait pas le temps d'échanger deux mots.

Une fois loin de tout espionnage, Asie se mit à déplier les papiers avec les soins que les savants prennent pour dérouler des palimpsestes. Après avoir lu ces instructions, elle jugea nécessaire de transcrire sur du papier à lettre les lignes destinées à Lucien; puis elle descendit chez madame Nourrisson qu'elle fit causer pendant le temps qu'une petite fille de boutique alla chercher un fiacre sur le boulevard des Italiens. Asie eut ainsi les adresses de la duchesse de Maufrigneuse et de madame de Sérisy que connaissait madame Nourrisson par ses relations avec les femmes de chambre.

Ces diverses courses, ces occupations minutieuses employèrent plus de deux heures. Madame la duchesse de Maufrigneuse, qui demeurait en haut du faubourg Saint-Honoré, fit attendre madame de Saint-Estève pendant une heure, quoique la femme de chambre lui eût fait passer par la porte de son boudoir, après y avoir frappé, la carte de madame de Saint-Estève sur laquelle Asie avait écrit : « *Venue pour une démarche urgente concernant Lucien.* »

Au premier rayon qu'elle jeta sur la figure de la duchesse, Asie comprit combien sa visite était intempestive ; aussi s'excusa-t-elle d'avoir troublé *le repos* de madame la duchesse sur le péril dans lequel se trouvait Lucien...

— Qui êtes-vous ?... demanda la duchesse sans aucune formule de politesse en toisant Asie qui pouvait bien être prise pour une baronne par maître Massol dans la salle des Pas-Perdus, mais qui, sur les tapis du petit salon de l'hôtel de Cadignan, faisait l'effet d'une tache de cambouis sur une robe de satin blanc.

— Je suis une marchande à la toilette, madame la duchesse ; car, en semblables conjonctures, on s'adresse aux femmes dont la profession repose sur une discrétion absolue. Je n'ai jamais trahi personne, et Dieu sait combien de grandes dames m'ont confié leurs diamants pour un mois, en demandant des parures en faux absolument pareilles aux leurs...

— Vous avez un autre nom ? dit la duchesse en souriant d'une réminiscence que provoquait en elle cette réponse.

— Oui, madame la duchesse, je suis madame Saint-Estève dans les grandes occasions, mais je me nomme dans le commerce madame Nourrisson.

— Bien, bien... répondit vivement la duchesse en changeant de ton.

— Je puis, dit Asie en continuant, rendre de grands services, car nous avons les secrets des maris aussi bien que ceux des femmes. J'ai fait beaucoup d'affaires avec monsieur de Marsay que madame la duchesse...

— Assez ! assez !... s'écria la duchesse, occupons-nous de Lucien.

— Si madame la duchesse veut le sauver, il faudrait qu'elle eût le courage de ne pas perdre de temps à s'habiller ; d'ailleurs madame la duchesse ne pourrait pas être plus belle qu'elle ne l'est en ce moment. Vous êtes jolie à croquer, parole d'honneur de vieille femme ! Enfin, ne faites pas atteler, madame, et montez en fiacre avec moi... Venez chez madame de Sérisy, si vous voulez éviter des malheurs plus grands que ne le serait celui de la mort de ce chérubin...

— Allez ! je vous suis, dit alors la duchesse après un moment d'hésitation. A nous deux, nous donnerons du courage à Léontine...

Malgré l'activité vraiment infernale de cette Dorine du Bagne, trois heures sonnaient quand elle entrait avec la duchesse de Maufrigneuse chez madame de Sérisy qui demeurait rue de la Chaussée-d'Antin. Mais là, grâce à la duchesse, il n'y eut pas un instant de perdu. Toutes deux elles furent aussitôt introduites auprès de la comtesse, qu'elles trouvèrent couchée sur un divan dans un chalet en miniature, au milieu d'un jardin embaumé par les fleurs les plus rares.

— C'est bien, dit Asie en regardant autour d'elle, on ne pourra pas nous écouter.

— Ah! ma chère! je me meurs! Voyons, Diane, qu'as-tu fait!... s'écria la comtesse qui bondit comme un faon en saisissant la duchesse par les épaules et fondant en larmes.

— Allons, Léontine, il y a des occasions où les femmes comme nous ne doivent pas pleurer, mais agir, dit la duchesse en forçant la comtesse à se rasseoir avec elle sur le canapé.

Asie étudia cette comtesse avec ce regard particulier aux vieilles rouées et qu'elles promènent sur l'âme d'une femme avec la rapidité des bistouris de la chirurgie fouillant une plaie. La compagne de Jacques Collin reconnut alors les traces du sentiment le plus rare chez les femmes du monde, une vraie douleur!... cette douleur qui fait des sillons ineffaçables dans le cœur et sur le visage. Dans la mise, pas la moindre coquetterie! La comtesse comptait alors quarante-cinq printemps, et son peignoir de mousseline imprimée et chiffonné laissait voir le corsage sans aucune préparation, ni corset!.... Les yeux cerclés d'un tour noir, les joues marbrées attestaient des larmes amères. Pas de ceinture au peignoir. Les broderies de la jupe de dessous et de la chemise étaient fripées. Les cheveux ramassés sous un bonnet de dentelle, ignorant les soins du peigne depuis vingt-quatre heures, montraient une courte natte grêle et toutes les mèches à boucles dans leur pauvreté. Léontine avait oublié de mettre ses fausses nattes.

— Vous aimez pour la première fois de votre vie... lui dit sentencieusement Asie.

Léontine alors aperçut Asie et fit un mouvement d'effroi.

— Qui est-ce, ma chère Diane? dit-elle à la duchesse de Maufrigneuse.

— Qui veux-tu que je t'amène, si ce n'est une femme dévouée à Lucien et prête à nous servir?

Asie avait deviné la vérité. Madame de Sérisy, qui passait pour être une des femmes du monde les plus légères, avait eu, pour le marquis d'Aiglemont, un attachement de dix années. Depuis le départ du marquis pour les colonies, elle était devenue folle de Lucien et l'avait détaché de la duchesse de Maufrigneuse, ignorant, comme tout Paris d'ailleurs, l'amour de Lucien pour Esther. Dans le grand monde, un attachement constaté gâte plus la réputation d'une femme que dix aventures secrètes, à plus forte raison deux attachements. Néanmoins, comme personne ne comptait avec madame de Sérisy, l'historien ne saurait garantir sa vertu à deux écornures. C'était une blonde de moyenne taille, conservée comme les blondes qui sont conservées, c'est-à-dire paraissant à peine avoir trente ans, fluette sans maigreur, blanche, à cheveux cendrés; les pieds, les mains, le corps d'une finesse aristocratique; spirituelle comme une Ronquerolles, et par conséquent aussi méchante pour les femmes qu'elle était bonne pour les hommes. Elle avait toujours été préservée par sa grande fortune, par la haute position de son mari, par celle de son frère le marquis de Ronquerolles, des déboires dont eût été sans doute abreuvée toute autre femme qu'elle. Elle avait un grand mérite : elle était franche dans sa dépravation, elle avait son culte pour les mœurs de la Régence. Or, à quarante-deux ans, cette femme, pour qui les hommes avaient été jusque-là d'agréables jouets et à qui, chose étrange, elle avait accordé beaucoup en ne voyant dans l'amour que des sacrifices à subir pour dominer, avait été saisie à l'aspect de Lucien par un amour semblable à celui du baron de Nucingen pour Esther. Elle avait alors aimé, comme venait de lui dire Asie, pour la première fois de sa vie. Ces transpositions de jeunesse sont plus fréquentes qu'on ne le croit chez les Parisiennes, chez les grandes dames, et causent les chutes inexplicables de quelques femmes vertueuses au moment où elles atteignent au port de la quarantaine. La duchesse de Maufrigneuse était la seule confidente de cette passion terrible et complète dont les bonheurs depuis les sensations enfantines du premier amour jusqu'aux gigantesque folies de la volupté, rendaient Léontine folle et insatiable.

L'amour vrai, comme on sait, est impitoyable. La découverte d'une Esther avait été suivie d'une de ces ruptures colériques où chez les femmes la rage va jusqu'à l'assassinat; puis la période des lâchetés auxquelles l'amour sincère s'abandonne avec tant de délices était venue. Aussi, depuis un mois, la comtesse aurait-elle donné dix ans de sa vie pour revoir Lucien pendant huit jours. Enfin, elle en était arrivée à accepter la rivalité d'Esther, au moment où, dans ce paroxysme de tendresse, avait éclaté, comme une trompette du jugement dernier, la nouvelle de l'arrestation du bien-aimé. La comtesse avait failli mourir, son mari l'avait gardée lui-même au lit en craignant les révélations du délire; et, depuis vingt-quatre heures, elle vivait avec un poignard dans le cœur. Elle disait, dans sa fièvre, à son mari :—Délivre Lucien, et je ne vivrai plus que pour toi!

— Il ne s'agit pas de faire des yeux de chèvre morte, comme dit madame la duchesse, s'écria la terrible Asie en secouant la comtesse par le bras. Si voulez le sauver; il n'y a pas une minute à perdre. Il est innocent, je le jure sur les os de ma mère!

— Oh! oui, n'est-ce pas... cria la comtesse en regardant avec bonté l'affreuse commère.

— Mais, dit Asie en continuant, si monsieur Camusot l'*interroge mal*, avec deux phrases il peut en faire un coupable; et, si vous avez le pouvoir de vous faire ouvrir la Conciergerie et de lui parler, partez à l'instant et remettez-lui ce papier... Demain il sera libre, je vous le garantis?... Tirez-le de là, car c'est vous qui l'y avez mis...

— Moi!...

— Oui, vous!... Vous autres grandes dames, vous n'avez jamais le sou, même quand vous êtes riches à millions. Quand je me donnais le luxe d'avoir des gamins, ils avaient leurs poches pleines d'or! je m'amusais de leur plaisir. C'est si bon d'être à la fois mère et maîtresse! Vous autres, vous laissez crever de faim les gens que vous aimez sans vous enquérir de leurs affaires. Esther, elle, ne faisait pas de phrases, elle a donné, au prix de la perdition de son corps et de son âme, le million qu'on demandait à votre Lucien, et c'est ce qui l'a mis dans la situation où il est...

— Pauvre fille! elle a fait cela! je l'aime!... dit Léontine.

— Ah! maintenant, dit Asie avec une ironie glaciale.

— Elle était bien belle, mais maintenant, mon ange, tu es bien plus belle qu'elle... et le mariage de Lucien avec Clotilde est si bien rompu, que rien ne peut le remmancher, dit tout bas la duchesse à Léontine.

L'effet de cette réflexion et de ce calcul fut tel sur la comtesse, qu'elle ne souffrit plus ; elle se passa les mains sur le front, elle fut jeune.

— Allons, ma petite, haut la patte, et du train !... dit Asie qui vit cette métamorphose et en devina le ressort.

— Mais, dit madame de Maufrigneuse, s'il faut empêcher avant tout monsieur Camusot d'interroger Lucien, nous le pouvons en lui écrivant deux mots, que nous allons envoyer au Palais par ton valet de chambre, Léontine.

— Rentrons alors chez moi, dit madame de Sérisy.

Voici ce qui se passait au Palais pendant que les protectrices de Lucien obéissaient aux ordres tracés par Jacques Collin.

Les gendarmes transportèrent le moribond sur une chaise placée en face de la croisée dans le cabinet de monsieur Camusot, qui se trouvait assis dans son fauteuil devant son bureau. Coquart, sa plume à la main, occupait une petite table à quelques pas du juge.

La situation des cabinets des juges d'instruction n'est pas indifférente, et si ce n'est pas avec intention qu'elle a été choisie, on doit avouer que le Hasard a traité la Justice en sœur. Ces magistrats sont comme les peintres, ils ont besoin de la lumière égale et pure qui vient du Nord, car le visage de leurs criminels est un tableau dont l'étude doit être constante. Aussi, presque tous les juges d'instruction placent-ils leurs bureaux comme était celui de Camusot, de manière à tourner le dos au jour, et conséquemment à laisser la face de ceux qu'ils interrogent exposée à la lumière. Pas un d'eux, au bout de six mois d'exercice, ne manque à prendre un air distrait, indifférent, quand il ne porte pas de lunettes, tant que dure un interrogatoire. C'est à un subit changement de visage, observé par ce moyen et causé par une question faite à brûle-pourpoint, que fut due la découverte du crime commis par Castaing, au moment où, après une longue délibération avec le procureur-général, le juge allait rendre ce criminel à la société, faute de preuves. Ce petit détail peut indiquer aux gens les moins compréhensifs combien est vive, intéressante, curieuse, dramatique et terrible la lutte d'une instruction criminelle, lutte sans témoins, mais toujours écrite. Dieu sait ce qui reste sur le papier de la scène la plus glacialement ardente, où les yeux, l'accent, un tressaillement dans la face, la plus légère touche de coloris ajoutée par un sentiment, tout a été périlleux comme entre Sauvages qui s'observent pour se découvrir et se tuer. Un procès-verbal, ce n'est donc plus que les cendres de l'incendie.

— Quels sont vos véritables noms? demanda Camusot à Jacques Collin.

— Don Carlos Herrera, chanoine du chapitre royal de Tolède envoyé secret de Sa Majesté Ferdinand VII.

Il faut faire observer ici que Jacques Collin parlait le français comme une vache espagnole, en baragouinant de manière à rendre ses réponses presque inintelligibles et à s'en faire demander la répétition. Les germanismes de monsieur de Nucingen ont déjà trop émaillé cette Scène pour y mettre d'autres phrases soulignées difficiles à lire, et qui nuiraient à la rapidité d'un dénoûment.

— Vous avez des papiers qui constatent les qualités dont vous parlez? demanda le juge.

— Oui, monsieur, un passe-port, une lettre de Sa Majesté Catholique qui autorise ma mission... Enfin, vous pouvez envoyer immédiatement à l'ambassade d'Espagne deux mots que je vais écrire devant vous, je serai réclamé. Puis, si vous avez besoin d'autres preuves, j'écrirais à son Eminence le grand aumônier de France, et il enverrait aussitôt ici son secrétaire particulier.

— Vous prétendez-vous toujours mourant? dit Camusot. Si vous aviez véritablement éprouvé les souffrances dont vous vous êtes plaint depuis votre arrestation, vous devriez être mort, reprit le juge avec ironie.

— Vous faites le procès au courage d'un innocent, et à la force de son tempérament! répondit avec douceur le prévenu.

— Coquart, sonnez! faites venir le médecin de la Conciergerie et un infirmier. Nous allons être obligés de vous ôter votre redingote et de procéder à la vérification de la marque sur votre épaule... reprit Camusot.

— Monsieur, je suis entre vos mains.

Le prévenu demanda si son juge aurait la bonté de lui expliquer ce qu'était cette marque, et pourquoi la chercher sur son épaule? Le juge s'attendait à cette question.

— Vous êtes soupçonné d'être Jacques Collin, forçat évadé dont l'audace ne recule devant rien, pas même devant le sacrilége... dit vivement le juge en plongeant son regard dans les yeux du prévenu.

Jacques Collin ne tressaillit pas, ne rougit pas; il resta calme et prit un air naïvement curieux en regardant Camusot.

— Moi! monsieur, un forçat?... Que l'Ordre auquel j'appartiens et Dieu vous pardonnent une pareille méprise! dites-moi tout ce que je dois faire pour vous éviter de persister dans une insulte si grave envers le Droit des gens, envers l'Église, envers le roi mon maître.

Le juge expliqua, sans répondre, au prévenu que, s'il avait subi la flétrissure infligée alors par les lois aux condamnés aux travaux forcés, en lui frappant l'épaule les lettres reparaîtraient aussitôt.

— Ah! monsieur, dit Jacques Collin, il serait bien malheureux que mon dévouement à la cause royale me devînt funeste.

— Expliquez-vous, dit le juge, vous êtes ici pour cela.

— Eh bien, monsieur, je dois avoir bien des cicatrices dans le dos, car j'ai été fusillé par derrière, comme traître au pays, tandis que j'étais fidèle à mon roi, par les Constitutionnels qui m'ont laissé pour mort.

— Vous avez été fusillé, et vous vivez!... dit Camusot.

— J'avais quelques intelligences avec les soldats à qui des personnes pieuses avaient remis quelque argent; et alors ils m'ont placé si loin que j'ai seulement reçu des balles presque mortes, les soldats ont visé le dos. C'est un fait que son excellence l'ambassadeur pourra vous attester...

— Ce diable d'homme a réponse à tout. Tant mieux, d'ailleurs, pensait Camusot, qui ne paraissait aussi sévère que pour satisfaire aux exigences de la Justice et de la Police.

— Comment un homme de votre caractère s'est-il trouvé chez la maîtresse du baron de Nucingen, et quelle maîtresse, une ancienne fille!...

— Voici pourquoi l'on m'a trouvé dans la maison d'une courtisane, monsieur, répondit Jacques Collin. Mais avant de vous dire la raison qui m'y conduisait, je dois vous faire observer qu'au moment où je franchissais la première marche de l'escalier j'ai été saisi par l'invasion subite de ma maladie, je n'ai donc pas pu parler à temps à cette fille. J'avais eu connaissance du dessein que méditait mademoiselle Esther de se donner la mort, et comme il s'agissait des intérêts du jeune Lucien de Rubempré, pour qui j'ai une affection particulière, dont les motifs sont sacrés, j'allais essayer de détourner la pauvre créature de la voie où la conduisait le désespoir : je voulais lui dire que Lucien devait échouer dans sa dernière tentative auprès de mademoiselle Clotilde ; et, en lui apprenant qu'elle héritait de sept millions, j'espérais lui rendre le courage de vivre. J'ai la certitude, monsieur le juge, d'avoir été la victime des secrets qui me furent confiés. A la manière dont j'ai été foudroyé, je pense que le matin même on m'avait empoisonné ; mais la force de mon tempérament m'a sauvé. Je sais que, depuis longtemps, un agent de la police politique me poursuit et cherche à m'envelopper dans quelque méchante affaire... Si, sur ma demande, lors de mon arrestation, vous aviez fait venir un médecin, vous auriez eu la preuve de ce que je vous dis en ce moment sur l'état de ma santé. Croyez, monsieur, que des personnages, placés au-dessus de nous, ont un intérêt violent à me confondre avec quelque scélérat pour avoir le droit de se défaire de moi. Ce n'est pas tout gain que de servir les rois, ils ont leurs petitesses ; mais l'Église seule est parfaite.

Il est impossible de rendre le jeu de physionomie de Jacques Collin qui mit avec intention dix minutes à dire cette tirade, phrase à phrase ; tout en était si vraisemblable, surtout l'allusion à Corentin, que le juge en fut ébranlé.

— Pouvez-vous me confier les causes de votre affection pour monsieur Lucien de Rubempré...

— Ne les devinez-vous pas ? j'ai soixante ans, monsieur... — Je vous en supplie, n'écrivez pas cela... — c'est... faut-il donc absolument ?...

— Il est dans votre intérêt et surtout dans celui de Lucien de Rubempré de tout dire, répondit le juge.

— Eh bien ! c'est... ô mon Dieu !... c'est mon fils ! ajouta-t-il en murmurant.

Et il s'évanouit.

— N'écrivez pas cela, Coquart, dit Camusot tout bas.

Coquart se leva pour aller prendre une petite fiole de vinaigre des quatre-voleurs.

— Si c'est Jacques Collin, c'est un bien grand comédien !... pensait Camusot.

Coquart faisait respirer du vinaigre au vieux forçat que le juge examinait avec une perspicacité de lynx et de magistrat.

— Il faut lui faire ôter sa perruque, dit Camusot en attendant que Jacques Collin eût repris ses sens.

Le vieux forçat entendit cette phrase et frémit de peur, car il savait quelle ignoble expression prenait alors sa physionomie.

— Si vous n'avez pas la force d'ôter votre perruque... oui, Coquart, ôtez-la, dit le juge à son greffier.

Jacques Collin avança la tête vers le greffier avec une résignation admirable, mais alors sa tête dépouillée de cet ornement fut épouvantable à voir, elle eut son caractère réel. Ce spectacle plongea Camusot dans une grande incertitude. En attendant le médecin et un infirmier, il se mit à classer et à examiner tous les papiers et les objets saisis au domicile de Lucien. Après avoir opéré rue Saint-Georges, chez mademoiselle Esther, la justice était descendue quai Malaquais y faire des perquisitions.

— Vous mettez la main sur les lettres de madame la comtesse de Sérisy, dit Carlos Herrera; mais je ne sais pas pourquoi vous avez tous les papiers de Lucien.

— Lucien de Rubempré, soupçonné d'être votre complice, est arrêté, répondit le juge qui voulut voir quel effet produirait cette nouvelle sur son prévenu.

— Vous avez fait un grand malheur, car il est tout aussi innocent que moi, répondit le faux Espagnol sans montrer la moindre émotion.

— Nous verrons, nous n'en sommes encore qu'à votre identité, reprit Camusot, surpris de la tranquillité du prévenu. Si vous êtes réellement don Carlos Herrera, ce fait changerait immédiatement la situation de Lucien Chardon.

— Oui, c'était bien madame Chardon, mademoiselle de Rubempré! dit Carlos en murmurant. Ah! c'est une des plus grandes fautes de ma vie!

Il leva les yeux au ciel; et, à la manière dont il agita ses lèvres, il parut dire une prière fervente.

— Mais si vous êtes Jacques Collin, s'il a été sciemment le compagnon d'un forçat évadé, d'un sacrilége, tous les crimes que la justice soupçonne deviennent plus que probables.

Carlos Herrera fut de bronze en écoutant cette phrase habilement dite par le juge, et pour toute réponse à ces mots *sciemment*, *forçat évadé!* il levait les mains par un geste noblement douloureux.

— Monsieur l'abbé, reprit le juge avec une excessive politesse, si vous êtes don Carlos Herrera, vous nous pardonnerez tout ce que nous sommes obligés de faire dans l'intérêt de la justice et de la vérité...

Jacques Collin devina le piége au seul son de voix du juge quand il prononça *monsieur l'abbé*, la contenance de cet homme fut la même, Camusot attendait un mouvement de joie qui eût été comme un premier indice de la qualité de forçat par le contentement ineffable du criminel trompant son juge, mais il trouva le héros du bagne sous les armes de la dissimulation la plus machiavélique.

— Je suis diplomate et j'appartiens à un Ordre où l'on fait des vœux bien austères, répondit Jacques Collin avec une douceur apostolique, je comprends tout et je suis habitué à souffrir. Je serais déjà libre si vous aviez découvert chez moi la cachette où sont mes papiers, car je vois que vous n'avez saisi que des papiers insignifiants...

Ce fut un coup de grâce pour Camusot : Jacques Collin avait déjà contrebalancé, par son aisance et sa simplicité, tous les soupçons que la vue de sa tête avait fait naître.

— Où sont ces papiers ?...

— Je vous en indiquerai la place si vous voulez faire accompagner votre délégué par un secrétaire de légation de l'ambassade d'Espagne, qui les recevra et à qui vous en répondrez, car il s'agit de mon état, de pièces diplomatiques et de secrets qui compromettent le feu roi Louis XVIII. — Ah, monsieur ! il vaudrait mieux... Enfin, vous êtes magistrat !... D'ailleurs l'ambassadeur, à qui j'en appelle de tout ceci, appréciera.

En ce moment le médecin et l'infirmier entrèrent, après avoir été annoncés par l'huissier.

— Bonjour, monsieur, dit Camusot au médecin, je vous requiers pour constater l'état où se trouve le prévenu que voici. Il dit avoir été empoisonné, il prétend être à la mort depuis avant-hier ; voyez s'il y a du danger à le déshabiller et à procéder à la vérification de la marque...

Le médecin prit la main de Jacques Collin, lui tâta le pouls, lui demanda de présenter la langue, et le regarda très attentivement. Cette inspection dura dix minutes environ.

— Le prévenu, répondit le médecin, a beaucoup souffert, mais il jouit en ce moment d'une grande force...

— Cette force factice est due, monsieur, à l'excitation nerveuse que me cause mon étrange situation, répondit Jacques Collin avec la dignité d'un évêque.

— Cela se peut, dit le médecin.

Sur un signe du juge, le prévenu fut déshabillé, on lui laissa son pantalon, mais on le dépouilla de tout, même de sa chemise; et alors, on put admirer un torse velu d'une puissance cyclopéenne. C'était l'Hercule Farnèse de Naples sans sa colossale exagération.

— A quoi la nature destine-t-elle des hommes ainsi bâtis?... dit le médecin à Camusot.

L'huissier revint avec cette espèce de batte en ébène qui, depuis un temps immémorial, est l'insigne de leur fonction et qu'on appelle une verge; il en frappa plusieurs coups à l'endroit où le bourreau avait appliqué les fatales lettres. Dix-sept trous reparurent alors, tous capricieusement distribués; mais, malgré le soin avec lequel on examina le dos, on ne vit aucune forme de lettres. Seulement l'huissier fit observer que la barre du T se trouvait indiquée par deux trous dont l'intervalle avait la longueur de cette barre entre les deux virgules qui la terminent à chaque bout, et qu'un autre trou marquait le point final du corps de la lettre.

— C'est néanmoins bien vague, dit Camusot en voyant le doute peint sur la figure du médecin.

Carlos demanda qu'on fît la même opération sur l'autre épaule et au milieu du dos. Une quinzaine d'autres cicatrices reparurent, que le médecin observa sur la réclamation de l'Espagnol, et il déclara que le dos avait été si profondément labouré par des plaies, que la marque ne pourrait reparaître dans le cas où l'exécuteur l'y aurait imprimée.

En ce moment un garçon de bureau de la préfecture de police entra et remit un pli à monsieur Camusot et demanda la réponse. Après avoir lu, le magistrat alla parler à Coquart, mais si bien dans l'oreille que personne ne put rien entendre. Seulement à un regard de Camusot, Jacques Collin devina qu'un renseignement sur lui venait d'être transmis par le préfet de police.

— J'ai toujours l'ami de Peyrade sur les talons, pensa Jacques Collin; si je le connaissais, je me débarrasserais de lui comme de Contenson. Pourrais-je encore une fois revoir Asie?...

Après avoir signé le papier écrit par Coquart, le juge le mit sous enveloppe et le tendit au garçon de bureau des Délégations.

Le bureau des Délégations est un auxiliaire indispensable à la Justice. Ce bureau, présidé par un commissaire de police *ad hoc*, se compose d'officiers de paix qui exécutent avec l'aide des commissaires de police de chaque quartier les mandats de perquisition et même d'arrestation chez les personnes soupçonnées de complicité dans les crimes ou dans les délits. Ces délégués de l'autorité judiciaire épargnent alors aux magistrats chargés d'une instruction un temps précieux.

Le prévenu, sur un signe du juge, fut alors habillé par le médecin et par l'infirmier qui se retirèrent, ainsi que l'huissier. Camusot s'assit à son bureau jouant avec sa plume.

— Vous avez une tante, dit brusquement Camusot à Jacques Collin.

— Une tante, répondit avec étonnement don Carlos Herrera ; mais, monsieur, je n'ai point de parent, je suis l'enfant non reconnu du feu duc d'Ossuna.

Et en lui-même il se disait : — *Ils brûlent !* allusion au jeu de cache-cache, qui d'ailleurs est une enfantine image de la lutte terrible entre la justice et le criminel.

— Bah ! dit Camusot. Allons, vous avez encore votre tante, mademoiselle Jacqueline Collin, que vous avez placée sous le nom bizarre d'Asie auprès de la demoiselle Esther.

Jacques Collin fit un insouciant mouvement d'épaules parfaitement en harmonie avec l'air de curiosité par lequel il accueillait les paroles du juge qui l'examinait avec une attention narquoise.

— Prenez garde, reprit Camusot. Écoutez-moi bien.

— Je vous écoute, monsieur.

— Votre tante est marchande au Temple, son commerce est géré par une demoiselle Paccard, sœur d'un condamné, très honnête fille d'ailleurs, surnommée la Romette. La justice est sur les traces de votre tante, et dans quelques heures nous aurons des preuves décisives. Cette femme vous est bien dévouée...

— Continuez, monsieur le juge, dit tranquillement Jacques Collin en réponse à une pause de Camusot, je vous écoute.

— Votre tante, qui compte environ cinq ans de plus que vous, a été la maîtresse de Marat d'odieuse mémoire. C'est de cette source ensanglantée que lui est venu le noyau de la fortune qu'elle possède... C'est, selon les renseignements que je reçois, une très habile recéleuse, car on n'a pas encore de preuves contre elle. Après la mort de Marat, elle aurait appartenu, selon les rapports que je tiens entre les mains, à un chimiste condamné à mort en l'an VIII, pour crime de fausse monnaie. Elle a paru comme témoin dans le procès. C'est dans cette intimité qu'elle aurait acquis des connaissances en toxicologie. Elle a été marchande à la toilette de l'an IX à 1805. Elle a subi deux ans de prison en 1807 et 1808, pour avoir livré des mineures à la débauche... Vous étiez alors poursuivi pour crime de faux, vous aviez quitté la maison de banque où votre tante vous avait placé comme commis, grâce à l'éducation que vous aviez reçue et aux protections dont jouissait votre tante auprès des personnages à la dépravation desquels elle fournissait des victimes... Tout ceci ressemblerait peu à la grandeur des ducs d'Ossuna... Persistez-vous dans vos dénégations?..

Jacques Collin écoutait monsieur Camusot en pensant à son enfance heureuse, au Collège des Oratoriens d'où il était sorti, méditation qui lui donnait un air véritablement étonné. Malgré l'habileté de sa diction interrogative, Camusot n'arracha pas un mouvement à cette physionomie placide.

— Si vous avez fidèlement écrit l'explication que je vous ai donnée en commençant, vous pouvez la relire, répondit Jacques Collin, je ne puis varier... Je ne suis pas allé chez la courtisane, comment saurais-je qui elle avait pour cuisinière? Je suis tout à fait étranger aux personnes de qui vous me parlez.

— Nous allons procéder, malgré vos dénégations, à des confrontations qui pourront diminuer votre assurance.

— Un homme déjà fusillé une fois est habitué à tout, répondit Jacques Collin avec douceur.

Camusot retourna visiter les papiers saisis en attendant le retour du chef de la Sûreté dont la diligence fut extrême, car il était onze heures et demie, l'interrogatoire avait commencé vers dix heures, et l'huissier vint annoncer au juge à voix basse l'arrivée de Bibi-Lupin.

— Qu'il entre! répondit monsieur Camusot.

En entrant Bibi-Lupin de qui l'on attendait un : — « C'est b lui!... » resta surpris. Il ne reconnaissait plus le visage de *sa pratique* dans une face criblée de petite vérole. Cette hésitation frappa le juge.

— C'est bien sa taille, sa corpulence, dit l'agent. Ah! c'est toi,

Jacques Collin, reprit-il en examinant les yeux, la coupe du front et les oreilles... Il y a des choses qu'on ne peut pas déguiser... C'est parfaitement lui, monsieur Camusot... Jacques a la cicatrice d'un coup de couteau dans le bras gauche, faites-lui ôter sa redingote, vous allez la voir...

De nouveau, Jacques Collin fut obligé de se dépouiller de sa redingote, Bibi-Lupin retroussa la manche de la chemise et montra la cicatrice indiquée.

— C'est une balle, répondit don Carlos Herrera, voici bien d'autres cicatrices.

— Ah! c'est bien sa voix! s'écria Bibi-Lupin.

— Votre certitude, dit le juge, est un simple renseignement, ce n'est pas une preuve.

— Je le sais, répondit humblement Bibi-Lupin; mais je vous trouverai des témoins. Déjà l'une des pensionnaires de la Maison-Vauquer est là... dit-il en regardant Collin.

La figure placide que se faisait Collin ne vacilla pas.

— Faites entrer cette personne, dit péremptoirement monsieur Camusot dont le mécontentement perça, malgré son apparente indifférence.

Ce mouvement fut remarqué par Jacques Collin qui comptait peu sur la sympathie de son juge d'instruction, et il tomba dans une apathie produite par la violente méditation à laquelle il se livra pour en rechercher la cause. L'huissier introduisit madame Poiret dont la vue inopinée occasionna chez le forçat un léger tremblement, mais cette trépidation ne fut pas observée par le juge dont le parti semblait pris.

— Comment vous nommez-vous? demanda le juge en procédant à l'accomplissement des formalités qui commencent toutes les dépositions et les interrogatoires.

Madame Poiret, petite vieille blanche et ridée comme ris de veau, vêtue d'une robe de soie gros-bleu, déclara se nommer Christine-Michelle Michonneau, épouse du sieur Poiret, être âgée de cinquante et un ans, être née à Paris, demeurer rue des Poules au coin de la rue des Postes, et avoir pour état celui de logeuse en garni.

— Vous avez habité, madame, dit le juge, une pension bourgeoise en 1818 et 1819, tenue par une dame Vauquer.

— Oui, monsieur, c'est là que je fis la connaissance de monsieur Poiret, ancien employé retraité, devenu mon mari, que, depuis un an, je garde au lit... pauvre homme! il est bien malade. Aussi ne saurais-je rester pendant longtemps hors de ma maison...

— Il se trouvait alors dans cette pension un certain Vautrin... demanda le juge.

— Oh, monsieur! c'est toute une histoire, c'était un affreux galérien...

— Vous avez coopéré à son arrestation.

— C'est faux, monsieur...

— Vous êtes devant la justice, prenez garde!... dit sévèrement monsieur Camusot.

Madame Poiret garda le silence.

— Rappelez vos souvenirs! reprit Camusot, vous souvenez-vous bien de cet homme?... le reconnaîtriez-vous?

— Je le crois.

— Est-ce l'homme que voici?... dit le juge.

Madame Poiret mit ses conserves et regarda l'abbé Carlos Herrera.

— C'est sa carrure, sa taille, mais... non... si... Monsieur le juge, reprit-elle, si je pouvais voir sa poitrine nue, je le reconnaîtrais à l'instant. (Voir *le Père Goriot*.)

Le juge et le greffier ne purent s'empêcher de rire, malgré la gravité de leurs fonctions, Jacques Collin partagea leur hilarité, mais avec mesure. Le prévenu n'avait pas remis la redingote que Bibi-Lupin venait de lui ôter; et, sur un signe du juge, il ouvrit complaisamment sa chemise.

— Voilà bien sa palatine; mais elle a grisonné, monsieur Vautrin, s'écria madame Poiret.

— Que répondez-vous à cela? demanda le juge.

— Que c'est une folle! dit Jacques Collin.

— Ah, mon Dieu! si j'avais un doute, car il n'a plus la même figure, cette voix suffirait, c'est bien lui qui m'a menacée... Ah! c'est son regard.

— L'agent de la police judiciaire et cette femme n'ont pas pu, reprit le juge en s'adressant à Jacques Collin, s'entendre pour dire de vous les mêmes choses, car ni l'un ni l'autre ne vous avaient vu; comment expliquez-vous cela?

— La justice a commis des erreurs encore plus fortes que celle à laquelle donneraient lieu le témoignage d'une femme qui reconnaît un homme au poil de sa poitrine et les soupçons d'un agent de police, répondit Jacques Collin. On trouve en moi des ressemblances de voix, de regards, de taille avec un grand criminel, c'est déjà vague. Quant à la réminiscence qui prouverait entre madame et mon Sosie des relations dont elle ne rougit pas... vous en avez ri vous-même. Voulez-vous, monsieur, dans l'intérêt de la vérité, que je désire établir pour mon compte plus vivement que vous ne pouvez le souhaiter pour celui de la justice, demander à cette dame.. Foi...

— Poiret...

— Poret. Pardonnez! (je suis Espagnol), si elle se rappelle les personnes qui habitaient cette... Comment nommez-vous la maison...

— Une pension bourgeoise, dit madame Poiret.

— Je ne sais ce que c'est! répondit Jacques Collin.

— C'est une maison où l'on dîne et où l'on déjeune par abonnement.

— Vous avez raison, s'écria Camusot qui fit un signe de tête favorable à Jacques Collin, tant il fut frappé de l'apparente bonne foi avec laquelle il lui fournissait les moyens d'arriver à un résultat. Essayez de vous rappeler les abonnés qui se trouvaient dans la pension lors de l'arrestation de Jacques Collin.

— Il y avait monsieur de Rastignac, le docteur Bianchon, le père Goriot... mademoiselle Taillefer...

— Bien, dit le juge qui n'avait pas cessé d'observer Jacques Collin dont la figure fut impassible. Eh bien! ce père Goriot...

— Il est mort, dit madame Poiret.

— Monsieur, dit Jacques Collin, j'ai plusieurs fois rencontré chez Lucien un monsieur de Rastignac, lié, je crois, avec madame de Nucingen, et, si c'est lui dont il serait question, jamais il ne m'a pris pour le forçat avec lequel on essaie de me confondre...

— Monsieur de Rastignac et le docteur Bianchon, dit le juge, occupent tous les deux des positions sociales telles que leur témoignage, s'il vous est favorable, suffirait pour vous faire élargir. Coquart, préparez leurs citations.

En quelques minutes, les formalités de la déposition de madame Poiret furent terminées, Coquart lui relut le procès-verbal de la scène qui venait d'avoir lieu, et elle le signa; mais le prévenu refusa de signer en se fondant sur l'ignorance où il était des formes de la justice française.

— En voilà bien assez pour aujourd'hui, reprit monsieur Camusot, vous devez avoir besoin de prendre quelques aliments, je vais vous faire reconduire à la Conciergerie.

— Hélas! je souffre trop pour manger, dit Jacques Collin.

Camusot voulait faire coïncider le moment du retour de Jacques Collin avec l'heure de la promenade des accusés dans le préau; mais il voulait avoir du directeur de la Conciergerie une réponse à l'ordre qu'il lui avait donné le matin, et il sonna pour envoyer son huissier. L'huissier vint et dit que la portière de la maison du quai Malaquais avait à lui remettre une pièce importante relative à monsieur Lucien de Rubempré. Cet incident devint si grave qu'il fit oublier son dessein à Camusot.

— Qu'elle entre! dit-il.

— Pardon, excuse, monsieur, fit la portière en saluant le juge et l'abbé Carlos tour à tour. Nous avons été si troublés, mon mari et moi, par la Justice, les deux fois qu'elle est venue, que nous avons oublié dans notre commode une lettre à l'adresse de monsieur Lucien, et pour laquelle nous avons payé dix sous quoiqu'elle soit de Paris, car elle est très lourde. Voulez-vous me rembourser le port. Dieu sait quand nous verrons nos locataires!

— Cette lettre vous a été remise par le facteur? demanda Camusot après avoir examiné très attentivement l'enveloppe.

— Oui, monsieur.

— Coquard, vous allez dresser procès-verbal de cette déclaration. Allez! ma bonne femme. Donnez vos noms, vos qualités....

Camusot fit prêter serment à la portière, puis il dicta le procès-verbal.

Pendant l'accomplissement de ces formalités, il vérifiait le timbre de la poste qui portait les dates des heures de levée et de distribution, ainsi que la date du jour. Or, cette lettre, remise chez Lucien le lendemain de la mort d'Esther avait été sans nul doute écrite et jetée à la poste le jour de la castatrophe.

Maintenant on pourra juger de la stupéfaction de monsieur Camusot en lisant cette lettre, écrite et signée par celle qu'on croyait la victime d'un crime.

ESTHER A LUCIEN.

Lundi, 13 mai 1830.

(MON DERNIER JOUR, A DIX HEURES DU MATIN.)

« Mon Lucien, je n'ai pas une heure à vivre. A onze heures je
» serai morte, et je mourrai sans aucune douleur. J'ai payé cin-
» quante mille francs une jolie petite groseille noire contenant un
» poison qui tue avec la rapidité de l'éclair. Ainsi, ma biche, tu
» pourras te dire : « Ma petite Esther n'a pas souffert... » Oui, je
» je n'aurai souffert qu'en t'écrivant ces pages.

» Ce monstre qui m'a si chèrement achetée, en sachant que le
» jour où je me regarderais comme à lui n'aurait pas de lendemain,
» Nucingen vient de partir, ivre comme un ours qu'on aurait grisé.
» Pour la première et la dernière fois de ma vie, j'ai pu comparer
» mon ancien métier de fille de joie à la vie de l'amour, superposer
» la tendresse qui s'épanouit dans l'infini à l'horreur du devoir qui
» voudrait s'anéantir au point de ne pas laisser de place au baiser. Il
» fallait ce dégoût pour trouver la mort adorable... J'ai pris un bain;
» j'aurais voulu pouvoir faire venir le confesseur du couvent où j'ai
» reçu le baptême, me confesser, et me laver l'âme. Mais c'est assez
» de prostitution comme cela, ce serait profaner un sacrement, et
» je me sens d'ailleurs baignée dans les eaux d'un repentir sincère.
» Dieu fera de moi ce qu'il voudra.

» Laissons toutes ces pleurnicheries, je veux être pour toi ton
» Esther jusqu'au dernier moment, ne pas t'ennuyer de ma mort,
» de l'avenir, du bon Dieu, qui ne serait pas bon s'il me tour-
» mentait dans l'autre vie quand 'ai dévoré tant de douleurs dans
» celle-ci...

» J'ai ton délicieux portrait fait par madame de Mirbel devant
» moi. Cette feuille d'ivoire me consolait de ton absence, je la re-
» garde avec ivresse en t'écrivant mes dernières pensées, en te
» peignant les derniers battements de mon cœur. Je te mettrai sous
» ce pli le portrait, car je ne veux pas qu'on le pille ni qu'on le
» vende. La seule pensée de savoir ce qui a fait ma joie confondu
» sous le vitrage d'un marchand parmi des dames et des officiers
» de l'empire, ou des drôleries chinoises, me donne la petite mort.

» Ce portrait, mon mignon, efface-le, ne le donne à personne... à
» moins que ce présent ne te rende le cœur de cette latte qui marche
» et qui porte des robes, de cette Clotilde de Grandlieu, qui te
» fera des *noirs* en dormant, tant elle a les os pointus... Oui, j'y
» consens, je te serais encore bonne à quelque chose comme de
» mon vivant. Ah! pour te faire plaisir, ou si cela t'eût seule-
» ment fait rire, je me serais tenue devant un brasier en ayant
» dans la bouche une pomme pour te la cuire! Ma mort te sera
» donc utile encore... J'aurais troublé ton ménage... Oh! cette Clo-
» tilde, je ne la comprends pas! Pouvoir être ta femme, porter ton
» nom, ne te quitter ni jour ni nuit, être à toi, et faire des façons!
» il faut être du faubourg Saint-Germain pour cela! et n'avoir pas
» dix livres de chair sur les os...

» Pauvre Lucien! cher ambitieux manqué, je songe à ton avenir!
» Va, tu regretteras plus d'une fois ton pauvre chien fidèle, cette
» bonne fille qui volait pour toi, qui se serait laissé traîner en cour
» d'assises pour assurer ton bonheur, dont la seule occupation était
» de rêver à tes plaisirs, de t'en inventer, qui avait de l'amour pour
» toi dans les cheveux, dans les pieds, dans les oreilles, enfin ta
» *ballerina* dont tous les regards étaient autant de bénédictions;
» qui, durant six ans, n'a pensé qu'à toi, qui fut si bien ta chose
» que je n'ai jamais été qu'une émanation de ton âme comme la
» lumière est celle du soleil. Mais enfin, faute d'argent et d'honneur,
» hélas! je ne puis pas être ta femme... J'ai toujours pourvu à ton
» avenir en te donnant tout ce que j'ai... Viens aussitôt cette lettre
» reçue, et prends ce qui sera sous mon oreiller, car je me défie
» des gens de la maison...

» Vois-tu, je veux être belle en morte, je me coucherai, je m'éten-
» drai dans mon lit, je me *poserai*, quoi! Puis je presserai la gro-
» seille contre le voile du palais, et je ne serai défigurée ni par des
» convulsions, ni par une posture ridicule.

» Je sais que madame de Sérisy s'est brouillée avec toi, rapport
» à moi; mais, vois-tu, mon chat, quand elle saura que je suis
» morte, elle te pardonnera, tu la cultiveras, elle te mariera bien,
» si les Grandlieu persistent dans leurs refus.

» Mon nini, je ne veux pas que tu fasses de grands hélas en ap-
» prenant ma mort. D'abord, je dois te dire que l'heure d'onze
heures du lundi 13 mai n'est que la terminaison d'une longue
» maladie qui a commencé le jour où, sur la terrasse de Saint-

» Germain, vous m'avez rejetée dans mon ancienne carrière... On
» a mal à l'âme comme on a mal au corps. Seulement l'âme ne peut
» pas se laisser bêtement souffrir comme le corps, le corps ne sou-
» tient pas l'âme comme l'âme soutient le corps, et l'âme a le moyen
» de se guérir dans la réflexion qui fait recourir au litre de charbon
» des couturières. Tu m'as donné toute une vie avant-hier en me
» disant que si Clotilde te refusait encore, tu m'épouserais. C'eût
» été pour nous deux un grand malheur, je serais morte davantage,
» pour ainsi dire ; car il y a des morts plus ou moins amères. Jamais
» le monde ne nous aurait acceptés.

» Voici deux mois que je réfléchis à bien des choses, va ! Une
» pauvre fille est dans la boue, comme j'y étais avant mon entrée au
» couvent ; les hommes la trouvent belle, ils la font servir à leurs
» plaisirs en se dispensant d'égards, ils la renvoient à pied après
» être allés la chercher en voiture ; s'ils ne lui crachent pas à la
» figure, c'est qu'elle est préservée de cet outrage par sa beauté ;
» mais moralement, ils font pis. Eh bien ! que cette fille hérite de
» cinq à six millions, elle sera recherchée par des princes, elle sera
» saluée avec respect quand elle passera dans sa voiture, elle pourra
» choisir parmi les plus anciens écussons de France et de Navarre.
» Ce monde, qui nous aurait dit raca en voyant deux beaux êtres
» unis et heureux, a constamment salué madame de Staël, malgré
» ses farces, parce qu'elle avait deux cent mille livres de rentes. Le
» monde, qui plie devant l'argent ou la Gloire, ne veut pas plier
» devant le bonheur, ni devant la vertu ; car j'aurais fait du bien...
» Oh ! combien de larmes aurais-je séchées !... autant je crois que
» j'en ai versé ! Oui, j'aurais voulu ne vivre que pour toi et pour
» la charité.

» Voilà les réflexions qui me rendent la mort adorable. Ainsi ne
» fais pas de lamentations, mon bon chat ? Dis-toi souvent : il y a
» eu deux bonnes filles, deux belles créatures, qui toutes deux
» sont mortes pour moi, sans m'en vouloir, qui m'adoraient ; élève
» dans ton cœur un souvenir à Coralie, à Esther, et va ton train !
» Te souviens-tu du jour où tu m'as montré vieille, ratatinée, en
» capote vert-melon, en douillette puce à taches de graisse noire, la
» maîtresse d'un poëte d'avant la Révolution, à peine réchauffée par
» le soleil, quoiqu'elle se fût mise en espalier aux Tuileries, et s'in-
» quiétant d'un horrible carlin, le dernier des carlins ! Tu sais, elle
» avait eu des laquais, des équipages, un hôtel ! je t'ai dit alors :

» — Il vaut mieux mourir à trente ans! Eh bien! ce jour-là, tu
» m'as trouvée pensive, tu as fait des folies pour me distraire; et,
» entre deux baisers, je t'ai dit encore : — Tous les jours les jolies
» femmes sortent du spectacle avant la fin!... Eh bien! je n'ai pas
» voulu voir la dernière pièce, voilà tout...

» Tu dois me trouver bavarde, mais c'est mon dernier *ragôt*. J
» t'écris comme je te parlais, et je veux te parler gaiement. Les cou-
» turières qui se lamentent m'ont toujours fait horreur; tu sais que
» j'avais su *bien* mourir une fois déjà, à mon retour de ce fatal bal
» de l'Opéra, où l'on t'a dit que j'avais été fille !

» Oh! non, mon nini, ne donne jamais ce portrait, si tu savais
» avec quels flots d'amour je viens de m'abîmer dans tes yeux en
» les regardant avec ivresse pendant une pause que j'ai faite... tu
» penserais, en y reprenant l'amour que j'ai tâché d'incruster sur
» cet ivoire, que l'âme de ta biche aimée est là.

» Une morte qui demande l'aumône, en voilà du comique?...
» Allons, il faut savoir se tenir tranquille dans sa tombe.

» Tu ne sais pas combien ma mort paraîtrait héroïque aux imbé-
» ciles s'ils savaient que cette nuit Nucingen m'a offert deux millions
» si je voulais l'aimer comme je t'aimais. Il sera joliment volé
» quand il saura que je lui ai tenu parole en crevant de lui. J'ai tout
» tenté pour continuer à respirer l'air que tu respires. J'ai dit à ce
» gros voleur : — Voulez-vous être aimé, comme vous le deman-
» dez, je m'engagerai même à ne jamais revoir Lucien... — Que
» faut-il faire?... a-t-il demandé. — Donnez-moi deux millions pour
» lui?... Non! si tu avais vu sa grimace? Ah! j'en aurais ri, si ça
» n'avait pas été si tragique pour moi. — Évitez-vous un refus! lui
» ai-je dit. Je le vois, vous tenez plus à deux millions qu'à moi.
» Une femme est toujours bien aise de savoir ce qu'elle vaut, ai-je
» ajouté en lui tournant le dos.

» Ce vieux coquin saura dans quelques heures que je ne plai-
» santais pas.

» Qu'est-ce qui te fera comme moi ta raie dans les cheveux? Bah!
» je ne veux plus penser à rien de la vie, je n'ai plus que cinq
» minutes, je les donne à Dieu ; n'en sois pas jaloux, mon cher
» ange, je veux lui parler de toi, lui demander ton bonheur pour
» prix de ma mort, et de mes punitions dans l'autre monde. Ça
» m'ennuie bien d'aller dans l'enfer, j'aurais voulu voir les anges
» pour savoir s'ils te ressemblent...

» Adieu, mon nini, adieu ! je te bénis de tout mon malheur. Jusque dans la tombe je serai

» Ton ESTHER..... »

» Onze heures sonnent. J'ai fait ma dernière prière, je vais me
» coucher pour mourir. Encore une fois, adieu ! Je voudrais que la
« chaleur de ma main laissât là mon âme comme j'y mets un dernier
» baiser, et je veux encore une fois te nommer mon gentil minet,
» quoique tu sois la cause de la mort de ton

» ESTHER. »

Un mouvement de jalousie pressa le cœur du juge en terminant la lecture de la seule lettre d'un suicide qu'il eût vue écrite avec cette gaieté, quoique ce fût une gaieté fébrile, et le dernier effort d'une tendresse aveugle.

— Qu'a-t-il donc de particulier pour être aimé ainsi !... pensa-t-il en répétant ce que disent tous les hommes qui n'ont pas le don de plaire aux femmes.

— S'il vous est possible de prouver non-seulement que vous n'êtes pas Jacques Collin, forçat libéré, mais encore que vous êtes bien réellement don Carlos Herrera, chanoine de Tolède, envoyé secret de sa majesté Ferdinand VII, dit le juge à Jacques Collin, vous serez mis en liberté, car l'impartialité qu'exige mon ministère m'oblige à vous dire que je reçois à l'instant une lettre de la demoiselle Esther Gobseck où elle avoue l'intention de se donner la mort, et où elle émet sur ses domestiques des soupçons qui paraissent les désigner comme étant les auteurs de la soustraction des sept cent cinquante mille francs.

En parlant, monsieur Camusot comparait l'écriture de la lettre avec celle du testament, et il fut évident pour lui que la lettre était bien écrite par la même personne qui avait fait le testament.

— Monsieur, vous vous êtes trop pressé de croire à un crime, ne vous pressez pas de croire à un vol.

— Ah !... dit Camusot en jetant un regard de juge sur le prévenu.

— Ne croyez pas que je me compromette en vous disant que

cette somme peut se retrouver, reprit Jacques Collin en faisant entendre au juge qu'il comprenait son soupçon. Cette pauvre fille était bien aimée par ses gens ; et, si j'étais libre, je me chargerais de chercher un argent qui maintenant appartient à l'être que j'aime le plus au monde, à Lucien !... Auriez-vous la bonté de me permettre de lire cette lettre , ce sera bientôt fait... c'est la preuve de l'innocence de mon cher enfant... vous ne pouvez pas craindre que je l'anéantisse... ni que j'en parle, je suis au secret...

— Au secret !... s'écria le magistrat, vous n'y serez plus... C'est oi qui vous prie d'établir le plus promptement possible votre état, yez recours à votre ambassadeur si vous voulez...

Et il tendit la lettre à Jacques Collin. Camusot était heureux de sortir d'embarras, de pouvoir satisfaire le procureur général, mesdames de Maufrigneuse et de Sérisy. Néanmoins il examina froidement et curieusement la figure de son prévenu pendant qu'il lisait la lettre de la courtisane ; et, malgré la sincérité des sentiments qui s'y peignaient, il se disait : — C'est pourtant bien là une physionomie de bagne.

— Voilà comme on l'aime !... dit Jacques Collin en rendant la lettre... Et il fit voir à Camusot une figure baignée de larmes.
— Si vous le connaissiez ! reprit-il, c'est une âme si jeune, si fraîche, une beauté si magnifique , un enfant, un poëte... On éprouve irrésistiblement le besoin de se sacrifier à lui, de satisfaire ses moindres désirs. Ce cher Lucien est si ravissant quand il est câlin...

— Allons, dit le magistrat en faisant encore un effort pour découvrir la vérité, vous ne pouvez pas être Jacques Collin...

— Non, monsieur... répondit le forçat.

Et Jacques Collin se fit plus que jamais don Carlos Herrera. Dans son désir de terminer son œuvre, il s'avança vers le juge, l'emmena dans l'embrasure de la croisée et prit les manières d'un prince de l'Église, en prenant le ton des confidences.

— J'aime tant cet enfant, monsieur, que s'il fallait être le criminel pour qui vous me prenez afin d'éviter un désagrément à cette idole de mon cœur, je m'accuserais, dit-il à voix basse. J'imiterais la pauvre fille qui s'est tuée à son profit. Aussi, monsieur, vous supplié-je de m'accorder une faveur, c'est de mettre Lucien en liberté sur-le-champ.

— Mon devoir s'y oppose, dit Camusot avec bonhomie ; mais, s'il avec le ciel des accommodements, la Justice sait avoir des égards, et, si vous pouvez me donner de bonnes raisons... Parlez, ceci ne sera pas écrit...

— Eh! bien, reprit Jacques Collin trompé par la bonhomie de Camusot, je sais tout ce que ce pauvre enfant souffre en ce moment il est capable d'attenter à ses jours en se voyant en prison...

— Oh! quant à cela, dit Camusot en faisant un haut-le-corps.

— Vous ne savez pas qui vous obligez en m'obligeant, ajouta Jacques Collin qui voulut remuer d'autres cordes. Vous rendez service à un Ordre plus puissant que des comtesses de Sérisy, que des duchesses de Maufrigneuse qui ne vous pardonneront pas d'avoir eu dans votre cabinet leurs lettres..., dit-il en montrant deux liasses parfumées... Mon Ordre a de la mémoire.

— Monsieur! dit Camusot, assez. Cherchez d'autres raisons à me donner. Je me dois autant au prévenu qu'à la vindicte publique.

— Eh! bien, croyez-moi, je connais Lucien, c'est une âme de femme, de poëte et de méridional, sans consistance ni volonté, reprit Jacques Collin, qui crut avoir enfin deviné que le juge leur était acquis. Vous êtes certain de l'innocence de ce jeune homme, ne le tourmentez pas, ne le questionnez point ; remettez-lui cette lettre, annoncez-lui qu'il est l'héritier d'Esther, et rendez-lui la liberté... Si vous agissez autrement, vous en serez au désespoir ; tandis que si vous le relaxez purement et simplement, je vous expliquerai, moi (gardez-moi au secret), demain, ce soir tout ce qui pourrait vous sembler mystérieux dans cette affaire, et les raisons de la poursuite acharnée dont je suis l'objet ; mais je risquerai ma vie, on en veut à ma tête depuis cinq ans... Lucien libre, riche et marié à Clotilde de Grandlieu, ma tâche ici-bas est accomplie, je ne défendrai plus ma peau... Mon persécuteur est un espion de votre dernier roi...

— Ah! Corentin!

— Ah! il se nomme Corentin... je vous remercie... Eh bien, Monsieur, voulez-vous me promettre de faire ce que je vous demande?

— Un juge ne peut et ne doit rien promettre. Coquart! dites à l'huissier et aux gendarmes de reconduire le prévenu à la Conciergerie... — Je donnerai des ordres pour que ce soir vous soyez à la pistole, ajouta-t-il avec douceur en faisant un léger salut de tête au prévenu.

Frappé de la demande que Jacques Collin venait de lui adresser et se rappelant l'insistance qu'il avait mise à être interrogé le premier, en s'appuyant sur son état de maladie, Camusot reprit toute défiance. En écoutant ses soupçons indéterminés, il vit le prétendu moribond allant, marchant comme un Hercule, ne faisant plus aucune des singeries si bien jouées qui en avaient signalé l'entrée.

— Monsieur ?...

Jacques Collin se retourna.

— Mon greffier, malgré votre refus de le signer, va vous lire le procès-verbal de votre interrogatoire.

Le prévenu jouissait d'une admirable santé, le mouvement par lequel il vint s'asseoir près du greffier fut un dernier trait de lumière pour le juge.

— Vous avez été promptement guéri ? dit Camusot.

— Je suis pincé, pensa Jacques Collin. Puis il répondit à haute voix : — La joie, monsieur, est la seule panacée qui existe... cette lettre, la preuve d'une innocence dont je ne doutais pas... voilà le grand remède.

Le juge suivit son prévenu d'un regard pensif lorsque l'huissier et les gendarmes l'entourèrent ; puis il fit le mouvement d'un homme qui se réveille, et jeta la lettre d'Esther sur le bureau de son greffier.

— Coquart, copiez cette lettre !...

S'il est dans la nature de l'homme de se défier de ce qu'on le supplie de faire quand la chose demandée est contre ses intérêts ou contre son devoir, souvent même quand elle lui est indifférente, ce sentiment est la loi du juge d'instruction. Plus le prévenu, dont l'état n'était pas encore fixé, fit apercevoir de nuages à l'horizon dans le cas où Lucien serait interrogé, plus cet interrogatoire parut nécessaire à Camusot. Cette formalité n'eût pas été, d'après le Code et les usages, indispensable, qu'elle était exigée par la question de l'identité de l'abbé Carlos. Dans toutes les carrières, il existe une conscience de métier. A défaut de curiosité, Camusot aurait questionné Lucien par honneur de magistrat comme il venait de questionner Jacques Collin, en déployant les ruses que permet le magistrat le plus intègre. Le service à rendre, son avancement, tout passait chez Camusot après le désir de savoir la vérité, de la deviner, quitte à la taire. Il jouait du tambour sur les vitres en s'abandonnant au cours fluviatile de ses conjectures, car alors la pensée est comme une rivière qui parcourt mille contrées. Amants de la vérité, les magistrats sont comme les femmes jalouses, ils se livrent à mille suppositions et les fouillent avec le poignard du soupçon comme le sacrificateur antique éventrait les victimes ; puis ils s'arrêtent non pas au vrai, mais au probable, et ils finissent par entrevoir le vrai. Une femme interr un homme aimé comme le juge interroge un criminel. En telles dispositions, un éclair, un mot, une inflexion de voix une hésitation suffisent pour indiquer le fait, la trahison, le crime cachés.

— La manière dont il vient de peindre son dévouement à son fils (si c'est son fils) me ferait croire qu'il s'est trouvé dans la maison de cette fille pour veiller au grain ; et, ne se doutant pas que l'oreiller de la morte cachait un testament, il aura pris, pour son fils, les sept cent cinquante mille francs, *par provision !...* Voilà la raison de sa promesse de faire retrouver la somme. Monsieur de Rubempré se doit à lui-même et doit à la justice d'éclaircir l'état civil de son père.. Et me promettre la protection de son Ordre (son Ordre !) si je n'interroge pas Lucien !...

Il resta sur cette pensée.

Comme on vient de le voir, un magistrat instructeur dirige un interrogatoire à son gré. Libre à lui d'avoir de la finesse ou d'en manquer. Un interrogatoire, ce n'est rien, et c'est tout. Là gît la saveur. Camusot sonna, l'huissier était revenu. Il donna l'ordre d'aller chercher monsieur Lucien de Rubempré, mais en recommandant qu'il ne communiquât avec qui que ce soit pendant le trajet. Il était alors deux heures après midi.

— Il y a un secret, se dit en lui-même le juge, et ce secret doit être bien important. Le raisonnement de mon amphibie, qui n'est ni prêtre, ni séculier, ni forçat, ni Espagnol, mais qui ne veut pas laisser sortir de la bouche de son protégé quelque parole terrible, est ceci : « Le poëte est faible, il est femme ; il n'est pas comme moi, qui suis l'Hercule de la diplomatie, et vous lui arracherez facilement notre secret ! » Eh bien ! nous allons tout savoir de l'innocent !...

Et il continua de frapper le bord de sa table avec son couteau d'ivoire, pendant que son greffier copiait la lettre d'Esther. Combien de bizarreries dans l'usage de nos facultés ! Camusot supposait tous les crimes possibles, et passait à côté du seul que le prévenu avait commis, le faux testament au profit de Lucien. Que ceux dont l'envie attaque la position des magistrats veuillent bien songer à cette vie passée en des soupçons continuels, à ces tortures imposées par ces gens à leur esprit, car les affaires civiles ne sont pas moins tortueuses que les instructions criminelles, et ils penseront peut-être que le prêtre et le magistrat ont un harnais également lourd, également garni de pointes à l'intérieur. Toute profession d'ailleurs a son cilice et ses casse-têtes chinois.

Vers deux heures, monsieur Camusot vit entrer Lucien de Rubempré, pâle, défait, les yeux rouges et gonflés, enfin dans un état d'affaissement qui lui permit de comparer la nature à l'art, le moribond vrai au moribond de théâtre. Le trajet fait de la Conciergerie au cabinet du juge entre deux gendarmes précédés d'un huissier avait porté le désespoir à son comble chez Lucien. Il est dans l'esprit du poëte de préférer un supplice à un jugement. En voyant cette nature entièrement dénuée du courage moral qui fait le juge et qui venait de se manifester si puissamment chez l'autre prévenu, monsieur Camusot eut pitié de cette facile victoire, et ce mépris lui permit de porter des coups décisifs, en lui laissant cette affreuse liberté d'esprit qui distingue le tireur quand il s'agit d'abattre des poupées.

— Remettez-vous, monsieur de Rubempré, vous êtes en présence d'un magistrat empressé de réparer le mal que fait involontairement la justice par une arrestation préventive, quand elle est sans fondement. Je vous crois innocent, vous allez être libre immédiatement. Voici la preuve de votre innocence : une lettre gardée par votre portière en votre absence, et qu'elle vient d'apporter. Dans le trouble causé par la descente de la justice et par la nouvelle de votre arrestation à Fontainebleau, cette femme avait oublié cette lettre qui vient de mademoiselle Esther Gobseck... Lisez !

Lucien prit la lettre, la lut et fondit en larmes. Il sanglota sans pouvoir articuler une parole. Après un quart d'heure, temps pendant lequel Lucien eût beaucoup de peine à retrouver de la force le greffier lui présenta la copie de la lettre et le pria de signer u *pour copie conforme à l'original à représenter à première réquisition tant que durera l'instruction du procès*, en lui offrant de collationner; mais Lucien s'en rapporta naturellement à la parole de Coquart quant à l'exactitude.

— Monsieur, dit le juge d'un air plein de bonhomie, il est néanmoins difficile de vous mettre en liberté sans avoir rempli nos formalités et sans vous avoir adressé quelques questions... C'est presque comme témoin que je vous requiers de répondre. A un homme comme vous, je croirais presque inutile de faire observer que le serment de dire toute la vérité n'est pas ici seulement un appel à votre conscience, mais encore une nécessité de votre position ambiguë pour quelques instants. La vérité ne peut rien sur vous quelle qu'elle soit; mais le mensonge vous enverrait en cour d'assises, et me forcerait à vous faire reconduire à la Conciergerie tandis qu'en répondant franchement à mes questions vous coucherez ce soir chez vous, et vous serez réhabilité par cette nouvelle que publieront les journaux : « Monsieur de Rubempré, arrêté hier à Fontainebleau, a été sur-le-champ élargi après un très court interrogatoire. »

Ce discours produisit une vive impression sur Lucien, et en voyant les dispositions de son prévenu, le juge ajouta : — Je vous le répète, vous étiez soupçonné de complicité dans un meurtre par empoisonnement sur la personne de la demoiselle Esther, il y a preuve de son suicide, tout est dit; mais on a soustrait une somme de sept cent cinquante mille francs qui dépend de la succession, et vous êtes l'héritier; il y là malheureusement un crime. Ce crime a précédé la découverte du testament. Or, la justice a des raisons de croire qu'une personne qui vous aime, autant que vous aimait cette demoiselle Esther, s'est permis ce crime à votre profit... — Ne m'interrompez pas, dit Camusot en imposant par un geste silence à Lucien qui voulait parler, je ne vous interroge pas encore. Je veux vous faire bien comprendre combien votre honneur est intéressé dans cette question. Abandonnez le faux, le misérable point d'honneur qui lie entre eux les complices, et dites toute la vérité?

On a dû déjà remarquer l'excessive disproportion des armes dans cette lutte entre les prévenus et les juges d'instruction. Certes la négation habilement maniée a pour elle l'absolu de sa forme et suffit à la défense du criminel; mais c'est en quelque sorte une panoplie qui devient écrasante quand le stylet de l'interrogation y trouve un joint. Dès que la dénégation est insuffisante contre certains faits évidents, le prévenu se trouve entièrement à la discrétion du juge. Supposez maintenant un demi-criminel, comme Lucien, qui, sauvé d'un premier naufrage de sa vertu, pourrait s'amender et devenir utile à son pays, il périra dans les traquenards de l'instruction. Le juge rédige un procès-verbal très sec, une analyse fidèle des questions et des réponses; mais de ses discours insidieusement paternels, de ses remontrances captieuses dans le genre de celle-ci, rien n'en reste. Les juges de la juridiction supérieure et les jurés voient les résultats sans connaître les moyens. Aussi, selon quelques bons esprits, le jury serait-il excellent, comme en Angleterre, pour procéder à l'instruction. La France a joui de ce système pendant un certain temps. Sous le code de brumaire an IV, cette institution s'appelait le jury d'accusation par opposition au jury de jugement. Quant au procès définitif, si l'on en revenait aux jurys d'accusation, il devrait être attribué aux cours royales, sans concours de jurés.

— Maintenant, dit Camusot après une pause, comment vous appelez-vous? Monsieur Coquart, attention!... dit-il au greffier.

— Lucien Chardon, de Rubempré.

— Vous êtes né?

— A Angoulême...

Et Lucien donna le jour, le mois et l'année.

— Vous n'avez pas eu de patrimoine?

— Aucun.

— Vous avez néanmoins fait, pendant un premier séjour à Paris, des dépenses considérables, relativement à votre peu de fortune?

— Oui, monsieur; mais, à cette époque, j'ai eu dans mademoiselle Coralie une amie excessivement dévouée et que j'ai eu le malheur de perdre. Ce fut le chagrin causé par cette mort qui me ramena dans mon pays.

— Bien, monsieur, dit Camusot. Je vous loue de votre franchise, elle sera bien appréciée.

Lucien entrait, comme on le voit, dans la voie d'une confession générale.

— Vous avez fait des dépenses bien plus considérables encore à votre retour d'Angoulême à Paris, reprit Camusot, vous avez vécu comme un homme qui aurait environ soixante mille francs de rentes.

— Oui, monsieur...

— Qui vous fournissait cet argent?

— Mon protecteur, l'abbé Carlos Herrera.

— Où l'avez-vous connu?

— Je l'ai rencontré sur la grande route, au moment où j'allais me débarrasser de la vie par un suicide...

— Vous n'aviez jamais entendu parler de lui dans votre famille, à votre mère?...

— Jamais.

— Votre mère ne vous a jamais dit avoir rencontré d'Espagnol?

— Jamais...

— Pouvez-vous vous rappeler le mois, l'année où vous vous êtes lié avec la demoiselle Esther?

— Vers la fin de 1823, à un petit théâtre du boulevard.

— Elle a commencé par vous coûter de l'argent?

— Oui, monsieur.

— Dernièrement, dans le désir d'épouser mademoiselle de Grandlieu, vous avez acheté les restes du château de Rubempré, vous y avez joint des terres pour un million, vous avez dit à la famille Grandlieu que votre sœur et votre beau-frère venaient de faire un héritage considérable et que vous deviez ces sommes à leur libéralité?... Avez-vous dit cela, monsieur, à la famille Grandlieu?

— Oui, monsieur.

— Vous ignorez la cause de la rupture de votre mariage?

— Entièrement, monsieur.

— Eh bien, la famille de Grandlieu a envoyé chez votre beau-frère un des plus respectables avoués de Paris pour prendre des renseignements. A Angoulême, l'avoué, d'après les aveux mêmes de votre sœur et de votre beau-frère, a su que non-seulement ils vous avaient prêté peu de chose, mais encore que leur héritage se composait d'immeubles, assez importants, il est vrai, mais la somme des capitaux s'élevait à peine à deux cent mille francs... Vous ne devez pas trouver étrange qu'une famille comme celle de Grandlieu recule devant une fortune dont l'origine ne se justifie pas... Voilà, monsieur, où vous a conduit un mensonge...

Lucien fut glacé par cette révélation, et le peu de force d'esprit qu'il conservait l'abandonna.

— La police et la justice savent tout ce qu'elles veulent savoir, dit Camusot, songez bien à ceci. Maintenant, reprit-il en pensant à la qualité de père que s'était donnée Jacques Collin, connaissez-vous qui est ce prétendu Carlos Herrera?

— Oui, monsieur, mais je l'ai su trop tard...

— Comment trop tard? Expliquez-vous!

— Ce n'est pas un prêtre, ce n'est pas un Espagnol, c'est..

— Un forçat évadé, dit vivement le juge.

— Oui, répondit Lucien. Quand le fatal secret me fut révélé, j'étais son obligé, j'avais cru me lier avec un respectable ecclésiastique...

— Jacques Collin... dit le juge en commençant une phrase.

— Oui, Jacques Collin, répéta Lucien, c'est son nom.

— Bien. Jacques Collin, reprit monsieur Camusot, vient d'être reconnu tout à l'heure par une personne, et s'il nie encore son identité, c'est, je crois, dans votre intérêt. Mais je vous demandais si vous saviez qui cet homme était dans le but de relever une autre imposture de Jacques Collin.

Lucien eut aussitôt comme un fer rouge dans les entrailles en entendant cette terrifiante observation.

— Ignorez-vous, dit le juge en continuant, qu'il prétend être votre père pour justifier l'extraordinaire affection dont vous êtes l'objet?

— Lui! mon père!... oh! monsieur!... il a dit cela!

— Soupçonnez-vous d'où provenaient les sommes qu'il vous remettait; car, s'il faut en croire la lettre que vous avez entre les mains, la demoiselle Esther, cette pauvre fille, vous aurait rendu plus tard les mêmes services que la demoiselle Coralie; mais vous êtes resté, comme vous venez de le dire, pendant quelques années à vivre, et très splendidement, sans rien recevoir d'elle.

— C'est à vous, monsieur, que je demanderai de me dire, s'écria Lucien, où les forçats puisent de l'argent!... Un Jacques Collin mon père!... Oh! ma pauvre mère...

Et il fondit en larmes.

— Greffier, donnez lecture au prévenu de la partie de l'interrogatoire du prétendu Carlos Herrera dans laquelle il s'est dit le père de Lucien de Rubempré...

Le poëte écouta cette lecture dans un silence et dans une contenance qui fit peine à voir.

— Je suis perdu! s'écria-t-il.

— On ne se perd pas dans la voie de l'honneur et de la vérité, dit le juge.

— Mais vous traduirez Jacques Collin en cour d'assises? demanda Lucien.

— Certainement, répondit Camusot qui voulut continuer à faire causer Lucien. Achevez votre pensée.

Mais, malgré les efforts et les remontrances du juge, Lucien ne répondit plus. La réflexion était venue trop tard, comme chez tous les hommes qui sont esclaves de la sensation. Là est la différence entre le poëte et l'homme d'action : l'un se livre au sentiment pour le reproduire en images vives, il ne juge qu'après ; tandis que l'autre juge et sent à la fois. Lucien resta morne pâle, il se voyait au fond du précipice où l'avait fait rouler le juge d'instruction à la bonhomie de qui, lui poëte, il s'était laissé prendre. Il venait de trahir non pas son bienfaiteur, mais son complice qui, lui, avait défendu leur position avec un courage de lion, avec une habileté tout d'une pièce. Là où Jacques Collin avait tout sauvé par son audace, Lucien, l'homme d'esprit, avait tout perdu par son inintelligence et par son défaut de réflexion. Ce mensonge infâme et qui l'indignait servait de paravent à une plus infâme vérité. Confondu par la subtilité du juge, épouvanté par sa cruelle adresse, par la rapidité des coups qu'il lui avait portés en se servant des fautes d'une vie mise à jour comme de crocs pour fouiller sa conscience, Lucien était là semblable à l'animal que le billot de l'abattoir a manqué. Libre et innocent, à son entrée dans ce cabinet, en une heure, il se trouvait criminel par ses propres aveux. Enfin, dernière raillerie sérieuse, le juge, calme et froid, faisait observer à Lucien que ses révélations étaient le fruit d'une méprise. Camusot pensait à la qualité de père prise par Jacques Collin, tandis que Lucien, tout entier à la crainte de voir son alliance avec un forçat évadé devenir publique, avait imité la célèbre inadvertance des meurtriers d'Ibicus.

L'une des gloires de Royer-Collard est d'avoir proclamé le triomphe constant des sentiments naturels sur les sentiments imposés, d'avoir soutenu la cause de l'antériorité des serments en prétendant que la loi de l'hospitalité, par exemple, devait lier au point d'annuler la vertu du serment judiciaire. Il a confessé cette théorie à la face du monde, à la tribune française ; il a courageusement vanté les conspirateurs, il a montré qu'il était humain d'obéir à l'amitié plutôt qu'à des lois tyranniques tirées de l'arsenal social pour telle ou telle circonstance. Enfin le Droit naturel a des lois qui n'ont jamais été promulguées et qui sont plus efficaces, mieux connues que celles forgées par la Société. Lucien venait de méconnaître, et à son détriment, la loi de solidarité qui l'obligeait à se taire et à laisser Jacques Collin se défendre ; bien plus, il l'avait chargé !

ns son intérêt, cet homme devait être pour lui et toujours, Car Herrera.

Monsieur Camusot jouissait de son triomphe, il tenait deux coupables, il avait abattu sous la main de la justice l'un des favoris de la mode, et trouvé l'introuvable Jacques Collin. Il allait être proclamé l'un des plus habiles juges d'instruction. Aussi laissait-il son prévenu tranquille; mais il étudiait ce silence de consternation, il voyait les gouttes de sueur s'accroître sur ce visage décomposé, grossir et tomber enfin mêlées à deux ruisseaux de larmes.

— Pourquoi pleurer, monsieur de Rubempré? vous êtes, comme je vous l'ai dit, l'héritier de mademoiselle Esther, qui n'avait pas héritiers ni collatéraux ni directs, et sa succession monte à près de huit millions, si l'on retrouve les sept cent cinquante mille francs égarés.

Ce fut le dernier coup pour le coupable. De la tenue pendant dix minutes, comme le disait Jacques Collin dans son billet, et Lucien atteignait au but de tous ses désirs! il s'acquittait avec Jacques Collin, il s'en séparait, il devenait riche, il épousait mademoiselle de Grandlieu. Rien ne démontre plus éloquemment que cette scène la puissance dont sont armés les juges d'instruction par l'isolement ou par la séparation des prévenus, et le prix d'une communication comme celle qu'Asie avait faite à Jacques Collin.

— Ah! monsieur, répondit Lucien avec l'amertume et l'ironie de l'homme qui se fait un piédestal de son malheur accompli, comme on a raison de dire dans votre langage : *subir un interrogatoire!*... Entre la torture physique d'autrefois et la torture morale d'aujourd'hui, je n'hésiterais pas pour mon compte, je préférerais les souffrances qu'infligeait jadis le bourreau. Que voulez-vous encore de moi ? reprit-il avec fierté.

— Ici, monsieur, dit le magistrat devenant rogue et narquois, pour répondre à l'orgueil du poëte, moi seul ai le droit de poser des questions.

— J'avais le droit de ne pas répondre, dit en murmurant le pauvre Lucien à qui son intelligence était revenue dans toute sa netteté.

— Greffier, lisez au prévenu son interrogatoire...

— Je redeviens un prévenu! se dit Lucien.

Pendant que le commis lisait, Lucien prit une résolution qui l'obligeait à caresser monsieur Camusot. Quand le murmure de la voix de Coquart cessa, le poëte eut le tressaillement d'un homme qui dort pendant un bruit auquel ses organes se sont accoutumés et qu'alors le silence surprend.

— Vous avez à signer le procès-verbal de votre interrogatoire, dit le juge.

— Et me mettez-vous en liberté? demanda Lucien devenant ironique à son tour.

— Pas encore, répondit Camusot; mais demain, après votre confrontation avec Jacques Collin, vous serez sans doute libre. La Justice doit savoir maintenant si vous êtes ou non complice des crimes que peut avoir commis cet individu depuis son évasion, qui date de 1820. Néanmoins, vous n'êtes plus au secret. Je vais écrire au directeur de vous mettre dans la meilleure chambre de la pistole.

— Y trouverai-je ce qu'il faut pour écrire...

— On vous y fournira tout ce que vous demanderez, j'en ferai donner l'ordre par l'huissier qui va vous reconduire.

Lucien signa machinalement le procès-verbal, et il en parapha les renvois en obéissant aux indications de Coquart avec la douceur de la victime résignée. Un seul détail en dira plus sur l'état où il se trouvait qu'une peinture minutieuse. L'annonce de sa confrontation avec Jacques Collin avait séché sur sa figure les gouttelettes de sueur, ses yeux secs brillaient d'un éclat insupportable. Enfin il devint, en un moment rapide comme l'éclair, ce qu'était Jacques Collin, un homme de bronze.

Chez les gens dont le caractère ressemble à celui de Lucien, et que Jacques Collin avait si bien analysé, ces passages subits d'un état de démoralisation complète à un état quasiment métallique, tant les forces humaines se tendent, sont les plus éclatants phénomènes de la vie des idées. La volonté revient, comme l'eau disparue d'une source; elle s'infuse dans l'appareil préparé pour le jeu de sa substance constitutive inconnue; et, alors, le cadavre se fait homme, et l'homme s'élance plein de force à des luttes suprêmes.

Lucien mit la lettre d'Esther sur son cœur avec le portrait qu'elle lui avait renvoyé. Puis il salua dédaigneusement monsieur Camusot et marcha d'un pas ferme dans les corridors entre deux gendarmes.

— C'est un profond scélérat! dit le juge à son greffier pour se venger du mépris écrasant que le poëte venait de lui témoigner. Il a cru se sauver en livrant son complice.

— Des deux, dit Coquart timidement, le forçat est le plus corsé...

— Je vous rends votre liberté pour aujourd'hui, Coquart, dit le juge. En voilà bien assez. Renvoyez les gens qui attendent, en les prévenant de revenir demain. Ah! vous irez sur-le-champ chez monsieur le procureur général savoir s'il est encore dans son cabinet; s'il y est, demandez un moment d'audience pour moi. Oh! il y sera, reprit-il après avoir regardé l'heure à une méchante horloge de bois peint en vert et à filets dorés. Il est quatre heures moins un quart.

Ces interrogations, qui se lisent si rapidement, étant entièrement écrites, les demandes aussi bien que les réponses, prennent un temps énorme. C'est une des causes de la lenteur des instructions criminelles et de la durée des détentions préventives. Pour les petits, c'est la ruine, pour les riches, c'est la honte; car pour eux un élargissement immédiat répare, autant qu'il peut être réparé, le malheur d'une arrestation. Voilà pourquoi les deux scènes qui viennent d'être fidèlement reproduites avaient employé tout le temps consumé par Asie à déchiffrer les ordres du maître, à faire sortir une duchesse de son boudoir et à donner de l'énergie à madame de Sérisy.

En ce moment, Camusot, qui songeait à tirer parti de son habileté, prit les deux interrogatoires, les relut et se proposait de les montrer au procureur général en lui demandant son avis. Pendant la délibération à laquelle il se livrait, son huissier revint pour lui dire que le valet de chambre de madame la comtesse de Sérisy voulait absolument lui parler. Sur un signe de Camusot, un valet de chambre, vêtu comme un maître, entra, regarda l'huissier et le magistrat alternativement, et dit : — C'est bien à monsieur Camusot que j'ai l'honneur...

— Oui, répondirent le juge et l'huissier.

Camusot prit une lettre que lui tendit le domestique, et lut ce qui suit :

« Dans bien des intérêts que vous comprendrez, mon cher Ca-
» musot, n'interrogez pas monsieur de Rubempré; nous vous ap-
» portons les preuves de son innocence, afin qu'il soit immédia-
» tement élargi.

» D. DE MAUFRIGNEUSE, L. DE SÉRISY.

» P. S. Brûlez cette lettre devant le porteur. »

Camusot comprit qu'il avait fait une énorme faute en tendant des piéges à Lucien, et il commença par obéir aux deux grandes dames. Il alluma une bougie et détruisit la lettre écrite par la duchesse. Le valet de chambre salua respectueusement.

— Madame de Sérisy va donc venir ? demanda-t-il.
— On attelait, répondit le valet de chambre.

En ce moment, Coquart vint apprendre à monsieur Camusot que le procureur général l'attendait.

Sous le poids de la faute qu'il avait commise contre son ambition au profit de la Justice, le juge, chez qui sept ans d'exercice avaient développé la finesse dont est pourvu tout homme qui s'est mesuré avec des grisettes en faisant son Droit, voulut avoir des armes contre le ressentiment des deux grandes dames. La bougie à laquelle il avait brûlé la lettre étant encore allumée, il s'en servit pour cacheter les trente billets de la duchesse de Maufrigneuse à Lucien et la correspondance assez volumineuse de madame de Sérisy. Puis il se rendit chez le procureur général.

Le Palais de Justice est un amas confus de constructions superposées les unes aux autres, les unes pleines de grandeur, les autres mesquines, et qui se nuisent entre elles par un défaut d'ensemble. La salle des Pas perdus est la plus grande des salles connues; mais sa nudité fait horreur et décourage les yeux. Cette vaste cathédrale de la chicane écrase la cour royale. Enfin la galerie marchande mène à deux cloaques. Dans cette galerie on remarque un escalier à double rampe, un peu plus grand que celui de la police correctionnelle, et sous lequel s'ouvre une grande porte à deux battants. L'escalier conduit à la cour d'assises, et la porte inférieure à une seconde cour d'assises. Il se rencontre des années où les crimes commis dans le département de la Seine exigent deux sessions. C'est par là que se trouvent le parquet du procureur général, la chambre des avocats, leur bibliothèque, les cabinets des avocats généraux, des substituts du procureur général. Tous ces locaux, car il faut se servir d'un terme générique, sont unis par de petits escaliers de moulin, par des corridors sombres qui so la honte de l'architecture, celle de la ville de Paris et celle de France. Dans ses intérieurs, la première de nos justices souveraines surpasse les prisons dans ce qu'elles ont de hideux. Le peintre de mœurs reculerait devant la nécessité de décrire l'ignoble couloir d'un mètre de largeur où se tiennent les témoins à la cour d'assises supérieure. Quant au poêle qui sert à chauffer la salle des séances, il déshonorerait un café du boulevard Montparnasse. Le cabinet du procureur général est pratiqué dans un pavillon octogone qui flanque le corps de la galerie marchande, et pris récemment, par rapport à l'âge du Palais, sur le terrain du préau attenant au quartier des femmes. Toute cette partie du Palais de Justice est obombrée par les hautes et magnifiques constructions de la Sainte-Chapelle. Aussi est-ce sombre et silencieux.

Monsieur de Granville, digne successeur des grands magistrats du vieux Parlement, n'avait pas voulu quitter le Palais sans une solution dans l'affaire de Lucien. Il attendait des nouvelles de Camusot, et le message du juge le plongea dans cette rêverie involontaire que l'attente cause aux esprits les plus fermes. Il était assis dans l'embrasure de la croisée de son cabinet, il se leva, se mit à marcher de long en long, car il avait trouvé le matin Camusot, sur le passage duquel il s'était mis, peu compréhensif, il avait des inquiétudes vagues, il souffrait. Voici pourquoi : la dignité de ses fonctions lui défendait d'attenter à l'indépendance absolue du magistrat inférieur, et il s'agissait dans ce procès de l'honneur, de la considération de son meilleur ami, de l'un de ses plus chauds protecteurs, le comte de Sérisy, ministre d'État, membre du conseil privé, le vice-président du Conseil-d'État, le futur chancelier de France, au cas où le noble vieillard qui remplissait ces augustes fonctions viendrait à mourir. Monsieur de Sérisy avait le malheur d'adorer sa femme *quand même*, il la couvrait toujours de sa protection ; or, le procureur général devinait bien l'affreux tapage que ferait, dans le monde et à la cour, la culpabilité d'un homme dont le nom avait été si souvent marié malignement à celui de la comtesse.

— Ah ! se disait-il en se croisant les bras, autrefois le pouvoir avait la ressource des évocations... Notre manie d'égalité (il n'osait pas dire de *légalité*, comme l'a courageusement avoué dernièrement un poëte à la Chambre) tuera ce temps-ci...

Ce digne magistrat connaissait l'entraînement et les malheurs des attachements illicites. Esther et Lucien avaient repris, comme on l'a vu, l'appartement où le comte de Granville avait vécu maritalement et secrètement avec mademoiselle de Bellefeuille, et d'où elle s'était enfuie un jour, enlevée par un misérable (Voir *Un Double Ménage*, SCÈNES DE LA VIE PRIVÉE).

Au moment où le procureur général se disait : — Camusot nous aura fait quelque sottise ! le juge d'instruction frappa deux coups à la porte du cabinet.

— Eh bien ! mon cher Camusot, comment va l'affaire dont je vous parlais ce matin ?

— Mal, monsieur le comte, lisez et jugez-en vous-même...

Il tendit les deux procès-verbaux des interrogatoires à monsieur de Granville, qui prit son lorgnon et alla lire dans l'embrasure de la croisée. Ce fut une lecture rapide.

— Vous avez fait votre devoir, dit le procureur général d'une voix émue. Tout est dit, la Justice aura son cours... Vous avez fait preuve de trop d'habileté pour qu'on se prive jamais d'un juge d'instruction tel que vous...

Monsieur de Granville aurait dit à Camusot : — Vous resterez pendant toute votre vie juge d'instruction !... il n'aurait pas été plus explicite que dans sa phrase complimenteuse. Camusot eut froid dans les entrailles.

— Madame la duchesse de Maufrigneuse, à qui je dois beaucoup, m'avait prié....

— Ah ! la duchesse de Maufrigneuse !... dit Granville en interrompant le juge, c'est vrai... Vous n'avez cédé, je le vois, à aucune influence. Vous avez bien fait, monsieur, vous serez un grand magistrat...

En ce moment le comte Octave de Beauvan ouvrit sans frapper, et dit au comte de Granville : — Mon cher, je t'amène une jolie femme qui ne savait où donner de la tête, elle allait se perdre dans notre labyrinthe...

Et le comte Octave tenait par la main la comtesse de Sérisy.

— Vous ici, madame ! s'écria le procureur général en avançant son propre fauteuil, et dans quel moment !... Voici monsieur Camusot, madame, dit-il en montrant le juge. Bauvan, reprit-il en s'adressant à cet illustre orateur ministériel de la Restauration, attends-moi chez le premier président, il est encore chez lui. Je t'y rejoins.

Le comte Octave de Bauvan comprit que non seulement il était de trop, mais encore que le procureur général voulait avoir une raison de quitter son cabinet.

Madame de Sérisy n'avait pas commis la faute de venir au Palais dans son magnifique coupé à manteau bleu armorié, avec son cocher galonné et ses deux valets en culotte courte et en bas de soie blancs. Au moment de partir, Asie avait envoyé chercher un fiacre. Asie avait également ordonné de faire cette toilette qui, pour les femmes, est ce qu'était autrefois le manteau couleur muraille pour les hommes. La comtesse portait une redingote brune, un vieux châle noir et un chapeau de velours, dont les fleurs arrachées avaient été remplacées par un voile de dentelle noire très épais.

— Vous avez reçu notre lettre... dit-elle à Camusot dont l'hébétement l'étonnait.

— Trop tard, hélas, madame la comtesse, répondit le juge qui n'avait de tact et d'esprit que dans son cabinet, contre ses prévenus.

— Comment, trop tard?...

Elle regarda monsieur de Grandville et vit la consternation peinte sur sa figure.

— Il ne peut pas être encore trop tard, ajouta-t-elle avec une intonation de despote.

Les femmes, les jolies femmes posées, comme l'était madame de Sérisy, sont les enfants gâtés de la civilisation française. Si les femmes des autres pays savaient ce qu'est à Paris une femme à la mode, riche et titrée, elles penseraient toutes à venir jouir de cette royauté magnifique. Les femmes vouées aux seuls liens de leur bienséance, à ce qu'il faut appeler le Code Femelle, se moquent des lois que les hommes ont faites. Elles disent tout, elles ne reculent devant aucune faute, aucune sottise; car elles ont toutes admirablement compris qu'elles ne sont responsables de rien, excepté de leur honneur féminin et de leurs enfants. Elles disent en riant les plus grandes énormités. A propos de tout elles répètent le mot de la jolie madame de Bauvan dans les premiers temps de son mariage, à son mari qu'elle était venue chercher au Palais : dépêche-toi de juger, et viens !

— Madame, dit le procureur général, monsieur Lucien de Rubempré n'est coupable ni de vol, ni d'empoisonnement; mais monsieur Camusot lui a fait avouer un crime plus grand que ceux-là !...

— Quoi ? demanda-t-elle.

— Il s'est reconnu, lui dit le procureur-général à l'oreille, l'ami, l'élève d'un forçat évadé. L'abbé Carlos Herrera, cet Espagnol qui demeurait depuis environ sept ans avec lui, serait le fameux Jacques Collin...

Madame de Sérisy recevait autant de coups de barre de fer que le magistrat disait de paroles.

— Et la morale de ceci?... dit-elle.

— Est, reprit monsieur de Grandville en continuant la phrase de la comtesse et en parlant à voix basse, que le forçat sera traduit aux assises, et que si Lucien n'y comparaît pas à ses côtés comme ayant profité sciemment des vols de cet homme, il y viendra comme témoin gravement compromis.

— Ah! ça, jamais!... s'écria-t-elle tout haut avec une incroyable fermeté. Quant à moi je n'hésiterais pas entre la mort et la perspective de voir un homme que le monde a regardé comme mon meilleur ami, déclaré judiciairement le camarade d'un forçat... Le roi aime beaucoup mon mari.

— Madame, dit en souriant et à haute voix le procureur général, le roi n'a pas le moindre pouvoir sur le plus petit juge d'instruction de son royaume. Là est la grandeur de nos institutions nouvelles. Moi-même je viens de féliciter monsieur Camusot de son habileté...

— De sa maladresse, reprit vivement la comtesse que les accointances de Lucien avec un bandit inquiétaient bien moins que sa liaison avec Esther.

— Si vous lisiez les interrogatoires que monsieur Camusot a fait subir aux deux prévenus, vous verriez que tout dépend de lui...

Après cette phrase, la seule que le procureur général pouvait se permettre, et après un regard d'une finesse féminine, il se dirigea vers la porte de son cabinet. Puis il ajouta sur le seuil en se retournant : — Pardonnez-moi, madame, j'ai deux mots à dire à Bauvan...

Ceci, dans le langage du monde, signifiait pour la comtesse : Je ne peux pas être témoin de ce qui va se passer entre vous et Camusot.

— Qu'est-ce que c'est que ces interrogatoires? dit alors Léontine avec douceur à Camusot resté tout penaud devant la femme d'un des plus grands personnages de l'État.

— Madame, répondit Camusot, un greffier met par écrit les demandes du juge et les réponses des prévenus, le procès-verbal est signé par le greffier, par le juge et par les prévenus. Ces procès-verbaux sont les éléments de la procédure, ils déterminent l'accusation et le renvoi des accusés devant la cour d'assises.

— Eh bien, reprit-elle, si l'on supprimait ces interrogatoires?...
— Ah! madame, ce serait un crime pour le magistrat...
— C'est un crime bien plus grand de les avoir écrits; mais, en ce moment, c'est la seule preuve contre Lucien. Voyons, lisez-moi son interrogatoire afin de savoir s'il nous reste quelque moyen d nous sauver tous; il ne s'agit pas seulement de moi, qui me donnerais froidement la mort, il s'agit aussi du bonheur de monsieur de Sérisy.
— Madame, dit Camusot, ne croyez pas que j'aie oublié les égards que je vous devais, et si monsieur Popinot, par exemple, avait été commis à cette instruction, vous eussiez été plus malheureuse que vous ne l'êtes avec moi. Tenez, madame, on a tout saisi chez monsieur Lucien, même vos lettres...
— Oh! mes lettres!
— Les voici, cachetées, dit le magistrat.

La comtesse, dans son trouble, sonna comme si elle eût été chez elle, et le garçon de bureau du procureur général entra.
— De la lumière, dit-elle.

Le garçon alluma une bougie et la mit sur la cheminée, pendant que la comtesse reconnaissait ses lettres, les comptait, les chiffonnait et les jetait dans le foyer. Bientôt la comtesse mit le feu en se servant de la dernière lettre tortillée comme d'une torche. Camusot regardait flamber les papiers assez niaisement en tenant à la main ses deux procès-verbaux. La comtesse, qui paraissait uniquement occupée d'anéantir les preuves de sa tendresse, observait le juge du coin de l'œil. Elle prit son temps, elle calcula ses mouvements, et, avec une agilité de chatte, elle saisit les deux interrogatoires et les lança dans le feu; mais Camusot les y reprit, la comtesse s'élança sur le juge et ressaisit les papiers enflammés. Il s'ensuivit une lutte pendant laquelle Camusot criait: — Madame! madame! vous attentez à... Madame...

Un homme s'élança dans le cabinet, et la comtesse ne put retenir un cri en reconnaissant le comte de Sérisy, suivi de messieurs de Grandville et de Bauvan. Néanmoins Léontine, qui voulait sauver à tout prix Lucien, ne lâchait point les terribles papiers timbrés qu'elle tenait avec une force de tenailles, quoique la flamme eût déjà produit sur sa peau délicate l'effet des moxas. Enfin Camusot, dont les doigts étaient également atteints par le feu, parut avoir honte de cette situation, il abandonna les papiers; il n'en restait plus que la portion serrée par les mains des deux lutteurs, et que le feu n'avait pu mordre. Cette scène s'était passée en un laps de temps moins considérable que le moment d'en lire le récit.

— De quoi pouvait-il s'agir entre vous et madame de Sérisy? demanda le ministre d'État à Camusot.

Avant que le juge répondît, la comtesse alla présenter les papiers à la bougie et les jeta sur les fragments de ses lettres que le feu n'avait pas entièrement consumés.

— J'aurais, dit Camusot, à porter plainte contre madame la comtesse.

— Et qu'a-t-elle fait? demanda le procureur général en regardant alternativement la comtesse et le juge.

— J'ai brûlé les interrogatoires, répondit en riant la femme à la mode si heureuse de son coup de tête qu'elle ne sentait pas encore ses brûlures. Si c'est un crime, eh bien, monsieur peut recommencer ses affreux gribouillages.

— C'est vrai, répondit Camusot en essayant de retrouver sa dignité.

— Hé bien, tout est pour le mieux, dit le procureur général. Mais, chère comtesse, il ne faudrait pas prendre souvent de pareilles libertés avec la magistrature, elle pourrait ne pas voir qui vous êtes.

— Monsieur Camusot résistait bravement à une femme à qui rien ne résiste, l'honneur de la robe est sauvé! dit en riant le comte de Bauvan.

— Ah! monsieur Camusot résistait?... dit en riant le procureur général, il est très fort...

En ce moment, ce grave attentat devint une plaisanterie de jolie femme, et dont riait Camusot lui-même.

Le procureur général aperçut alors un homme qui ne riait pas. Justement effrayé par l'attitude et la physionomie du comte de Sérisy, monsieur de Grandville le prit à part.

— Mon ami, lui dit-il à l'oreille, ta douleur me décide à transiger pour la première et seule fois de ma vie avec mon devoir.

Le magistrat sonna, son garçon de bureau vint.

— Allez au bureau de la *Gazette des Tribunaux* dire à maître Massol de venir, s'il s'y trouve. — Mon cher maître, reprit le procureur général en attirant Camusot dans l'embrasure de la croisée, allez dans votre cabinet, refaites avec un greffier l'interrogatoire de l'abbé Carlos Herrera qui n'étant pas signé de lui, peut se recommencer sans inconvénient. Vous confronterez demain *ce diplomate espagnol* avec messieurs de Rastignac et Bianchon, qui ne reconnaîtront pas en lui notre Jacques Collin. Sûr de sa mise en liberté, l'abbé signera les interrogatoires. Mettez dès ce soir en liberté Lucien de Rubempré. Certes ce n'est pas lui qui parlera de l'interrogatoire dont le procès-verbal est supprimé... La *Gazette des Tribunaux* annoncera demain la mise en liberté immédiate de ce jeune homme. Maintenant, voyons si la justice souffre de ces mesures? Si l'Espagnol est le forçat, nous avons mille moyens de le reprendre, de lui faire son procès, car nous allons éclaircir diplomatiquement sa conduite en Espagne : Corentin est là... Pouvons-nous tuer le comte, la comtesse de Sérisy, Lucien pour un vol de sept cent cinquante mille francs, encore hypothétique et commis d'ailleurs au préjudice de Lucien? ne vaut-il pas mieux lui laisser perdre cette somme que le perdre de réputation?... surtout quand il entraîne dans sa chute un ministre d'État, sa femme et la duchesse de Maufrigneuse... Ce jeune homme est une orange tachée, ne la pourrissez pas... Ceci est l'affaire d'une demi-heure. Allez, nous vous attendons. Il est quatre heures et demie, vous trouverez encore des juges, avertissez-moi si vous pouvez avoir une ordonnance de non-lieu en règle.., ou bien Lucien attendra jusqu'à demain matin.

Camusot sortit après avoir salué; mais madame de Sérisy, qui sentait alors vivement les atteintes du feu, ne lui rendit pas son salut. Monsieur de Sérisy qui s'était élancé subitement hors du cabinet pendant que le procureur-général parlait au juge, revint alors avec un petit pot de cire vierge, et pansa les mains de sa femme en lui disant à l'oreille : — Léontine, pourquoi venir ici sans me prévenir?

— Pauvre ami! lui répondit-elle à l'oreille, pardonnez-moi, je parais folle; mais il s'agissait de vous autant que de moi.

— Aimez ce jeune homme, si la fatalité le veut, mais ne laissez pas tant voir votre passion !.. répondit le pauvre mari.

— Allons, chère comtesse, dit monsieur de Grandville après avoir causé pendant quelque temps avec le comte Octave, j'espère que vous emmènerez monsieur de Rubempré dîner chez vous ce soir.

Cette quasi promesse produisit une telle réaction sur madame de Sérisy, qu'elle pleura.

— Je croyais ne plus avoir de larmes, dit-elle en souriant.

pourriez-vous pas, reprit-elle, faire attendre ici monsieur de Rubempré?...

— Je vais tâcher de trouver des huissiers pour nous l'amener, afin d'éviter qu'il soit accompagné de gendarmes, répondit monsieur de Grandville.

— Vous êtes bon comme Dieu! répondit-elle au procureur général avec une effusion qui rendit sa voix une musique divine.

— C'est toujours ces femmes-là, se dit le comte Octave, qui sont délicieuses, irrésistibles !...

Et il eut un accès de mélancolie en pensant à sa femme (Voir *Honorine*, SCÈNES DE LA VIE PRIVÉE).

Pendant que jolies femmes, ministres, magistrats, conspiraient tous pour sauver Lucien, voici ce qui se passait à la Conciergerie. En passant par le guichet, Lucien avait dit au greffe que monsieur Camusot lui permettait d'écrire, et il demanda des plumes, de l'encre et du papier, qu'un surveillant eut aussitôt l'ordre de lui porter sur un mot dit à l'oreille du directeur par l'huissier de Camusot. Pendant le peu de temps que le surveillant mit à chercher et à monter chez Lucien ce qu'il attendait, ce pauvre jeune homme, à qui l'idée de sa confrontation avec Jacques Collin était insupportable, tomba dans une de ces méditations fatales où l'idée du suicide à laquelle il avait déjà cédé sans avoir pu l'accomplir, arrive à la manie. Selon quelques grands médecins *aliénistes*, le suicide, chez certaines organisations, est la terminaison d'une aliénation mentale; or, depuis son arrestation, Lucien en avait fait une idée fixe. La lettre d'Esther, relue plusieurs fois, augmenta l'intensité de son désir de mourir, en lui remettant en mémoire le dénoûment de Roméo rejoignant Juliette. Voici ce qu'il écrivit.

» CECI EST MON TESTAMENT.

» A la Conciergerie, ce quinze mai 1830.

» Je soussigné donne et lègue aux enfants de ma sœur, madame
» Ève Chardon, femme de David Séchard, ancien imprimeur à
» Angoulême, et de monsieur David Séchard, la totalité des biens
» meubles et immeubles qui m'appartiendront au jour de mon dé-
» cès, déduction faite des payements et des legs que je prie mon
» exécuteur testamentaire d'accomplir.

» Je supplie monsieur de Sérisy d'accepter la charge d'être mon
» exécuteur testamentaire.
» Il sera payé 1° à monsieur l'abbé Carlos Herrera la somme de
» trois cent mille francs, 2° à monsieur le baron de Nucingen, celle
» de quatorze cent mille francs, qui sera réduite de sept cent cin-
» quante mille francs, si les sommes soustraites chez mademoiselle
» Esther se retrouvent.
» Je donne et lègue, comme héritier de mademoiselle Esther
» Gobseck, une somme de sept cent soixante mille francs aux hos-
» pices de Paris pour fonder un asile spécialement consacré aux
» filles publiques qui voudront quitter leur carrière de vice et de
» perdition.
» En outre, je lègue aux hospices la somme nécessaire à l'achat
» d'une inscription de rentes de trente mille francs en cinq pour
» cent. Les intérêts annuels seront employés, par chaque semestre,
» à la délivrance des prisonniers pour dettes dont les créances s'é-
» lèveront au maximum à deux mille francs. Les administrateurs
» des hospices choisiront parmi les plus honorables des détenus
» pour dettes.
» Je prie monsieur de Sérisy de consacrer une somme de qua-
» rante mille francs à un monument à élever au cimetière de l'Est à
» mademoiselle Esther, et je demande à être inhumé auprès d'elle.
» Cette tombe devra être faite comme les anciens tombeaux, elle
» sera carrée; nos deux statues en marbre blanc seront couchées
» sur le couvercle, les têtes appuyées sur des coussins, les mains
» jointes et levées vers le ciel. Cette tombe n'aura pas d'inscription.
» Je prie monsieur le comte de Sérisy de remettre à monsieur
» Eugène de Rastignac la toilette en or qui se trouve chez moi,
» comme souvenir.
» Enfin, à ce titre, je prie mon exécuteur testamentaire d'agréer
» le don que je lui fais de ma bibliothèque.

» LUCIEN CHARDON DE RUBEMPRÉ. »

Ce testament fut enveloppé dans une lettre adressée à monsieur
le comte de Grandville, procureur général de la cour royale de
Paris, et ainsi conçue :

« Monsieur le comte,

» Je vous confie mon testament. Quand vous aurez déplié cette

» lettre, je ne serai plus. Dans le désir de recouvrer ma liberté,
» j'ai répondu si lâchement à des interrogations captieuses de mon-
» sieur Camusot, que malgré mon innocence, je puis être mêlé
» dans un procès infâme. En me supposant acquitté, sans blâme, la
» vie serait encore impossible pour moi, d'après les susceptibilités
» du monde.

» Remettez, je vous prie, la lettre ci-incluse à l'abbé Carlos
» Herrera sans l'ouvrir, et faites parvenir à monsieur Camusot la ré-
» tractation en forme que je joins sous ce pli.

» Je ne pense pas qu'on ose attenter au cachet d'un paquet qui
» vous est destiné. Dans cette confiance, je vous dis adieu, vous
» offrant pour la dernière fois mes respects et vous priant de croire
» qu'en vous écrivant je vous donne une marque de ma reconnais-
» sance pour toutes les bontés que vous avez eues pour votre ser-
» viteur.

» LUCIEN DE R. »

A L'ABBÉ CARLOS HERRERA.

« Mon cher abbé, je n'ai reçu que des bienfaits de vous, et je
» vous ai trahi. Cette ingratitude involontaire me tue, et, quand
» vous lirez ces lignes, je n'existerai plus; vous ne serez plus là
» pour me sauver.

» Vous m'aviez donné pleinement le droit, si j'y trouvais un
» avantage, de vous perdre en vous jetant à terre comme un bout
» de cigare; mais j'ai disposé de vous sottement. Pour sortir d'em-
» barras, séduit par une captieuse demande du juge d'instruction,
» votre fils spirituel, celui que vous aviez adopté, s'est rangé du
» côté de ceux qui veulent vous assassiner à tout prix, en voulant
» faire croire à une identité que je sais impossible entre vous et un
» scélérat français. Tout est dit.

» Entre un homme de votre puissance et moi, de qui vous avez
» voulu faire un personnage plus grand que je ne pouvais l'être, il
» ne saurait y avoir de niaiseries échangées au moment d'une sé-
» paration suprême. Vous avez voulu me faire puissant et glorieux,
» vous m'avez précipité dans les abîmes du suicide, voilà tout. Il y
» a longtemps que je voyais venir le vertige pour moi.

» Il y a la postérité de Caïn et celle d'Abel, comme vous disiez
» quelquefois. Caïn, dans le grand drame de l'Humanité, c'est

» l'opposition. Vous descendez d'Adam par cette ligne en qui le
» diable a continué de souffler le feu dont la première étincelle
» avait été jetée sur Ève. Parmi les démons de cette filiation, il s'en
» trouve, de temps en temps, de terribles, à organisations vastes,
» qui résument toutes les forces humaines, et qui ressemblent à
» ces fiévreux animaux du désert dont la vie exige les espaces im-
» menses qu'ils y trouvent. Ces gens-là sont dangereux dans la So-
» ciété comme les lions le seraient en pleine Normandie : il leur
» faut une pâture, ils dévorent les hommes vulgaires et broutent
» les écus des niais; leurs jeux sont si périlleux qu'ils finissent par
tuer l'humble chien dont ils se sont fait un compagnon, un idole.
» Quand Dieu le veut, ces êtres mystérieux sont Moïse, Attila,
» Charlemagne, Robespierre ou Napoléon; mais, quand il laisse
» rouiller au fond de l'océan d'une génération ces instruments
» gigantesques, ils ne sont plus que Pugatcheff, Fouché, Louvel
» et l'abbé Carlos Herrera. Doués d'un immense pouvoir sur les
» âmes tendres, ils les attirent et les broient. C'est grand, c'est
» beau dans son genre. C'est la plante vénéneuse aux riches cou-
» leurs qui fascine les enfants dans les bois. C'est la poésie du mal.
» Des hommes comme vous autres doivent habiter des antres, et
» n'en pas sortir. Tu m'as fait vivre de cette vie gigantesque, et
» j'ai bien mon compte de l'existence. Ainsi, je puis retirer ma
» tête des nœuds gordiens de ta politique pour la donner au nœud
» coulant de ma cravate.

» Pour réparer ma faute, je transmets au procureur général une
» rétractation de mon interrogatoire ; vous verrez à tirer parti de
» cette pièce.

» Par le vœu d'un testament en bonne forme, on vous rendra,
» monsieur l'abbé, les sommes appartenant à votre Ordre, des-
» quelles vous avez disposé très imprudemment pour moi, par suite
» de la paternelle tendresse que vous m'avez portée.

» Adieu donc, adieu, grandiose statue du mal et de la corrup-
» tion, adieu, vous qui, dans la bonne voie, eussiez été plus que
» Ximenès, plus que Richelieu, vous avez tenu vos promesses :
» je me retrouve au bord de la Charente, après vous avoir dû les
» enchantements d'un rêve; mais, malheureusement, ce n'est plus
» la rivière de mon pays où j'allais noyer les peccadilles de la
» jeunesse ; c'est la Seine, et mon trou, c'est un cabanon de la
» Conciergerie.

» Ne me regrettez pas : mon mépris pour vous était égal à mon
» admiration.

» LUCIEN. »

DÉCLARATION.

» Je soussigné déclare rétracter entièrement ce que contient
» l'interrogatoire que m'a fait subir aujourd'hui monsieur Camusot.
» L'abbé Carlos Herrera se disait ordinairement mon père spiri-
» tuel, et j'ai dû me tromper à ce mot pris dans un autre sens par
» le juge, sans doute par erreur.
» Je sais que, dans un but politique et pour anéantir des secrets
» qui concernent les cabinets d'Espagne et des Tuileries, des agents
» obscurs de la diplomatie essaient de faire passer l'abbé Carlos
» Herrera pour un forçat nommé Jacques Collin; mais l'abbé Car-
» los Herrera ne m'a jamais fait d'autres confidences à cet égard que
» celles de ses efforts pour se procurer les preuves du décès ou de
» l'existence de Jacques Collin.
» A la Conciergerie, ce 15 mai 1830.

» LUCIEN DE RUBEMPRÉ. »

La fièvre du suicide communiquait à Lucien une grande lucidité d'idées et cette activité de main que connaissent les auteurs en
proie à la fièvre de la composition. Ce mouvement fut tel chez lui
que ces quatre pièces furent écrites dans l'espace d'une demi-heure.
Il en fit un paquet, le ferma par des pains à cacheter, y mit, avec
la force que donne le délire, l'empreinte d'un cachet à ses armes
qu'il avait au doigt, et il le plaça très visiblement au milieu du
plancher, sur le carreau.

Certes, il était difficile de porter plus de dignité dans la situation
fausse où tant d'infamie avait plongé Lucien : il sauvait sa mémoire
de tout opprobre, et il réparait le mal fait à son complice, autant
que l'esprit du dandy pouvait annuler les effets de la confiance du
poëte.

Si Lucien avait été placé dans un des cabanons des Secrets, il se
serait heurté contre l'impossibilité d'y accomplir son dessein, car
ces boîtes de pierre de taille n'ont pour mobilier qu'une espèce de
lit de camp et un baquet destiné à d'impérieux besoins. Il ne s'y
trouve pas un clou, pas une chaise, pas même un escabeau. Le lit de

camp est si solidement scellé qu'il est impossible de le déplacer sans un travail dont s'apercevrait facilement le surveillant, car le judas de fer est toujours ouvert. Enfin, lorsque le prévenu donne des craintes, il est surveillé par un gendarme ou par un agent. Dans les chambres de la Pistole et dans celle où Lucien avait été mis par suite des égards que le juge voulut témoigner à un jeune homme appartenant à la haute société parisienne, le lit mobile, la table et la chaise peuvent donc servir à l'exécution d'un suicide, sans néanmoins le rendre facile. Lucien portait une longue cravate noire en soie; et, en revenant de l'instruction, il songeait déjà à la manière dont Pichegru s'était, plus ou moins volontairement, donné la mort. Mais pour se pendre il faut trouver un point d'appui et un espace assez considérable entre le corps et le sol pour que les pieds ne rencontrent rien. Or la fenêtre de sa cellule donnant sur le préau n'avait point d'espagnolette, et les barreaux de fer scellés à l'extérieur, étant séparés de Lucien par l'épaisseur de la muraille, ne lui permettaient pas d'y prendre un point d'appui.

Voici le plan que sa faculté d'invention suggéra rapidement à Lucien pour consommer son suicide. Si la hotte appliquée à la baie ôtait à Lucien la vue du préau, cette hotte empêchait également les surveillants de voir ce qui se passait dans sa cellule; or, si dans la partie inférieure de la fenêtre les vitres avaient été remplacées par deux fortes planches, la partie supérieure conservait, dans chaque moitié, de petites vitres séparées et maintenues par les traverses qui les encadrent. En montant sur sa table Lucien pouvait atteindre à la partie vitrée de sa fenêtre, en détacher deux verres ou les casser, de manière à trouver dans le coin de la première traverse un point d'appui solide. Il se proposait d'y passer sa cravate, de faire sur lui-même une révolution pour la serrer autour de son cou, après l'avoir bien nouée, et de repousser la table loin de lui d'un coup de pied.

Donc, il approcha la table de la fenêtre sans faire de bruit, il quitta sa redingote et son gilet, puis il monta sur la table sans aucune hésitation pour trouer deux vitres au-dessus et au-dessous du premier bâton. Quand il fut sur la table, il put alors jeter les yeux sur le préau, spectacle magique qu'il entrevit pour la première fois. Le directeur de la Conciergerie, ayant reçu de monsieur Camusot la recommandation d'agir avec les plus grands égards avec Lucien, l'avait fait conduire, comme on l'a vu, par les communications intérieures de la Conciergerie dont l'entrée est dans le souterrain obscur qui fait face à la tour d'Argent, en évitant ainsi de montrer un jeune homme élégant à la foule des accusés qui se promènent dans le préau. On va juger si l'aspect de ce promenoir est de nature à saisir vivement une âme de poëte.

Le préau de la Conciergerie est borné sur le quai par la tour d'Argent et par la tour Bonbec ; or, l'espace qui les sépare indique parfaitement au dehors la largeur du préau. La galerie, dite de Saint-Louis, qui mène de la galerie marchande à la cour de Cassation et à la tour Bonbec où se trouve encore, dit-on, le cabinet de saint Louis, peut donner aux curieux la mesure de la longueur du préau, car elle en répète la dimension. Les Secrets et les Pistoles se trouvent donc sous la galerie marchande. Aussi la reine Marie-Antoinette, dont le cachot est sous les Secrets actuels, était-elle conduite au tribunal révolutionnaire, qui tenait ses séances dans le local de l'audience solennelle de la cour de Cassation, par un escalier formidable pratiqué dans l'épaisseur des murs qui soutiennent la galerie marchande et aujourd'hui condamné. L'un des côtés du préau, celui dont le premier étage est occupé par la galerie de Saint-Louis, présente aux regards une enfilade de colonnes gothiques entre lesquelles les architectes de je ne sais quelle époque ont pratiqué deux étages de cabanons pour loger le plus d'accusés possible, en empâtant de plâtre, de grilles et de scellements les chapiteaux, les ogives et les fûts de cette galerie magnifique. Sous le cabinet, dit de saint Louis, dans la tour Bonbec, tourne un escalier en colimaçon qui mène à ces cabanons. Cette prostitution des plus grands souvenirs de la France est d'un effet hideux.

A la hauteur où Lucien se trouvait, son regard prenait en écharpe cette galerie et les détails du corps de logis qui réunit la tour d'Argent à la tour Bonbec ; il voyait les toits pointus des deux tours. Il resta tout ébahi, son suicide fut retardé par son admiration. Aujourd'hui les phénomènes de l'hallucination sont si bien admis par la médecine, que ce mirage de nos sens, cette étrange faculté de notre esprit n'est plus contestable. L'homme, sous la pression d'un sentiment arrivé au point d'être une monomanie à cause de son intensité, se trouve souvent dans la situation où le plongent l'opium, le hatchisch et le protoxyde d'azote. Alors apparaissent les spectres, les fantômes, alors les rêves prennent du corps, les choses détruites revivent dans leurs conditions premières. Ce qui dans le cerveau n'était qu'une idée devient une créature animée. La science en est à croire aujourd'hui que, sous l'effort des passions à leur paroxysme le cerveau s'injecte de sang, et que cette congestion produit les jeux effrayants du rêve dans l'état de veille, tant on répugne à considérer (Voyez *Louis Lambert*, ÉTUDES PHILOSOPHIQUES) la pensée comme une force vive. Lucien vit le Palais dans toute sa beauté primitive. La colonnade fut svelte, jeune, fraîche. La demeure de saint Louis reparut telle qu'elle fut, il en admirait les proportions babyloniennes et les fantaisies orientales. Il accepta cette vue sublime comme un poétique adieu de la création civilisée. En prenant ses mesures pour mourir, il se demandait comment cette merveille existait inconnue dans Paris. Il était deux Lucien, un Lucien poëte en promenade dans le Moyen-Age, sous les arcades et sous les tourelles de saint Louis, et un Lucien apprêtant son suicide.

Au moment où monsieur de Grandville sortit de son cabinet, le directeur de la Conciergerie y entrait, et l'expression de cette physionomie était telle que le procureur général rentra; d'ailleurs le directeur avait à la main un paquet et lui disait : — Voici, monsieur, un paquet de lettres pour vous qui vient d'un prévenu dont le triste sort m'amène.

— Serait-ce monsieur Lucien de Rubempré?... demanda monsieur de Grandville saisi par une angoisse affreuse.

— Oui, monsieur. Le surveillant du préau a entendu un bruit de carreaux cassés, à la Pistole, et le voisin de monsieur Lucien a jeté des cris perçants, car il entendait l'agonie de ce pauvre jeune homme. Le surveillant est revenu pâle du spectacle qui s'est offert à ses yeux, il a vu le prévenu pendu à la croisée au moyen de sa cravate...

Quoique le directeur parlât à voix basse, le cri terrible que poussa madame de Sérisy prouva que, dans les circonstances suprêmes, nos organes ont une puissance incalculée. La comtesse entendit ou devina ; mais, avant que monsieur de Grandville se fût retourné, sans que ni monsieur de Sérisy ni monsieur de Bauvan pussent s'opposer à des mouvements si rapides, elle fila comme un trait, par la porte, et parvint à la galerie marchande où elle courut jusqu'à l'escalier qui descend à la rue de la Barillerie.

Un avocat déposait sa robe à la porte d'une de ces boutiques qui pendant si longtemps encombrèrent cette galerie où l'on vendait des chaussures, où on louait des robes et des toques. La comtesse demanda le chemin de la Conciergerie.

— Descendez et tournez à gauche, l'entrée est sur le quai de l'Horloge, la première arcade.

— Cette femme est folle... dit la marchande, il faudrait la suivre. Personne n'aurait pu suivre Léontine, elle volait. Un médecin expliquerait comment ces femmes du monde, dont la force est sans emploi, trouvent dans les crises de la vie de telles ressources. Elle se précipita par l'arcade vers le guichet avec tant de célérité que le gendarme en faction ne la vit pas entrer. Elle s'abattit comme une plume poussée par un vent furieux à la grille, elle en secoua les barres de fer avec tant de fureur, qu'elle arracha celle qu'elle avait saisie. Elle s'enfonça les deux morceaux sur la poitrine, d'où le sang jaillit, et elle tomba criant : — Ouvrez ! ouvrez ! d'une voix qui glaça les surveillants.

Le porte-clefs accourut.

— Ouvrez ! je suis envoyée par le procureur général, *pour sauver le mort !...*

Pendant que la comtesse faisait le tour par la rue de la Barillerie et par le quai de l'Horloge, monsieur de Grandville et monsieur de Sérisy descendaient à la Conciergerie par l'intérieur du Palais en devinant l'intention de la comtesse ; mais, malgré leur diligence, ils arrivèrent au moment où elle tombait évanouie à la première grille, et qu'elle était relevée par les gendarmes descendus de leur corps de garde. A l'aspect du directeur de la Conciergerie, on ouvrit le guichet, on transporta la comtesse dans le greffe ; mais elle se dressa sur ses pieds, et tomba sur ses genoux en joignant les mains.

— Le voir !... le voir !... Oh ! messieurs, je ne ferai pas de mal ! mais si vous ne voulez pas me voir mourir là... laissez-moi regarder Lucien, mort ou vivant... Ah ! tu es là, mon ami, choisis entre ma mort ou... Elle s'affaissa. — Tu es bon, reprit-elle. Je t'aimerai !...

— Emportons-la ?... dit monsieur de Bauvan.

— Non, allons à la cellule où est Lucien ? reprit monsieur de Grandville en lisant dans les yeux égarés de monsieur de Sérisy ses intentions.

Et il saisit la comtesse, la releva, la prit sous un bras ; tandis que monsieur de Bauvan la prenait sous l'autre.

— Monsieur! dit monsieur de Sérisy au directeur, un silence de mort sur tout ceci.

— Soyez tranquille, répondit le directeur. Vous avez pris un bon parti. Cette dame...

— C'est ma femme...

— Ah! pardon, monsieur. Eh! bien, elle s'évanouira certainement en voyant le jeune homme, et pendant son évanouissement on pourra l'emporter dans une voiture.

— C'est ce que j'ai pensé, dit le comte, envoyez un de vos hommes dire à mes gens, cour de Harlay, de venir au guichet, il n'y a que ma voiture là...

— Nous pouvons le sauver, disait la comtesse en marchant avec un courage et une force qui surprirent ses gardes. Il y a des moyens de rendre à la vie... Et elle entraînait les deux magistrats en criant au surveillant : — Allez donc, allez plus vite, une seconde vaut la vie de trois personnes!

Quand la porte de la cellule fut ouverte, et que la comtesse aperçut Lucien pendu comme si ses vêtements eussent été mis à un porte-manteau, d'abord elle fit un bond vers lui pour l'embrasser et le saisir; mais elle tomba la face sur le carreau de la cellule, en jetant des cris étouffés par une sorte de râle.

Cinq minutes après, elle était emportée par la voiture du comte vers son hôtel, couchée en long sur un coussin, son mari à genoux devant elle. Le comte de Bauvan était allé chercher un médecin pour porter les premiers secours à la comtesse.

Le directeur de la Conciergerie examinait la grille extérieure du guichet, et disait à son greffier : — On n'a rien épargné! les barres de fer sont forgées, elles ont été essayées, on a payé cela très cher, et il y avait une paille dans ce barreau-là?...

Le procureur général, revenu chez lui, disait à Massol qu'il trouva l'attendant dans l'antichambre du parquet :

— Monsieur, mettez ce que je vais vous dicter dans le numéro de demain de votre Gazette, à l'endroit où vous donnez les nouvelles judiciaires, vous ferez la tête de l'article. Et il dicta ceci :

« On a reconnu que la demoiselle Esther s'est donné volontairement la mort.

» L'alibi bien constaté de monsieur Lucien de Rubempré, son » innocence, ont d'autant plus fait déplorer son arrestation, qu'au

» moment où le juge d'instruction donnait l'ordre de l'élargir, ce
» jeune homme est mort subitement. »

— Votre avenir, monsieur, dit le magistrat à Massol, dépend de votre discrétion sur le petit service que je vous demande, ajouta monsieur de Granville.

— Puisque monsieur le procureur général me fait l'honneur d'avoir confiance en moi, je prendrai la liberté, répondit Massol, de lui présenter une observation. Cette note inspirera des commentaires injurieux sur la justice...

— La justice est assez forte pour les supporter, répliqua le magistrat.

— Permettez, monsieur le comte, on peut avec deux phrases éviter ce malheur.

Et l'avocat écrivit ceci :

« Les formes de la justice sont tout à fait étrangères à ce funeste
» événement. L'autopsie, à laquelle on a procédé sur-le-champ, a
» démontré que cette mort était due à la rupture d'un anévrisme
» à son dernier période. Si monsieur Lucien de Rubempré avait été
» affecté de son arrestation, sa mort aurait eu lieu beaucoup plus tôt.
» Or, nous croyons pouvoir affirmer que, loin d'être affligé de son
» arrestation, il en riait et disait à ceux qui l'accompagnèrent de
» Fontainebleau à Paris, qu'aussitôt arrivé devant le magistrat
» son innocence serait reconnue. »

— N'est-ce pas sauver tout?... demanda l'avocat-journaliste.

— Merci, monsieur, répondit le procureur général.

Ainsi, comme on le voit, les plus grands événements de la vie sont raduits par de petits Faits-Paris plus ou moins vrais.

Paris, mars 1846.

UN PRINCE DE LA BOHÊME.

A HEINE.

Mon cher Heine, à vous cette Étude, à vous qui représentez à Paris l'esprit et la poésie de l'Allemagne comme en Allemagne vous représentez la vive et spirituelle critique française, à vous qui savez mieux que personne ce qu'il peut y avoir ici de critique, de plaisanterie, d'amour et de vérité.

DE BALZAC.

— Mon cher ami, dit madame de la Baudraye en tirant un manuscrit de dessous l'oreiller de sa causeuse, me pardonnerez-vous, dans la détresse où nous sommes, d'avoir fait une nouvelle de ce que vous nous avez dit, il y a quelques jours.

— Tout est de bonne prise dans le temps où nous sommes ; n'avez-vous pas vu des auteurs qui, faute d'inventions, servent leurs propres cœurs et souvent celui de leurs maîtresses au public ? On en viendra, ma chère, à chercher des aventures moins pour le plaisir d'en être les héros, que pour les raconter.

— Enfin la marquise de Rochefide et vous aurez payé notre loyer, et je ne crois pas, à la manière dont vont ici les choses, que je vous paye jamais le vôtre.

— Qui sait ! peut-être vous arrivera-t-il la même bonne fortune qu'à madame de Rochefide. Allez !... j'écoute.

Madame de la Baudraye lut ce qui suit.

La scène est rue de Chartres du Roule, dans un magnifique salon. L'un des auteurs les plus célèbres de ce temps est assis sur une causeuse auprès d'une très illustre marquise avec laquelle il est intime comme doit l'être un homme distingué par une femme qui le garde près d'elle, moins comme un pis-aller que comme un complaisant *patito*.

— Hé bien ! dit-elle, avez-vous trouvé ces lettres dont vous me parliez hier, et sans lesquelles vous ne pouviez pas me raconter tout ce qui *le* concerne ?

— Je les ai !

— Vous avez la parole, je vous écoute comme un enfant à qui sa mère raconterait *le Grand Serpentin vert*.

— Entre toutes ces personnes de connaissance que nous avons l'habitude de nommer nos amis, je compte le jeune homme dont il est question. C'est un gentilhomme d'un esprit et d'un malheur infinis, plein d'excellentes intentions, d'une conversation ravissante, ayant beaucoup vu déjà, quoique jeune, et qui fait partie, en attendant mieux, de la *Bohême*. La Bohême, qu'il faudrait appeler la Doctrine du boulevard des Italiens, se compose de jeunes gens tous âgés de plus de vingt ans, mais qui n'en ont pas trente, tous hommes de génie dans leur genre, peu connus encore, mais qui se feront connaître, et qui seront alors des gens fort distingués ; on les distingue déjà dans les jours de carnaval, pendant lesquels ils déchargent le trop-plein de leur esprit, à l'étroit durant le reste de l'année, en des inventions plus ou moins drolatiques. A quelle époque vivons-nous ? Quel absurde pouvoir laisse ainsi se perdre des forces immenses ? Il se trouve dans la Bohême des diplomates capables de renverser les projets de la Russie, s'ils se sentaient appuyés par la puissance de la France. On y rencontre des écrivains, des administrateurs, des militaires, des journalistes, des artistes ! Enfin tous les genres de capacité, d'esprit y sont représentés. C'est un microcosme. Si l'empereur de Russie achetait la Bohême moyennant une vingtaine de millons, en admettant qu'elle voulût quitter l'asphalte des boulevards, et qu'il la déportât à Odessa ; dans un an, Odessa serait Paris. Là se trouve la fleur inutile, et qui se dessèche, de cette admirable jeunesse française que Napoléon et Louis XIV recherchaient, que néglige depuis trente ans la gérontocratie sous laquelle tout se flétrit en France, belle jeunesse dont hier encore le professeur Tissot, homme peu suspect, disait : « Cette jeu-
« nesse, vraiment digne de lui, l'Empereur l'employait partout,

« dans ses conseils, dans l'administration générale, dans des négo-
» ciations hérissées de difficultés ou pleines de périls, dans le
» gouvernement des pays conquis, et partout elle répondait à son
» attente! Les jeunes gens étaient pour lui les *missi dominici* de
» Charlemagne. » Ce mot de Bohême vous dit tout. La Bohême n'a
rien et vit de ce qu'elle a. L'Espérance est sa religion, la Foi en
soi-même est son code, la Charité passe pour être son budget. Tous
ces jeunes gens sont plus grands que leur malheur, au-dessous de
la fortune, mais au-dessus du destin. Toujours à cheval sur un *si*,
spirituels comme des feuilletons, gais comme des gens qui doivent,
oh! ils doivent autant qu'ils boivent! enfin, c'est là où j'en veux
venir, ils sont tous amoureux, mais amoureux!... figurez-vous Lo-
velace, Henri IV, le Régent, Werther, Saint-Preux, René, le maréchal de Richelieu, réunis dans un seul homme, et vous aurez une
idée de leur amour! Et quels amoureux? Eclectiques par excellence
en amour, ils vous servent une passion comme une femme peut la
vouloir; leur cœur ressemble à une carte de restaurant, ils ont mis
en pratique, sans le savoir et sans l'avoir lu peut-être, le livre de
l'Amour par Stendahl; ils ont la section de l'amour-goût, celle de
l'amour-passion, l'amour-caprice, l'amour cristallisé, et surtout l'a-
mour passager. Tout leur est bon, ils ont créé ce burlesque axiome :
Toutes les femmes sont égales devant l'homme. Le texte de
cet article est plus vigoureux; mais comme, selon moi, l'esprit en
est faux, je ne tiens pas à la lettre. Madame, mon ami se nomme
Gabriel-Jean-Anne-Victor-Benjamin-Georges-Ferdinand-Charles-
Édouard Rusticoli, comte de la Palferine. Les Rusticoli, arrivés en
France avec Catherine de Médicis, venaient alors d'être dépossédés
d'une souveraineté minime en Toscane. Un peu parents des d'Este,
ils se sont alliés aux Guise. Ils ont tué beaucoup de Protestants à la
Saint-Barthélemy, et Charles IX leur a donné l'héritière du comté
de la Palferine, confisqué, sur le duc de Savoie, et que Henri IV
leur a racheté tout en leur en laissant le titre. Ce grand Roi fit la
sottise de rendre ce fief au duc de Savoie. En échange, les comtes
de la Palferine qui portaient avant que les *Medici* eussent des
armes, *d'argent à la croix fleurdelysée d'azur* (la croix fut
fleurdelysée par lettres patentes de Charles IX), *sommé d'une
couronne de comte et deux paysans pour supports*, avec
IN HOC SIGNO VINCIMUS pour devise, ont eu deux Charges de la
Couronne et un gouvernement. Ils ont joué le plus beau rôle sous

les Valois, et jusqu'au quasi-règne de Richelieu ; puis ils se sont amoindris sous Louis XIV et ruinés sous Louis XV. Le grand-père de mon ami dévora les restes de cette brillante maison avec mademoiselle Laguerre, qu'il produit, lui, le premier, avant Bouret. Officier sans aucune fortune en 1789, le père de Charles-Édouard eut le bon esprit, la révolution aidant, de s'appeler Rusticoli. Ce père, qui d'ailleurs, épousa, durant les guerres d'Italie, une filleule de la comtesse Albani, une Capponi, de là le dernier prénom de la Palferine, fut l'un des meilleurs colonels de l'armée; aussi l'Empereur le nomma-t-il commandant de la Légion-d'Honneur, et le fit-il comte. Le colonel avait une légère déviation de la colonne vertébrale, et son fils dit en riant à ce sujet : — Ce fut un *comte refait*. Le général comte Rusticoli, car il devint général de brigade à Ratisbonne, mourut à Vienne après la bataille de Wagram, où il fut nommé général de division sur le champ de bataille. Son nom, son illustration italienne et son mérite lui auraient valu tôt ou tard le bâton de maréchal. Sous la Restauration, il aurait reconstitué cette grande et belle maison des la Palferine, si brillante déjà en 1100 comme Rusticoli, car les Rusticoli avaient déjà fourni un pape et révolutionné deux fois le royaume de Naples ; enfin si splendide sous les Valois et si habile que les la Palferine, quoique Frondeurs déterminés, existaient encore sous Louis XIV ; Mazarin les aimait, il avait reconnu chez eux un reste de Toscan. Aujourd'hui, quand on nomme Charles-Édouard de la Palferine, sur cent personnes, il n'y en a pas trois qui sachent ce qu'est la maison de la Palferine; mais les Bourbons ont bien laissé un Foix-Grailly vivant de son pinceau ! Ah ! si vous saviez avec quel esprit Édouard de la Palferine a pris cette position obscure ! comme il se moque des bourgeois de 1830, quel sel, quel atticisme ! Si la Bohême pouvait souffrir un roi, il serait roi de la Bohême. Sa verve est inépuisable. On lui doit la carte de la Bohême et les noms des sept châteaux que n'a pu trouver Nodier.

— C'est, dit la marquise, la seule chose qui manque à l'une des plus spirituelles railleries de notre époque.

— Quelques traits de mon ami la Palferine vous mettront à même de le juger, reprit Nathan. La Palferine trouve un de ses amis, l'ami était de la Bohême, en discussion sur le boulevard avec un bourgeois qui se croyait offensé. La Bohême est très insolente avec le pouvoir moderne. Il s'agissait de se battre. — « Un instant, dit la Palferine en devenant aussi Lauzun que Lauzun a jamais pu l'être, un instant, monsieur est-il né? — Comment, monsieur? dit le bourgeois. — Oui, êtes-vous né? Comment vous nommez-vous? — Godin. — Hein? Godin! dit l'ami de la Palferine. — Un instant, mon cher, dit la Palferine en arrêtant son ami, il y a les Trigaudin. En êtes-vous? (Étonnement du bourgeois.) — Non. Vous êtes alors des nouveaux ducs de Gaëte, façon impériale. Non. Eh bien! comment voulez-vous que mon ami, *qui sera* secrétaire d'ambassade et ambassadeur, et à qui vous devrez un jour du respect, se batte! Godin! Cela n'existe pas, vous n'êtes rien, Godin! Mon ami ne peut pas se battre en l'air. Quand on est quelque chose, on ne se bat qu'avec quelqu'un. Allons, mon cher, adieu! — Mes respects à madame, » ajouta l'ami. Un jour, la Palferine se promenait avec un de ses amis qui jeta le bout de son cigare au nez d'un passant. Ce passant eut le mauvais goût de se fâcher. — « Vous avez essuyé le feu de votre adversaire, dit le jeune comte, les témoins déclarent que l'honneur est satisfait. » Il devait mille francs à son tailleur, qui, au lieu de venir lui-même, envoya un matin son premier commis chez la Palferine. Ce garçon trouve le débiteur malheureux au sixième étage au fond d'une cour, en haut du faubourg du Roule. Il n'y avait pas de mobilier dans la chambre, mais un lit, et quel lit! une table, et quelle table! La Palferine entend la demande saugrenue, et que je qualifierais, nous dit-il, d'illicite, faite à sept heures du matin. — « Allez dire à votre maître, répondit-il avec le geste et la pose de Mirabeau, l'état dans lequel vous m'avez trouvé! » Le commis recule en faisant des excuses. La Palferine voit le jeune homme sur le palier, il se lève dans l'appareil illustré par les vers de Britannicus, et lui dit: — « Faites attention à l'escalier! Remarquez bien l'escalier, afin de ne pas oublier de lui parler de l'escalier. » En quelque situation que l'ait jeté le hasard, la Palferine ne s'est jamais trouvé ni au-dessous de la crise, ni sans esprit, ni de mauvais goût. Il déploie toujours et en tout le génie de Rivarol et la finesse du grand seigneur français. C'est lui qui a trouvé la délicieuse histoire sur l'ami du banquier Laffitte venant au bureau de *la souscription nationale* proposée pour conserver à ce banquier son hôtel où se brassa la révolution de 1830, et disant: Voici cinq francs, rendez-moi cent sous. On en a fait une caricature. Il eut le malheur, en style d'acte d'accusation, de rendre une jeune fille mère. L'enfant peu ingénue avoue sa faute à sa mère, bonne bourgeoise, qui accourt chez la Palferine et lui demande ce qu'il compte faire. — « Mais, madame, je ne suis ni chirurgien ni sage-femme. » Elle fut foudroyée; mais elle revint à la charge trois ou quatre ans après, en insistant et demandant toujours à la Palferine ce qu'il comptait faire. — « Oh! madame, répondit-il, quand cet enfant aura sept ans, âge auquel les enfants passent des mains des femmes entre celles des hommes... (mouvement d'assentiment chez la mère), si l'enfant est bien de moi (geste de la mère), s'il me ressemble d'une manière frappante, s'il promet d'être un gentilhomme, si je reconnais en lui mon genre d'esprit, et surtout l'air Rusticoli, oh! alors (nouveau mouvement), par ma foi de gentilhomme, je lui donnerai... un bâton de sucre d'orge! » Tout cela, si vous me permettez d'user du style employé par monsieur Sainte-Beuve pour ses biographies d'inconnus, est le côté enjoué, badin, mais déjà gâté, d'une race forte. Cela sent son Parc-aux-Cerfs plus que son hôtel de Rambouillet. Ce n'est pas la race *des doux*, j'incline à conclure pour un peu de débauche et plus que je n'en voudrais chez des natures brillantes et généreuses; mais c'est galant dans le genre de Richelieu, folâtre et peut-être trop dans la drôlerie; c'est peut-être les *outrances* du dix-huitième siècle; cela rejoint en arrière les mousquetaires, et cela fait tort à Champcenetz; mais *ce volage* tient aux arabesques et aux enjolivements de la vieille cour des Valois. On doit sévir, dans une époque aussi morale que la nôtre, à l'encontre de ces audaces; mais ce bâton de sucre d'orge peut aussi montrer aux jeunes filles le danger de ces fréquentations d'abord pleines de rêveries, plus charmantes que sévères, roses et fleuries, mais dont les pentes ne sont pas surveillées et qui aboutissent à des excès mûrissants, à des fautes pleines de bouillonnements ambigus, à des résultats trop vibrants. Cette anecdote peint l'esprit vif et complet de la Palferine, car il a l'*entre-deux* que voulait Pascal; il est tendre et impitoyable; il est comme Épaminondas, également grand aux extrémités. Ce mot précise d'ailleurs l'époque; autrefois il n'y avait pas d'accoucheurs. Ainsi les raffinements de notre civilisation s'expliquent par ce trait qui restera.

— Ah! ça, mon cher Nathan, quel galimatias me faites-vous là? demanda la marquise étonnée.

— Madame la marquise, répondit Nathan, vous ignorez la valeur de ces phrases précieuses, je parle en ce moment le Sainte-Beuve, une nouvelle langue française. Je continue. Un jour, se promenant sur le boulevard, bras dessus bras dessous, avec des amis, la Palferine voit venir à lui le plus féroce de ses créanciers, qui lui dit : — « Pensez-vous à moi, monsieur ? — Pas le moins du monde ! » lui répondit le comte. Remarquez combien sa position était difficile. Déjà Talleyrand, en semblable circonstance, avait dit : — Vous êtes bien curieux, mon cher ! Il s'agissait de ne pas imiter cet homme inimitable. Généreux comme Buckingham, et ne pouvant supporter d'être pris au dépourvu, un jour, n'ayant rien à donner à un ramoneur, le jeune comte puise dans un tonneau de raisins à la porte d'un épicier, et en emplit le bonnet du petit savoyard, qui mange très bien le raisin. L'épicier commença par rire et finit par tendre la main à la Palferine. — « Oh ! fi ! monsieur, dit-il, votre main gauche doit ignorer ce que vient de donner ma droite. » D'un courage aventureux, Charles-Édouard ne cherche ni ne refuse aucune partie ; mais il a la bravoure spirituelle. En voyant, dans le passage de l'Opéra, un homme qui s'était exprimé sur son compte en termes légers, il lui donne un coup de coude en passant, puis il revient sur ses pas et lui en donne un second. — « Vous êtes bien maladroit, dit-on. — Au contraire, je l'ai fait exprès. » Le jeune homme lui présente sa carte. — « Elle est bien sale, reprit-il, elle est par trop pochetée ; veuillez m'en donner une autre ! » ajouta-t-il en la jetant. Sur le terrain, il reçoit un coup d'épée, l'adversaire voit partir le sang et veut finir en s'écriant : — « Vous êtes blessé, monsieur. — Je nie la botte ! » répondit-il avec autant de sang-froid que s'il eût été dans une salle d'armes, et il riposta par une botte pareille, mais plus à fond, en ajoutant : — « Voilà le vrai coup, monsieur ! » L'adversaire resta six mois au lit. Ceci, toujours en se tenant dans les eaux de monsieur Sainte-Beuve, rappelle les Raffinés et la fine raillerie des beaux jours de la monarchie. On y voit une vie dégagée, mais sans point d'arrêt, une imagination riante qui ne nous est donnée qu'à l'origine de la jeunesse. Ce n'est plus le velouté de la fleur, mais il y a du grain desséché, plein, fécond, qui assure la saison d'hiver. Ne trouvez-vous pas que ces choses annoncent quelque chose d'inassouvi, d'inquiet, ne s'analysant pas, ne se décrivant point, mais se comprenant, et qui s'embraserait en flammes éparses et hautes si l'occasion de se déployer arrivait ? C'est l'*acedia* du cloître, quelque chose d'aigri, de fermenté dans l'inoccupation croupissante des forces juvéniles, une tristesse vague et obscure.

— Assez! dit la marquise, vous me donnez des douches à la cervelle.

— C'est l'ennui des après-midi. On est sans emploi, on fait mal plutôt que de ne rien faire, et c'est ce qui arrivera toujours en France. La jeunesse en ce moment a deux côtés : le côté studieux des *méconnus*, le côté ardent des *passionnés*.

— Assez! répéta madame de Rochefide avec un geste d'autorité, us m'agacez les nerfs.

— Je me hâte, pour achever de vous peindre la Palferine, de me jeter dans ses régions galantes, afin de vous faire comprendre le génie particulier de ce jeune homme qui représente admirablement une portion de la jeunesse malicieuse, de cette jeunesse assez forte pour rire de la situation où la met l'ineptie des gouvernants, assez calculatrice pour ne rien faire en voyant l'inutilité du travail, assez vive encore pour s'accrocher au plaisir, la seule chose qu'on n'ait pu lui ôter. Mais une politique, à la fois bourgeoise, mercantile et bigote, va supprimant tous les déversoirs où se répandraient tant d'aptitude et de talents. Rien pour ces poëtes, rien pour ces jeunes savants. Pour vous faire comprendre la stupidité de la nouvelle cour, voici ce qui est arrivé à la Palferine. Il existe à la Liste civile un *employé aux malheurs*. Cet employé apprit un jour que la Palferine était dans une horrible détresse, il fit sans doute un rapport, et il apporta cinquante francs à l'héritier des Rusticoli. La Palferine reçut ce monsieur avec une grâce parfaite, et il l'entretint des personnages de la Cour. — « Est-il vrai, demanda-t-il, que mademoiselle d'Orléans contribue pour telle somme à ce beau service entrepris pour son neveu? Ce sera fort beau. » La Palferine avait donné le mot à un petit savoyard de dix ans, appelé par lui le *Père Anchise*, lequel le sert pour rien et duquel il dit : — « Je n'ai jamais vu tant de niaiserie réunie à tant d'intelligence, il passerait dans le feu pour moi, il comprend tout et ne comprend pas que je ne puis rien pour lui. » Anchise ramena de chez un loueur de carrosses un magnifique coupé derrière lequel il y avait un laquais. Au moment où la Palferine entendit le bruit du carrosse, il avait habilement amené la conversation sur les fonctions de ce monsieur, qu'il appelle depuis l'*homme aux misères sans écart*, il s'était informé de sa besogne et de son traitement. — « Vous donne-t-on une voiture pour courir ainsi la ville ? — Oh non ! » répondit-il. Sur ce mot, la Palferine et l'ami qui se trouvait avec lui accompagnent le pauvre homme, descendent et le forcent à monter en voiture, car il pleuvait à torrents. La Palferine avait tout calculé. Il offrit de conduire l'employé là où l'employé allait. Quand le distributeur des aumônes eut fini sa nouvelle visite, il retrouva l'équipage à la porte. Le laquais lui remit ce mot écrit au crayon : *La voiture est payée pour trois jours par le comte Rusticoli de la Palferine, trop heureux de s'unir aux charités de la Cour en donnant des ailes à ses bienfaits.* La Palferine appelle maintenant la Liste civile une Liste incivile. Il fut passionnément aimé d'une femme dont la conduite était un peu légère. Antonia demeurait rue du Helder, et y était remarquée. Mais, dans le temps où elle connut le comte, elle n'avait pas encore *été à pied.* Elle ne manquait pas de cette impertinence d'autrefois que les femmes d'aujourd'hui ont ravalée jusqu'à l'insolence. Après quinze jours d'un bonheur sans mélange, cette femme fut obligée de revenir, dans les intérêts de sa liste civile, à un système de passion moins exclusive. En s'apercevant qu'on manquait de franchise avec lui, la Palferine écrivit à madame Antonia cette lettre qui la rendit célèbre.

« Madame,

» Votre conduite m'étonne autant qu'elle m'afflige. Non contente
» de me déchirer le cœur par vos dédains, vous avez l'indélicatesse
» de me retenir une brosse à dents, que mes moyens ne me per-
» mettent pas de remplacer, mes propriétés étant grevées d'hypo-
» thèques au delà de leur valeur.

» Adieu, trop belle et trop ingrate amie ! Puissions-nous nous
» revoir dans un monde meilleur !

« CHARLES-ÉDOUARD. »

Assurément (toujours en nous servant du style macaronique de monsieur Sainte-Beuve), ceci surpasse de beaucoup la raillerie de Sterne dans le *Voyage sentimental*, ce serait Scarron sans sa grossièreté. Je ne sais même si Molière, dans ses bonnes, n'aurait pas dit, comme du meilleur de Cyrano : Ceci est à moi ! Richelieu n'a pas été plus complet en écrivant à la princesse qui l'attendait dans la cour des cuisines au Palais-Royal. *Restez-y, ma reine, pour charmer les marmitons.* Encore la plaisanterie de Charles-Édouard est-elle moins âcre. Je ne sais si les Romains, si les Grecs ont connu ce genre d'esprit. Peut-être Platon, en y regardant bien, en a-t-il approché; mais du côté sévère et musical...

— Laissez ce jargon, dit la marquise, cela peut s'imprimer, mais m'en écorcher les oreilles est une punition que je ne mérite point.

— Voici comment il fit la rencontre de Claudine, reprit Nathan. Un jour, un de ces jours inoccupés où la jeunesse se trouve à charge à elle-même, et comme Blondet sous la Restauration, ne sort de son énergie et de l'abattement auquel la condamnent d'outrecuidants vieillards que pour mal faire, pour entreprendre de ces énormes bouffonneries qui ont leur excuse dans l'audace même de leur conception, la Palferine errait le long de sa canne, sur le même trottoir, entre la rue de Grammont et la rue Richelieu. De loin, il voit une femme, une femme mise trop élégamment, et, comme il le dit, garnie d'effets trop coûteux et portés trop négligemment pour n'être pas une princesse de la Cour ou de l'Opéra; mais, après juillet 1830, selon lui l'équivoque est impossible, la princesse devait être de l'Opéra. Le jeune comte se met aux côtés de cette femme, comme s'il lui avait donné un rendez-vous; il la suit avec une opiniâtreté polie, avec une persistance de bon goût, en lui lançant des regards pleins d'autorité, mais à propos, et qui forcèrent cette femme à se laisser escorter. Un autre eût été glacé par l'accueil, déconcerté par les premiers chassez-croisez de la femme, par le froid piquant de son air, par des mots sévères; mais la Palferine lui dit de ces mots plaisants contre lesquels ne tient aucun sérieux, aucune résolution. Pour se débarrasser de lui, l'inconnue entre chez sa marchande de modes, Charles-Édouard y entre, il s'assied; il donne son avis, il la conseille en homme prêt à payer. Ce sang-froid inquiète la femme, elle sort. Sur l'escalier, l'inconnue dit à la Palferine, son persécuteur : — « Monsieur, je vais chez une parente de mon mari, une vieille dame, madame de Bonfalot... — Oh! madame de Bonfalot? répond le comte, mais je suis charmé, j'y vais... » Le couple y va. Charles-Édouard entre avec cette femme, on le croit amené par elle, il se mêle à la conversation, il y prodigue son esprit fin et distingué. La visite traînait en longueur. Ce n'était pas son compte. — « Madame, dit-il à l'inconnue, n'oubliez pas que votre mari nous attend, il ne nous a donné qu'un quart d'heure. » Confondue par cette audace, qui, vous le savez, vous plaît toujours, entraînée par ce regard vainqueur, par cet air profond et candide à la fois que sait prendre Charles-Édouard, elle se lève, accepte le bras de son cavalier forcé, descend et lui dit sur le seuil de la porte : — « Monsieur, j'aime la plaisanterie... — Et moi donc ! » dit-il. Elle rit. — « Mais il ne tient qu'à vous que cela ne devienne sérieux, reprit-il. Je suis le comte de la Palferine, et je suis enchanté de pouvoir mettre à vos pieds et mon cœur et ma fortune ! » La Palferine avait alors vingt-deux ans. Ceci se passait en 1834. Par bonheur, ce jour-là, le comte était mis avec élégance. Je vais vous le peindre en deux mots. C'est le vivant portrait de Louis XIII, il en a le front pâle, gracieux aux tempes, le teint olivâtre, ce teint italien qui devient blanc aux lumières, les cheveux bruns, portés longs, et la royale noire; il en a l'air sérieux et mélancolique, car sa personne et son caractère forment un contraste étonnant. En entendant le nom et voyant le personnage, Claudine éprouve comme un frémissement. La Palferine s'en aperçoit; il lui lance un regard de ses yeux noirs profonds, fendus, en amande, aux paupières légèrement ridées et bistrées qui révèlent des joies égales à d'horribles fatigues. Sous ce coup d'œil elle lui dit : — « Votre adresse ! — Quelle maladresse ! répondit-il. — Ah ! bah ! fit-elle en souriant. Oiseau sur la branche ? — Adieu, madame; vous êtes une femme comme il m'en faut, mais ma fortune est loin de ressembler à mon désir... » Il salue et la quitte net, sans se retourner. Le surlendemain, par une de ces fatalités qui ne sont possibles que dans Paris, il alla chez un de ces marchands d'habits qui prêtent sur gages lui vendre le superflu de sa garde-robe, il recevait d'un air inquiet le prix, après l'avoir longtemps débattu, quand l'inconnue passe et le reconnaît. — « Décidément, crie-t-il au marchand stupéfait, je ne prends pas votre trompe ! » Et il indiquait une énorme trompe bosselée, accrochée en dehors et qui se dessinait sur des habits de chasseurs d'ambassade et de généraux de l'empire. Puis, fier et impétueux, il resuivit la jeune femme. Depuis cette grande journée de la trompe, ils s'entendirent à merveille. Charles-Édouard a sur l'amour les idées les plus justes. Il n'y a pas, selon lui, deux amours dans la vie de l'homme; il n'y en a qu'un seul, profond comme la mer, mais sans rivages. A tout âge, cet amour fond sur vous comme la grâce fondit sur saint Paul. Un homme peut vivre jusqu'à soixante ans sans l'avoir ressenti. Cet amour, selon une superbe expression de Heine, est peut-être la *maladie secrète du cœur*, une combinaison du sentiment de l'infini qui est en nous et du beau idéal, qui se révèle sous une forme visible. Enfin cet amour embrasse à la fois la créature et la création. Tant qu'il ne s'agit pas de ce grand poëme, on ne peut traiter qu'en plaisantant des amours qui doivent finir, en faire ce que sont en littérature les poésies légères comparées au poëme épique. Charles-Édouard n'éprouva dans cette liaison ni ce coup de foudre qui annonce ce véritable amour ni la lente révélation des attraits, la reconnaissance des qualités secrètes qui attachent deux êtres par une puissance croissante. L'amour vrai n'a que ces deux modes. Ou la première vue, qui sans doute est un effet de la seconde vue écossaise, ou la graduelle fusion des deux natures, qui réalise l'androgyne platonique. Mais Charles-Édouard fut aimé follement. Cette femme éprouvait l'amour complet, idéal et physique, enfin la Palferine fut sa vraie passion à elle. Pour lui, Claudine n'était qu'une délicieuse maîtresse. Le diable avec son enfer, qui certes est un puissant magicien, n'aurait jamais pu changer le système de ces deux caloriques inégaux. J'ose affirmer que Claudine ennuyait souvent Charles-Édouard. — « Au bout de trois jours, la femme qu'on n'aime pas et le poisson gardé sont bons à jeter par la fenêtre, » nous disait-il. En Bohême, le secret s'observe peu sur les amours légères. La Palferine nous parla souvent de Claudine, néanmoins personne de nous ne la vit et jamais son nom de femme ne fut prononcé. Claudine était presque un personnage mythique. Nous en agissions tous de même, conciliant ainsi les exigences de notre vie en commun et les lois du bon goût. Claudine, Hortense, la Baronne, la Bourgeoise, l'Impératrice, la Lionne, l'Espagnole étaient des rubriques qui permettaient à chacun d'épancher ses joies, ses soucis, ses chagrins, ses espérances, et de communiquer ses découvertes. On n'allait pas au delà. Il y a exemple, en Bohême, d'une révélation faite par hasard de la personne dont il était question; aussitôt, par un accord unanime, aucun de nous ne parla plus d'elle. Ce fait peut indiquer combien la jeunesse a le sens des vraies délicatesses. Quelle admirable connaissance ont les gens de choix des limites où doivent s'arrêter la raillerie et ce monde de choses françaises désigné sous le mot soldatesque de *blague*, mot qui sera repoussé de la langue, espérons-le, mais qui seul peut faire comprendre l'esprit de la Bohême! Nous plaisantions donc souvent sur Claudine et sur le comte. C'était des : — « Que fais-tu de Claudine?

— Et ta Claudine? — Toujours Claudine ? chanté sur l'air de *Toujours Gessler!* de Rossini, etc. — Je vous souhaite, pour le mal que je vous veux, nous dit un jour la Palferine, une semblable maîtresse. Il n'y a pas de lévrier, de basset, de caniche qui lui soit comparable pour la douceur, la soumission, la tendresse absolue. Il y a des moments où je me fais des reproches, où je me demande compte à moi-même de ma dureté. Claudine obéit avec une douceur de sainte. Elle vient, je la renvoie, elle s'en va, elle ne pleure que dans la cour. Je ne veux pas d'elle pendant une semaine, je lui assigne le mardi suivant, à certaine heure, fût-ce minuit ou six heures du matin, dix heures ou cinq heures, les moments les plus incommodes, celui du déjeuner, du dîner, du lever, du coucher... Oh! elle viendra belle, parée, ravissante, à cette heure, exactement! Et elle est mariée! entortillée dans les obligations et les devoirs d'une maison. Les ruses qu'elle doit inventer, les raisons à trouver pour se conformer à mes caprices nous embarrasseraient, nous autres!... Rien ne la lasse, elle tient bon! Je le lui dis, ce n'est pas de l'amour, c'est de l'entêtement. Elle m'écrit tous les jours, je ne lis pas ses lettres, elle s'en est aperçue, elle écrit toujours! Tenez, voilà deux cents lettres dans ce coffre. Elle me prie de prendre chaque jour une de ses lettres pour essuyer mes rasoirs, et je n'y manque pas! Elle croit, avec raison, que la vue de son écriture me fait penser à elle. » La Palferine s'habillait en nous disant cela, je pris la lettre dont il allait se servir, je la lus et la gardai sans qu'il la réclamât; la voici, car, selon ma promesse, je l'ai retrouvée :

Lundi, minuit.

« Eh! bien, mon ami, êtes-vous content de moi? Je ne vous ai
» pas demandé cette main, qu'il vous eût été facile de me donner
» et que je désirais tant de presser sur mon cœur, sur mes lèvres.
» Non, je ne vous l'ai pas demandée, je crains trop de vous dé-
» plaire. Savez-vous une chose? Bien que je sache cruellement
» que mes actions vous sont parfaitement indifférentes, je n'en de-
» viens pas moins d'une extrême timidité dans ma conduite. La
» femme qui vous appartient, à quelque titre que ce soit et bien
» que très secrètement, doit éviter d'encourir le plus léger blâme.
» En ce qui est des anges du ciel, pour lesquels il n'y a pas de
» secret, mon amour est égal aux plus purs amours, mais partout

» où je me trouve, il me semble que je suis toujours en votre pré-
» sence, et je veux vous faire honneur.

» Tout ce que vous m'avez dit sur ma manière de me mettre
» m'a frappée et m'a fait comprendre combien les gens de race
» noble sont supérieurs aux autres ! Il me restait quelque chose de
» la fille d'Opéra dans la coupe de mes robes, dans mes coiffures.
» En un moment, j'ai reconnu la distance qui me séparait du bon
» goût. La première fois, vous recevrez une duchesse, vous ne me
» reconnaîtrez pas. Oh ! combien tu as été bon pour ta Claudine !
» combien de fois je t'ai remercié de m'avoir dit tout cela ! Quel
» intérêt dans ce peu de paroles ! Tu t'es donc occupé de cette
» chose à toi qui se nomme Claudine ? Ce n'est pas cet imbécile qu'
» m'aurait éclairée, *il* trouve bien tout ce que je fais, *il* est d'ail-
» leurs bien trop *pot-au-feu*, trop prosaïque pour avoir le sens
» du beau. Mardi va bien tarder à mon impatience ! Mardi, près de
» vous pendant plusieurs heures ! Ah ! je m'efforcerai mardi de
» penser que ces heures sont des mois, et que je suis ainsi tou-
» jours. Je vis en espoir dans cette matinée comme je vivrai plus
» tard quand elle sera passée par le souvenir. L'espoir est une mé-
» moire qui désire, le souvenir est une mémoire qui a joui. Quelle
» belle vie dans la vie nous fait ainsi la pensée ! je songe à inventer
» des tendresses qui ne seront qu'à moi, dont le secret ne sera de-
» viné par aucune femme. Il me prend des sueurs froides qu'il
» n'arrive un empêchement. Oh ! je briserais net avec *lui*, s'il le
» fallait ; mais ce n'est pas d'ici que jamais viendra l'empêchement,
» c'est de toi, tu pourras vouloir aller dans le monde, chez une
» autre femme peut-être. Oh ! grâce pour ce mardi ! Si tu me
» l'enlevais, Charles, tu ne sais pas tout ce que tu *lui* vaudrais,
» je *le* rendrais fou. Si tu ne voulais pas de moi, si tu allais dans
» le monde, laisse-moi venir tout de même, te voir habiller, rien
» que te voir, je n'en demande pas d'avantage, laisse-moi te prou-
» ver ainsi combien je t'aime purement ! Depuis que tu m'as per-
» mis de t'aimer, car tu me l'as permis puisque je suis à toi ; de-
» puis ce jour, je t'aime de toute la puissance de mon âme, et je
» t'aimerai toujours : car, après t'avoir aimé, on ne peut plus, on
» ne doit plus aimer personne. Et, vois-tu, quand tu te verras sous
» un regard qui ne veut que voir, tu sentiras qu'il y a chez ta
» Claudine quelque chose de divin que tu y as éveillé. Hélas ! je
» ne suis point coquette avec toi ; je suis comme une mère avec

» son enfant : je souffre tout de toi ; moi, si impérieuse, si fière
» ailleurs, moi qui faisais trotter des ducs, des princes, des aides-de-
» camp de Charles X, qui valaient plus que toute la cour actuelle,
» je te traite en enfant gâté. Mais à quoi bon des coquetteries ? ce
» serait en pure perte. Et cependant, faute de coquetterie, je ne
» vous inspirerai jamais d'amour, monsieur ! Je le sais, je le sens,
» et je continue en éprouvant l'action d'un pouvoir irrésistible,
» mais je pense que cet entier abandon me vaudra de vous ce sen-
» timent qu'*il* dit être chez tous les hommes pour ce qui est leur
» propriété. »

Mercredi.

» Oh ! comme la tristesse est entrée noire dans mon cœur lorsque
» j'ai su qu'il fallait renoncer au bonheur de te voir hier ! Une seule
» idée m'a empêchée de me laisser aller dans les bras de la mort :
» tu le voulais ! Ne pas venir, c'était exécuter ta volonté, obéir à
» l'un de tes ordres. Ah ! Charles, j'étais si jolie ! tu aurais eu en
» moi mieux que cette belle princesse allemande que tu m'avais
» donnée en exemple, et que j'avais étudiée à l'Opéra. Mais tu m'au-
» rais peut-être trouvée hors de ma nature. Tiens, tu m'as ôté toute
» confiance en moi, je suis peut-être laide. Oh ! je me fais horreur,
» je deviens imbécile en songeant à mon radieux Charles-Édouard.
» Je deviendrai folle, c'est sûr. Ne ris pas, ne me parle pas de la
» mobilité des femmes. Si nous sommes mobiles, vous êtes bien
» bizarres, vous ! Oter à une pauvre créature les heures d'amour
» qui la faisaient heureuse depuis dix jours, qui la rendaient
» bonne et charmante pour tous ceux qui la venaient voir ! Enfin tu
» étais cause de ma douceur avec *lui*, tu ne sais pas le mal que tu
» lui fais. Je me suis demandé ce que je dois inventer pour te con-
» server, ou pour avoir seulement le droit d'être quelquefois à toi...
» Quand je pense que tu n'as jamais voulu venir ici ! Avec quelle
» délicieuse émotion je te servirais ! Il y en a de plus favorisées
» que moi. Il y a des femmes à qui tu dis : Je vous aime. A moi,
» tu n'as jamais dit que : Tu es une bonne fille. Sans que tu le
» saches, il est certains mots de toi qui me rongent le cœur. Il y a
» des gens d'esprit qui me demandent quelquefois à quoi je pense :
» je pense à mon abjection, qui est celle de la plus pauvre péche-
» resse en présence du Sauveur. »

Il y a, vous le voyez, encore trois pages. Il me laissa prendre

cette lettre où je vis des traces de larmes qui me semblèrent encore
chaudes ! Cette lettre me prouva que la Palferine nous disait vrai.
Marcas, assez timide avec les femmes, s'extasiait sur une lettre
semblable qu'il venait de lire dans son coin avant d'en allumer
son cigare. — « Mais toutes les femmes qui aiment écrivent de
ces choses-là ! s'écria la Palferine, l'amour leur donne à toutes
de l'esprit et du style, ce qui prouve qu'en France le style vient
des idées et non des mots. Voyez comme cela est bien pensé,
comme un sentiment est logique. » Et il nous lut une autre lettre
qui était bien supérieure aux lettres factices tant étudiées que
nous tâchons de faire, nous autres auteurs de romans. Un jour
la pauvre Claudine ayant su la Palferine dans un danger excessif,
à cause d'une lettre de change, eut la fatale idée de lui apporter
dans une bourse ravissamment brodée une somme assez considérable en or. — « Qui t'a faite si hardie de te mêler des affaires de
ma maison ? lui cria la Palferine en colère. Raccommode mes chaus-
settes, brode-moi des pantoufles, si ça t'amuse. Mais... Ah ! tu
veux faire la duchesse, et tu retournes la fable de Danaë contre
l'aristocratie. » En disant ces mots, il vida la bourse dans sa main,
et fit le geste de jeter la somme à la figure de Claudine. Claudine épouvantée, et ne devinant pas la plaisanterie, se recula,
heurta une chaise, et alla tomber la tête la première sur l'angle aigu
de la cheminée. Elle se crut morte. La pauvre femme ne dit qu'un
mot, quand, mise sur le lit, elle put parler : — « Je l'ai mérité,
Charles ! » La Palferine eut un moment de désespoir. Ce désespoir
rendit la vie à Claudine ; elle fut heureuse de ce malheur, elle en
profita pour faire accepter la somme à la Palferine, et le tirer d'embarras. Puis ce fut le contre-pied de la fable de La Fontaine où un
mari rend grâce aux voleurs de lui faire connaître un mouvement
de tendresse chez sa femme. A ce propos, un mot vous expliquera
la Palferine tout entier. Claudine revint chez elle, elle arrangea
comme elle le put un roman pour justifier sa blessure, et fut dan-
gereusement malade. Il se fit un abcès à la tête. Le médecin, Bianchon, je crois, oui, ce fut lui, voulut un jour faire couper les cheveux de Claudine, qui a des cheveux aussi beaux que ceux de la
duchesse de Berry ; mais elle s'y refusa, et dit en confidence à
Bianchon qu'elle ne pouvait pas les laisser couper sans la permission
du comte de la Palferine. Bianchon vint chez Charles-Édouard.
Charles-Édouard l'écoute gravement, et quand Bianchon lui a lon-

guement expliqué le cas et démontré qu'il faut absolument couper les cheveux pour faire sûrement l'opération : — « Couper les cheveux de Claudine ! s'écria-t-il d'une voix péremptoire ; non, j'aime mieux la perdre ! » Bianchon, après quatre ans, parle encore du mot de la Palferine, et nous en avons ri pendant une demi-heure. Claudine, instruite de cet arrêt, y vit une preuve d'affection, elle se crut aimée. En face de sa famille en larmes, de son mari à genoux, elle fut inébranlable, elle garda ses cheveux. L'opération, secondée par cette force intérieure que lui donnait la croyance d'être aimée, réussit parfaitement. Il y a de ces mouvements d'âme qui mettent en désordre toutes les bricoles de la chirurgie et les lois de la science médicale. Claudine écrivit, sans orthographe, sans ponctuation, une délicieuse lettre à la Palferine pour lui apprendre l'heureux résultat de l'opération, en lui disant que l'amour en savait plus que toutes les sciences. — « Maintenant, nous disait un jour la Palferine, comment faire pour me débarrasser de Claudine ? — Mais elle n'est pas gênante, elle te laisse maître de tes actions. — C'est vrai, dit la Palferine, mais je ne veux pas qu'il y ait dans ma vie quelque chose qui s'y glisse sans mon consentement. » Dès ce jour il se mit à tourmenter Claudine, il avait dans la plus profonde horreur une bourgeoise, une femme sans nom ; il lui fallait absolument une femme titrée ; elle avait fait des progrès, c'est vrai, Claudine était mise comme les femmes les plus élégantes du faubourg Saint-Germain, elle avait su sanctifier sa démarche, elle marchait avec une grâce chaste, inimitable ; mais ce n'était pas assez ! Ces éloges faisaient tout avaler à Claudine. — « Eh bien ! lui dit un jour la Palferine, si tu veux rester la maîtresse d'un la Palferine pauvre, sans le sou, sans avenir, au moins dois-tu le représenter dignement. Tu dois avoir un équipage, des laquais, une livrée, un titre. Donne-moi toutes les jouissances de vanité que je ne puis pas avoir par moi-même. La femme que j'honore de mes bontés ne doit jamais aller à pied ; si elle est éclaboussée, j'en souffre ! Je suis fait comme cela, moi ! Ma femme doit être admirée de tout Paris. Je veux que tout Paris m'envie mon bonheur ! Qu'un petit jeune homme, voyant passer dans un brillant équipage une brillante comtesse, se dise : A qui sont de pareilles divinités ? et reste pensif. Cela doublera mes plaisirs. » La Palferine nous avoua qu'après avoir lancé ce programme à la tête de Claudine pour s'en débarrasser, il fut étourdi pour la première et sans doute pour la seule fois de sa vie.

— « Mon ami, dit-elle avec un son de voix qui trahissait un tremblement intérieur et universel, c'est bien ! Tout cela sera fait, ou je mourrai... » Elle lui baisa la main et y mit quelques larmes de bonheur. — « Je suis heureuse, ajouta-t-elle, que tu m'aies expliqué ce que je dois être pour rester ta maîtresse. — Et, nous disait la Palferine, elle est sortie en me faisant un petit geste coquet de femme contente. Elle était sur le seuil de ma mansarde, grande, fière, à la hauteur d'une sibylle antique. »

— Tout ceci doit vous expliquer assez les mœurs de la Bohême dont une des plus brillantes figures est ce jeune *condottiere*, reprit Nathan après une pause. Maintenant voici comme je découvris qui était Claudine, et comment je pus comprendre tout ce qu'il y avait d'épouvantablement vrai dans un mot de la lettre de Claudine auquel vous n'avez peut-être pas pris garde.

La marquise, trop pensive pour rire, dit à Nathan un « Continuez ! » qui lui prouva combien elle était frappée de ces étrangetés, combien surtout la Palferine la préoccupait.

— Parmi tous les auteurs dramatiques de Paris, un des mieux posés, des plus rangés, des plus entendus, était, en 1829, du Bruel, dont le nom est inconnu du public; il s'appelle de Cursy sur les affiches. Sous la Restauration, il avait une place de Chef de Bureau dans un Ministère. Attaché de cœur à la branche aînée, il donna bravement sa démission, et fit depuis ce temps deux fois plus de pièces de théâtre pour compenser le déficit que sa belle conduite occasionnait dans son budget des recettes. Du Bruel avait alors quarante ans, sa vie vous est connue. A l'exemple de quelques auteurs, il portait à une femme de théâtre une de ces affections qui ne s'expliquent pas, et qui cependant existent au vu et au su du monde littéraire. Cette femme, vous le savez, est Tullia, l'un des anciens premiers sujets de l'Académie royale de musique. Tullia n'est pour elle qu'un surnom, comme celui de Cursy pour du Bruel. Pendant dix ans, de 1817 à 1827, cette fille a brillé sur les illustres planches de l'Opéra. Plus belle que savante, médiocre sujet, mais un peu plus spirituelle que ne le sont les danseuses, elle ne donna pas dans la réforme vertueuse qui perdit le corps de ballet, elle continua la dynastie des Guimard. Aussi dut-elle son ascendant à plusieurs protecteurs connus, au duc de Réthoré, fils de duc de Chaulieu, à l'influence d'un célèbre directeur des Beaux-arts, à des diplomates, à de riches étrangers. Elle eut, durant son apogée, un petit hôtel rue Chauchat, et vécut comme vivaient les anciennes nymphes de l'Opéra. Du Bruel s'amouracha d'elle au déclin de la passion du duc de Réthoré, vers 1823. Simple Souschef, du Bruel souffrit le directeur des Beaux-Arts, il se croyait le préféré! Cette liaison devint, au bout de six ans, un quasi mariage. Tullia cache soigneusement sa famille, on sait vaguement qu'elle est de Nanterre. Un de ses oncles, jadis simple charpentier ou maçon, grâce à ses recommandations et à de généreux prêts, est devenu, dit-on, un riche entrepreneur de bâtiments. Cette indiscrétion a été commise par du Bruel; il dit un jour que Tullia recueillerait tôt ou tard une belle succession. L'entrepreneur, qui n'est pas marié, se sent un faible pour sa nièce, à laquelle il a des obligations. — « C'est un homme qui n'a pas assez d'esprit pour être ingrat, » disait-elle. En 1829, Tullia se mit d'elle-même à la retraite. A trente ans, elle se voyait un peu grasse, elle avait essayé vainement la pantomime, elle ne savait rien que se donner *assez de ballon* pour bien enlever sa jupe en pirouettant, à la manière des Noblet, et se montrer quasi nue au parterre. Le vieux Vestris lui dit, dès l'abord, que ce *temps* bien exécuté, quand une danseuse était d'une belle nudité, valait tous les talents imaginables. C'est l'*ut* de poitrine de la Danse. Aussi, disait-il, les illustres danseuses, Camargo, Guimard, Taglioni, toutes maigres, brunes et laides, ne peuvent s'en tirer que par du génie. Devant de plus jeunes sujets plus habiles qu'elle, Tullia se retira dans toute sa gloire et fit bien. Danseuse aristocratique, ayant peu dérogé dans ses liaisons, elle ne voulut pas tremper ses chevilles dans le gâchis de Juillet. Insolente et belle, Claudine avait de beaux souvenirs et peu d'argent, mais les plus magnifiques bijoux et l'un des plus beaux mobiliers de Paris. En quittant l'Opéra, la fille célèbre, aujourd'hui presque oubliée, n'eut plus qu'une idée, elle voulut se faire épouser par du Bruel, et vous comprenez qu'elle est aujourd'hui madame du Bruel, mais sans que ce mariage ait été déclaré. Comment ces sortes de femmes se font épouser après sept ou huit ans d'intimité? quels ressorts elles poussent? quelles machines elles mettent en mouvement? si comique que puisse être ce drame intérieur, ce n'est pas notre sujet. Du Bruel est marié secrètement, le fait est accompli. Avant son mariage, Cursy passait pour un joyeux compagnon; il ne rentrait pas toujours chez lui, sa vie était quelque peu bohémienne, il se laissait aller à une partie, à un souper; il sortait très bien pour se rendre à une répétition de l'Opéra-Comique, et se trouvait, sans savoir comment, à Dieppe, à Baden, à Saint-Germain ; il donnait à dîner, il menait la vie puissante et dépensière des auteurs, des journalistes et des artistes ; il levait très bien ses droits d'auteur dans toutes les coulisses de Paris, il faisait partie de notre société. Finot, Lousteau, du Tillet, Desroches, Bixiou, Blondet, Couture, des Lupeaulx le supportaient malgré son air pédant et sa lourde attitude de bureaucrate. Mais une fois mariée, Tullia rendit du Bruel esclave. Que voulez-vous, le pauvre diable aimait Tullia. Tullia venait, disait-elle, de quitter le théâtre pour être toute à lui, pour devenir une bonne et charmante femme. Tullia sut se faire adopter par les femmes les plus jansénistes de la famille du Bruel. Sans qu'on eût jamais compris ses intentions d'abord, elle allait s'ennuyer chez madame de Bonvalot ; elle faisait de riches cadeaux à la vieille et avare madame de Chissé, sa grand'tante ; elle passa chez cette dame un été, ne manquant pas une seule messe. La danseuse se confessa, reçut l'absolution, communia, mais à la campagne, sous les yeux de la tante. Elle nous disait l'hiver suivant : — « Comprenez-vous ? j'aurai de vraies tantes ! » Elle était si heureuse de devenir une bourgeoise, si heureuse d'abdiquer son indépendance, qu'elle trouva les moyens qui pouvaient la mener au but. Elle flattait ces vieilles gens. Elle a été tous les jours, à pied, tenir compagnie pendant deux heures à la mère de du Bruel pendant une maladie. Du Bruel était étourdi du déploiement de cette ruse à la Maintenon, et il admirait cette femme sans faire un seul retour sur lui-même, il était déjà si bien ficelé qu'il ne sentait plus la ficelle. Claudine fit comprendre à du Bruel que le système élastique du gouvernement bourgeois, de la royauté bourgeoise, de la cour bourgeoise, était le seul qui pût permettre à une Tullia, devenue madame du Bruel, de faire partie du monde où elle eut le bon sens de ne pas vouloir pénétrer. Elle se contenta d'être reçue chez mesdames de Bonvalot, de Chissé, chez madame du Bruel où elle posait, sans jamais se démentir, en femme sage, simple, vertueuse. Elle fut, trois ans plus tard, reçue chez leurs amies. — « Je ne peux pourtant pas me persuader que madame du Bruel, la jeune, ait montré ses jambes et le reste à tout Paris, à la lueur de cent becs de lumières ! » disait naïvement madame Anselme Popinot. Juillet 1830 ressemble, sous ce rapport, à l'Empire de Napoléon qui reçut à sa cour une ancienne femme de chambre, dans la personne de madame Garat, *épouse* du Grand-Juge. L'ancienne danseuse avait rompu net, vous le devinez, avec toutes ses camarades : elle ne reconnaissait parmi ses anciennes connaissances personne qui pût la compromettre. En se mariant, elle avait loué, rue de la Victoire, un tout petit charmant hôtel entre cour et jardin où elle fit des dépenses folles, et où s'engouffrèrent les plus belles choses de son mobilier et de celui de du Bruel. Tout ce qui parut ordinaire ou commun fut vendu. Pour trouver des analogies au luxe qui scintillait chez elle, on doit remonter jusqu'aux beaux jours des Guimard, des Sophie Arnoult, des Duthé qui dévorèrent des fortunes princières. Jusqu'à quel point cette riche existence intérieure agissait-elle sur du Bruel? La question, délicate à poser, est plus délicate à résoudre. Pour donner une idée des fantaisies de Tullia, qu'il me suffise de vous parler d'un détail. Le couvre-pieds de son lit est en dentelle de point d'Angleterre, il vaut dix mille francs. Une actrice célèbre en eut un pareil, Claudine le sut; dès lors elle fit monter sur son lit un magnifique angora. Cette anecdote peint la femme. Du Bruel n'osa pas dire un mot; il eut ordre de propager ce défi de luxe porté à l'*autre*. Tullia tenait à ce présent du duc de Réthoré; mais un jour, cinq ans après son mariage, elle joua si bien avec son chat qu'elle déchira le couvre-pieds, en tira des voiles, des volants, des garnitures, et le remplaça par un couvre-pieds de bon sens, par un couvre-pieds qui était un couvre-pieds et non une preuve de la démence particulière à ces femmes qui se vengent par un luxe insensé, comme à dit un journaliste, d'avoir vécu de pommes crues dans leur enfance. La journée où le couvre-pieds fut mis en lambeaux, marqua, dans le ménage, une ère nouvelle. Cursy se distingua par une féroce activité. Personne ne soupçonne à quoi Paris a dû le Vaudeville Dix-huitième siècle, à poudre, à mouches qui se rua sur les théâtres. L'auteur de ces mille et un vaudevilles, desquels se sont tant plaints les feuilletonistes, est un vouloir formel de madame du Bruel : elle exigea de son mari l'acquisition de l'hôtel où elle avait fait tant de dépenses, où elle avait casé un mobilier de cinq cent mille francs. Pourquoi? Jamais Tullia ne s'explique, elle entend admirablement le souverain *parce que* des femmes. — « On s'est beaucoup moqué de Cursy, dit-elle, mais, en définitif, il a trouvé cette maison dans la boîte de rouge, dans la houppe à poudrer et les habits pailletés du dix-huitième siècle. Sans moi, jamais il n'y aurait pensé, reprit-elle en s'enfonçant dans ses coussins au coin de son feu. » Elle nous disait cette parole au retour d'une première représentation d'une pièce de du Bruel qui avait réussi et contre laquelle elle prévoyait une avalanche de feuilletons. Tullia recevait. Tous les lundis elle donnait un thé ; sa société était aussi bien choisie qu'elle le pouvait, elle ne négligeait rien pour rendre sa maison agréable. On y jouait la bouillotte dans un salon, on causait dans un autre ; quelquefois dans le plus grand, dans un troisième salon, elle donnait des concerts, toujours courts, et auxquels elle n'admettait jamais que les plus éminents artistes. Elle avait tant de bon sens qu'elle arrivait au tact le plus exquis, qualité qui lui donna sans doute un grand ascendant sur du Bruel ; le vaudevilliste, d'ailleurs, l'aimait de cet amour que l'habitude finit par rendre indispensable à l'existence. Chaque jour met un fil de plus à cette trame forte, irrésistible, fine dont le réseau tient les plus délicates velléités, enserre les plus fugitives passions, les réunit, et garde un homme lié, pieds et poings, cœur et tête. Tullia connaissait bien Cursy, elle savait où le blesser, elle savait comment le guérir. Pour tout observateur, même pour un homme qui se pique autant que moi d'un certain usage, tout est abîme dans ces sortes de passions, les profondeurs sont là plus ténébreuses que partout ailleurs ; enfin les endroits les plus éclairés ont aussi des teintes brouillées. Cursy, vieil auteur usé par la vie des coulisses, aimait ses aises, il aimait la vie luxueuse, abondante, facile ; il était heureux d'être roi chez lui, de recevoir une partie des hommes littéraires dans un hôtel où éclatait un luxe royal, où brillaient les œuvres choisies de l'Art moderne. Tullia laissait trôner du Bruel parmi cette gent où se trouvaient des journalistes assez faciles à prendre et à embucquer. Grâce à ses soirées, à des prêts bien placés, Cursy n'était pas trop attaqué, ses pièces réussissaient. Aussi ne se serait-il pas séparé de Tullia pour un empire. Il eût fait bon marché d'une infidélité, peut-être, à la condition de n'éprouver aucun retranchement dans ses jouissances accoutumées ; mais, chose étrange ! Tullia ne lui causait aucune crainte en ce genre. On ne connaissait pas de fantaisie à l'ancien Premier Sujet ; et si elle en avait eu, certes elle aurait gardé toutes les apparences. — « Mon cher, nous disait doctoralement sur le boulevard du Bruel, il n'y a rien de tel que de vivre avec une de ces femmes qui, par l'abus, sont revenues des passions. Les femmes comme Claudine ont mené leur vie de garçon, elles ont des plaisirs par-dessus la tête, et font les femmes les plus adorables qui se puissent désirer : sachant tout, formées et point bégueules, faites à tout, indulgentes. Aussi, prêché-je à tout le monde d'épouser *un reste de cheval anglais*. Je suis l'homme le plus heureux de la terre ! » Voilà ce que me disait du Bruel à moi-même en présence de Bixiou. — « Mon cher, me répondit le dessinateur, il a peut-être raison d'avoir tort ! » Huit jours après, du Bruel nous avait priés de venir dîner avec lui, un mardi ; le matin j'allai le voir pour une affaire de théâtre, un arbitrage qui nous était confié par la Commission des auteurs dramatiques; nous étions forcés de sortir; mais auparavant, il entra dans la chambre de Claudine où il n'entre pas sans frapper, il demanda la permission. — « Nous vivons en grands seigneurs, dit-il en souriant, nous sommes libres. Chacun chez nous ! » Nous fûmes admis. Du Bruel dit à Claudine : — « J'ai invité quelques personnes aujourd'hui. — Vous voilà ! s'écria-t-elle, vous invitez du monde sans me consulter, je ne suis rien ici. Tenez, me dit-elle en me prenant pour juge par un regard, je vous le demande, à vous-même, quand on a fait la folie de vivre avec une femme de ma sorte, car enfin, j'étais une danseuse de l'Opéra.... Oui, pour qu'on l'oublie, je ne dois jamais l'oublier moi-même. Eh bien, un homme d'esprit, pour relever sa femme dans l'opinion publique, s'efforcerait de lui supposer une supériorité, de justifier sa détermination par la reconnaissance de qualités éminentes chez cette femme ! Le meilleur moyen pour la faire respecter par les autres est de la respecter chez elle, de l'y laisser maîtresse absolue. Ah bien ! il me donnerait de l'amour-propre à voir combien il craint d'avoir l'air de m'écouter. Il faut que j'aie dix fois raison pour qu'il me fasse une concession. » Chaque phrase ne passait pas sans une dénégation faite par gestes de la part de du Bruel. — « Oh ! non, non, reprit-elle vivement en voyant les gestes de son mari, du Bruel, mon cher, moi qui toute ma vie, avant de vous épouser, ai joué chez moi le rôle de reine, je m'y connais ! Mes désirs étaient épiés, satisfaits, comblés... Après tout, j'ai trente-cinq ans, et les femmes de trente-cinq ans ne peuvent pas être aimées. Oh ! si j'avais et seize ans, et ce qui se vend si cher à l'Opéra, quelles attentions vous auriez pour moi, monsieur du Bruel ! Je méprise souverainement les hommes qui se vantent d'aimer une femme et qui ne sont pas toujours auprès d'elle aux petits soins. Voyez-vous, du Bruel, vous êtes petit et chafouin, vous aimez à tourmenter une femme, vous n'avez qu'elle sur déployer votre force. Un Napoléon se subordonne à sa maîtresse, n'y perd rien ; mais vous autres ! vous ne vous croyez plus rien alors, vous ne voulez pas être dominés. Trente-cinq ans, mon cher, me dit-elle, l'énigme est là.... Allons, il dit encore non. Vous savez bien que j'en ai trente-sept. Je suis bien fâchée, mais allez dire à tous vos amis que vous les mènerez au Rocher de Cancale. Je pourrais leur donner à dîner ; mais je ne le veux pas, ils ne viendront pas ! Mon pauvre petit monologue vous gravera dans la mémoire le précepte salutaire du Chacun chez soi qui est notre charte, ajouta-t-elle en riant et revenant à la nature folle et capricieuse de la fille d'Opéra. — Hé bien ! oui, ma chère petite minette, dit du Bruel, là, là, ne vous fâchez pas. Nous savons vivre. » Il lui baisa les mains et sortit avec moi ; mais furieux. De la rue de la Victoire au boulevard, voici ce qu'il me dit, si toutefois les phrases que souffre la typographie parmi les plus violentes injures peuvent représenter les atroces paroles, les venimeuses pensées qui ruisselèrent de sa bouche comme une cascade échappée de côté dans un grand torrent. — « Mon cher, je quitterai cette infâme danseuse ignoble, cette vieille toupie qui a tourné sous le fouet de tous les airs d'opéra, cette guenipe, cette guenon de Savoyard ! Oh ! toi qui t'es attaché aussi à une actrice, mon cher, que jamais l'idée d'épouser ta maîtresse ne te poursuive ! Vois-tu, c'est un supplice oublié dans l'enfer de Dante ! Tiens, maintenant je la battrais, je la cognerais, je lui dirais son fait. Poison de ma vie, elle m'a fait aller comme un valet de volet ! » Il était sur le boulevard, et dans un état de fureur tel que les mots ne sortaient pas de sa gorge. — « Je chausserai mes pieds dans son ventre ! — A propos de quoi ? lui dis-je. — Mon cher, tu ne sauras jamais les mille myriades de fantaisies de cette gaupe ! Quand je veux rester, elle veut sortir ; quand je veux sortir, elle veut que je reste. Ça vous débagoule des raisons, des accusations, des syllogismes, des calomnies, des paroles à rendre fou ! Le Bien, c'est leur fantaisie ! le Mal, c'est la nôtre ! Foudroyez-les par un mot qui leur coupe leurs raisonnements, elles se taisent et vous regardent comme si vous étiez un chien mort. Mon bonheur ?.... Il s'explique par une servilité absolue, par la vassalité du chien de basse-cour. Elle me vend trop cher le peu qu'elle me donne. Au diable ! Je lui laisse tout et je m'enfuirai dans une mansarde. Oh ! la mansarde et la liberté ! Voici cinq ans que je n'ose faire ma volonté ! » Au lieu d'aller prévenir ses amis, Cursy resta sur le boulevard, arpentant l'asphalte depuis la rue de Richelieu jusqu'à la rue du Mont-Blanc, en se livrant aux plus furieuses imprécations et aux exagérations les plus comiques. Il était dans la rue en proie à un paroxysme de colère qui contrastait avec son calme à la maison. Sa promenade servit à user la trépidation de ses nerfs et la tempête de son âme. Vers deux heures, dans un de ses mouvements désordonnés, il s'écria: — «Ces damnées femelles ne savent ce qu'elles veulent. Je parie ma tête à couper que, si je retourne chez moi lui dire que j'ai prévenu mes amis et que nous dînons au Rocher de Cancale, cet arrangement demandé par elle ne lui conviendra plus. Mais, me dit-il, elle aura décampé. Peut-être y a-t-il là-dessous un rendez-vous avec quelque barbe de bouc! Non, car elle m'aime au fond ! »

— Ah ! madame, dit Nathan en regardant d'un air fin la marquise, qui ne put s'empêcher de sourire, il n'y a que les femmes et les prophètes qui sachent faire usage de la Foi.

— Du Bruel, reprit-il, me ramena chez lui, nous y allâmes lentement. Il était trois heures. Avant de monter, il vit du mouvement dans la cuisine, il y entre, voit des apprêts et me regarde en interrogeant sa cuisinière. — « Madame a commandé un dîner, répondit-elle, madame est habillée, elle a fait venir une voiture, puis elle a changé d'avis, elle a renvoyé la voiture en la redemandant pour l'heure du spectacle. — Hé bien ! s'écria du Bruel, que te disais-je ! » Nous entrâmes à pas de loup dans l'appartement. Personne. De salon en salon, nous arrivâmes jusqu'à un boudoir où nous surprîmes Tullia pleurant. Elle essuya ses larmes sans affectation et dit à du Bruel : — « Envoyez au Rocher de Cancale un petit mot pour prévenir vos invités que le dîner a lieu ici ! » Elle avait fait une de ces toilettes que les femmes de théâtre ne savent pas composer: élégante, harmonieuse de ton et de formes, des coupes simples, des étoffes de bon goût, ni trop chères, ni trop communes, rien de voyant, rien d'exagéré, mot que l'on efface sous le mot *artiste* avec lequel se paient les sots. Enfin, elle avait l'air comme il faut. A trente-sept ans, Tullia se trouve à la plus belle phase de la beauté chez les Françaises. Le célèbre ovale de son visage était, en ce moment, d'une pâleur divine, elle avait ôté son chapeau ; je voyais le léger duvet, cette fleur des fruits, adoucissant les contours moelleux déjà si fins de sa joue. Sa figure accompagnée de deux grappes de cheveux blonds avait une grâce triste. Ses yeux gris étincelants étaient noyés dans la vapeur des larmes. Son nez mince, digne du plus beau camée romain, et dont les ailes battaient, sa petite bouche enfantine encore, son long col de reine à veines un peu gonflées, son menton rougi pour un moment par quelque désespoir secret, ses oreilles bordées de rouge, ses mains tremblantes sous le gant, tout accusait des émotions violentes. Ses sourcils agités par des mouvements fébriles trahissaient une douleur. Elle était sublime. Son mot écrasa du Bruel. Elle nous jeta ce regard de chatte, pénétrant et impénétrable, qui n'appartient qu'aux femmes du grand monde et aux femmes du théâtre ; puis elle tendit la main à du Bruel. — « Mon pauvre ami, dès que tu as été parti je me suis fait mille reproches. Je me suis accusée d'une effroyable ingratitude et je me suis dit que j'avais été mauvaise. Ai-je été bien mauvaise ? me demanda-t-elle. Pourquoi ne pas recevoir tes amis ? n'es-tu pas chez toi ? veux-tu savoir le mot de tout cela ? Eh bien ! j'ai peur de ne pas être aimée. Enfin j'étais entre le repentir et la honte de revenir ; quand j'ai lu les journaux, j'ai vu une première représentation aux Variétés, j'ai cru que tu voulais traiter un collaborateur. Seule, j'ai été faible, je me suis habillée pour courir après toi... pauvre chat ! » Du Bruel me regarda d'un air victorieux, il ne se souvenait pas de la moindre de ses oraisons *contra Tullia*. — « Eh bien ! cher ange, je ne suis allé chez personne, lui dit-il. — Comme nous nous entendons ! » s'écria-t-elle. Au moment où elle disait cette ravissante parole, je vis à sa ceinture un petit billet passé en travers, mais je n'avais pas besoin de cet indice pour deviner que les fantaisies de Tullia se rapportaient à des causes occultes. La femme est, selon moi, l'être le plus logique, après l'enfant. Tous deux, ils offrent le sublime phénomène du triomphe constant de la pensée unique. Chez l'enfant, la pensée change à tout moment, mais il ne s'agite que pour cette pensée et avec une telle ardeur que chacun lui cède, fasciné par l'ingénuité, par la persistance du désir. La femme change moins souvent ; mais l'appeler fantasque est une injure d'ignorant. En agissant, elle est toujours sous l'empire d'une passion, et c'est merveille de voir comme elle fait de cette passion le centre de la nature et de la société. Tullia fut chatte, elle entortilla du Bruel, la journée redevint bleue et le soir fut magnifique. Ce spirituel vaudevilliste ne s'apercevait pas de la douleur enterrée dans le cœur de sa femme. — « Mon

cher, me dit-il, voilà la vie : des oppositions, des contrastes !
— Surtout quand ce n'est pas joué ! répondis-je. — Je l'entends
bien ainsi, reprit-il. Mais sans ces violentes émotions, on mourrait d'ennui ! Ah ! cette femme a le don de m'émouvoir ! » Après le
dîner nous allâmes aux Variétés ; mais, avant le départ, je me
glissai dans l'appartement de du Bruel, j'y pris sur une planche,
parmi des papiers sacrifiés, le numéro des *Petites Affiches* où se
trouvait la notification du contrat de l'hôtel acheté par du Bruel,
exigée pour la purge légale. En lisant ces mots qui me sautèrent aux
yeux comme une lueur : *A la requête de Jean-François du
Bruel et de Claudine Chaffaroux, son épouse*, tout fut expliqué pour moi. Je pris le bras de Claudine et j'affectai de laisser
descendre tout le monde avant nous. Quand nous fûmes seuls : —
« Si j'étais la Palférine, lui dis-je, je ne ferais jamais manquer de
rendez-vous ! » Elle se posa gravement un doigt sur les lèvres, et
descendit en me pressant le bras, elle me regardait avec une sorte
de plaisir en pensant que je connaissais la Palférine. Savez-vous
quelle fut sa première idée ? Elle voulut faire de moi son espion ;
mais elle rencontra le badinage de la Bohême. Un mois après, au
sortir d'une première représentation d'une pièce de du Bruel, il
pleuvait, nous étions ensemble, j'allai chercher un fiacre. Nous
étions restés pendant quelques instants, sur le théâtre, et il ne se
trouvait plus de voitures à l'entrée. Claudine gronda fort du Bruel ;
et quand nous roulâmes, car elle me reconduisit chez Florine, elle
continua la querelle en lui disant les choses les plus mortifiantes.
— « Eh bien ! qu'y a-t-il ? demandai-je. — Mon cher, elle me reproche de vous avoir laissé courir après le fiacre, et part de là pour
vouloir désormais un équipage. — Je n'ai jamais, étant Premier
Sujet, fait usage de mes pieds que sur les planches, dit-elle. Si vous
avez du cœur, vous inventerez quatre pièces de plus par an, vous
songerez qu'elles doivent réussir en songeant à la destination de leur
produit, et votre femme n'ira pas dans la crotte. C'est une honte
que j'aie à le demander. Vous auriez dû deviner mes perpétuelles
souffrances depuis cinq ans que me voici mariée ! — Je le veux bien,
répondit du Bruel, mais nous nous ruinerons. — Si vous faites
des dettes, répondit-elle, la succession de mon oncle les paiera.
— Vous êtes bien capable de me laisser les dettes et de garder la
succession. — Ah ! vous le prenez ainsi, répondit-elle. Je ne vous
dis plus rien. Un pareil mot me ferme la bouche. » Aussitôt du Bruel

se répandit en excuses et en protestations d'amour, elle ne répondit pas ; il lui prit les mains, elle les lui laissa prendre, elles étaient comme glacées, comme des mains de morte. Tullia, vous comprenez, jouait admirablement ce rôle de cadavre que jouent les femmes, afin de vous prouver qu'elles vous refusent leur consentement à tout, qu'elles vous suppriment leur âme, leur esprit, leur vie, et se regardent elles-mêmes comme une bête de somme. Il n'y a rien qui pique plus les gens de cœur que ce manége. Elles ne peuvent cependant employer ce moyen qu'avec ceux qui les adorent. — « Croyez-vous, me dit-elle de l'air le plus méprisant, qu'un comte aurait proféré pareille injure, quand même il l'aurait pensée ? Pour mon malheur, j'ai vécu avec des ducs, avec des ambassadeurs, avec des grands seigneurs, et je connais leurs manières. Comme cela rend la vie bourgeoise insupportable ! Après tout un vaudevilliste n'est ni un Rastignac, ni un Réthoré... » Du Bruel était blême. Deux jours après, du Bruel et moi nous nous rencontrâmes au foyer de l'Opéra ; nous fîmes quelques tours ensemble, et la conversation tomba sur Tullia. — « Ne prenez pas au sérieux, me dit-il, mes folies sur le boulevard, je suis violent. » Pendant deux hivers, je fus assez assidu chez du Bruel, et je suivis attentivement les manéges de Claudine. Elle eut un brillant équipage et du Bruel se lança dans la politique, elle lui fit abjurer ses opinions royalistes. Il se rallia, fut replacé dans l'administration de laquelle il faisait autrefois partie ; elle lui fit briguer les suffrages de la garde nationale, il y fut élu chef de bataillon : il se montra si valeureusement dans une émeute, qu'il eut la rosette d'officier de la Légion-d'Honneur, il fut nommé maître des requêtes, et chef de division. L'oncle Chaffaroux mourut, laissant quarante mille livres de rente à sa nièce, les trois quarts de sa fortune environ. Du Bruel fut nommé député, mais auparavant, pour n'être pas soumis à la réélection, il se fit nommer Conseiller-d'État et directeur. Il réimprima des traités d'archéologie, des œuvres de statistique, et deux brochures politiques qui devinrent le prétexte de sa nomination à l'une des complaisantes Académies de l'Institut. En ce moment, il est commandeur de la Légion, et s'est tant remué dans les intrigues de la Chambre qu'il vient d'être nommé pair de France et comte. Notre ami n'ose pas encore porter ce titre, sa femme seule met sur ses cartes : *la comtesse du Bruel*. L'ancien vaudevilliste a l'ordre de Léopold, l'ordre d'Isabelle, la croix de Saint-Wladimir, deuxième classe, l'ordre du Mérite civil de Bavière, l'ordre papal de l'Éperon d'Or : enfin, il porte toutes les petites croix, outre sa grande. Il y a trois mois, Claudine est venue à la porte de la Palferine, dans son brillant équipage armorié. Du Bruel est petit-fils 'un traitant anobli sur la fin du règne de Louis XIV, ses armes ont té composées par Chérin et la couronne Comtale ne messied pas à ce blason, qui n'offre aucune des ridiculités impériales. Ainsi Claudine avait exécuté, dans l'espace de trois années, les conditions du programme que lui avait imposé le charmant, le joyeux la Palferine. Un jour, il y a de cela un mois, elle monte l'escalier du méchant hôtel où loge son amant, et grimpe dans sa gloire, mise comme une vraie comtesse du faubourg Saint-Germain, à la mansarde de notre ami. La Palferine voit Claudine et lui dit : — « Je sais que tu t'es fait nommer pair. Mais il est trop tard, Claudine, tout le monde me parle de la Croix du Sud, je veux la voir. — Je te l'aurai, » dit-elle. Là-dessus, la Palferine partit d'un rire homérique. — « Décidément, reprit-il, je ne veux pas, pour maîtresse, d'une femme ignorante comme un brochet, et qui fait de tels sauts de carpe qu'elle va des coulisses de l'Opéra à la Cour, car je te veux voir à la cour citoyenne. — Qu'est-ce que la croix du Sud? » me dit-elle d'une voix triste et humiliée. Saisi d'admiration pour cette intrépidité de l'amour vrai qui, dans la vie réelle comme dans les fables les plus ingénues de la féerie, s'élance dans des précipices pour y conquérir la fleur qui chante ou l'œuf du Rok, je lui expliquai que la Croix du Sud était un amas de nébuleuses, disposé en forme de croix, plus brillant que la voie Lactée, et qui ne se voyait que dans les mers du Sud. — « Eh bien! lui dit-elle, Charles, allons-y. » Malgré la férocité de son esprit, la Palferine eut une larme aux yeux; mais quel regard et quel accent chez Claudine! je n'ai rien vu de comparable, dans ce que les efforts des grands acteurs ont eu de plus extraordinaire, au mouvement par lequel en voyant ces yeux, si durs pour elle, mouillés de larmes, Claudine tomba sur ses deux genoux, et baisa la main de cet impitoyable la Palferine; il la releva, prit son grand air, ce qu'il nomme l'air *Rusticoli*, et lui dit : — « Allons, mon enfant, je ferai quelque chose pour toi. Je te mettrai dans... mon testament! »

— Eh bien! dit en finissant Nathan à madame de Rochefide, je me demande si du Bruel est joué. Certes, il n'y a rien de plus comique, de plus étrange que de voir les plaisanteries d'un jeune homme insouciant faisant la loi d'un ménage, d'une famille, ses moindres caprices y commandant, y décommandant les résolutions les plus graves. Le fait du dîner s'est, vous comprenez, renouvelé dans mille occasions et dans un ordre de choses importantes! Mais sans les fantaisies de sa femme, du Bruel serait encore de Cursy, un vaudevilliste parmi cinq cents vaudevillistes; tandis qu'il est à la Chambre des Pairs...

— Vous changerez les noms, j'espère! dit Nathan à madame de la Baudraye.

— Je le crois bien, je n'ai mis que pour vous les noms aux masques. Mon cher Nathan, dit-elle à l'oreille du poëte, je sais un autre ménage où c'est la femme qui est du Bruel.

— Et le dénoûment? demanda Lousteau qui revint au moment où madame de la Baudraye achevait la lecture de sa nouvelle.

— Je ne crois pas aux dénoûments, dit madame de la Baudraye, il faut en faire quelques-uns de beaux pour montrer que l'art est aussi fort que le hasard; mais, mon cher, on ne relit une œuvre que pour ses détails.

— Mais il y a un dénoûment, dit Nathan.

— Et lequel! demanda madame de la Baudraye.

— La marquise de Rochefide est folle de Charles-Édouard. Mon récit avait piqué sa curiosité.

— Oh! la malheureuse! s'écria madame de la Baudraye.

— Pas si malheureuse! dit Nathan, car Maxime de Trailles et la Palferine ont brouillé le marquis avec madame Schontz et vont raccommoder Arthur et Béatrix. (*Voyez* BÉATRIX, Scènes de la Vie Privée.)

1839-1845.

ESQUISSE

D'HOMME D'AFFAIRES

D'APRÈS NATURE.

A MONSIEUR LE BARON JAMES ROTHSCHILD,
CONSUL GÉNÉRAL D'AUTRICHE A PARIS, BANQUIER.

Lorette est un mot décent inventé pour exprimer l'état d'une fille ou la fille d'un état difficile à nommer, et que, dans sa pudeur, l'Académie Française a négligé de définir, vu l'âge de ses quarante membres. Quand un nom nouveau répond à un cas social qu'on ne pouvait pas dire sans périphrases, la fortune de ce mot est faite. Aussi *la Lorette* passa-t-elle dans toutes les classes de la société, même dans celles où ne passera jamais une Lorette. Le mot ne fut fait qu'en 1840, sans doute à cause de l'agglomération de ces nids d'hirondelles autour de l'église dédiée à Notre-Dame-de-Lorette. Ceci n'est écrit que pour les étymologistes. Ces messieurs ne seraient pas tant embarrassés si les écrivains du Moyen Age avaient pris le soin de détailler les mœurs, comme nous le faisons dans ce temps d'analyse et de description. Mademoiselle Turquet, ou Malaga, car elle est beaucoup plus connue sous son nom de guerre (Voir *la Fausse Maîtresse*), est l'une des premières paroissiennes de cette charmante église. Cette joyeuse et spirituelle fille, ne possédant que sa beauté pour fortune, faisait, au moment où cette histoire se conta, le bonheur d'un notaire qui trouvait dans sa notaresse une femme un peu trop dévote, un peu trop roide, un peu trop sèche pour trouver le bonheur au logis. Or, par une soirée de carnaval, maître Cardot avait régalé, chez mademoiselle Turquet, Desroches l'avoué, Bixiou le caricaturiste, Lousteau le feuilletoniste, Nathan, dont les noms illustres dans *la Comédie humaine* rendent superflus toute espèce de portrait. Le jeune la Palférine, dont le titre de comte de vieille roche, roche sans aucun filon de métal, hélas! avait honoré de sa présence le domicile illégal du notaire. Si l'on ne dîne pas chez une Lorette pour y manger le bœuf patriarcal, le maigre poulet de la table conjugale et la salade de famille, on n'y tient pas non plus les discours hypocrites qui ont cours dans un salon meublé de vertueuses bourgeoises. Ah! quand les bonnes mœurs seront-elles attrayantes? Quand les femmes du grand monde montreront-elles un peu moins leurs épaules et un peu plus de bonhomie ou d'esprit? Marguerite Turquet, l'Aspasie du Cirque-Olympique, est une de ces natures franches et vives à qui l'on pardonne tout à cause de sa naïveté dans la faute et de son esprit dans le repentir, à qui l'on dit, comme Cardot, assez spirituel quoique notaire pour le dire : — Trompe-moi bien! Ne croyez pas néanmoins à des énormités. Desroches et Cardot étaient deux trop bons enfants et trop vieillis dans le métier pour ne pas être de plain-pied avec Bixiou, Lousteau, Nathan et le jeune comte. Et ces messieurs, ayant eu souvent recours aux deux officiers ministériels, les connaissaient trop pour, en style lorette, les *faire poser*. La conversation, parfumée des odeurs de sept cigares, fantasque d'abord comme une chèvre en liberté, s'arrêta sur la stratégie que crée à Paris la bataille incessante qui s'y livre entre les créanciers et les débiteurs. Or, si vous daignez vous souvenir de la vie et des antécédents des convives, vous eussiez difficilement trouvé dans Paris des gens plus instruits en cette matière : les uns émérites, les autres artistes, ils ressemblaient à des magistrats riant avec des justiciables. Une suite de dessins faits par Bixiou sur Clichy avait été la cause de la tournure que prenait le discours. Il était minuit. Ces personnages, diversement groupés dans le salon autour d'une table et devant le feu, se livraient à ces charges qui non-seulement ne sont compréhensibles et possibles qu'à Paris, mais encore qui ne se font et ne peuvent être comprises que dans la zone décrite par le faubourg Montmartre et par la rue de la

Chaussée-d'Antin, entre les hauteurs de la rue de Navarin et la ligne des boulevards.

En dix minutes, les réflexions profondes, la grande et la petite morale, tous les quolibets furent épuisés sur ce sujet, épuisé déjà vers 1500 par Rabelais. Ce n'est pas un petit mérite que de renoncer à ce feu d'artifice terminé par cette dernière fusée due à Malaga.

— Tout ça tourne au profit des bottiers, dit-elle. J'ai quitté une modiste qui m'avait manqué deux chapeaux. La rageuse est venue vingt-sept fois me demander vingt francs. Elle ne savait pas que nous n'avons jamais vingt francs. On a mille francs, on envoie chercher cinq cents francs chez son notaire; mais vingt francs, je ne les ai jamais eus. Ma cuisinière ou ma femme de chambre ont peut-être vingt francs à elles deux. Moi, je n'ai que du crédit, et je le perdrais en empruntant vingt francs. Si je demandais vingt francs, rien ne me distinguerait plus de mes *confrères* qui se promènent sur le boulevard.

— La modiste est-elle payée? dit la Palferine.

— Ah! çà, deviens-tu bête, toi? dit-elle à la Palferine en clignant, elle est venue ce matin pour la vingt-septième fois, voilà pourquoi je vous en parle.

— Comment avez-vous fait? dit Desroches.

— J'ai eu pitié d'elle, et... je lui ai commandé le petit chapeau que j'ai fini par inventer pour sortir des formes connues. Si mademoiselle Amanda réussit, elle ne me demandera plus rien : sa fortune est faite.

— Ce que j'ai vu de plus beau dans ce genre de lutte, dit maître Desroches, peint, selon moi, Paris, pour des gens qui le pratiquent, beaucoup mieux que tous les tableaux où l'on peint toujours un Paris fantastique. Vous croyez être bien forts, vous autres, dit-il en regardant Nathan et Lousteau, Bixiou et la Palferine; mais le roi, sur ce terrain, est un certain comte qui maintenant s'occupe de faire une fin, et qui, dans son temps, a passé pour le plus habile, le plus adroit, le plus renard, le plus instruit, le plus hardi, le plus subtil, le plus ferme, le plus prévoyant de tous les corsaires à gants jaunes, à cabriolet, à belles manières qui naviguèrent, naviguent et navigueront sur la mer orageuse de Paris. Sans foi ni loi, sa politique privée a été dirigée par les principes qui dirigent celle du cabinet anglais. Jusqu'à son mariage, sa vie fut une guerre continuelle comme celle de... Lousteau, dit-il. J'étais et suis encore son avoué.

— Et la première lettre de son nom est Maxime de Trailles, dit la Palferine.

— Il a d'ailleurs tout payé, n'a fait de tort à personne, reprit Desroches; mais, comme le disait tout à l'heure notre ami Bixiou, payer en mars ce qu'on ne veut payer qu'en octobre est un attentat à la liberté individuelle. En vertu d'un article de son code particulier, Maxime considérait comme une escroquerie la ruse qu'un de ses créanciers employait pour se faire payer immédiatement. Depuis longtemps, la lettre de change avait été comprise par lui dans toutes ses conséquences immédiates et médiates. Un jeune homme appelait, chez moi, devant lui, la lettre de change : — « Le pont-aux-ânes !
— Non, dit-il, c'est le pont-des-soupirs, on n'en revient pas. » Aussi sa science en fait de jurisprudence commerciale était-elle si complète qu'un agréé ne lui aurait rien appris. Vous savez qu'alors il ne possédait rien, sa voiture, ses chevaux étaient loués, il demeurait chez son valet de chambre, pour qui, dit-on, il sera toujours un grand homme, même après le mariage qu'il veut faire ! Membre de trois clubs, il y dînait quand il n'avait aucune invitation en ville. Généralement il usait peu de son domicile...

— Il m'a dit, à moi, s'écria la Palferine en interrompant Desroches : « Ma seule fatuité, c'est de prétendre que je demeure rue Pigale. »

— Voilà l'un des deux combattants, reprit Desroches, maintenant voici l'autre. Vous avez entendu plus ou moins parler d'un certain Claparon...

— Il avait les cheveux comme ça, s'écria Bixiou en ébouriffant sa chevelure.

Et, doué du même talent que Chopin le pianiste possède à un si haut degré pour contrefaire les gens, il représenta le personnage à l'instant avec une effrayante vérité.

— Il roule ainsi sa tête en parlant, il a été commis-voyageur, il a fait tous les métiers...

— Eh bien ! il est né pour voyager, car il est, à l'heure où je parle, en route pour l'Amérique, dit Desroches. Il n'y a plus de chance que là pour lui, car il sera probablement condamné par contumace pour banqueroute frauduleuse à la prochaine session.

— Un homme à la mer ! cria Malaga.

— Ce Claparon, reprit Desroches, fut pendant six à sept ans le paravent, l'homme de paille, le bouc émissaire de deux de nos amis, Du Tillet et Nucingen ; mais, en 1829, son rôle fut si connu que...

— Nos amis l'ont lâché, dit Bixiou.

— Enfin ils l'abandonnèrent à sa destinée ; et, reprit Desroches, il roula dans la fange. En 1833, il s'était associé pour faire des affaires avec un nommé Cérizet...

— Comment ! celui qui, lors des entreprises en commandite, en fit une si gentiment combinée que la Sixième Chambre l'a foudroyé par deux ans de prison ? demanda la Lorette.

— Le même, répondit Desroches. Sous la Restauration, le métier de ce Cérizet consista, de 1823 à 1827, à signer intrépidement des articles poursuivis avec acharnement par le Ministère Public, et d'aller en prison. Un homme s'illustrait alors à bon marché. Le parti libéral appela son champion départemental LE COURAGEUX CÉRIZET. Ce zèle fut récompensé, vers 1828, par *l'intérêt général*. L'intérêt général était une espèce de couronne civique décernée par les journaux. Cérizet voulut escompter l'intérêt général ; il vint à Paris, où, sous le patronage des banquiers de la Gauche, il débuta par une agence d'affaires, entremêlée d'opérations de banque, de fonds prêtés par un homme qui s'était banni lui-même, un joueur trop habile, dont les fonds, en juillet 1830, ont sombré de compagnie avec le vaisseau de l'État...

— Eh ! c'est celui que nous avions surnommé la Méthode des cartes... s'écria Bixiou.

— Ne dites pas de mal de ce pauvre garçon, s'écria Malaga. D'Estourny était un bon enfant !

— Vous comprenez le rôle que devait jouer en 1830 un homme ruiné qui se nommait, politiquement parlant, le Courageux-Cérizet ! Il fut envoyé dans une très jolie sous-préfecture, reprit Desroches. Malheureusement pour Cérizet, le pouvoir n'a pas autant d'ingénuité qu'en ont les partis, qui, pendant la lutte, font projectile de tout. Cérizet fut obligé de donner sa démission après trois mois d'exercice ! Ne s'était-il pas avisé de vouloir être populaire ? Comme il n'avait encore rien fait pour perdre son titre de noblesse (le Courageux Cérizet !) le Gouvernement lui proposa, comme indemnité, de devenir gérant d'un journal d'Opposition qui serait ministériel *in petto*. Ainsi ce fut le Gouvernement qui dénatura ce beau caractère. Cérizet se trouvant un peu trop, dans sa gérance, comme un oiseau sur une branche pourrie, se lança dans cette gentille commandite où le malheureux a, comme vous venez de le dire, attrapé deux ans de prison, là où de plus habiles ont attrapé le public.

— Nous connaissons les plus habiles, dit Bixiou, ne médisons pas de ce pauvre garçon, il est pipé! Couture se laisser pincer sa caisse, qui l'aurait jamais cru!

— Cérizet est d'ailleurs un homme ignoble, et que les malheurs d'une débauche de bas étage ont défiguré, reprit Desroches. Revenons au duel promis! Donc, jamais deux industriels de plus mauvais genre, de plus mauvaises mœurs, plus ignobles de tournure, ne s'associèrent pour faire un plus sale commerce. Comme fonds de roulement, ils comptaient cette espèce d'argot que donne la connaissance de Paris: a hardiesse que donne la misère, la ruse que donne l'habitude des affaires, la science que donne la mémoire des fortunes parisiennes, de leur origine, des parentés, des accointances et des valeurs intrinsèques de chacun. Cette association de deux *carotteurs*, passez-moi ce mot, le seul qui puisse, dans l'argot de la Bourse, vous les définir, fut de peu de durée. Comme deux chiens affamés, ils se battirent à chaque charogne. Les premières spéculations de la maison Cérizet et Claparon furent cependant assez bien entendues. Ces deux drôles s'abouchèrent avec les Barbet, les Chaboisseau, les Samanon et autres usuriers auxquels ils achetèrent des créances désespérées. L'agence Claparon siégeait alors dans un petit entresol de la rue Chabannais, composé de cinq pièces et dont le loyer ne coûtait pas plus de sept cents francs. Chaque associé couchait dans une chambrette qui, par prudence, était si soigneusement close, que mon maître-clerc n'y put jamais pénétrer. Les Bureaux se composaient d'une antichambre, d'un salon et d'un cabinet dont les meubles n'auraient pas rendu trois cents francs à l'hôtel des Commissaires-Priseurs. Vous connaissez assez Paris pour voir la tournure des deux pièces officielles : des chaises foncées de crin, une table à tapis de drap vert, une pendule de pacotille entre deux flambeaux sous verre qui s'ennuyaient devant une petite glace à bordure dorée, sur une cheminée dont les tisons étaient, selon un mot de mon Maître-Clerc, âgés de deux hivers! Quant au cabinet, vous le devinez : beaucoup plus de cartons que d'affaires!... un cartonnier vulgaire pour chaque associé; puis, au milieu, le secrétaire à cylindre, vide comme la caisse! deux fauteuils de travail de chaque côté d'une cheminée à de charbon de terre. Sur le carreau, s'étalait un tapis d'occasion, comme les créances. Enfin, on voyait ce meuble-meublant en acajou qui se vend dans nos Études depuis cinquante ans de prédécesseur à successeur. Vous connaissez maintenant chacun des deux adversaires. Or, dans les trois premiers mois de leur association, qui se liquida par des coups de poing au bout de sept mois, Cérizet et Claparon achetèrent deux mille francs d'effets signés Maxime (puisque Maxime il y a) et rembourrés de deux dossiers (jugement, appel, arrêt, exécution, référé), bref une créance de trois mille deux cents francs et des centimes qu'ils eurent pour cinq cents francs par un transport sous signature privée, avec procuration spéciale pour agir, afin d'éviter les frais... Dans ce temps-là, Maxime, déjà mûr, eut l'un de ces caprices particuliers aux quinquagénaires...

— Antonia! s'écria la Palferine. Cette Antonia dont la fortune a été faite par une lettre où je lui réclamais une brosse à dents!

— Son vrai nom est Chocardelle, dit Malaga que ce nom prétentieux importunait.

— C'est cela, reprit Desroches.

— Maxime n'a commis que cette faute-là dans toute sa vie; mais, que voulez-vous?... le Vice n'est pas parfait! dit Bixiou.

— Maxime ignorait encore la vie qu'on mène avec une petite fille de dix-huit ans, qui veut se jeter la tête la première par son honnête mansarde, pour tomber dans un somptueux équipage, reprit Desroches, et les hommes d'État doivent tout savoir. A cette époque, de Marsay venait d'employer son ami, notre ami, dans la haute comédie de la politique. Homme à grandes conquêtes, Maxime n'avait connu que des femmes titrées; et, à cinquante ans, il avait bien le droit de mordre à un petit fruit soi-disant sauvage, comme un chasseur qui fait une halte dans le champ d'un paysan sous un pommier. Le comte trouva pour mademoiselle Chocardelle un cabinet littéraire assez élégant, une occasion, comme toujours...

— Bah! elle n'y est pas restée six mois, dit Nathan, elle était trop belle pour tenir un cabinet littéraire.

— Serais-tu le père de son enfant?... demanda la Lorette à Nathan.

— Un matin, reprit Desroches, Cérizet, qui depuis l'achat de la créance sur Maxime, était arrivé par degrés à une tenue de premier clerc d'huissier, fut introduit, après sept tentatives inutiles, chez le comte. Suzon, le vieux valet de chambre, quoique profès, avait fini par prendre Cérizet pour un solliciteur qui venait proposer mille écus à Maxime s'il voulait faire obtenir à une jeune dame un bureau de papier timbré. Suzon, sans aucune défiance sur ce petit drôle, un vrai gamin de Paris frotté de prudence par ses condamnations en police correctionnelle, engagea son maître à le recevoir. Voyez-vous cet homme d'affaires, au regard trouble, aux cheveux rares, au front dégarni, à petit habit sec et noir, en bottes crottées.....

— Quelle image de la Créance! s'écria Lousteau.

— Devant le comte, reprit Desroches (l'image de la Dette insolente), en robe de chambre de flanelle bleue, en pantoufles brodées par quelque marquise, en pantalon de lainage blanc, ayant sur ses cheveux teints en noir une magnifique calotte, une chemise éblouissante, et jouant avec les glands de sa ceinture ?...

— C'est un tableau de genre, dit Nathan, pour qui connaît le joli petit salon d'attente où Maxime déjeune, plein de tableaux d'une grande valeur, tendu de soie, où l'on marche sur un tapis de Smyrne, en admirant des étagères pleines de curiosités, de raretés à faire envie à un roi de Saxe...

— Voici la scène, dit Desroches.

Sur ce mot, le conteur obtint le plus profond silence.

« — Monsieur le comte, dit Cérizet, je suis envoyé par un monsieur Charles Claparon, ancien banquier. — Ah! que me veut-il, le pauvre diable ?... — Mais il est devenu votre créancier pour une somme de trois mille deux cents francs soixante-quinze centimes, en capital, intérêts et frais... — La créance Coutelier, dit Maxime qui savait ses affaires comme un pilote connaît sa côte. — Oui, monsieur le comte, répond Cérizet en s'inclinant. Je viens savoir quelles sont vos intentions ? — Je ne paierai cette créance qu'à ma fantaisie, répondit Maxime en sonnant pour faire venir Suzon. Claparon est bien osé d'acheter une créance sur moi sans me consulter! j'en suis fâché pour lui, qui, pendant si longtemps, s'est si bien comporté comme l'*homme de paille* de mes amis. Je disais de lui : Vraiment il faut être imbécile pour servir, avec si peu de gages et tant de fidélité, des hommes qui se bourrent de millions. Eh bien! il me donne là une preuve de sa bêtise... Oui, les hommes méritent leur sort! on chausse une couronne ou un boulet! on est millionnaire ou portier, et tout est juste. Que voulez-vous, mon cher? Moi, je ne suis pas un roi, je tiens à mes principes. Je suis sans pitié pour ceux qui me font des frais ou qui ne savent pas leur métier de créancier. Suzon, mon thé ! Tu vois monsieur ?... dit-il au valet de chambre. Eh bien ! tu t'es laissé attraper, mon pauvre vieux. Monsieur est un créancier, tu aurais dû le reconnaître à ses bottes. Ni mes amis, ni des indifférents qui ont besoin de moi, ni mes ennemis, ne viennent me voir à pied. Mon cher monsieur Cérizet, vous comprenez ! Vous n'essuierez plus vos bottes sur mon tapis, dit-il en regardant la crotte qui blanchissait les semelles de son adversaire... Vous ferez mes compliments de condoléance à ce pauvre Boniface de Claparon, car je mettrai cette affaire-là dans le Z. — (Tout cela se disait d'un ton de bonhomie à donner la colique à de vertueux bourgeois.) — Vous avez tort, monsieur le comte, répondit Cérizet en prenant un petit ton péremptoire, nous serons payés intégralement, et d'une façon qui pourra vous contrarier. Aussi venais-je amicalement à vous, comme cela se doit entre gens bien élevés... — Ah ! vous l'entendez ainsi ?... » reprit Maxime, que cette dernière prétention du Cérizet mit en colère. Dans cette insolence, il y avait de l'esprit à la Talleyrand, si vous avez bien saisi le contraste des deux costumes et des deux hommes. Maxime fronça les sourcils et arrêta son regard sur le Cérizet, qui non seulement soutint ce jet de rage froide, mais encore qui y répondit par cette malice glaciale que distillent les yeux fixes d'une chatte. — « Eh bien ! monsieur, sortez... — Eh bien ! adieu, monsieur le comte. Avant six mois nous serons quittes. — Si vous pouvez me *voler* le montant de votre créance, qui, je le reconnais, est légitime, je serai votre obligé, monsieur, répondit Maxime, vous m'aurez appris quelque précaution nouvelle à prendre.... Bien votre serviteur... — Monsieur le comte, dit Cérizet, c'est moi qui suis le vôtre. » Ce fut net, plein de force et de sécurité de part et d'autre. Deux tigres, qui se consultent avant de se battre devant une proie, ne seraient pas plus beaux, ni plus rusés, que le furent alors ces deux natures aussi rouées l'une que l'autre, l'une dans son impertinente élégance, l'autre sous son harnais de fange. — Pour qui pariez-vous ?... dit Desroches qui regarda son auditoire surpris d'être si profondément intéressé.

— En voilà une d'histoire !... dit Malaga. Oh ! je vous en prie, allez, mon cher, ça me prend au cœur.

— Entre deux *chiens* de cette force, il ne doit se passer rien de vulgaire, dit la Palferine.

— Bah! je parie le mémoire de mon menuisier qui me scie, que le petit crapaud a enfoncé Maxime, s'écria Malaga.

— Je parie pour Maxime, dit Cardot, on ne l'a jamais pris sans vert.

Desroches fit une pause en avalant un petit verre que lui présenta la Lorette.

— Le cabinet de lecture de mademoiselle Chocardelle, reprit Desroches, était situé rue Coquenard, à deux pas de la rue Pigale, où demeurait Maxime. Ladite demoiselle Chocardelle occupait un petit appartement donnant sur un jardin, et séparé de sa boutique par une grande pièce obscure où se trouvaient les livres. Antonia faisait tenir le cabinet par sa tante...

— Elle avait déjà sa tante?... s'écria Malaga. Diable! Maxime faisait bien les choses.

— C'était, hélas! sa vraie tante, reprit Desroches, nommée... attendez!...

— Ida Bonamy... dit Bixiou.

— Donc, Antonia, débarrassée de beaucoup de soins par cette tante, se levait tard, se couchait tard, et ne paraissait à son comptoir que de deux à quatre heures, reprit Desroches. Dès les premiers jours, sa présence avait suffi pour achalander son salon de lecture; il y vint plusieurs vieillards du quartier, entre autres un ancien carrossier nommé Croizeau. Après avoir vu ce miracle de beauté féminine à travers les vitres, l'ancien carrossier s'ingéra de lire les journaux tous les jours dans ce salon, et fut imité par un ancien directeur des douanes, nommé Denisart, homme décoré, dans qui le Croizeau voulut voir un rival et à qui plus tard il dit :

— Môsieur, *vous m'avez donné bien de la tablature!* Ce mot doit vous faire entrevoir le personnage. Ce sieur Croizeau se trouve appartenir à ce genre de petits vieillards que, depuis Henri Monnier, on devrait appeler l'Espèce-Coquerel, tant il en a bien rendu la petite voix, les petites manières, la petite queue, le petit œil de poudre, la petite démarche, les petits airs de tête, le petit ton sec dans son rôle de Coquerel de la *Famille improvisée*. Ce Croizeau disait : — Voici, belle dame! en remettant ses deux sous à Antonia par un geste prétentieux. Madame Ida Bonamy, tante de mademoiselle Chocardelle, sut bientôt par la cuisinière que l'ancien carrossier, homme d'une ladrerie excessive, était taxé à quarante mille francs de rentes dans le quartier où il demeurait, rue de Buffault. Huit jours après l'installation de la belle loueuse de romans, il accoucha de ce calembourg : — « Vous me prêtez des livres, mais je vous rendrais bien des francs... » Quelques jours plus tard, il prit un petit air entendu pour dire : — « Je sais que vous êtes occupée, mais mon jour viendra : je suis veuf. » Croizeau se montrait toujours avec de beau linge, avec un habit bleu-barbeau, gilet de pou-de-soie, pantalon noire, souliers à double semelle, noués avec les rubans de soie noir et craquant comme ceux d'un abbé. Il tenait toujours à la main son chapeau de soie de quatorze francs. — « Je suis vieux et sans enfants, disait-il à la jeune personne quelques jours après la visite de Cérizet chez Maxime. J'ai mes collatéraux en horreur. C'est tous paysans fait pour labourer la terre ! Figurez-vous que je suis venu de mon village avec six francs, et que j'ai fait ma fortune ici. Je ne suis pas fier... Une jolie femme est mon égale. Ne vaut-il pas mieux être madame Croizeau pendant quelque temps que la servante d'un comte pendant un an ?... Vous serez quittée, un jour ou l'autre. Et, vous penserez alors à moi... Votre serviteur, belle dame ! » Tout cela mitonnait sourdement. La plus légère galanterie se disait en cachette. Personne au monde ne savait que ce petit vieillard propret aimait Antonia, car la prudente contenance de cet amoureux au salon de lecture n'aurait rien appris à un rival. Croizeau se défia pendant deux mois du directeur des douanes en retraite. Mais, vers le milieu du troisième mois, il eut lieu de reconnaître combien ses soupçons étaient mal fondés. Croizeau s'ingénia de côtoyer Denisart en s'en allant de conserve avec lui, puis, en prenant sa bisque, il lui dit : — « Il fait beau, môsieur !... » A quoi l'ancien fonctionnaire répondit : — « Le temps d'Austerlitz, monsieur : j'y fus... j'y fus même blessé, ma croix me vient de ma conduite dans cette belle journée... » Et, de fil en aiguille, de roue en bataille, de femme en carrosse, une liaison se fit entre ces deux débris de l'Empire. Le petit Croizeau tenait à l'Empire par ses liaisons avec les sœurs de Napoléon ; il était leur carrossier, et il les avait souvent tourmentées pour ses factures. Il se donnait donc *pour avoir eu des relations avec la famille impériale.* Maxime, instruit par Antonia des propositions que se permettait l'*agréable vieillard*, tel fut le surnom donné par la tante au rentier, voulut le voir. La déclaration de guerre de Cérizet avait eu la propriété de faire étudier à ce grand Gant-Jaune sa position sur son échiquier en en observant les moindres pièces. Or, à propos de cet agréable vieillard, il reçut dans l'entendement ce coup de cloche qui vous annonce un malheur. Un soir Maxime se mit dans le second salon obscur, autour duquel étaient placés les rayons de la bibliothèque. Après avoir examiné par une fente entre deux rideaux verts les sept ou huit habitués du salon, il jaugea d'un regard l'âme du petit carrossier; il en évalua la passion, et fut très satisfait de savoir qu'au moment où sa fantaisie serait passée un avenir assez somptueux ouvrirait à commandement ses portières vernies à Antonia. — « Et celui-là, dit-il en désignant le gros et beau vieillard décoré de la Légion-d'Honneur, qui est-ce? — Un ancien directeur des douanes. — Il est d'un galbe inquiétant!» dit Maxime en admirant la tenue du sieur Denisart. En effet, cet ancien militaire se tenait droit comme un clocher, sa tête se recommandait à l'attention par une chevelure poudrée et pommadée, presque semblable à celle des *postillons* au bal masqué. Sous cette espèce de feutre moulé sur une tête oblongue se dessinait une vieille figure, administrative et militaire à la fois, minée par un air rogue, assez semblable à celle que la Caricature a prêtée au *Constitutionnel*. Cet ancien administrateur, d'un âge, d'une poudre, d'une voussure de dos à ne rien lire sans lunettes, tendait son respectable abdomen avec tout l'orgueil d'un vieillard à maîtresse, et portait à ses oreilles des boucles d'or qui rappelaient celles du vieux général Montcornet, l'habitué du Vaudeville. Denisart affectionnait le bleu : son pantalon et sa vieille redingote, très amples, étaient de drap bleu. — « Depuis quand vient ce vieux-là? demanda Maxime à qui les lunettes parurent d'un port suspect. — Oh! dès le commencement, répondit Antonia, voici bientôt deux mois... — Bon, Cérizet n'est venu que depuis un mois, se dit Maxime en lui-même... Fais-le donc parler? dit-il à l'oreille d'Antonia, je veux entendre sa voix. — Bah! répondit-elle, ce sera difficile, il ne me dit jamais rien. — Pourquoi vient-il alors?... demanda Maxime. — Par une drôle de raison, répliqua la belle Antonia. D'abord il a une passion, malgré ses soixante-neuf ans; mais, à cause de ses soixante-neuf ans, il est réglé comme un cadran. Ce bonhomme-là va dîner chez sa passion, rue de la Victoire, à cinq heures, tous les jours... en voilà une malheureuse! il sort de chez elle à six heures, vient lire pendant quatre heures tous les journaux, et il y retourne à dix heures. Le papa Croizeau dit qu'il connaît les motifs de la conduite de monsieur Denisart, il l'approuve; et, à sa place, il agira de même. Ainsi, je connais mon avenir! Si jamais je deviens madame

Croizeau, de six à dix heures, je serai libre. Maxime examina l'Almanach des 25,000 adresses, il trouva cette ligne rassurante :

DENISART ※, ancien directeur des douanes, rue de la Victoire.

Il n'eut plus aucune inquiétude. Insensiblement, il se fit entre le sieur Denisart et le sieur Croizeau quelques confidences. Rien ne lie plus les hommes qu'une certaine conformité de vues en fait de femmes. Le papa Croizeau dîna chez celle qu'il nommait *la belle de monsieur Denisart*. Ici je dois placer une observation assez importante. Le cabinet de lecture avait été payé par le comte moitié comptant, moitié en billets souscrits par ladite demoiselle Chocardelle. Le quart d'heure de Rabelais arrivé, le comte se trouva sans monnaie. Or, le premier des trois billets de mille francs fut payé également par l'agréable carrossier, à qui le vieux scélérat de Denisart conseilla de constater son prêt en se faisant privilégier sur le cabinet de lecture. — « Moi, dit Denisart, j'en ai vu de belles avec les belles !... Aussi, dans tous les cas, même quand je n'ai plus la tête à moi, je prends toujours mes précautions avec les femmes. Cette créature de qui je suis fou, eh bien, elle n'est pas dans ses meubles, elle est dans les miens. Le bail de l'appartement est en mon nom... » Vous connaissez Maxime, il trouva le carrossier très jeune ! Le Croizeau pouvait payer les trois mille francs sans rien toucher de longtemps, car Maxime se sentait plus fou que jamais d'Antonia...

— Je le crois bien, dit la Palferine, c'est la belle Impéria du Moyen Age.

— Une femme qui a la peau rude, s'écria la Lorette, et si rude qu'elle se ruine en bains de son.

— Croizeau parlait avec une admiration de carrossier du mobilier somptueux que l'amoureux Denisart avait donné pour cadre à sa belle, il le décrivait avec une complaisance satanique à l'ambitieuse Antonia, reprit Desroches. C'étaient des bahuts d'ébène, incrustés de nacre et de filets d'or, des tapis de Belgique, un lit Moyen Age d'une valeur de mille écus, une horloge de Boule ; puis dans la salle à manger, des torchères aux quatre coins, des rideaux de soie de la Chine sur laquelle la patience chinoise avait peint des oiseaux, et des portières montées sur des traverses valant plus que des portières à deux pieds. — « Voilà ce qu'il vous faudrait, belle dame... et ce que je voudrais vous offrir... disait-il en concluant.

Je sais bien que vous m'aimeriez à peu près ; mais, à mon âge, on se fait une raison. Jugez combien je vous aime, puisque je vous ai prêté mille francs. Je puis vous l'avouer : de ma vie ni de mes jours, je n'ai prêté ça ! » Et il tendit les deux sous de sa séance avec l'importance qu'un savant met à une démonstration. Le soir, Antonia dit au comte, aux Variétés : — « C'est bien ennuyeux tout de même un cabinet de lecture. Je ne me sens point de goût pour cet état-là, je n'y vois aucune chance de fortune. C'est le lot d'une veuve qui veut vivoter, ou d'une fille atrocement laide qui croit pouvoir attraper un homme par un peu de toilette. — C'est ce que vous m'avez demandé, » répondit le comte. En ce moment, Nucingen, à qui, la veille, le roi des Lions, car les Gants-Jaunes étaient alors devenus des Lions, avait gagné mille écus, entra les lui donner, et, en voyant l'étonnement de Maxime, il lui dit : — *Chai ressi eine obbozition à la requêde de ce tiaple te Glabaron...* — Ah ! voilà leurs moyens, s'écria Maxime, ils ne sont pas forts, ceux-là... — *C'esde écal*, répondit le banquier, *bayez-les, gar ils bourraient s'atresser à t'audres que moi et fus vaire tu dord... che brends a démoin cedde cholie phamme que che fus ai bayé ce madin, pien afant l'obbozition...*

— Reine du Tremplin, dit la Palférine en souriant, tu perdras...

— Il y avait longtemps, reprit Desroches, que, dans un cas semblable, mais où le trop honnête débiteur, effrayé d'une affirmation à faire en justice, ne voulut pas payer Maxime, nous avions rudement mené le créancier opposant, en faisant frapper des oppositions en masse, afin d'absorber la somme en frais de contribution...

— Quéqu' c'est qu'ça?... s'écria Malaga, voilà des mots qui sonnent à mon oreille comme du patois. Puisque vous avez trouvé l'esturgeon excellent, payez-moi la valeur de la sauce en leçons de chicane.

— Eh bien ! dit Desroches, la somme qu'un de vos créanciers frappe d'opposition chez un de vos débiteurs peut devenir l'objet d'une semblable opposition de la part de tous vos autres créanciers. Que fait le Tribunal à qui tous les créanciers demandent l'autorisation de se payer ?... Il partage légalement entre tous la somme saisie. Ce partage, fait sous l'œil de la justice, se nomme une Contribution. Si vous devez dix mille francs, et que vos créanciers saisissent par opposition mille francs, ils ont chacun tant pour cent de leur créance, en vertu d'une répartition *au marc le franc*, en terme de Palais, c'est-à-dire au prorata de leurs sommes; mais ils ne touchent que sur une pièce légale appelée *extrait du bordereau de collocation*, que délivre le greffier du Tribunal. Devinez-vous ce travail fait par un juge et préparé par des avoués? il implique beaucoup de papier timbré plein de lignes lâches, diffuses, où les chiffres sont noyés dans des colonnes d'une entière blancheur. On commence par déduire les frais. Or, les frais étant les mêmes pour une somme de mille francs saisis comme pour une somme d'un million, il n'est pas difficile de manger mille écus, par exemple, en frais, surtout si l'on réussit à élever des contestations.

— Un avoué réussit toujours, dit Cardot. Combien de fois un des vôtres ne m'a-t-il pas demandé : « Qu'y a-t-il à manger? »

— On y réussit surtout, reprit Desroches, quand le débiteur vous provoque à manger la somme en frais. Aussi les créanciers du comte n'eurent-ils rien, ils en furent pour leurs courses chez les avoués et pour leurs démarches. Pour se faire payer d'un débiteur aussi fort que le comte, un créancier doit se mettre dans une situation légale excessivement difficile à établir : il s'agit d'être à la fois son débiteur et son créancier, car alors on a le droit, aux termes de la loi, d'opérer la confusion.....

— Du débiteur? dit la Lorette qui prêtait une oreille attentive à ce discours.

— Non, des deux qualités de créancier et de débiteur, et de se payer par ses mains, reprit Desroches. L'innocence de Claparon, qui n'inventait que des oppositions, eut donc pour effet de tranquilliser le comte. En ramenant Antonia des Variétés, il abonda d'autant plus dans l'idée de vendre le cabinet littéraire pour pouvoir payer les deux derniers mille francs du prix, qu'il craignit le ridicule d'avoir été le bailleur de fonds d'une semblable entreprise. Il adopta donc le plan d'Antonia, qui voulait aborder la haute sphère de sa profession, avoir un magnifique appartement, femme de chambre, voiture, et lutter avec notre belle amphitryonne, par exemple....

— Elle n'est pas assez bien faite pour cela, s'écria l'illustre beauté du Cirque; mais elle a bien rincé le petit d'Esgrignon, tout de même!

— Dix jours après, le petit Croizeau, perché sur sa dignité, tenait à peu près ce langage à la belle Antonia, reprit Desroches : — « Mon enfant, votre cabinet littéraire est un trou, vous y deviendrez jaune, le gaz vous abîmera la vue ; il faut en sortir, et tenez !..... profitons de l'occasion. J'ai trouvé pour vous une jeune dame qui ne demande pas mieux que de vous acheter votre cabinet de lecture. C'est une petite femme ruinée qui n'a plus qu'à s'aller jeter à l'eau ; mais elle a quatre mille francs comptant, et il vaut mieux en tirer un bon parti pour pouvoir nourrir et élever deux enfants... — Eh bien ! vous êtes gentil, papa Croizeau, dit Antonia. — Oh ! je serai bien plus gentil tout à l'heure, reprit le vieux carrossier. Figurez-vous que ce pauvre monsieur Denisart est dans un chagrin qui lui a donné la jaunisse... Oui, cela lui a frappé sur le foie comme chez les vieillards sensibles. Il a tort d'être si sensible. Je le lui ai dit : Soyez passionné, bien ! mais sensible... halte-là ! on se tue... Je ne me serais pas attendu, vraiment, à un pareil chagrin chez un homme assez fort, assez instruit pour s'absenter pendant sa digestion de chez... — Mais qu'y a-t-il ?... demanda mademoiselle Chocardelle. — Cette petite créature, chez qui j'ai dîné, l'a planté là, net... oui, elle l'a lâché sans le prévenir autrement que par une lettre sans aucune orthographe. — Voilà ce que c'est, papa Croizeau, que d'ennuyer les femmes !... — C'est une leçon ! belle dame, reprit le doucereux Croizeau. *En attendant*, je n'ai jamais vu d'homme dans un désespoir pareil, dit-il. Notre ami Denisart ne connaît plus sa main droite de sa main gauche, il ne veut plus voir ce qu'il appelle le théâtre de son bonheur... Il a si bien perdu le sens qu'il m'a proposé d'acheter pour quatre mille francs tout le mobilier d'Hortense... Elle se nomme Hortense ! — Un joli nom, dit Antonia. — Oui, c'est celui de la belle-fille de Napoléon ; je lui ai fourni ses équipages, comme vous savez. — Eh ! bien, je verrai, dit la fine Antonia, commencez par m'envoyer votre jeune femme... » Antonia courut voir le mobilier, revint fascinée, et fascina Maxime par un enthousiasme d'antiquaire. Le soir même, le comte consentit à la vente du cabinet de lecture. L'établissement, vous comprenez, était au nom de mademoiselle Chocardelle. Maxime se mit à rire du petit Croizeau qui lui fournissait un acquéreur. La société Maxime et Chocardelle perdait deux mille francs, il est vrai ; mais qu'était-ce que cette perte en présence de

quatre beaux billets de mille francs? Comme me le disait le comte :
« Quatre mille francs d'argent vivant!... il y a des moments où l'on souscrit huit mille francs de billets pour les avoir! » Le comte va voir lui-même, le surlendemain, le mobilier, ayant les quatre mille francs sur lui. La vente avait été réalisée à la diligence du petit Croizeau qui poussait à la roue ; il avait *enclaudé*, disait-il, la veuve. Se souciant peu de cet agréable vieillard, qui allait perdre ses mille francs, Maxime voulut faire porter immédiatement tout le mobilier dans un appartement loué au nom de madame Ida Bonamy, rue Tronchet, dans une maison neuve. Aussi s'était-il précautionné de plusieurs grandes voitures de déménagement. Maxime, refasciné par la beauté du mobilier, qui pour un tapissier aurait valu six mille francs, trouva le malheureux vieillard, jaune de sa jaunisse, au coin du feu, la tête enveloppée dans deux madras, et un bonnet de coton par-dessus, emmitouflé comme un lustre, abattu, ne pouvant pas parler, enfin si délabré, que le comte fut forcé de s'entendre avec un valet de chambre. Après avoir remis les quatre mille francs au valet de chambre qui les portait à son maître pour qu'il en donnât un reçu, Maxime voulut aller dire à ses commissionnaires de faire avancer les voitures ; mais il entendit alors une voix qui résonna comme une crécelle à son oreille, et qui lui cria :
« — C'est inutile, monsieur le comte, nous sommes quittes, j'ai six cent trente francs quinze centimes à vous remettre! » Et il fut tout effrayé de voir Cérizet sorti de ses enveloppes, comme un papillon de sa larve, qui lui tendit ses sacrés dossiers en ajoutant :
— « Dans mes malheurs, j'ai appris à jouer la comédie, et je vaux Bouffé dans les vieillards. — Je suis dans la forêt de Bondy, s'écria Maxime. — Non, monsieur le comte, vous êtes chez mademoiselle Hortense, l'amie du vieux lord Dudley qui la cache à tous les regards ; mais elle a le mauvais goût d'aimer votre serviteur. — Si jamais, me disait le comte, j'ai eu envie de tuer un homme, ce fut dans ce moment ; mais que voulez-vous? Hortense me montrait sa jolie tête, il fallut rire, et, pour conserver ma supériorité, je lui dis en lui jetant les six cents francs : — Voilà pour la fille. »

— C'est tout, Maxime? s'écria la Palferine.

— D'autant plus que c'était l'argent du petit Croizeau, dit le profond Cardot.

— Maxime eut un triomphe, reprit Desroches, car **Hortense** s'écria : — Ah! si j'avais su que ce fût toi !..

— En voilà une de confusion ! s'écria la Lorette. — Tu as perdu, milord, dit-elle au notaire.

Et c'est ainsi que le menuisier à qui Malaga devait cent écus fut payé.

Paris, 1845.

GAUDISSART II.

A MADAME LA PRINCESSE DE BELGIOJOSO,

NÉE TRIVULCE.

Savoir vendre, pouvoir vendre, et vendre ! Le public ne se doute pas de tout ce que Paris doit de grandeurs à ces trois faces du même problème. L'éclat de magasins aussi riches que les salons de la noblesse avant 1789, la splendeur des cafés qui souvent efface, et très facilement, celle du néo-Versailles, le poëme des étalages détruit tous les soirs, reconstruit tous les matins ; l'élégance et la grâce des jeunes gens en communication avec les acheteuses, les piquantes physionomies et les toilettes des jeunes filles qui doivent attirer les acheteurs ; et enfin, récemment, les profondeurs, les espaces immenses et le luxe babylonien des galeries où les marchands monopolisent les spécialités en les réunissant, tout ceci n'est rien !... Il ne s'agit encore que de plaire à l'organe le plus avide et le plus blasé qui se soit développé chez l'homme depuis la société romaine, et dont l'exigence est devenue sans bornes, grâce aux efforts de la civilisation la plus raffinée. Cet organe, c'est *l'œil des Parisiens!...* Cet œil consomme des feux d'artifice de cent mille francs, des palais de deux kilomètres de longueur sur soixante pieds de hauteur en verres multicolores, des féeries à quatorze théâtres tous les soirs, des panoramas renaissants, de continuelles expositions de chefs-d'œuvre, des mondes de douleurs et des univers de joie en promenade sur les boulevards ou errant par les rues ; des encyclopédies de guenilles au carnaval, vingt ouvrages illustrés par an, mille caricatures, dix mille vignettes, lithographies et gravures. Cet œil lampe pour quinze mille francs de gaz tous les soirs ; enfin, pour le satisfaire, la Ville de Paris dépense annuellement quelques millions en points de vue et en plantations. Et ceci n'est rien encore !... ce n'est que le côté matériel de la question. Oui, c'est, selon nous, peu de chose en comparaison des efforts de l'intelligence, des ruses, dignes de Molière, employées par les soixante mille commis et les quarante mille demoiselles qui s'acharnent à la bourse des acheteurs, comme les milliers d'ablettes aux morceaux de pain qui flottent sur les eaux de la Seine.

Le Gaudissart sur place est au moins égal en capacités, en esprit, en raillerie, en philosophie, à l'illustre commis-voyageur devenu le type de cette tribu. Sorti de son magasin, de sa partie, il est comme un ballon sans son gaz ; il ne doit ses facultés qu'à son milieu de marchandises, comme l'acteur n'est sublime que sur son théâtre. Quoique, relativement aux autres commis-marchands de l'Europe, le commis français ait plus d'instruction qu'eux, qu'il puisse au besoin parler asphalte, bal Mabille, polka, littérature, livres illustrés, chemins de fer, politique, Chambres et révolution, il est excessivement sot quand il quitte son tremplin, son aune et ses grâces de commande ; mais, là, sur la corde roide du comptoir, la parole aux lèvres, l'œil à la pratique, le châle à la main, il éclipse le grand Talleyrand ; il a plus d'esprit que Désaugiers, il a plus de finesse que Cléopâtre, il vaut Monrose doublé de Molière. Chez lui, Talleyrand eût joué Gaudissart ; mais, dans son magasin, Gaudissart aurait joué Talleyrand.

Expliquons ce paradoxe par un fait.

Deux jolies duchesses babillaient aux côtés de cet illustre prince, elles voulaient un bracelet. On attendait de chez le plus célèbre bijoutier de Paris un commis et des bracelets. Un Gaudissart arrive muni de trois bracelets, trois merveilles, entre lesquelles les deux femmes hésitent. Choisir ! c'est l'éclair de l'intelligence. Hésitez-vous ?... tout est dit, vous vous trompez. Le goût n'a pas deux inspirations. Enfin, après dix minutes, le prince est consulté ; il voit les deux duchesses aux prises avec les mille facettes de l'incertitude entre les deux plus distingués de ces bijoux ; car, de prime abord, il y en eut un d'écarté. Le prince ne quitte pas sa lecture, il ne regarde pas les bracelets, il examine le commis. — Lequel choisiriez-vous pour votre bonne amie? lui demande-t-il. Le jeune homme montre un des deux bijoux. — En ce cas, prenez l'autre, vous ferez le bonheur de deux femmes, dit le plus fin des diplomates modernes, et vous, jeune homme, rendez en mon nom votre bonne amie heureuse. Les deux jolies femmes sourient, et le commis se retire aussi flatté du présent que le prince vient de lui faire que de la bonne opinion qu'il a de lui.

Une femme descend de son brillant équipage, arrêté rue Vivienne, devant un de ces somptueux magasins où l'on vend des châles, elle est accompagnée d'une autre femme. Les femmes sont presque toujours deux pour ces sortes d'expéditions. Toutes, en semblable occurrence, se promènent dans dix magasins avant de se décider; et, dans l'intervalle de l'un à l'autre, elles se moquent de la petite comédie que leur jouent les commis. Examinons qui fait le mieux son personnage, ou de l'acheteuse ou du vendeur? qui des deux l'emporte dans ce petit vaudeville?

Quand il s'agit de peindre le plus grand fait du commerce parisien, la Vente! on doit produire un type en y résumant la question. Or, en ceci, le châle ou la châtelaine de mille écus causeront plus d'émotions que la pièce de batiste, que la robe de trois cents francs. Mais, ô Étrangers des deux Mondes! si toutefois vous lisez cette physiologie de la facture, sachez que cette scène se joue dans les magasins de nouveautés pour du barége à deux francs ou pour de la mousseline imprimée, à quatre francs le mètre!

Comment vous défierez-vous, princesses ou bourgeoises, de ce joli tout jeune homme, à la joue veloutée et colorée comme une pêche, aux yeux candides, vêtu presque aussi bien que votre... votre... cousin, et doué d'une voix douce comme la toison qu'il vous déplie? Il y en a trois ou quatre ainsi.

L'un à l'œil noir, à la mine décidée, qui vous dit : — « Voilà! » d'un air impérial.

L'autre aux yeux bleus, aux formes timides, aux phrases soumises, et dont on dit : — « Pauvre enfant! il n'est pas né pour le commerce!... »

Celui-ci châtain clair, l'œil jaune et rieur, à la phrase plaisante, et doué d'une activité, d'une gaieté méridionales.

Celui-là rouge fauve, à barbe en éventail, roide comme un communiste, sévère, imposant, à cravate fatale, à discours brefs.

Ces différentes espèces de commis, qui répondent aux principaux caractères de femmes, sont les bras de leur maître, un gros bonhomme à figure épanouie, à front demi-chauve, à ventre de député ministériel, quelquefois décoré de la Légion-d'Honneur pour avoir maintenu la supériorité du Métier français, offrant des lignes d'une rondeur satisfaisante, ayant femme, enfants, maison de campagne, et son compte à la Banque. Ce personnage descend dans l'arène à la façon du *Deus ex machinâ*, quand l'intrigue trop embrouillée exige un dénoûment subit.

Ainsi les femmes sont environnées de bonhomie, de jeunesse, de gracieusetés, de sourires, de plaisanteries, de ce que l'Humanité civilisée offre de plus simple, de décevant, le tout arrangé par nuances pour tous les goûts.

Un mot sur les effets naturels d'optique, d'architecture, de décor ; un mot court, décisif, terrible ; un mot, qui est de l'histoire faite sur place.

Le livre où vous lisez cette page instructive se vend rue de Richelieu, 76, dans une élégante boutique, blanc et or, vêtue de velours rouge, qui possédait une pièce en entresol où le jour vient en plein de la rue de Ménars, et vient, comme chez un peintre, franc, pur, net, toujours égal à lui-même. Quel flâneur n'a pas admiré le Persan, ce roi d'Asie qui se carre à l'angle de la rue de la Bourse et de la rue Richelieu, chargé de dire *urbi et orbi* : — « Je règne plus tranquillement ici qu'à Lahore. » Dans cinq cents ans, cette sculpture au coin de deux rues pourrait, sans cette immortelle analyse, occuper les archeologues, faire écrire des volumes in-quarto avec figures, comme celui de M. Quatremère sur le Jupiter Olympien, et où l'on démontrerait que Napoléon a été un peu Sophi dans quelque contrée d'Orient avant d'être empereur des Français. Eh bien ! ce riche magasin a fait le siége de ce pauvre petit entresol ; et, à coups de billets de banque, il s'en est emparé. La COMÉDIE HUMAINE a cédé la place à la comédie des cachemires. Le Persan a sacrifié quelques diamants de sa couronne pour obtenir ce jour si nécessaire. Ce rayon de soleil augmente la vente de cent pour cent, à cause de son influence sur le jeu des couleurs ; il met en relief toutes les séductions des châles, c'est une lumière irrésistible, c'est un rayon d'or ! Sur ce fait, jugez de la mise en scène de tous les magasins de Paris ?...

Revenons à ces jeunes gens, à ce quadragénaire décoré

par le roi des Français à sa table, à ce premier commis à barbe rousse, à l'air autocratique? Ces Gaudissarts émérites se sont mesurés avec mille caprices par semaine, ils connaissent toutes les vibrations de la corde-cachemire dans le cœur des femmes. Quand une lorette, une dame respectable, une jeune mère de famille, une lionne, une duchesse, une bonne bourgeoise, une danseuse effrontée, une innocente demoiselle, une trop innocente étrangère se présentent, chacune d'elles est aussitôt analysée par ces sept ou huit hommes qui l'ont étudiée au moment où elle a mis la main sur le bec de cane de la boutique, et qui stationnent aux fenêtres, au comptoir, à la porte, à un angle, au milieu du magasin, en ayant l'air de penser aux joies d'un dimanche échevelé; en les examinant, on se demande même : — A quoi peuvent-ils penser? La bourse d'une femme, ses désirs, ses intentions, sa fantaisie sont mieux fouillés alors en un moment que les douaniers ne fouillent une voiture suspecte à la frontière en sept quarts d'heure. Ces intelligents gaillards, sérieux comme des pères nobles, ont tout vu : les détails de la mise, une invisible empreinte de boue à la bottine, une passe arriérée, un ruban de chapeau sale ou mal choisi, la coupe et la façon de la robe, le neuf des gants, la robe coupée par les intelligents ciseaux de Victorine IV, le bijou de Froment-Meurice, la babiole à la mode, enfin tout ce qui peut dans une femme trahir sa qualité, sa fortune, son caractère. Frémissez! Jamais ce sanhédrin de Gaudissarts, présidé par le patron, ne se trompe. Puis les idées de chacun sont transmises de l'un à l'autre avec une rapidité télégraphique par des regards, par des tics nerveux, des sourires, des mouvements de lèvres, que, les observant, vous diriez de l'éclairage soudain de la grande avenue des Champs-Élysées, où le gaz vole de candélabre en candélabre comme cette idée allume les prunelles de commis en commis.

Et aussitôt, si c'est une Anglaise, le Gaudissart sombre, mystérieux et fatal s'avance, comme un personnage romanesque de lord Byron.

Si c'est une bourgeoise, on lui détache le plus âgé des commis; il lui montre cent châles en un quart d'heure, il la grise de couleurs, de dessins; il lui déplie autant de châles que le milan décrit de tours sur un lapin; et, au bout d'une demi-heure, étourdie et ne sachant que choisir, la digne bourgeoise, flattée dans toutes ses idées, s'en remet au commis qui la place entre les deux marteaux de ce dilemme et les égales séductions de deux châles. — Celui-ci, madame, est très avantageux, il est vert-pomme, la couleur à la mode, mais la mode change; tandis que celui-ci (le noir ou le blanc dont la vente est urgente), vous n'en verrez pas la fin, et il peut aller avec toutes les toilettes.

Ceci est l'*A b c* du métier.

— Vous ne sauriez croire combien il faut d'éloquence dans cette chienne de partie, disait dernièrement le premier Gaudissart de l'établissement en parlant à deux de ses amis, Duronceret et Bixiou, venus pour acheter un châle en se fiant à lui. Tenez, vous êtes des artistes discrets, on peut vous parler des ruses de notre patron qui, certainement, est l'homme le plus fort que j'aie vu. Je ne parle pas comme fabricant, monsieur Fritot est le premier; mais, comme vendeur, il a inventé le châle-Sélim, *un châle impossible à vendre*, et que nous vendons toujours. Nous gardons dans une boîte de bois de cèdre, très simple, mais doublée de satin, un châle de cinq à six cents francs, un des châles envoyés par Sélim à l'empereur Napoléon. Ce châle, c'est notre Garde-Impériale, on le fait avancer en désespoir de cause : *il se vend et ne meurt pas.*

En ce moment, une Anglaise déboucha de sa voiture de louage et se montra dans le beau idéal de ce flegme particulier à l'Angleterre et à tous ses produits prétendus animés. Vous eussiez dit de la statue du Commandeur marchant par certains soubresauts d'une disgrâce fabriquée à Londres dans toutes les familles avec un soin national.

— L'Anglaise, dit-il à l'oreille de Bixiou, c'est notre bataille de Waterloo. Nous avons des femmes qui nous glissent des mains comme des anguilles, on les rattrape sur l'escalier; des lorettes qui nous *blaguent*, on rit avec elles, on les tient par le crédit; des étrangères indéchiffrables chez qui l'on porte plusieurs châles et avec lesquelles on s'entend en leur débitant des flatteries; mais l'Anglaise, c'est s'attaquer au bronze de la statue de Louis XIV... Ces femmes-là se font une occupation, un plaisir de marchander... Elles nous font *poser*, quoi !...

Le commis romanesque s'était avancé.

— Madame souhaite-t-elle son châle des Indes ou de France, dans les hauts prix, ou...

— Je verrai (*véraie*).

— Quelle somme madame y consacre-t-elle?

— Je verrai (*véraie*).

En se retournant pour prendre les châles et les étaler sur un porte-manteau, le commis jeta sur ses collègues un regard significatif (Quelle scie!) accompagné d'un imperceptible mouvement d'épaules.

— Voici nos plus belles qualités en rouge des Indes, en bleu, en jaune orange; tous sont de dix mille francs... Voici ceux de cinq mille et ceux de trois mille.

L'Anglaise, d'une indifférence morne, lorgna d'abord tout autour d'elle avant de lorgner les trois exhibitions, sans donner signe d'approbation ou d'improbation.

— Avez-vous d'autres? demanda-t-elle (*Havai-vo-d'hôte*).

— Oui, madame. Mais madame n'est peut-être pas bien décidée à prendre un châle?

— Oh! (*Hâu*) très décidée (*trei-deycidai*).

Et le commis alla chercher des châles d'un prix inférieur; mais il les étala solennellement, comme des choses dont on semble dire ainsi : — Attention à ces magnificences.

— Ceux-ci sont beaucoup plus chers, dit-il, ils n'ont pas été portés, ils sont venus par courriers et sont achetés directement aux fabricants de Lahore.

— Oh! je comprends, dit-elle, ils me conviennent beaucoup mieux (*miéuie*).

Le commis resta sérieux, malgré son irritation intérieure qui gagnait Duronceret et Bixiou. L'Anglaise, toujours froide comme du cresson, semblait heureuse de son flegme.

— Quel prix? dit-elle en montrant un châle bleu céleste couvert d'oiseaux nichés dans des pagodes.

— Sept mille francs.

Elle prit le châle, s'en enveloppa, se regarda dans la glace, et dit en le rendant : — Non, je n'aime pas (*No, jé n'ame pouint*).

Un grand quart d'heure passa dans des essais infructueux.

— Nous n'avons plus rien, madame, dit le commis en regardant son patron.

— Madame est difficile comme toutes les personnes de goût, dit le chef de l'établissement en s'avançant avec ces grâces boutiquières où le prétentieux et le patelin se mélangeaient agréablement.

L'Anglaise prit son lorgnon et toisa le fabricant de la tête aux pieds, sans vouloir comprendre que cet homme était éligible et dînait aux Tuileries.

— Il ne me reste qu'un seul châle, mais je ne le montre jamais reprit-il, personne ne l'a trouvé de son goût, il est très bizarre; et, ce matin, je me proposais de le donner à ma femme : nous l'avons depuis 1805, il vient de l'impératrice Joséphine.

— Voyons, monsieur.

— Allez le chercher! dit le patron à un commis, il est chez moi...

— Je serais beaucoup (*bocop*) très satisfaite de le voir, répondit l'Anglaise.

Cette réponse fut comme un triomphe, car cette femme splee nique paraissait sur le point de s'en aller. Elle faisait semblant de ne voir que les châles, tandis qu'elle regardait les commis et les deux acheteurs avec hypocrisie, en abritant sa prunelle par la monture de son lorgnon.

— Il a coûté soixante mille francs en Turquie, madame.

— Oh! (*Hâu!*)

— C'est un des sept châles envoyés par Sélim, avant sa catastrophe, à l'empereur Napoléon. L'impératrice Joséphine, une créole, comme milady le sait, très capricieuse, le céda contre un de ceux apportés par l'ambassadeur turc et que mon prédécesseur avait achetés : mais, je n'en ai jamais trouvé le prix ; car, en France, *nos dames* ne sont pas assez riches, ce n'est pas comme en Angleterre... Ce châle vaut sept mille francs, qui, certes, en représentent quatorze ou quinze par les intérêts composés...

— Composé de quoi? dit l'Anglaise. (*Kompppôsai dé quoâ?*)

— Voici, madame.

Et le patron, en prenant des précautions que les démonstrateurs du *Grune-gevelbe* de Dresde eussent admirées, ouvrit avec une clef minime une boîte carrée de bois de cèdre dont la forme et la simplicité firent une profonde impression sur l'Anglaise. De cette boîte, doublée de satin noir, il sortit un châle d'environ quinze cents francs, d'un jaune d'or, à dessins noirs, dont l'éclat n'était surpassé que par la bizarrerie des inventions indiennes.

— *Splendid!* dit l'Anglaise, il est vraiment beau... Voilà mon idéal (*idéol*) de châle : *it is very magnificent...*

Le reste fut perdu dans la pose de madone qu'elle prit pour montrer ses yeux sans chaleur, qu'elle croyait beaux.

— L'empereur Napoléon l'aimait beaucoup, il s'en est servi...

— *Bocop*, répéta-t-elle.

Elle prit le châle, le drapa sur elle, s'examina. Le patron reprit le châle, vint au jour le chiffonner, le mania, le fit reluire ; il en joua comme Liszt joue du piano.

— C'est *very fine, beautiful, sweet !* dit l'Anglaise de l'air le plus tranquille.

Duronceret, Bixiou, les commis échangèrent des regards de plaisir qui signifiaient : « Le châle est vendu. »

— Eh bien, madame ? demanda le négociant en voyant l'Anglaise absorbée dans une sorte de contemplation infiniment trop prolongée.

— Décidément, dit-elle, j'aime mieux une *vôteure !*...

Un même soubresaut anima les commis silencieux et attentifs, comme si quelque fluide électrique les eût touchés.

— J'en ai une bien belle, madame, répondit tranquillement le patron, elle me vient d'une princesse russe, la princesse de Narzicoff, qui me l'a laissée en paiement de fournitures ; si madame voulait la voir, elle en serait émerveillée : elle est neuve, elle n'a pas roulé dix jours, il n'y en a pas de pareille à Paris.

La stupéfaction des commis fut contenue par leur profonde admiration.

— Je veux bien, répondit-elle.

— Que madame garde sur elle le châle, dit le négociant, elle en verra l'effet en voiture.

Le négociant alla prendre ses gants et son chapeau.

— Comment cela va-t-il finir ?... dit le premier commis en voyant son patron offrant sa main à l'Anglaise et s'en allant avec elle dans la calèche de louage.

Ceci pour Duronceret et Bixiou prit l'attrait d'une fin de roman, outre l'intérêt particulier de toutes les luttes, même minimes, entre l'Angleterre et la France. Vingt minutes après, le patron revint.

— Allez hôtel Lawson, voici la carte : Mistriss Noswell. Portez la facture que je vais vous donner, il y a six mille francs à recevoir.

— Et comment avez-vous fait ? dit Duronceret en saluant ce roi de la facture.

— Eh ! monsieur, j'ai reconnu cette nature de femme excentrique, elle aime à être remarquée : quand elle a vu que tout le monde regardait son châle, elle m'a dit : — Décidément gardez votre voiture, monsieur, je prends le châle. Pendant que monsieur Bigorneau, dit-il en montrant le commis romanesque, lui dépliait des châles, j'examinais ma femme, elle vous lorgnait pour savoir quelle idée vous aviez d'elle, elle s'occupait beaucoup plus de vous que des châles. Les Anglaises ont un dégoût particulier (car on ne peut pas dire un goût), elles ne savent pas ce qu'elles veulent, et se déterminent à prendre une chose marchandée plutôt par une circonstance fortuite que par vouloir. J'ai reconnu l'une de ces femmes ennuyées de leurs maris, de leurs marmots, vertueuses à regret, quêtant des émotions, et toujours posées en saules pleureurs...

Voilà littéralement ce que dit le chef de l'établissement.

Ceci prouve que dans un négociant de tout autre pays il n'y a qu'un négociant; tandis qu'en France, et surtout à Paris, il y a un homme sorti d'un collége royal, instruit, aimant ou les arts, ou la pêche, ou le théâtre, ou dévoré du désir d'être le successeur de monsieur Cunin-Gridaine, ou colonel de la garde nationale, ou membre du conseil général de la Seine, ou juge au tribunal de Commerce.

— Monsieur Adolphe, dit la femme du fabricant à son petit commis blond, allez commander une boîte de cèdre chez le tabletier.

— Et, dit le commis en reconduisant Duronceret et Bixiou qui avaient choisi un châle pour madame Schontz, nous allons voir parmi nos vieux châles celui qui peut jouer le rôle du châle-Sélim.

Paris, novembre 1844.

LES COMÉDIENS SANS LE SAVOIR.

A MONSIEUR LE COMTE JULES DE CASTELLANE.

Léon de Lora, notre célèbre peintre de paysage, appartient à l'une des plus nobles familles du Roussillon, espagnole d'origine, et qui, si elle se recommande par l'antiquité de la race, est depuis cent ans vouée à la pauvreté proverbiale des Hidalgos. Venu de son pied léger à Paris du département des Pyrénées-Orientales, avec une somme de onze francs pour tout viatique, il y avait en quelque sorte oublié les misères de son enfance et sa famille au milieu des misères qui ne manquent jamais aux rapins dont toute la fortune est une intrépide vocation. Puis les soucis de la gloire et ceux du succès furent d'autres causes d'oubli.

Si vous avez suivi le cours sinueux et capricieux de ces Études, peut-être vous souvenez-vous de Mistigris, élève de Schinner, un des héros de *Un début dans la vie* (SCÈNES DE LA VIE PRIVÉE), et de ses apparitions dans quelques autres Scènes. En 1845, le paysagiste, émule des Hobbéma, des Ruysdaël, des Lorrain, ne ressemble plus au rapin dénué, frétillant, que vous avez vu. Homme illustre, il possède une charmante maison rue de Berlin, non loin de l'hôtel de Brambourg où demeure son ami Bridau, et près de la maison de Schinner son premier maître. Il est membre de l'Institut et officier de la Légion-d'Honneur, il a trente-neuf ans, il a vingt mille francs de rentes, ses toiles sont payées au poids de l'or, et, ce qui lui semble plus extraordinaire que d'être invité parfois aux bals de la cour, son nom jeté si souvent, depuis seize ans, par la Presse à l'Europe, a fini par pénétrer dans la vallée des Pyrénées-Orientales où végètent trois véritables Lora, son frère aîné, son père et une vieille tante paternelle, mademoiselle Urraca y Lora.

Dans la ligne maternelle, il ne reste plus au peintre célèbre qu'un cousin, neveu de sa mère, âgé de cinquante ans, habitant d'une petite ville manufacturière du département. Ce cousin fut le premier à se souvenir de Léon. En 1840 seulement, Léon de Lora reçut une lettre de monsieur Sylvestre Palafox-Castel-Gazonal (appelé tout simplement Gazonal), auquel il répondit qu'il était bien lui-même, c'est-à-dire le fils de feue Léonie Gazonal, femme du comte Fernand Didas y Lora.

Le cousin Sylvestre Gazonal alla dans la belle saison de 1841 apprendre à l'illustre famille inconnue des Lora que le petit Léon n'était pas parti pour le Rio de la Plata, comme on le croyait, qu'il n'y était pas mort, comme on le croyait, et qu'il était un des plus beaux génies de l'école française, ce qu'on ne crut pas. Le frère aîné, don Juan de Lora, dit à son cousin Gazonal qu'il était la victime d'un plaisant de Paris.

Or, ledit Gazonal se proposant d'aller à Paris pour y suivre un procès que, par un conflit, le préfet des Pyrénées-Orientales avait arraché de la juridiction ordinaire pour le transporter au Conseil d'État, le provincial se proposa d'éclaircir le fait, et de demander raison de son impertinence au peintre parisien. Il arriva que monsieur Gazonal, logé dans *un maigre garni* de la rue Croix-des-Petits-Champs, fut ébahi de voir le palais de la rue de Berlin. En y apprenant que le maître voyageait en Italie, il renonça momentanément à demander raison, et douta de voir reconnaître sa parenté maternelle par l'homme célèbre.

De 1843 à 1844, Gazonal suivit son procès. Cette contestation relative à une question de cours et de hauteur d'eau, un barrage à enlever, dont se mêlait l'administration soutenue par des riverains, menaçait l'existence même de la fabrique. En 1845, Gazonal regardait ce procès comme entièrement perdu, le secrétaire du Maître des Requêtes chargé de faire le rapport lui ayant confié que ce rapport serait opposé à ses conclusions, et son avocat le lui ayant confirmé. Gazonal, quoique commandant de la garde nationale de sa ville, et l'un des plus habiles fabricants de son département, se

SYLVESTRE GAZONAL.

Trop bien mis pour la circonstance.

(LES COMÉDIENS SANS LE SAVOIR.)

trouvait si peu de chose à Paris, il y fut si effrayé de la cherté de la vie et des moindres babioles, qu'il s'était tenu coi dans son méchant hôtel. Ce méridional, privé de soleil, exécrait Paris qu'il nommait une fabrique de rhumatismes. En additionnant les dépenses de son procès et de son séjour, il se promettait à son retour d'empoisonner le préfet ou de le minotauriser! Dans ses moments de tristesse, il tuait roide le préfet; dans ses moments de gaieté, il se contentait de le minotauriser.

Un matin, à la fin de son déjeuner, tout en maugréant, il prit rageusement le journal. Ces lignes qui terminaient un article : « Notre grand paysagiste Léon de Lora, revenu d'Italie depuis un mois, exposera plusieurs toiles au Salon ; ainsi l'exposition sera, comme on le voit, très brillante... » frappèrent Gazonal comme si la voix qui parle aux joueurs quand ils gagnent les lui eût jetées dans l'oreille. Avec cette soudaineté d'action qui distingue les gens du Midi, Gazonal sauta de l'hôtel dans la rue, de la rue dans un cabriolet, et alla rue de Berlin chez son cousin.

Léon de Lora fit dire à son cousin Gazonal qu'il l'invitait à déjeuner au Café de Paris pour le lendemain, car il se trouvait pour le moment occupé d'une manière qui ne lui permettait pas de recevoir. Gazonal, en homme du Midi, conta toutes ses peines au valet de chambre.

Le lendemain, à dix heures, Gazonal, trop bien mis pour la circonstance (il avait endossé son habit bleu-barbeau à boutons dorés, une chemise à jabot, un gilet blanc et des gants jaunes), attendit son amphitryon en piétinant pendant une heure sur le boulevard, après avoir appris du *cafétier* (nom des maîtres de café en province) que ces messieurs déjeunaient habituellement entre onze heures et midi.

— Vers onze heures et demie, deux Parisiens, en *simple lévite*, disait-il quand il raconta ses aventures à ceux de son endroit, qui avaient l'air de *rien du tout*, s'écrièrent en me voyant sur le boulevard : — Voilà ton Gazonal !...

Cet interlocuteur était Bixiou de qui Léon de Lora s'était muni pour *faire poser* son cousin.

— « Ne vous fâchez pas, mon cher cousin; je suis le vôtre, » s'écria le petit Léon en me serrant dans ses bras, disait Gazonal à ses amis à son retour. Le déjeuner fut splendide. Et je crus avoir la berlue en voyant le nombre de pièces d'or que nécessita la carte.

Ces gens-là doivent gagner leur pesant d'or, car mon cousin donna *trenteu sols* au garrçon, la journée d'un homme.

Pendant ce déjeuner-monstre, vu qu'il y fut consommé six douzaines d'huîtres d'Ostende, six côtelettes à la Soubise, un poulet à la Marengo, une mayonnaise de homard, des petits pois, une croûte aux champignons, arrosés de trois bouteilles de vin de Bordeaux, de trois bouteilles de vin de Champagne, plus les tasses de café, de liqueur, sans compter les hors-d'œuvre, Gazonal fut magnifique de verve contre Paris. Le noble fabricant se plaignit de la longueur des pains de quatre livres, de la hauteur des maisons, de l'indifférence des passants les uns pour les autres, du froid et de la pluie, de la cherté des demi-fiacres, et tout cela si spirituellement, que les deux artistes se prirent de belle amitié pour Gazonal et lui firent raconter son procès.

— Mone proxès, dit-il en grasseyant les *r* et accentuant tout à la provençale, est quelque chozze de bienne simple : iles veullente ma fabrique. Jé trrouve ici uneu bette d'avocatte à qui jé donne vinte francs à chaque fois pour ouvrire l'œil, et jeu leu trouve toujours ennedôrmi... C'ette une limâsse qui roûle vêtur et jé vienze à pied, ile mé carrrôtte indignémente, jé neu fais que le trazette de l'unne à l'otte, et jeu voiz que j'aurais dû prrendreu vottur... Onné régarde ici que les gens qui se cachent dedans leur vottur !... D'otte parre, le conneseille d'État ette une tas de faiunéants qui laissente feireu leur bésôgneu a dé pétits drolles soudoyéz par notte preffette... Voilà mone proxès !... Ile la veullente ma fabriqueu, é bé, il l'orronte !... é s'arrangeronte avecque mez ovvrières qui sonte une centaine et qui les feronte sanger d'avisse à coupe dé triques...

— Allons, cousin, dit le paysagiste, depuis quand es-tu ici ?

— Déppuis deux anes !.. Ah ! le conflitte du preffette, ile le payera cher, je prendrai sa vie, et je dône la mienne à la cour d'assises...

— Quel est le Conseiller d'État qui préside la section ?

— Une ancienne journaliste, qui ne *vote* pas *disse* sols, et se *nôme* Massol !

Les deux Parisiens échangèrent un regard.

— Le rapporteur ?...

— Encore plus *drolle !* c'ette uné *mette* des *réquettes prrof-fesseure* de quelque chozze à la Sorbonne, qui a escript dans une Révue, et pour qui je *prroffesse* une mézestime prrofonde...

— Claude Vignon, dit Bixiou.

— C'est cela... répondit le Méridional, Massol et Vignon, voilà la rraizon sociale, sans raison, enfin les trestaillons de mone prreffette.

— Il y a de la ressource, dit Léon de Lora. Vois-tu, cousin, tout est possible à Paris, en bien comme en mal, juste et injuste. Tout s'y fait, tout s'y défait, tout s'y refait.

— Du diable, si jeu reste dixe sécondes dé plusse... c'ette lé paysse lé plus ennuyeusse de la Frrance.

En ce moment, les deux cousins et Bixiou se promenaient d'un bout à l'autre de cette nappe d'asphalte sur laquelle, de une heure à deux, il est difficile de ne pas voir passer quelques-uns des personnages pour lesquels la Renommée embouche l'une ou l'autre de ses trompettes. Autrefois ce fut la Place Royale, puis le Pont-Neuf, qui eurent ce privilége acquis aujourd'hui au boulevard des Italiens.

— Paris, dit alors le paysagiste à son cousin, est un instrument dont il faut savoir jouer ; et si nous restons ici dix minutes, je vais te donner une leçon. Tiens, regarde, lui dit-il en levant sa canne et désignant un couple qui sortait du passage de l'Opéra.

— Qu'est-ce que c'est que ça ? demanda Gazonal.

Ça était une vieille femme à chapeau resté six mois à l'étalage, à robe très prétentieuse, à châle en tartan déteint, dont la figure était restée vingt ans dans une loge humide, dont le cabas très enflé n'annonçait pas une meilleure position sociale que celle de l'ex-portière ; plus une petite fille svelte et mince dont les yeux bordés de cils noirs n'avaient plus d'innocence, dont le teint annonçait une grande fatigue, mais dont le visage, d'une jolie coupe, était frais, et dont la chevelure devait être abondante, le front charmant et audacieux, le corsage maigre, et en deux mots un fruit vert.

— Ça, lui répondit Bixiou, c'est un rat orné de sa mère.

— *Uné ratte ? quésaco ?*

— Ce rat, dit Léon qui fit un signe de tête amical à mademoiselle Ninette, peut te faire gagner *ton proxès !*

Gazonal bondit, mais Bixiou le maintenait par le bras depuis la sortie du café, car il lui trouvait la figure un peu trop poussée au rouge.

— Ce rat, qui sort d'une répétition à l'Opéra, retourne faire un maigre dîner, et reviendra dans trois heures pour s'habiller, s'il paraît ce soir dans le ballet, car nous sommes aujourd'hui lundi.

rat a treize ans, c'est un rat déjà vieux. Dans deux ans d'ici, cette créature vaudra soixante mille francs sur la place, elle sera rien ou tout, une grande danseuse ou une marcheuse, un nom célèbre ou une vulgaire courtisane. Elle travaille depuis l'âge de huit ans. Telle que tu la vois, elle est épuisée de fatigue, elle s'est rompu le corps ce matin à la classe de danse, elle sort d'une répétition où les évolutions sont difficiles comme les combinaisons d'un casse-tête chinois; elle reviendra ce soir. Le rat est un des éléments de l'Opéra, car il est à la première danseuse ce que le petit clerc est au notaire. Le rat, c'est l'espérance.

— Qui produit le rat ? demanda Gazonal.

— Les portiers, les pauvres, les acteurs, les danseurs, répondit Bixiou. Il n'y a que la plus profonde misère qui puisse conseiller à un enfant de huit ans de livrer ses pieds et ses articulations aux plus durs supplices, de rester sage jusqu'à seize ou dix-huit ans, uniquement par spéculation, et de se flanquer d'une horrible vieille comme vous mettez du fumier autour d'une jolie fleur. Vous allez voir défiler les uns après les autres tous les gens de talent, petits et grands, artistes en herbe ou en gerbe, qui élèvent, à la gloire de la France, ce monument de tous les jours appelé l'Opéra, réunion de forces, de volontés, de génies qui ne se trouve qu'à Paris...

— J'ai déjà vu l'Opérra, répondit Gazonal d'un air suffisant.

— De dessus ta banquette à trois francs soixante centimes, répliqua le paysagiste, comme tu as vu Paris, rue Croix-des-Petits-Champs... sans en rien savoir... Que donnait-on à l'Opéra quand tu y es allé ?...

— *Guillomme Tèle...*

— Bon, reprit le paysagiste, le grand duo de Mathilde a dû te faire plaisir. Eh bien ! à quoi, dans ton idée, a dû s'occuper la cantatrice en quittant la scène ?...

— Elle s'est... quoi ?

— Assise à manger deux côtelettes de mouton saignant que so domestique lui tenait prêtes...

— Ah ! bouffre !

— La Malibran se soutenait avec de l'eau-de-vie, et c'est ce qui l'a tuée... Autre chose ! Tu as vu le ballet, tu vas le revoir défilant ici, dans le simple appareil du matin, sans savoir que ton procès dépend de quelques-unes de ces jambes-là ?

— Mone proxès ?...

— Tiens, cousin, voici ce qu'on appelle une *marcheuse*.

Léon montra l'une de ces superbes créatures qui à vingt-cinq ans en ont déjà vécu soixante, d'une beauté si réelle et si sûre d'être cultivée qu'elles ne la font point voir. Elle était grande, marchait bien, avait le regard assuré d'un dandy, et sa toilette se recommandait par une simplicité ruineuse.

— C'est Carabine, dit Bixiou qui fit, ainsi que le peintre, un léger salut de tête auquel Carabine répondit par un sourire.

— Encore une qui peut faire destituer ton préfet.

— *Une marcheuzze*; mais qu'est-ce donc?

— La *marcheuse* est ou un rat d'une grande beauté que sa mère, fausse ou vraie, a vendu le jour où elle n'a pu devenir ni premier, ni second, ni troisième sujet de la danse, et où elle a préféré l'état de coryphée à tout autre, par la grande raison qu'après l'emploi de sa jeunesse elle n'en pouvait pas prendre d'autre; elle aura été repoussée aux petits théâtres où il faut des danseuses, elle n'aura pas réussi dans les trois villes de France où il se donne des ballets, elle n'aura pas eu l'argent ou le désir d'aller à l'étranger, car sachez-le, la grande école de danse de Paris fournit le monde entier de danseurs et de danseuses. Aussi pour qu'un rat devienne *marcheuse*, c'est-à-dire *figurante* de la danse, faut-il qu'elle ait eu quelque attachement solide qui l'ait retenue à Paris, un homme riche qu'elle n'aimait pas, un pauvre garçon qu'elle aimait trop. Celle que vous avez vue passer, qui se déshabillera, se rhabillera peut-être trois fois ce soir, en princesse, en paysanne, en tyrolienne, etc., a quelque deux cents francs par mois.

— Elle est mieux mise que *notte prreffète*...

— Si vous alliez chez elle, dit Bixiou, vous y verriez femme de chambre, cuisinière et domestique, elle occupe un magnifique appartement rue Saint-Georges, enfin elle est, dans les proportions des fortunes françaises d'aujourd'hui avec les anciennes, le débris de la *fille d'Opéra* du dix-huitième siècle. Carabine est une puissance, elle gouverne en ce moment Du Tillet, un banquier très-influent à la Chambre...

— Et au-dessus de ces deux échelons du ballet, qu'y a-t-il donc? demanda Gazonal.

— Regarde! lui dit son cousin en lui montrant une élégante calèche qui passait au bout du boulevard, rue Grange-Batelière, voici un des *premiers sujets* de la Danse, dont le nom sur l'affiche attire tout Paris, qui gagne soixante mille francs par an, et qui vit en princesse : le prix de ta fabrique ne te suffirait pas pour acheter le droit de lui dire trente fois bonjour.

— Eh! bé, je me le dirai bien à moi-même, ce ne sera pas si cher !

— Voyez-vous, lui dit Bixiou, sur le devant de la calèche ce beau jeune homme, c'est un vicomte qui porte un beau nom, c'est son premier gentilhomme de la chambre, celui qui fait ses affaires aux journaux, qui va porter des paroles de paix ou de guerre, le matin, au directeur de l'Opéra, ou qui s'occupe des applaudissements par lesquels on la salue quand elle entre sur la scène ou quand elle en sort.

— Ceci, *mes cherses messieurs*, est le *coupe* de grâce, *jeu neu. soubessonnais* rienne de Parisse.

— Eh bien ! sachez au moins tout ce qu'on peut voir en dix minutes, au passage de l'Opéra, tenez ?... dit Bixiou.

Deux personnes débouchaient en ce moment du Passage, un homme et une femme. La femme n'était ni laide ni jolie, sa toilette avait cette distinction de forme, de coupe, de couleur qui révèle une artiste, et l'homme avait assez l'air d'un chantre.

— Voilà, lui dit Bixiou, une basse-taille et un *second premier sujet* de la danse. La basse-taille est un homme d'un immense talent, mais la basse-taille étant un accessoire dans les partitions, il gagne à peine ce que gagne la danseuse. Célèbre avant que la Taglioni et la Elssler parussent, le *second sujet* a conservé chez nous la danse de caractère, la mimique ; si les deux autres n'eussent révélé dans la danse une poésie inaperçue jusqu'alors, celle-ci serait un premier talent ; mais elle est en seconde ligne aujourd'hui ; néanmoins, elle palpe ses trente mille francs, et a pour ami fidèle un pair de France très influent à la Chambre. Tenez, voici la danseuse du troisième ordre, une danseuse qui n'existe que par la toute-puissance d'un journal. Si son engagement n'eût pas été renouvelé, le ministère eût eu sur le dos un ennemi de plus. Le corps de ballet est à l'Opéra la grande puissance : aussi est-il de bien meilleur ton dans les hautes sphères du dandysme et de la politique d'avoir des relations avec la Danse qu'avec le Chant. A l'orchestre, où se tiennent les habitués de l'Opéra, ces mots « Monsieur est pour le chant, » sont une espèce de raillerie.

Un petit homme à figure commune, vêtu simplement, vint à passer.

— Enfin, voilà l'autre moitié de la recette de l'Opéra qui passe, c'est le ténor. Il n'y a plus de poème, ni de musique, ni de représentation sans un ténor célèbre dont la voix atteigne à une certaine note. Le ténor, c'est l'amour, c'est la voix qui touche le cœur, qui vibre dans l'âme, et cela se chiffre par un traitement plus considérable que celui d'un ministre. Cent mille francs à un gosier, cent mille francs à une paire de chevilles, voilà les deux fléaux financiers de l'Opéra.

— Je suis abasourdi, dit Gazonal, que de cent mille francs!...

— Tu vas l'être bien davantage, mon cher cousin, suis-nous.... Nous allons prendre Paris comme un artiste prend un violoncelle, et te faire voir comment on en joue, enfin comment on s'amuse à Paris.

— C'ette uné kaliedoscope de sept lieues de tour, s'écria Gazonal.

— Avant de piloter monsieur, je dois voir Gaillard, dit Bixiou.

— Mais Gaillard peut nous être utile pour le cousin.

— Qu'est ce que cette *ôte* machine? demanda Gazonal.

— Ce n'est pas une machine? c'est un machiniste. Gaillard est un de nos amis qui a fini pas devenir le gérant d'un journal, et dont le caractère ainsi que la caisse se recommandent par des mouvements comparables à ceux des marées. Gaillard peut contribuer à te faire gagner ton procès...

— Il est perdu...

— C'est bien le moment de le gagner alors, répondit Bixiou.

Chez Théodore Gaillard, alors logé rue de Ménars, le valet de chambre fit attendre les trois amis dans un boudoir en leur disant que monsieur était en conférence secrète....

— Avec qui? demanda Bixiou.

— Avec un homme qui lui vend l'incarcération d'un insaisissable débiteur, répondit une magnifique femme qui se montra dans une délicieuse toilette du matin.

— En ce cas, chère Suzanne, dit Bixiou, nous pouvons entrer, nous autres...

— Oh! la belle créature, dit Gazonal.

— C'est madame Gaillard, lui répondit Léon de Lora qui parlait à l'oreille de son cousin. Tu vois, mon cher, la femme la plus modeste de Paris : elle avait le public, elle s'est contentée d'un mari.

— *Que voulez-vous, messeigneurs?* dit le facétieux gérant en voyant ses deux amis et en imitant Frédéric Lemaître.

Théodore Gaillard, jadis homme d'esprit, avait fini par devenir stupide en restant dans le même milieu, phénomène moral qu'on observe à Paris. Son principal agrément consistait alors à parsemer son dialogue de mots repris aux pièces en vogue et prononcés avec l'accentuation que leur ont donnée les acteurs célèbres.

— Nous venons *blaguer*, répondit Léon.

— *Encore, jeûne hôme!* (Odry dans *les Saltimbanques*.)

— Enfin, pour sûr, nous l'aurons, dit l'interlocuteur de Gaillard en forme de conclusion.

— En êtes-vous bien sûr, père Fromenteau? demanda Gaillard, voici onze fois que nous le tenons le soir et que vous le manquez le matin.

— Que voulez-vous? je n'ai jamais vu de débiteur comme celui-là, c'est une locomotive, il s'endort à Paris et se réveille dans Seine-et-Oise. C'est une *serrure à combinaison*. En voyant un sourire sur les lèvres de Gaillard, il ajouta : — Ça se dit ainsi dans notre *partie*. *Pincer* un homme, *serrer* un homme, c'est l'arrêter. Dans la police judiciaire, on dit autrement. Vidocq disait à sa pratique : *Tu es servi*. C'est plus drôle, car il s'agit de la guillotine.

Sur un coup de coude que lui donna Bixiou, Gazonal devint tout yeux et tout oreilles.

— Monsieur graisse-t-il la patte? demanda Fromenteau d'un ton menaçant quoique froid.

— Il s'agit de *cinquente centimes* (Odry dans les *Saltimbanques*), répondit le gérant en prenant cent sous et les tendant à Fromenteau.

— Et pour la canaille?... reprit l'homme.

— Laquelle? demanda Gaillard.

— Ceux que j'emploie, répliqua Fromenteau tranquillement.

— Y a-t-il au-dessous? demanda Bixiou.

— Oui, monsieur, répondit l'espion. Il y a ceux qui nous donnent des renseignements sans le savoir et sans se les faire payer. Je mets les sots et les niais au-dessous de la canaille.

— Elle est souvent belle et spirituelle, la canaille! s'écria Léon.

— Vous êtes donc de la police, demanda Gazonal en regardant avec une inquiète curiosité ce petit homme sec, impassible et vêtu comme un troisième clerc d'huissier.

— De laquelle parlez-vous? dit Fromenteau.

— Il y en a donc plusieurs?

— Il y en a eu jusqu'à cinq, répondit Fromenteau. La judiciaire, dont le chef a été Vidocq! — La contre-police, dont le chef est toujours inconnu. — La police politique, celle de Fouché. Puis celle des affaires étrangères, et celle du château (l'Empereur, Louis XVIII, etc.), qui se chamaillait avec celle du quai Malaquais. Ça a fini à M. Decazes. J'appartenais à celle de Louis XVIII, j'en étais dès 1793, avec ce pauvre Contenson.

Léon de Lora, Bixiou, Gazonal et Gaillard se regardèrent tous en exprimant la même pensée : — A combien d'hommes a-t-il fait couper le cou?

— Maintenant, on veut aller sans nous, une bêtise! reprit après une pause ce petit homme devenu si terrible en un moment. A la préfecture, depuis 1830, ils veulent d'honnêtes gens; j'ai donné ma démission, et je me suis fait un petit *tran-tran* avec les arrestations pour dettes...

— C'est le bras droit des Gardes du commerce, dit Gaillard à l'oreille de Bixiou; mais on ne peut jamais savoir qui du débiteur ou du créancier le paye mieux.

— Plus un état est canaille, plus il y faut de probité, dit sentencieusement Fromenteau, je suis à celui qui me paye le plus. Vous voulez recouvrer cinquante mille francs et vous liardez avec le moyen d'action. Donnez-moi cinq cents francs, et demain matin votre homme est *serré*, car nous l'avons *couché* hier.

— Cinq cents francs, pour vous seul? s'écria Théodore Gaillard.

— Lisette est sans châle, répondit l'espion sans qu'aucun muscle de sa figure jouât, je la nomme Lisette à cause de Béranger.

— Vous avez une Lisette et vous restez dans votre partie? s'écria le vertueux Gazonal.

— C'est si amusant! On a beau vanter la pêche et la chasse, traquer l'homme dans Paris est une partie bien plus intéressante.

— Au fait, dit Gazonal en se parlant tout haut à lui-même, il leur faut de grands talents...

— Si je vous énumérais les qualités qui font un homme remarquable dans *notre partie*, lui dit Fromenteau dont le rapide coup d'œil lui avait fait deviner Gazonal tout entier, vous croiriez que je parle d'un homme de génie. Ne nous faut-il pas la Vue des lynx! — Audace (entrer comme des bombes dans les maisons, aborder les gens comme si on les connaissait, proposer des lâchetés toujours acceptées, etc.) — Mémoire. — Sagacité. — L'Invention (trouver des ruses rapidement conçues, jamais les mêmes, car l'espionnage se moule sur les caractères et les habitudes de chacun); c'est un don céleste. — Enfin l'Agilité, la Force, etc. Toutes ces facultés, messieurs, sont peintes sur la porte du Gymnase-Amoros comme étant la Vertu! Nous devons posséder tout cela, sous peine de perdre les appointements de cent francs par mois que nous donne l'État, la rue de Jérusalem, ou le Garde du commerce.

— Et vous me paraissez un homme remarquable, lui dit Gazonal.

Fromenteau regarda le provincial sans lui répondre, sans donner signe d'émotion, et s'en alla sans saluer personne. Un vrai trait de génie!

— Eh bien! cousin, tu viens de voir la Police incarnée, dit Léon à Gazonal.

— Ça me fait l'effet d'un digestif, répondit l'honnête fabricant pendant que Gaillard et Bixiou causaient à voix basse ensemble.

— Je te rendrai réponse ce soir chez Carabine, dit tout haut Gaillard en se rasseyant à son bureau sans voir ni saluer Gazonal.

— C'est un impertinent, s'écria sur le pas de la porte le Méridional.

— Sa feuille a vingt-deux mille abonnés, dit Léon de Lora. C'est une des cinq grandes puissances du jour, et il n'a pas, le matin, le temps d'être poli...

— Si nous devons aller à la Chambre, prenons le chemin le plus long, dit Léon à Bixiou.

— Les mots dits par les grands hommes sont comme les cuillers de vermeil que l'usage dédore; à force d'être répétés, ils perdent ut leur brillant, répliqua Bixiou; mais où irons-nous?

— Ici près, chez notre chapelier, répondit Léon.

— Bravo! s'écria Bixiou. Si nous continuons ainsi, nous aurons une journée amusante.

— Gazonal, reprit Léon, je le *ferai poser* pour toi; seulement sois sérieux comme le roi sur une pièce de cent sous, car tu vas voir gratis un fier original, un homme à qui son importance fai perdre la tête. Aujourd'hui, mon cher, tout le monde veut se couvrir de gloire et beaucoup se couvrent de ridicule, de là des caricatures entièrement neuves...

— Quand tout le monde aura de la gloire, comment pourra-t-elle se distinguer? demanda Gazonal.

— La gloire?... ce sera d'être un sot, lui répondit Bixiou. Votre cousin est décoré, je suis bien vêtu, c'est moi qu'on regarde...

Sur cette observation, qui peut expliquer pourquoi les orateurs et autres grands hommes politiques ne mettent plus rien à la boutonnière de leur habit à Paris, Léon fit lire à Gazonal, en lettres d'or, le nom illustre de VITAL, SUCCESSEUR DE FINOT, FABRICANT DE CHAPEAUX (et non pas chapelier, comme autrefois), dont les réclames rapportent aux journaux autant d'argent que celles de trois vendeurs de pilules ou de pralines, et de plus auteur d'un petit écrit sur le chapeau.

— Mon cher, dit à Gazonal Bixiou qui lui montrait les splendeurs de la devanture, Vital a quarante mille francs de rentes.

— Et il reste chapelier! s'écria le Méridional en cassant le bras à Bixiou par un soubresaut violent.

— Tu vas voir l'homme, répondit Léon. Tu as besoin d'un chapeau, tu vas en avoir un gratis.

— Monsieur Vital n'y est pas? demanda Bixiou qui n'aperçut personne au comptoir.

— Monsieur corrige ses épreuves dans son cabinet, répondit un premier commis.

— Hein? quel style! dit Léon à son cousin. Puis s'adressant au premier commis: — Pouvons-nous lui parler sans nuire à ses inspirations?

— Laissez entrer ces messieurs, dit une voix.

C'était une voix bourgeoise, la voix d'un éligible, une voix puissante et bien rentée.

Et Vital daigna se montrer lui-même, vêtu tout de drap noir, décoré d'une magnifique chemise à jabot ornée d'un diamant. Les trois amis aperçurent une jeune et jolie femme assise au bureau, travaillant à une broderie.

Vital est un homme de trente à quarante ans, d'une jovialité primitive rentrée sous la pression de ses idées ambitieuses. Il jouit de cette moyenne taille, privilége des belles organisations. Assez gras, il est soigneux de sa personne ; son front se dégarnit, mais il aide à cette calvitie pour se donner l'air d'un homme dévoré par la pensée. On voit, à la manière dont le regarde et l'écoute sa femme, qu'elle croit au génie et à l'illustration de son mari. Vital aime les artistes, non qu'il sente les arts, mais par confraternité ; car il se croit un artiste et le fait pressentir en se défendant de ce titre de noblesse, en se mettant avec une constante préméditation à une distance énorme des arts pour qu'on lui dise : « Mais vous avez élevé le chapeau jusqu'à la hauteur d'une science. »

— M'avez-vous enfin trouvé mon chapeau ? dit le paysagiste.

— Comment, monsieur, en quinze jours ? répondit Vital, et pour vous !... Mais sera-ce assez de deux mois pour rencontrer la forme qui convient à votre physionomie ? Tenez, voici votre lithographie, elle est là, je vous ai déjà bien étudié ! Je ne me donnerais pas tant de peine pour un prince ; mais vous êtes plus, vous êtes un artiste ! et vous me comprenez, mon cher monsieur.

— Voici l'un de nos plus grands inventeurs, un homme qui serait grand comme Jacquart s'il voulait se laisser mourir un petit peu, dit Bixiou en présentant Gazonal. Notre ami, fabricant de drap, a découvert le moyen de retrouver l'indigo des vieux habits bleus, et il voulait vous voir comme un grand phénomène, car vous avez dit : *Le chapeau c'est l'homme.* Cette parole a ravi monsieur. Ah ! Vital, vous avez la foi ! vous croyez à quelque chose, vous vous passionnez pour votre œuvre.

Vital écoutait à peine, il était devenu pâle de plaisir.

— Debout, ma femme !... Monsieur est un prince de la science.

Madame Vital se leva sur un geste de son mari, Gazonal la salua.

— Aurais-je l'honneur de vous coiffer ? reprit Vital avec une joyeuse obséquiosité.

— Au même prix que pour moi, dit Bixiou.

— Bien entendu, je ne demande pour tout honoraire que le plaisir d'être quelquefois cité par vous, messieurs ! Il faut à Monsieur un chapeau pittoresque, dans le genre de celui de Monsieur Lousteau, dit-il en regardant Bixiou d'un air magistral. J'y songerai.

— Vous vous donnez bien de la peine, dit Gazonal.

— Oh ! pour quelques personnes seulement, pour celles qui savent apprécier le prix de mes soins. Tenez, dans l'aristocratie, il n'y a qu'un seul homme qui ait compris le chapeau, c'est le prince de Béthune. Comment les hommes ne songent-ils pas, comme le font les femmes, que le chapeau est la première chose qui frappe les regards dans la toilette, et ne pensent-ils pas à changer le système actuel qui, disons-le, est ignoble? Mais le Français est, de tous les peuples, celui qui persiste le plus dans une sottise! Je connais bien les difficultés, messieurs! Je ne parle pas de mes écrits sur la matière que je crois avoir abordée en philosophe, mais comme chapelier seulement, moi seul ai découvert les moyens d'accentuer l'infâme couvre-chef dont jouit la France, jusqu'à ce que je réussisse à le renverser.

Il montra l'affreux chapeau en usage aujourd'hui.

— Voilà l'ennemi, messieurs, reprit-il. Dire que le peuple le plus spirituel de la terre consent à porter sur la tête ce morceau de tuyau de poêle! a dit un de nos écrivains. Voilà toutes les inflexions que j'ai pu donner à ces affreuses lignes, ajouta-t-il en désignant une à une *ses créations*. Mais, quoique je sache les approprier au caractère de chacun, comme vous voyez, car voici le chapeau d'un médecin, d'un épicier, d'un dandy, d'un artiste, d'un homme gras, d'un homme maigre, c'est toujours horrible! tenez, saisissez bien toute ma pensée?...

Il prit un chapeau, bas de forme et à bords larges.

— Voici l'ancien chapeau de Claude Vignon, grand critique, homme libre et viveur... Il se rallie au Ministère, on le nomme professeur, bibliothécaire, il ne travaille plus qu'aux *Débats*, il est fait maître des requêtes, il a seize mille francs d'appointements, il gagne quatre mille francs à son journal, il est décoré... Eh bien! voilà son nouveau chapeau.

Et Vital montrait un chapeau d'une coupe et d'un dessin véritablement juste-milieu.

— Vous auriez dû lui faire un chapeau de polichinelle! s'écria Gazonal.

— Vous êtes un homme de génie au premier chef, monsieur Vital, dit Léon.

Vital s'inclina, sans soupçonner le calembour.

— Pourriez-vous me dire pourquoi vos boutiques restent ouvertes les dernières de toutes, le soir, à Paris, même après les cafés et les marchands de vin. Vraiment, ça m'intrigue, demanda Gazonal.

— D'abord nos magasins sont plus beaux à voir éclairés que pendant le jour ; puis, pour dix chapeaux que nous vendons pendant la journée, on en vend cinquante le soir.

— Tout est drôle à Paris, dit Léon.

— Eh bien ! malgré mes efforts et mes succès, reprit Vital en reprenant le cours de son éloge, il faut arriver au chapeau à calotte ronde. C'est là que je tends !...

— Quel est l'obstacle ? lui demanda Gazonal.

— Le bon marché, monsieur ! D'abord, on vous établit de beaux chapeaux de soie à quinze francs, ce qui tue notre commerce, car, à Paris, on n'a jamais quinze francs à mettre à un chapeau neuf. Si le castor coûte trente francs ! c'est toujours le même problème. Quand je dis castor, il ne s'achète plus dix livres de poil de castor en France. Cet article coûte trois cent cinquante francs la livre, il en faut une once pour un chapeau ; mais le chapeau de castor ne vaut rien. Ce poil prend mal la teinture, rougit en dix minutes au soleil, et le chapeau se bossue à la chaleur. Ce que nous appelons *castor* est tout bonnement du poil de lièvre. Les belles qualités se font avec le dos de la bête, les secondes avec les flancs, la troisième avec le ventre. Je vous dis le secret du métier, vous êtes des gens d'honneur. Mais que nous ayons du lièvre ou de la soie sur la tête, quinze ou trente francs, le problème est toujours insoluble. Il faut alors payer son chapeau, voilà pourquoi le chapeau reste ce qu'il est. L'honneur de la France vestimentale sera sauvé le jour où les chapeaux gris à calotte ronde coûteront cent francs ! Nous pourrons alors, comme les tailleurs, faire crédit. Pour arriver à ce résultat, il faudrait se décider à porter la boucle et le ruban d'or, la plume, les revers de satin comme sous Louis XIII et Louis XIV. Notre commerce, entrant alors dans la fantaisie, décuplerait. Le marché du monde appartiendrait à la France comme pour les modes de femmes, auxquelles Paris donnera toujours le ton ; tandis que notre chapeau actuel peut se fabriquer partout. Il y a dix millions d'argent étranger à conquérir annuellement pour notre pays dans cette question...

— C'est une révolution ! lui dit Bixiou en faisant l'enthousiaste.

— Oui, radicale, car il faut changer la forme.

— Vous êtes heureux à la façon de Luther, dit Léon qui cultive toujours le calembour, vous rêvez une Réforme.

— Oui, monsieur. Ah ! si douze ou quinze artistes, capitalistes ou dandies qui donnent le ton voulaient avoir du courage pendant vingt-quatre heures, la France gagnerait une belle bataille commerciale! Tenez, je le dis à ma femme : pour réussir, je donnerais ma fortune! Oui, toute mon ambition est de régénérer la chose et disparaître!...

— Cet homme est colossal, dit Gazonal en sortant, mais je vous assure que tous vos originaux ont quelque chose de méridional....

— Allons par là, dit Bixiou qui désigna la rue Saint-Marc.

— Nous allons voir *ôte chozze*...

— Vous allez voir l'usurière des rats, des marcheuses, une femme qui possède autant de secrets affreux que vous apercevez de robes pendues derrière son vitrage, dit Bixiou.

Et il montrait une de ces boutiques dont la négligence fait tache au milieu des éblouissants magasins modernes. C'était une boutique à devanture peinte en 1820 et qu'une faillite avait sans doute laissée au propriétaire de la maison dans un état douteux; la couleur avait disparu sous une double couche imprimée par l'usage et grassement épaissie par la poussière; les vitres étaient sales, le bec de cane tournait de lui-même, comme dans tous les endroits d'où l'on sort encore plus promptement qu'on n'y est entré.

— Que dites-vous de ceci, n'est-ce pas la cousine germaine de la Mort? dit le dessinateur à l'oreille de Gazonal en lui montrant au comptoir une terrible compagnonne; eh bien! elle se nomme madame Nourrisson.

— Madame, combien cette guipure? demanda le fabricant qui voulait lutter de verve avec les deux artistes.

— Pour vous qui venez de loin, monsieur, ce ne sera que cent écus, répondit-elle.

En remarquant une cabriole particulière aux Méridionaux, elle ajouta d'un air pénétré : — Cela vient de la pauvre princesse de Lamballe.

— Comment! si près du Château? s'écria Bixiou.

— Monsieur, *ils* n'y croient pas, répondit-elle.

— Madame, nous ne venons pas pour acheter, dit bravement Bixiou.

— Je le vois bien, monsieur, répliqua madame Nourrisson.

— Nous avons plusieurs choses à vendre, dit l'illustre caricaturiste en continuant, je demeure rue Richelieu, 112, au sixième.

Si vous vouliez y passer dans un moment, vous pourriez faire un fameux marché?...

— Monsieur désire peut-être quelques aunes de mousseline bien tées? demanda-t-elle en souriant.

— Non, il s'agit d'une robe de mariage, répondit gravement éon de Lora.

Un quart d'heure après, madame Nourrisson vint en effet chez Bixiou, qui, pour finir cette plaisanterie, avait emmené chez lui Léon et Gazonal ; madame Nourrisson les trouva sérieux comme des auteurs dont la collaboration *n'obtient pas tout le succès qu'elle mérite*.

— Madame, lui dit l'intrépide mystificateur en lui montrant une paire de pantoufles de femme, voilà qui vient de l'impératrice Joséphine.

Il fallait bien rendre à madame Nourrisson la monnaie de sa princesse de Lamballe.

— Ça?... fit-elle, c'est fait de cette année, voyez cette marque en dessous ?

— Ne devinez-vous pas que ces pantoufles sont une préface, répondit Léon, quoiqu'elles soient ordinairement une conclusion de roman ?

— Mon ami que voici, reprit Bixiou en désignant le Méridional, dans un immense intérêt de famille, voudrait savoir si une jeune personne, d'une bonne, d'une riche maison et qu'il désire épouser, a fait une faute ?

— Combien monsieur donnera-t-il? demanda-t-elle en regardant Gazonal que rien n'étonnait plus.

— Cent francs, répondit le fabricant.

— Merci, dit-elle en grimaçant un refus à désespérer un macaque.

— Que voulez-vous donc, ma petite madame Nourrisson ? demanda Bixiou qui la prit par la taille.

— D'abord, mes chers messieurs, depuis que je travaille, je n'ai jamais vu personne, ni homme ni femme, marchandant le bonheur ! Et, puis, tenez ? vous êtes trois farceurs, reprit-elle en laissant venir un sourire sur ses lèvres froides et le renforçant d'un regard glacé par une défiance de chatte. — S'il ne s'agit pas de votre bonheur, il est question de votre fortune ; et, à la hauteur où vous êtes logés, l'on marchande encore moins un dot. — Voyons, diterre, en prenant un air doucereux, de quoi s'agit-il, mes agneaux?

— De la maison Beunier et Cie, répondit Bixiou bien aise de savoir à quoi s'en tenir sur une personne qui l'intéressait.

— Oh! pour ça, reprit-elle, un louis, c'est assez...

— Et comment?

— J'ai tous les bijoux de la mère; et, de trois en trois mois, elle est dans ses petits souliers, allez! elle est bien embarrassée de me trouver les intérêts de ce que je lui ai prêté. Vous voulez vous marier par là, jobard?... dit-elle, donnez-moi quarante francs, et je jaserai pour plus de cent écus.

Gazonal fit voir une pièce de quarante francs, et madame Nourrisson donna des détails effrayants sur la misère secrète de quelques femmes dites *comme il faut*. La revendeuse mise en gaieté par la conversation se dessina. Sans trahir aucun nom, aucun secret, elle fit frissonner les deux artistes en leur démontrant qu'il se rencontrait peu de bonheurs, à Paris, qui ne fussent assis sur la base vacillante de l'emprunt. Elle possédait dans ses tiroirs des feues grand'mères, des enfants vivants, des défunts maris, des petites-filles mortes, souvenirs entourés d'or et de brillants! Elle apprenait d'effrayantes histoires en faisant causer ses pratiques les unes sur les autres, en leur arrachant leurs secrets dans les moments de passion, de brouilles, de colères, et dans ces préparations anodines que veut un emprunt pour se conclure.

— Comment avez-vous été amenée à faire ce commerce? demanda Gazonal.

— Pour mon fils, dit-elle avec naïveté.

Presque toujours, les revendeuses à la toilette justifient leur commerce par des raisons pleines de beaux motifs. Madame Nourrisson se posa comme ayant perdu plusieurs prétendus, trois filles qui avaient très mal tourné, toutes ses illusions, enfin! Elle montra, comme étant celles de ses plus belles valeurs, des reconnaissances du Mont-de-Piété pour prouver combien son commerce comportait de mauvaises chances. Elle se donna pour gênée au Trente prochain. On la *volait* beaucoup, disait-elle.

Les deux artistes se regardèrent en entendant ce mot un peu trop vif.

— Tenez, mes enfants, je vas vous montrer comment l'on nous *refait!* Il ne s'agit pas de moi, mais de ma voisine d'en face, madame Mahuchet, la cordonnière pour femmes. J'avais prêté de l'ar-

gent à une comtesse, une femme qui a trop de passions eu égard à ses revenus. Ça se carre sur de beaux meubles, dans un magnifique appartement! Ça reçoit, ça *fait*, comme nous disons, *un esbrouffe* du diable. Elle doit donc trois cents francs à sa cordonnière, et ça donnait un dîner, une soirée, pas plus tard qu'avant-hier. La cordonnière, qui apprend cela par la cuisinière, vient me voir; nous nous montons la tête, elle veut faire une esclandre, moi je lui dis:
— Ma petite mère Mahuchet, à quoi cela sert-il? à se faire haïr. Il vaut mieux obtenir de bons gages. *A râleuse, râleuse et demie!* Et l'on épargne sa bile... Elle veut y aller, me demande de la soutenir, nous y allons. — Madame n'y est pas. — Connu! — Nous l'attendrons, dit la mère Mahuchet, dussé-je rester là jusqu'à minuit. Et nous nous campons dans l'antichambre et nous causons. Ah! voilà les portes qui vont, qui viennent, des petits pas, des petites voix... Moi, cela me faisait de la peine. Le monde arrivait pour dîner. Vous jugez de la tournure que ça prenait. La comtesse envoie sa femme de chambre pour amadouer la Mahuchet. « Vous serez payée, demain! » Enfin, toutes les colles!... Rien ne prend. La comtesse, mise comme un dimanche, arrive dans la salle à manger. Ma Mahuchet, qui l'entend, ouvre la porte et se présente. Dame! en voyant une table étincelant d'argenterie (les réchauds, les chandeliers, tout brillait comme un écrin), elle part comme du *sodavatre* et lance sa fusée : — Quand on dépense l'argent des autres, on devrait être sobre, ne pas donner à dîner. Être comtesse et devoir cent écus à une malheureuse cordonnière qui a sept enfants!... Vous pouvez deviner tout ce qu'elle débagoule, c'et femme qu'a peu d'éducation. Sur un mot d'excuse (Pas de fonds!) de la comtesse, ma Mahuchet s'écria: — Eh! madame, voilà de l'argenterie! engagez vos couverts et payez-moi! — Prenez-les vous-même, dit la comtesse en ramassant six couverts et les lui fourrant dans la main. Nous dégringolons les escaliers... ah! bah! comme un succès!... Non, dans la rue les larmes sont venues à la Mahuchet, car elle est bonne femme, elle a rapporté les couverts en faisant des excuses, elle avait compris la misère de cette comtesse, ils étaient en maillechort!...

— Elle est restée à découvert, dit Léon de Lora chez qui l'ancien Mistigris reparaissait souvent.

— Ah! mon cher monsieur, dit madame Nourrisson éclairée par ce calembour, vous êtes un artiste, vous faites des pièces de théâtre, vous demeurez rue du Helder, et vous êtes resté avec madame Antonia, vous avez des tics que je connais... Allons, vous voulez avoir quelque rareté dans le grand genre, Carabine ou Mousqueton, Malaga ou Jenny Cadine.

— Malaga, Carabine, c'est nous qui les avons faites ce qu'elles nt !... s'écria Léon de Lora.

— Je vous jure, ma chère madame Nourrisson, que nous voulions uniquement avoir le plaisir de faire votre connaissance et que nous souhaitons des renseignements sur vos antécédents, savoir par quelle pente vous avez glissé dans votre métier, dit Bixiou.

— J'étais femme de confiance chez un maréchal de France, le prince d'Ysembourg, dit-elle en prenant une pose de Dorine. Un matin, il vint une des comtesses les plus huppées de la cour impériale, elle veut parler au maréchal, et secrètement. Moi, je me mets aussitôt en mesure d'écouter. Ma femme fond en larmes, elle confie à ce benêt de maréchal (le prince d'Ysembourg, ce Condé de la République, un benêt !) que son mari, qui servait en Espagne, l'a laissée sans un billet de mille francs, que si elle n'en a pas un ou deux à l'instant, ses enfants sont sans pain, elle n'a pas à manger demain. Mon maréchal, assez donnant dans ce temps-là, tire deux billets de mille francs de son secrétaire. Je regarde cette belle comtesse dans l'escalier sans qu'elle pût me voir, elle riait d'un contentement si peu maternel que je me glisse jusque sous le péristyle, et je lui entends dire tout bas à son chasseur : — « Chez Leroy ! » J'y cours. Ma mère de famille entre chez ce fameux marchand, rue Richelieu, vous savez... Elle se commande et paye une robe de quinze cents francs, on soldait alors une robe en la commandant. Le surlendemain, elle pouvait paraître à un bal d'ambassadeur, harnachée comme une femme doit l'être pour plaire à la fois à tout le monde et à quelqu'un. De ce jour-là, je me suis dit : « J'ai un état ! Quand je ne serai plus jeune, je prêterai sur leurs nippes aux grandes dames, car la passion ne calcule pas et paye aveuglément. » Si c'est des sujets de vaudeville que vous cherchez, je vous en vendrai...

Elle partit sur cette tirade où chacune des phases de sa vie antérieure avait déteint, en laissant Gazonal autant épouvanté de cette confidence que par cinq dents jaunes qu'elle avait montrées en essayant de sourire.

— Et qu'allons-nous faire ? demanda Gazonal.

— Des billets!... dit Bixiou qui siffla son portier, car j'ai besoin d'argent, et je vous ferai voir à quoi servent les portiers ; vous croyez qu'ils servent à tirer le cordon, ils servent à tirer d'embarras les gens sans aveu comme moi, les artistes qu'ils prennent sous leur protection...

Gazonal ouvrit des yeux, de manière à faire comprendre ce mot, un œil de bœuf.

Un homme entre deux âges, moitié grison, moitié garçon de bureau, mais plus huileux et plus huilé, la chevelure grasse, l'abdomen grassouillet, le teint blafard et humide comme celui d'une supérieure de couvent, chaussé de chaussons de lisière, vêtu de drap bleu et d'un pantalon grisâtre, se montra soudain.

— Que voulez-vous, monsieur... dit-il d'un air qui tenait du protecteur et du subordonné tout ensemble.

— Ravenouillet... — Il se nomme Ravenouillet, dit Bixiou qui se tourna vers Gazonal. — As-tu notre carnet d'échéance?

Ravenouillet tira de sa poche de côté le livret le plus gluant que jamais Gazonal eût vu.

— Inscris dessus à trois mois ces deux billets que tu vas me signer.

Et Bixiou présenta deux effets de commerce tout préparés faits à son ordre par Ravenouillet, que Ravenouillet signa sur-le-champ et inscrivit sur le livret graisseux où sa femme notait les dettes des locataires.

— Merci, Ravenouillet, dit Bixiou. Tiens, voici une loge pour le Vaudeville.

— Oh! ma fille s'amusera bien ce soir, dit Ravenouillet en s'en allant.

— Nous sommes ici soixante et onze locataires, dit Bixiou, la moyenne de ce qu'on doit à Ravenouillet est de six mille francs par mois, dix-huit mille francs par trimestre, en avances et ports de lettres, sans compter les loyers dus. C'est la Providence... à trente pour cent que nous lui donnons sans qu'il ait jamais rien demandé...

— Oh! Paris, Paris!... s'écria Gazonal.

— En nous en allant, dit Bixiou qui venait d'endosser les effets, car je vous mène, cousin Gazonal, voir encore un comédien qui va jouer gratis une charmante scène.

— Où? dit Léon.

— Chez un usurier. En nous en allant donc, je vous raconterai le début de l'ami Ravenouillet à Paris.

En passant devant la loge, Gazonal aperçut mademoiselle Lucienne Ravenouillet qui tenait à la main un solfége, elle était élève du Conservatoire ; le père lisait un journal, et madame Ravenouillet tenait à la main des lettres à monter pour les locataires.

— Merci, monsieur Bixiou ! dit la petite.

— Ce n'est pas un rat, dit Léon à son cousin, c'est une larve de cigale.

— Il paraît qu'on obtient, dit Gazonal, l'amitié de la loge comme celle de tout le monde, par les loges...

— Se forme-t-il dans notre société? s'écria Léon charmé du calembour.

— Voici l'histoire de Ravenouillet, reprit Bixiou quand les trois amis se trouvèrent sur le Boulevard. En 1831, Massol, votre Conseiller-d'État, était un avocat-journaliste qui ne voulait alors être que garde des sceaux, il daignait laisser Louis-Philippe sur le trône ; mais il faut lui pardonner son ambition, il est de Carcassone. Un matin, il voit entrer un jeune *pays* qui lui dit : — « Vous me connaissez bien, monsieur Massol, je suis le petit de votre voisin l'épicier, j'arrive de là-bas, car l'on nous a dit qu'en venant ici chacun trouvait à se placer... » En entendant ces paroles, Massol fut pris d'un frisson, et se dit en lui-même que, s'il avait le malheur d'obliger ce compatriote, à lui d'ailleurs parfaitement inconnu, tout le Département allait tomber chez lui, qu'il y perdrait beaucoup de mouvements de sonnette, onze cordons, ses tapis, que son unique valet le quitterait, qu'il aurait des difficultés avec son propriétaire relativement à l'escalier, et que les locataires se plaindraient de l'odeur d'ail et de diligence répandus dans la maison. Donc, il regarda le solliciteur comme un boucher regarde un mouton avant de l'égorger ; mais quoique *le pays* eût reçu ce coup d'œil ou ce coup de poignard, il reprit ainsi, nous dit Massol : « — J'ai de l'ambition tout comme un autre, et je ne veux retourner au pays que riche, si j'y retourne ; car Paris est l'antichambre du Paradis. On dit que vous, qui écrivez dans les journaux, vous faites ici la pluie et le beau temps, qu'il vous suffit de demander pour obtenir n'importe quoi dans le gouvernement ; mais, si j'ai des facultés, comme nous tous, je me connais, je n'ai pas d'instruction ; si j'ai des moyens, je ne sais pas écrire, et c'est un malheur, car j'ai des idées ; je ne pense donc pas à vous faire concurrence, je me juge, je ne réussirais point ; mais, comme vous pouvez tout, et que nous sommes presque frères, ayant joué pendant notre enfance ensemble, je compte que vous me lancerez et que vous me protégerez... Oh! il le faut, je veux une place, une place qui convienne à mes moyens, à ce que je suis, et où je puisse faire fortune... » Massol allait brutalement mettre son pays à la porte en lui jetant au nez quelque phrase brutale, lorsque le pays conclut ainsi : « — Je ne demande donc pas à entrer dans l'administration où l'on va comme des tortues, que votre cousin est resté contrôleur ambulant depuis vingt ans... Non, je voudrais seulement débuter... — Au théâtre?... lui dit Massol heureux de ce dénoûment. — Non, j'ai bien du geste, de la figure, de la mémoire; mais il y a trop de tirage; je voudrais débuter dans la carrière... des portiers. » Massol resta grave et lui dit : — Il y aura bien plus de tirage, mais du moins vous verrez les loges pleines. Et il lui fit obtenir, comme dit Ravenouillet, son premier cordon.

— Je suis le premier, dit Léon, qui me sois préoccupé du Genre ortier. Il y a des fripons de moralité, des bateleurs de vanité, des ycophantes modernes, des septembriseurs caparaçonnés de gravité, des inventeurs de questions palpitantes d'actualité qui prêchent l'émancipation des nègres, l'amélioration des petits voleurs, la bienfaisance envers les forçats libérés, et qui laissent leurs portiers dans un état pire que celui des Irlandais, dans des prisons plus affreuses que des cabanons, et qui leur donnent pour vivre moins d'argent par an que l'État n'en donne pour un forçat... Je n'ai fait qu'une bonne action dans ma vie, c'est la loge de mon portier.

— Si, reprit Bixiou, un homme ayant bâti de grandes cages, divisées en mille compartiments comme les alvéoles d'une ruche ou les loges d'une ménagerie, et destinées à recevoir des créatures de tout genre et de toute industrie, si cet animal à figure de propriétaire venait consulter un savant et lui disait : — Je veux un individu du genre Bimane qui puisse vivre dans une sentine pleine de vieux souliers, empestiférée par des haillons, et de dix pieds carrés; je veux qu'il y vive toute sa vie, qu'il y couche, qu'il y soit heureux, qu'il ait des enfants jolis comme des amours; qu'il y travaille, qu'il y fasse la cuisine, qu'il s'y promène, qu'il y cultive des fleurs, qu'il y chante et qu'il n'en sorte pas, qu'il n'y voie pas clair et qu'il s'aperçoive de tout ce qui se passe au dehors, assurément le savant ne pourrait pas inventer le portier, il fallait Paris pour le créer, ou si vous voulez le diable.

— L'industrie parisienne est allée plus loin dans l'impossible, dit Gazonal, il y a les ouvriers... Vous ne connaissez pas tous les produits de l'industrie, vous qui les exposez. Notre industrie combat contre l'industrie du continent à coups de malheurs, comme sous l'Empire Napoléon combattait l'Europe à coups de régiments.

— Nous voici chez mon ami Vauvinet, l'usurier, dit Bixiou. Une des plus grandes fautes que commettent les gens qui peignent nos mœurs est de répéter de vieux portraits. Aujourd'hui chaque état s'est renouvelé. Les épiciers deviennent pairs de France, les artistes capitalisent, les vaudevillistes ont des rentes. Si quelques rares figures restent ce qu'elles étaient jadis, en général les professions n'ont plus leur costume spécial, ni leurs anciennes mœurs. Si nous avons eu Gobseck, Gigonnet, Chaboisseau, Samanon, les derniers des Romains, nous jouissons aujourd'hui de Vauvinet, l'usurier bon enfant, petit maître qui hante les coulisses, les lorettes, et qui se promène dans un petit coupé bas, à un cheval... Observez bien mon homme, ami Gazonal, vous allez voir la comédie de l'argent, l'homme froid qui ne veut rien donner, l'homme chaud qui soupçonne un bénéfice, écoutez-le, surtout !

Et tous trois, ils entrèrent au deuxième étage d'une maison de très belle apparence située sur le boulevard des Italiens, et s'y trouvèrent environnés de toutes les élégances alors à la mode. Un jeune homme d'environ vingt-huit ans vint à leur rencontre d'un air presque riant, car il vit Léon de Lora le premier. Vauvinet donna la poignée de main, en apparence la plus amicale, à Bixiou, salua d'un air froid Gazonal, et les fit entrer dans un cabinet, où tous les goûts du bourgeois se devinaient sous l'apparence artistique de l'ameublement, et malgré les statuettes à la mode, les mille petites choses appropriées à nos petits appartements par l'art moderne qui s'est fait aussi petit que le consommateur. Vauvinet était mis, comme les jeunes gens qui se livrent aux affaires, avec une recherche excessive qui, pour beaucoup d'entre eux, est une espèce de prospectus.

— Je viens te chercher de la monnaie, dit en riant Bixiou qui présenta ses effets.

Vauvinet prit un air sérieux dont sourit Gazonal, tant il y eut de différence entre le visage riant et le visage de l'escompteur mis en demeure.

— Mon cher, dit Vauvinet en regardant Bixiou, ce serait avec le plus grand plaisir que je t'obligerais, mais je n'ai pas d'argent en ce moment.

— Ah! bah!

— Oui, j'ai tout donné, tu sais à qui... Ce pauvre Lousteau s'est associé pour la direction d'un théâtre avec un vieux vaudevilliste très protégé par le ministère... Ridal ; et il leur a fallu trente mille francs, hier. Je suis à sec, et tellement à sec, que je vais envoyer chercher de l'argent chez Cérizet pour payer cent louis perdus au lansquenet, ce matin, chez Jenny Cadine...

— Il faut que vous soyez bien à sec pour ne pas obliger ce pauvre Bixiou, dit Léon de Lora, car il est bien mauvaise langue quand il se trouve *à la côte...*

— Mais, reprit Bixiou, je ne puis dire que du bien de Vauvinet, il est plein de bien...

— Mon cher, reprit Vauvinet, il me serait impossible, eussé-je de l'argent, de t'escompter, fût-ce à cinquante pour cent, des billets souscrits par ton portier... Le Ravenouillet n'est pas demandé. Ce n'est pas là du Rothschild. Je te préviens que cette valeur est très éventée, il te faut inventer une autre maison. Cherche un oncle? car un ami qui nous signe des billets, ça ne se voit plus, le positif du siècle fait d'horribles progrès.

— J'ai, dit Bixiou qui désigna le cousin de Léon, j'ai monsieur... un de nos plus illustres fabricants de drap du Midi, nommé Gazonal... Il n'est pas très bien coiffé, reprit-il en regardant la chevelure ébouriffée et luxuriante du provincial, mais je vais le mener chez Marius qui va lui ôter cette apparence de caniche si nuisible à sa considération et à la nôtre.

— Je ne crois pas aux valeurs du Midi, soit dit sans offenser monsieur, répondit Vauvinet qui rendit Gazonal si content que Gazonal ne se fâcha point de cette insolence.

Gazonal, en homme excessivement pénétrant, crut que le peintre et Bixiou voulaient, pour lui apprendre à connaître Paris, lui faire payer mille francs le déjeuner du Café de Paris, car le fils du Roussillon n'avait pas encore quitté cette prodigieuse défiance qui bastionne à Paris l'homme de province.

— Comment veux-tu que j'aie des affaires à deux cent cinquante lieues de Paris, dans les Pyrénées, ajouta Vauvinet.

— C'est donc dit, reprit Bixiou.

— J'ai vingt francs chez moi, dit le jeune escompteur.

— J'en suis fâché pour toi, répliqua le mystificateur. Je croyais valoir mille francs, dit-il sèchement.

— Tu vaux cent mille francs, reprit Vauvinet, quelquefois même tu es impayable... mais je suis à sec.

— Eh bien ! répondit Bixiou, n'en parlons plus... Je t'avais ménagé pour ce soir, chez Carabine, la meilleure affaire que tu pouvais souhaiter.... tu sais..

Vauvinet cligna d'un œil en regardant Bixiou, grimace que font les maquignons pour se dire entre eux : « Ne joutons pas de finesse. »

— Tu ne te souviens plus de m'avoir pris par la taille, absolument comme une jolie femme, en me caressant du regard et de la parole, reprit Bixiou, quand tu me disais : — Je ferai tout pour toi, si tu peux me procurer au pair des actions du chemin de fer, que soumissionnent du Tillet et Nucingen. Eh bien ! mon cher, Maxime et Nucingen viennent chez Carabine qui reçoit ce soir beaucoup d'hommes politiques. Tu perds là, mon vieux, une belle occasion. Allons, adieu, carotteur.

Et Bixiou se leva, laissant Vauvinet assez froid en apparence, mais réellement mécontent comme un homme qui reconnaît avoir fait une sottise.

— Mon cher, un instant... dit l'escompteur, si je n'ai pas d'argent, j'ai du crédit... Si tes billets ne valent rien, je puis les garder et te donner en échange des valeurs de portefeuille... Enfin, nous pouvons nous entendre pour les actions du chemin de fer, nous partagerions, dans une certaine proportion, les bénéfices de cette opération, et je te ferais alors une remise à valoir sur les bénéf...

— Non, non, répondit Bixiou, j'ai besoin d'argent, il faut que je fasse mon Ravenouillet...

— Ravenouillet est d'ailleurs très bon, dit Vauvinet; il place à la caisse d'épargnes, il est excellent...

— Il est meilleur que toi, ajouta Léon, car il ne stipendie pas de lorette, il n'a pas de loyer, il ne se lance pas dans les spéculations en craignant tout de la hausse ou de la baisse...

— Vous croyez rire, grand homme, reprit Vauvinet devenu jovial et caressant, vous avez mis en élixir la fable de La Fontaine, le chêne et le roseau. — Allons, *Gubetta, mon vieux complice*, dit Vauvinet en prenant Bixiou par la taille, il te faut de l'argent, eh bien ! je puis bien emprunter trois mille francs à mon ami Céri zet, au lieu de deux mille... Et *Soyons amis, Cinna!...* donne-moi ces deux feuilles de chou-colossal. Si je t'ai refusé, c'est qu'il est bien dur à un homme, qui ne peut faire son pauvre commerce qu'en passant ses valeurs à la Banque, de garder ton Ravenouillet dans tiroir de son bureau... C'est dur, c'est très dur...

— Et que prends-tu d'escompte?... dit Bixiou.

— Presque rien, reprit Vauvinet. Cela te coûtera, à trois mo cinquante malheureux francs...

— Comme disait jadis Émile Blondet, tu seras mon bienfaiteur répondit Bixiou.

— Vingt pour cent, intérêt en dedans!... dit Gazonal à l'oreille de Bixiou qui lui répliqua par un grand coup de coude dans l'œsophage.

— Tiens, dit Vauvinet en ouvrant le tiroir de son bureau, j'aperçois là, mon bon, un vieux billet de cinq cents qui s'est collé contre la bande, et je ne me savais pas si riche, car je te cherchais un effet à recevoir, fin prochain, de quatre cent cinquante, Cérizet te le prendra sans grande diminution, et voilà ta somme faite. Mais pas de farces, Bixiou?... Hein! ce soir, j'irai chez Carabine... tu me jures...

— Est-ce que nous ne sommes pas *réamis?* dit Bixiou qui prit le billet de cinq cents francs et l'effet de quatre cent cinquante francs; je te donne ma parole d'honneur que tu verras ce soir du Tillet et bien des gens qui veulent faire leur chemin... de fer, chez Carabine.

Vauvinet reconduisit les trois amis jusque sur le palier en cajolant Bixiou. Bixiou resta sérieux jusque sur le pas de la porte, il écoutait Gazonal qui tentait de l'éclairer sur cette opération et qui lui prouvait que si le compère de Vauvinet, ce Cérizet, lui prenait vingt francs d'escompte sur le billet de quatre cent cinquante francs, c'était de l'argent à quarante pour cent... Sur l'asphalte, Bixiou glaça Gazonal par le rire du mystificateur parisien, ce rire muet et froid, une sorte de bise labiale.

— L'adjudication du Chemin sera positivement ajournée à la Chambre, dit-il, nous le savons d'hier par cette marcheuse à qui nous avons souri... Et si je gagne ce soir cinq à six mille francs au lansquenet, qu'est-ce que soixante-dix francs de perte pour avoir de quoi *miser...*

— Le lansquenet est encore une des mille facettes de Paris

comme il est, reprit Léon. Aussi, cousin, comptons-nous te présenter chez une duchesse de la rue Saint-Georges, où tu verras l'aristocratie des lorettes et où tu peux gagner ton procès. Or, il est impossible de t'y montrer avec tes cheveux pyrénéens, tu as l'air d'un hérisson, nous allons te mener ici près, place de la Bourse, chez Marius, un autre de nos acteurs...

— Quel est ce nouvel acteur ?

— Voilà l'anecdote, répondit Bixiou. En 1800, un Toulousain nommé Cabot, jeune perruquier dévoré d'ambition, vint à Paris, et y *leva* boutique (je me sers de votre argot). Cet homme de génie (il jouit de vingt-quatre mille francs de rentes à Libourne où il s'est retiré) comprit que ce nom vulgaire et ignoble n'atteindrait jamais à la célébrité. M. de Parny, qu'il coiffait, lui donna le nom de Marius, infiniment supérieur aux prénoms d'Armand et d'Hippolyte, sous lesquels se cachent des noms patronymiques attaqués du mal-Cabot. Tous les successeurs de Cabot se sont appelés Marius. Le Marius actuel est Marius V, il se nomme Mougin. Il en est ainsi dans beaucoup de commerces, pour l'eau de Botot, pour l'encre de la Petite-Vertu. A Paris, un nom devient une propriété commerciale, et finit par constituer une sorte de noblesse d'enseigne. Marius, qui d'ailleurs a des élèves, a créé, dit-il, la première école de coiffure du monde.

— J'ai déjà vu, en traversant la France, dit Gazonal, beaucoup d'enseignes où se lisent ces mots : UN TEL, élève de Marius.

— Ces élèves doivent se laver les mains après chaque frisure faite, répondit Bixiou ; mais Marius ne les admet pas indifféremment, ils doivent avoir la main jolie et ne pas être laids. Les plus remarquables, comme élocution, comme tournure, vont coiffer en ville, ils reviennent très fatigués. Marius ne se déplace que pour les femmes titrées, il a cabriolet et groom.

— Mais ce n'est après tout qu'un *merlan!* s'écria Gazonal indigné.

— Merlan ! reprit Bixiou, songez qu'il est capitaine dans la garde nationale et qu'il est décoré pour avoir sauté le premier dans une barricade en 1832.

— Prends garde, ce n'est ni un coiffeur, ni un perruquier, c'est un directeur de salons de coiffure, dit Léon en montant un escalier à balustres de cristal, à rampes d'acajou, et dont les marches étaient couvertes d'un tapis somptueux.

— Ah! ça, n'allez pas nous compromettre, dit Bixiou à Gazonal. Dans l'antichambre vous allez trouver des laquais qui vous ôteront votre habit, votre chapeau pour les brosser, et qui vous accompagnent jusqu'à la porte d'un des salons de coiffure, pour l'ouvrir et la refermer. Il est utile de vous dire cela, mon ami Gazonal, ajouta finement Bixiou, car vous pourriez crier : Au voleur !

— Ces salons, dit Léon, sont trois boudoirs où le directeur a réuni toutes les inventions du luxe moderne. Au fenêtres, des lambrequins ; partout des jardinières, des divans moelleux où l'on peut attendre son tour en lisant les journaux, quand toutes les toilettes sont occupées. En entrant tu pourrais tâter ton gousset et croire qu'on va te demander cinq francs ; mais il n'est extrait de toute espèce de poche que dix sous pour une frisure, et vingt sous pour une coiffure avec taille de cheveux. D'élégantes toilettes se mêlent aux jardinières, et il en jaillit de l'eau par des robinets. Partout des glaces énormes reproduisent les figures. Ainsi ne fais pas l'étonné. Quand le *client* (tel est le mot élégant substitué par Marius à l'ignoble mot de *pratique*), quand le client apparaît sur le seuil, Marius lui jette un coup d'œil, et il est apprécié : pour lui, vous etes *une tête* plus ou moins susceptible de l'occuper. Pour Marius il n'y a plus d'homme, il n'y a que des *têtes*.

— Nous allons vous faire entendre Marius sur tous les tons de sa gamme, dit Bixiou, si vous savez imiter notre jeu.

Aussitôt que Gazonal se montra, le coup d'œil de Marius lui fut favorable, il s'écria : — Régulus ! à vous cette tête ! rognez-la d'abord aux petits ciseaux.

— Pardon, dit Gazonal à l'élève sur un geste de Bixiou, je désire être coiffé par monsieur Marius lui-même.

Marius, très flatté de cette prétention, s'avança en laissant la tête qu'il tenait.

— Je suis à vous, je finis, soyez sans inquiétude, mon élève vous préparera, moi seul je déciderai de la coupe.

Marius, petit homme grêlé, les cheveux frisés comme ceux de Rubini, d'un noir de jais, et mis tout en noir, en manchettes, le jabot de sa chemise orné d'un diamant, reconnut alors Bixiou, qu'il salua comme une puissance égale à la sienne.

— C'est une tête ordinaire, dit-il à Léon en désignant le monsieur qu'il était en train de coiffer, un épicier, que voulez-vous!...

Si l'on ne faisait que de l'art, on mourrait à Bicêtre, fou!... Et il retourna par un geste inimitable à son client, après avoir dit à Régulus : — Soigne monsieur, c'est évidemment un artiste.

— Un journaliste, dit Bixiou.

Sur ce mot, Marius donna deux ou trois coups de peigne à la tête ordinaire, et se jeta sur Gazonal en prenant Régulus par le bras au moment où il allait faire jouer ses petits ciseaux.

— Je me charge de monsieur. — Voyez, monsieur, dit-il à l'épicier, reflétez-vous dans la grande glace... — Ossian?

Le laquais entra et s'empara du client pour le vêtir.

— Vous payerez à la caisse, monsieur, dit Marius à la *pratique* stupéfait qui déjà tirait sa bourse.

— Est-ce bien utile, mon cher, de procéder à cette opération des petits ciseaux? dit Bixiou.

— Aucune tête ne m'arrive que nettoyée, répondit l'illustre coiffeur ; mais pour vous, je ferai celle de monsieur tout entière. Mes élèves ébauchent, car je n'y tiendrais pas. Le mot de tout le monde est le vôtre : « Être coiffé par Marius? » Je ne puis donner que le fini... Dans quel journal travaille monsieur?

— A votre place, j'aurais trois ou quatre Marius, dit Gazonal.

— Ah! monsieur, je le vois, est feuilletoniste? dit Marius. Hélas, en coiffure, où l'on paye de sa personne, c'est impossible... Pardon !

Il quitta Gazonal pour aller surveiller Régulus qui préparait une tête nouvellement arrivée. Il fit, en frappant la langue contre le palais, un bruit désapprobatif qui peut se traduire par : titt, titt, titt.

— Allons, bon Dieu! ça n'est pas assez carré, votre coup de ciseaux fait des hachures... Tenez... voilà ! Régulus, il ne s'agit pas de tondre des caniches... c'est des hommes qui ont leur caractère, et si vous continuez à regarder le plafond au lieu de vous partager entre la glace et la face, vous déshonorerez *ma maison*.

— Vous êtes sévère, monsieur Marius.

— Je leur dois les secrets de l'art...

— C'est donc un art? dit Gazonal.

Marius indigné regarda Gazonal dans la glace et s'arrêta, le peigne d'une main, les ciseaux de l'autre.

— Monsieur, vous en parlez comme un... enfant! et cependant, à l'accent, vous paraissez être du Midi, le pays des hommes de génie.

— Oui, je sais qu'il faut une sorte de goût, répliqua Gazonal.

— Mais taisez vous donc, monsieur, j'attendais mieux de vous. C'est à dire qu'un coiffeur, je ne dis pas un bon coiffeur, car on est ou l'on n'est pas coiffeur... un coiffeur... c'est plus difficile à trouver... que... qu'est-ce que je dirai bien?... qu'un... je ne sais pas quoi... un ministre... (restez en place) non, car on ne peut pas juger de la valeur d'un ministre, les rues sont pleines de ministres... un Paganini... non, ce n'est pas assez!... Un coiffeur, monsieur, un homme qui devine votre âme et vos habitudes afin de vous coiffer à votre physionomie, il lui faut ce qui constitue un philosophe. Et les femmes donc!... Tenez, les femmes nous apprécient, elles savent ce que nous valons... nous valons la conquête qu'elles veulent faire le jour où elles se font coiffer pour remporter un triomphe... c'est-à-dire qu'un coiffeur... on ne sait pas ce que c'est. Tenez, moi qui vous parle, je suis à peu près ce qu'on peut trouver de... sans me vanter, on me connaît... Eh bien! non, je trouve qu'il doit y avoir mieux... L'exécution, voilà la chose! Ah! si les femmes me donnaient carte blanche, si je pouvais exécuter tout ce qui me vient d'idées... c'est que j'ai, voyez-vous, une imagination d'enfer!... mais les femmes ne s'y prêtent pas, elles ont leurs plans, elles vous fourrent des coups de doigts ou de peigne, quand vous êtes parti, dans nos délicieux édifices qui devraient être gravés et recueillis, car nos œuvres, monsieur, ne durent que quelques heures... Un grand coiffeur, hé! ce serait quelque chose comme Carême et Vestris, dans leurs parties... (— Par ici la tête, là, s'il vous plaît, *je fais les faces*, bien.) Notre profession est gâtée par des massacres qui ne comprennent ni leur époque ni leur art... Il y a des marchands de perruques ou d'essences à faire pousser les cheveux... ils ne voient que des flacons à vous vendre!... cela fait pitié!... c'est du commerce. Ces misérables coupent les cheveux ou ils coiffent comme ils peuvent... Moi, quand je suis arrivé de Toulouse ici, j'avais l'ambition de succéder au grand Marius, d'être un vrai Marius, et d'illustrer le nom, à moi seul, plus que les quatre autres. Je me suis dit : vaincre ou mourir... (— Là! tenez-vous droit, je vais vous achever.) C'est moi qui, le premier, ai fait de l'élégance. J'ai rendu mes salons l'objet de la curiosité. Je dédaigne l'annonce, et ce que coûte l'annonce, je le mettrai, monsieur, en bien-être, en agrément. L'année prochaine, j'aurai dans un petit salon un quatuor, on fera de la musique et de la meilleure. Oui, il faut charmer les ennuis de ceux que l'on coiffe. Je ne me dissimule pas les déplaisirs de la pratique. (Regardez-vous.) Se faire coiffer, c'est fatigant, peut-être autant que de *poser* pour son portrait ; et, monsieur sait peut-être que le fameux monsieur de Humboldt (j'ai su tirer parti du peu de cheveux que l'Amérique lui a laissés. La Science a ce rapport avec le Sauvage qu'elle scalpe très bien son homme), cet illustre savant a dit qu'après la douleur d'aller se faire pendre, il y avait celle d'aller se faire peindre ; mais, d'après quelques femmes, je place celle de se faire coiffer, avant celle de se faire peindre. Eh bien ! monsieur, je veux qu'on vienne se faire coiffer par plaisir. (Vous avez un épi qu'il faut dompter.) Un Juif m'avait proposé des cantatrices italiennes, qui dans les entr'actes, auraient épilé les jeunes gens de quarante ans ; mais elles se sont trouvées être des jeunes filles du Conservatoire, des maîtresses de piano de la rue Montmartre. Vous voilà coiffé, monsieur, comme un homme de talent doit l'être. — Ossian, dit-il, à son laquais en livrée, brossez et reconduisez monsieur. — A qui le tour ? ajouta-t-il avec orgueil en regardant les personnes qui attendaient.

— Ne ris pas, Gazonal, dit Léon à son cousin en atteignant au bas de l'escalier d'où son regard plongeait sur la place de la Bourse, j'aperçois là-bas un de nos grands hommes, et tu vas pouvoir en comparer le langage à celui de cet industriel, et tu me diras, après l'avoir entendu, lequel des deux est le plus original.

— Ne ris pas, Gazonal, dit Bixiou qui répéta facétieusement l'intonation de Léon. De quoi croyez-vous Marius occupé ?

— De coiffer.

— Il a conquis, reprit Bixiou, le monopole de la vente des cheveux en gros, comme tel marchand de comestible qui va nous vendre une terrine d'un écu s'est attribué celui de la vente des truffes ; il escompte le papier de son commerce, il prête sur gages à ses clientes dans l'embarras, il fait la rente viagère, il joue à la Bourse, il est actionnaire dans tous les journaux de Modes ; enfin il vend, sous le nom d'un pharmacien, une infâme drogue qui, pour sa part, lui donne trente mille francs de rente et qui coûte cent mille francs d'annonces par an.

— Est-ce possible ? s'écria Gazonal.

— Retenez ceci, dit gravement Bixiou. A Paris, il n'y a pas de petit commerce, tout s'y agrandit, depuis la vente des chiffons jusqu'à celle des allumettes. Le limonadier qui, la serviette sous le bras, vous regarde entrer chez lui, peut avoir cinquante mille francs de rentes, un garçon de restaurant est électeurs-éligible, et tel homme que vous prendriez pour un indigent à le voir passer dans la rue, porte dans son gilet pour cent mille francs de diamants à monter, et ne les vole pas...

Les trois inséparables, pour la journée du moins, allaient sous la direction du paysagiste de manière à heurter un homme d'environ quarante ans, décoré, qui venait du boulevard par la rue Neuve-Vivienne.

— Hé bien ! dit Léon, à quoi rêves-tu, mon cher Dubourdieu ? à quelque belle composition symbolique !... Mon cher cousin, j'ai le plaisir de vous présenter notre illustre peintre Dubourdieu, non moins célèbre par son talent que par ses convictions humanitaires... Dubourdieu, mon cousin Palafox ?

Dubourdieu, petit homme à teint pâle, à l'œil bleu mélancolique, salua légèrement Gazonal qui s'inclina devant l'homme de génie.

— Vous avez donc nommé Stidman à la place de...

— Que veux-tu, je n'y étais pas, répondit le grand paysagiste.

— Vous déconsidérerez l'Académie, reprit le peintre. Aller choisir un pareil homme, je ne veux pas en dire du mal, mais il fait du métier !... Où mènera-t-on le premier des arts, celui dont les œuvres sont les plus durables, qui révèle les nations après que le monde a perdu tout d'elles jusqu'à leur souvenir?... qui consacre les grands hommes ? C'est un sacerdoce que la sculpture, elle résume les idées d'une époque, et vous allez recruter un faiseur de bons hommes et de cheminées, un ornemaniste, un des vendeurs du Temple ! Ah ! comme disait Champfort, il faut commencer par avaler une vipère tous les matins pour supporter la vie à Paris... enfin, l'art nous reste, on ne peut pas nous empêcher de le cultiver...

— Et puis, mon cher, vous avez une consolation que peu d'artistes possèdent, l'avenir est à vous, dit Bixiou. Quand le monde sera converti à notre doctrine, vous serez à la tête de votre art, car vous y portez des idées que l'on comprendra... lorsqu'elles auront été généralisées ! Dans cinquante ans d'ici vous serez pour tout le monde ce que vous n'êtes que pour nous autres, un grand homme ! Seulement il s'agit d'aller jusque là !

— Je viens, reprit l'artiste dont la figure se dilata comme se dilate celle d'un homme de qui l'on flatte le dada, de terminer la figure allégorique de l'Harmonie, et si vous voulez venir voir, vous comprendrez bien que j'ai pu rester deux ans à la faire. Il y a tout! Au premier coup d'œil qu'on y jette, on devine la destinée du globe. La reine tient le bâton pastoral d'une main, symbole de l'agrandissement des races utiles à l'homme; elle est coiffée du bonnet de la liberté, ses mamelles sont sextuples, à la façon égyptienne, car les Egyptiens avaient pressenti Fourier; ses pieds reposent sur deux mains jointes qui embrassent le globe en signe de la fraternité des races humaines, elle foule des canons détruits pour signifier l'abolition de la guerre, et j'ai tâché de lui faire exprimer la sérénité de l'agriculture triomphante... J'ai d'ailleurs mis près d'elle un énorme chou frisé qui, selon notre maître, est l'image de la concorde. Oh! ce n'est pas un des moindres titres de Fourier à la vénération que d'avoir restitué la pensée aux plantes, il a tout relié dans la création par la signification des choses entre elles et aussi par leur langage spécial. Dans cent ans, le monde sera bien plus grand qu'il n'est...

— Et comment, monsieur, cela se fera-t-il? dit Gazonal stupéfait d'entendre parler ainsi un homme sans qu'il fût dans une maison de fous.

— Par l'étendue de la production. Si l'on veut appliquer LE SYSTÈME, il ne sera pas impossible de réagir sur les astres...

— Et que deviendra donc alors la peinture? demande Gazonal.

— Elle sera plus grande.

— Et aurons-nous des yeux plus grands? dit Gazonal en regardant ses deux amis d'un air significatif.

— L'homme reviendra ce qu'il était avant son abâtardissement, nos hommes de six pieds seront alors des nains...

— Ton tableau, dit Léon, est-il fini?

— Entièrement fini, reprit Dubourdieu. J'ai tâché de voir Hiclar pour qu'il compose une symphonie; je voudrais qu'en voyant cette composition, on entendît une musique à la Beethoven qui en développerait les idées afin de les mettre à la portée des intelligences sous deux modes. Ah! si le gouvernement voulait me prêter une des salles du Louvre...

— Mais j'en parlerai, si tu veux, car il ne faut rien négliger pour frapper les esprits...

— Oh! mes amis préparent des articles, mais j'ai peur qu'ils n'aillent trop loin...

— Bah! dit Bixiou, ils n'iront pas si loin que l'avenir...

Dubourdieu regarda Bixiou de travers, et continua son chemin.

— Mais c'est un fou, dit Gazonal, le *course* de la lune le guide.

— Il a de la main, il a du savoir... dit Léon; mais le fouriérisme l'a tué. Tu viens de voir là, cousin, l'un des effets de l'ambition chez les artistes. Trop souvent, à Paris, dans le désir d'arriver plus promptement que par la voie naturelle à cette célébrité qui pour eux est la fortune, les artistes empruntent les ailes de la circonstance, ils croient se grandir en se faisant les hommes d'une chose, en devenant les souteneurs d'un système, et ils espèrent changer une coterie en public. Tel est Républicain, tel autre était Saint-Simonien, tel est Aristocrate, tel Catholique, tel Juste Milieu, tel Moyen-Age ou Allemand par parti pris. Mais si l'opinion ne donne pas le talent, elle le gâte toujours, témoin le pauvre garçon que vous venez de voir. L'opinion d'un artiste doit être la foi dans les œuvres... et son seul moyen de succès, le travail quand la nature lui a donné le feu sacré.

— Sauvons-nous, dit Bixiou, Léon moralise.

— Et cet homme était de bonne foi? s'écria Gazonal encore stupéfait.

— De très bonne foi, répliqua Bixiou, d'aussi bonne foi que tout à l'heure le roi des merlans.

— Il est fou! dit Gazonal.

— Et ce n'est pas le seul que les idées de Fourier aient rendu fou, dit Bixiou. Vous ne savez rien de Paris. Demandez-y cent mille francs pour réaliser l'idée la plus utile au genre humain, pour essayer quelque chose de pareil à la machine à vapeur, vous y mourrez, comme Salomon de Caus, à Bicêtre; mais s'il s'agit d'un paradoxe, on se fait tuer pour cela, soi et sa fortune. Eh! bien, ici il en est des systèmes comme des choses. Les journaux impossibles y ont dévoré des millions depuis quinze ans. Ce qui rendait votre procès si difficile à gagner, c'est que vous avez raison, et qu'il y a selon vous des raisons secrètes pour le préfet.

— Conçois-tu qu'une fois qu'il a compris le Paris moral, un homme d'esprit puisse vivre ailleurs? dit Léon à son cousin.

— Si nous menions Gazonal chez la mère Fontaine, dit Bixiou qui fit signe à un cocher de citadine d'avancer, ce serait passer du sévère au fantastique. — Cocher, Vieille rue du Temple.

Et tous trois ils roulèrent dans la direction du Marais.

— Qu'allez-vous me faire voir? demanda Gazonal.

— La preuve de ce que t'a dit Bixiou, répondit Léon, en te montrant une femme qui se fait vingt mille francs par an en exploitant une idée.

— Une tireuse de cartes, dit Bixiou qui ne put s'empêcher d'interpréter comme une interrogation l'air du Méridional. Madame Fontaine passe, parmi ceux qui cherchent à connaître l'avenir, pour être plus savante que ne l'était feu mademoiselle Lenormand.

— Elle doit être bien riche ! s'écria Gazonal.

— Elle a été la victime de son idée, tant que la Loterie a existé, répondit Bixiou ; car, à Paris, il n'y a pas de grande recette sans grande dépense. Toutes les fortes têtes s'y fêlent, comme pour donner une soupape à leur vapeur. Tous ceux qui gagnent beaucoup d'argent ont des vices ou des fantaisies, sans doute pour établir un équilibre.

— Et maintenant que la loterie est abolie ?... demanda Gazonal.

— Eh bien ! elle a un neveu pour qui elle amasse.

Une fois arrivés, les trois amis aperçurent dans une des plus vieilles maisons de cette rue un escalier à marches palpitantes, à contre-marches en boue raboteuse, qui les mena dans le demi-jour et par une puanteur particulière aux maisons à allée jusqu'au troisième étage à une porte que le dessin seul peut rendre, la littérature y devant perdre trop de nuits pour la peindre convenablement.

Une vieille, en harmonie avec la porte, et qui peut-être était la porte animée, introduisit les trois amis dans une pièce servant d'antichambre où, malgré la chaude atmosphère qui baignait les rues de Paris, ils sentirent le froid glacial des cryptes les plus profondes. Il y venait un air humide d'une cour intérieure qui ressemblait à un vaste soupirail, le jour y était gris, et sur l'appui de la fenêtre se trouvait un petit jardin plein de plantes malsaines. Dans cette pièce enduite d'une substance grasse et fuligineuse, les chaises, la table, tout avait l'air misérable. Le carreau suintait comme un alcarazas. Enfin le moindre accessoire y était en harmonie avec l'affreuse vieille au nez crochu, à la face pâle et vêtue de haillons décents qui dit aux consultants de s'asseoir en leur apprenant qu'on n'entrait que un à un chez MADAME.

Gazonal, qui faisait l'intrépide, entra bravement et se trouva devant l'une de ces femmes oubliées par la mort, qui, sans doute, les oublie à dessein pour laisser quelques exemplaires d'elle-même parmi les vivants. C'était une face desséchée où brillaient deux yeux gris d'une immobilité fatigante ; un nez rentré, barbouillé de tabac ; des osselets très bien montés par des muscles assez ressemblants, et qui, sous prétexte d'être des mains, battaient nonchalamment des cartes, comme une machine dont le mouvement va s'arrêter. Le corps, une espèce de manche à balai, décemment couvert d'une robe, jouissait des avantages de la nature morte, il ne remuait point. Sur le front s'élevait une coiffe de velours noir. Madame Fontaine, c'était une vraie femme, avait une poule noire à sa droite, et un gros crapaud appelé Astaroth à sa gauche que Gazonal ne vit pas tout d'abord.

Le crapaud d'une dimension surprenante effrayait encore moins par lui-même que par deux topazes, grandes comme des pièces de cinquante centimes et qui jetaient deux lueurs de lampe. Il est impossible de soutenir ce regard. Comme disait feu Lassailly qui, couché dans la campagne, voulut avoir le dernier avec un crapaud par lequel il fut fasciné, le crapaud est un être inexpliqué. Peut-être la création animale, y compris l'homme, s'y résume-t-elle ; car, disait Lassailly, le crapaud vit indéfiniment ; et, comme on sait, c'est celui de tous les animaux créés dont le mariage dure le plus longtemps.

La poule noire avait sa cage à deux pieds de la table couverte d'un tapis vert, et y venait par une planche qui faisait comme un pont levis entre la cage et la table.

Quand cette femme, la moins réelle des créatures qui meublaient ce taudis hoffmanique, dit à Gazonal : — Coupez !... l'honnête fabricant sentit un frisson involontaire. Ce qui rend ces créatures si formidables, c'est l'importance de ce que nous voulons savoir. On vient leur acheter de l'espérance, et elles le savent bien.

L'antre de la sibylle était beaucoup plus sombre que l'antichambre, on n'y distinguait pas la couleur du papier. Le plafond noirci par la fumée, loin de refléter le peu de lumière que donnait la croisée obstruée de végétations maigres et pâles, en absorbait une grande partie ; mais ce demi-jour éclairait en plein la table à laquelle la sorcière était assise. Cette table, le fauteuil de la vieille, et celui sur lequel siégeait Gazonal, composaient tout le mobilier de cette petite pièce, coupée en deux par une soupente, où couchait sans doute madame Fontaine. Gazonal entendit par une petite porte entrebâillée le murmure particulier à un pot au feu qui bout. Ce bruit de cuisine, accompagné d'une odeur composite où dominait celle d'un évier, mêlait incongrûment l'idée des nécessités de la vie réelle aux idées d'un pouvoir surnaturel. C'était le dégoût dans la curiosité. Gazonal aperçut une marche de bois blanc, la dernière sans doute de l'escalier intérieur qui menait à la soupente. Il embrassa tous ces détails par un seul coup d'œil, et il eut des nausées. C'était bien autrement effrayant que les récits des romanciers et les scènes des drames allemands, c'était d'une vérité suffocante. L'air dégageait une pesanteur vertigineuse, l'obscurité finissait par agacer les nerfs. Quand le Méridional, stimulé par une espèce de fatuité, regarda le crapaud, il éprouva comme une chaleur d'émétique au creux de l'estomac, en ressentant une terreur assez semblable à celle du criminel devant le gendarme. Il essaya de se réconforter en examinant madame Fontaine, mais il rencontra deux yeux presque blancs, dont les prunelles immobiles et glacées lui furent insupportables. Le silence devint alors effrayant.

— Que voulez-vous, monsieur, dit madame Fontaine à Gazonal, le jeu de cinq francs, le jeu de dix francs, ou le grand jeu ?

— Le jeu de *cinque francs* est déjà *bienne* assez *cherre*, répondit le Méridional qui faisait en lui-même des efforts inouïs pour ne pas se laisser impressionner par le milieu dans lequel il se trouvait.

Au moment où Gazonal essayait de se recueillir, une voix infernale le fit sauter sur son fauteuil : la poule noire caquetait.

— Va-t'en, ma fille, va-t'en, monsieur ne veut dépenser que cinq francs. Et la poule parut avoir compris sa maîtresse, car, après être venue à un pas des cartes, elle alla se remettre gravement à sa place. — Quelle fleur aimez-vous? demanda la vieille d'une voix enrouée par les humeurs qui montaient et descendaient incessamment dans ses bronches.

— La rose.
— Quelle couleur affectionnez-vous ?
— Le bleu.
— Quel animal préférez-vous ?
— Le cheval. Pourquoi ces questions? demanda-t-il à son tour.

— L'homme tient à toutes les formes par ses états antérieurs, dit-elle sentencieusement; de là viennent ses instincts, et ses instincts dominent sa destinée. — Que mangez-vous avec le plus de plaisir? le poisson, le gibier, les céréales, la viande de boucherie, les douceurs, les légumes ou les fruits ?

— Le gibier.
— En quel mois êtes-vous né ?
— Septembre.
— Avancez votre main.

Madame Fontaine regarda fort attentivement les lignes de la main qui lui était présentée. Tout cela se fit sérieusement, sans préméditation de sorcellerie, et avec la simplicité qu'un notaire aurait mis à s'enquérir des intentions d'un client avant de rédiger un acte. Les cartes suffisamment mêlées, elle pria Gazonal de couper, et de faire lui-même trois paquets. Elle reprit les paquets, les étala l'un au-dessus de l'autre, les examina comme un joueur examine les trente-six numéros de la Roulette, avant de risquer sa mise. Gazonal avait les os gelés, il ne savait plus où il se trouvait ; mais son étonnement alla croissant lorsque cette affreuse vieille, à capote verte, grasse et plate, dont le faux tour laissait voir beaucoup plus de rubans noirs que de cheveux frisés en points d'interrogation, lui débita de sa voix chargée de pituite toutes les particularités, même les plus secrètes, de sa vie antérieure, lui raconta ses goûts, ses habitudes, son caractère, les idées mêmes de son enfance, tout ce qui pouvait avoir influé sur lui, son mariage manqué, pourquoi, avec qui ; la description exacte de la femme qu'il avait aimée, et enfin de quel pays il était venu, son procès, etc.

Gazonal crut à une mystification préparée par son cousin ; mais l'absurdité de cette conspiration lui fut aussitôt démontrée que l'idée lui en vint, et il resta béant devant ce pouvoir vraiment infernal dont l'incarnation empruntait à l'humanité ce que de tout temps l'imagination des peintres et des poëtes a regardé comme la chose la plus épouvantable : une atroce petite vieille poussive, édentée, aux lèvres froides, au nez camard, aux yeux blancs. La prunelle de madame Fontaine s'était animée, il y passait un rayon jailli des profondeurs de l'avenir ou de l'enfer. Gazonal demanda machinalement, en interrompant la vieille, à quoi lui servaient le crapaud et la poule.

— A pouvoir prédire l'avenir. Le *consultant* jette lui-même des grains au hasard sur les cartes, Bilouche vient les becqueter ; Astaroth se traîne dessus pour aller chercher sa nourriture que le client lui tend, et ces deux admirables intelligences ne se sont jamais trompées : voulez-vous les voir à l'ouvrage, vous saurez votre avenir. C'est cent francs.

Gazonal, effrayé des regards d'Astaroth, se précipita dans l'antichambre, après avoir salué la terrible madame Fontaine. Il était en moiteur, et comme sous l'incubation infernale du mauvais esprit.

— Allons-nous-en !... dit-il aux deux artistes. Avez-vous jamais consulté cette sorcière ?

— Je ne fais rien d'important sans faire causer Astaroth, dit Léon, et je m'en suis toujours bien trouvé.

— J'attends la fortune honnête que Bilouche m'a promise, dit Bixiou.

— J'ai la fièvre, s'écria le Méridional, si je croyais à ce que vous me dites, je croirais donc à la sorcellerie, à un pouvoir surnaturel ?

— Ça peut n'être que naturel, répliqua Bixiou. Le tiers des lorettes, le quart des hommes d'État, la moitié des artistes consultent madame Fontaine, et l'on connaît un ministre à qui elle sert d'Égérie.

— T'a-t-elle dit l'avenir ? reprit Léon.

— Non, j'en ai eu assez de mon passé. Mais si elle peut, à l'aide de ses affreux collaborateurs, prédire l'avenir, reprit Gazonal saisi par une idée, comment pouvait-elle perdre à la loterie ?

— Ah ! tu mets le doigt sur l'un des plus grands mystères des sciences occultes, répondit Léon. Dès que cette espèce de glace intérieure où se reflète pour eux l'avenir ou le passé, se trouble sous l'haleine d'un sentiment personnel, d'une idée quelconque étrangère à l'acte du pouvoir qu'ils exercent, sorciers ou sorcières n'y voient plus rien, de même que l'artiste qui souille l'art par une combinaison politique ou systématique perd son talent. Il y a quelque temps, un homme doué du don de divination par les cartes, le rival de madame Fontaine, et qui s'adonnait à des pratiques criminelles, n'a pas su se tirer les cartes à lui-même et voir qu'il serait arrêté, jugé, condamné en cour d'assises. Madame Fontaine, qui prédit l'avenir huit fois sur dix, n'a jamais su qu'elle perdrait sa mise à la loterie.

— Il en est ainsi en magnétisme, fit observer Bixiou. On ne se magnétise pas soi-même.

— Bon ! voilà le *magnétisme* ! s'écria Gazonal. Ah çà ! vous connaissez donc tout ?...

— Ami Gazonal, répliqua gravement Bixiou, pour pouvoir rire de tout, il faut tout connaître. Quant à moi, je suis à Paris depuis mon enfance, et mon crayon m'y fait vivre des ridicules, à cinq caricatures par mois... Je me moque ainsi très souvent d'une idée à laquelle j'ai foi!

— Passons à d'autres exercices, dit Léon, allons à la Chambre, où nous arrangerons l'affaire du cousin.

— Ceci, dit Bixiou en imitant Odry et Gaillard, est de la haute comédie, car nous ferons *poser* le premier orateur que nous rencontrerons dans la salle des Pas-Perdus, et vous reconnaîtrez là comme ailleurs le langage parisien qui n'a jamais que deux rhythmes : l'intérêt ou la vanité.

En remontant en voiture, Léon aperçut dans un cabriolet qui passait rapidement un homme à qui d'un signe de main il fit comprendre qu'il voulait lui dire un mot.

— C'est Publicola Masson, dit Léon à Bixiou, je vais lui demander séance pour ce soir à cinq heures, après la Chambre. Le cousin aura le plus curieux de tous les originaux...

— Qui est-ce? demanda Gazonal pendant que Léon parlait à Publicola Masson.

— Un pédicure, auteur d'un Traité de corporistique, qui vous fait vos cors par abonnement, et qui, si les Républicains triomphent pendant six mois, deviendra certainement immortel.

— *Enne vôture!* s'écria Gazonal.

— Mais, ami Gazonal, il n'y a que les millionnaires qui ont assez de temps à eux pour aller à pied, à Paris.

— A la Chambre, cria Léon au cocher.

— Laquelle? monsieur.

— Des Députés, répondit Léon après avoir échangé un sourire avec Bixiou.

— Paris commence à me confondre, dit Gazonal.

— Pour vous en faire connaître l'immensité morale, politique et littéraire, nous agissons en ce moment comme le *cicerone* romain, qui vous montre à Saint-Pierre le pouce de la statue que vous avez cru de grandeur naturelle, vous le trouvez grand d'un pied. Vous n'avez pas encore mesuré l'un des orteils de Paris!...

— Et remarquez, cousin Gazonal, que nous prenons ce qui se rencontre, nous ne choisissons pas.

— Ce soir, tu souperas comme on festinait chez Balthazar, et tu verras notre Paris, à nous, jouant au lansquenet, et hasardant cent mille francs d'un coup, sans sourciller.

Un quart d'heure après, la citadine s'arrêtait au bas des degrés de la Chambre des Députés, de ce côté du pont de la Concorde qui mène à la discorde.

— Je croyais la Chambre inabordable... dit le Méridional, surpris de se trouver au milieu de la grande salle des Pas-Perdus.

— C'est selon, répondit Bixiou : matériellement parlant, il en coûte trente sous de cabriolet ; politiquement, on dépense quelque chose de plus. Les hirondelles ont pensé, a dit un poëte, que l'on avait bâti l'arc de triomphe de l'Étoile pour elles ; nous pensons, nous autres artistes, qu'on a bâti ce monument-ci pour compenser les non-valeurs du Théâtre-Français et nous faire rire ; mais ces comédiens-là coûtent beaucoup plus cher, et ne nous en donnent pas tous les jours pour notre argent.

— Voilà donc la Chambre !... répétait Gazonal. Et il arpentait la salle où se trouvaient en ce moment une dizaine de personnes en y regardant tout d'un air que Bixiou gravait dans sa mémoire pour en faire une de ces célèbres caricatures avec lesquelles il lutte contre Gavarni.

Léon alla parler à l'un des huissiers qui vont et viennent constamment de cette salle dans celle des séances, à laquelle elle communique par le couloir où se tiennent les sténographes du *Moniteur* et quelques personnes attachées à la Chambre.

— Quant au ministre, répondit l'huissier à Léon au moment où Gazonal se rapprocha d'eux, il y est ; mais je ne sais pas si monsieur Giraud s'y trouve encore, je vais voir...

Quand l'huissier ouvrit l'un des battants de la porte par laquelle il n'entre que des députés, des ministres ou des commissaires du Roi, Gazonal en vit sortir un homme qui lui parut jeune encore, quoiqu'il eût quarante-huit ans, et à qui l'huissier indiqua Léon de Lora.

— Ah ! vous voilà ! dit-il en allant donner une poignée de main à Léon et à Bixiou. Drôles !... que venez-vous faire dans le sanctuaire des lois ?

— Parbleu, nous venons apprendre à *blaguer*, dit Bixiou, on se rouillerait, sans cela.

— Passons alors dans le jardin, répliqua le jeune homme sans croire que le Méridional fût de la compagnie.

En voyant cet inconnu bien vêtu, tout en noir, et sans aucune décoration, Gazonal ne savait dans quelle catégorie politique le classer; mais il le suivit dans le jardin contigu à la salle et qui longe le quai jadis appelé quai Napoléon. Une fois dans le jardin, le ci-devant jeune homme donna carrière à un rire qu'il comprimait depuis son entrée dans la salle des Pas-Perdus.

— Qu'as-tu donc?... lui dit Léon de Lora.

— Mon cher ami, pour pouvoir établir la sincérité du gouvernement constitutionnel, nous sommes forcés à commettre d'effroyables mensonges avec un aplomb incroyable. Mais, moi, je suis journalier. S'il y a des jours où je mens comme un programme, il y en a d'autres où je ne peux pas être sérieux. Je suis dans mon jour d'hilarité. Or, en ce moment, le chef du cabinet, sommé par l'Opposition de livrer les secrets de la diplomatie, est en train de faire ses exercices à la tribune, et, comme il est honnête homme, qu'il ne ment pas pour son compte, il m'a dit à l'oreille avant de monter à l'assaut : Je ne sais quoi leur débiter !... En le voyant là, le fou-rire m'a pris, et je suis sorti, car on ne peut pas rire au banc des ministres, où ma jeunesse me revient parfois intempestivement.

— Enfin ! s'écria Gazonal, je trouve un honnête homme dans Paris ! Vous devez être un homme bien supérieur ! dit-il en regardant l'inconnu.

— Ah çà ! qui est monsieur? dit le ci-devant jeune homme en examinant Gazonal.

— Mon cousin, répliqua vivement Léon. Je réponds de son silence et de sa probité comme de moi-même. C'est lui qui nous amène ici, car il a un procès administratif qui dépend de ton ministère, son préfet veut tout bonnement le ruiner, et nous sommes venus te voir pour empêcher le Conseil d'État de consommer une injustice...

— Quel est le rapporteur?...

— Massol.

— Bon !

— Et nos amis Giraud et Claude Vignon sont dans la section, dit Bixiou.

— Dis-leur un mot, et qu'ils viennent ce soir chez Carabine où du Tillet donne une fête à propos de *rail-ways*, car on détrousse maintenant plus que jamais sur les chemins, ajouta Léon.

— Ah çà! mais c'est dans les Pyrénées?... demanda le jeune homme devenu sérieux.

— Oui, dit Gazonal.

— Et vous ne votez pas pour nous dans les élections?... dit l'homme d'État en regardant Gazonal.

— Non ; mais, après ce que vous venez de dire devant moi, vous m'avez corrompu : foi de commandant de la garde nationale, je vous fais nommer votre candidat...

— Eh bien, peux-tu garantir encore ton cousin?... demanda le jeune homme à Léon.

— Nous le formons... dit Bixiou d'un ton profondément comique.

— Eh bien, je verrai... dit ce personnage en quittant ses amis et retournant avec précipitation à la salle des séances.

— Ah çà! qui est-ce? demanda Gazonal.

— Eh bien, le comte de Rastignac; le ministre dans le département de qui se trouve ton affaire...

— Un ministre!... c'est pas plus que cela ?

— Mais c'est un vieil ami à nous. Il a trois cent mille livres de rentes, il est pair de France, le roi l'a fait comte, c'est le gendre de Nucingen, et c'est un des deux ou trois hommes d'État enfantés par la révolution de juillet ; mais le pouvoir l'ennuie quelquefois, et il vient rire avec nous...

— Ah çà, cousin, tu ne nous avais pas dit que tu étais de l'Opposition là-bas?... demanda Léon en prenant Gazonal par le bras. Es-tu bête? Qu'il y ait un député de plus ou de moins à gauche ou à droite, cela te met-il dans de meilleurs draps?...

— Nous sommes pour les autres...

— Laissez-les, dit Bixiou tout aussi comiquement que l'eût dit Monrose, ils ont pour eux la Providence, elle les ramènera bien sans vous et malgré eux... Un fabricant doit être fataliste.

— Bon! voilà Maxime avec Canalis et Giraud! s'écria Léon.

— Venez, ami Gazonal, les acteurs promis arrivent en scène, lui dit Bixiou.

Et tous trois ils s'avancèrent vers les personnages indiqués qui paraissaient quasi désœuvrés.

— Vous a-t-on envoyé promener, que vous allez comme ça?... dit Bixiou à Giraud.

— Non : on vote au scrutin secret, répondit Giraud.

— Et comment le chef du cabinet s'en est-il tiré ?
— Il a été magnifique ! dit Canalis.
— Magnifique ! répéta Giraud.
— Magnifique ! dit Maxime.
— Ah çà ! la droite, la gauche, le centre, sont unanimes ?
— Nous avons tous une idée différente, fit observer Maxime de Trailles, député ministériel.
— Oui, reprit Canalis en riant, le député qui siégeait vers la droite, quoiqu'il eût été déjà ministre.
— Ah ! vous avez eu tout à l'heure un beau triomphe ! dit Maxime à Canalis, car c'est vous qui avez forcé le ministre à monter à la tribune.
— Et à mentir comme un charlatan, répliqua Canalis.
— La belle victoire ! répondit l'honnête Giraud. A sa place, qu'auriez-vous fait ?
— J'aurais menti.
— Ça ne s'appelle pas mentir, dit Maxime de Trailles, cela s'appelle couvrir la couronne.

Et il emmena Canalis à quelques pas de là.

— C'est un bien grand orateur ! dit Léon à Giraud en lui montrant Canalis.

— Oui et non, répondit le conseiller d'État ; il est creux, il est sonore, c'est plutôt un artiste en paroles qu'un orateur. Enfin c'est un bel instrument, mais ce n'est pas la musique ; aussi n'a-t-il pas et n'aura-t-il jamais l'*oreille de la Chambre*. Il se croit nécessaire à la France ; mais, dans aucun cas, il ne peut *être l'homme de la situation.*

Canalis et Maxime étaient revenus vers le groupe au moment où Giraud, le député du centre gauche, venait de prononcer cet arrêt. Maxime prit Giraud par le bras et l'entraîna loin du groupe pour lui faire peut-être les mêmes confidences qu'à Canalis.

— Quel honnête et digne garçon ! dit Léon en désignant Giraud à Canalis.

— C'est de ces probités qui tuent les gouvernements, répondit Canalis.

— A votre avis, est-ce un bon orateur ?...

— Oui et non, répondit Canalis ; il est verbeux, il est filandreux. C'est un ouvrier en raisonnements, c'est un bon logicien ; mais il ne comprend pas la grande logique, celle des événements et des affaires : aussi n'a-t-il pas et n'aura-t-il jamais *l'oreille de la Chambre*...

Au moment où Canalis portait cet arrêt sur Giraud, celui-ci revint avec Maxime vers le groupe; et oubliant qu'il se trouvait un étranger dont la discrétion ne leur était pas connue comme celle de Léon et de Bixiou, il prit la main à Canalis d'une façon significative.

— Eh bien! lui dit-il, je consens à ce que propose monsieur le comte de Trailles, je vous ferai l'interpellation...

— Nous aurons alors la Chambre à nous dans cette question; car un homme de votre portée et de votre éloquence *a toujours l'oreille de la Chambre*, répondit Canalis. Je répondrai...

— Vous pourrez décider un changement de cabinet, car vous ferez sur un semblable terrain tout ce que vous voudrez de la Chambre *et vous deviendrez l'homme de la situation*...

— Maxime les a mis dedans tous les deux, dit Léon à son cousin. Ce gaillard-là se trouve dans les intrigues de la Chambre comme un poisson dans l'eau.

— Qui est-ce? demanda Gazonal.

— Un ex-coquin, répondit Bixiou.

— Giraud! cria Léon au Conseiller d'État, ne vous en allez pas sans avoir demandé à Rastignac ce qu'il m'a promis de vous dire relativement à un procès que vous jugez après-demain, et qui regarde mon cousin.

Et les trois amis suivirent les trois hommes politiques à distance en se dirigeant vers la salle des Pas-Perdus.

— Tiens, cousin, regarde ces deux hommes, dit Léon à Gazonal en lui montrant un ancien ministre fort célèbre et le chef du centre gauche, voilà deux orateurs qui ont l'oreille de la Chambre et qu'on a plaisamment surnommés des ministres au département de l'Opposition; ils ont si bien l'oreille de la Chambre qu'ils la lui tirent fort souvent.

— Il est quatre heures, revenons rue de Berlin, dit Bixiou.

— Oui, tu viens de voir le cœur du gouvernement, il faut t'en montrer les helminthes, les ascarides, le ténia, le républicain, puisqu'il faut l'appeler par son nom, dit Léon à son cousin.

Une fois les trois amis emballés dans leur fiacre, Gazonal regarda railleusement son cousin et Bixiou comme un homme qui voulait lâcher un flot de bile oratoire et méridionale.

— Je me *défiais bienne* de cette grande bagasse de ville, mais depuis ce matin, je *la mprise!* La pauvre province tant mesquine est une honnête fille; mais Paris c'est une prostituée, avide, menteuse, comédienne, et je suis *bienne* content de n'y avoir *rrienn* laissé de ma peau...

— La journée n'est pas finie, dit sentencieusement Bixiou qui cligna de l'œil en regardant Léon.

— Et pourquoi te plains-tu bêtement, dit Léon, d'une prétendue prostitution à laquelle tu vas devoir le gain de ton procès?... Te crois-tu plus vertueux que nous et moins comédien, moins avide, moins facile à descendre une pente quelconque, moins vaniteux que tous ceux avec qui nous avons joué comme avec des pantins?

— Essayez de m'entamer...

— Pauvre garçon! dit Léon en haussant les épaules, n'as-tu pas déjà promis ton influence électorale à Rastignac?

— Oui, parce qu'il est le seul qui se soit mis à rire de lui-même...

— Pauvre garçon! répéta Bixiou, vous me défiez, moi qui n'ai fait que rire!... Vous ressemblez à un roquet impatientant un tigre... Ah! si vous nous aviez vus nous moquant de quelqu'un... Savez vous que nous pouvons rendre fou un homme sain d'esprit?...

Cette conversation mena Gazonal jusque chez son cousin, où la vue des richesses mobilières lui coupa la parole et mit fin à ce débat. Le Méridional s'aperçut, mais plus tard, que Bixiou l'avait déjà fait *poser*.

A cinq heures et demie, au moment où Léon de Lora faisait sa toilette pour le soir, au grand ébahissement de Gazonal, qui nombrait les mille et une superfluités de son cousin et qui admirait le sérieux du valet de chambre en fonctions, on annonça le *pédicure de monsieur*. Publicola Masson, petit homme de cinquante ans, dont la figure rappelle celle de Marat, fit son entrée en déposant une petite boîte d'instruments et en se mettant sur une petite chaise en face de Léon, après avoir salué Gazonal et Bixiou.

— Comment vont les affaires? lui demanda Léon en lui livrant un de ses pieds déjà préalablement lavé par le valet de chambre.

— Mais, je suis forcé d'avoir deux élèves, deux jeunes gens qui désespérant de la fortune, ont quitté la chirurgie pour la corporistique; ils mouraient de faim, et cependant ils ont du talent...

— Oh! je ne vous parle pas des affaires pédestres, je vous demande où vous en êtes de vos affaires politiques...

Masson lança sur Gazonal un regard plus éloquent que toute espèce d'interrogation.

— Oh! parlez, c'est mon cousin, et il est presque des vôtres, il est légitimiste.

— Eh bien! nous allons! nous marchons! Dans cinq ans d'ici, l'Europe sera toute à nous!... La Suisse et l'Italie sont chaudement travaillées, et vienne la circonstance, nous sommes prêts. Ici nous avons cinquante mille hommes armés, sans compter les deux cent mille citoyens qui sont sans le sou...

— Bah! dit Léon, et les fortifications?

— Des croûtes de pâté qu'on avalera, répondit Masson. D'abord, nous ne laisserons pas venir les canons ; et puis nous avons une petite machine plus puissante que tous les forts du monde, une machine due au médecin qui a guéri plus de monde que les médecins n'en tuaient dans le temps où elle fonctionnait.

— Comme vous y allez !.... dit Gazonal à qui l'air de Publicola donnait la chair de poule.

— Ah! il faut cela! nous venons après Robespierre et Saint-Just, c'est pour faire mieux; ils ont été timides, car vous voyez ce qui nous est arrivé : un empereur, la branche aînée et la branche cadette ! ils n'avaient pas assez émondé l'arbre social.

— Ah çà ! vous qui serez, dit-on, consul, ou quelque chose comme tribun, songez bien, dit Bixiou, que je vous ai depuis douze ans demandé votre protection.

— Il ne vous arrivera rien, car il nous faudra des loustics, et vous pourrez prendre l'emploi de Barère, répondit le pédicure.

— Et moi? dit Léon.

— Ah! vous, vous êtes mon client, c'est ce qui vous sauvera ; car le génie est un odieux privilége à qui l'on accorde trop en France, et nous serons forcés de démolir quelques uns de nos grands hommes pour apprendre aux autres à savoir être simples citoyens...

Le pédicure parlait d'un air moitié sérieux, moitié badin, qui faisait frissonner Gazonal.

— Ainsi, dit le Méridional, plus de religion?

— Plus de religion *de l'Etat*, reprit le pédicure en soulignant les deux derniers mots, chacun aura la sienne. C'est fort heureux qu'on protége en ce moment les couvents, ça nous prépare les fonds de notre gouvernement. Tout conspire pour nous. Ainsi tous ceux qui plaignent les peuples, qui *braillent* sur la question des prolétaires et des salaires, qui font des ouvrages contre les Jésuites, qui s'occupent de l'amélioration de n'importe quoi... les Communistes, les Humanitaires... vous comprenez, tous ces gens-là sont notre avant-garde. Pendant que nous amassons de la poudre, ils tressent la mèche à laquelle l'étincelle d'une circonstance mettra le feu.

— Ah çà! que voulez-vous donc pour le bonheur de la France? demanda Gazonal.

— L'égalité pour les citoyens, le bon marché de toutes les denrées... Nous voulons qu'il n'y ait plus de gens manquant de tout, et des millionnaires, des suceurs de sang et des victimes!

— C'est çà! le *maximum* et le *minimum*, dit Gazonal.

— Vous avez dit la chose, répliqua nettement le pédicure.

— Plus de fabricants?... demanda Gazonal.

— On fabriquera pour le compte de l'État, nous serons tous usufruitiers de la France... On y aura sa ration comme sur un vaisseau, et tout le monde y travaillera selon ses capacités.

— Bon, dit Gazonal, et en attendant que vous puissiez couper la tête aux aristocrates...

— Je leur rogne les ongles, dit le républicain radical qui serrait ses outils et qui finit la plaisanterie lui-même.

Il salua très poliment et sortit.

— Est-ce possible? en 1845?... s'écria Gazonal.

— Si nous en avions le temps, nous te montrerions, répondit le paysagiste, tous les personnages de 1793, tu causerais avec eux. Tu viens de voir Marat, eh bien! nous connaissons Fouquier-Tinville, Collot-d'Herbois, Robespierre, Chabot, Fouché, Barras, et il y a même une madame Rolland.

— Allons, dans cette représentation, le tragique n'a pas manqué, dit le Méridional.

— Il est six heures : avant que nous te menions voir les *Saltimbanques* que joue Odry ce soir, dit Léon à son cousin, il est nécessaire d'aller faire une visite à madame Cadine, une actrice que cultive beaucoup ton rapporteur Massol et à qui tu auras ce soir à faire une cour assidue.

— Comme il faut vous concilier cette puissance, je vais vous donner quelques instructions, reprit Bixiou. Employez-vous des ouvrières à votre fabrique?...

— Certainement, répondit Gazonal.

— Voilà tout ce que je voulait savoir, dit Bixiou, vous n'êtes pas marié, vous êtes un gros...

— Oui! s'écria Gazonal, vous avez deviné mon fort, j'aime les mes...

— Eh bien! si vous voulez exécuter la petite manœuvre que je vais vous prescrire, vous connaîtrez, sans dépenser un liard, les charmes qu'on goûte dans l'intimité d'une actrice.

En arrivant rue de la Victoire où demeure la célèbre actrice, Bixiou, qui méditait une espièglerie contre le défiant Gazonal, avait à peine achevé de lui tracer son rôle; mais le Méridional avait, comme on va le voir, compris à demi-mot.

Les trois amis montèrent au deuxième étage d'une assez belle maison, et trouvèrent Jenny Cadine achevant de dîner, car elle jouait dans la pièce donnée en second au Gymnase. Après la présentation de Gazonal à cette puissance, Léon et Bixiou, pour le laisser seul avec elle, trouvèrent le prétexte d'aller voir un nouveau meuble; mais avant de quitter l'actrice, Bixiou lui avait dit à l'oreille : — C'est le cousin de Léon, un fabricant riche à millions, et qui, pour gagner son procès au Conseil d'État contre le Préfet, juge à propos de vous séduire.

Tout Paris connaît la beauté de cette jeune première, on comprendra donc la stupéfaction du Méridional en la voyant. D'abord, reçu presque froidement, il devint l'objet des bonnes grâces de Jenny Cadine pendant les quelques minutes où ils restèrent seuls.

— Comment, dit Gazonal en regardant avec dédain le mobilier du salon par la porte que ses complices avaient laissée entr'ouverte, et en supputant ce que valait celui de la salle à manger, comment laisse-t-on une femme comme vous dans un pareil chenil?...

— Ah! voilà, que voulez-vous, Massol n'est pas riche, j'attends qu'il devienne ministre...

— Quel homme heureux! s'écria Gazonal en poussant un soupir d'homme de province.

— Bon! se dit en elle-même l'actrice, mon mobilier sera renouvelé, je pourrai donc lutter avec Carabine!

— Eh bien! dit Léon en rentrant, vous viendrez chez Carabine, ce soir, on y soupe, on y lansquenette.

— Monsieur y sera-t-il? dit gracieusement et naïvement Jenny Cadine.

— Oui, madame, fit Gazonal, ébloui de ce rapide succès.

— Mais Massol y vient, repartit Bixiou.

— Eh bien ! qu'est-ce que cela fait ? répliqua Jenny. Mais partons, mes bijoux, il faut que j'aille à mon théâtre.

Gazonal donna la main à l'actrice jusqu'à la citadine qui l'attendait, et il la lui pressait si tendrement, que Jenny Cadine répondit en se secouant les doigts : — Hé ! je n'en ai pas de rechange !...

Quand il fut dans la voiture, Gazonal essaya de serrer Bixiou par la taille, en s'écriant : — Elle a mordu ! vous êtes un fier scélérat...

— Les femmes le disent, répliqua Bixiou.

A onze heures et demie, après le spectacle, une citadine emmena les trois amis chez mademoiselle Séraphine Sinet, plus connue sous le nom de Carabine, un de ces noms de guerre que prennent les illustres lorettes ou qu'on leur donne, et qui venait peut-être de ce qu'elle avait toujours tué son pigeon.

Carabine, devenue presque une nécessité pour le fameux banquier Du Tillet, député du centre gauche, habitait alors une charmante maison de la rue Saint-Georges. Il est dans Paris des maisons dont les destinations ne varient pas, et celle-ci avait déjà vu sept existences de courtisanes. Un agent de change y avait logé, vers 1827, Suzanne du Val-Noble, devenue depuis madame Gaillard. La fameuse Esther y fit faire au baron de Nucingen les seules folies qu'il ait faites. Florine, puis celle qu'on nommait plaisamment *feu madame* Schontz, y avaient tour à tour brillé. Ennuyé de sa femme, Du Tillet avait acquis cette petite maison moderne, et y avait installé l'illustre Carabine dont l'esprit vif, les manières cavalières, le brillant dévergondage, formaient un contre-poids aux travaux de la vie domestique, politique et financière. Que Du Tillet ou Carabine fussent ou ne fussent pas au logis, la table était servie, et splendidement, pour dix couverts tous les jours. Les artistes, les gens de lettres, les journalistes, les habitués de la maison y mangeaient. On y jouait le soir. Plus d'un membre de l'une et l'autre Chambre venait chercher là ce qui s'achète au poids de l'or à Paris, le plaisir. Les femmes excentriques, ces météores du firmament parisien qui se classent si difficilement, apportaient là les richesses de leurs toilettes. On y était très spirituel, car on y pouvait tout dire, et l'on y disait tout. Carabine, rivale de la non moins célèbre Malaga, s'était enfin portée héritière du salon de Florine, devenue madame Nathan ; de celui de Tullia, devenue dame du Bruel; de celui de madame Schontz, devenue la femme un président en province. En y entrant, Gazonal ne dit qu'un seul mot, mais il était à la fois légitime et légitimiste : — C'est plus beau qu'aux Tuileries... Le satin, le velours, les brocarts, l'or, les objets d'art qui foisonnaient occupèrent si bien les yeux du provincial qu'il n'aperçut pas Jenny Cadine dans une toilette à inspirer du respect, et qui, cachée derrière Carabine, étudiait l'entrée du plaideur en causant avec elle.

— Ma chère enfant, dit Léon, voilà mon cousin, un fabricant qui m'est tombé des Pyrénées ce matin ; il ne connaissait rien encore de Paris, il a besoin de Massol pour un procès au Conseil d'État; nous avons donc pris la liberté de vous amener monsieur Gazonal à souper, en vous recommandant de lui laisser toute sa raison...

— Comme monsieur voudra, le vin est cher, dit Carabine qui toisa Gazonal et ne vit en lui rien de remarquable.

Gazonal, étourdi par les toilettes, les lumières, l'or et le babil des groupes qu'il croyait occupés de lui, ne put que balbutier ces mots :
— Madame... madame... est... bien bonne.

— Que fabriquez-vous?... lui demanda la maîtresse du logis en souriant.

— Des dentelles, et offrez-lui des guipures!... souffla Bixiou dans l'oreille de Gazonal.

— Des... dent... des...

— Vous êtes dentiste !... Dis donc, Cadine ? un dentiste, tu es *volée*, ma petite.

— Des dentelles... reprit Gazonal en comprenant qu'il fallait payer son souper. Je me ferai le plus grand plaisir de vous offrir une robe... une écharpe... une mantille de ma fabrique.

— Ah ! trois choses ? Eh bien ! vous êtes plus gentil que vous n'en avez l'air, répliqua Carabine.

— Paris m'a pincé ! se dit Gazonal en apercevant Jenny Cadine et en allant la saluer.

— Et moi, qu'aurais-je ?... lui demanda l'actrice.

— Mais... toute ma fortune, répondit Gazonal, qui pensa que tout offrir c'était ne rien donner.

Massol, Claude Vignon, Du Tillet, Maxime de Trailles, Nucingen, du Bruel, Malaga, monsieur et madame Gaillard, Vauvinet, une foule de personnages entra.

Après une conversation à fond avec le fabricant sur le procès,

Massol, sans rien promettre, lui dit que le rapport était à faire, et que les citoyens pouvaient se confier aux lumières et à l'indépendance du Conseil d'État. Sur cette froide et digne réponse, Gazonal désespéré crut nécessaire de séduire la charmante Jenny Cadine de laquelle il était éperdument amoureux. Léon de Lora, Bixiou laissèrent leur victime entre les mains de la plus espiègle des femmes de cette société bizarre, car Jenny Cadine est la seule rivale de la fameuse Déjazet. A table, où Gazonal fut fasciné par une argenterie due au Benvenuto Cellini moderne, à Froment-Meurice, et dont le contenu valait les intérêts du contenant, les deux mystificateurs eurent soin de se placer loin de lui; mais ils suivirent d'un œil sournois les progrès de la spirituelle actrice qui, séduite par l'insidieuse promesse du renouvellement de son mobilier, se donna pour thème d'emmener Gazonal chez elle. Or jamais mouton de Fête-Dieu ne mit plus de complaisance à se laisser conduire par son saint Jean-Baptiste que Gazonal à obéir à cette sirène.

Trois jours après Léon et Bixiou, qui ne revoyaient plus Gazonal, le vinrent chercher à son hôtel, vers deux heures après-midi.

— Eh bien! cousin, un arrêté du conseil te donne gain de cause.

— Hélas! c'est inutile, cousin, dit Gazonal qui leva sur ses deux amis un œil mélancolique, je suis devenu républicain...

— *Quesaco?* dit Léon.

— Je n'ai plus rien, pas même de quoi payer mon *avocate*, répondit Gazonal. Madame Jenny Cadine a de moi des lettres de change pour plus d'argent que je n'ai de bien...

— Le fait est que Cadine est un peu chère, mais...

— Oh! j'en ai eu pour mon argent, répliqua Gazonal. Ah! quelle femme!... Allons, la province ne peut pas lutter avec Paris, je me retire à la Trappe.

— Bon, dit Bixiou, vous voilà raisonnable. Tenez, reconnaissez la majesté de la capitale?...

— Et du capital! s'écria Léon en tendant à Gazonal ses lettres de change.

Gazonal regardait ces papiers d'un air hébété.

— Vous ne direz pas que nous n'entendons point l'hospitalité : nous vous avons instruit, régalé, et... amusé, dit Bixiou.

Paris, novembre 1845.

QUATRIÈME LIVRE,

SCÈNES DE LA VIE POLITIQUE.

UN ÉPISODE SOUS LA TERREUR.

A MONSIEUR GUYONNET-MERVILLE.

Ne faut-il pas, cher et ancien patron, expliquer aux gens curieux de tout connaître, où j'ai pu savoir assez de procédure pour conduire les affaires de mon petit monde, et consacrer ici la mémoire de l'homme aimable et spirituel qui disait à Scribe, autre clerc-amateur, « Passez donc à l'Étude, je vous assure qu'il y a de l'ouvrage » en le rencontrant au bal; mais avez-vous besoin de ce témoignage public pour être certain de l'affection de l'auteur ?

De Balzac.

Le 22 janvier 1793, vers huit heures du soir, une vieille dame descendait, à Paris, l'éminence rapide qui finit devant l'église Saint-Laurent, dans le faubourg Saint-Martin. Il avait tant neigé pendant toute la journée, que les pas s'entendaient à peine. Les rues étaient désertes. La crainte assez naturelle qu'inspirait le silence s'augmentait de toute la terreur qui faisait alors gémir la France ; aussi la vieille dame n'avait-elle encore rencontré personne ; sa vue affaiblie depuis longtemps ne lui permettait pas d'ailleurs d'apercevoir dans le lointain, à la lueur des lanternes, quelques passants clair-semés comme des ombres dans l'immense voie de ce faubourg. Elle allait courageusement seule à travers cette solitude, comme si son âge était un talisman qui dût la préserver de tout malheur. Quand elle eut dépassé la rue des Morts, elle crut distinguer le pas lourd et ferme d'un homme qui marchait derrière elle. Elle s'imagina qu'elle n'entendait pas ce bruit pour la première fois ; elle s'effraya d'avoir été suivie, et tenta d'aller plus vite encore afin d'atteindre à une boutique assez bien éclairée, espérant pouvoir vérifier à la lumière les soupçons dont elle était saisie. Aussitôt qu'elle se trouva dans le rayon de lueur horizontale qui partait de cette boutique, elle retourna brusquement la tête, et entrevit une forme humaine dans le brouillard ; cette indistincte vision lui suffit, elle chancela un moment sous le poids de la terreur dont elle fut accablée, car elle ne douta plus alors qu'elle n'eût été escortée par l'inconnu depuis le premier pas qu'elle avait fait hors de chez elle, et le désir d'échapper à un espion lui prêta des forces. Incapable de raisonner, elle doubla le pas, comme si elle pouvait se soustraire à un homme nécessairement plus agile qu'elle. Après avoir couru pendant quelques minutes, elle parvint à la boutique d'un pâtissier, y entra et tomba, plutôt qu'elle ne s'assit, sur une chaise placée devant le comptoir. Au moment où elle fit crier le loquet de la porte, une jeune femme occupée à broder leva les yeux, reconnut, à travers les carreaux du vitrage, la mante de forme antique et de soie violette dans laquelle la vieille dame était enveloppée, et s'empressa d'ouvrir un tiroir comme pour y prendre une chose qu'elle devait lui remettre. Non-seulement le geste et la physionomie de la jeune femme exprimèrent le désir de se débarrasser promptement de l'inconnue, comme si c'eût été une de ces personnes qu'on ne voit pas avec plaisir, mais encore elle laissa échapper une expression d'impatience en trouvant le tiroir vide; puis, sans regarder la dame, elle sortit précipitamment du comptoir, alla vers l'arrière-boutique, et appela son mari, qui parut tout à coup.

— Où donc as-tu mis...? lui demanda-t-elle d'un air de mystère en lui désignant la vieille dame par un coup d'œil et sans achever sa phrase.

Quoique le pâtissier ne pût voir que l'immense bonnet de soie noire environné de nœuds en rubans violets qui servait de coiffure à l'inconnue, il disparut après avoir jeté à sa femme un regard qui semblait dire : — Crois-tu que je vais laisser cela dans ton comptoir ?... Etonnée du silence et de l'immobilité de la vieille dame, la marchande revint auprès d'elle ; et, en la voyant, elle se sentit saisie d'un mouvement de compassion ou peut-être aussi de curiosité. Quoique le teint de cette femme fût naturellement livide comme celui d'une personne vouée à des austérités secrètes, il était facile de reconnaître qu'une émotion récente y répandait une pâleur extraordinaire. Sa coiffure était disposée de manière à cacher ses cheveux, sans doute blanchis par l'âge; car la propreté du collet de sa robe annonçait qu'elle ne portait pas de poudre. Ce manque d'ornement faisait contracter à sa figure une sorte de sévérité religieuse. Ses traits étaient graves et fiers. Autrefois les manières et les habitudes des gens de qualité étaient si différentes de celles des gens appartenant aux autres classes, qu'on devinait facilement une personne noble. Aussi la jeune femme était-elle persuadée que l'inconnue était une *ci-devant*, et qu'elle avait appartenu à la cour.

— Madame?.... lui dit-elle involontairement et avec respect en oubliant que ce titre était proscrit.

La vieille dame ne répondit pas. Elle tenait ses yeux fixés sur le vitrage de la boutique, comme si un objet effrayant y eût été dessiné.

— Qu'as-tu, citoyenne? demanda le maître du logis qui reparut aussitôt.

Le citoyen pâtissier tira la dame de sa rêverie en lui tendant une petite boîte de carton couverte en papier bleu.

— Rien, rien, mes amis, répondit-elle d'une voix douce.

Elle leva les yeux sur le pâtissier comme pour lui jeter un regard de remercîment; mais en lui voyant un bonnet rouge sur la tête, elle laissa échapper un cri.

— Ah!... vous m'avez trahie?...

La jeune femme et son mari répondirent par un geste d'horreur qui fit rougir l'inconnue, soit de les avoir soupçonnés, soit de plaisir.

— Excusez-moi, dit-elle alors avec une douceur enfantine. Puis, tirant un louis d'or de sa poche, elle le présenta au pâtissier : — Voici le prix convenu, ajouta-t-elle.

Il y a une indigence que les indigents savent deviner. Le pâtissier et sa femme se regardèrent et se montrèrent la vieille femme en se communiquant une même pensée. Ce louis d'or devait être le dernier. Les mains de la dame tremblaient en offrant cette pièce, qu'elle contemplait avec douleur et sans avarice; mais elle semblait connaître toute l'étendue du sacrifice. Le jeûne et la misère étaient gravés sur cette figure en traits aussi lisibles que ceux de la peur et des habitudes ascétiques. Il y avait dans ses vêtements des vestiges de magnificence. C'était de la soie usée, une mante propre, quoique passée, des dentelles soigneusement raccommodées;

enfin les haillons de l'opulence ! Les marchands, placés entre la pitié et l'intérêt, commencèrent par soulager leur conscience en paroles.

— Mais, citoyenne, tu parais bien faible.

— Madame aurait-elle besoin de prendre quelque chose ? reprit sa femme en coupant la parole à son mari.

— Nous avons de bien bon bouillon, dit le pâtissier.

— Il fait si froid, madame aura peut-être été saisie en marchant ; ais vous pouvez vous reposer ici et vous chauffer un peu.

— Nous ne sommes pas aussi noirs que le diable, s'écria le pâtissier.

Gagnée par l'accent de bienveillance qui animait les paroles des charitables boutiquiers, la dame avoua qu'elle avait été suivie par un homme, et qu'elle avait peur de revenir seule chez elle.

— Ce n'est que cela ? reprit l'homme au bonnet rouge. Attends-moi, citoyenne.

Il donna le louis à sa femme. Puis, mû par cette espèce de reconnaissance qui se glisse dans l'âme d'un marchand quand il reçoit un prix exorbitant d'une marchandise de médiocre valeur, il alla mettre son uniforme de garde national, prit son chapeau, passa son briquet et reparut sous les armes ; mais sa femme avait eu le temps de réfléchir. Comme dans bien d'autres cœurs, la réflexion ferma la main ouverte de la Bienfaisance. Inquiète et craignant de voir son mari dans quelque mauvaise affaire, la femme du pâtissier essaya de le tirer par le pan de son habit pour l'arrêter ; mais, obéissant à un sentiment de charité, le brave homme offrit sur-le-champ à la vieille dame de l'escorter.

— Il paraît que l'homme dont a peur la citoyenne est encore à rôder devant la boutique, dit vivement la jeune femme.

— Je le crains, dit naïvement la dame.

— Si c'était un espion ? si c'était une conspiration ? N'y va pas, et reprends-lui la boîte....

Ces paroles, soufflées à l'oreille du pâtissier par sa femme, glacèrent le courage impromptu dont il était possédé.

— Eh ! je m'en vais lui dire deux mots, et vous en débarrasser sur-le-champ, s'écria le pâtissier en ouvrant la porte et sortant avec précipitation.

La vieille dame, passive comme un enfant et presque hébétée, se rassit sur sa chaise. L'honnête marchand ne tarda pas à reparaître, son visage, assez rouge de son naturel et enluminé d'ailleurs par le feu du four, était subitement devenu blême ; une si grande frayeur l'agitait que ses jambes tremblaient et que ses yeux ressemblaient à ceux d'un homme ivre.

— Veux-tu nous faire couper le cou, misérable aristocrate ?... s'écria-t-il avec fureur. Songe à nous montrer les talons, ne reparais jamais ici, et ne compte pas sur moi pour te fournir des éléments de conspiration !

En achevant ces mots, le pâtissier essaya de reprendre à la vieille dame la petite boîte qu'elle avait mise dans une de ses poches. A peine les mains hardies du pâtissier touchèrent-elles ses vêtements, que l'inconnue, préférant se livrer aux dangers de la route sans autre défenseur que Dieu, plutôt que de perdre ce qu'elle venait d'acheter, retrouva l'agilité de sa jeunesse ; elle s'élança vers la porte, l'ouvrit brusquement, et disparut aux yeux de la femme et du mari stupéfaits et tremblants. Aussitôt que l'inconnue se trouva dehors, elle se mit à marcher avec vitesse ; mais ses forces la trahirent bientôt, car elle entendit l'espion par lequel elle était impitoyablement suivie, faisant crier la neige qu'il pressait de son pas pesant ; elle fut obligée de s'arrêter, il s'arrêta ; elle n'osait ni lui parler ni le regarder, soit par suite de la peur dont elle était saisie, soit par manque d'intelligence. Elle continua son chemin en allant lentement, l'homme ralentit alors son pas de manière à rester à une distance qui lui permettait de veille sur elle. L'inconnu semblait être l'ombre même de cette vieille femme. Neuf heures sonnèrent quand le couple silencieux repassa devant l'église de Saint-Laurent. Il est dans la nature de toutes les âmes, même la plus infirme, qu'un sentiment de calme succède à une agitation violente, car, si les sentiments sont infinis, nos organes sont bornés. Aussi l'inconnue, n'éprouvant aucun mal de son prétendu persécuteur, voulut-elle voir en lui un ami secret empressé de la protéger ; elle réunit toutes les circonstances qui avaient accompagné les apparitions de l'étranger comme pour trouver des motifs plausibles à cette consolante opinion, et il lui plut alors de reconnaître en lui plutôt de bonnes que de mauvaises intentions. Oubliant l'effroi que cet homme venait d'inspirer au pâtissier, elle avança donc d'un pas ferme dans les régions supérieures du faubourg Saint-Martin. Après une demi-heure de marche, elle parvint à une maison située auprès de l'embranchement formé par la rue principale du faubourg et par celle qui mène à la barrière de Pantin. Ce lieu est encore aujourd'hui un des plus déserts de tout Paris. La bise, passant sur les buttes Saint-Chaumont et de Belleville, sifflait à travers les maisons, ou plutôt les chaumières, semées dans ce vallon presque inhabité où les clôtures sont en murailles faites avec de la terre et des os. Cet endroit désolé semblait être l'asile naturel de la misère et du désespoir. L'homme qui s'acharnait à la poursuite de la pauvre créature assez hardie pour traverser nuitamment ses rues silencieuses, parut frappé du spectacle qui s'offrait à ses regards. Il resta pensif, debout et dans une attitude d'hésitation, faiblement éclairé par un réverbère dont la lueur indécise perçait à peine le brouillard. La peur donna des yeux à la vieille femme, qui crut apercevoir quelque chose de sinistre dans les traits de l'inconnu; elle sentit ses terreurs se réveiller, et profita de l'espèce d'incertitude qui arrêtait cet homme pour se glisser dans l'ombre vers la porte de la maison solitaire; elle fit jouer un ressort, et disparut avec une rapidité fantasmagorique. Le passant, immobile, contemplait cette maison, qui présentait en quelque sorte le type des misérables habitations de ce faubourg. Cette chancelante bicoque bâtie en moellons était revêtue d'une couche de plâtre jauni, si fortement lézardée, qu'on craignait de la voir tomber au moindre effort du vent. Le toit de tuiles brunes et couvert de mousse s'affaissait en plusieurs endroits de manière à faire croire qu'il allait céder sous le poids de la neige. Chaque étage avait trois fenêtres dont les châssis, pourris par l'humidité et disjoints par l'action du soleil, annonçaient que le froid devait pénétrer dans les chambres. Cette maison isolée ressemblait à une vieille tour que le temps oubliait de détruire. Une faible lumière éclairait les croisées qui coupaient irrégulièrement la mansarde par laquelle ce pauvre édifice était terminé, tandis que le reste de la maison se trouvait dans une obscurité complète. La vieille femme ne monta pas sans peine l'escalier rude et grossier, le long duquel on s'appuyait sur une corde en guise de rampe; elle frappa mystérieusement à la porte du logement qui se trouvait dans la mansarde, et s'assit avec précipitation sur une chaise que lui présenta un vieillard.

— Cachez-vous, cachez-vous! lui dit-elle. Quoique nous ne sortions que bien rarement, nos démarches sont connues, nos pas sont épiés.

— Qu'y a-t-il de nouveau? demanda une autre vieille femme assise auprès du feu.

— L'homme qui rôde autour de la maison depuis hier m'a suivie ce soir.

A ces mots, les trois habitants de ce taudis se regardèrent en laissant paraître sur leurs visages les signes d'une terreur profonde. Le vieillard fut le moins agité des trois, peut-être parce qu'il était le plus en danger. Quand on est sous le poids d'un grand malheur ou sous le joug de la persécution, un homme courageux commence pour ainsi dire par faire le sacrifice de lui-même, il ne considère ses jours que comme autant de victoires remportées sur le Sort. Les regards des deux femmes, attachés sur ce vieillard, laissaient facilement deviner qu'il était l'unique objet de leur vive sollicitude.

— Pourquoi désespérer de Dieu, mes sœurs? dit-il d'une voix sourde mais onctueuse, nous chantions ses louanges au milieu des cris que poussaient les assassins et les mourants au couvent des Carmes. S'il a voulu que je fusse sauvé de cette boucherie, c'est sans doute pour me réserver à une destinée que je dois accepter sans murmure. Dieu protége les siens, il peut en disposer à son gré. C'est de vous, et non de moi qu'il faut s'occuper.

— Non, dit l'une des deux vieilles femmes, qu'est-ce que notre vie en comparaison de celle d'un prêtre?

— Une fois que je me suis vue hors de l'abbaye de Chelles, je me suis considérée comme morte, s'écria celle des deux religieuses qui n'était pas sortie.

— Voici, reprit celle qui arrivait en tendant la petite boîte au prêtre, voici les hosties. Mais, s'écria-t-elle, j'entends monter les degrés.

A ces mots, tous trois ils se mirent à écouter. Le bruit cessa.

— Ne vous effrayez pas, dit le prêtre, si quelqu'un essaie de parvenir jusqu'à vous. Une personne sur la fidélité de laquelle nous pouvons compter a dû prendre toutes ses mesures pour passer la frontière, et viendra chercher les lettres que j'ai écrites au duc de Langeais et au marquis de Beauséant, afin qu'ils puissent aviser aux moyens de vous arracher à cet affreux pays, à la mort ou à la misère qui vous y attendent.

— Vous ne nous suivez donc pas? s'écrièrent doucement les deux religieuses en manifestant une sorte de désespoir.

— Ma place est là où il y a des victimes, dit le prêtre avec simplicité.

Elles se turent et regardèrent leur hôte avec une sainte admiration.

— Sœur Marthe, dit-il en s'adressant à la religieuse qui était ée chercher les hosties, cet envoyé devra répondre *Fiat voluntas*, mot *Hosanna*.

— Il y a quelqu'un dans l'escalier! s'écria l'autre religieuse en ouvrant une cachette pratiquée sous le toit.

Cette fois, il fut facile d'entendre, au milieu du plus profond silence, les pas d'un homme qui faisaient retentir les marches couvertes de callosités produites par de la boue durcie. Le prêtre se coula péniblement dans une espèce d'armoire, et la religieuse jeta quelques hardes sur lui.

— Vous pouvez fermer, sœur Agathe, dit-il d'une voix étouffée.

A peine le prêtre était-il caché, que trois coups frappés sur la porte firent tressaillir les deux saintes filles, qui se consultèrent des yeux sans oser prononcer une seule parole. Elles paraissaient avoir toutes deux une soixante d'années. Séparées du monde depuis quarante ans, elles étaient comme des plantes habituées à l'air d'une serre, et qui meurent si on les en sort. Accoutumées à la vie du couvent, elles n'en pouvaient plus concevoir d'autre. Un matin, leurs grilles ayant été brisées, elles avaient frémi de se trouver libres. On peut aisément se figurer l'espèce d'imbécillité factice que les événements de la Révolution avaient produite dans leurs âmes innocentes. Incapables d'accorder leurs idées claustrales avec les difficultés de la vie, et ne comprenant même pas leur situation, elles ressemblaient à des enfants dont on avait pris soin jusqu'alors, et qui, abandonnés par leur providence maternelle, priaient au lieu de crier. Aussi, devant le danger qu'elles prévoyaient en ce moment, demeurèrent-elles muettes et passives, ne connaissant d'autre défense que la résignation chrétienne. L'homme qui demandait à entrer interpréta ce silence à sa manière, il ouvrit la porte et se montra tout à coup. Les deux religieuses frémirent en reconnaissant le personnage qui, depuis quelque temps, rôdait autour de leur maison et prenait des informations sur leur compte; elles restèrent immobiles en le contemplant avec une curiosité inquiète, à la manière des enfants sauvages, qui examinent silencieusement les étrangers. Cet homme était de haute taille et gros; mais rien dans sa démarche, dans son air ni dans sa physionomie, n'indiquait un méchant homme. Il imita l'immobilité des religieuses, et promena lentement ses regards sur la chambre où il se trouvait.

Deux nattes de paille, posées sur des planches, servaient de lit aux deux religieuses. Une seule table était au milieu de la chambre, et l y avait dessus un chandelier de cuivre, quelques assiettes, trois couteaux et un pain rond. Le feu de la cheminée était modeste. Quelques morceaux de bois, entassés dans un coin, attestaient d'ailleurs la pauvreté des deux recluses. Les murs, enduits d'une couche de peinture très ancienne, prouvaient le mauvais état de la toiture, où des taches, semblables à des filets bruns, indiquaient les infiltrations des eaux pluviales. Une relique, sans doute sauvée du pillage de l'abbaye de Chelles, ornait le manteau de la cheminée. Trois chaises, deux coffres et une mauvaise commode complétaient l'ameublement de cette pièce. Une porte pratiquée auprès de la cheminée faisait conjecturer qu'il existait une seconde chambre.

L'inventaire de cette cellule fut bientôt fait par le personnage qui s'était introduit sous de si terribles auspices au sein de ce ménage. Un sentiment de commisération se peignit sur sa figure, et il jeta un regard de bienveillance sur les deux filles, au moins aussi embarrassé qu'elles. L'étrange silence dans lequel ils demeurèrent tous trois dura peu, car l'inconnu finit par deviner la faiblesse morale et l'inexpérience des deux pauvres créatures, et il leur dit alors d'une voix qu'il essaya d'adoucir : — Je ne viens point ici en ennemi, citoyenne... Il s'arrêta et se reprit pour dire : Mes sœurs, s'il vous arrivait quelque malheur, croyez que je n'y aurais pas contribué. J'ai une grâce à réclamer de vous.

Elles gardèrent toujours le silence.

— Si je vous importunais, si... je vous gênais, parlez librement... je me retirerais ; mais sachez que je vous suis tout dévoué ; que, s'il est quelque bon office que je puisse vous rendre, vous pouvez m'employer sans crainte, et que moi seul, peut-être, suis au-dessus de la loi, puisqu'il n'y a plus de roi...

Il y avait un tel accent de vérité dans ces paroles, que la sœur Agathe, celle des deux religieuses qui appartenait à la maison de Langeais, et dont les manières semblaient annoncer qu'elle avait autrefois connu l'éclat des fêtes et respiré l'air de la cour, s'empressa d'indiquer une des chaises comme pour prier leur hôte de s'asseoir. L'inconnu manifesta une sorte de joie mêlée de tristesse en comprenant ce geste, et attendit pour prendre place que les deux respectables filles fussent assises.

— Vous avez donné asile, reprit-il, à un vénérable prêtre non assermenté, qui a miraculeusement échappé aux massacres des Carmes.

— *Hosanna!...* dit la sœur Agathe en interrompant l'étranger et le regardant avec une inquiète curiosité.

— Il ne se nomme pas ainsi, je crois, répondit-il.

— Mais, monsieur, dit vivement la sœur Marthe, nous n'avons pas de prêtre ici, et...

— Il faudrait alors avoir plus de soin et de prévoyance, répliqua doucement l'étranger en avançant le bras vers la table et y prenant un bréviaire. Je ne pense pas que vous sachiez le latin, et...

Il ne continua pas, car l'émotion extraordinaire qui se peignit sur les figures des deux pauvres religieuses lui fit craindre d'être allé trop loin, elles étaient tremblantes et leurs yeux s'emplirent de larmes.

— Rassurez-vous, leur dit-il d'une voix franche, je sais le nom de votre hôte et les vôtres, et depuis trois jours je suis instruit de votre détresse et de votre dévouement pour le vénérable abbé de...

— Chut! dit naïvement sœur Agathe en mettant un doigt sur ses lèvres.

— Vous voyez, mes sœurs, que, si j'avais conçu l'horrible dessein de vous trahir, j'aurais déjà pu l'accomplir plus d'une fois...

En entendant ces paroles, le prêtre se dégagea de sa prison et reparut au milieu de la chambre.

— Je ne saurais croire, monsieur, dit-il à l'inconnu, que vous soyez un de nos persécuteurs, et je me fie à vous. Que voulez-vous de moi?

La sainte confiance du prêtre, la noblesse répandue dans tous ses traits auraient désarmé des assassins. Le mystérieux personnage qui était venu animer cette scène de misère et de résignation contempla pendant un moment le groupe formé par ces trois êtres puis, il prit un ton de confidence, s'adressa au prêtre en ces termes:

— Mon père, je venais vous supplier de célébrer une messe mortuaire pour le repos de l'âme... d'un... d'une personne sacrée et dont le corps ne reposera jamais dans la terre sainte...

Le prêtre frissonna involontairement. Les deux religieuses, ne comprenant pas encore de qui l'inconnu voulait parler, restèrent le cou tendu, le visage tourné vers les deux interlocuteurs, et dans une attitude de curiosité. L'ecclésiastique examina l'étranger : une anxiété non équivoque était peinte sur sa figure et ses regards exprimaient d'ardentes supplications.

— Eh bien ! répondit le prêtre, ce soir, à minuit, revenez, et je serai prêt à célébrer le seul service funèbre que nous puissions offrir en expiation du crime dont vous parlez...

L'inconnu tressaillit, mais une satisfaction tout à la fois douce et grave parut triompher d'une douleur secrète. Après avoir respectueusement salué le prêtre et les deux saintes filles, il disparut en témoignant une sorte de reconnaissance muette qui fut comprise par ces trois âmes généreuses. Environ deux heures après cette scène, l'inconnu revint, frappa discrètement à la porte du grenier, et fut introduit par mademoiselle de Beauséant, qui le conduisit dans la seconde chambre de ce modeste réduit, où tout avait été préparé pour la cérémonie. Entre deux tuyaux de la cheminée, les deux religieuses avaient apporté la vieille commode dont les contours antiques étaient ensevelis sous un magnifique devant d'autel en moire verte. Un grand crucifix d'ébène et d'ivoire attaché sur le mur jaune en faisait ressortir la nudité et attirait nécessairement les regards. Quatre petits cierges fluets que les sœurs avaient réussi à fixer sur cet autel improvisé en les scellant dans de la cire à cacheter, jetaient une lueur pâle et mal réfléchie par le mur. Cette faible lumière éclairait à peine le reste de la chambre ; mais, en ne donnant son éclat qu'aux choses saintes, elle ressemblait à une rayon tombé du ciel sur cet autel sans ornement. Le carreau était humide. Le toit, qui, des deux côtés, s'abaissait rapidement, comme dans les greniers, avait quelques lézardes par lesquelles passait un vent glacial. Rien n'était moins pompeux, et cependant rien peut-être ne fut plus solennel que cette cérémonie lugubre. Un profond silence, qui aurait permis d'entendre le plus léger cri proféré sur la route d'Allemagne, répandait une sorte de majesté sombre sur cette scène nocturne. Enfin la grandeur de l'action contrastait si fortement avec la pauvreté des choses, qu'il en résultait un sentiment d'effroi religieux. De chaque côté de l'autel, les deux vieilles recluses, agenouillées sur la tuile du plancher sans s'inquiéter de son humidité mortelle, priaient de concert avec le prêtre, qui, revêtu de ses habits pontificaux, disposait un calice d'or orné de pierres précieuses, vase sacré sauvé sans doute du pillage de l'abbaye de Chelles. Auprès de ce ciboire, monument d'une royale magnificence, l'eau et le vin destinés au saint sacrifice étaient contenus dans deux verres à peine dignes du dernier cabaret. Faute de missel, le prêtre avait posé son bréviaire sur un coin de l'autel. Une assiette commune était préparée pour le lavement de mains innocentes et pures de sang. Tout était immense, mais petit; pauvre, mais noble; profane et saint tout à la fois. L'inconnu vint pieusement s'agenouiller entre les deux religieuses. Mais tout à coup, en apercevant un crêpe au calice et au crucifix, car, n'ayant rien pour annoncer la destination de cette messe funèbre, le prêtre avait mis Dieu lui-même en deuil, il fut assailli d'un souvenir si puissant que des gouttes de sueur se formèrent sur son large front. Les quatre silencieux acteurs de cette scène se regardèrent alors mystérieusement; puis leurs âmes, agissant à l'envi les unes sur les autres, se communiquèrent ainsi leurs sentiments et se confondirent dans une commisération religieuse, il semblait que leur pensée eût évoqué le martyr dont les restes avaient été dévorés par de la chaux vive, et que son ombre fût devant eux dans toute sa royale majesté. Ils célébraient un *obit* sans le corps du défunt. Sous ces tuiles et ces lattes disjointes, quatre chrétiens allaient intercéder auprès de Dieu pour un Roi de France, et faire son convoi sans cercueil. C'était le plus pur de tous les dévouements, un acte étonnant de fidélité accompli sans arrière-pensée. Ce fut sans doute, aux yeux de Dieu, comme le verre d'eau qui balance les plus grandes vertus. Toute la Monarchie était là, dans les prières d'un prêtre et de deux pauvres filles; mais peut-être aussi la Révolution était-elle représentée par cet homme dont la figure trahissait trop de remords pour ne pas croire qu'il accomplissait les vœux d'un immense repentir.

Au lieu de prononcer les paroles latines : « *Introibo ad altare Dei*, etc., le prêtre, par une inspiration divine, regarda les trois assistants qui figuraient la France chrétienne, et leur dit, pour effacer les misères de ce taudis : — Nous allons entrer dans le sanctuaire de Dieu !

A ces paroles jetées avec une onction pénétrante, une sainte frayeur saisit l'assistant et les deux religieuses. Sous les voûtes de Saint-Pierre de Rome, Dieu ne se serait pas montré plus majestueux qu'il le fut alors dans cet asile de l'indigence aux yeux de ces chrétiens : tant il est vrai qu'entre l'homme et lui tout intermédiaire semble inutile, et qu'il ne tire sa grandeur que de lui-même. La ferveur de l'inconnu était vraie. Aussi le sentiment qui unissait les prières de ces quatre serviteurs de Dieu et du Roi fut-il unanime. Les paroles saintes retentissaient comme une musique céleste au milieu du silence. Il y eut un moment où les pleurs gagnèrent l'inconnu, ce fut au *Pater noster*. Le prêtre y ajouta cette prière latine, qui fut sans doute comprise par l'étranger : *Et remitte scelus regicidis sicut Ludovicus eis remisit semetipse.* (Et pardonnez aux régicides comme Louis XVI leur a pardonné lui-même.)

Les deux religieuses virent deux grosses larmes traçant un chemin humide le long des joues mâles de l'inconnu et tombant sur le plancher. L'office des Morts fut récité. Le *Domine salvum fac regem*, chanté à voix basse, attendrit ces fidèles royalistes qui pensèrent que l'enfant-roi, pour lequel ils suppliaient en ce moment le Très-Haut, était captif entre les mains de ses ennemis. L'inconnu frissonna en songeant qu'il pouvait encore se commettre un nouveau crime auquel il serait sans doute forcé de participer. Quand le service funèbre fut terminé, le prêtre fit un signe aux deux religieuses, qui se retirèrent. Aussitôt qu'il se trouva seul avec l'inconnu, il alla vers lui d'un air doux et triste ; puis il lui dit d'une voix paternelle : — Mon fils, si vous avez trempé vos mains dans le sang du Roi Martyr, confiez-vous à moi. Il n'est pas de faute qui, aux yeux de Dieu, ne soit effacée par un repentir aussi touchant et aussi sincère que le vôtre paraît l'être.

Aux premiers mots prononcés par l'ecclésiastique, l'étranger laissa échapper un mouvement de terreur involontaire ; mais il reprit une contenance calme, et regarda avec assurance le prêtre étonné : — Mon père, lui dit-il d'une voix visiblement altérée, nul n'est plus innocent que moi du sang versé...

— Je dois vous croire, dit le prêtre...

Il fit une pause pendant laquelle il examina derechef son pénitent ; puis, persistant à le prendre pour un de ces peureux Conventionnels qui livrèrent une tête inviolable et sacrée afin de conserver la leur, il reprit d'une voix grave : — Songez, mon fils, qu'il ne suffit pas pour être absous de ce grand crime, de n'y avoir pas coopéré. Ceux qui, pouvant défendre le roi, ont laissé leur épée dans le fourreau, auront un compte bien lourd à rendre devant le roi des cieux... Oh! oui, ajouta le vieux prêtre en agitant la tête de droite à gauche par un mouvement expressif, oui, bien lourd!... car, en restant oisifs, ils sont devenus les complices involontaires de cet épouvantable forfait...

— Vous croyez, demanda l'inconnu stupéfait, qu'une participation indirecte sera punie... Le soldat qui a été commandé pour former la haie est-il donc coupable?...

Le prêtre demeura indécis. Heureux de l'embarras dans lequel il mettait ce puritain de la royauté en le plaçant entre le dogme de l'obéissance passive qui doit, selon les partisans de la monarchie, dominer les codes militaires, et le dogme tout aussi important qui consacre le respect dû à la personne des rois, l'étranger s'empressa de voir dans l'hésitation du prêtre une solution favorable à des doutes par lesquels il paraissait tourmenté. Puis, pour ne pas laisser le vénérable janséniste réfléchir plus longtemps, il lui dit : — Je rougirais de vous offrir un salaire quelconque du service funéraire que vous venez de célébrer pour le repos de l'âme du roi et pour l'acquit de ma conscience. On ne peut payer une chose inestimable que par une offrande qui soit aussi hors de prix. Daignez donc accepter, monsieur, le don que je vous fais d'une sainte relique... Un jour viendra peut-être où vous en comprendrez la valeur.

En achevant ces mots, l'étranger présentait à l'ecclésiastique une petite boîte extrêmement légère, le prêtre la prit involontairement pour ainsi dire, car la solennité des paroles de cet homme, le ton qu'il y mit, le respect avec lequel il tenait cette boîte l'avaient plongé dans une profonde surprise. Ils rentrèrent alors dans la pièce où les deux religieuses les attendaient.

— Vous êtes, leur dit l'inconnu, dans une maison dont le propriétaire, Mucius Scævola, ce plâtrier qui habite le premier étage, est célèbre dans la section par son patriotisme; mais il est secrètement attaché aux Bourbons. Jadis il était piqueur de Monseigneur le prince de Conti, et il lui doit sa fortune. En ne sortant pas de chez lui, vous êtes plus en sûreté ici qu'en aucun lieu de la France. Restez-y. Des âmes pieuses veilleront à vos besoins, et vous pourrez attendre sans danger des temps moins mauvais. Dans un an, au 21 janvier... (en prononçant ces derniers mots, il ne put dissimuler un mouvement involontaire), si vous adoptez ce triste lieu pour asile, je reviendrai célébrer avec vous la messe expiatoire...

Il n'acheva pas. Il salua les muets habitants du grenier, jeta un nier regard sur les symptômes qui déposaient de leur indigence, il disparut.

Pour les deux innocentes religieuses, une semblable aventure avait tout l'intérêt d'un roman ; aussi, dès que le vénérable abbé les instruisit du mystérieux présent si solennellement fait par cet homme, la boîte fut-elle placée par elles sur la table, et les trois figures inquiètes, faiblement éclairées par la chandelle, trahirent-elles une indescriptible curiosité. Mademoiselle de Langeais ouvrit la boîte, y trouva un mouchoir de batiste très fine, souillé de sueur ; et en le dépliant, ils y reconnurent des taches.

— C'est du sang !... dit le prêtre.

— Il est marqué de la couronne royale ! s'écria l'autre sœur.

Les deux sœurs laissèrent tomber la précieuse relique avec horreur. Pour ces deux âmes naïves, le mystère dont s'enveloppait l'étranger devint inexplicable ; et quant au prêtre, dès ce jour il ne tenta même pas de se l'expliquer.

Les trois prisonniers ne tardèrent pas à s'apercevoir, malgré la Terreur, qu'une main puissante était étendue sur eux. D'abord, ils reçurent du bois et des provisions ; puis, les deux religieuses devinèrent qu'une femme était associée à leur protecteur, quand on leur envoya du linge et des vêtements qui pouvaient leur permettre de sortir sans être remarquées par les modes aristocratiques des habits qu'elles avaient été forcées de conserver ; enfin Mucius Scævola leur donna deux cartes civiques. Souvent des avis nécessaires à la sûreté du prêtre lui parvinrent par des voies détournées ; et il reconnut une telle opportunité dans ces conseils, qu'ils ne pouvaient être donnés que par une personne initiée aux secrets de l'État. Malgré la famine qui pesa sur Paris, les proscrits trouvèrent à la porte de leur taudis des rations de *pain blanc* qui y étaient régulièrement apportées par des mains invisibles ; néanmoins ils crurent reconnaître dans Mucius Scævola le mystérieux agent de cette bienfaisance toujours aussi ingénieuse qu'intelligente. Les nobles habitants du grenier ne pouvaient pas douter que leur protecteur ne fût le personnage qui était venu faire célébrer la messe expiatoire dans la nuit du 22 janvier 1793 ; aussi devint-il l'objet d'un culte tout particulier pour ces trois êtres qui n'espéraient qu'en lui et ne vivaient que par lui. Ils avaient ajouté pour lui des prières spéciales dans leurs prières ; soir et matin, ces âmes pieuses formaient des vœux pour son bonheur, pour sa prospérité, pour son salut ;

elles suppliaient Dieu d'éloigner de lui toutes embûches, de le délivrer de ses ennemis et de lui accorder une vie longue et paisible. Leur reconnaissance étant, pour ainsi dire, renouvelée tous les jours, s'allia nécessairement à un sentiment de curiosité qui devint plus vif de jour en jour. Les circonstances qui avaient accompagné 'apparition de l'étranger étaient l'objet de leurs conversations, il formaient mille conjectures sur lui, et c'était un bienfait d'un nouveau genre que la distraction dont il était le sujet pour eux. Ils se promettaient bien de ne pas laisser échapper l'étranger à leur amitié le soir où il reviendrait, selon sa promesse, célébrer le triste anniversaire de la mort de Louis XVI. Cette nuit si impatiemment attendue, arriva enfin. A minuit, le bruit des pas pesants de l'inconnu retentit dans le vieil escalier de bois, la chambre avait été parée pour le recevoir, l'autel était dressé. Cette fois, les sœurs ouvrirent la porte d'avance, et toutes deux s'empressèrent d'éclairer l'escalier. Mademoiselle de Langeais descendit même quelques marches pour voir plus tôt son bienfaiteur.

— Venez, lui dit-elle d'une voix émue et affectueuse, venez.. l'on vous attend.

L'homme leva la tête, jeta un regard sombre sur la religieuse, et ne répondit pas; elle sentit comme un vêtement de glace tombant sur elle, et garda le silence; à son aspect, la reconnaissance et la curiosité expirèrent dans tous les cœurs. Il était peut-être moins froid, moins taciturne, moins terrible qu'il le parut à ces âmes que l'exaltation de leurs sentiments disposait aux épanchements de l'amitié. Les trois pauvres prisonniers, qui comprirent que cet homme voulait rester un étranger pour eux, se résignèrent. Le prêtre crut remarquer sur les lèvres de l'inconnu un sourire promptement réprimé au moment où il s'aperçut des apprêts qui avaient été faits pour le recevoir, il entendit la messe et pria ; mais il disparut, après avoir répondu par quelques mots de politesse négative à l'invitation que lui fit mademoiselle de Langeais de partager la petite collation préparée.

Après le 9 thermidor, les religieuses et l'abbé de Marolles purent aller dans Paris, sans y courir le moindre danger. La première sortie du vieux prêtre fut pour un magasin de parfumerie, à l'enseigne de la Reine des Fleurs, tenu par les citoyen et citoyenne Ragon, anciens parfumeurs de la cour, restés fidèles à la famille royale, et dont se servaient les Vendéens pour correspondre avec les princes et le comité royaliste de Paris. L'abbé, mis comme le voulait cette époque, se trouvait sur le pas de la porte de cette boutique, située entre Saint-Roch et la rue des Frondeurs, quand une foule, qui remplissait la rue Saint-Honoré, l'empêcha de sortir.

— Qu'est-ce ? dit-il à madame Ragon.

— Ce n'est rien, reprit-elle, c'est la charrette et le bourreau qu vont à la place Louis XV. Ah ! nous l'avons vu bien souvent l'année dernière ; mais aujourd'hui, quatre jours après l'anniversaire du 21 janvier, on peut regarder cet affreux cortége sans chagrin.

— Pourquoi ? dit l'abbé, ce n'est pas chrétien, ce que vous dites.

— Eh ! c'est l'exécution des complices de Robespierre, ils se sont défendus tant qu'ils ont pu ; mais ils vont à leur tour là où ils ont envoyé tant d'innocents.

Une foule qui remplissait la rue Saint-Honoré passa comme un flot. Au-dessus des têtes, l'abbé de Marolles, cédant à un mouvement de curiosité, vit debout, sur la charrette, celui qui, trois jours auparavant, écoutait sa messe.

— Qui est-ce ?... dit-il, celui qui...

— C'est le bourreau, répondit monsieur Ragon en nommant l'exécuteur des hautes œuvres par son nom monarchique.

— Mon ami ! mon ami ! cria madame Ragon, monsieur l'abbé se meurt.

Et la vieille dame prit un flacon de vinaigre pour faire revenir le vieux prêtre évanoui.

— Il m'a sans doute donné, dit-il, le mouchoir avec lequel le roi s'est essuyé le front, en allant au martyre... Pauvre homme !... le couteau d'acier a eu du cœur quand toute la France en manquait !...

Les parfumeurs crurent que le pauvre prêtre avait le délire.

Paris, janvier 1831.

UNE TENEBREUSE AFFAIRE

A MONSIEUR DE MARGONE.

Son hôte du château de Saché reconnaissant,

DE BALZAC.

CHAPITRE PREMIER.

LES CHAGRINS DE LA POLICE.

L'automne de l'année 1803 fut un des plus beaux de la première période de ce siècle que nous nommons l'Empire. En octobre, quelques pluies avaient rafraîchi les prés, les arbres étaient encore verts et feuillés au milieu du mois de novembre. Aussi le peuple commençait-il à établir entre le ciel et Bonaparte, alors déclaré consul à vie, une entente à laquelle cet homme a dû l'un de ses prestiges; et, chose étrange! le jour où, en 1812, le soleil lui manqua, ses prospérités cessèrent. Le quinze novembre de cette année, vers quatre heures du soir, le soleil jetait comme une poussière rouge sur les cimes centenaires de quatre rangées d'ormes d'une longue avenue seigneuriale; il faisait briller le sable et les touffes d'herbes d'un de ces immenses ronds-points qui se trouvent dans les campagnes où la terre fut jadis assez peu coûteuse pour être sacrifiée à l'ornement. L'air était si pur, l'atmosphère était si douce, qu'une famille prenait alors le frais comme en été. Un homme vêtu d'une veste de chasse de coutil vert, à boutons verts, et d'une culotte de même étoffe, chaussé de souliers à semelles minces, et qui avait des guêtres de coutil montant jusqu'au genou, nettoyait une carabine avec le soin que mettent à cette occupation les chasseurs adroits, dans leurs moments de loisir. Cet homme n'avait ni carnier, ni gibecière, enfin aucun des agrès qui annoncent ou le départ ou le retour de la chasse, et deux femmes, assises auprès de lui, le regardaient et paraissaient en proie à une terreur mal déguisée. Quiconque eût pu contempler cette scène, caché dans un buisson, aurait sans doute frémi comme frémissaient la vieille belle-mère et la femme de cet homme. Évidemment un chasseur ne prend pas de si minutieuses précautions pour tuer le gibier, et n'emploie pas, dans le département de l'Aube, une lourde carabine rayée.

— Tu veux tuer des chevreuils, Michu? lui dit sa belle jeune femme en tâchant de prendre un air riant.

Avant de répondre, Michu examina son chien qui, couché au soleil, les pattes en avant, le museau sur les pattes, dans la charmante attitude des chiens de chasse, venait de lever la tête et flairait alternativement en avant de lui dans l'avenue d'un quart de lieue de longueur et vers un chemin de traverse qui débouchait à gauche dans le rond-point.

— Non, répondit Michu, mais un monstre que je ne veux pas manquer; un loup cervier. Le chien, un magnifique épagneul, à robe blanche tachetée de brun, grogna. — Bon, dit Michu en se parlant à lui-même, des espions ! le pays en fourmille.

Madame Michu leva douloureusement les yeux au ciel. Belle blonde aux yeux bleus, faite comme une statue antique, pensive et recueillie, elle paraissait être dévorée par un chagrin noir et amer. L'aspect du mari pouvait expliquer jusqu'à un certain point la terreur des deux femmes. Les lois de la physionomie sont exactes, non-seulement dans leur application au caractère, mais encore relativement à la fatalité de l'existence. Il y a des physionomies prophétiques. S'il était possible, et cette statistique vivante importe à la Société, d'avoir un dessin exact de ceux qui périssent sur l'échafaud, la science de Lavater et celle de Gall prouveraient invinciblement qu'il y avait dans la tête de tous ces gens, même chez les innocents, des signes étranges. Oui, la Fatalité met sa marque au visage de ceux qui doivent mourir d'une mort violente quelconque ! Or, ce sceau, visible aux yeux de l'observateur, était empreint sur la figure expressive de l'homme à la carabine. Petit et gros, brusque et leste comme un singe quoique d'un caractère calme, Michu avait une face blanche, injectée de sang, ramassée comme celle d'un Calmouque et à laquelle des cheveux rouges, crépus donnaient une expression sinistre. Ses yeux jaunâtres et clairs offraient, comme ceux des tigres, une profondeur intérieure où le regard de qui l'examinait allait se perdre, sans y rencontrer de mouvement ni de chaleur. Fixes, lumineux et rigides, ces yeux finissaient par épouvanter. L'opposition constante de l'immobilité des yeux avec la vivacité du corps ajoutait encore à l'impression glaciale que Michu causait au premier abord. Prompte chez cet homme, l'action devait desservir une pensée unique; de même que, chez les animaux, la vie est sans réflexion au service de l'instinct. Depuis 1793, il avait aménagé sa barbe rousse en éventail. Quand même il n'aurait pas été, pendant la Terreur, président d'un club de Jacobins, cette particularité de sa figure l'eût, à elle seule, rendu terrible à voir. Cette figure socratique à nez camus était couronnée par un très beau front, mais si bombé qu'il paraissait être en surplomb sur le visage. Les oreilles bien détachées possédaient une sorte de mobilité comme celles des bêtes sauvages, toujours sur le qui-vive. La bouche, entr'ouverte par une habitude assez ordinaire chez les campagnards, laissait voir des dents fortes et blanches comme des amandes, mais mal rangées. Des favoris épais et luisants encadraient cette face blanche et violacée par places. Les cheveux coupés ras sur le devant, longs sur les joues et derrière la tête, faisaient, par leur rougeur fauve, parfaitement ressortir tout ce que cette physionomie avait d'étrange et de fatal. Le cou, court et gros, tentait le couperet de la Loi. En ce moment, le soleil, prenant ce groupe en écharpe, illuminait en plein ces trois têtes que le chien regardait par moments. Cette scène se passait d'ailleurs sur un magnifique théâtre. Ce rond-point est à l'extrémité du parc de Gondreville, une des plus riches terres de France, et, sans contredit, la plus belle du département de l'Aube : magnifiques avenues d'ormes, château construit sur les dessins de Mansard, parc de quinze cents arpents enclos de murs, neuf grandes fermes, une forêt, des moulins et des prairies. Cette terre quasi royale appartenait avant la Révolution à la famille de Simeuse. Ximeuse est un fief situé en Lorraine. Le nom se prononçait Simeuse, et l'on avait fini par l'écrire comme il se prononçait.

La grande fortune des Simeuse, gentilshommes attachés à la maison de Bourgogne, remonte au temps où les Guises menacèrent les Valois. Richelieu d'abord, puis Louis XIV se souvinrent du dévouement des Simeuse à la factieuse maison de Lorraine, et les rebutèrent. Le marquis de Simeuse d'alors, vieux Bourguignon, vieux guisard, vieux ligueur, vieux frondeur (il avait hérité des quatre grandes rancunes de la noblesse contre la royauté), vint vivre à Cinq-Cygne. Ce courtisan, repoussé du Louvre, avait épousé la veuve du comte de Cinq-Cygne, la branche cadette de la fameuse maison de Chargebœuf, une des plus illustres de la vieille comté de Champagne, mais qui devint aussi célèbre et plus opulente que l'aînée. Le marquis, un des hommes les plus riches de ce temps, au lieu de se ruiner à la cour, bâtit Gondreville, en composa les domaines, et y joignit des terres, uniquement pour se faire une belle chasse. Il construisit également à Troyes l'hôtel de Simeuse, à peu de distance de l'hôtel de Cinq-Cygne. Ces deux vieilles maisons et l'Évêché furent pendant longtemps à Troyes les seules maisons de pierre. Le marquis vendit Simeuse au duc de Lorraine. Son fils dissipa les économies et quelque peu de cette grande fortune, sous le règne de Louis XV; mais ce fils devint d'abord chef d'escadre, puis vice-amiral, et répara les folies de sa jeunesse par d'éclatants services. Le marquis de Simeuse, fils de ce marin, avait péri sur l'échafaud, à Troyes, laissant deux enfants jumeaux qui émigrèrent et qui se trouvaient en ce moment à l'étranger, suivant le sort de la maison de Condé.

Ce rond-point était jadis le rendez-vous de chasse du Grand Marquis. On nommait ainsi dans la famille le Simeuse qui érigea Gondreville. Depuis 1789, Michu habitait ce rendez-vous, sis à l'intérieur du parc, bâti du temps de Louis XIV, et appelé le pavillon de Cinq-Cygne. Le village de Cinq-Cygne est au bout de la forêt de Nodesme (corruption de Notre-Dame), à laquelle mène l'avenue à quatre rangs d'ormes où Courant flairait des espions. Depuis la mort du Grand Marquis, ce pavillon avait été tout à fait négligé. Le vice-amiral hanta beaucoup plus la mer et la cour que la Champagne, et son fils donna ce pavillon délabré pour demeure à Michu.

Ce noble bâtiment est de briques, orné de pierre vermiculée aux angles, aux portes et aux fenêtres. De chaque côté s'ouvre une grille d'une belle serrurerie, mais rongée de rouille. Après la grille s'étend un large, un profond saut-de-loup d'où s'élancent des arbres vigoureux, dont les parapets sont hérissés d'arabesques de fer qui présentent leurs innombrables piquants aux malfaiteurs.

Les murs du parc ne commencent qu'au delà de la circonférence produite par le rond-point. En dehors, la magnifique demi-lune est dessinée par des talus plantés d'ormes, de même que celle qui lui correspond dans le parc est formée par des massifs d'arbres exotiques. Ainsi le pavillon occupe le centre du rond-point tracé par ces deux fers-à-cheval. Michu avait fait des anciennes salles du rez-de-chaussée une écurie, une étable, une cuisine et un bûcher. De l'antique splendeur, la seule trace est une antichambre dallée en marbre noir et blanc, où l'on entre, du côté du parc, par une de ces portes-fenêtres vitrées en petits carreaux, comme il y en avait encore à Versailles avant que Louis-Philippe n'en fît l'hôpital des gloires de la France. A l'intérieur, ce pavillon est partagé par un vieil escalier de bois vermoulu, mais plein de caractère, qui mène au premier étage, où se trouvent cinq chambres, un peu basses d'étage. Au-dessus s'étend un immense grenier. Ce vénérable édifice est coiffé d'un de ces grands combles à quatre pans dont l'arête est ornée de deux bouquets de plomb, et percé de quatre de ces œils-de-bœuf que Mansard affectionnait avec raison ; car en France l'attique et les toits plats à l'italienne sont un non-sens contre lequel le climat proteste. Michu mettait là ses fourrages. Toute la partie du parc qui environne ce vieux pavillon est à l'anglaise. A cent pas, un ex-lac, devenu simplement un étang bien empoissonné, atteste sa présence autant par un léger brouillard au-dessus des arbres que par le cri de mille grenouilles, crapauds et autres amphibies bavards au coucher du soleil. La vétusté des choses, le profond silence des bois, la perspective de l'avenue, la forêt au loin, mille détails, les fers rongés de rouille, les masses de pierres veloutées par les mousses, tout poétis cette construction qui existe encore.

Au moment où commence cette histoire, Michu était appuyé à l'un des parapets moussus sur lequel se voyaient sa poire à poudre, sa casquette, son mouchoir, un tournevis, des chiffons, enfin tous les ustensiles nécessaires à sa suspecte opération. La chaise de sa femme se trouvait adossée à côté de la porte extérieure du pavillon, au-dessus de laquelle existaient encore les armes de Simeuse richement sculptées avec leur belle devise : *Si meurs !* La mère, vêtue en paysanne, avait mis sa chaise devant

MICHU.

Le régisseur de Gondeville.

(UNE TÉNÉBREUSE AFFAIRE.)

madame Michu pour qu'elle eût les pieds à l'abri de l'humidité, sur un des bâtons.

— Le petit est là ? demanda Michu à sa femme.

— Il rôde autour de l'étang, il est fou des grenouilles et des insectes, dit la mère.

Michu siffla de façon à faire trembler. La prestesse avec laquelle son fils accourut démontrait le despotisme exercé par le régisseur de Gondreville. Michu, depuis 1789, mais surtout depuis 1793, était à peu près le maître de cette terre. La terreur qu'il inspirait à sa femme, à sa belle-mère, à un petit domestique nommé Gaucher, et à une servante nommée Marianne, était partagée à dix lieues à la ronde. Peut-être ne faut-il pas tarder plus longtemps de donner les raisons de ce sentiment, qui, d'ailleurs, achèveront au moral le portrait de Michu.

Le vieux marquis de Simeuse s'était défait de ses biens en 1790; mais, devancé par les événements, il n'avait pu mettre en des mains fidèles sa belle terre de Gondreville. Accusé de correspondre avec le duc de Brunswick et le prince de Cobourg, le marquis de Simeuse et sa femme furent mis en prison et condamnés à mort par le tribunal révolutionnaire de Troyes, que présidait le père de Marthe. Ce beau domaine fut donc vendu nationalement. Lors de l'exécution du marquis et de la marquise, on y remarqua, non sans une sorte d'horreur, le garde général de la terre de Gondreville, qui, devenu président du club des Jacobins d'Arcis, vint à Troyes pour y assister. Fils d'un simple paysan et orphelin, Michu, comblé des bienfaits de la marquise qui lui avait donné la place de garde général, après l'avoir fait élever au château, fut regardé comme un Brutus par les exaltés; mais dans le pays tout le monde cessa de le voir après ce trait d'ingratitude. L'acquéreur fut un homme d'Arcis nommé Marion, petit-fils d'un intendant de la maison de Simeuse. Cet homme, avocat avant et après la Révolution, eut peur du garde, il en fit son régisseur en lui donnant trois mille livres de gages et un intérêt dans les ventes. Michu, qui passait déjà pour avoir une dizaine de mille francs, épousa, protégé par sa renommée de patriote, la fille d'un tanneur de Troyes, l'apôtre de la Révolution dans cette ville où il présida le tribunal révolutionnaire. Ce tanneur, homme de conviction, qui, pour le caractère, ressemblait à Saint-Just, se trouva mêlé plus tard à la conspiration de Babœuf, et il se tua pour échapper à une condamnation. Marthe était la plus belle fille de Troyes. Aussi, malgré sa touchante modestie, avait-elle été forcée par son redoutable père de faire la déesse de la Liberté dans une cérémonie républicaine. L'acquéreur ne vint pas trois fois en sept ans à Gondreville. Son grand-père avait été l'intendant des Simeuse, tout Arcis crut alors que le citoyen Marion représentait messieurs de Simeuse. Tant que dura la Terreur, le régisseur de Gondreville, patriote dévoué, gendre du président du tribunal révolutionnaire de Troyes, caressé par Malin (de l'Aube), l'un des Représentants du Département, se vit l'objet d'une sorte de respect. Mais quand la Montagne fut vaincue, lorsque son beau-père se fut tué, Michu devint un bouc émissaire; tout le monde s'empressa de lui attribuer, ainsi qu'à son beau-père, des actes auxquels il était, pour son compte, parfaitement étranger. Le régisseur se banda contre l'injustice de la foule; il se roidit et prit une attitude hostile. Sa parole se fit audacieuse. Cependant, depuis le 18 brumaire, il gardait ce profond silence qui est la philosophie des gens forts; il ne luttait plus contre l'opinion générale, il se contentait d'agir; cette sage conduite le fit regarder comme un sournois, car il possédait en terres une fortune d'environ cent mille francs. D'abord il ne dépensait rien; puis cette fortune lui venait légitimement, tant de la succession de son beau-père que des six mille francs par an que lui donnait sa place en profits et en appointements. Quoiqu'il fût régisseur depuis douze ans, quoique chacun pût faire le compte de ses économies; quand, au début du Consulat, il acheta une ferme de cinquante mille francs, il s'éleva des accusations contre l'ancien Montagnard, les gens d'Arcis lui prêtaient l'intention de recouvrer la considération en faisant une grande fortune. Malheureusement, au moment où chacun l'oubliait, une sotte affaire, envenimée par le caquet des campagnes raviva la croyance générale sur la férocité de son caractère.

Un soir, à la sortie de Troyes, en compagnie de quelques paysans parmi lesquels se trouvait le fermier de Cinq-Cygne, il laissa tomber un papier sur la grande route; ce fermier, qui marchait le dernier, se baisse et le ramasse; Michu se retourne, voit le papier dans les mains de cet homme, il tire aussitôt un pistolet de sa ceinture, l'arme et menace le fermier, qui savait lire, de lui brûler la cervelle s'il ouvrait le papier. L'action de Michu fut si rapide, si violente, le son de sa voix si effrayant, ses yeux si flamboyants, que tout le monde eut froid de peur. Le fermier de Cinq-Cygne était naturellement un ennemi de Michu. Mademoiselle de Cinq-Cygne, cousine des Simeuse, n'avait plus qu'une ferme pour toute fortune et habitait son château de Cinq-Cygne. Elle ne vivait que pour ses cousins les jumeaux, avec lesquels elle avait joué dans son enfance à Troyes et à Gondreville. Son frère unique, Jules de Cinq-Cygne, émigré avant les Simeuse, était mort devant Mayence ; mais par un privilége assez rare et dont il sera parlé, le nom de Cinq-Cygne ne périssait point faute de mâles. Cette affaire entre Michu et le fermier de Cinq-Cygne fit un tapage épouvantable dans l'Arrondissement, et rembrunit les teintes mystérieuses qui voilaient Michu ; mais cette circonstance ne fut pas la seule qui le rendit redoutable. Quelques mois après cette scène, le citoyen Marion vint avec le citoyen Malin à Gondreville. Le bruit courut que Marion allait vendre la terre à cet homme que les événements politiques avaient bien servi, et que le Premier Consul venait de placer au Conseil d'État pour le récompenser de ses services au 18 brumaire. Les politiques de la petite ville d'Arcis devinèrent alors que Marion avait été le prête-nom du citoyen Malin au lieu d'être celui de messieurs de Simeuse. Le tout-puissant Conseiller d'État était le plus grand personnage d'Arcis. Il avait envoyé l'un de ses amis politiques à la Préfecture de Troyes, il avait fait exempter du service le fils d'un des fermiers de Gondreville, appelé Beauvisage, il rendait service à tout le monde. Cette affaire ne devait donc point rencontrer de contradicteurs dans le pays, où Malin régnait et où il règne encore. On était à l'aurore de l'Empire. Ceux qui lisent aujourd'hui des histoires de la Révolution française ne sauront jamais quels immenses intervalles la pensée publique mettait entre les événements si rapprochés de ce temps. Le besoin général de paix et de tranquillité que chacun éprouvait après de violentes commotions, engendrait un complet oubli des faits antérieurs les plus graves. L'Histoire vieillissait promptement, constamment mûrie par des intérêts nouveaux et ardents. Ainsi personne, excepté Michu, ne rechercha le passé de cette affaire, qui fut trouvée toute simple. Marion qui, dans le temps, avait acheté Gondreville six cent mille francs en assignats, le vendit un million en écus ; mais la seule somme déboursée par Malin fut le droit de l'Enregistrement. Grévin, un camarade de cléricature de Malin, favorisait naturellement ce tripotage, et le Conseiller d'État le récompensa en le faisant nommer notaire à Arcis. Quand cette nouvelle parvint au pavillon, apportée par le fermier d'une ferme sise entre la forêt et le parc, à gauche de la belle avenue, et nommée Grouage, Michu devint pâle et sortit ; il alla épier Marion, et finit par le rencontrer seul dans une allée du parc — « Monsieur vend Gondreville? — Oui, Michu, oui. Vous aurez un homme puissant pour maître. Le Conseiller d'État est l'ami du Premier Consul, il est lié très intimement avec tous les ministres, il vous protégera. — Vous gardiez donc la terre pour lui? — Je ne dis pas cela, reprit Marion. Je ne savais dans le temps comment placer mon argent, et pour ma sécurité, je l'ai mis dans les biens nationaux ; mais il ne me convient pas de garder la terre qui appartenait à la maison où mon père... — A été domestique, intendant, dit violemment Michu. Mais vous ne la vendrez pas? je la veux, et je puis vous la payer, moi. — Toi ? — Oui, moi, sérieusement et en bon or, huit cent mille francs... — Huit cent mille francs ? où les as-tu pris? dit Marion. — Cela ne vous regarde pas, répondit Michu. Puis, en se radoucissant, il ajouta tout bas : — Mon beau-père a sauvé bien des gens ! — Tu viens trop tard, Michu, l'affaire est faite. — Vous la déferez, monsieur ! s'écria le régisseur en prenant son maître par la main et la lui serrant comme dans un étau. Je suis haï, je veux être riche et puissant ; il me faut Gondreville ! Sachez-le, je ne tiens pas à la vie, et vous allez me vendre la terre, ou je vous ferai sauter la cervelle..... — Mais au moins faut-il le temps de me retourner avec Malin, qui n'est pas commode... — Je vous donne vingt-quatre heures. Si vous dites un mot de ceci, je me soucie de vous couper la tête comme de couper une rave... » Marion et Malin quittèrent le château pendant la nuit. Marion eut peur, et instruisit le Conseiller d'État de cette rencontre en lui disant d'avoir l'œil sur le régisseur. Il était impossible à Marion de se soustraire à l'obligation de rendre cette terre à celui qui l'avait réellement payée, et Michu ne paraissait homme ni à comprendre ni à admettre une pareille raison. D'ailleurs, ce service rendu par Marion à Malin devait être et fut l'origine de sa fortune politique et de celle de son frère. Malin fit nommer, en 1806, l'avocat Marion Premier Président d'une Cour Impériale, et dès la création des Receveurs-généraux, il procura la Recette générale de l'Aube au frère de l'avocat. Le Conseiller d'État dit à Marion de demeurer à Paris, et prévint le ministre de la Police qui mit le garde en surveillance. Néanmoins, pour ne pas le pousser à des extrémités, et pour le mieux surveiller peut-être, Malin laissa

Michu régisseur, sous la férule du notaire d'Arcis. Depuis ce moment, Michu, qui devint de plus en plus taciturne et songeur, eut la réputation d'un homme capable de faire un mauvais coup. Malin, Conseiller d'État, fonction que le Premier Consul rendit alors égale à celle de ministre, et l'un des rédacteurs du Code, jouait un grand rôle à Paris, où il avait acheté l'un des plus beaux hôtels du faubourg Saint-Germain, après avoir épousé la fille unique de Sibuelle, un riche fournisseur assez déconsidéré, qu'il associa pour la Recette générale de l'Aube à Marion. Aussi n'était-il pas venu plus d'une fois à Gondreville, il s'en reposait d'ailleurs sur Grévin de tout ce qui concernait ses intérêts. Enfin, qu'avait-il à craindre, lui, ancien Représentant de l'Aube, d'un ancien président du club des Jacobins d'Arcis? Cependant, l'opinion, déjà si défavorable à Michu dans les basses classes, fut naturellement partagée par la bourgeoisie; et Marion, Grévin, Malin, sans s'expliquer ni se compromettre, le signalèrent comme un homme excessivement dangereux. Obligées de veiller sur le garde par le ministre de la Police générale, les autorités ne détruisirent pas cette croyance. On avait fini, dans le pays, par s'étonner de ce que Michu gardait sa place ; mais on prit cette concession pour un effet de la terreur qu'il inspirait. Qui maintenant ne comprendrait pas la profonde mélancolie exprimée par la femme de Michu ?

D'abord, Marthe avait été pieusement élevée par sa mère. Toutes deux, bonnes catholiques, avaient souffert des opinions et de la conduite du tanneur. Marthe ne se souvenait jamais sans rougir d'avoir été promenée dans la ville de Troyes en costume de déesse. Son père l'avait contrainte d'épouser Michu, dont la mauvaise réputation allait croissant, et qu'elle redoutait trop pour pouvoir jamais le juger. Néanmoins, cette femme se sentait aimée; et au fond de son cœur, il s'agitait pour cet homme effrayant la plus vraie des affections ; elle ne lui avait jamais vu rien faire que de juste, jamais ses paroles n'étaient brutales, pour elle du moins ; enfin il s'efforçait de deviner tous ses désirs. Ce pauvre paria, croyant être désagréable à sa femme, restait presque toujours dehors. Marthe et Michu, en défiance l'un de l'autre, vivaient dans ce qu'on appelle aujourd'hui *une paix armée*. Marthe, qui ne voyait personne, souffrait vivement de la réprobation qui, depuis sept ans, la frappait comme fille d'un coupe-tête, et de celle qui frappait son mari comme traître. Plus d'une fois, elle avait entendu les gens de la ferme qui se trouvait dans la plaine à droite de l'avenue, appelée Bellache et tenue par Beauvisage, un homme attaché aux Simeuse dire en passant devant le pavillon : — Voilà la maison des Judas ! La singulière ressemblance de la tête du régisseur avec celle du treizième apôtre, et qu'il semblait avoir voulu compléter, lui valait en effet cet odieux surnom dans tout le pays. Aussi ce malheur et de vagues, de constantes appréhensions de l'avenir, rendaient-ils Marthe pensive et recueillie. Rien n'attriste plus profondément qu'une dégradation imméritée et de laquelle il est impossible de se relever. Un peintre n'eût-il pas fait un beau tableau de cette famille de parias au sein d'un des plus jolis sites de la Champagne, où le paysage est généralement triste.

— François ! cria le régisseur pour faire encore hâter son fils.

François Michu, enfant âgé de dix ans, jouissait du parc, de la forêt, et levait ses menus suffrages en maître ; il mangeait les fruits, il chassait, il n'avait ni soins ni peines ; il était le seul être heureux de cette famille, isolée dans le pays par sa situation entre le parc et la forêt, comme elle l'était moralement par la répulsion générale.

— Ramasse-moi tout ce qui est là, dit le père à son fils en lui montrant le parapet, et serre-moi cela. Regarde-moi ! tu dois aimer ton père et ta mère ? L'enfant se jeta sur son père pour l'embrasser ; mais Michu fit un mouvement pour déplacer la carabine et le repoussa. — Bien ! Tu as quelquefois jasé sur ce qui se fait ici, dit-il en fixant sur lui ses deux yeux redoutables comme ceux d'un chat sauvage. Retiens bien ceci : révéler la plus indifférente des choses qui se font ici, à Gaucher, aux gens de Grouage ou de Bellache, et même à Marianne qui nous aime, ce serait tuer ton père. Que cela ne t'arrive plus, et je te pardonne tes indiscrétions d'hier. L'enfant se mit à pleurer. — Ne pleure pas, mais à quelque question qu'on te fasse, réponds comme les paysans : Je ne sais pas ! Il y a des gens qui rôdent dans le pays, et qui ne me reviennent pas. Va ! Vous avez entendu, vous deux ? dit Michu aux femmes, ayez aussi la gueule morte.

— Mon ami, que vas-tu faire ?

Michu, qui mesurait avec attention une charge de poudre et la versait dans le canon de sa carabine, posa l'arme contre le parapet et dit à Marthe : — Personne ne me connaît cette carabine, mets-toi devant !

Couraut, dressé sur ses quatre pattes, aboyait avec fureur.

— Belle et intelligente bête ! s'écria Michu, je suis sûr que c'est des espions...

On se sait espionné. Couraut et Michu, qui semblaient avoir une seule et même âme, vivaient ensemble comme l'Arabe et son cheval vivent dans le désert. Le régisseur connaissait toutes les modulations de la voix de Couraut et les idées qu'elles exprimaient, de même que le chien lisait la pensée de son maître dans ses yeux et la sentait exhalée dans l'air de son corps.

— Qu'en dis-tu? s'écria tout bas Michu en montrant à sa femme deux sinistres personnages qui apparurent dans une contre-allée en se dirigeant vers le rond-point.

— Que se passe-t-il dans le pays? C'est des Parisiens? dit la vieille.

— Ah! voilà, s'écria Michu. Cache donc ma carabine, dit-il à l'oreille de sa femme, ils viennent à nous.

Les deux Parisiens qui traversèrent le rond-point offraient des figures qui, certes, eussent été typiques pour un peintre. L'un, celui qui paraissait être le subalterne, avait des bottes à revers, tombant un peu bas, qui laissaient voir de mièvres mollets et des bas de soie chinés d'une propreté douteuse. La culotte, de drap côtelé couleur abricot et à boutons de métal, était un peu trop large; le corps s'y trouvait à l'aise, et les plis usés indiquaient par leur disposition un homme de cabinet. Le gilet de piqué surchargé de broderies saillantes, ouvert, boutonné par un seul bouton sur le haut du ventre, donnait à ce personnage un air d'autant plus débraillé que ses cheveux noirs, frisés en tire-bouchons, lui cachaient le front et descendaient le long des joues. Deux chaînes de montre en acier pendaient sur la culotte. La chemise était ornée d'une épingle à camée blanc et bleu. L'habit, couleur cannelle, se recommandait au caricaturiste par une longue queue qui, vue par derrière, avait une si parfaite ressemblance avec une morue que le nom lui en fut appliqué. La mode des habits en queue de morue a duré dix ans, presque autant que l'empire de Napoléon. La cravate lâche et à grands plis nombreux, permettait à cet individu de s'y enterrer le visage jusqu'au nez. Sa figure bourgeonnée, son gros nez long couleur de brique, ses pommettes animées, sa bouche dé- meublée, mais menaçante et gourmande, ses oreilles ornées de grosses boucles d'or, son front bas, tous ces détails qui semblent grotesques étaient rendus terribles par deux petits yeux placés et percés comme ceux des cochons d'une implacable avidité, d'une cruauté goguenarde et quasi-joyeuse. Ces deux yeux fureteurs et perspicaces, d'un bleu glacial et glacé, pouvaient être pris pour le modèle de ce fameux œil, le redoutable emblème de la police, inventé pendant la Révolution. Il avait des gants de soie noire et une badine à la main. Il devait être quelque personnage officiel, car il avait, dans son maintien, dans sa manière de prendre son tabac et de le fourrer dans le nez l'importance bureaucratique d'un homme secondaire, mais qui émarge ostensiblement, et que des ordres partis de haut rendent momentanément souverain.

L'autre, dont le costume était dans le même goût, mais élégant et très élégamment porté, soigné dans les moindres détails, qui faisait, en marchant, crier des bottes à la Suwaroff, mises par dessus un pantalon collant, avait sur son habit un spincer, mode aristocratique adoptée par les Clichiens, par la jeunesse dorée, et qui survivait aux Clichiens et à la jeunesse dorée. Dans ce temps, il y eut des modes qui durèrent plus longtemps que des partis, symptôme d'anarchie que 1830 nous a présenté déjà. Ce parfait *muscadin* paraissait âgé de trente ans. Ses manières sentaient la bonne compagnie, il portait des bijoux de prix. Le col de sa chemise venait à la hauteur de ses oreilles. Son air fat et presque impertinent accusait une sorte de supériorité cachée; sa figure blafarde semblait ne pas avoir une goutte de sang, son nez camus et fin avait la tournure sardonique du nez d'une tête de mort, et ses yeux verts étaient impénétrables; leur regard était aussi discret que devait l'être sa bouche mince et serrée. Le premier semblait être un bon enfant comparé à ce jeune homme sec et maigre qui fouettait l'air avec un jonc dont la pomme d'or brillait au soleil. Le premier pouvait couper lui-même une tête, mais le second était capable d'entortiller, dans les filets de la calomnie et de l'intrigue, l'innocence, la beauté, la vertu, de les noyer, ou de les empoisonner froidement. L'homme rubicond aurait consolé sa victime par des lazzis, l'autre n'aurait pas même souri. Le premier avait quarante-cinq ans, il devait aimer la bonne chère et les femmes. Ces sortes d'hommes ont tous des passions qui les rendent esclaves de leur métier. Mais le jeune homme était sans passions et sans vices. S'il était espion, il appartenait à la diplomatie, et travaillait pour l'art pur. Il concevait, l'autre exécutait; il était l'idée, l'autre était la forme.

PEYRADE.

Il devait être quelque personnage officiel....

(UNE TÉNÉBREUSE AFFAIRE.)

— Nous devons être à Gondreville, ma bonne femme? dit le jeune homme.

— On ne dit pas ici *ma bonne femme*, répondit Michu. Nous avons encore la simplicité de nous appeler *citoyenne* et *citoyen*, nous autres!

— Ah! fit le jeune homme de l'air le plus naturel et sans paraître choqué.

Les joueurs ont souvent, dans le monde, au jeu de l'écarté surtout, éprouvé comme une déroute intérieure en voyant s'attabler devant eux au milieu de leur veine, un joueur, dont les manières, le regard, la voix, la façon de mêler les cartes leur prédisent une défaite. A l'aspect du jeune homme, Michu sentit une prostration prophétique de ce genre. Il fut atteint par un pressentiment mortel, il entrevit confusément l'échafaud; une voix lui cria que ce muscadin lui serait fatal, quoiqu'ils n'eussent encore rien de commun. Aussi sa parole avait-elle été rude, il voulait être et fut grossier.

— N'appartenez-vous pas au Conseiller d'État Malin? demanda le second Parisien.

— Je suis mon maître, répondit Michu.

— Enfin, mesdames? dit le jeune homme en prenant les façons les plus polies, sommes-nous à Gondreville! nous y sommes attendus par monsieur Malin.

— Voici le parc, dit Michu en montrant la grille ouverte.

— Et pourquoi cachez-vous cette carabine, ma belle enfant? dit le jovial compagnon du jeune homme qui en passant par la grille aperçut le canon.

— Tu *travailles* toujours, même à la campagne, s'écria le jeune homme en souriant.

Tous deux revinrent, saisis par une pensée de défiance que le régisseur comprit malgré l'impassibilité de leurs visages; Marthe les laissa regarder la carabine, au milieu des abois de Couraut, car elle avait la conviction que Michu méditait quelque mauvais coup et fut presque heureuse de la perspicacité des inconnus. Michu jeta sur sa femme un regard qui la fit frémir, il prit alors la carabine et se mit en devoir d'y chasser une balle, en acceptant les fatales ances de cette découverte et de cette rencontre; il parut ne plus tenir à la vie, et sa femme comprit bien alors sa funeste résolution.

— Vous avez donc des loups par ici? dit le jeune homme à Michu.

— Il y a toujours des loups là où il y a des moutons. Vous êtes en Champagne et voilà une forêt; mais nous avons aussi du sanglier, nous avons de grosses et petites bêtes, nous avons un peu de tout, dit Michu d'un air goguenard.

— Je parie, Corentin, dit le plus vieux des deux après avoir échangé un regard avec l'autre, que cet homme est mon Michu...

— Nous n'avons pas gardé les cochons ensemble, dit le régisseur.

— Non, mais nous avons présidé les Jacobins, citoyen, répliqua le vieux cynique, vous à Arcis, moi ailleurs. Tu as conservé la politesse de la Carmagnole; mais elle n'est plus à la mode, mon petit.

— Le parc me paraît bien grand, nous pourrions nous y perdre, si vous êtes le régisseur, faites-nous conduire au château, dit Corentin d'un ton péremptoire.

Michu siffla son fils et continua de chasser sa balle. Corentin contemplait Marthe d'un œil indifférent, tandis que son compagnon semblait charmé; mais il remarquait en elle les traces d'une angoisse qui échappait au vieux libertin, lui que la carabine avait effarouché. Ces deux natures se peignaient tout entières dans cette petite chose si grande.

— J'ai rendez-vous au delà de la forêt, disait le régisseur, je ne puis pas vous rendre ce service moi-même; mais mon fils vous mènera jusqu'au château. Par où venez-vous donc à Gondreville? Auriez-vous pris par Cinq-Cygne?

— Nous avions, comme vous, des affaires dans la forêt, dit Corentin sans aucune ironie apparente.

— François, s'écria Michu, conduis ces messieurs au château par les sentiers, afin qu'on ne les voie pas, ils ne prennent point les routes battues. Viens ici d'abord! dit-il en voyant les deux étrangers qui leur avaient tourné le dos, et marchaient en se parlant à voix basse. Michu saisit son enfant, l'embrassa presque saintement et avec une expression qui confirma les appréhensions de sa femme; elle eut froid dans le dos et regarda sa mère d'un œil sec, car elle ne pouvait pas pleurer. — Va, dit-il. Et il le regarda jusqu'à ce qu'il l'eût entièrement perdu de vue. Couraut aboya du côté de la ferme de Grouage. — Oh! c'est Violette, reprit-il. Voilà la troisième fois qu'il passe depuis ce matin? Qu'y a-t-il donc dans l'air? ssez, Couraut!

Quelques instants après, on entendit le petit trot d'un cheval.

Violette, monté sur un de ces bidets dont se servent les fermiers aux environs de Paris, montra sous un chapeau de forme ronde et à grands bords, sa figure couleur de bois et fortement plissée, laquelle paraissait encore plus sombre. Ses yeux gris, malicieux et brillants, dissimulaient la traîtrise de son caractère. Ses jambes sèches, habillées de guêtres de toile blanche montant jusqu'au genou, pendaient sans être appuyées sur des étriers, et semblaient maintenues par le poids de ses gros souliers ferrés. Il portait par-dessus sa veste de drap bleu une limousine à raies blanches et noires. Ses cheveux gris retombaient en boucles derrière sa tête. Ce costume, le cheval gris à petites jambes basses, la façon dont s'y tenait Violette, le ventre en avant, le haut du corps en arrière, la grosse main crevassée et couleur de terre qui soutenait une méchante bride rongée et déchiquetée, tout peignait en lui un paysan avare, ambitieux, qui veut posséder de la terre et qui l'achète à tout prix. Sa bouche aux lèvres bleuâtres, fendue comme si quelque chirurgien l'eût ouverte avec un bistouri, les innombrables rides de son visage et de son front, empêchaient le jeu de la physionomie dont les contours seulement parlaient. Ces lignes dures, arrêtées, paraissaient exprimer la menace, malgré l'air humble que se donnent presque tous les gens de la campagne, et sous lequel ils cachent leurs émotions et leurs calculs, comme les Orientaux et les Sauvages enveloppent les leurs sous une imperturbable gravité. De simple paysan faisant des journées, devenu fermier de Grouage par un système de méchanceté croissante, il le continuait encore après avoir conquis une position qui surpassait ses premiers désirs. Il voulait le mal du prochain et le lui souhaitait ardemment. Quand il y pouvait contribuer, il y aidait avec amour. Violette était franchement envieux ; mais, dans toutes ses malices, il restait dans les limites de la légalité, ni plus ni moins qu'une Opposition parlementaire. Il croyait que sa fortune dépendait de la ruine des autres, et tout ce qui se trouvait au-dessus de lui était pour lui un ennemi envers lequel tous les moyens devaient être bons. Ce caractère est très commun chez les paysans. Sa grande affaire du moment était d'obtenir de Malin une prorogation du bail de sa ferme qui n'avait plus que six ans à courir. Jaloux de la fortune du régisseur, il le surveillait de près ; les gens du pays lui faisaient la guerre sur ses liaisons avec les Michu ; mais, dans l'espoir de faire continuer son bail pendant douze autres années, le rusé fermier épiait une occasion de rendre service au gouvernement ou à Malin qui se défiait de Michu. Violette, aidé par le garde particulier de Gondreville, par le garde-champêtre et par quelques faiseurs de fagots, tenait le commissaire de police d'Arcis au courant des moindres actions de Michu. Ce fonctionnaire avait tenté, mais inutilement, de mettre Marianne, la servante de Michu, dans les intérêts du gouvernement; mais Violette et ses affidés savaient tout par Gaucher, le petit domestique sur la fidélité duquel Michu comptait, et qui le trahissait pour des vétilles, pour des gilets, des boucles, des bas de coton, des friandises. Ce garçon ne soupçonnait pas d'ailleurs l'importance de ses bavardages. Violette noircissait toutes les actions de Michu, il les rendait criminelles par les plus absurdes suppositions à l'insu du régisseur, qui savait néanmoins le rôle ignoble joué chez lui par le fermier, et qui se plaisait à le mystifier.

— Vous avez donc bien des affaires à Bellache, que vous voilà encore ! dit Michu.

— Encore! c'est un mot de reproche, monsieur Michu. Vous ne comptez pas siffler aux moineaux avec une pareille clarinette! Je ne vous connaissais point cette carabine-là...

— Elle a poussé dans un de mes champs où il vient des carabines, répondit Michu. Tenez, voilà comme je les sème.

Le régisseur mit en joue une vipérine à trente pas de lui et la coupa net.

— Est-ce pour garder votre maître que vous avez cette arme de bandit? Il vous en aura peut-être fait cadeau.

— Il est venu de Paris exprès pour me l'apporter, répondit Michu.

— Le fait est qu'on jase bien, dans tout le pays, de son voyage; les uns le disent en disgrâce, et qu'il se retire des affaires, les autres qu'il veut voir clair ici ; au fait, pourquoi qu'il arrive sans dire gare, absolument comme le Premier Consul ? saviez-vous qu'il venait?

— Je ne suis pas assez bien avec lui pour être dans sa confidence.

— Vous ne l'avez donc pas encore vu ?

— Je n'ai su son arrivée qu'à mon retour de ma ronde dans la forêt, répliqua Michu, qui rechargeait sa carabine.

— Il a envoyé chercher monsieur Grévin à Arcis, ils vont *tribuner* quelque chose...

Malin avait été tribun.

— Si vous allez du côté de Cinq-Cygne, dit le régisseur à Violette, prenez-moi, j'y vais.

Violette était trop peureux pour garder en croupe un homme de la force de Michu ; il piqua des deux. Le Judas mit sa carabine sur l'épaule et s'élança dans l'avenue.

— A qui donc Michu en veut-il ? dit Marthe à sa mère.

— Depuis qu'il a su l'arrivée de monsieur Malin, il est devenu bien sombre, répondit-elle. Mais il fait humide, rentrons.

Quand les deux femmes furent assises sous le manteau de la cheminée, elles entendirent Couraut.

— Voilà mon mari ! s'écria Marthe.

En effet, Michu montait l'escalier ; sa femme inquiète le rejoignit dans leur chambre.

— Vois s'il n'y a personne, dit-il à Marthe d'une voix émue.

— Personne, répondit-elle : Marianne est aux champs avec la vache, et Gaucher...

— Où est Gaucher ? reprit-il.

— Je ne sais pas.

— Je me défie de ce petit drôle ; monte au grenier, fouille le grenier, et cherche-le dans les moindres coins de ce pavillon.

Marthe sortit et alla ; quand elle revint, elle trouva Michu, les genoux en terre, et priant.

— Qu'as-tu donc ? dit-elle effrayée.

Le régisseur prit sa femme par la taille, l'attira sur lui, la baisa au front et lui répondit d'une voix émue : — Si nous ne nous revoyons plus, sache, ma pauvre femme, que je t'aimais bien. Suis de point en point les instructions qui sont écrites dans une lettre enterrée au pied du mélèze de ce massif, dit-il après une pause en lui désignant un arbre, elle est dans un rouleau de fer-blanc. N'y touche qu'après ma mort. Enfin, quoi qu'il m'arrive, pense, malgré l'injustice des hommes, que mon bras a servi la justice de Dieu.

Marthe, qui pâlit par degrés, devint blanche comme son linge, elle regarda son mari d'un œil fixe et agrandi par l'effroi ; elle voulut parler, elle se trouva le gosier sec. Michu s'évada comme une ombre, il avait attaché au pied de son lit Couraut, qui se mit à hurler comme hurlent les chiens au désespoir.

La colère de Michu contre monsieur Marion avait eu de sérieux motifs ; mais elle s'était reportée sur un homme beaucoup plus criminel à ses yeux, sur Malin dont les secrets s'étaient dévoilés aux yeux du régisseur, plus en position que personne d'apprécier la conduite du Conseiller d'État. Le beau-père de Michu avait eu, politiquement parlant, la confiance de Malin, nommé Représentant de l'Aube à la Convention par les soins de Grévin.

Peut-être n'est-il pas inutile de raconter les circonstances qui mirent les Simeuse et les Cinq-Cygne en présence avec Malin, et qui pesèrent sur la destinée des deux jumeaux et de mademoiselle de Cinq-Cygne, mais plus encore sur celle de Marthe et de Michu. A Troyes, l'hôtel de Cinq-Cygne faisait face à celui de Simeuse. Quand la populace, déchaînée par des mains aussi savantes que prudentes, eut pillé l'hôtel de Simeuse, découvert le marquis et la marquise accusés de correspondre avec les ennemis, et les eut livrés à des gardes nationaux qui les menèrent en prison, la foule conséquente cria : — Aux Cinq-Cygne! Elle ne concevait pas que les Cinq-Cygne fussent innocents du crime des Simeuse. Le digne et courageux marquis de Simeuse, pour sauver ses deux fils, âgés de dix-huit ans, que leur courage pouvait compromettre, les avait confiés, quelques instants avant l'orage, à leur tante, la comtesse de Cinq-Cygne. Deux domestiques attachés à la maison de Simeuse tenaient les jeunes gens renfermés. Le vieillard, qui ne voulait pas voir finir son nom, avait recommandé de tout cacher à ses fils, en cas de malheurs extrêmes. Laurence, alors âgée de douze ans, était également aimée par les deux frères, et les aimait également aussi. Comme beaucoup de jumeaux, les deux Simeuse se ressemblaient tant, que pendant longtemps leur mère leur donna des vêtements de couleurs différentes pour ne pas se tromper. Le premier venu, l'aîné, s'appelait Paul-Marie, l'autre Marie-Paul. Laurence de Cinq-Cygne, à qui l'on avait confié le secret de la situation, joua très bien son rôle de femme ; elle supplia ses cousins, les amadoua, les garda jusqu'au moment où la populace entoura l'hôtel de Cinq-Cygne. Les deux frères comprirent alors le danger au même moment, et se le dirent par un même regard. Leur résolution fut aussitôt prise, ils armèrent leurs deux domestiques, ceux de la comtesse de Cinq-Cygne, barricadèrent la porte, se mirent aux fenêtres, après en avoir fermé les persiennes, avec cinq domestiques et l'abbé de Hauteserre, un parent des Cinq-Cygne. Les huit courageux champions firent un feu terrible sur cette masse. Chaque coup tuait ou blessait un assaillant.

Laurence, au lieu de se désoler, chargeait les fusils avec un sang-froid extraordinaire, passait des balles et de la poudre à ceux qui en manquaient. La comtesse de Cinq-Cygne était tombée sur ses genoux. — « Que faites-vous, ma mère ? lui dit Laurence. — Je prie, répondit-elle, et pour eux et pour vous ! » Mot sublime, que dit aussi la mère du prince de la Paix en Espagne, dans une circonstance semblable. En un instant onze personnes furent tuées et mêlées à terre aux blessés. Ces sortes d'événements refroidissent ou exaltent la populace, elle s'irrite à son œuvre ou la discontinue. Les plus avancés, épouvantés, reculèrent; mais la masse entière, qui venait tuer, voler, assassiner, en voyant les morts, se mit à crier : — A l'assassinat! au meutre! Les gens prudents allèrent chercher le Représentant du peuple. Les deux frères, alors instruits des funestes événements de la journée, soupçonnèrent le Conventionnel de vouloir la ruine de leur maison, et leur soupçon fut bientôt une conviction. Animés par la vengeance, ils se postèrent sous la porte cochère et armèrent leurs fusils pour tuer Malin au moment où il se présenterait. La comtesse avait perdu la tête, elle voyait sa maison en cendres et sa fille assassinée, elle blâmait ses parents de l'héroïque défense qui occupa la France pendant huit jours. Laurence entr'ouvrit la porte à la sommation faite par Malin; en la voyant, le Représentant se fia sur son caractère redouté, sur la faiblesse de cette enfant, et il entra. — « Comment, monsieur, répondit-elle au premier mot qu'il dit en demandant raison de cette résistance, vous voulez donner la liberté à la France, et vous ne protégez pas les gens chez eux ! On veut démolir notre hôtel, nous assassiner, et nous n'aurions pas le droit de repousser la force par la force ! » Malin resta cloué sur ses pieds. — « Vous, le petit-fils d'un maçon employé par le Grand Marquis aux constructions de son château, lui dit Marie-Paul, vous venez de laisser traîner notre père en prison, en accueillant une calomnie ! — Il sera mis en liberté, dit Malin, qui se crut perdu en voyant chaque jeune homme remuer convulsivement son fusil. — Vous devez la vie à cette promesse, dit solennellement Marie-Paul. Mais si elle n'est pas exécutée ce soir, nous saurons vous retrouver ! Quant à cette population qui hurle, dit Laurence, si vous ne la renvoyez pas, le premier coup sera pour vous. Maintenant, monsieur Malin; sortez ! » Le Conventionnel sortit et harangua la multitude, en parlant des droits sacrés du foyer, de l'*habeas corpus* et du do micile anglais. Il dit que la Loi et le Peuple étaient souverains, que la Loi était le peuple, que le peuple ne devait agir que par la Loi et que force resterait à la Loi. La loi de la nécessité le rendit éloquent, il dissipa le rassemblement. Mais il n'oublia jamais, ni l'expression du mépris des deux frères, ni le : Sortez! de mademoiselle de Cinq-Cygne. Aussi, quand il fut question de vendre nationalement les biens du comte de Cinq-Cygne, frère de Laurence, le partage fut-il strictement fait. Les agents du District ne laissèrent à Laurence que le château, le parc, les jardins et la ferme dite de Cinq-Cygne. D'après les instructions de Malin, Laurence n'avait droit qu'à sa légitime, la Nation étant au lieu et place de l'émigré, surtout quand il portait les armes contre la République. Le soir de cette furieuse tempête, Laurence supplia tellement ses deux cousins de partir, en craignant pour eux quelque trahison et les embûches du Représentant, qu'ils montèrent à cheval et gagnèrent les avant-postes de l'armée prussienne. Au moment où les deux frères atteignirent la forêt de Gondreville, l'hôtel de Cinq-Cygne fut cerné; le Représentant venait, lui-même et en force, arrêter les héritiers de la maison de Simeuse. Il n'osa pas s'emparer de la comtesse de Cinq-Cygne alors au lit et en proie à une horrible fièvre nerveuse, ni de Laurence, un enfant de douze ans. Les domestiques, craignant la sévérité de la République, avaient disparu. Le lendemain matin, la nouvelle de la résistance des deux frères et de leur fuite en Prusse, disait-on, se répandit dans les environs; il se fit un rassemblement de trois mille personnes devant l'hôtel de Cinq-Cygne, qui fut démoli avec une inexplicable rapidité. Madame de Cinq-Cygne, transportée à l'hôtel de Simeuse, y mourut dans un redoublement de fièvre. Michu n'avait paru sur la scène politique qu'après ces événements, car le marquis et la marquise restèrent environ cinq mois en prison. Pendant ce temps, le Représentant de l'Aube eut une mission. Mais quand monsieur Marion vendit Gondreville à Malin, quand tout le pays eut oublié les effets de l'effervescence populaire, Michu comprit alors Malin tout entier, Michu crut le comprendre, du moins; car Malin est, comme Fouché, l'un de ces personnages qui ont tant de faces et tant de profondeur sous chaque face, qu'ils sont impénétrables au moment où ils jouent et qu'ils ne peuvent être expliqués que longtemps après la partie.

Dans les circonstances majeures de sa vie, Malin ne manquait jamais de consulter son fidèle ami Grévin, le notaire d'Arcis, dont le jugement sur les choses et sur les hommes était, à distance, net, clair et précis. Cette habitude est la sagesse, et fait la force des hommes secondaires. Or, en novembre 1803, les conjonctures furent si graves pour le Conseiller d'État, qu'une lettre eût compromis les deux amis. Malin, qui devait être nommé sénateur, craignit de s'expliquer dans Paris; il quitta son hôtel et vint à Gondreville, en donnant au Premier Consul une seule des raisons qui lui faisaient désirer d'y être, et qui lui donnait un air de zèle aux yeux de Bonaparte, tandis qu'au lieu de s'agir de l'État, il ne s'agissait que de lui-même. Or, pendant que Michu guettait et suivait dans le parc, à la manière des Sauvages, un moment propice à sa vengeance, le politique Malin, habitué à pressurer les événements pour son compte, emmenait son ami vers une petite prairie du jardin anglais, endroit désert et favorable à une conférence mystérieuse. Ainsi, en s'y tenant au milieu et parlant à voix basse, les deux amis étaient à une trop grande distance pour être entendus, si quelqu'un se cachait pour les écouter, et pouvaient changer de conversation s'il venait des indiscrets.

— Pourquoi n'être pas resté dans une chambre au château? dit Grévin.

— N'as-tu pas vu les deux hommes que m'envoie le Préfet de police?

Quoique Fouché ait été, dans l'affaire de la conspiration de Pichegru, Georges, Moreau et Polignac, l'âme du cabinet consulaire, il ne dirigeait pas le ministère de la Police et se trouvait alors simplement Conseiller d'État comme Malin.

— Ces deux hommes sont les deux bras de Fouché. L'un, ce jeune muscadin dont la figure ressemble à une carafe de limonade, qui a du vinaigre sur les lèvres et du verjus dans les yeux, a mis fin à l'insurrection de l'Ouest en l'an VII, dans l'espace de quinze jours. L'autre est un enfant de Lenoir, il est le seul qui ait les grandes traditions de la police. J'avais demandé un agent sans conséquence, appuyé d'un personnage officiel, et l'on m'envoie ces deux compères-là. Ah! Grévin, Fouché veut sans doute lire dans mon jeu. Voilà pourquoi j'ai laissé ces messieurs dînant au château; qu'ils examinent tout, ils n'y trouveront ni Louis XVIII, ni le moindre indice.

— Ah çà! mais, dit Grévin, quel jeu joues-tu donc?

— Eh! mon ami, un jeu double est bien dangereux; mais par rapport à Fouché, il est triple, et il a peut-être flairé que je suis dans les secrets de la maison de Bourbon.

— Toi!

— Moi, reprit Malin.

— Tu ne te souviens donc pas de Favras?

Ce mot fit impression sur le Conseiller.

— Et depuis quand? demanda Grévin après une pause.

— Depuis le Consulat à vie.

— Mais, pas de preuves?

— Pas ça! dit Malin en faisant claquer l'ongle de son pouce sous une de ses palettes.

En peu de mots, Malin dessina nettement la position critique où Bonaparte mettait l'Angleterre menacée de mort par le camp de Boulogne, en expliquant à Grévin la portée inconnue à la France et à l'Europe, mais que Pitt soupçonnait, de ce projet de descente; puis la position critique où l'Angleterre allait mettre Bonaparte. Une coalition imposante, la Prusse, l'Autriche et la Russie soldées par l'or anglais, devait armer sept cent mille hommes. En même temps une conspiration formidable étendait à l'intérieur son réseau et réunissait les Montagnards, les Chouans, les Royalistes et leurs princes.

— Tant que Louis XVIII a vu trois consuls, il a cru que l'anarchie continuait et qu'à la faveur d'un mouvement quelconque il prendrait sa revanche du 13 vendémiaire et du 18 fructidor, dit Malin; mais le Consulat à vie a démasqué les desseins de Bonaparte, il sera bientôt empereur. Cet ancien sous-lieutenant veut créer une dynastie! or, cette fois, on en veut à sa vie, et le coup est monté plus habilement encore que celui de la rue Saint-Nicaise. Pichegru, Georges, Moreau, le duc d'Enghien, Polignac et Rivière, les deux amis du comte d'Artois, en sont.

— Quel amalgame! s'écria Grévin.

— La France est envahie sourdement, on veut donner un assaut général, on y emploie le vert et le sec! Cent hommes d'exécution, commandés par Georges, doivent attaquer la garde consulaire et le consul corps à corps.

— Eh bien! dénonce-les.

— Voilà deux mois que le Consul, son ministre de la police, le Préfet et Fouché tiennent une partie des fils de cette trame immense; mais ils n'en connaissent pas toute l'étendue, et dans le moment actuel, ils laissent libres presque tous les conjurés pour savoir tout.

— Quant au droit, dit le notaire, les Bourbons ont bien plus le droit de concevoir, de conduire, d'exécuter une entreprise contre Bonaparte, que Bonaparte n'en avait de conspirer au 18 brumaire contre la République, de laquelle il était l'enfant; il assassinait sa mère, et ceux-ci veulent rentrer dans leur maison. Je conçois qu'en voyant fermer la liste des émigrés, multiplier les radiations, rétablir le culte catholique, et accumuler des arrêtés contre-révolutionnaires, les princes aient compris que leur retour se faisait difficile, pour ne pas dire impossible. Bonaparte devient le seul obstacle à leur rentrée, et ils veulent enlever l'obstacle, rien de plus simple. Les conspirateurs vaincus seront des brigands; victorieux, ils seront des héros, et ta perplexité me semble alors assez naturelle.

— Il s'agit, dit Malin, de faire jeter aux Bourbons, par Bonaparte, la tête du duc d'Enghien, comme la Convention a jeté aux rois la tête de Louis XVI, afin de le tremper aussi avant que nous dans le cours de la Révolution; ou de renverser l'idole actuelle du peuple français et son futur empereur, pour asseoir le vrai trône sur ses débris. Je suis à la merci d'un événement, d'un heureux coup de pistolet, d'une machine de la rue Saint-Nicaise qui réussirait. On ne m'a pas tout dit. On m'a proposé de rallier le Conseil d'État au moment critique, de diriger l'action légale de la restauration des Bourbons.

— Attends, répondit le notaire.

— Impossible! Je n'ai plus que le moment actuel pour prendre une décision.

— Et pourquoi?

— Les deux Simeuse conspirent, ils sont dans le pays; je dois, ou les faire suivre, les laisser se compromettre et m'en faire débarrasser, ou les protéger sourdement. J'avais demandé des subalternes, et l'on m'envoie des lynx de choix qui ont passé par Troyes pour avoir à eux la gendarmerie.

— Gondreville est le *Tiens* et la Conspiration le *Tu auras*, dit Grévin. Ni Fouché, ni Talleyrand, tes deux partenaires, n'en sont: joue franc jeu avec eux. Comment! tous ceux qui ont coupé le cou à Louis XVI sont dans le gouvernement, la France est pleine d'acquéreurs de biens nationaux, et tu voudrais ramener ceux qui te redemanderont Gondreville? S'ils ne sont pas imbéciles, les Bourbons devront passer l'éponge sur tout ce que nous avons fait. Avertis Bonaparte.

— Un homme de mon rang ne dénonce pas, dit Malin vivement.

— De ton rang? s'écria Grévin en souriant.

— On m'offre les Sceaux.

— Je comprends ton éblouissement, et c'est à moi d'y voir clair dans ces ténèbres politiques, d'y flairer la porte de sortie. Or, il est impossible de prévoir les événements qui peuvent ramener les Bourbons, quand un général Bonaparte a quatre-vingts vaisseaux et quatre cent mille hommes. Ce qu'il y a de plus difficile, dans la politique expectante, c'est de savoir quand un pouvoir qui penche tombera; mais, mon vieux, celui de Bonaparte est dans sa période ascendante. Ne serait-ce pas Fouché qui t'a fait sonder pour connaître le fond de ta pensée et se débarrasser de toi?

— Non, je suis sûr de l'ambassadeur. D'ailleurs Fouché ne m'enverrait pas deux singes pareils, que je connais trop pour ne pas concevoir des soupçons.

— Ils me font peur, dit Grévin. Si Fouché ne se défie pas de toi, ne veut pas t'éprouver, pourquoi te les a-t-il envoyés? Fouché ne joue pas un tour pareil sans une raison quelconque...

— Ceci me décide, s'écria Malin, je ne serai jamais tranquille avec ces deux Simeuse; peut-être Fouché, qui connaît ma position, ne veut-il pas les manquer, et arriver par eux jusqu'aux Condé.

— Hé! mon vieux, ce n'est pas sous Bonaparte qu'on inquiétera le possesseur de Gondreville.

En levant les yeux, Malin aperçut dans le feuillage d'un gros tilleul touffu le canon d'un fusil.

— Je ne m'étais pas trompé, j'avais entendu le bruit sec d'un fusil qu'on arme, dit-il à Grévin après s'être mis derrière un gros tronc d'arbre où le suivit le notaire inquiet du brusque mouvement de son ami.

— C'est Michu, dit Grévin, je vois sa barbe rousse.

— N'ayons pas l'air d'avoir peur, reprit Malin qui s'en alla lentement en disant à plusieurs reprises: Que veut cet homme aux acquéreurs de cette terre? Ce n'est certes pas toi qu'il visait. S'il nous a entendus, je dois le recommander au prône! Nous n'aurions mieux fait d'aller en plaine. Qui diable eût pensé à se défier des airs !

— On apprend toujours ! dit le notaire ; mais il était bien loin et nous causions de bouche à oreille.

— Je vais en dire deux mots à Corentin, répondit Malin.

Quelques instants après, Michu rentra chez lui, pâle et le visage contracté.

— Qu'as-tu ? lui dit sa femme épouvantée.

— Rien, répondit-il en voyant Violette dont la présence fut pour lui un coup de foudre.

Michu prit une chaise, se mit devant le feu tranquillement, et y jeta une lettre en la tirant d'un de ces tubes de fer-blanc que l'on donne aux soldats pour serrer leurs papiers. Cette action, qui permit à Marthe de respirer comme une personne déchargée d'un poids énorme, intrigua beaucoup Violette. Le régisseur posa sa carabine sur le manteau de la cheminée avec un admirable sang-froid. Marianne et la mère de Marthe filaient à la lueur d'une lampe.

— Allons, François, dit le père, couchons-nous. Veux-tu te coucher ?

Il prit brutalement son fils par le milieu du corps et l'emporta.

— Descends à la cave, lui dit-il à l'oreille quand il fut dans l'escalier, remplis deux bouteilles de vin de Mâcon après en avoir vidé le tiers, avec de cette eau-de-vie de Cognac qui est sur la planche à bouteilles ; puis, mêle dans une bouteille de vin blanc moitié d'eau-de-vie. Fais cela bien adroitement, et mets les trois bouteilles sur le tonneau vide qui est à l'entrée de la cave. Quand j'ouvrirai la fenêtre, sors de la cave, selle mon cheval, monte dessus, et va m'attendre au Poteau-des-Gueux. — Le petit drôle ne veut jamais se coucher, dit le régisseur en rentrant, il veut faire comme les grandes personnes, tout voir, tout entendre, tout savoir. Vous me gâtez mon monde, père Violette.

— Bon Dieu ! bon Dieu ! s'écria Violette, qui vous a délié la gue ? vous n'en avez jamais tant dit.

— Croyez-vous que je me laisse espionner sans m'en apercevoir ? vous n'êtes pas du bon côté, mon père Violette. Si, au lieu de servir ceux qui m'en veulent, vous étiez pour moi, je ferais mieux pour vous que de vous renouveler votre bail...

— Quoi encore ? dit le paysan avide en ouvrant de grands yeux.

— Je vous vendrais mon bien à bon marché.

— Il n'y a point de bon marché quand faut payer, dit sentencieusement Violette.

— Je veux quitter le pays, et je vous donnerai ma ferme du Mousseau, les bâtiments, les semailles, les bestiaux, pour cinquante mille francs.

— Vrai!

— Ça vous va?

— Dame, faut voir.

— Causons de ça... Mais je veux des arrhes.

— J'ai rien.

— Une parole.

— Encore!

— Dites-moi qui vient de vous envoyer ici.

— Je suis revenu d'où j'allais tantôt, et j'ai voulu vous dire un petit bonsoir.

— Revenu sans ton cheval? Pour quel imbécile me prends-tu? Tu mens, tu n'auras pas ma ferme.

— Eh bien, c'est monsieur Grévin, quoi! Il m'a dit: Violette, nous avons besoin de Michu, va le quérir. S'il n'y est pas, attends-le... J'ai compris qu'il me fallait rester, ce soir, ici...

— Les escogriffes de Paris étaient-ils encore au château?

— Ah! je ne sais pas trop; mais il y avait du monde dans le salon.

— Tu auras ma ferme, convenons des faits! Ma femme, va chercher le vin du contrat. Prends du meilleur vin de Roussillon, le vin de l'ex-marquis... Nous ne sommes pas des enfants. Tu en trouveras deux bouteilles sur le tonneau vide à l'entrée, et une bouteille de blanc.

— Ça va! dit Violette qui ne se grisait jamais. Buvons!

— Vous avez cinquante mille francs sous les carreaux de votre chambre, dans toute l'étendue du lit, vous me les donnerez quinze jours après le contrat passé chez Grévin... Violette regarda fixement Michu, et devint blême. — Ah! tu viens moucharder un jacobin fini qui a eu l'honneur de présider le club d'Arcis, et tu crois qu'il ne te pincera pas? J'ai des yeux, j'ai vu tes carreaux fraîchement replâtrés, et j'ai conclu que tu ne les avais pas levés pour semer du blé. Buvons.

Violette troublé but un grand verre de vin sans faire attention à la qualité, la terreur lui avait mis comme un fer chaud dans le ventre, l'eau-de-vie y fut brûlée par l'avarice ; il aurait donné bien des choses pour être rentré chez lui, pour y changer de place son trésor. Les trois femmes souriaient.

— Ça vous va-t-il ? dit Michu à Violette en lui remplissant encore son verre.

— Mais oui.

— Tu seras chez toi, vieux coquin !

Après une demi-heure de discussions animées sur l'époque de l'entrée en jouissance, sur les mille pointilleries que se font les paysans en concluant un marché, au milieu des assertions, des verres de vin vidés, des paroles pleines de promesses, des dénégations, des : — pas vrai ? — bien vrai ! — ma fine parole ! — comme je le dis ! — que j'aie le cou coupé si... — que ce verre de vin me soit du poison si ce que je dis n'est pas la pure *varté*.... Violette tomba, la tête sur la table, non pas gris, mais ivre-mort ; et, dès qu'il lui avait vu les yeux troublés, Michu s'était empressé d'ouvrir la fenêtre.

— Où est ce drôle de Gaucher ? demanda-t-il à sa femme.

— Il est couché.

— Toi, Marianne, dit le régisseur à sa fidèle servante, va te ettre en travers de sa porte, et veille-le. Vous, ma mère, dit-il, estez en bas, gardez-moi cet espion-là, soyez aux aguets, et n'ouvrez qu'à la voix de François. Il s'agit de vie et de mort ! ajouta-t-il d'une voix profonde. Pour toutes les créatures qui sont sous mon toit, je ne l'ai pas quitté de cette nuit, et, la tête sous le billot, vous soutiendrez cela. — Allons, dit-il à sa femme, allons, la mère, mets tes souliers, prends ta coiffe, et détalons ! Pas de questions, je t'accompagne.

Depuis trois quarts d'heure, cet homme avait dans le geste et dans le regard une autorité despotique, irrésistible, puisée à la source commune et inconnue où puisent leurs pouvoirs extraordinaires et les grands généraux sur le champ de bataille où ils enflamment les masses, et les grands orateurs qui entraînent les assemblées, et disons-le aussi, les grands criminels dans leurs coups audacieux ! Il semble alors qu'il s'exhale de la tête et que la parole porte un influence invincible, que le geste injecte le vouloir de l'homme chez autrui. Les trois femmes se savaient au milieu d'une horrible crise ; sans en être averties, elles la pressentaient à la rapidité des actes de cet homme dont le visage étincelait, dont le front était parlant, dont les yeux brillaient alors comme des étoiles ; elles lui avaient vu de la sueur à la racine des cheveux, plus d'une fois sa parole avait vibré d'impatience et de rage. Aussi Marthe obéit-elle passivement. Armé jusqu'aux dents, le fusil sur l'épaule, Michu sauta dans l'avenue, suivi de sa femme ; et ils atteignirent promptement le carrefour où François s'était caché dans des broussailles.

— Le petit a de la compréhension, dit Michu en le voyant.

Ce fut sa première parole. Sa femme et lui avaient couru jusque-là sans pouvoir prononcer un mot.

— Retourne au pavillon, cache-toi dans l'arbre le plus touffu, observe la campagne, le parc, dit-il à son fils. Nous sommes tous couchés, nous n'ouvrons à personne, ta grand'mère veille, et ne remuera qu'en t'entendant parler ! Retiens mes moindres paroles. Il s'agit de la vie de ton père et de celle de ta mère. Que la justice ne sache jamais que nous avons découché. Après ces phrases dites à l'oreille de son fils, qui fila, comme une anguille dans la vase, à travers les bois, Michu dit à sa femme : A cheval ! et prie Dieu d'être pour nous. Tiens-toi bien ! La bête peut en crever.

A peine ces mots furent-ils dits, que le cheval, dans le ventre duquel Michu donna deux coups de pied, et qu'il pressa de ses genoux puissants, partit avec la célérité d'un cheval de course ; l'animal sembla comprendre son maître, en un quart d'heure la forêt fut traversée. Michu, sans avoir dévié de la route la plus courte, se trouva sur un point de la lisière d'où les cimes du château de Cinq-Cygne apparaissaient éclairées par la lune. Il lia son cheval à un arbre et gagna lestement le monticule d'où l'on dominait la vallée de Cinq-Cygne.

Le château, que Marthe et Michu regardèrent ensemble pendant un moment, fait un effet charmant dans le paysage. Quoiqu'il n'ai aucune importance comme étendue ni comme architecture, il ne manque point d'un certain mérite archéologique. Ce vieil édifice du quinzième siècle, assis sur une éminence, environné de douves profondes, larges et encore pleines d'eau, est bâti en cailloux et en mortier, mais les murs ont sept pieds de largeur. Sa simplicité rappelle admirablement la vie rude et guerrière aux temps féodaux. Ce château, vraiment naïf, consiste dans deux grosses tours rougeâtres, séparées par un long corps de logis percé de véritables croisées de pierre, dont les croix grossièrement sculptées ressemblent à des sarments de vigne. L'escalier est en dehors, au milieu, et placé dans une tour pentagone à petite porte en ogive. Le rez-de-chaussée, intérieurement modernisé sous Louis XIV, ainsi que le premier étage, est surmonté de toits immenses, percés de croisées à tympans sculptés. Devant le château se trouve une immense pelouse dont les arbres avaient été récemment abattus. De chaque côté du pont d'entrée sont deux bicoques où habitent les jardiniers, et séparées par une grille maigre, sans caractère, évidemment moderne. A droite et à gauche de la pelouse, divisée en deux parties par une chaussée pavée, s'étendent les écuries, les étables, les granges, le bûcher, la boulangerie, les poulaillers, les communs, pratiqués sans doute dans les restes de deux ailes semblables au château actuel. Autrefois, ce castel devait être carré, fortifié aux quatre angles, défendu par une énorme tour à porche cintré, au bas de laquelle était, à la place de la grille, un pont-levis. Les deux grosses tours dont les toits en poivrière n'avaient pas été rasés, le clocheton de la tour du milieu donnaient de la physionomie au village. L'église, vieille aussi, montrait à quelques pas son clocher pointu, qui s'harmoniait aux masses de ce castel. La lune faisait resplendir toutes les cimes et les cônes autour desquels se jouait et pétillait la lumière. Michu regarda cette habitation seigneuriale de façon à renverser les idées de sa femme, car son visage plus calme offrait une expression d'espérance et une sorte d'orgueil. Ses yeux embrassèrent l'horizon avec une certaine défiance; il écouta la campagne : il devait être alors neuf heures, la lune jetait sa lueur sur la marge de la forêt, et le monticule était surtout fortement éclairé. Cette position parut dangereuse au garde général, il descendit en paraissant craindre d'être vu. Cependant aucun bruit suspect ne troublait la paix de cette belle vallée enceinte de ce côté par la forêt de Nodesme. Marthe, épuisée, tremblante, s'attendait à un dénoûment quelconque après une pareille course. A quoi devait-elle servir? à une bonne action ou à un crime? En ce moment, Michu s'approcha de l'oreille de sa femme.

— Tu vas aller chez la comtesse de Cinq-Cygne, tu demanderas à lui parler; quand tu la verras, tu la prieras de venir à l'écart. Si personne ne peut vous écouter, tu lui diras : Mademoiselle, la vie de vos deux cousins est en danger, et celui qui vous expliquera le pourquoi, le comment, vous attend. Si elle a peur, si elle se défie, ajoute : Ils sont de la conspiration contre le Premier Consul, et la conspiration est découverte. Ne te nomme pas, on se défie trop de nous.

Marthe Michu leva la tête vers son mari, et lui dit : — Tu les sers donc ?

— Eh bien ! après ? dit-il en fronçant les sourcils et croyant à un reproche.

— Tu ne me comprends pas, s'écria Marthe en prenant la large main de Michu aux genoux duquel elle tomba en baisant cette main qui fut tout à coup couverte de larmes.

— Cours, tu pleureras après, dit-il en l'embrassant avec une force brusque.

— Quand il n'entendit plus le pas de sa femme, cet homme de fer eut des larmes aux yeux. Il s'était défié de Marthe à cause des opinions du père, il lui avait caché les secrets de sa vie; mais la beauté du caractère simple de sa femme lui avait apparu soudain, comme la grandeur du sien venait d'éclater pour elle. Marthe passait de la profonde humiliation que cause la dégradation d'un homme dont on porte le nom, au ravissement que donne sa gloire; elle y passait sans transition, n'y avait-il pas de quoi défaillir ? En proie aux plus vives inquiétudes, elle avait, comme elle le lui dit plus tard, marché dans le sang depuis le pavillon jusqu'à Cinq-Cygne, et s'était en un moment sentie enlevée au ciel parmi les anges. Lui qui ne se sentait pas apprécié, qui prenait l'attitude chagrine et mélancolique de sa femme pour un manque d'affection, qui la laissait à elle-même en vivant au dehors, en rejetant toute sa tendresse sur son fils, avait compris en un moment tout ce que signifiaient les larmes de cette femme : elle maudissait le rôle que sa beauté, que la volonté paternelle l'avaient forcée à jouer. Le bonheur avait brillé de sa plus belle flamme pour eux, au milieu de l'orage, comme un éclair. Et ce devait être un éclair ! Chacun d'eux pensait à dix ans de mésintelligence et s'en accusait tout seul. Michu resta debout, immobile, le coude sur sa carabine et le menton sur son coude, perdu dans une profonde rêverie. Un semblable moment fait accepter toutes les douleurs du passé le plus douloureux.

Agitée de mille pensées semblables à celles de son mari, Marthe eut alors le cœur oppressé par le danger des Simeuse ; car elle comprit tout, même les figures des deux Parisiens; mais elle ne pouvait s'expliquer la carabine. Elle s'élança comme une biche et atteignit le chemin du château; elle fut surprise d'entendre derrière elle les pas d'un homme, elle jeta un cri, la large main de Michu lui ferma la bouche.

— Du haut de la butte, j'ai vu reluire au loin l'argent des chapeaux bordés! Entre par une brèche de la douve qui est entre la tour de Mademoiselle et les écuries; les chiens n'aboieront pas après toi. Passe dans le jardin, appelle la jeune comtesse par la fenêtre, fais seller son cheval, dis-lui de le conduire par la douve, j'y serai, après avoir étudié le plan des Parisiens et trouvé les moyens de leur échapper.

Ce danger, qui roulait comme une avalanche, et qu'il fallait prévenir, donna des ailes à Marthe.

Le nom Franc, commun aux Cinq-Cygne et aux Chargebœuf, est Duineff. Cinq-Cygne devint le nom de la branche cadette des Chargebœuf après la défense d'un castel faite, en l'absence de leur père, par cinq filles de cette maison, toutes remarquablement blanches, et de qui personne n'eût attendu pareille conduite. Un des premiers comtes de Champagne voulut, par ce joli nom, perpétuer ce souvenir aussi longtemps que vivrait cette famille. Depuis ce fait d'armes singulier, les filles de cette famille furent fières, mais elles ne furent peut-être pas toujours blanches. La dernière, Laurence était, contrairement à la loi salique, héritière du nom, des armes et des fiefs. Le roi de France avait approuvé la charte du comte de Champagne en vertu de laquelle, dans cette famille, le ventre anoblissait et succédait. Laurence était donc comtesse de Cinq-Cygne, son mari devait prendre et son nom et son blason où se lisait pour devise la sublime réponse faite par l'aînée des cinq sœurs à la sommation de rendre le château : *Mourir en chantant!* Digne de ces belles héroïnes, Laurence possédait une blancheur qui semblait être une gageure du hasard. Les moindres linéaments de ses veines bleues se voyaient sous la trame fine et serrée de son épiderme. Sa chevelure, du plus joli blond, seyait merveilleusement à ses yeux du bleu le plus foncé. Tout chez elle appartenait au genre mignon. Dans son corps frêle, malgré sa taille déliée, en dépit de son teint de lait, vivait une âme trempée comme celle d'un homme du plus beau caractère; mais que personne, pas même un observateur, n'aurait devinée à l'aspect d'une physionomie douce et d'une figure busquée dont le profil offrait une vague ressemblance avec une tête de brebis. Cette excessive douceur, quoique noble, paraissait aller jusqu'à la stupidité de l'agneau. — « J'ai l'air d'un mouton qui rêve ! » disait-elle quelquefois en souriant. Laurence, qui parlait peu, semblait non pas songeuse, mais engourdie. Surgissait-il une circonstance sérieuse, la Judith cachée se révélait aussitôt et devenait sublime, et les circonstances ne lui avaient malheureusement pas manqué. A treize ans, Laurence après les événements que vous savez, se vit orpheline, deva la place où la veille s'élevait à Troyes une des maisons les plus cu rieuses de l'architecture du seizième siècle, l'hôtel de Cinq-Cygne. Monsieur d'Hauteserre, un de ses parents, devenu son tuteur, emmena sur-le-champ l'héritière à la campagne. Ce brave gentilhomme de province, effrayé de la mort de l'abbé d'Hauteserre, son frère, atteint d'une balle sur la place, au moment où il se sauvait en paysan, n'était pas en position de pouvoir défendre les intérêts de sa pupille : il avait deux fils à l'armée des princes, et tous les jours, au moindre bruit, il croyait que les municipaux d'Arcis venaient l'arrêter. Fière d'avoir soutenu un siége et de posséder la blancheur historique de ses ancêtres, Laurence méprisait cette sage lâcheté du vieillard courbé sous le vent de la tempête, elle ne songeait qu'à s'illustrer. Aussi mit-elle audacieusement dans son pauvre salon de Cinq-Cygne, le portrait de Charlotte Corday, couronné de petites branches de chêne tressées. Elle correspondait par un exprès avec les jumeaux au mépris de la loi qui l'eût punie de mort. Le messager, qui risquait aussi sa vie, rapportait les réponses. Laurence ne vécut, depuis les catastrophes de Troyes, que pour le triomphe de la cause royale. Après avoir sainement jugé monsieur et madame d'Hauteserre, et reconnu chez eux une honnête nature, mais sans énergie, elle les mit en dehors des lois de sa sphère; Laurence avait trop d'esprit et de véritable indulgence pour leur en vouloir de leur caractère; bonne, aimable, affectueuse avec eux, elle ne leur livra pas un seul de ses secrets. Rien ne forme l'âme comme une dissimulation constante au sein de la famille. A sa majorité, Laurence laissa gérer ses affaires au bonhomme d'Hauteserre, comme par le passé. Que sa jument favorite fût bien pansée, que sa servante Catherine fût mise à son goût et son petit domestique Gothard vêtu convenablement, elle se souciait peu du reste. Elle dirigeait sa pensée vers un but trop élevé pour descendre aux occupations qui, dans d'autres temps, lui eussent sans doute plu. La toilette fut peu de chose pour elle, et d'ailleurs ses cousins n'étaient pas là. Laurence avait

une amazone vert-bouteille pour se promener à cheval, une robe
d'étoffe commune à canezou orné de brandebourgs pour aller à
pied, et chez elle une robe de chambre de soie. Gothard, son petit
écuyer, un adroit et courageux garçon de quinze ans, l'escortait,
car elle était presque toujours dehors, et elle chassait sur toutes les
terres de Gondreville, sans que les fermiers ni Michu s'y opposas-
sent. Elle montait admirablement bien à cheval, et son adresse à la
chasse tenait du miracle. Dans la contrée, on ne l'appelait en tout
temps que Mademoiselle, même pendant la Révolution.

Quiconque a lu le beau roman de Rob-Roy doit se souvenir d'un
des rares caractères de femme pour la conception duquel Walter
Scott soit sorti de ses habitudes de froideur, de Diana Vernon. Ce
souvenir peut servir à faire comprendre Laurence, si vous ajoutez
aux qualités de la chasseresse écossaise l'exaltation contenue de
Charlotte Corday, mais en supprimant l'aimable vivacité qui rend
Diana si attrayante. La jeune comtesse avait vu mourir sa mère,
tomber l'abbé d'Hauteserre, le marquis et la marquise de Simeuse
périr sur l'échafaud; son frère unique était mort de ses blessures,
ses deux cousins qui servaient à l'armée de Condé pouvaient être
tués à tout moment, enfin la fortune des Simeuse et des Cinq-Cygne
venait d'être dévorée par la République, sans profit pour la République. Sa gravité, dégénérée en stupeur apparente, doit se concevoir.

Monsieur d'Hauteserre se montra d'ailleurs le tuteur le plus
probe et le mieux entendu. Sous son administration, Cinq-Cygne
prit l'air d'une ferme. Le bonhomme, qui ressemblait beaucoup
moins à un preux qu'à un propriétaire faisant valoir, avait tiré parti
du parc et des jardins, dont l'étendue était d'environ deux cents
arpents, et où il trouva la nourriture des chevaux, celle des gens
et le bois de chauffage. Grâce à la plus sévère économie, à sa majorité, la comtesse avait déjà recouvré, par suite du placement des
revenus sur l'État, une fortune suffisante. En 1798, l'héritière
possédait vingt mille francs de rentes sur l'État dont, à la vérité,
les arrérages étaient dus, et douze mille francs à Cinq-Cygne dont
les baux avaient été renouvelés avec de notables augmentations.
Monsieur et madame d'Hauteserre s'étaient retirés aux champs avec
trois mille livres de rentes viagères dans les tontines Lafarge : ce
débris de leur fortune ne leur permettait pas d'habiter ailleurs qu'à
Cinq-Cygne; aussi le premier acte de Laurence fut-il de leur don-

ner la jouissance pour toute la vie du pavillon qu'ils y occupaient. Les d'Hauteserre, devenus avares pour leur pupille comme pour eux-mêmes, et qui, tous les ans, entassaient leurs mille écus en rongeant à leurs deux fils, faisaient faire une misérable chère à l'héritière. La dépense totale de Cinq-Cygne ne dépassait pas cinq mille francs par an. Mais Laurence, qui ne descendait dans aucun détail, trouvait tout bon. Le tuteur et sa femme, insensiblement dominés par l'influence imperceptible de ce caractère qui s'exerçait dans les plus petites choses, avaient fini par admirer celle qu'ils avaient connue enfant, sentiment assez rare. Mais Laurence avait dans les manières, dans sa voix gutturale, dans son regard impérieux, ce je ne sais quoi, ce pouvoir inexplicable qui impose toujours, même quand il n'est qu'apparent, car chez les sots le vide ressemble à la profondeur. Pour le vulgaire, la profondeur est incompréhensible. De là vient peut-être l'admiration du peuple pour tout ce qu'il ne comprend pas. Monsieur et madame d'Hauteserre, saisis par le silence habituel et impressionnés par la sauvagerie de la jeune comtesse, étaient toujours dans l'attente de quelque chose de grand. En faisant le bien avec discernement et en ne se laissant pas tromper, Laurence obtenait de la part des paysans un grand respect, quoiqu'elle fût aristocrate. Son sexe, son nom, ses malheurs, l'originalité de sa vie, tout contribuait à lui donner de l'autorité sur les habitants de la vallée de Cinq-Cygne. Elle partait quelquefois pour un ou deux jours, accompagnée de Gothard; et jamais au retour ni monsieur ni madame d'Hauteserre ne l'interrogeaient sur les motifs de son absence. Laurence, remarquez-le, n'avait rien de bizarre en elle. La virago se cachait sous la forme la plus féminine et la plus faible en apparence. Son cœur était d'une excessive sensibilité, mais elle portait dans sa tête une résolution virile et une fermeté stoïque. Ses yeux clairvoyants ne savaient pas pleurer. A voir son poignet blanc et délicat nuancé de veines bleues, personne n'eût imaginé qu'il pouvait défier celui du cavalier le plus endurci. Sa main, si molle, si fluide, maniait un pistolet, un fusil, avec la vigueur d'un chasseur exercé. Au dehors, elle n'était jamais autrement coiffée que comme les femmes le sont pour monter à cheval, avec un coquet petit chapeau de castor et le voile vert rabattu. Aussi son visage si délicat, son cou blanc enveloppé d'une cravate noire, n'avaient-ils jamais souffert de ses courses en plein air. Sous le Directoire, et au commencement du Consulat, Laurence avait pu se conduire ainsi, sans que personne s'occupât d'elle ; mais depuis que le gouvernement se régularisait, les nouvelles autorités, le préfet de l'Aube, les amis de Malin, et Malin lui-même, essayaient de la déconsidérer. Laurence ne pensait qu'au renversement de Bonaparte, dont l'ambition et le triomphe avaient excité chez elle comme une rage, mais une rage froide et calculée. Ennemie obscure et inconnue de cet homme couvert de gloire, elle le visait, du fond de sa vallée et de ses forêts, avec une fixité terrible, elle voulait parfois aller le tuer aux environs de Saint-Cloud ou de la Malmaison. L'exécution de ce dessein eût expliqué déjà les exercices et les habitudes de sa vie ; mais, initiée, depuis la rupture de la paix d'Amiens, à la conspiration des hommes qui tentèrent de retourner le 18 brumaire contre le Premier Consul, elle avait dès lors subordonné sa force et sa haine au plan très vaste et très bien conduit qui devait atteindre Bonaparte à l'extérieur par la vaste coalition de la Russie, de l'Autriche et de la Prusse qu'empereur il vainquit à Austerlitz et à l'intérieur par la coalition des hommes les plus opposés les uns aux autres, mais réunis par une haine commune, et dont plusieurs méditaient, comme Laurence, la mort de cet homme, sans s'effrayer du mot assassinat. Cette jeune fille, si frêle à voir, si forte pour qui la connaissait bien, était donc en ce moment le guide fidèle et sûr des gentilshommes qui vinrent d'Allemagne prendre part à cette attaque sérieuse. Fouché se fonda sur cette coopération des émigrés d'au delà du Rhin pour envelopper le duc d'Enghien dans le complot. La présence de ce prince sur le territoire de Bade, à peu de distance de Strasbourg, donna plus tard du poids à ces suppositions. La grande question de savoir si le prince eut vraiment connaissance de l'entreprise, s'il devait entrer en France après la réussite, est un des secrets sur lesquels, comme sur quelques autres, les princes de la maison de Bourbon ont gardé le plus profond silence. A mesure que l'histoire de ce temps vieillira, les historiens impartiaux trouveront au moins de l'imprudence chez le prince à se rapprocher de la frontière au moment où devait éclater une immense conspiration, dans le secret de laquelle toute la famille royale a certainement été. La prudence que Malin venait de déployer en conférant avec Grévin en plein air, cette jeune fille l'appliquait à ses moindres relations. Elle recevait les émissaires, conférait avec eux, soit sur les diverses lisières de la forêt de Nodesme, soit au delà de la vallée de Cinq-Cygne, entre

Sézanne et Brienne. Elle faisait souvent quinze lieues d'une seule traite avec Gothard, et revenait à Cinq-Cygne sans qu'on pût apercevoir sur son frais visage la moindre trace de fatigue ni de préoccupation. Elle avait d'abord surpris dans les yeux de ce petit vacher, alors âgé de neuf ans, la naïve admiration qu'ont les enfants pour l'extraordinaire; elle en fit son palefrenier et lui apprit à panser les chevaux avec le soin et l'attention qu'y mettent les Anglais. Elle reconnut en lui le désir de bien faire, de l'intelligence et l'absence de tout calcul; elle essaya son dévouement, et lui en trouva non seulement l'esprit, mais la noblesse : il ne concevait pas de récompense; elle cultiva cette âme encore si jeune, elle fut bonne pour lui, bonne avec grandeur, elle se l'attacha en s'attachant à lui, en polissant elle-même ce caractère à demi sauvage, sans lui enlever sa verdeur ni sa simplicité. Quand elle eut suffisamment éprouvé la fidélité quasi-canine qu'elle avait nourrie, Gothard devint son ingénieux et ingénu complice. Le petit paysan, que personne ne pouvait soupçonner, allait de Cinq-Cygne jusqu'à Nancy, et revenait quelquefois sans que personne sût qu'il avait quitté le pays. Toutes les ruses employées par les espions, il les pratiquait. L'excessive défiance que lui avait donnée sa maîtresse, n'altérait en rien son naturel. Gothard, qui possédait à la fois la ruse des femmes, la grandeur de l'enfant et l'attention perpétuelle du conspirateur, cahait ces admirables qualités sous la profonde ignorance et la torpeur des gens de la campagne. Ce petit homme paraissait niais, faible et maladroit; mais une fois à l'œuvre il était agile comme un poisson, il échappait comme une anguille, il comprenait, à la manière des chiens, sur un regard; il flairait la pensée. Sa bonne grosse figure, ronde et rouge, ses yeux bruns endormis, ses cheveux coupés comme ceux des paysans, son costume, sa croissance très retardée, lui laissaient l'apparence d'un enfant de dix ans. Sous la protection de leur cousine qui, depuis Strasbourg jusqu'à Bar-ur-Aube, veilla sur eux, messieurs d'Hauteserre et de Simeuse, accompagnés de plusieurs autres émigrés, vinrent par l'Alsace, la Lorraine et la Champagne, tandis que d'autres conspirateurs, non moins courageux, abordèrent la France par les falaises de la Normandie. Vêtus en ouvriers, les d'Hauteserre et les Simeuse avaient marché, de forêt en forêt, guidés de proche en proche par des personnes choisies depuis trois mois dans chaque département par Laurence parmi les gens les plus dévoués aux Bourbons et les moins soupçonnés. Les émigrés se couchaient le jour et voyageaient pendant la nuit. Chacun d'eux amenait deux soldats dévoués, dont l'un allait en avant à la découverte, et l'autre demeurait en arrière afin de protéger la retraite en cas de malheur. Grâce à ces précautions militaires, ce précieux détachement avait atteint sans malheur la forêt de Nodesme prise pour lieu de rendez-vous. Vingt-sept autres gentilshommes entrèrent aussi par la Suisse et traversèrent la Bourgogne, guidés vers Paris avec des précautions pareilles. Monsieur de Rivière comptait sur cinq cents hommes, dont cent jeunes gens nobles, les officiers de ce bataillon sacré. Messieurs de Polignac et de Rivière, dont la conduite fut, comme chefs, excessivement remarquable, gardèrent un secret impénétrable à tous ces complices qui ne furent pas découverts. Aussi peut-on dire aujourd'hui, d'accord avec les révélations faites pendant la Restauration, que Bonaparte ne connut pas plus l'étendue des dangers qu'il courut alors, que l'Angleterre ne connaissait le péril où la mettait le camp de Boulogne ; et, cependant, en aucun temps, la police ne fut plus spirituellement ni plus habilement dirigée. Au moment où cette histoire commence, un lâche, comme il s'en trouve toujours dans les conspirations qui ne sont pas restreintes à un petit nombre d'hommes également forts ; un conjuré mis face à face avec la mort donnait des indications, heureusement insuffisantes quant à l'étendue, mais assez précises sur le but de l'entreprise. Aussi la police laissait-elle, comme l'avait dit Malin à Grévin, les conspirateurs surveillés agir en liberté, pour embrasser toutes les ramifications du complot. Néanmoins, le gouvernement eut en quelque sorte la main forcée par Georges Cadoudal, homme d'exécution, qui ne prenait conseil que de lui-même, et qui s'était caché dans Paris avec vingt-cinq Chouans pour attaquer le premier Consul. Laurence unissait dans sa pensée la haine et l'amour. Détruire Bonaparte et ramener les Bourbons, n'était-ce pas reprendre Gondreville et faire la fortune de ses cousins ? Ces deux sentiments, dont l'un est la contre-partie de l'autre, suffisent, à vingt-trois ans surtout, pour déployer toutes les facultés de l'âme et toutes les forces de la vie. Aussi, depuis deux mois, Laurence paraissait-elle plus belle aux habitants de Cinq-Cygne qu'elle ne fut en aucun moment. Ses joues étaient devenues roses, l'espérance donnait par instants de la fierté à son front ; mais quand on lisait la *Gazette* du soir, et que les actes conservateurs du Premier Consul s'y déroulaient, elle baissait les yeux pour n'y pas laisser lire la menaçante certitude de la chute prochaine de cet ennemi des Bourbons. Personne au château ne se doutait donc que la jeune comtesse eût revu ses cousins la nuit dernière. Les deux fils de monsieur et madame d'Hauteserre avaient passé la nuit dans la propre chambre de la comtesse, sous le même toit que leurs père et mère; car Laurence, pour ne donner aucun soupçon, après avoir couché les deux d'Hauteserre, entre une heure et deux du matin, alla rejoindre ses cousins au rendez-vous et les emmena au milieu de la forêt où elle les avait cachés dans la cabane abandonnée d'un garde-vente. Sûre de les revoir, elle ne montra pas le moindre air de joie, rien ne trahit en elle les émotions de l'attente; enfin elle avait su effacer les traces du plaisir de les avoir revus, elle fut impassible. La jolie Catherine, la fille de sa nourrice, et Gothard, tous deux dans le secret, modelèrent leur conduite sur celle de leur maîtresse. Catherine avait dix-neuf ans. A cet âge, comme à celui de Gothard, une jeune fille est fanatique et se laisse couper le cou sans dire un mot. Quant à Gothard, sentir le parfum que la comtesse mettait dans ses cheveux et dans ses habits, lui eût fait endurer la question extraordinaire sans dire une parole.

Au moment où Marthe, avertie de l'imminence du péril, glissait avec la rapidité d'une ombre vers la brèche indiquée par Michu, le salon du château de Cinq-Cygne offrait le plus paisible spectacle. Ses habitants étaient si loin de soupçonner l'orage près de fondre sur eux, que leur attitude eût excité la compassion de la première personne qui aurait connu leur situation. Dans la haute cheminée, ornée d'un trumeau où dansaient au-dessus de la glace des bergères en paniers, brillait un de ces feux comme il ne s'en fait que dans les châteaux situés au bord des bois. Au coin de cette cheminée, sur une grande bergère carrée de bois doré, garnie en magnifique lampas vert, la jeune comtesse était en quelque sorte étalée dans l'attitude que donne un accablement complet. Revenue à six heures seulement des confins de la Brie, après avoir battu l'estrade en avant de la troupe afin de faire arriver à bon port les quatre gentilshommes au gîte où ils devaient faire leur dernière étape avant d'entrer à Paris, elle avait surpris monsieur et madame d'Hauteserre à la fin de leur dîner. Pressée par la faim, elle s'était mise à table sans quitter ni son amazone crottée ni ses brodequins. Au lieu de se déshabiller après le dîner, elle s'était sentie accablée par toutes ses fatigues, et avait laissé aller sa belle tête nue; couverte de ses mille boucles blondes, sur le dossier de l'immense bergère, en gardant ses pieds en avant sur un tabouret. Le feu séchait les éclaboussures de son amazone et de ses brodequins. Ses gants de peau de daim, son petit chapeau de castor, son voile vert et sa cravache étaient sur la console où elle les avait jetés. Elle regardait tantôt la vieille horloge de Boule qui se trouvait sur le chambranle de la cheminée entre deux candélabres à fleurs, pour voir si, d'après l'heure, les quatre conspirateurs étaient couchés; tantôt la table de boston placée devant la cheminée et occupée par monsieur d'Hauteserre et par sa femme, par le curé de Cinq-Cygne et sa sœur.

Quand même ces personnages ne seraient pas incrustés dans ce drame, leurs têtes auraient encore le mérite de représenter une des faces que prit l'aristocratie après sa défaite de 1793. Sous ce rapport, la peinture du salon de Cinq-Cygne a la saveur de l'histoire vue en déshabillé.

Le gentilhomme, alors âgé de cinquante-deux ans, grand, sec, sanguin, et d'une santé robuste, eût paru capable de vigueur sans de gros yeux d'un bleu faïence dont le regard annonçait une extrême simplicité. Il existait dans sa figure terminée par un menton de galoche, entre son nez et sa bouche, un espace démesuré par rapport aux lois du dessin, qui lui donnait un air de soumission en parfaite harmonie avec son caractère, auquel concordaient les moindres détails de sa physionomie. Ainsi sa chevelure grise, feutrée par son chapeau qu'il gardait presque toute la journée, formait comme une calotte sur sa tête, en en dessinant le contour piriforme. Son front, très ridé par sa vie campagnarde et par de continuelles inquiétudes, était plat et sans expression. Son nez aquilin relevait un peu sa figure; le seul indice de force se trouvait dans ses sourcils touffus qui conservaient leur couleur noire, et dans la vive coloration de son teint; mais cet indice ne mentait point, le gentilhomme quoique simple et doux avait la foi monarchique et catholique, aucune considération ne l'eût fait changer de parti. Ce bonhomme se serait laissé arrêter, il n'eût pas tiré sur les municipaux, et serait allé tout doucettement à l'échafaud. Ses trois mille livres de rentes viagères, sa seule ressource, l'avaient empêché d'émigrer. Il obéissait donc au gouvernement de fait, sans cesser d'aimer la famille royale et d'en souhaiter le rétablissement; mais il eût refusé de se compromettre en participant à une tentative en faveur des Bourbons. Il appartenait à cette portion de royalistes qui se sont éternellement souvenus d'avoir été battus et volés ; qui, dès lors, sont restés muets, économes, rancuniers, sans énergie, mais incapables d'aucune abjuration, ni d'aucun sacrifice ; tout prêts à saluer la royauté triomphante, amis de la religion et des prêtres, mais résolus à supporter toutes les avanies du malheur. Ce n'est plus alors avoir une opinion, mais de l'entêtement. L'action est l'essence des partis. Sans esprit, mais loyal, avare comme un paysan, et néanmoins noble de manières, hardi dans ses vœux mais discret en paroles et en actions, tirant parti de tout, et prêt à se laisser nommer maire de Cinq-Cygne, monsieur d'Hauteserre représentait admirablement ces honorables gentilshommes auxquels Dieu a écrit sur le front le mot *mites*, qui laissèrent passer au-dessus de leurs gentilhommières et de leurs têtes les orages de la Révolution, qui se redressèrent sous la Restauration riches de leurs économies cachées, fiers de leur attachement discret et qui rentrèrent dans leurs campagnes après 1830. Son costume, expressive enveloppe de ce caractère, peignait l'homme et le temps. Monsieur d'Hauteserre portait une de ces houppelandes, couleur noisette, à petit collet, que le dernier duc d'Orléans avait mise à la mode à son retour d'Angleterre, et qui furent, pendant la Révolution, comme une transaction entre les hideux costumes populaires et les élégantes redingotes de l'aristocratie. Son gilet de velours, à raies fleuretées dont la façon rappelait ceux de Robespierre et de Saint-Just, laissait voir le haut d'un jabot à petits plis dormant sur la chemise. Il conservait la culotte, mais la sienne était de gros drap bleu, à boucles d'acier bruni. Ses bas de filoselle noire moulaient des jambes de cerf, chaussées de gros souliers maintenus par des guêtres de drap noir. Il avait gardé le col de mousseline à mille plis, serré par une boucle d'or sur le cou. Le bonhomme n'avait point entendu faire de l'éclectisme politique en adoptant ce costume à la fois paysan, révolutionnaire et aristocrate, il avait obéi très innocemment aux circonstances.

Madame d'Hauteserre, âgée de quarante ans, et usée par les émotions, avait une figure passée qui semblait toujours poser pour un portrait ; et son bonnet de dentelle, orné de coques en satin blanc, contribuait singulièrement à lui donner cet air solennel. Elle metlait encore de la poudre malgré le fichu blanc, la robe en soie puce à manches plates, à jupon très ample, triste et dernier costume de la reine Marie-Antoinette. Elle avait le nez pincé, le menton pointu, le visage presque triangulaire, des yeux qui avaient pleuré ; mais elle mettait un *soupçon* de rouge qui ravivait ses yeux gris. Elle prenait du tabac, et à chaque fois elle pratiquait ces jolies précautions dont abusaient autrefois les petites maîtresses ; tous les détails de sa prise constituaient une cérémonie qui s'explique par ce mot, elle avait de jolies mains.

Depuis deux ans, l'ancien précepteur des deux Simeuse, ami de l'abbé d'Hauteserre, nommé Goujet, abbé des Minimes, avait pris pour retraite la cure de Cinq-Cygne par amitié pour les d'Hauteserre et pour la jeune comtesse. Sa sœur, mademoiselle Goujet, riche de sept cents francs de rente, les réunissait aux faibles appointements de la cure, et tenait le ménage de son frère. Ni l'église, ni le presbytère n'avaient été vendus par suite de leur peu de valeur. L'abbé Goujet logeait donc à deux pas du château, car le mur du jardin de la cure et celui du parc étaient mitoyens en quelques endroits. Aussi, deux fois par semaine, l'abbé Goujet et sa sœur dînaient-ils à Cinq-Cygne, où tous les soirs ils venaient faire la partie des d'Hauteserre. Laurence ne savait pas tenir une carte. L'abbé Goujet, vieillard en cheveux blancs et à la figure blanche comme celle d'une vieille femme, doué d'un sourire aimable, d'une voix douce et insinuante, relevait la fadeur de sa face assez poupine par un front où respirait l'intelligence et par des yeux très fins. De moyenne taille et bien fait, il gardait l'habit noir à la française, portait des boucles d'argent à sa culotte et à ses souliers, des bas de soie noire, un gilet noir sur lequel tombait son rabat, ce qui lui donnait un grand air, sans rien ôter à sa dignité. Cet abbé, qui devint évêque de Troyes à la Restauration, habitué par son ancienne vie à juger les jeunes gens, avait deviné le grand caractère de Laurence, il l'appréciait à toute sa valeur, et il avait de prime abord témoigné une respectueuse déférence à cette jeune fille qui contribua beaucoup à la rendre indépendante à Cinq-Cygne et à faire plier sous elle l'austère vieille dame et le bon gentilhomme, auxquels, selon l'usage, elle aurait dû certainement obéir. Depuis six mois, l'abbé Goujet observait Laurence avec le génie particulier aux prêtres, qui sont les gens les plus perspicaces ; et, sans savoir que cette jeune fille de vingt-trois ans pensait à rien verser Bonaparte au moment où ses faibles mains détortillaient un brandebourg défait de son amazone, il la supposait cependant agitée d'un grand dessein.

Mademoiselle Goujet était une de ces filles dont le portrait est fait en deux mots qui permettent aux moins imaginatifs de se les représenter : elle appartenait au genre des grandes haquenées. Elle se savait laide, elle riait la première de sa laideur en montrant ses longues dents jaunes comme son teint et ses mains ossues. Elle était entièrement bonne et gaie. Elle portait le fameux casaquin du vieux temps, une jupe très ample à poches toujours pleines de clefs, un bonnet à rubans et un tour de cheveux. Elle avait eu quarante ans de très bonne heure ; mais elle se rattrapait, disait-elle, en s'y tenant depuis vingt ans. Elle vénérait la noblesse, et savait garder sa propre dignité, en rendant aux personnes nobles tout ce qui leur était dû de respects et d'hommages.

Cette compagnie était venue fort à propos à Cinq-Cygne pour madame d'Hauteserre, qui n'avait pas, comme son mari, des occupations rurales, ni, comme Laurence, le tonique d'une haine pour soutenir le poids d'une vie solitaire. Aussi tout s'était-il en quelque sorte amélioré depuis six ans. Le culte catholique rétabli permettait de remplir les devoirs religieux, qui ont plus de retentissement dans la vie de campagne que partout ailleurs. Monsieur et madame d'Hauteserre, rassurés par les actes conservateurs du Premier Consul, avaient pu correspondre avec leurs fils, avoir de leurs nouvelles, ne plus trembler pour eux, les prier de solliciter leur radiation et de rentrer en France. Le Trésor avait liquidé les arrérages des rentes, et payait régulièrement les semestres. Les d'Hauteserre possédaient alors de plus que leur viager huit mille francs de rentes. Le vieillard s'applaudissait de la sagesse de ses prévisions, il avait placé toutes ses économies, vingt mille francs, en même temps que sa pupille, avant le dix-huit brumaire, qui fit, comme on le sait, monter les fonds de douze à dix-huit francs.

Longtemps Cinq-Cygne était resté nu, vide et dévasté. Par calcul, le prudent tuteur n'avait pas voulu, durant les commotions révolutionnaires, en changer l'aspect ; mais, à la paix d'Amiens, il avait fait un voyage à Troyes, pour en rapporter quelques débris des deux hôtels pillés, rachetés chez des fripiers. Le salon avait alors été meublé par ses soins. De beaux rideaux de lampas blanc à fleurs vertes provenant de l'hôtel Simeuse ornaient les six croisées du salon où se trouvaient alors ces personnages. Cette immense pièce était entièrement revêtue de boiseries divisées en panneaux, encadrés de baguettes perlées, décorés de mascarons aux angles, et peints en deux tons de gris. Les dessus des quatre portes offraient de ces sujets en grisaille qui furent à la mode sous Louis XV. Le bonhomme avait trouvé à Troyes des consoles dorées, un meuble en lampas vert, un lustre de cristal, une table à jouer en marqueterie, et tout ce qui pouvait servir à la restauration de Cinq-Cygne. En 1792, tout le mobilier du château avait été pris, car le pillage des hôtels eut son contre-coup dans la vallée. Chaque fois que le vieillard allait à Troyes, il en revenait avec quelques reliques de l'ancienne splendeur, tantôt un beau tapis comme celui qui était tendu sur le parquet du salon, tantôt une partie de vaisselle ou de vieilles porcelaines de Saxe et de Sèvres. Depuis six mois, il avait osé déterrer l'argenterie de Cinq-Cygne, que le cuisinier avait enterrée dans une petite maison à lui appartenant et située au bout d'un des longs faubourgs de Troyes.

Ce fidèle serviteur, nommé Durieu, et sa femme, avaient toujours suivi la fortune de leur jeune maîtresse. Durieu était le factotum du château, comme sa femme en était la femme de charge. Durieu avait pour se faire aider à la cuisine la sœur de Catherine, à laquelle il enseignait son art, et qui devenait une excellente cuisinière. Un vieux jardinier, sa femme, son fils payé à la journée, et leur fille qui servait de vachère, complétaient le personnel du château. Depuis six mois, la Durieu avait fait faire en secret une livrée aux couleurs des Cinq-Cygne pour le fils du jardinier et pour Gothard. Quoique bien grondée pour cette imprudence par le gentilhomme, elle s'était donné le plaisir de voir le dîner servi, le jour de Saint-Laurent, pour la fête de Laurence, presque comme autrefois. Cette pénible et lente restauration des choses faisait la joie de monsieur et de madame d'Hauteserre et des Durieu. Laurence souriait de ce qu'elle appelait des enfantillages. Mais le bonhomme d'Hauteserre pensait également au solide, il réparait les bâtiments, rebâtissait les murs, plantait partout où il y avait chance de faire venir un arbre, et ne laissait pas un pouce de terrain sans le mettre en valeur. Aussi la vallée de Cinq-Cygne le regardait-elle comme un oracle en fait d'agriculture. Il avait su reprendre cent arpents de terrain contesté, non vendu, et confondu par la commune dans ses communaux; il les avait convertis en prairies artificielles qui nourrissaient les bestiaux du château, et les avait encadrés de peupliers qui, depuis six ans, poussaient à ravir. Il avait l'intention de racheter quelques terres, et d'utiliser tous les bâtiments du château en y faisant une seconde ferme qu'il se promettait de conduire lui-même.

La vie était donc, depuis deux ans, devenue presque heureu. au château. Monsieur d'Hauteserre décampait au lever du soleil il allait surveiller ses ouvriers, car il employait du monde en tou temps; il revenait déjeuner, montait après sur un bidet de fermier, et faisait sa tournée comme un garde; puis, de retour pour le dîner, il finissait sa journée par le boston. Tous les habitants du château avaient leurs occupations, la vie était aussi réglée que dans un monastère. Laurence seule y jetait le trouble par ses voyages subits, par ses absences, par ce que madame d'Hauteserre nommait ses fugues. Cependant il existait à Cinq-Cygne deux politiques, et des causes de dissension. D'abord, Durieu et sa femme étaient jaloux de Gothard et de Catherine qui vivaient plus avant qu'eux dans l'intimité de leur jeune maîtresse, l'idole de la maison. Puis les deux d'Hauteserre, appuyés par mademoiselle Goujet et par le curé, voulaient que leurs fils, ainsi que les jumeaux de Simeuse, rentrassent et prissent part au bonheur de cette vie paisible, au lieu de vivre péniblement à l'étranger. Laurence flétrissait cette odieuse transaction, et représentait le royalisme pur, militant et implacable. Les quatre vieilles gens, qui ne voulaient plus voir compromettre une existence heureuse, ni ce coin de terre conquis sur les eaux furieuses du torrent révolutionnaire, essayaient de convertir Laurence à leurs doctrines vraiment sages, en prévoyant qu'elle était pour beaucoup dans la résistance que leurs fils et les deux Simeuse opposaient à leur rentrée en France. Le superbe dédain de leur pupille épouvantait ces pauvres gens qui ne se trompaient point en appréhendant ce qu'ils appelaient *un coup de tête.* Cette dissension avait éclaté lors de l'explosion de la machine infernale de la rue Saint-Nicaise, la première tentative royaliste dirigée contre le vainqueur de Marengo, après son refus de traiter avec la maison de Bourbon. Les d'Hauteserre regardèrent comme un bonheur que Bonaparte eût échappé à ce danger, en croyant que les Républicains étaient les auteurs de cet attentat. Laurence pleura de rage de voir le Premier Consul sauvé. Son désespoir l'emporta sur sa dissimulation habituelle, elle accusa Dieu de tranir les fils de saint Louis ! — « Moi, s'écria-t-elle, j'aurais réussi. N'a-t-on pas, dit-elle à l'abbé Goujet en remarquant la profonde stupéfaction produite par son mot sur toutes les figures, le droit d'attaquer l'usurpation par tous les moyens possibles? — Mon enfant, répondit l'abbé Goujet, l'Église a été bien attaquée et blâmée par les philosophes pour avoir jadis soutenu qu'on pouvait employer contre les usurpateurs les armes que les usurpateurs avaient employées pour réussir; mais aujourd'hui l'Église doit trop à monsieur le Premier Consul pour ne pas le protéger et le garantir contre cette maxime, due d'ailleurs aux Jésuites. — Ainsi l'Église nous abandonne ! » avait-elle répondu d'un air sombre.

Dès ce jour, toutes les fois que ces quatre vieillards parlaient de se soumettre à la Providence, la jeune comtesse quittait le salon. Depuis quelque temps, le curé, plus adroit que le tuteur, au lieu de discuter les principes, faisait ressortir les avantages matériels du gouvernement consulaire, moins pour convertir la comtesse que pour surprendre dans ses yeux des expressions qui pussent l'éclairer sur ses projets. Les absences de Gothard, les courses multipliées de Laurence et sa préoccupation qui, dans ces derniers jours, parut à la surface de sa figure, enfin une foule de petites choses qui ne pouvaient échapper dans le silence et la tranquillité de la vie à Cinq-Cygne, surtout aux yeux inquiets des d'Hauteserre, de l'abbé Goujet et des Durieu, tout avait réveillé les craintes de ces royalistes soumis. Mais comme aucun événement ne se produisait, et que le calme le plus parfait régnait dans la sphère politique depuis quelques jours, la vie de ce petit château était redevenue paisible. Chacun avait attribué les courses de la comtesse à sa passion pour la chasse.

On peut imaginer le profond silence qui régnait dans le parc, dans les cours, au dehors, à neuf heures, au château de Cinq-Cygne, où dans ce moment les choses et les personnes étaient si harmonieusement colorées, où régnait la paix la plus profonde, où l'abondance revenait, où le bon et sage gentilhomme espérait convertir sa pupille à son système d'obéissance par la continuité des heureux résultats. Ces royalistes continuaient à jouer le jeu de *boston* qui répandit par toute la France les idées d'indépendance sous une forme frivole, qui fut inventé en l'honneur des insurgés d'Amérique, et dont tous les termes rappellent la lutte encouragée par Louis XVI. Tout en faisant des *indépendances* ou des *misères*, ils observaient

Laurence, qui, bientôt vaincue par le sommeil, s'endormit avec un sourire d'ironie sur les lèvres : sa dernière pensée avait embrassé le tableau paisible de cette table où deux mots, qui eussent appris aux d'Hauteserre que leurs fils avaient couché la nuit dernière sous leur toit, pouvaient jeter la plus vive terreur. Quelle jeune fille de vingt-trois ans n'eût été, comme Laurence, orgueilleuse de se faire le Destin, et n'aurait eu, comme elle, un léger mouvement de compassion pour ceux qu'elle voyait si fort au-dessous d'elle ?

— Elle dort, dit l'abbé, jamais je ne l'ai vue si fatiguée.

— Durieu m'a dit que sa jument est comme fourbue, reprit madame d'Hauteserre, son fusil n'a pas servi, le bassinet était clair, elle n'a donc pas chassé.

— Ah ! sac à papier ! reprit le curé, voilà qui ne vaut rien.

— Bah ! s'écria mademoiselle Goujet, quand j'ai eu mes vingt-trois ans et que je me voyais condamnée à rester fille, je courais, je me fatiguais bien autrement. Je comprends que la comtesse se promène à travers le pays sans penser à tuer le gibier. Voilà bientôt douze ans qu'elle n'a vu ses cousins, elle les aime ; eh bien ! à sa place, moi, si j'étais comme elle jeune et jolie, j'irais d'une seule traite en Allemagne ! Aussi la pauvre mignonne, peut-être est-elle attirée vers la frontière.

— Vous êtes leste, mademoiselle Goujet, dit le curé en souriant.

— Mais, reprit-elle, je vous vois inquiet des allées et venues d'une jeune fille de vingt-trois ans, je vous les explique.

— Ses cousins rentreront, elle se trouvera riche, elle finira par se calmer, dit le bonhomme d'Hauteserre.

— Dieu le veuille ! s'écria la vieille dame en prenant sa tabatière d'or qui depuis le Consulat à vie avait revu le jour.

— Il y a du nouveau dans le pays, dit le bonhomme d'Hauteserre au curé, Malin est depuis hier soir à Gondreville.

— Malin ! s'écria Laurence réveillée par ce nom malgré son profond sommeil.

— Oui, reprit le curé ; mais il repart cette nuit, et l'on se perd en conjectures au sujet de ce voyage précipité.

— Cet homme, dit Laurence, est le mauvais génie de nos deux maisons.

La jeune comtesse venait de rêver à ses cousins et aux Hauteserre, elle les avait vus menacés. Ses beaux yeux devinrent fixes et ternes en pensant aux dangers qu'ils couraient dans Paris; elle se leva brusquement, et remonta chez elle sans rien dire. Elle habitait dans la chambre d'honneur, auprès de laquelle se trouvaient un cabinet et un oratoire, situés dans la tourelle qui regardait la forêt. Quand elle eut quitté le salon, les chiens aboyèrent, on entendit sonner à la petite grille, et Durieu vint, la figure effarée, dire au salon : — Voici le maire! il y a quelque chose de nouveau.

Ce maire, ancien piqueur de la maison de Simeuse, venait quelquefois au château, où, par politique, les d'Hauteserre lui témoignaient une déférence à laquelle il attachait le plus haut prix. Cet homme, nommé Goulard, avait épousé une riche marchande de Troyes dont le bien se trouvait sur la commune de Cinq-Cygne, et qu'il avait augmenté de toutes les terres d'une riche abbaye à l'acquisition de laquelle il mit toutes ses économies. La vaste abbaye du Val-des-Preux, située à un quart de lieue du château, lui faisait une habitation presque aussi splendide que Gondreville, et où ils figuraient, sa femme et lui, comme deux rats dans une cathédrale. — « Goulard, tu as été goulu ! » lui dit en riant mademoiselle la première fois qu'elle le vit à Cinq-Cygne. Quoique très attaché à la Révolution et froidement accueilli par la comtesse, le maire se sentait toujours tenu par les liens du respect envers les Cinq-Cygne et les Simeuse. Ausssi fermait-il les yeux sur tout ce qui se passait au château. Il appelait fermer les yeux, ne pas voir les portraits de Louis XVI, de Marie-Antoinette, des enfants de France, de Monsieur, du comte d'Artois, de Cazalès, de Charlotte Corday qui ornaient les panneaux du salon ; ne pas trouver mauvais qu'on souhaitât, en sa présence, la ruine de la République, qu'on se moquât des cinq directeurs, et de toutes les combinaisons d'alors. La position de cet homme qui, semblable à beaucoup de parvenus, une fois sa fortune faite, recroyait aux vieilles familles et voulait s'y rattacher, venait d'être mise à profit par les deux personnages dont la profession avait été si promptement devinée par Michu, et qui, avant d'aller à Gondreville, avaient exploré le pays.

L'homme aux belles traditions de l'ancienne police et Corentin, ce phénix des espions, avaient une mission secrète. Malin ne se trompait pas en prêtant un double rôle à ces deux artistes en farces tragiques ; aussi, peut-être avant de les voir à l'œuvre, est-il nécessaire de montrer la tête à laquelle ils serviraient de bras. Bonaparte, en devenant Premier Consul, trouva Fouché dirigeant la

Police générale. La Révolution avait fait franchement et avec raison un ministère spécial de la Police. Mais, à son retour de Marengo, Bonaparte créa la Préfecture de Police, y plaça Dubois, et appela Fouché au Conseil d'État en lui donnant pour successeur au ministère de la Police le Conventionnel Cochon, devenu depuis comte de Lapparent. Fouché, qui regardait le ministère de la Police comme le plus important dans un gouvernement à grandes vues, à politique arrêtée, vit une disgrâce, ou tout au moins une méfiance, dans ce changement. Après avoir reconnu, dans les affaires de la machine infernale et de la conspiration dont il s'agit ici, l'excessive supériorité de ce grand homme d'État, Napoléon lui rendit le ministère de la Police. Puis, plus tard, effrayé des talents que Fouché déploya pendant son absence, lors de l'affaire de Walcheren, l'Empereur donna ce ministère au duc de Rovigo, et envoya le duc d'Otrante gouverner les provinces Illyriennes, un véritable exil.

Ce singulier génie qui frappa Napoléon d'une sorte de terreur ne se déclara pas tout à coup chez Fouché. Cet obscur Conventionnel, l'un des hommes les plus extraordinaires et les plus mal jugés de ce temps, se forma dans les tempêtes. Il s'éleva, sous le Directoire, à la hauteur d'où les hommes profonds savent voir l'avenir en jugeant le passé, puis tout à coup, comme certains acteurs médiocres qui deviennent excellents éclairés par une lueur soudaine, il donna des preuves de dextérité pendant la rapide révolution du dix-huit brumaire. Cet homme au pâle visage, élevé dans les dissimulations monastiques, qui possédait les secrets des Montagnards auxquels il appartint, et ceux des royalistes auxquels il finit par appartenir, avait lentement et silencieusement étudié les hommes, les choses, les intérêts de la scène politique; il pénétra les secrets de Bonaparte, lui donna d'utiles conseils et des renseignements précieux. Satisfait d'avoir démontré son savoir-faire et son utilité, Fouché s'était bien gardé de se dévoiler tout entier, il voulait rester à la tête des affaires; mais les incertitudes de Napoléon à son égard lui rendirent sa liberté politique. L'ingratitude ou plutôt la méfiance de l'Empereur après l'affaire de Walcheren explique cet homme qui, malheureusement pour lui, n'était pas un grand seigneur, et dont la conduite fut calquée sur celle du prince de Talleyrand. En ce moment, ni ses anciens ni ses nouveaux collègues ne soupçonnaient l'ampleur de son génie purement ministériel, essentiellement gouvernemental, juste dans toutes ses prévisions, et d'une incroyable sagacité. Certes, aujourd'hui, pour tout historien impartial, l'amour-propre excessif de Napoléon est une des mille raisons de sa chute qui, d'ailleurs, a cruellement expié ses torts. Il se rencontrait chez ce défiant souverain une jalousie de son jeune pouvoir qui influa sur ses actes autant que sa haine secrète contre les hommes habiles, legs précieux de la Révolution, avec lesquels il aurait pu se composer un cabinet dépositaire de ses pensées. Talleyrand et Fouché ne furent pas les seuls qui lui donnèrent de l'ombrage. Or, le malheur des usurpateurs est d'avoir pour ennemis et ceux qui leur ont donné la couronne, et ceux auxquels ils l'ont ôtée. Napoléon ne convainquit jamais entièrement de sa souveraineté ceux qu'il avait eus pour supérieurs et pour égaux, ni ceux qui tenaient pour le droit : personne ne se croyait donc obligé par le serment envers lui. Malin, homme médiocre, incapable d'apprécier le ténébreux génie de Fouché ni de se défier de son prompt coup d'œil, se brûla, comme un papillon à la chandelle, en allant le prier confidentiellement de lui envoyer des agents à Gondreville où, dit-il, il espérait obtenir des lumières sur la conspiration. Fouché, sans effaroucher son ami par une interrogation, se demanda pourquoi Malin allait à Gondreville, comment il ne donnait pas à Paris et immédiatement les renseignements qu'il pouvait avoir. L'ex-oratorien, nourri de fourberies et au fait du double rôle joué par bien des Conventionnels, se dit : — Par qui Malin peut-il savoir quelque chose, quand nous ne savons pas encore grand'chose ? Fouché conclut donc à quelque complicité latente ou expectante, et se garda bien de rien dire au Premier Consul. Il aimait mieux se faire un instrument de Malin que de le perdre. Fouché se réservait ainsi une grande partie des secrets qu'il surprenait, et se ménageait sur les personnes un pouvoir supérieur à celui de Bonaparte. Cette duplicité fut un des griefs de Napoléon contre son ministre. Fouché connaissait les rouriers auxquelles Malin devait sa terre de Gondreville, et qui l'obligeaient à surveiller messieurs de Simeuse. Les Simeuse servaient à l'armée de Condé, mademoiselle de Cinq-Cygne était leur cousine, ils pouvaient donc se trouver aux environs et participer à l'entreprise, leur participation impliquait dans le complot la maison de Condé à laquelle ils s'étaient dévoués. Monsieur de Talleyrand et Fouché tenaient à éclaircir ce coin très obscur de la conspiration de 1803. Ces considérations furent embrassées par Fouché rapidement et avec lucidité. Mais il existait entre Malin, Talleyrand et lui des liens qui le forçaient à employer la plus grande circonspection, et lui faisaient désirer de connaître parfaitement l'intérieur du château de Gondreville. Corentin était attaché sans réserve à Fouché, comme monsieur de la Besnardière au prince de Talleyrand, comme Gentz à monsieur de Metternich, comme Dundas à Pitt, comme Duroc à Napoléon, comme Chavigny au cardinal de Richelieu. Corentin fut, non pas le conseil de ce ministre, mais son âme damnée, le Tristan secret de ce Louis XI au petit pied ; aussi Fouché l'avait-il laissé naturellement au ministère de la Police, afin d'y conserver un œil et un bras. Ce garçon devait, disait-on, appartenir à Fouché par une de ces parentés qui ne s'avouent point, car il le récompensait avec profusion toutes les fois qu'il le mettait en activité. Corentin s'était fait un ami de Peyrade, le vieil élève du dernier Lieutenant de police ; néanmoins, il eut des secrets pour Peyrade. Corentin reçut de Fouché l'ordre d'explorer le château de Gondreville, d'en inscrire le plan dans sa mémoire, et d'y reconnaître les moindres cachettes. — « Nous serons peut-être obligés d'y revenir, » lui dit l'ex-ministre absolument comme Napoléon dit à ses lieutenants de bien examiner le champ de bataille d'Austerlitz, jusqu'où il comptait reculer. Corentin devait encore étudier la conduite de Malin, se rendre compte de son influence dans le pays, observer les hommes qu'il y employait. Fouché regardait comme certaine la présence des Simeuse dans la contrée. En espionnant avec adresse ces deux officiers aimés du prince de Condé, Peyrade et Corentin pouvaient acquérir de précieuses lumières sur les ramifications du complot au delà du Rhin. Dans tous les cas, Corentin eut les fonds, les ordres et les agents nécessaires pour cerner Cinq-Cygne et moucharder le pays depuis la forêt de Nodesme jusqu'à Paris. Fouché recommanda la plus grande circonspection et ne permit la visite domiciliaire à Cinq-Cygne qu'en cas de renseignements positifs donnés par Malin. Enfin, comme renseignement, il mit Corentin au fait du personnage inexplicable de Michu, surveillé depuis trois ans. La pensée de Corentin fut celle de son chef : — « Malin connaît la conspiration ! » — « Mais qui sait, se dit-il, si Fouché n'en est pas aussi ! »

Corentin, parti pour Troyes avant Malin, s'était entendu avec le commandant de la gendarmerie, et avait choisi les hommes les plus intelligents en leur donnant pour chef un capitaine habile. Corentin indiqua pour lieu de rendez-vous le château de Gondreville à ce capitaine, en lui disant d'envoyer à la nuit, sur quatre points différents de la vallée de Cinq-Cygne et à d'assez grandes distances pour ne pas donner l'alarme, un piquet de douze hommes. Ces quatre piquets devaient décrire un carré et le resserrer autour du château de Cinq-Cygne. En le laissant maître au château pendant sa consultation avec Grévin, Malin avait permis à Corentin de remplir une partie de sa mission. A son retour du parc, le Conseiller d'État avait si positivement dit à Corentin que les Simeuse et les d'Hauteserre étaient dans le pays, que les deux agents expédièrent le capitaine qui, fort heureusement pour les gentilshommes, traversa la forêt par l'avenue pendant que Michu grisait son espion Violette. Le Conseiller d'État avait commencé par expliquer à Peyrade et à Corentin le guet-apens auquel il venait d'échapper. Les deux Parisiens lui racontèrent alors l'épisode de la carabine, et Grévin envoya Violette pour obtenir quelques renseignements sur ce qui se passait au pavillon. Corentin dit au notaire d'emmener, pour plus de sûreté, son ami le Conseiller d'État coucher à la petite ville d'Arcis, chez lui. Au moment où Michu se lançait dans la forêt et courait à Cinq-Cygne, Peyrade et Corentin partirent donc de Gondreville dans un méchant cabriolet d'osier, attelé d'un cheval de poste, et conduit par le brigadier d'Arcis, un des hommes les plus rusés de la légion, et que le commandant de Troyes leur avait recommandé de prendre.

— Le meilleur moyen de tout saisir est de les prévenir, dit Peyrade à Corentin. Au moment où ils seront effarouchés, où ils voudront sauver leurs papiers ou s'enfuir, nous tomberons chez eux comme la foudre. Le cordon de gendarmes en se resserrant autour du château fera l'effet d'un coup de filet. Ainsi, nous ne manquerons personne.

— Vous pouvez leur envoyer le maire, dit le brigadier, il est complaisant, il ne leur veut pas de mal, ils ne se défieront pas de lui.

Au moment où Goulard allait se coucher, Corentin, qui fit arrêter le cabriolet dans un petit bois, était donc venu lui dire confidentiellement que dans quelques instants un agent du gouvernement allait le requérir de cerner le château de Cinq-Cygne afin d'y empoigner messieurs d'Hauteserre et de Simeuse; que, dans le cas où ils auraient disparu, on voulait s'assurer s'ils y avaient couché la nuit dernière, fouiller les papiers de mademoiselle de Cinq-Cygne, et peut-être arrêter les gens et les maîtres du château.

— Mademoiselle de Cinq-Cygne, dit Corentin, est, sans doute, protégée par de grands personnages, car j'ai la mission secrète de la prévenir de cette visite, et de tout faire pour la sauver, sans me compromettre. Une fois sur le terrain, je ne serai plus le maître, je ne suis pas seul, ainsi courez au château.

Cette visite du maire au milieu de la soirée étonna d'autant plus les joueurs, que Goulard leur montrait une figure bouleversée.

— Où se trouve la comtesse? demanda-t-il.

— Elle se couche, dit madame d'Hauteserre.

Le maire incrédule se mit à écouter les bruits qui se faisaient au premier étage.

— Qu'avez vous aujourd'hui, Goulard? lui dit madame d'Hauteserre.

Goulard roulait dans les profondeurs de l'étonnement, en examinant ces figures pleines de la candeur qu'on peut avoir à tout âge. A l'aspect de ce calme et de cette innocente partie de boston interrompue, il ne concevait rien aux soupçons de la police de Paris. En ce moment, Laurence, agenouillée dans son oratoire, priait avec ferveur pour le succès de la conspiration! Elle priait Dieu de prêter aide et secours aux meurtriers de Bonaparte! Elle implorait Dieu avec amour de briser cet homme fatal! Le fanatisme des Harmodius, des Judith, des Jacques Clément, des Ancastroën, des Charlotte Corday, des Limoëlan animait cette belle âme, vierge et pure. Catherine préparait le lit, Gothard fermait les volets, en sorte que Marthe Michu, arrivée sous les fenêtres de Laurence, et qui y jetait des cailloux, put être remarquée.

— Mademoiselle, il y a du nouveau, dit Gothard en voyant une inconnue.

— Silence! dit Marthe à voix basse, venez me parler.

Gothard fut dans le jardin en moins de temps qu'un oiseau n'en aurait mis à descendre d'un arbre à terre.

— Dans un instant le château sera cerné par la gendarmerie. Toi, dit-elle à Gothard, selle sans bruit le cheval de Mademoiselle, et fais-le descendre par la brèche de la douve, entre cette tour et les écuries.

Marthe tressaillit en voyant à deux pas d'elle Laurence qui suivit Gothard.

— Qu'y a-t-il? dit Laurence simplement et sans paraître émue.

— La conspiration contre le Premier Consul est découverte, répondit Marthe dans l'oreille de la jeune comtesse. Mon mari, qui songe à sauver vos deux cousins, m'envoie vous dire de venir vous entendre avec lui.

Laurence recula de trois pas, et regarda Marthe. — Qui êtes-vous? dit-elle.

— Marthe Michu.

— Je ne sais pas ce que vous me voulez, répliqua froidement mademoiselle de Cinq-Cygne.

— Allons, vous les tuez. Venez, au nom des Simeuse! dit Marthe en tombant à genoux et tendant ses mains à Laurence. N'y a-t-il aucun papier ici, rien qui puisse vous compromettre? Du haut de la forêt, mon mari vient de voir briller les chapeaux bordés et les fusils des gendarmes.

Gothard avait commencé par grimper au grenier, il aperçut de loin les broderies des gendarmes, il entendit par le profond silence de la campagne le bruit de leurs chevaux; il dégringola dans l'écurie, sella le cheval de sa maîtresse, aux pieds duquel, sur un seul mot de lui, Catherine attacha des linges.

— Où dois-je aller? dit Laurence à Marthe dont le regard et la parole la frappèrent par l'inimitable accent de la sincérité.

— Par la brèche! dit-elle en entraînant Laurence, mon noble homme y est, vous allez apprendre ce que vaut un Judas!

Catherine entra vivement au salon, y prit la cravache, les gants, le chapeau, le voile de sa maîtresse, et sortit. Cette brusque apparition et l'action de Catherine étaient un si parlant commentaire des paroles du maire, que madame d'Hauteserre et l'abbé Goujet échangèrent un regard par lequel ils se communiquèrent cette horrible pensée: — Adieu tout notre bonheur! Laurence conspire, elle a perdu ses cousins et les deux d'Hauteserre.

— Que voulez-vous dire? demanda monsieur d'Hauteserre à Goulard.

— Mais le château est cerné, vous allez avoir à subir une visite domiciliaire. Enfin, si vos fils sont ici, faites-les sauver ainsi que messieurs de Simeuse.

— Mes fils! s'écria madame d'Hauteserre stupéfaite.

— Nous n'avons vu personne, dit monsieur d'Hauteserre.

— Tant mieux! dit Goulard. Mais j'aime trop la famille de Cinq-

Cygne et celle de Simeuse pour leur voir arriver malheur. Écoutez-moi bien. Si vous avez des papiers compromettants...

— Des papiers ?... répéta le gentilhomme.

— Oui, si vous en avez, brûlez-les, reprit le maire, je vais vous amuser les agents.

Goulard, qui voulait ménager la chèvre royaliste et le chou républicain, sortit, et les chiens aboyèrent alors avec violence.

— Vous n'avez plus le temps, les voici, dit le curé. Mais on préviendra la comtesse, où est-elle ?

— Catherine n'est pas venue prendre sa cravache, ses gants et son chapeau pour en faire des reliques, dit mademoiselle Goujet.

Goulard essaya de retarder pendant quelques minutes les deux agents en leur annonçant la parfaite ignorance des habitants du château de Cinq-Cygne.

— Vous ne connaissez pas ces gens-là, dit Peyrade en riant au nez de Goulard.

Ces deux hommes si doucereusement sinistres entrèrent alors suivis du brigadier d'Arcis et d'un gendarme. Cet aspect glaça d'effroi les quatre paisibles joueurs de boston qui restèrent à leurs places, épouvantés par un pareil déploiement de forces. Le bruit produit par une dizaine de gendarmes, dont les chevaux piaffaient, retentissait sur la pelouse.

— Il ne manque ici que mademoiselle de Cinq-Cygne, dit Corentin.

— Mais elle dort, sans doute, dans sa chambre, répondit monsieur d'Hauteserre.

— Venez avec moi, mesdames, dit Corentin en s'élançant dans l'antichambre et de là dans l'escalier où mademoiselle Goujet et madame d'Hauteserre le suivirent. — Comptez sur moi, reprit Corentin en parlant à l'oreille de la vieille dame, je suis un des vôtres, je vous ai envoyé déjà le maire. Défiez-vous de mon collègue et confiez-vous à moi, je vous sauverai tous !

— De quoi s'agit-il donc ? demanda mademoiselle Goujet.

— De vie et de mort ! ne le savez-vous pas ? répondit Corentin.

Madame d'Hauteserre s'évanouit. Au grand étonnement de mademoiselle Goujet et au grand désappointement de Corentin, l'appartement de Laurence était vide. Sûr que personne ne pouvait s'échapper ni du parc ni du château dans la vallée, dont toutes les issues étaient gardées, Corentin fit monter un gendarme dans chaque pièce, il ordonna de fouiller les bâtiments, les écuries et redescendit au salon, où déjà Durieu, sa femme et tous les gens s'étaient précipités dans le plus violent émoi. Peyrade étudiait de son petit œil bleu toutes les physionomies, il restait froid et calme au milieu de ce désordre. Quand Corentin reparut seul, car mademoiselle Goujet donnait des soins à madame d'Hauteserre, on entendit un bruit de chevaux, mêlé à celui des pleurs d'un enfant. Les chevaux entraient par la petite grille. Au milieu de l'anxiété générale, un brigadier se montra poussant Gothard les mains attachées et Catherine qu'il amena devant les agents.

— Voilà des prisonniers, dit-il. Ce petit drôle était à cheval, et se sauvait.

Imbécile! dit Corentin à l'oreille du brigadier stupéfait, pourquoi ne l'avoir pas laissé aller? Nous aurions su quelque chose en le suivant.

Gothard avait pris le parti de fondre en larmes à la façon des idiots. Catherine restait dans une attitude d'innocence et de naïveté qui fit profondément réfléchir le vieil agent. L'élève de Lenoir, après avoir comparé ces deux enfants l'un à l'autre, après avoir examiné l'air niais du vieux gentilhomme qu'il crut rusé, le spirituel curé qui jouait avec les fiches, la supéfaction de tous les gens et des Durieu, vint à Corentin et lui dit à l'oreille : — Nous n'avons pas affaire à des *gnioles!*

Corentin répondit d'abord par un regard en montrant la table de jeu, puis il ajouta : — Ils jouaient au boston! On faisait le lit de la maîtresse du logis, elle s'est sauvée, ils sont surpris, nous allons les serrer.

Une brèche a toujours sa cause et son utilité. Voici comment et pourquoi celle qui se trouve entre la tour aujourd'hui dite de mademoiselle, et les écuries, avait été pratiquée. Dès son installation à Cinq-Cygne, le bonhomme d'Hauteserre fit d'une longue ravine par laquelle les eaux de la forêt tombaient dans la douve, un chemin qui sépare deux grandes pièces de terre appartenant à la réserve du château, mais uniquement pour y planter une centaine de noyers qu'il trouva dans une pépinière. En onze ans, ces noyers étaient devenus assez touffus et couvraient presque ce chemin encaissé déjà par des berges de six pieds de hauteur, et par lequel on allait à un petit bois de trente arpents récemment acheté. Quand le château eut tous ses habitants, chacun d'eux aima mieux passer par là douve pour prendre le chemin communal qui longeait les murs du parc et conduisait à la ferme, que de faire le tour par la grille. En y passant, sans le vouloir, on élargissait la brèche des deux côtés, avec d'autant moins de scrupule qu'au dix-neuvième siècle les douves sont parfaitement inutiles et que le tuteur parlait souvent d'en tirer parti. Cette constante démolition produisait de la terre, du gravier, des pierres qui finirent par combler le fond de la douve. L'eau dominée par cette espèce de chaussée ne la couvrait que dans les temps de grandes pluies. Néanmoins, malgré ces dégradations, auxquelles tout le monde et la comtesse elle-même avait aidé, la brèche était assez abrupte pour qu'il fût difficile d'y faire descendre un cheval et surtout de le faire remonter sur le chemin communal; mais il semble que, dans les périls, les chevaux épousent la pensée de leurs maîtres. Pendant que la jeune comtesse hésitait à suivre Marthe et lui demandait des explications, Michu qui du haut de son monticule avait suivi les lignes décrites par les gendarmes et compris le plan des espions, désespérait du succès en ne voyant venir personne. Un piquet de gendarmes suivait le mur du parc en s'espaçant comme des sentinelles, et ne laissant entre chaque homme que la distance à laquelle ils pouvaient se comprendre de la voix et du regard, écouter et surveiller les plus légers bruits et les moindres choses. Michu, couché à plat ventre, l'oreille collée à la terre, estimait, à la manière des Indiens, le temps qui lui restait par la force du son. — « Je suis arrivé trop tard! se disait-il à lui-même. Violette me le paiera! A-t-il été longtemps avant de se griser! Que faire? » Il entendait le piquet qui descendait de la forêt par le chemin passer devant la grille, et qui, par une manœuvre semblable à celle du piquet venant du chemin communal, allaient se rencontrer. — « Encore cinq à six minutes! » se dit-il. En ce moment, la comtesse se montra, Michu la prit d'une main vigoureuse et la jeta dans le chemin couvert.

— Allez droit devant vous! Mène-la, dit-il à sa femme, à l'endroit où est mon cheval, et songez que les gendarmes ont des oreilles.

En voyant Catherine qui apportait la cravache, les gants et le chapeau, mais surtout en voyant la jument et Gothard, cet homme, de conception si vive dans le danger, résolut de jouer les gendarmes avec autant de succès qu'il venait de se jouer de Violette. Gothard avait, comme par magie, forcé la jument à escalader la douve.

— Du linge aux pieds du cheval?... je t'embrasse! dit le régisseur en serrant Gothard dans ses bras.

Michu laissa la jument aller auprès de sa maîtresse et prit les gants, le chapeau, la cravache.

— Tu as de l'esprit, tu vas me comprendre, reprit-il. Force ton cheval à grimper aussi sur ce chemin, monte-le à poil, entraîne après toi les gendarmes en te sauvant à fond de train à travers champs vers la ferme, et ramasse-moi tout ce piquet qui s'étale, ajouta-t-il en achevant sa pensée par un geste qui indiquait la route à suivre. — Toi, ma fille, dit-il à Catherine, il nous vient d'autres gendarmes par le chemin de Cinq-Cygne à Gondreville, élance-toi dans une direction contraire à celle que va suivre Gothard, et ramasse-les du château vers la forêt. Enfin, faites en sorte que nous ne soyons point inquiétés dans le chemin creux.

Catherine et l'admirable enfant qui devait donner dans cette affaire tant de preuves d'intelligence, exécutèrent leur manœuvre de manière à faire croire à chacune des lignes de gendarmes que leur gibier se sauvait. La lueur trompeuse de la lune ne permettait de distinguer ni la taille, ni les vêtements, ni le sexe, ni le nombre de ceux qu'on poursuivait. On courut après eux en vertu de ce faux axiome : Il faut arrêter ceux qui se sauvent! dont la niaiserie en haute police venait d'être énergiquement démontrée par Corentin au brigadier. Michu, qui avait compté sur l'instinct des gendarmes, put atteindre la forêt quelque temps après la jeune comtesse que Marthe avait guidée à l'endroit indiqué.

— Cours au pavillon, dit-il à Marthe. La forêt doit être gardée par les Parisiens, il est dangereux de rester ici. Nous aurons sans doute besoin de toute notre liberté.

Michu délia son cheval, et pria la comtesse de le suivre.

— Je n'irai pas plus loin, dit Laurence, sans que vous me donniez un gage de l'intérêt que vous me portez, car enfin, vous êtes Michu.

— Mademoiselle, répondit-il d'une voix douce, mon rôle va vous être expliqué en deux mots. Je suis, à l'insu de messieurs de Simeuse, le gardien de leur fortune. J'ai reçu à cet égard des instructions de défunt leur père et de leur chère mère, ma protectrice. Aussi ai-je joué le rôle d'un Jacobin enragé, pour rendre service à mes jeunes maîtres; malheureusement, j'ai commencé mon jeu trop tard, et n'ai pu sauver les anciens! Ici, la voix de

Michu s'altéra. — Depuis la fuite des jeunes gens, je leur ai fait passer les sommes qui leur étaient nécessaires pour vivre honorablement.

— Par la maison Breintmayer de Strasbourg? dit-elle.

— Oui, mademoiselle, les correspondants de monsieur Girel de Troyes, un royaliste qui, pour sa fortune, a fait, comme moi, le jacobin. Le papier que votre fermier a ramassé un soir, à la sortie de Troyes, était relatif à cette affaire qui pouvait nous compromettre : ma vie n'était plus à moi, mais à eux, vous comprenez? Je n'ai pu me rendre maître de Gondreville. Dans ma position, on m'aurait coupé le cou en me demandant où j'avais pris tant d'or. J'ai préféré racheter la terre un peu plus tard; mais ce scélérat de Marion était l'homme d'un autre scélérat, de Malin. Gondreville reviendra tout de même à ses maîtres. Cela me regarde. Il y a quatre heures, je tenais Malin au bout de mon fusil, oh! il était fumé! Dame! une fois mort, on licitera Gondreville, on le vendra, et vous pouvez l'acheter. En cas de ma mort, ma femme vous aurait remis une lettre qui vous en eût donné les moyens. Mais ce brigand disait à son compère Grévin, une autre canaille, que messieurs de Simeuse conspiraient contre le Premier Consul, qu'ils étaient dans le pays et qu'il valait mieux les livrer et s'en débarrasser, pour être tranquille à Gondreville. Or comme j'avais vu venir deux maîtres espions, j'ai désarmé ma carabine, et je n'ai pas perdu de temps pour accourir ici, pensant que vous deviez savoir où et comment prévenir les jeunes gens. Voilà.

— Vous êtes digne d'être noble, dit Laurence en tendant sa main à Michu qui voulut se mettre à genoux pour baiser cette main. Laurence vit son mouvement, le prévint et lui dit: — Debout, Michu! d'un son de voix et avec un regard qui le rendirent en ce moment aussi heureux qu'il avait été malheureux depuis douze ans.

— Vous me récompensez comme si j'avais fait tout ce qui me reste à faire, dit-il. Les entendez-vous, les hussards de la guillotine? Allons causer ailleurs. Michu prit la bride de la jument en se mettant du côté par lequel la comtesse se présentait de dos, et lui dit: — Ne soyez occupée qu'à vous bien tenir, à frapper votre bête et à vous garantir la figure des branches d'arbre qui voudront vous la fouetter.

Puis il dirigea la jeune fille pendant une demi-heure au grand galop, en faisant des détours, des retours, coupant son propre chemin à travers des clairières pour y perdre la trace, vers un endroit où il s'arrêta.

— Je ne sais plus où je suis, moi qui connais la forêt aussi bien que vous la connaissez, dit la comtesse en regardant autour d'elle.

— Nous sommes au centre même, répondit-il. Nous avons deux gendarmes après nous, mais nous sommes sauvés !

Le lieu pittoresque où le régisseur avait amené Laurence devait être si fatal aux principaux personnages de ce drame et à Michu lui-même, que le devoir d'un historien est de le décrire. Ce paysage est d'ailleurs, comme on le verra, devenu célèbre dans les fastes judiciaires de l'Empire.

La forêt de Nodesme appartenait à un monastère dit de Notre-Dame. Ce monastère, pris, saccagé, démoli, disparut entièrement, moines et biens. La forêt, objet de convoitise, entra dans le domaine des comtes de Champagne, qui plus tard l'engagèrent et la laissèrent vendre. En six siècles, la nature couvrit les ruines avec son riche et puissant manteau vert, et les effaça si bien, que l'existence d'un des plus beaux couvents n'était plus indiquée que par une assez faible éminence, ombragée de beaux arbres, et cerclée par d'épais buissons impénétrables que depuis 1794, Michu s'était plu à épaissir en plantant de l'acacia épineux dans les intervalles dénués d'arbustes. Une mare se trouvait au pied de cette éminence, et attestait une source perdue, qui sans doute avait jadis déterminé l'assiette du monastère. Le possesseur des titres de la forêt de Nodesme avait pu seul reconnaître l'étymologie de ce mot âgé de huit siècles, et découvrir qu'il y avait eu jadis un couvent au centre de la forêt. En entendant les premiers coups de tonnerre de la Révolution, le marquis de Simeuse, qu'une contestation avait obligé de recourir à ses titres, instruit de cette particularité par le hasard, se mit, dans une arrière-pensée assez facile à concevoir, à rechercher la place du monastère. Le garde, à qui la forêt était si connue, avait naturellement aidé son maître dans ce travail, et sa sagacité de forestier lui fit reconnaître la situation du monastère. En observant la direction des cinq principaux chemins de la forêt, dont plusieurs étaient effacés, il vit que tous aboutissaient au monticule et à la mare, où jadis on devait venir de Troyes, de la vallée d'Arcis, de celle de Cinq-Cygne, et de Bar-sur-Aube. Le marquis voulut sonder le monticule, mais il ne pouvait prendre pour cette opération que des gens étrangers au pays. Pressé par les circonstances, il abandonna ses recherches, en laissant dans l'esprit de Michu l'idée que l'éminence cachait ou des trésors ou les fondations de l'abbaye. Michu continua cette œuvre archéologique; il sentit le terrain sonner le creux, au niveau même de la mare, entre deux arbres, au pied du seul point escarpé de l'éminence. Par une belle nuit, il vint armé d'une pioche, et son travail mit à découvert une baie de cave où l'on descendait par des degrés de pierre. La mare, qui dans son endroit le plus creux a trois pieds de profondeur, forme une spatule dont le manche semble sortir de l'éminence, et ferait croire qu'il sort de ce rocher factice une fontaine perdue par infiltration dans cette vaste forêt. Ce marécage, entouré d'arbres aquatiques, d'aulnes, de saules, de frênes, est le rendez-vous de sentiers, reste des routes anciennes et d'allées forestières, aujourd'hui désertes. Cette eau, vive et qui paraît dormante, couverte de plantes à larges feuilles, de cresson, offre une nappe entièrement verte, à peine distinctible de ses bords où croît une herbe fine et fournie. Elle est trop loin de toute habitation pour qu'aucune bête autre que la fauve, vienne en profiter. Bien convaincus qu'il ne pouvait rien exister au-dessous de ce marais, et rebutés par les bords inaccessibles du monticule, les gardes particuliers ou les chasseurs n'avaient jamais visité, fouillé ni sondé ce coin qui appartenait à la plus vieille coupe de la forêt, et que Michu réserva pour une futaie, quand arriva son tour d'être exploité. Au bout de la cave se trouve un caveau voûté, propre et sain, tout de pierres de taille, du genre de ceux qu'on nommait l'*in pace*, le cachot des couvents. La salubrité de ce caveau, la conservation de ce reste d'escalier et de ce berceau s'expliquait par la source que les démolisseurs avaient respectée et par une muraille vraisemblablement d'une grande épaisseur, en brique et en ciment semblable à celui des Romains, qui contenait les eaux supérieures. Michu couvrit de grosses pierres l'entrée de cette retraite; puis, pour s'en approprier le secret et le rendre impénétrable, il s'imposa la loi de remonter l'éminence boisée, et de descendre à la cave par l'escarpement, au lieu d'y aborder par la mare. Au moment où les deux fugitifs y arrivèrent, la lune jetait sa belle lueur d'argent aux cimes des arbres centenaires du monticule, elle se jouait dans les magnifiques touffes des langues de bois diversement découpées par les chemins qui débouchaient là, les unes arrondies, les autres pointues, celle-ci terminée par un seul arbre, celle-là par un bosquet.

De là, l'œil s'engageait irrésistiblement en de riyantes perspectives où les regards suivaient soit la rondeur d'un sentier, soit la vue sublime d'une longue allée de forêt, soit une muraille de verdure presque noire. La lumière filtrée à travers les branchages de ce carrefour faisait briller, entre les clairs du cresson et les nénuphars, quelques diamants de cette eau tranquille et ignorée. Le cri des grenouilles troubla le profond silence de ce joli coin de forêt dont le parfum sauvage réveillait dans l'âme des idées de liberté.

— Sommes-nous bien sauvés? dit la comtesse à Michu.

— Oui, mademoiselle. Mais nous avons chacun notre besogne. Allez attacher nos chevaux à des arbres en haut de cette petite colline, et nouez-leur à chacun un mouchoir autour de la bouche, dit-il en lui tendant sa cravate; le mien et le vôtre sont intelligents, ils sauront qu'ils doivent se taire. Quand vous aurez fini, descendez droit au-dessus de l'eau par cet escarpement, ne vous laissez pas accrocher par votre amazone : vous me trouverez en bas.

Pendant que la comtesse cachait les chevaux, les attachait et les bâillonnait, Michu débarrassa ses pierres et découvrit l'entrée du caveau. La comtesse, qui croyait savoir sa forêt, fut surprise au dernier point en se voyant sous un berceau de cave. Michu remit les pierres en voûte au-dessus de l'entrée avec une adresse de maçon. Quand il eut achevé, le bruit des chevaux et de la voix des gendarmes retentit dans le silence de la nuit ; mais il n'en battit pas moins tranquillement le briquet, alluma une petite branche de sapin, et mena la comtesse dans l'*in pace* où se trouvait encore un bout de la chandelle qui lui avait servi à reconnaître ce caveau. La porte en fer et de plusieurs lignes d'épaisseur, mais percée en quelques endroits par la rouille, avait été remise en état par le garde, et se fermait extérieurement avec des barres qui s'adaptaient de chaque côté dans des trous. La comtesse, morte de fatigue, s'assit sur un banc de pierre, au-dessus duquel il existait encore un anneau scellé dans le mur.

— Nous avons un salon pour causer, dit Michu. Maintenant les gendarmes peuvent tourner tant qu'ils voudront, le pis de ce qui nous arriverait serait qu'ils prissent nos chevaux.

— Nous enlever nos chevaux, dit Laurence, ce serait tuer mes cousins et messieurs d'Hauteserre! Voyons, que savez-vous?

Michu raconta le peu qu'il avait surpris de la conversation entre Malin et Grévin.

— Ils sont en route pour Paris, ils y entreront ce matin, dit la comtesse quand il eut fini.

— Perdus! s'écria Michu. Vous comprenez que les entrants et les sortants seront surveillés aux Barrières. Malin a le plus grand intérêt à laisser mes maîtres se bien compromettre pour les tuer.

— Et moi qui ne sais rien du plan général de l'affaire! s'écria Laurence. Comment prévenir George, Rivière et Moreau? où sont-ils? Enfin ne songeons qu'à mes cousins et aux d'Hauteserre, rejoignez-les à tout prix.

— Le télégraphe va plus vite que les meilleurs chevaux, dit Michu, et de tous les nobles fourrés dans cette conspiration, vos cousins seront les mieux traqués; si je les retrouve, il faut les loger ici, nous les y garderons jusqu'à la fin de l'affaire; leur pauvre père avait peut-être une vision en me mettant sur la piste de cette cachette : il a pressenti que ses fils s'y sauveraient!

— Ma jument vient des écuries du comte d'Artois, elle est née de son plus beau cheval anglais, mais elle a fait trente-six lieues, elle mourrait sans vous avoir porté au but, dit-elle.

— Le mien est bon, dit Michu, et si vous avez fait trente-six lieues, je ne dois en avoir que dix-huit à faire?

— Vingt-trois, dit-elle, car depuis cinq heures ils marchent! Vous les trouverez au-dessus de Lagny, à Coupvrai d'où ils doivent au petit jour sortir déguisés en mariniers; ils comptent entrer à Paris sur des bateaux. Voici, reprit-elle en ôtant de son doigt la moitié de l'alliance de sa mère, la seule chose à laquelle ils ajouteront foi, je leur ai donné l'autre moitié. Le garde de Coupvrai, le père d'un de leurs soldats, les cache cette nuit dans une baraque abandonnée par des charbonniers, au milieu des bois. Ils sont huit en tout. Messieurs d'Hauteserre et quatre hommes sont avec mes cousins.

— Mademoiselle, on ne courra pas après les soldats, ne nous occupons que de messieurs de Simeuse, et laissons les autres se sauver comme il leur plaira. N'est-ce pas assez que de leur crier : Casse-cou?

— Abandonner les d'Hauteserre? jamais! dit-elle. Ils doivent périr ou se sauver tous ensemble!

— De petits gentilshommes? reprit Michu.

— Ils ne sont que chevaliers, répondit-elle, je le sais; mais ils se sont alliés aux Cinq-Cygne et aux Simeuse. Ramenez donc mes cousins et les d'Hauteserre, en tenant conseil avec eux sur les meilleurs moyens de gagner cette forêt.

— Les gendarmes y sont! les entendez-vous? ils se consultent.

— Enfin vous avez eu déjà deux fois du bonheur ce soir, allez! et ramenez-les, cachez-les dans cette cave, ils y seront à l'abri de toute recherche! Je ne puis vous être bonne à rien, dit-elle avec rage, je serais un phare qui éclairerait l'ennemi. La police n'imaginera jamais que mes parents puissent revenir dans la forêt, en me voyant tranquille. Ainsi, toute la question consiste à trouver cinq bons chevaux pour venir, en six heures de Lagny dans notre forêt, cinq chevaux à laisser morts dans un fourré.

— Et de l'argent? répondit Michu qui réfléchissait profondément en écoutant la jeune comtesse.

— J'ai donné cent louis cette nuit à mes cousins.

— Je réponds d'eux, s'écria Michu. Une fois cachés, vous devrez vous priver de les voir; ma femme ou mon petit leur porteront à manger deux fois la semaine. Mais, comme je ne réponds pas de moi, sachez, en cas de malheur, mademoiselle, que la maîtresse-poutre du grenier de mon pavillon a été percée avec une tarière. Dans le trou qui est bouché par une grosse cheville, se trouve le plan d'un coin de la forêt. Les arbres auxquels vous verrez un point rouge sur le plan ont une marque noire au pied sur le terrain. Chacun de ces arbres est un indicateur. Le troisième chêne vieux qui se trouve à gauche de chaque indicateur recèle, à deux pieds en avant du tronc, des rouleaux de fer-blanc enterrés à sept pieds de profondeur qui contiennent chacun cent mille francs en or. Ces onze arbres, il n'y en a que onze, sont toute la fortune des Simeuse, maintenant que Gondreville leur a été pris.

— La noblesse sera cent ans à se remettre des coups qu'on lui a portés! dit lentement mademoiselle de Cinq-Cygne.

— Y a-t-il un mot d'ordre? demanda Michu.

— France et Charles! pour les soldats; Laurence et Louis! pour messieurs d'Hauteserre et de Simeuse. Mon Dieu! les avoir revus hier pour la première fois depuis onze ans et les savoir en danger de mort aujourd'hui, et quelle mort! Michu, dit-elle avec une expression de mélancolie, soyez aussi prudent pendant ces quinze heures que vous avez été grand et dévoué pendant ces douze années. S'il arrivait malheur à mes cousins, je mourrais. Non, dit-elle, je vivrais assez pour tuer Bonaparte!

— Nous serons deux pour ça, le jour où tout sera perdu.

Laurence prit la rude main de Michu et la lui serra vivement à anglaise. Michu tira sa montre, il était minuit.

— Sortons à tout prix, dit-il. Gare au gendarme qui me barrera le passage. Et vous, sans vous commander, madame la comtesse, retournez à bride abattue à Cinq-Cygne, ils y sont, amusez-les.

Le trou débarrassé, Michu n'entendit plus rien ; il se jeta l'oreille à terre, et se releva précipitamment : — Ils sont sur la lisière vers Troyes ! dit-il, je leur ferai la barbe !

Il aida la comtesse à sortir, et replaça le tas de pierres. Quand il eut fini, il s'entendit appeler par la douce voix de Laurence, qui voulut le voir à cheval avant de monter sur le sien. L'homme rude avait les larmes aux yeux en échangeant un dernier regard avec sa jeune maîtresse qui, elle, avait les yeux secs.

— Amusons-les, il a raison ! se dit-elle quand elle n'entendit plus rien. Et elle s'élança vers Cinq-Cygne, au grand galop.

En sachant ses fils menacés de mort, madame d'Hauteserre, qui ne croyait pas la Révolution finie et qui connaissait la sommaire justice de ce temps, reprit ses sens et ses forces par la violence même de la douleur qui les lui avait fait perdre. Ramenée par une horrible curiosité, elle descendit au salon dont l'aspect offrait alors un tableau vraiment digne du pinceau des peintres de genre. Toujours assis à la table de jeu, le curé jouait machinalement avec les fiches en observant à la dérobée Peyrade et Corentin qui, debout à l'un des coins de la cheminée, se parlaient à voix basse. Plusieurs fois le fin regard de Corentin rencontra le regard non moins fin du curé ; mais, comme deux adversaires qui se trouvent également forts et qui reviennent en garde après avoir croisé le fer, l'un et l'autre jetaient promptement leurs regards ailleurs. Le bonhomme d'Hauteserre, planté sur ses deux jambes comme un héron, restait à côté du gros, gras, grand et avare Goulard, dans l'attitude que lui avait donnée la stupéfaction. Quoiqu'il fût vêtu en bourgeois, le maire avait toujours l'air d'un domestique. Tous deux ils regardaient d'un œil hébété les gendarmes entre lesquels pleurait toujours Gothard, dont les mains avaient été si vigoureusement attachées qu'elles étaient violettes et enflées. Catherine ne quittait pas sa position pleine de simplesse et de naïveté, mais impénétrable. Le brigadier qui, selon Corentin, venait de faire la sottise d'arrêter ces petites bonnes gens, ne savait plus s'il devait partir ou rester. Il était tout pensif au milieu du salon, la main appuyée sur la poignée de son sabre, et l'œil sur les deux Parisiens. Les Durieu, stupéfaits, et tous les gens du château formaient un groupe admirable d'inquiétude. Sans les pleurs convulsifs de Gothard, on eût entendu les mouches voler.

Quand la mère, épouvantée et pâle, ouvrit la porte et se montra presque traînée par mademoiselle Goujet, dont les yeux rouges avaient pleuré, tous ces visages se tournèrent vers les deux femmes. Les deux agents espéraient autant que tremblaient les habitants du château de voir entrer Laurence. Le mouvement spontané des gens et des maîtres sembla produit comme par un de ces mécanismes qui font accomplir à des figures de bois un seul et unique geste ou un clignement d'yeux.

Madame d'Hauteserre s'avança par trois grands pas précipités vers Corentin, et lui dit d'une voix entrecoupée mais violente : — Par pitié, monsieur, de quoi mes fils sont-ils accusés ? Et croyez-vous donc qu'ils soient venus ici ?

Le curé, qui semblait s'être dit en voyant la vieille dame : — Elle va faire quelque sottise ! baissa les yeux.

— Mes devoirs et la mission que j'accomplis me défendent de vous le dire, répondit Corentin d'un air à la fois gracieux et railleur.

Ce refus, que la détestable courtoisie de ce mirliflor rendait encore plus implacable, pétrifia cette vieille mère, qui tomba sur un fauteuil auprès de l'abbé Goujet, joignit les mains et fit un vœu.

— Où avez-vous arrêté ce pleurard ? demanda Corentin au brigadier en désignant le petit écuyer de Laurence.

— Dans le chemin qui mène à la ferme, le long des murs du parc ; le drôle allait gagner le bois des Closeaux.

— Et cette fille ?

— Elle ? c'est Olivier qui l'a pincée.

— Où allait-elle ?

— Vers Gondreville.

— Ils se tournaient le dos ? dit Corentin.

— Oui, répondit le gendarme.

— N'est-ce pas le petit domestique et la femme de chambre de la citoyenne Cinq-Cygne ? dit Corentin au maire.

— Oui, répondit Goulard.

Après avoir échangé deux mots avec Corentin de bouche à oreille, Peyrade sortit aussitôt en emmenant le brigadier.

En ce moment le brigadier d'Arcis entra, vint à Corentin et lui dit tout bas : — Je connais bien les localités, j'ai tout fouillé dans les communs ; à moins que les gars ne soient enterrés, il n'y a personne. Nous en sommes à faire sonner les planchers et les murailles avec les crosses de nos fusils.

Peyrade, qui rentra, fit signe à Corentin de venir, et l'emmena voir la brèche de la douve en lui signalant le chemin creux qui y correspondait.

— Nous avons deviné la manœuvre, dit Peyrade.

— Et moi ! je vais vous la dire, répliqua Corentin. Le petit drôle et la fille ont donné le change à ces imbéciles de gendarmes pour assurer une sortie au gibier.

— Nous ne saurons la vérité qu'au jour, reprit Peyrade. Ce chemin est humide, je viens de le faire barrer en haut et en bas par deux gendarmes ; quand nous pourrons y voir clair, nous reconnaîtrons, à l'empreinte des pieds, quels sont les êtres qui ont passé par là.

— Voici les traces d'un sabot de cheval, dit Corentin, allons aux écuries.

— Combien y a-t-il de chevaux ici ? demanda Peyrade à monsieur d'Hauteserre et à Goulard en rentrant au salon avec Corentin.

— Allons, monsieur le maire, vous le savez, répondez ? lui cria Corentin en voyant ce fonctionnaire hésiter à répondre.

— Mais il y a la jument de la comtesse, le cheval de Gothard et celui de monsieur d'Hauteserre.

— Nous n'en avons vu qu'un à l'écurie, dit Peyrade.

— Mademoiselle se promène, dit Durieu.

— Se promène-t-elle ainsi souvent la nuit, votre pupille ? dit le libertin Peyrade à monsieur d'Hauteserre.

— Très souvent, répondit avec simplicité le bonhomme, monsieur le maire vous l'attestera.

— Tout le monde sait qu'elle a des lubies, répondit Catherine Elle regardait le ciel avant de se coucher, et je crois bien que vos baïonnettes qui brillaient au loin l'auront intriguée. Elle a voulu savoir, m'a-t-elle dit en sortant, s'il s'agissait encore d'une nouvelle révolution.

— Quand est-elle sortie ? demanda Peyrade.

— Quand elle a vu vos fusils.

— Et par où est-elle allée ?

— Je ne sais pas.

— Et l'autre cheval ? demanda Corentin.

— Les... es... geeen...daaarmes me me me... me l'on... ont priiiis, dit Gothard.

— Et où allais-tu donc ? lui dit un des gendarmes.

— Je suuvi...ai...ais... ma maî...aî...aîtresse à la fer...me.

Le gendarme leva la tête vers Corentin en attendant un ordre, mais ce langage était à la fois si faux et si vrai, si profondément innocent et si rusé, que les deux Parisiens s'entre-regardèrent comme pour se répéter le mot de Peyrade : Ils ne sont pas gnioles !

Le gentilhomme paraissait ne pas avoir assez d'esprit pour comprendre une épigramme. Le maire était stupide. La mère, imbécile de maternité, faisait aux agents des questions d'une innocence bête. Tous les gens avaient été bien réellement surpris dans leur sommeil. En présence de ces petits faits, en jugeant ces divers caractères, Corentin comprit aussitôt que son seul adversaire était mademoiselle de Cinq-Cygne. Quelque adroite qu'elle soit, la Police a d'innombrables désavantages. Non-seulement elle est forcée d'apprendre tout ce que sait le conspirateur, mais encore elle doit supposer mille choses avant d'arriver à une seule qui soit vraie. Le conspirateur pense sans cesse à sa sûreté, tandis que la Police n'est éveillée qu'à ses heures. Sans les trahisons, il n'y aurait rien de plus facile que de conspirer. Un conspirateur a plus d'esprit à lui seul que la Police avec ses immenses moyens d'action. En se sentant arrêtés moralement comme ils l'eussent été physiquement par une porte qu'ils auraient cru trouver ouverte, qu'ils auraient crochetée et derrière laquelle des hommes pèseraient sans rien dire, Corentin et Peyrade se voyaient devinés et joués sans savoir par qui.

— J'affirme, vint leur dire à l'oreille le brigadier d'Arcis, que si les deux messieurs de Simeuse et d'Hauteserre ont passé la nuit ici, on les a couchés dans les lits du père, de la mère, de mademoiselle de Cinq-Cygne, de la servante, des domestiques, ou ils se sont promenés dans le parc, car il n'y a pas la moindre trace de leur passage.

— Qui donc a pu les prévenir ? dit Corentin à Peyrade. Il n'y a encore que le Premier Consul, Fouché, les ministres, le préfet de police, et Malin qui savent quelque chose.

— Nous laisserons des *moutons* dans le pays, dit Peyrade à l'oreille de Corentin.

— Vous ferez d'autant mieux qu'ils seront en Champagne, répliqua le curé qui ne put s'empêcher de sourire en entendant le mot mouton et qui devina tout d'après ce seul mot surpris.

— Mon Dieu ! pensa Corentin qui répondit au curé par un autre sourire, il n'y a qu'un homme d'esprit ici, je ne puis m'entendre qu'avec lui, je vais l'entamer.

— Messieurs... dit le maire qui voulait cependant donner une preuve de dévouement au Premier Consul et qui s'adressait aux deux agents.

— Dites citoyens, la République existe encore, lui répliqua Corentin en regardant le curé d'un air railleur.

— Citoyens, reprit le maire, au moment où je suis entré dans ce salon et avant que j'eusse ouvert la bouche, Catherine s'y est précipitée pour y prendre la cravache, les gants et le chapeau de sa maîtresse.

Un sombre murmure d'horreur sortit du fond de toutes les poitrines, excepté de celle de Gothard. Tous les yeux, moins ceux des gendarmes et des agents, menacèrent Goulard, le dénonciateur, en lui jetant des flammes.

— Bien, citoyen maire, lui dit Peyrade. Nous y voyons clair. On a prévenu la citoyenne Cinq-Cygne bien à temps, ajouta-t-il en regardant Corentin avec une visible défiance.

— Brigadier, mettez les poucettes à ce petit gars, dit Corentin au gendarme, et emmenez-le dans une chambre à part. Renfermez aussi cette petite fille, ajouta-t-il en désignant Catherine. — Tu vas présider à la perquisition des papiers, reprit-il en s'adressant à Peyrade auquel il parla dans l'oreille. Fouille tout, n'épargne rien. — Monsieur l'abbé, dit-il confidentiellement au curé, j'ai d'importantes communications à vous faire. Et il l'emmena dans le jardin.

— Écoutez, monsieur l'abbé, vous me paraissez avoir tout l'esprit d'un évêque, et (personne ne peut nous entendre) vous me comprendrez ; je n'ai plus d'espoir qu'en vous pour sauver deux familles qui, par sottise, vont se laisser rouler dans un abîme d'où rien ne revient. Messieurs de Simeuse et d'Hauteserre ont été trahis par un de ces infâmes espions que les gouvernements glissent dans toutes les conspirations pour bien en connaître le but, les moyens et les personnes. Ne me confondez pas avec ce misérable qui m'accompagne, il est de la Police ; mais moi, je suis attaché très honorablement au cabinet consulaire et j'en ai le dernier mot.

On ne souhaite pas la perte de messieurs de Simeuse ; si Malin les voudrait voir fusiller, le Premier Consul, s'ils sont ici, s'ils n'ont pas de mauvaises intentions, veut les arrêter sur le bord du précipice, car il aime les bons militaires. L'agent qui m'accompagne a tous les pouvoirs, moi je ne suis rien en apparence, mais je sais où est le complot. L'agent a le mot de Malin, qui sans doute lui a promis sa protection, une place et peut-être de l'argent, s'il peut trouver les deux Simeuse et les livrer. Le Premier Consul, qui est vraiment un grand homme, ne favorise point les pensées cupides. Je ne veux point savoir si les deux jeunes gens sont ici, fit-il en apercevant un geste chez le curé ; mais ils ne peuvent être sauvés que d'une seule manière. Vous connaissez la loi du 6 floréal an X, elle amnistie les émigrés qui sont encore à l'étranger, à la condition de rentrer avant le premier vendémiaire de l'an XI, c'est-à-dire en septembre de l'année dernière ; mais messieurs de Simeuse ayant, ainsi que messieurs d'Hauteserre, exercé des commandements dans l'armée de Condé, sont dans le cas de l'exception posée par cette loi ; leur présence en France est donc un crime, et suffit, dans les circonstances où nous sommes, pour les rendre complices d'un horrible complot. Le Premier Consul a senti le vice de cette exception qui fait à son gouvernement des ennemis irréconciliables ; il voudrait faire savoir à messieurs de Simeuse qu'aucune poursuite ne sera faite contre eux, s'ils lui adressent une pétition dans laquelle ils diront qu'ils rentrent en France dans l'intention de se soumettre aux lois, en promettant de prêter serment à la constitution. Vous comprenez que cette pièce doit être entre ses mains avant leur arrestation et datée d'il y a quelques jours ; je puis en être porteur. Je ne vous demande pas où sont les jeunes gens, dit-il en voyant le curé faire un nouveau geste de dénégation, nous sommes malheureusement sûrs de les trouver ; la forêt est gardée, les entrées de Paris sont surveillées et la frontière aussi. Écoutez-moi bien ! si ces messieurs sont entre cette forêt et Paris, ils seront pris ; s'ils sont à Paris, on les y trouvera ; s'ils rétrogradent, les malheureux seront arrêtés. Le Premier Consul aime les ci-devant et ne peut souffrir les républicains, et cela est tout simple : s'il veut un trône, il doit égorger la Liberté. Que ce secret reste entre nous. Ainsi, voyez ! J'attendrai jusqu'à demain, je serai aveugle ; mais défiez-vous de l'agent ; ce maudit Provençal est le valet du diable, il a le mot de Fouché, comme j'ai celui du Premier Consul.

— Si messieurs de Simeuse sont ici, dit le curé, je donnerais dix pintes de mon sang et un bras pour les sauver; mais si mademoiselle de Cinq-Cygne est leur confidente, elle n'a pas commis, je le jure par mon salut éternel, la moindre indiscrétion et ne m'a pas fait l'honneur de me consulter. Je suis maintenant très content de sa discrétion, si toutefois discrétion il y a. Nous avons joué hier soir, comme tous les jours, au boston, dans le plus profond silence jusqu'à dix heures et demie, et nous n'avons rien vu ni entendu. Il ne passe pas un enfant dans cette vallée solitaire sans que tout le monde le voie et le sache, et depuis quinze jours il n'y est venu personne d'étranger. Or, messieurs d'Hauteserre et de Simeuse font une troupe à eux quatre. Le bonhomme et sa femme sont soumis au gouvernement, et ils ont fait tous les efforts imaginables pour ramener leurs fils auprès d'eux; ils leur ont encore écrit avant-hier. Aussi, dans mon âme et conscience, a-t-il fallu votre descente ici pour ébranler la ferme croyance où je suis de leur séjour en Allemagne. Entre nous, il n'y a ici que la jeune comtesse qui ne rende pas justice aux éminentes qualités de monsieur le Premier Consul.

— Finaud! pensa Corentin. — Si ces jeunes gens sont fusillés, c'est qu'on l'aura bien voulu! répondit-il à haute voix, maintenant je m'en lave les mains.

Il avait amené l'abbé Goujet dans un endroit fortement éclairé par la lune, et il le regarda brusquement en disant ces fatales paroles. Le prêtre était fortement affligé, mais en homme surpris et complétement ignorant.

— Comprenez donc, monsieur l'abbé, reprit Corentin, que leurs droits sur la terre de Gondreville les rendent doublement criminels aux yeux des gens en sous-ordre! Enfin, je veux leur faire avoir affaire à Dieu et non à ses saints.

— Il y a donc un complot? demanda naïvement le curé.

— Ignoble, odieux, lâche, et si contraire à l'esprit généreux de la nation, reprit Corentin, qu'il sera couvert d'un opprobre général.

— Eh bien! mademoiselle de Cinq-Cygne est incapable de lâcheté, s'écria le curé.

— Monsieur l'abbé, reprit Corentin, tenez, il y a pour nous (toujours de vous à moi) des preuves évidentes de sa complicité; mais il n'y en a point encore assez pour la justice. Elle a pris la fuite à notre approche.. Et cependant je vous avais envoyé le maire.

— Oui, mais pour quelqu'un qui tient tant à les sauver, vous marchiez un peu trop sur les talons du maire, dit l'abbé.

Sur ce mot, ces deux hommes se regardèrent, et tout fut dit entre eux : ils appartenaient l'un et l'autre à ces profonds anatomistes de la pensée auxquels il suffit d'une simple inflexion de voix d'un regard, d'un mot pour deviner une âme, de même que le Sauvage devine ses ennemis à des indices invisibles à l'œil d'un Européen.

— J'ai cru tirer quelque chose de lui, je me suis découvert, pensa Corentin.

— Ah le drôle! se dit en lui-même le curé.

Minuit sonnait à la vieille horloge de l'église au moment où Corentin et le curé rentrèrent au salon. On entendait ouvrir et fermer les portes des chambres et des armoires. Les gendarmes défaisaient les lits. Peyrade avec la prompte intelligence de l'espion, fouillait et sondait tout. Ce pillage excitait à la fois la terreur et l'indignation chez les fidèles serviteurs, toujours immobiles et debout. Monsieur d'Hauteserre échangeait avec sa femme et mademoiselle Goujet des regards de compassion. Une horrible curiosité tenait tout le monde éveillé. Peyrade descendit et vint au salon en tenant à la main une cassette de bois de sandal sculpté, qui devait avoir été jadis rapportée de la Chine par l'amiral de Simeuse. Cette jolie boîte était plate et de la dimension d'un volume in-quarto.

Peyrade fit un signe à Corentin, et l'emmena dans l'embrasure de la croisée : — J'y suis! lui dit-il. Ce Michu, qui pouvait payer huit cent mille francs en or Gondreville à Marion, et qui voulait tuer tout à l'heure Malin, doit être l'homme des Simeuse ; l'intérêt qui lui a fait menacer Marion doit être le même qui lui a fait coucher Malin en joue. Il m'a paru capable d'avoir des idées, il n'en a qu'une, il est instruit de la chose, et sera venu les avertir ici.

— Malin aura causé de la conspiration avec son ami le notaire, dit Corentin en continuant les inductions de son collègue, et Michu, qui se trouvait embusqué, l'aura sans doute entendu parler des Simeuse. En effet, il n'a pu remettre son coup de carabine que pour prévenir un malheur qui lui a semblé plus grand que la perte de Gondreville.

— Il nous avait bien reconnus pour ce que nous sommes, dit

Peyrade. Aussi, sur le moment, l'intelligence de ce paysan m'a-t-elle paru tenir du prodige.

— Oh! cela prouve qu'il était sur ses gardes, répondit Corentin. Mais, après tout, mon vieux, ne nous abusons pas : la trahison pu énormément, et les gens primitifs la sentent de loin.

— Nous n'en sommes que plus forts, dit le Provençal.

— Faites venir le brigadier d'Arcis, cria Corentin à un des gendarmes. Envoyons à son pavillon, dit-il à Peyrade.

— Violette, notre oreille, y est, dit le Provençal.

— Nous sommes partis sans en avoir eu de nouvelles, dit Corentin. Nous aurions dû emmener avec nous Sabatier. Nous ne sommes pas assez de deux. — Brigadier, dit-il en voyant entrer le gendarme et le serrant entre Peyrade et lui, n'allez pas vous laisser faire la barbe comme le brigadier de Troyes tout à l'heure. Michu nous paraît être dans l'affaire ; allez à son pavillon, ayez l'œil à tout, et rendez-nous-en compte.

— Un de mes hommes a entendu des chevaux dans la forêt au moment où l'on arrêtait les petits domestiques, et j'ai quatre fiers gaillards aux trousses de ceux qui voudraient s'y cacher, répondit le gendarme.

Il sortit, le bruit du galop de son cheval, qui retentit sur le pavé de la pelouse, diminua rapidement.

— Allons! ils vont sur Paris ou rétrogradent vers l'Allemagne, se dit Corentin. Il s'assit, tira de la poche de son spencer un carnet, écrivit deux ordres au crayon, les cacheta et fit signe à l'un des gendarmes de venir : — Au grand galop à Troyes, éveillez le préfet, et dites-lui de profiter du petit jour pour faire marcher le télégraphe.

Le gendarme partit au grand galop. Le sens de ce mouvement et l'intention de Corentin étaient si clairs que tous les habitants du château eurent le cœur serré ; mais cette nouvelle inquiétude fut en quelque sorte un coup de plus dans leur martyre, car en ce moment ils avaient les yeux sur la précieuse cassette. Tout en causant, les deux agents épiaient le langage de ces regards flamboyants. Une sorte de rage froide remuait le cœur insensible de ces deux êtres qui savouraient la terreur générale. L'homme de police a toutes les émotions du chasseur ; mais en déployant les forces du corps et de l'intelligence, là où l'un cherche à tuer un lièvre, une perdrix ou un chevreuil, il s'agit pour l'autre de sauver l'État ou le prince, de gagner une large gratification. Ainsi la chasse à l'homme est supérieure à l'autre chasse de toute la distance qui existe entre les hommes et les animaux. D'ailleurs, l'espion a besoin d'élever son rôle à toute la grandeur et à l'importance des intérêts auxquels il se dévoue. Sans tremper dans ce métier, chacun peut donc concevoir que l'âme y dépense autant de passion que le chasseur en met à poursuivre le gibier. Ainsi, plus ils avançaient vers la lumière, plus ces deux hommes étaient ardents; mais leur contenance, leurs yeux restaient calmes et froids, de même que leurs soupçons, leurs idées, leur plan restaient impénétrables. Mais, pour qui eût suivi les effets du flair moral de ces deux limiers à la piste des faits inconnus et cachés, pour qui eût compris les mouvements d'agilité canine qui les portaient à trouver le vrai par le rapide examen des probabilités, il y avait de quoi frémir! Comment et pourquoi ces hommes de génie étaient-ils si bas quand ils pouvaient être si haut? Quelle imperfection, quel vice, quelle passion les ravalait ainsi? Est-on homme de police comme on est penseur, écrivain, homme d'État, peintre, général, à la condition de ne savoir faire qu'espionner, comme ceux-là parlent, écrivent, administrent, peignent ou se battent? Les gens du château n'avaient dans le cœur qu'un même souhait : Le tonnerre ne tombera-t-il pas sur ces infâmes? Ils avaient tous soif de vengeance. Aussi, sans la présence des gendarmes, y aurait-il eu révolte.

— Personne n'a la clef du coffret? demanda le cynique Peyrade en interrogeant l'assemblée autant par le mouvement de son gros nez rouge que par sa parole.

Le Provençal remarqua, non sans un mouvement de crainte, qu'il n'y avait plus de gendarmes. Corentin et lui se trouvaient seuls. Corentin tira de sa poche un petit poignard et se mit en devoir de l'enfoncer dans la fente de la boîte. En ce moment, on entendit d'abord sur le chemin, puis sur le petit pavé de la pelouse, le bruit horrible d'un galop désespéré; mais ce qui causa bien plus d'effroi fut la chute et le soupir du cheval qui s'abattit des quatre jambes à la fois au pied de la tourelle du milieu. Une commotion pareille à celle que produit la foudre ébranla tous les spectateurs, quand on vit Laurence que le frôlement de son amazone avait annoncée; ses gens s'étaient vivement mis en haie pour la laisser passer. Malgré la rapidité de sa course, elle avait ressenti la douleur que devait lui causer la découverte de la conspiration : toutes ses espérances écroulées ! elle avait galopé dans des ruines en pensant à la nécéssité d'une soumission au gouvernement consulaire. Aussi, sans le danger que couraient les quatre gentilshommes et qui fut le topique à l'aide duquel elle dompta sa fatigue et son désespoir, fût-elle tombée endormie. Elle avait presque tué sa jument pour venir se mettre entre la mort et ses cousins. En apercevant cette héroïque fille, pâle et les traits tirés, son voile d'un côté, sa cravache à la main, sur le seuil d'où son regard brûlant embrassa toute la scène et la pénétra, chacun comprit, au mouvement imperceptible qui remua la face aigre et trouble de Corentin, que les deux véritables adversaires étaient en présence. Un terrible duel allait commencer. En voyant cette cassette aux mains de Corentin, la jeune comtesse leva sa cravache et sauta sur lui si vivement, elle lui appliqua sur les mains un si violent coup, que la cassette tomba par terre ; elle la saisit, la jeta dans le milieu de la braise et se plaça devant la cheminée dans une attitude menaçante, avant que les deux agents fussent revenus de leur surprise. Le mépris flamboyait dans les yeux de Laurence, son front pâle et ses lèvres dédaigneuses insultaient à ces hommes encore plus que le geste autocratique avec lequel elle avait traité Corentin en bête venimeuse. Le bonhomme d'Hauteserre se sentit chevalier, il eut la face rougie de tout son sang, et regretta de ne pas avoir une épée. Les serviteurs tressaillirent d'abord de joie. Cette vengeance tant appelée venait de foudroyer l'un de ces hommes. Mais leur bonheur fut refoulé dans le fond des âmes par une affreuse crainte : ils entendaient toujours les gendarmes allant et venant dans les greniers. L'*espion*, substantif énergique sous lequel se confondent toutes les nuances qui distinguent les gens de police, car le public n'a jamais voulu spécifier dans la langue les divers caractères de ceux qui se mêlent de cette apothicairerie nécessaire aux gouvernements, l'espion donc a ceci de magnifique et de curieux, qu'il ne se fâche jamais ; il a l'humilité chrétienne des prêtres, il a les yeux faits au mépris et l'oppose de son côté comme une barrière au peuple de niais qui ne le comprennent pas ; il a le front d'airain pour les injures, il marche à son but comme un animal dont la carapace solide ne peut être entamée que par le canon ; mais aussi, comme l'animal, il est d'autant plus furieux quand il est atteint, qu'il a cru sa cuirasse impénétrable. Le coup de cravache sur les doigts fut pour Corentin, douleur à part, le coup de canon qui troue la carapace ; de la part de cette sublime et noble fille, ce mouvement plein de dégoût l'humilia, non pas seulement aux regards de ce petit monde, mais encore à ses propres yeux. Peyrade, le Provençal, s'élança sur le foyer, il reçut un coup de pied de Laurence; mais il lui prit le pied, le lui leva et la força, par pudeur, de se renverser sur la bergère où elle dormait naguère. Ce fut le burlesque au milieu de la terreur, contraste fréquent dans les choses humaines. Peyrade se roussit la main pour s'emparer de la cassette en feu; mais il l'eut, il la posa par terre et s'assit dessus. Ces petits événements se passèrent avec rapidité, sans une parole. Corentin, remis de la douleur causée par le coup de cravache, maintint mademoiselle de Cinq-Cygne en lui prenant les mains.

— Ne m'obligez pas, *belle citoyenne*, à employer la force contre vous, dit-il avec sa flétrissante courtoisie.

L'action de Peyrade eut pour résultat d'éteindre le feu par une compression qui supprima l'air.

— Gendarmes, à nous! cria-t-il en gardant sa position bizarre.

— Promettez-vous d'être sage? dit insolemment Corentin à Laurence en ramassant son poignard et sans commettre la faute de l'en menacer.

— Les secrets de cette cassette ne concernent pas le gouvernement, répondit-elle avec un mélange de mélancolie dans son air et dans son accent. Quand vous aurez lu les lettres qui y sont, vous aurez, malgré votre infamie, honte de les avoir lues; mais avez-vous encore honte de quelque chose? demanda-t-elle après une pause.

Le curé jeta sur Laurence un regard comme pour lui dire : — Au nom de Dieu! calmez-vous.

Peyrade se leva. Le fond de la cassette, en contact avec les charbons et presque entièrement brûlé, laissa sur le tapis une empreinte roussie. Le dessus de la cassette était déjà charbonné, les côtés cédèrent. Ce grotesque Scævola, qui venait d'offrir au dieu de la Police, à la Peur, le fond de sa culotte abricot, ouvrit les deux côtés de la boîte comme s'il s'agissait d'un livre, et fit glisser sur le tapis de la table à jouer trois lettres et deux mèches de cheveux. Il allait sourire en regardant Corentin, quand il s'aperçut que les cheveux étaient de deux blancs différents. Corentin quitta mademoiselle de Cinq-Cygne pour venir lire la lettre d'où les cheveux étaient tombés.

Laurence aussi se leva, se mit auprès des deux espions et dit :
— Oh ! lisez à haute voix, ce sera votre punition.

Comme ils lisaient des yeux seulement, elle lut elle-même la lettre suivante.

« Chère Laurence,

» Nous avons connu votre belle conduite dans la triste journée
» de notre arrestation, mon mari et moi. Nous savons que vous
» aimez nos jumeaux chéris autant et tout aussi également que
» nous les aimons nous-mêmes ; aussi est-ce vous que nous char-
» geons d'un dépôt à la fois précieux et triste pour eux. Monsieur
» l'exécuteur vient de nous couper les cheveux, car nous allons
» mourir dans quelques instants, et il nous a promis de vous faire
» tenir les deux seuls souvenirs de nous qu'il nous soit possible de
» donner à nos orphelins bien-aimés. Gardez-leur donc ces restes
» de nous, vous les leur donnerez en des temps meilleurs. Nous
» avons mis là un dernier baiser pour eux avec notre bénédiction.
» Notre dernière pensée sera d'abord pour nos fils, puis pour vous,
» enfin pour Dieu ! Aimez-les bien.

» BERTHE DE CINQ-CYGNE.
» JEAN DE SIMEUSE. »

Chacun eut les larmes aux yeux à la lecture de cette lettre.

Laurence dit aux deux agents, d'une voix ferme, en leur jetant un regard pétrifiant : — Vous avez moins de pitié que *monsieur l'exécuteur.*

Corentin mit tranquillement les cheveux dans la lettre, et la lettre de côté sur la table en y plaçant un panier plein de fiches pour qu'elle ne s'envolât point. Ce sang-froid au milieu de l'émotion générale était affreux. Peyrade dépliait les deux autres lettres.

— Oh ! quant à celles-ci, reprit Laurence, elles sont à peu près pareilles. Vous avez entendu le testament, en voici l'accomplissement. Désormais mon cœur n'aura plus de secrets pour personne voilà tout.

« 1794, Andernach, avant le combat.

» Ma chère Laurence, je vous aime pour la vie et je veux que
« vous le sachiez bien ; mais, dans le cas où je viendrais à mourir,

» apprenez que mon frère Paul-Marie vous aime autant que je vous
» aime. Ma seule consolation en mourant sera d'être certain que
» vous pourrez un jour faire de mon cher frère votre mari, sans
» me voir dépérir de jalousie comme cela certes arriverait si, vi-
» vants tous deux, vous me le préfériez. Après tout, cette préfé-
» rence me semblerait bien naturelle, car peut-être vaut-il mieux
que moi, etc.
» MARIE-PAUL. »

— Voici l'autre, reprit-elle avec une charmante rougeur au front.

« Andernach, avant le combat.

» Ma bonne Laurence, j'ai quelque tristesse dans l'âme : mais
» Marie-Paul a trop de gaîté dans le caractère pour ne pas vous
» plaire beaucoup plus que je ne vous plais. Il vous faudra quelque
» jour choisir entre nous, eh bien ! quoique je vous aime avec une
» passion... »

— Vous correspondiez avec des émigrés, dit Peyrade en interrompant Laurence et mettant par précaution les lettres entre lui et
la lumière pour vérifier si elles ne contenaient pas dans l'entre-
deux des lignes une écriture en encre sympathique.

— Oui, dit Laurence qui replia les précieuses lettres dont le
papier avait jauni. Mais en vertu de quel droit violez-vous ainsi
mon domicile, ma liberté personnelle et toutes les vertus domestiques?

— Ah! au fait! dit Peyrade. De quel droit? il faut vous le dire,
belle aristocrate, reprit-il en tirant de sa poche un ordre émané
du ministre de la Justice et contresigné du ministre de l'Intérieur.
Tenez, citoyenne, les ministres ont pris cela sous leur bonnet...

— Nous pourrions vous demander, lui dit Corentin à l'oreille,
de quel droit vous logez chez vous les assassins du Premier Consul ?
Vous m'avez appliqué sur les doigts un coup de cravache qui m'au-
toriserait à donner quelque jour un coup de main pour expédier
messieurs vos cousins, moi qui venais pour les sauver.

Au seul mouvement des lèvres et au regard que Laurence jeta
sur Corentin, le curé comprit ce que disait ce grand artiste inconnu,
et fit à la comtesse un signe de défiance qui ne fut vu que par
Goulard. Peyrade frappait sur le dessus de la boîte de petits coups

pour savoir si elle ne serait pas composée de deux planches creuses.

— Oh mon Dieu! dit-elle à Peyrade en lui arrachant le dessus, ne la brisez pas, tenez.

Elle prit une épingle, poussa la tête d'une figure, les deux planches chassées par un ressort se disjoignirent, et celle qui était creuse offrit les deux miniatures de messieurs de Simeuse en uniforme de l'armée de Condé, deux portraits sur ivoire faits en Allemagne. Corentin, qui se trouvait face à face avec un adversaire digne de toute sa colère, attira par un geste Peyrade dans un coin et conféra secrètement avec lui.

— Vous jetiez cela au feu, dit l'abbé Goujet à Laurence en lui montrant par un regard la lettre de la marquise et les cheveux.

Pour toute réponse, la jeune fille haussa significativement les épaules. Le curé comprit qu'elle sacrifiait tout pour amuser les espions et gagner du temps et il leva les yeux au ciel par un geste d'admiration

— Où donc a-t-on arrêté Gothard que j'entends pleurer? lui dit-elle assez haut pour être entendue.

— Je ne sais pas, répondit le curé.

— Était-il allé à la ferme?

— La ferme! dit Peyrade à Corentin. Envoyons-y du monde.

— Non, reprit Corentin, cette fille n'aurait pas confié le salut de ses cousins à un fermier. Elle nous amuse. Faites ce que je vous dis, afin qu'après avoir commis la faute de venir ici, nous en remportions au moins quelques éclaircissements.

Corentin vint se mettre devant la cheminée, releva les longues basques pointues de son habit pour se chauffer et prit l'air, le ton, les manières d'un homme qui se trouve en visite.

— Mesdames, vous pouvez vous coucher, et vos gens également. Monsieur le maire, vos services nous sont maintenant inutiles. La sévérité de nos ordres ne nous permet pas d'agir autrement que nous venons de le faire; mais quand toutes les murailles, qui me semblent bien épaisses, seront examinées, nous partirons.

Le maire salua la compagnie et sortit. Ni le curé, ni mademoiselle Goujet ne bougèrent. Les gens étaient trop inquiets pour ne pas suivre le sort de leur jeune maîtresse. Madame d'Hauteserre, qui, depuis l'arrivée de Laurence, l'étudiait avec la curiosité d'une mère au désespoir, se leva, la prit par le bras, l'emmena dans un coin et lui dit à voix basse : — Les avez-vous vus?

— Comment aurais-je laissé vos enfants venir sous notre toit sans que vous le sachiez? répondit Laurence. — Durieu, dit-elle, voyez s'il est possible de sauver ma pauvre Stella qui respire encore.

— Elle a fait beaucoup de chemin, dit Corentin.

— Quinze lieues en trois heures, répondit-elle au curé, qui la contemplait avec stupéfaction. Je suis sortie à neuf heures et demie, et suis revenue à une heure bien passée.

Elle regarda la pendule, qui marquait deux heures et demie.

— Ainsi, reprit Corentin, vous ne niez pas d'avoir fait une course de quinze lieues?

— Non, dit-elle. J'avoue que mes cousins et messieurs de Simeuse, dans leur parfaite innocence, comptaient demander à ne pas être exceptés de l'amnistie, et revenaient à Cinq-Cygne. Aussi, quand j'ai pu croire que le sieur Malin voulait les envelopper dans quelque trahison, suis-je allée les prévenir de retourner en Allemagne, où ils seront avant que le télégraphe de Troyes les ait signalés à la frontière. Si j'ai commis un crime, on m'en punira.

Cette réponse, profondément méditée par Laurence, et si probable dans toutes ses parties, ébranla les convictions de Corentin, que la jeune comtesse observait du coin de l'œil. Dans cet instant si décisif, et quand toutes les âmes étaient en quelque sorte suspendues à ces deux visages, que tous les regards allaient de Corentin à Laurence et de Laurence à Corentin, le bruit d'un cheval au galop venant de la forêt retentit sur le chemin, et de la grille sur le pavé de la pelouse. Une affreuse anxiété se peignit sur tous les visages.

Peyrade entra l'œil brillant de joie, il vint avec empressement à son collègue et lui dit assez haut pour que la comtesse l'entendît :

— Nous tenons Michu.

Laurence, à qui l'angoisse, la fatigue et la tension de toutes ses facultés intellectuelles donnaient une couleur rose aux joues, reprit sa pâleur et tomba presque évanouie, foudroyée, sur un fauteuil. La Durieu, mademoiselle Goujet et madame d'Hauteserre s'élancèrent auprès d'elle, car elle étouffait; elle indiqua par un geste de couper les brandebourgs de son amazone.

— Elle a donné dedans, *ils* vont sur Paris, dit Corentin à Peyrade, changeons les ordres.

Ils sortirent en laissant un gendarme à la porte du salon. L'adresse infernale de ces deux hommes venait de remporter un horrible avantage dans ce duel en prenant Laurence au piége d'une de leurs ruses habituelles.

A six heures du matin, au petit jour, les deux agents revinrent. Après avoir exploré le chemin creux, ils s'étaient assurés que les chevaux y avaient passé pour aller dans la forêt. Ils attendaient les rapports du capitaine de gendarmerie chargé d'éclairer le pays. Tout en laissant le château cerné sous la surveillance d'un brigadier, ils allèrent pour déjeuner chez un cabaretier de Cinq-Cygne, mais toutefois après avoir donné l'ordre de mettre en liberté Gothard qui n'avait cessé de répondre à toutes les questions par des torrents de pleurs, et Catherine qui restait dans sa silencieuse immobilité. Catherine et Gothard vinrent au salon, et baisèrent les mains de Laurence qui gisait étendue dans la bergère. Durieu vint annoncer que Stella ne mourrait pas; mais elle exigeait bien des soins.

Le maire, inquiet et curieux, rencontra Peyrade et Corentin dans le village. Il ne voulut pas souffrir que des employés supérieurs déjeunassent dans un méchant cabaret, il les emmena chez lui. L'abbaye était à un quart de lieue. Tout en cheminant, Peyrade remarqua que le brigadier d'Arcis n'avait fait parvenir aucune nouvelle de Michu ni de Violette.

— Nous avons affaire à des gens de qualité, dit Corentin, ils sont plus forts que nous. Le prêtre y est sans doute pour quelque chose.

Au moment où madame Goulard faisait entrer les deux employés dans une vaste salle à manger sans feu, le lieutenant de gendarmerie arriva, l'air assez effaré.

— Nous avons rencontré le cheval du brigadier d'Arcis dans la forêt, sans son maître, dit-il à Peyrade.

— Lieutenant, s'écria Corentin, courez au pavillon de Michu sachez ce qui s'y passe! On aura tué le brigadier.

Cette nouvelle nuisit au déjeuner du maire. Les Parisiens avalèrent tout avec une rapidité de chasseurs mangeant à une halte, et revinrent au château dans leur cabriolet d'osier attelé du cheval de poste, pour pouvoir se porter rapidement sur tous les points où leur présence serait nécessaire. Quand ces deux hommes reparurent dans ce salon, où ils avaient jeté le trouble, l'effroi, la douleur et les plus cruelles anxiétés, ils y trouvèrent Laurence en robe chambre, le gentilhomme et sa femme, l'abbé Goujet et sa sœur oupés autour du feu, tranquilles en apparence.

— Si l'on tenait Michu, s'était dit Laurence, on l'aurait amené, ai le chagrin de n'avoir pas été maîtresse de moi-même, d'avoir été quelque clarté dans les soupçons de ces infâmes; mais tout peut se réparer. — Serons-nous longtemps vos prisonniers, demanda-t-elle aux deux agents d'un air railleur et dégagé.

— Comment peut-elle savoir quelque chose de notre inquiétude ur Michu? personne du dehors n'est entré dans le château; elle ous *gouaille*, se dirent les deux espions par un regard.

— Nous ne vous importunerons pas longtemps encore, répondit Corentin; dans trois heures d'ici nous vous offrirons nos regrets d'avoir troublé votre solitude.

Personne ne répondit. Ce silence du mépris redoubla la rage intérieure de Corentin, sur le compte de qui Laurence et le curé, les deux intelligences de ce petit monde, s'étaient édifiés. Gothard et Catherine mirent le couvert auprès du feu pour le déjeuner, auquel prirent part le curé et sa sœur. Les maîtres ni les domestiques ne firent aucune attention aux deux espions qui se promenaient dans le jardin, dans la cour, sur le chemin, et qui revenaient de temps en temps au salon.

A deux heures et demie le lieutenant revint.

— J'ai trouvé le brigadier, dit-il à Corentin, étendu dans le chemin qui mène du pavillon dit de Cinq-Cygne à la ferme de Bellache, sans aucune blessure autre qu'une horrible contusion à la tête, et vraisemblablement produite par sa chute. Il a été, dit-il, enlevé de dessus son cheval si rapidement, et jeté si violemment en arrière, qu'il ne peut expliquer de quelle manière cela s'est fait; ses pieds ont quitté les étriers, sans cela il était mort, son cheval effrayé l'aurait traîné à travers champs: nous l'avons confié à Michu et à Violette...

— Comment! Michu se trouve à son pavillon? dit Corentin, qui regarda Laurence.

La comtesse souriait d'un œil fin, en femme qui prenait sa revanche.

— Je viens de le voir en train d'achever avec Violette un marché qu'ils ont commencé hier au soir, reprit le lieutenant. Violette et Michu m'ont paru gris; mais il n'y a pas de quoi s'en étonner, ils ont bu pendant toute la nuit, et ne sont pas encore d'accord.

— Violette vous l'a dit ? s'écria Corentin.
— Oui, dit le lieutenant.
— Ah ! il faudrait tout faire soi-même, s'écria Peyrade en regardant Corentin, qui se défiait tout autant que Peyrade de l'intelligence du lieutenant.

Le jeune homme répondit au vieillard par un signe de tête.
— A quelle heure êtes-vous arrivé au pavillon de Michu ? dit Corentin en remarquant que mademoiselle de Cinq-Cygne avait regardé l'horloge sur la cheminée.
— A deux heures environ, dit le lieutenant.

Laurence couvrit d'un même regard monsieur et madame d'Hauteserre, l'abbé Goujet et sa sœur, qui se crurent sous un manteau d'azur; la joie du triomphe petillait dans ses yeux, elle rougit, et des larmes roulèrent entre ses paupières. Forte contre les plus grands malheurs, cette jeune fille ne pouvait pleurer que de plaisir. En ce moment elle fut sublime, surtout pour le curé, qui, presque chagrin de la virilité du caractère de Laurence, y aperçut alors l'excessive tendresse de la femme; mais cette sensibilité gisait, chez elle, comme un trésor caché à une profondeur infinie sous un bloc de granit. En ce moment un gendarme vint demander s'il fallait laisser entrer le fils de Michu qui venait de chez son père pour parler aux messieurs de Paris. Corentin répondit par un signe affirmatif. François Michu, ce rusé petit chien qui chassait de race, était dans la cour où Gothard, mis en liberté, put causer avec lui pendant un instant sous les yeux du gendarme. Le petit Michu s'acquitta d'une commission en glissant quelque chose dans la main de Gothard sans que le gendarme s'en aperçût. Gothard se coula derrière François et arriva jusqu'à mademoiselle de Cinq-Cygne pour lui remettre innocemment son Iliance entière qu'elle baisa bien ardemment, car elle comprit que Michu lui disait, en la lui envoyant ainsi, que les quatre gentilshommes étaient en sûreté.

— *M'n p'a* (mon papa) fait demander où faut mettre *el brigadiais* qui ne va point *ben* du tout ?
— De quoi se plaint-il ? dit Peyrade.
— *Eu d'la tâte*, il *s'a fiché* par *tare ben* drument tout de même. Pour un *gindarme*, qui savions *montar à chevâlle*, c'est du guignon; mais il aura buté ! Il a un trou, oh ! gros comme *eul'* poing *darrière la tâte.* Paraît qu'il a évu la chance

ed' timber sur un méchant caillou, pauvre homme! Il a beau *ette* giudarme, *i souffe* tout de même, *qué çâ fû* pitié.

Le capitaine de gendarmerie de Troyes entra dans la cour, mit pied à terre, fit signe à Corentin qui, en le reconnaissant, se précipita vers la croisée et l'ouvrit pour ne pas perdre de temps.

— Qu'y a-t-il ?

— Nous avons été ramenés comme des Hollandais ! On a trouvé cinq chevaux morts de fatigue, le poil hérissé de sueur, au beau milieu de la grande avenue de la forêt, je les fais garder pour savoir d'où ils viennent et qui les a fournis. La forêt est cernée, ceux qui s'y trouvent n'en pourront pas sortir.

— A quelle heure croyez-vous que ces cavaliers-là soient entrés dans la forêt ?

— A midi et demi.

— Que pas un lièvre ne sorte de cette forêt sans qu'on le voie, lui dit Corentin à l'oreille. Je vous laisse ici Peyrade, et vais voir le pauvre brigadier. — Reste chez le maire, je t'enverrai un homme adroit pour te relever, dit-il à l'oreille du Provençal. Il faudra nous servir des gens du pays, examines-y toutes les figures. Il se tourna vers la compagnie et dit : — Au revoir ! d'un ton effrayant.

Personne ne salua les agents, qui sortirent.

— Que dira Fouché d'une visite domiciliaire sans résultat ? s'écria Peyrade quand il aida Corentin à monter dans le cabriolet d'osier.

— Oh ! tout n'est pas fini, répondit Corentin à l'oreille de Peyrade, les gentilshommes doivent être dans la forêt. Il montra Laurence, qui les regardait à travers les petits carreaux des grandes fenêtres du salon : — J'en ai fait crever une qui la valait bien, et qui m'avait par trop échauffé la bile ! Si elle retombe sous ma coupe, je lui paierai son coup de cravache.

— L'autre était une fille, dit Peyrade, et celle-là se trouve dans une position...

— Est-ce que je distingue ? tout est poisson dans la mer ! dit Corentin en faisant signe au gendarme qui le menait de fouetter le cheval de poste.

Dix minutes après, le château de Cinq-Cygne était entièrement et complétement évacué.

— Comment s'est-on défait du brigadier ? dit Laurence à François Michu qu'elle avait fait asseoir et à qui elle donnait à manger.

— Mon père et ma mère m'ont dit qu'il s'agissait de vie et de mort, que personne ne devait entrer chez nous. Donc, j'ai entendu, au mouvement des chevaux dans la forêt, que j'avais affaire à des chiens de gendarmes, et j'ai voulu les empêcher d'entrer chez nous. J'ai pris de grosses cordes que nous avons dans notre grenier, je les ai attachées à l'un des arbres qui se trouvent au débouché de chaque chemin. Pour lors, j'ai tiré la corde à la hauteur de la poitrine d'un cavalier, et je l'ai serrée autour de l'arbre d'en face, dans le chemin où j'ai entendu le galop d'un cheval. Le chemin se trouvait barré. L'affaire n'a pas manqué. Il n'y avait plus de lune, mon brigadier s'est fiché par terre, mais il ne s'est pas tué. Que voulez-vous? ça a la vie dure, les gendarmes! Enfin, on fait ce qu'on peut.

— Tu nous as sauvés! dit Laurence en embrassant François Michu qu'elle reconduisit jusqu'à la grille. Là, ne voyant personne, elle lui dit dans l'oreille : — Ont-ils des vivres?

— Je viens de leur porter un pain de douze livres et quatre bouteilles de vin. On se tiendra coi pendant six jours.

En revenant au salon, la jeune fille se vit l'objet des muettes interrogations de monsieur et de madame d'Hauteserre, de mademoiselle et de l'abbé Goujet, qui la regardaient avec autant d'admiration que d'anxiété.

— Mais vous les avez donc revus? s'écria madame d'Hauteserre.

La comtesse se mit un doigt sur les lèvres en souriant, et monta chez elle pour se coucher; car, une fois le triomphe obtenu, ses fatigues l'écrasèrent.

Le chemin le plus court pour aller de Cinq-Cygne au pavillon de Michu était celui qui menait de ce village à la ferme de Bellache, et qui aboutissait au rond-point où les espions avaient apparu la veille à Michu. Aussi le gendarme qui conduisait Corentin suivit-il cette route que le brigadier d'Arcis avait prise. Tout en allant, l'agent cherchait les moyens par lesquels un brigadier avait pu être désarçonné. Il se gourmandait de n'avoir envoyé qu'un seul homme sur un point si important, et il tirait de cette faute un axiome pour un Code de police qu'il faisait à son usage. — Si l'on s'est débarrassé du gendarme, pensait-il, on se sera défait aussi de Violette. Les cinq chevaux morts ont évidemment ramené des environs de Paris dans la forêt les quatre conspirateurs et Michu. —

Michu a-t-il un cheval? dit-il au gendarme qui était de la brigade d'Arcis.

— Ah! et un fameux bidet, répondit le gendarme, un cheval de chasse qui vient des écuries du ci-devant marquis de Simeuse. Quoiqu'il ait bien quinze ans, il n'en est que meilleur : Michu lui fait faire vingt lieues, l'animal a le poil sec comme mon chapeau— Oh! il en a bien soin, il en a refusé de l'argent.

— Comment est son cheval?

— Une robe brune tirant sur le noir, des taches blanches au-dessus des sabots, maigre, tout nerfs, comme un cheval arabe.

— Tu as vu des chevaux arabes?

— Je suis revenu d'Égypte il y a un an, et j'ai monté des chevaux de mameluck. On a onze ans de service dans la cavalerie : je suis allé sur le Rhin avec le général Steingel, de là en Italie, et j'ai suivi le Premier Consul en Égypte. Aussi vais-je passer brigadier.

— Quand je serai au pavillon de Michu, va donc à l'écurie, et si tu vis depuis onze ans avec les chevaux, tu dois savoir reconnaître quand un cheval a couru.

— Tenez, c'est là que notre brigadier a été jeté par terre, dit le gendarme en montrant l'endroit où le chemin débouchait au rond point.

— Tu diras au capitaine de venir me prendre à ce pavillon, nous nous en irons ensemble à Troyes.

Corentin mit pied à terre et resta pendant quelques instants à observer le terrain. Il examina les deux ormes qui se trouvaient en face, l'un adossé au mur du parc, l'autre sur le talus du rond-point que coupait le chemin vicinal; puis il vit, ce que personne n'avait su voir, un bouton d'uniforme dans la poussière du chemin, et il le ramassa. En entrant dans le pavillon, il aperçut Violette et Michu attablés dans la cuisine et disputant toujours. Violette se leva, salua Corentin, et lui offrit à boire.

— Merci, je voudrais voir le brigadier, dit le jeune homme, qui d'un regard devina que Violette était gris depuis plus de douze heures.

— Ma femme le garde en haut, dit Michu.

— Eh bien! brigadier, comment allez-vous? dit Corentin qui s'élança dans l'escalier et qui trouva le gendarme la tête enveloppée d'une compresse et couché sur le lit de madame Michu.

Le chapeau, le sabre et le fourniment étaient sur une chaise.

Marthe, fidèle aux sentiments de la femme et ne sachant pas d'ailleurs la prouesse de son fils, gardait le brigadier en compagnie de sa mère.

— On attend monsieur Varlet, le médecin d'Arcis, dit madame Michu, Gaucher est allé le chercher.

— Laissez-nous pendant un moment, dit Corentin assez surpris de ce spectacle où éclatait l'innocence des deux femmes. — Comment avez-vous été atteint? demanda-t-il en regardant l'uniforme.

— A la poitrine, répondit le brigadier.

— Voyons votre buffleterie? demanda Corentin.

Sur la bande jaune bordée de liserés blancs, qu'une loi récente avait donnée à la gendarmerie dite *nationale*, en stipulant les moindres détails de son uniforme, se trouvait une plaque assez semblable à la plaque actuelle des gardes champêtres, et où la loi avait enjoint de graver ces singuliers mots : *Respect aux personnes et aux propriétés !* La corde avait porté nécessairement sur la buffleterie et l'avait vigoureusement machurée. Corentin prit l'habit et regarda l'endroit où manquait le bouton trouvé sur le chemin.

— A quelle heure vous a-t-on ramassé? demanda Corentin.

— Mais au petit jour.

— Vous a-t-on monté sur-le-champ ici? dit Corentin en remarquant l'état du lit qui n'était pas défait.

— Oui.

— Qui vous y a monté?

— Les femmes et le petit Michu qui m'a trouvé sans connaissance.

— Bon! ils ne se sont pas couchés, se dit Corentin. Le brigadier n'a été atteint ni par un coup de feu, ni par un coup de bâton, car son adversaire, pour le frapper, aurait dû se mettre à sa hauteur, et se fût trouvé à cheval; il n'a donc pu être désarmé que par un obstacle opposé à son passage. Une pièce de bois? pas possible. Une chaîne de fer? elle aurait laissé des marques. — Qu'avez-vous senti? dit-il tout haut au brigadier en venant l'examiner.

— J'ai été renversé si brusquement...

— Vous avez la peau écorchée sous le menton.

— Il me semble, répondit le brigadier, que j'ai eu la figure labourée par une corde...

— J'y suis, dit Corentin. On a tendu d'un arbre à l'autre une corde pour barrer le passage...

— Ça se pourrait bien, dit le brigadier.

Corentin descendit et entra dans la salle.

— Eh bien! vieux coquin, finissons-en, disait Michu en parlant Violette et regardant l'espion. Cent vingt mille francs du tout, et vous êtes le maître de mes terres. Je me ferai rentier.

— Je n'en ai, comme il n'y a qu'un Dieu, que soixante mille.

— Mais puisque je vous offre du terme pour le reste! Nous voilà pourtant depuis hier sans pouvoir finir ce marché-là... Des terres de première qualité.

— Les terres sont bonnes, répondit Violette.

— Du vin! ma femme, s'écria Michu.

— N'avez-vous donc pas assez bu? s'écria la mère de Marthe. Voilà la quatorzième bouteille depuis hier neuf heures...

— Vous êtes là depuis neuf heures ce matin? dit Corentin à Violette.

— Non, faites excuse. Depuis hier au soir, je n'ai pas quitté la place, et je n'ai rien gagné : plus il me fait boire, plus il me surfait ses biens.

— Dans les marchés, qui hausse le coude, fait hausser le prix, dit Corentin.

Une douzaine de bouteilles vides, rangées au bout de la table, attestaient le dire de la vieille. En ce moment, le gendarme fit signe du dehors à Corentin et lui dit à l'oreille, sur le pas de la porte :

— Il n'y a point de cheval à l'écurie.

— Vous avez envoyé votre petit sur votre cheval à la ville, dit Corentin en rentrant, il ne peut tarder à revenir.

— Non, monsieur, dit Marthe, il est à pied.

— Eh bien! qu'avez-vous fait de votre cheval?

— Je l'ai prêté, répondit Michu d'un ton sec.

— Venez ici, bon apôtre, fit Corentin en parlant au régisseur, j'ai deux mots à vous glisser dans le tuyau de l'oreille.

Corentin et Michu sortirent.

— La carabine que vous chargiez hier à quatre heures devait vous servir à tuer le Conseiller d'État : Grevin, le notaire, vous a vu; mais on ne peut pas vous pincer là-dessus : il y a eu beaucoup d'intention, et peu de témoins. Vous avez, je ne sais comment, endormi Violette, et vous, votre femme, votre petit gars, vous avez passé la nuit dehors pour avertir mademoiselle de Cinq-Cygne de notre arrivée et faire sauver ses cousins que vous avez amenés ici; je ne sais pas encore où. Votre fils ou votre femme ont jeté le brigadier par terre assez spirituellement. Enfin vous nous avez battus. Vous êtes un fameux luron. Mais tout n'est pas dit, nous n'aurons pas le dernier. Voulez-vous transiger? vos maîtres y gagneront.

— Venez par ici, nous causerons sans pouvoir être entendus, dit Michu en emmenant l'espion dans le parc jusqu'à l'étang.

Quand Corentin vit la pièce d'eau, il regarda fixement Michu, qui comptait sans doute sur sa force pour jeter cet homme dans sept pieds de vase sous trois pieds d'eau. Michu répondit par un regard non moins fixe. Ce fut absolument comme si un boa flasque et froid eût défié un de ces roux et fauves jaguars du Brésil.

— Je n'ai pas soif, répondit le muscadin qui resta sur le bord de la prairie et mit la main dans sa poche de côté pour y prendre son petit poignard.

— Nous ne pouvons pas nous comprendre, dit Michu froidement.

— Tenez-vous sage, mon cher, la Justice aura l'œil sur vous.

— Si elle n'y voit pas plus clair que vous, il y a du danger pour tout le monde, dit le régisseur.

— Vous refusez? dit Corentin d'un ton expressif.

— J'aimerais mieux avoir cent fois le cou coupé, si l'on pouvait couper cent fois le cou à un homme, que de me trouver d'intelligence avec un drôle tel que toi.

Corentin remonta vivement en voiture après avoir toisé Michu, le pavillon et Couraud qui aboyait après lui. Il donna quelques ordres en passant à Troyes, et revint à Paris. Toutes les brigades de gendarmerie eurent une consigne et des instructions secrètes.

Pendant les mois de décembre, janvier et février, les recherches furent actives et incessantes dans les moindres villages. On écouta dans tous les cabarets. Corentin apprit trois choses importantes : un cheval semblable à celui de Michu fut trouvé mort dans les environs de Lagny. Les cinq chevaux enterrés dans la forêt de Nodesme avaient été vendus cinq cents francs chacun, par des fermiers et des meuniers, à un homme qui, d'après le signalement devait être Michu. Quand la loi sur les receleurs et les complices de Georges fut rendue, Corentin restreignit sa surveillance à la forêt de Nodesme. Puis quand Moreau, les royalistes et Pichegru furent arrêtés, on ne vit plus de figures étrangères dans le pays. Michu perdit alors sa place, le notaire d'Arcis lui apporta la lettre par laquelle le Conseiller d'État, devenu Sénateur, priait Grevin de recevoir les comptes du régisseur et de le congédier. En trois jours, Michu se fit donner un quitus en bonne forme, et devint libre. Au grand étonnement du pays, il alla vivre à Cinq-Cygne où Laurence le prit pour fermier de toutes les réserves du château. Le jour de son installation coïncida fatalement avec l'exécution du duc d'Enghien. On apprit dans presque toute la France à la fois, l'arrestation, le jugement, la condamnation et la mort du prince, terribles représailles qui précédèrent le procès de Polignac, Rivière et Moreau.

CHAPITRE II.

REVANCHE DE CORENTIN.

En attendant que la ferme destinée à Michu fût construite, le faux Judas se logea dans les communs au-dessus des écuries, du côté de la fameuse brèche. Michu se procura deux chevaux, un pour lui et un pour son fils, car tous deux se joignirent à Gothard pour accompagner mademoiselle de Cinq-Cygne dans toutes ses promenades qui avaient pour but, comme on le pense, de nourrir les quatre gentilshommes et de veiller à ce qu'ils ne manquassent de rien. François et Gothard, aidés par Couraud et par les chiens de la comtesse, éclairaient les alentours de la cachette, et s'assuraient qu'il n'y avait personne aux environs. Laurence et Michu apportaient les vivres que Marthe, sa mère et Catherine apprêtaient à l'insu des gens afin de concentrer le secret, car aucun d'eux ne mettait en doute qu'il y eût des espions dans le village. Aussi, par prudence, cette expédition n'eut-elle jamais lieu que deux fois par semaine et toujours à des heures différentes, tantôt le jour et tantôt la nuit. Ces précautions durèrent autant que le procès Rivière, Polignac et Moreau. Quand le Sénatus-consulte qui appelait à l'Empire la famille Bonaparte et nommait Napoléon Empereur fut soumis à l'acceptation du peuple français, monsieur d'Hauteserre signa sur le registre que vint lui présenter Goulard. Enfin on apprit que le pape viendrait sacrer Napoléon. Mademoiselle de Cinq-Cygne ne s'opposa plus dès lors à ce qu'une demande fût adressée par les deux jeunes d'Hauteserre et par ses cousins pour être rayés de la liste des émigrés et reprendre leurs droits de citoyens. Le bonhomme courut aussitôt à Paris et y alla voir le ci-devant marquis de Chargebœuf qui connaissait monsieur de Talleyrand. Ce ministre, alors en faveur, fit parvenir la pétition à Joséphine, et Joséphine la remit à son mari qu'on nommait Empereur, Majesté, Sire, avant de connaître le résultat du scrutin populaire. Monsieur de Chargebœuf, monsieur d'Hauteserre et l'abbé Goujet, qui vint aussi à Paris, obtinrent une audience de Talleyrand, et ce ministre leur promit son appui. Déjà Napoléon avait fait grâce aux principaux acteurs de la grande conspiration royaliste dirigée contre lui ; mais, quoique les quatre gentilshommes ne fussent que soupçonnés, au sortir d'une séance du Conseil d'État, l'empereur appela dans son cabinet le sénateur Malin, Fouché, Talleyrand, Cambacérès, Lebrun, et Dubois, le Préfet de police.

— Messieurs, dit le futur empereur qui conservait encore son costume de Premier Consul, nous avons reçu des sieurs de Simeuse et d'Hauteserre, officiers de l'armée du prince de Condé, une demande d'être autorisés à rentrer en France.

— Ils y sont, dit Fouché.

— Comme mille autres que je rencontre dans Paris, répondit Talleyrand.

— Je crois, répondit Malin, que vous n'avez point rencontré ceux-ci, car ils sont cachés dans la forêt de Nodesme, et s'y croient chez eux.

Il se garda bien de dire au Premier Consul et à Fouché les paroles auxquelles il avait dû la vie ; mais, en s'appuyant des rapports faits par Corentin, il convainquit le Conseil de la participation des quatre gentilshommes au complot de messieurs de Rivière et de Polignac, en leur donnant Michu pour complice. Le Préfet de police confirma les assertions du Sénateur.

— Mais comment ce régisseur aurait-il su que la conspiration était découverte, au moment où l'empereur, son conseil et moi, nous étions les seuls qui eussent ce secret ? demanda le Préfet de police.

Personne ne fit attention à la remarque de Dubois.

— S'ils sont cachés dans une forêt et que vous ne les ayez pas trouvés depuis sept mois, dit l'empereur à Fouché, ils ont bien expié leurs torts.

— Il suffit, dit Malin effrayé de la perspicacité du Préfet de police, que ce soient mes ennemis pour que j'imite la conduite de Votre Majesté; je demande donc leur radiation et me constitue leur avocat auprès d'elle.

— Ils seront moins dangereux pour vous, réintégrés qu'émigrés, car ils auront prêté serment aux constitutions de l'empire et aux lois, dit Fouché qui regarda fixement Malin.

— En quoi menacent-ils monsieur le sénateur? dit Napoléon.

Talleyrand s'entretint pendant quelque temps à voix basse avec l'empereur. La radiation et la réintégration de messieurs de Simeuse et d'Hauteserre parut alors accordée.

— Sire, dit Fouché, vous pourrez encore entendre parler de ces gens-là.

Talleyrand, sur les sollicitations du duc de Grandlieu, venait de donner, au nom de ces messieurs, leur foi de gentilhomme, mot qui exerçait des séductions sur Napoléon, qu'ils n'entreprendraient rien contre l'empereur, et faisaient leur soumission sans arrière-pensée.

— Messieurs d'Hauteserre et de Simeuse ne veulent plus porter les armes contre la France après les derniers événements. Ils ont peu de sympathie pour le gouvernement impérial, et sont de ces gens que Votre Majesté devra conquérir; mais ils se contenteront de vivre sur le sol français en obéissant aux lois, dit le ministre.

Puis il mit sous les yeux de l'empereur une lettre qu'il avait reçue, et où ces sentiments étaient exprimés.

— Ce qui est si franc doit être sincère, dit l'empereur en regardant Lebrun et Cambacérès. Avez-vous encore des objections? demanda-t-il à Fouché.

— Dans l'intérêt de Votre Majesté, répondit le futur ministre de la Police générale, je demande à être chargé de transmettre à ces messieurs leur radiation *quand elle sera définitivement accordée*, dit-il à haute voix.

— Soit, dit Napoléon en trouvant une expression soucieuse dans le visage de Fouché.

Ce petit conseil fut levé sans que cette affaire parût terminée; mais il eut pour résultat de mettre dans la mémoire de Napoléon une note douteuse sur les quatre gentilshommes. Monsieur d'Hauteserre, qui croyait au succès, avait écrit une lettre où il annonçait cette bonne nouvelle. Les habitants de Cinq-Cygne ne furent donc pas étonnés de voir, quelques jours après, Goulard qui vint dire à madame d'Hauteserre et à Laurence qu'elles eussent à envoyer les quatre gentilshommes à Troyes, où le préfet leur remettrait l'arrêté qui les réintégrait dans tous leurs droits après leur prestation de serment et leur adhésion aux lois de l'empire. Laurence répondit au maire qu'elle ferait avertir ses cousins et messieurs d'Hauteserre.

— Ils ne sont donc pas ici? dit Goulard.

Madame d'Hauteserre regardait avec anxiété la jeune fille, qui sortit en laissant le maire pour aller consulter Michu. Michu ne vit aucun inconvénient à délivrer immédiatement les émigrés. Laurence, Michu, son fils et Gothard partirent donc à cheval pour la forêt en emmenant un cheval de plus, car la comtesse devait accompagner les quatre gentilshommes à Troyes et revenir avec eux. Tous les gens qui apprirent cette bonne nouvelle s'attroupèrent sur la pelouse pour voir partir la joyeuse cavalcade. Les quatre jeunes gens sortirent de leur cachette, montèrent à cheval sans être vus et prirent la route de Troyes, accompagnés de mademoiselle de Cinq-Cygne. Michu, aidé par son fils et Gothard, referma l'entrée de la cave et tous trois revinrent à pied. En route, Michu se souvint d'avoir laissé dans le caveau les couverts et le gobelet d'argent qui servaient à ses maîtres, il y retourna seul. En arrivant sur le bord de la mare, il entendit des voix dans la cave, et alla directement vers l'entrée à travers les broussailles.

— Vous venez sans doute chercher votre argenterie? lui dit Peyrade en souriant et lui montrant son gros nez rouge dans le feuillage.

Sans savoir pourquoi, car enfin les jeunes gens étaient sauvés, Michu sentit à toutes ses articulations une douleur, tant fut vive chez lui cette espèce d'appréhension vague, indéfinissable, que cause un malheur à venir; néanmoins il s'avança et trouva Corentin sur l'escalier, un rat de cave à la main.

— Nous ne sommes pas méchants, dit-il à Michu, nous aurions pu pincer vos ci-devant depuis une semaine, mais nous les savions radiés... Vous êtes un rude gaillard! et vous nous avez donné trop de mal pour que nous ne satisfassions pas au moins notre curiosité.

— Je donnerais bien quelque chose, s'écria Michu, pour savoir comment et par qui nous avons été vendus.

— Si cela vou intrigue beaucoup, mon petit, dit en souriant Cyl ade, regardez les fers de vos chevaux, et vous verrez que vous ous êtes trahis vous-mêmes.

— Sans rancune, dit Corentin en faisant signe au capitaine de gendarmerie de venir avec les chevaux.

— Ce misérable ouvrier parisien qui ferrait si bien les chevaux à anglaise et qui a quitté Cinq-Cygne, était un des leurs! s'écria Michu, il leur a suffi de faire reconnaître et suivre sur le terrain quand il a fait humide, par un des leurs déguisé en fagotteur, en braconnier, les pas de nos chevaux ferrés avec quelques crampons. Nous sommes quittes.

Michu se consola bientôt en pensant que la découverte de cette cachette était maintenant sans danger, puisque les gentilshommes redevenaient Français, et avaient recouvré leur liberté. Cependant, il avait raison dans tous ses pressentiments. La Police et les Jésuites ont la vertu de ne jamais abandonner ni leurs ennemis ni leurs amis.

Le bonhomme d'Hauteserre revint de Paris, et fut assez étonné de ne pas avoir été le premier à donner la bonne nouvelle. Durieu préparait le plus succulent des dîners. Les gens s'habillaient, et l'on attendait avec impatience les proscrits, qui, vers quatre heures, arrivèrent à la fois joyeux et humiliés, car ils étaient pour deux ans sous la surveillance de la haute police, obligés de se présenter tous les mois à la préfecture, et tenus de demeurer pendant ces deux années dans la commune de Cinq-Cygne. — « Je vous enverrai à signer le registre, leur avait dit le préfet. Puis, dans quelques mois, vous demanderez la suppression de ces conditions, imposées d'ailleurs à tous les complices de Pichegru. J'appuierai votre demande. » Ces restrictions assez méritées attristèrent un peu les jeunes gens. Laurence se mit à rire.

— L'empereur des Français, dit-elle, est un homme assez mal élevé, qui n'a pas encore l'habitude de faire grâce.

Les gentilshommes trouvèrent à la grille tous les habitants du château, et sur le chemin une bonne partie des gens du village, venus pour voir ces jeunes gens que leurs aventures avaient rendus fameux dans le Département. Madame d'Hauteserre tint ses fils longtemps embrassés et montra un visage couvert de larmes; elle ne put rien dire, et resta saisie mais heureuse pendant une partie de la soirée. Dès que les jumeaux de Simeuse se montrèrent et des endirent de cheval, il y eut un cri général de surprise, causé par leur étonnante ressemblance : même regard, même voix, mêmes façons. L'un et l'autre, ils firent exactement le même geste en se levant sur leur selle, en passant la jambe au-dessus de la croupe du cheval pour le quitter, et en jetant les guides par un mouvement pareil. Leur mise, absolument la même, aidait encore à les prendre pour de véritables Ménechmes. Ils portaient des bottes à la Suwaroff façonnées au cou-de-pied, des pantalons collants de peau blanche, des vestes de chasse vertes à boutons de métal, des cravates noires et des gants de daim. Ces deux jeunes gens, alors âgés de trente et un ans, étaient, selon une expression de ce temps, de charmants cavaliers. De taille moyenne, mais bien prise, ils avaient les yeux vifs, ornés de longs cils et nageant dans un fluide comme ceux des enfants, des cheveux noirs, de beaux fronts et un teint d'une blancheur olivâtre. Leur parler, doux comme celui des femmes, tombait gracieusement de leurs belles lèvres rouges. Leurs manières, plus élégantes et plus polies que celles des gentilshommes de province, annonçaient que la connaissance des hommes et des choses leur avait donné cette seconde éducation, plus précieuse encore que la première, et qui rend les hommes accomplis. Grâce à Michu, l'argent ne leur ayant pas manqué durant leur émigration ils avaient pu voyager et furent bien accueillis dans les cours étrangères. Le vieux gentilhomme et l'abbé leur trouvèrent un peu de hauteur ; mais, dans leur situation, peut-être était-ce l'effet d'un beau caractère. Ils possédaient les éminentes petites choses d'une éducation soignée, et déployaient une adresse supérieure à tous les exercices du corps. La seule dissemblance qui pût les faire remarquer existait dans les idées. Le cadet charmait autant par sa gaieté que l'aîné par sa mélancolie ; mais ce contraste, purement moral, ne pouvait s'apercevoir qu'après une longue intimité.

— Ah ! ma fille, dit Michu à l'oreille de Marthe, comment ne pas se dévouer à ces deux garçons-là ?

Marthe, qui admirait et comme femme et comme mère les jumeaux, fit un joli signe de tête à son mari, en lui serrant la main. Les gens eurent la permission d'embrasser leurs nouveaux maîtres.

Pendant les sept mois de réclusion à laquelle les quatre jeunes gens s'étaient condamnés, ils commirent plusieurs fois l'imprudence assez nécessaire de quelques promenades, surveillées, d'ailleurs, par Michu, son fils et Gothard. Durant ces promenades, éclairées par de belles nuits, Laurence, en rejoignant au présent le passé de leur vie commune, avait senti l'impossibilité de choisir entre les deux frères. Un amour égal et pur pour les jumeaux lui partageait le cœur. Elle croyait avoir deux cœurs. De leur côté, les deux Paul n'avaient point osé se parler de leur imminente rivalité. Peut-être s'en étaient-ils déjà tous trois remis au hasard? La situation d'esprit où elle était agit sans doute sur Laurence, car après un moment d'hésitation visible, elle donna le bras aux deux frères pour entrer au salon, et fut suivie de monsieur et madame d'Hauteserre, qui tenaient et questionnaient leurs fils. En ce moment, tous les gens crièrent : Vivent les Cinq-Cygne et les Simeuse! Laurence se retourna, toujours entre les deux frères, et fit un charmant geste pour remercier.

Quand ces neuf personnes arrivèrent à s'observer : car, dans toute réunion, même au cœur de la famille, il arrive toujours un moment où l'on s'observe après de longues absences; au premier regard qu'Adrien d'Hauteserre jeta sur Laurence, et qui fut surpris par sa mère et par l'abbé Goujet, il leur sembla que ce jeune homme aimait la comtesse. Adrien, le cadet des d'Hauteserre, avait une âme tendre et douce. Chez lui, le cœur était resté adolescent, malgré les catastrophes qui venaient d'éprouver l'homme. Semblable en ceci à beaucoup de militaires chez qui la continuité des périls laisse l'âme vierge, il se sentait oppressé par les belles timidités de la jeunesse. Aussi différait-il entièrement de son frère, homme d'aspect brutal, grand chasseur, militaire intrépide, plein de résolution, mais matériel et sans agilité d'intelligence comme sans délicatesse dans les choses du cœur. L'un était tout âme, l'autre était tout action; cependant ils possédaient l'un et l'autre au même degré l'honneur qui suffit à la vie des gentilshommes. Brun, petit, maigre et sec, Adrien d'Hauteserre avait néanmoins une grande apparence de force; tandis que son frère, de haute taille, pâle et blond, paraissait faible. Adrien, d'un tempérament nerveux, était fort par l'âme; Robert, quoique lymphatique, se plaisait à prouver sa force purement corporelle. Les familles offrent de ces bizarreries dont les causes pourraient avoir de l'intérêt; mais il ne peut en être question ici que pour expliquer comment Adrien ne devait pas rencontrer un rival dans son frère. Robert eut pour Laurence l'affection d'un parent, et le respect d'un noble pour une jeune fille de sa caste. Sous le rapport des sentiments, l'aîné des d'Hauteserre appartenait à cette secte d'hommes qui considèrent la femme comme dépendante de l'homme, en restreignant au physique son droit de maternité, lui voulant beaucoup de perfections et ne lui en tenant aucun compte. Selon eux, admettre la femme dans la Société, dans la Politique, dans la Famille, est un bouleversement social. Nou sommes aujourd'hui si loin de cette vieille opinion des peuples primitifs, que presque toutes les femmes, même celles qui ne veulent pas de la liberté funeste offerte par les nouvelles sectes, pourront s'en choquer; mais Robert d'Hauteserre avait le malheur de penser ainsi. Robert était l'homme du moyen âge, le cadet était un homme d'aujourd'hui. Ces différences, au lieu d'empêcher l'affection, l'avaient au contraire resserrée entre les deux frères. Dès la première soirée, ces nuances furent saisies et appréciées par le curé, par mademoiselle Goujet et madame d'Hauteserre, qui, tout en faisant leur boston, aperçurent déjà des difficultés dans l'avenir.

A vingt-trois ans, après les réflexions de la solitude et les angoisses d'une vaste entreprise manquée, Laurence, redevenue femme, éprouvait un immense besoin d'affection; elle déploya toutes les grâces de son esprit, et fut charmante. Elle révéla les charmes de sa tendresse avec la naïveté d'un enfant de quinze ans. Durant ces treize dernières années, Laurence n'avait été femme que par la souffrance, elle voulut se dédommager; elle se montra lonc aussi aimante et coquette qu'elle avait été jusque-là grande et forte. Aussi les quatre vieillards, qui restèrent les derniers au salon, furent-ils assez inquiétés par la nouvelle attitude de cette charmante fille. Quelle force n'aurait pas la passion chez une jeune personne de ce caractère et de cette noblesse? Les deux frères aimaient également la même femme et avec une aveugle tendresse; qui des deux Laurence choisirait-elle? en choisir un, n'était-ce pas tuer l'autre? Comtesse de son chef, elle apportait à son mari un titre et de beaux priviléges, une longue illustration; peut-être en pensant à ces avantages, le marquis de Simeuse se sacrifierait-il pour faire épouser Laurence à son frère, qui, selon les vieilles lois, était pauvre et sans titre. Mais le cadet voudrait-il priver son frère d'un aussi grand bonheur que celui d'avoir Laurence pour femme! De loin, ce combat d'amour avait eu peu d'inconvénients; et d'ailleurs, tant que les deux frères coururent des dangers, le hasard des combats pouvait trancher cette difficulté ; mais qu'allait-il advenir de leur réunion ? Quand Marie-Paul et Paul-Marie, arrivés l'un et l'autre à l'âge où les passions sévissent de toute leur force, se partageraient les regards, les expressions, les attentions, les paroles de leur cousine, ne se déclarerait-il pas entre eux une jalousie dont les suites pouvaient être horribles ? Que deviendrait la belle existence égale et simultanée des jumeaux ? A ces suppositions, jetées une à une par chacun, pendant la dernière partie de boston, madame d'Hauteserre répondit qu'elle ne croyait pas que Laurence épouserait un de ses cousins. La vieille dame avait éprouvé durant la soirée un de ces pressentiments inexplicables, qui sont un secret entre les mères et Dieu. Laurence, dans son for intérieur, n'était pas moins effrayée de se voir en tête à tête avec ses cousins. Au drame animé de la conspiration, aux dangers que coururent les deux frères, aux malheurs de leur émigration, succédait un drame auquel elle n'avait jamais songé. Cette noble fille ne pouvait pas recourir au moyen violent de n'épouser ni l'un ni l'autre des jumeaux, elle était trop honnête femme pour se marier en gardant une passion irrésistible au fond de son cœur. Rester fille, lasser ses deux cousins en ne se décidant pas, et prendre pour mari celui qui lui serait fidèle malgré ses caprices, fut une décision moins cherchée qu'entrevue. En s'endormant, elle se dit que le plus sage était de se laisser aller au hasard. Le hasard est, en amour, la providence des femmes.

Le lendemain matin, Michu partit pour Paris d'où il revint quelques jours après avec quatre beaux chevaux pour ses nouveaux maîtres. Dans six semaines, la chasse devait s'ouvrir, et la jeune comtesse avait sagement pensé que les violentes distractions de cet exercice seraient un secours contre les difficultés du tête-à-tête au château. Il arriva d'abord un effet imprévu qui surprit les témoins de ces étranges amours, en excitant leur admiration. Sans aucune convention méditée, les deux frères rivalisèrent auprès de eur cousine de soins et de tendresse, en y trouvant un plaisir d'âme qui sembla leur suffire. Entre eux et Laurence, la vie fut aussi fraternelle qu'entre eux deux. Rien de plus naturel. Après une si longue absence, ils sentaient la nécessité d'étudier leur cousine, de la bien connaître, et de se bien faire connaître à elle l'un et l'autre en lui laissant le droit de choisir, soutenus dans cette épreuve par cette mutuelle affection qui faisait de leur double vie une même vie. L'amour, de même que la maternité, ne savait pas distinguer entre les deux frères. Laurence fut obligée, pour les reconnaître et ne pas se tromper, de leur donner des cravates différentes, une blanche à l'aîné, une noire pour le cadet. Sans cette parfaite ressemblance, sans cette identité de vie à laquelle tout le monde se trompait, une pareille situation paraîtrait justement impossible. Elle n'est même explicable que par le fait, qui est un de ceux auxquels on ne croit qu'en les voyant; et quand on les a vus, l'esprit est plus embarrassé de se les expliquer qu'il ne l'était d'avoir à les croire. Laurence parlait-elle, sa voix retentissait de la même manière dans deux cœurs également aimants et fidèles. Exprimait-elle une idée ingénieuse, plaisante, ou belle, son regard rencontrait le plaisir exprimé par deux regards qui la suivaient dans tous ses mouvements, interprétaient ses moindres désirs et lui souriaient toujours avec de nouvelles expressions, gaies chez l'un, tendrement mélancoliques chez l'autre. Quand il s'agissait de leur maîtresse, les deux frères avaient de ces admirables primes sauts du cœur en harmonie avec l'action, et qui, selon l'abbé Goujet, arrivaient au sublime. Ainsi, souvent s'il fallait aller chercher quelque chose, s'il était question d'un de ces petits soins que les hommes aiment tant à rendre à une femme aimée, l'aîné laissait le plaisir de s'en acquitter à son cadet, en reportant sur sa cousine un regard à la fois touchant et fier. Le cadet mettait de l'orgueil à payer ces sortes de dettes. Ce combat de noblesse dans un sentiment où l'homme arrive jusqu'à la jalouse férocité de l'animal confondait toutes les idées des vieilles gens qui le contemplaient.

Ces menus détails attiraient souvent des larmes dans les yeux de la comtesse. Une seule sensation, mais qui peut-être est immense chez certaines organisations privilégiées, peut donner une idée des émotions de Laurence; on la comprendra par le souvenir de l'accord parfait de deux belles voix comme celles de la Sontag et de la Malibran dans quelque harmonieux duo, par l'unisson complet de deux instruments que manient des exécutants de génie, et dont les sons mélodieux entrent dans l'âme comme les soupirs d'un seul être passionné. Quelquefois, en voyant le marquis de Simeuse plongé dans un fauteuil jeter un regard profond et mélancolique sur son frère qui causait et riait avec Laurence, le curé le croyait capable d'un immense sacrifice; mais il surprenait bientôt dans ses yeux l'éclair de la passion invincible. Chaque fois qu'un des jumeaux se trouvait seul avec Laurence, il pouvait se croire exclusivement aimé. — « Il me semble alors qu'ils ne sont plus qu'un, » disait la comtesse à l'abbé Goujet qui la questionnait sur l'état de son cœur. Le prêtre reconnut alors en elle un manque total de coquetterie. Laurence ne se croyait réellement pas aimée par deux hommes.

— Mais, chère petite, lui dit un soir madame d'Hauteserre dont le fils se mourait silencieusement d'amour pour Laurence, il faudra cependant bien choisir !

— Laissez-nous être heureux, répondit-elle. Dieu nous sauvera de nous-mêmes !

Adrien d'Hauteserre cachait au fond de son cœur une jalousie qui le dévorait, et gardait le secret sur ses tortures, en comprenant combien il avait peu d'espoir. Il se contentait du bonheur de voir cette charmante personne, qui pendant quelques mois que dura cette lutte, brilla de tout son éclat. En effet, Laurence, devenue coquette, eut alors tous les soins que les femmes aimées prennent d'elles-mêmes. Elle suivait les modes et courut plus d'une fois à Paris pour paraître plus belle avec des chiffons ou quelque nouveauté. Enfin, pour donner à ses cousins les moindres jouissances du chez-soi, desquelles ils avaient été sevrés pendant si longtemps, elle fit de son château, malgré les hauts cris de son tuteur, l'habitation la plus complétement comfortable qu'il y eût alors dans la Champagne.

Robert d'Hauteserre ne comprenait rien à ce drame sourd. Il ne s'apercevait pas de l'amour de son frère pour Laurence. Quant à la jeune fille, il aimait à la railler sur sa coquetterie, car il confondait ce détestable défaut avec le désir de plaire; mais il se trompait ainsi sur toutes les choses de sentiment, de goût ou de haute instruction. Aussi, quand l'homme du moyen âge se mettait en scène, Laurence en faisait-elle aussitôt, à son insu, le *niais* du drame; elle égayait ses cousins en discutant avec Robert, en l'amenant à petits pas au beau milieu des marécages où s'enfoncent la bêtise et l'ignorance. Elle excellait à ces mystifications spirituelles qui, pour être parfaites, doivent laisser la victime heureuse. Cependant, quelque grossière que fût sa nature, Robert, durant cette belle époque, la seule heureuse que devaient connaître ces trois êtres charmants, n'intervint jamais entre les Simeuse et Laurence par une parole virile qui peut-être eût décidé la question. Il fut frappé de la sincérité des deux frères. Robert devina sans doute combien une femme pouvait trembler d'accorder à l'un des témoignages de tendresse que l'autre n'eût pas eus ou qui l'eussent chagriné; combien l'un des frères était heureux de ce qui advenait de bien à l'autre, et combien il en pouvait souffrir au fond de son cœur. Ce respect de Robert explique admirablement cette situation qui, certes, aurait obtenu des priviléges dans les temps de foi où le souverain pontife avait le pouvoir d'intervenir pour trancher le nœud gordien de ces rares phénomènes, voisins des mystères les plus impénétrables. La Révolution avait retrempé ces cœurs dans la foi catholique; ainsi la religion rendait cette crise plus terrible encore, car la grandeur des caractères augmente la grandeur des situations. Aussi monsieur et madame d'Haute-serre, ni le curé, ni sa sœur, n'attendaient-ils rien de vulgaire des deux frères ou de Laurence.

Ce drame, qui resta mystérieusement enfermé dans les limites de la famille où chacun l'observait en silence, eut un cours si rapide et si lent à la fois; il comportait tant de jouissances inespérées, de petits combats, de préférences déçues, d'espoirs renversés, d'attentes cruelles, de remises au lendemain pour s'expliquer, de déclarations muettes, que les habitants de Cinq-Cygne ne firent aucune attention au couronnement de l'empereur Napoléon. Ces passions faisaient d'ailleurs trêve en cherchant une distraction violente dans les plaisirs de la chasse, qui, en fatiguant excessivement le corps, ôtent à l'âme les occasions de voyager dans les steppes si dangereux de la rêverie. Ni Laurence ni ses cousins ne songeaient aux affaires, car chaque jour avait un intérêt palpitant.

— En vérité, dit un soir mademoiselle Goujet, je ne sais pas qui de tous ces amants aime le plus?

Adrien se trouvait seul au salon avec les quatre joueurs de boston, il leva les yeux sur eux et devint pâle. Depuis quelques jours, il n'était plus retenu dans la vie que par le plaisir de voir Laurence et de l'entendre parler.

— Je crois, dit le curé, que la comtesse, en sa qualité de femme, aime avec beaucoup plus d'abandon.

Laurence, les deux frères et Robert revinrent quelques instants après. Les journaux venaient d'arriver. En voyant l'inefficacité des conspirations tentées à l'intérieur, l'Angleterre armait l'Europe contre la France. Le désastre de Trafalgar avait renversé l'un des plans les plus extraordinaires que le génie humain ait inventés, et par lequel l'Empereur eût payé son élection à la France avec les ruines de la puissance anglaise. En ce moment, le camp de Boulogne était levé. Napoléon, dont les soldats étaient inférieurs en nombre comme toujours, allait livrer bataille à l'Europe sur des champs où il n'avait pas encore paru. Le monde entier se préoccupait du dénoûment de cette campagne.

— Oh! cette fois, il succombera, dit Robert en achevant la lecture du journal.

— Il a sur les bras toutes les forces de l'Autriche et de la Russie, dit Marie-Paul.

— Il n'a jamais manœuvré en Allemagne, ajouta Paul-Marie.

— De qui parlez-vous? demanda Laurence.

— De l'Empereur, répondirent les trois gentilshommes.

Laurence jeta sur ses deux amants un regard de dédain qui les humilia, mais qui ravit Adrien. Le dédaigné fit un geste d'admiration, et il eut un regard d'orgueil où il disait assez qu'il ne pensait plus, lui! qu'à Laurence.

— Vous le voyez? l'amour lui a fait oublier sa haine, dit l'abbé Goujet à voix basse.

Ce fut le premier, le dernier, l'unique reproche que les deux frères encoururent; mais, en ce moment, ils se trouvèrent inférieurs en amour à leur cousine qui, deux mois après, n'apprit l'étonnant triomphe d'Austerlitz que par la discussion que le bonhomme d'Hauteserre eut avec ses deux fils. Fidèle à son plan, le vieillard voulait que ses enfants demandassent à servir; ils seraient sans doute employés dans leurs grades, et pourraient encore faire une belle fortune militaire. Le parti du royalisme pur était devenu le plus fort à Cinq-Cygne. Les quatre gentilshommes et Laurence se moquèrent du prudent vieillard, qui semblait flairer les malheurs dans l'avenir. La prudence est peut-être moins une vertu que l'exercice d'un *sens* de l'esprit, s'il est possible d'accoupler ces deux mots; mais un jour viendra sans doute où les physiologistes et les philosophes admettront que les sens sont en quelque sorte la gaîne d'une vive et pénétrante action qui procède de l'esprit.

Après la conclusion de la paix entre la France et l'Autriche, vers la fin du mois de février 1806, un parent, qui, lors de la demande en radiation, s'était employé pour messieurs de Simeuse, et devait plus tard leur donner de grandes preuves d'attachement, le ci-devant marquis de Chargebœuf, dont les propriétés s'étendent de Seine-et-Marne dans l'Aube, arriva de sa terre à Cinq-Cygne, dans une espèce de calèche que, dans ce temps, on nommait par raillerie un berlingot. Quand cette pauvre voiture enfila le petit pavé, les habitants du château, qui déjeunaient, eurent un accès de rire; mais, en reconnaissant la tête chauve du vieillard, qui sortit entre les deux rideaux de cuir du berlingot, monsieur d'Hauteserre le nomma, et tous levèrent le siége pour aller au-devant du chef de la maison de Chargebœuf.

— Nous avons le tort de nous laisser prévenir, dit le marquis de Simeuse à son frère et aux d'Hauteserre, nous devions aller le remercier.

Un domestique, vêtu en paysan, qui conduisait de dessus un siége attenant à la caisse, planta dans un tuyau de cuir grossier un fouet de charretier, et vint aider le marquis à descendre, mais Adrien et le cadet de Simeuse le prévinrent, défirent la portière qui s'accrochait à des boutons de cuivre, et sortirent le bonhomme malgré ses réclamations. Le marquis avait la prétention de donner son berlingot jaune, à portière de cuir, pour une voiture excellente et commode. Le domestique, aidé par Gothard, dételait déjà les deux bons gros chevaux à croupe luisante, et qui servaient sans doute autant à des travaux agricoles qu'à la voiture.

— Malgré le froid? Mais vous êtes un preux des anciens jours, dit Laurence à son vieux parent en lui prenant le bras et l'emmenant au salon.

— Ce n'est pas à vous à venir voir un vieux bonhomme comme moi, dit-il avec finesse en adressant ainsi des reproches à ses jeunes parents.

— Pourquoi vient-il? se demandait le bonhomme d'Hauteserre.

Monsieur de Chargebœuf, joli vieillard de soixante-sept ans, en culotte pâle, à petites jambes frêles et vêtues de bas chinés, portait un crapaud, de la poudre et des ailes de pigeon. Son habit de chasse, de drap vert, à boutons d'or, était orné de brandebourgs d'or. Son gilet blanc éblouissait par d'énormes broderies d'or. Cet attirail, encore à la mode parmi les vieilles gens, seyait à sa figure, assez semblable à celle du grand Frédéric. Il ne mettait jamais son tricorne pour ne pas détruire l'effet de la demi-lune dessinée sur son crâne par une couche de poudre. Il s'appuyait la main droite sur une canne à bec-de-corbin, en tenant à la fois et sa canne et son

apeau par un geste digne de Louis XIV. Ce digne vieillard se
débarrassa d'une douillette de soie et se plongea dans un fauteuil,
en gardant entre ses jambes son tricorne et sa canne, par une pose
dont le secret n'a jamais appartenu qu'aux roués de la cour de
Louis XV, et qui laissait les mains libres de jouer avec la tabatière,
bijou toujours précieux. Aussi le marquis tira-t-il de la poche de
son gilet qui se fermait par une garde brodée en arabesque d'or une
riche tabatière. Tout en préparant sa prise et offrant du tabac à la
ronde par un autre geste charmant, accompagné de regards affectueux, il remarqua le plaisir que causait sa visite. Il parut alors
comprendre pourquoi les jeunes émigrés avaient manqué à leur
devoir envers lui. Il eut l'air de se dire : — Quand on fait l'amour,
on ne fait pas de visite.

— Nous vous garderons pendant quelques jours, dit Laurence.

— C'est chose impossible, répondit-il. Si nous n'étions pas si
séparés par les événements, car vous avez franchi de plus grandes
distances que celles qui nous éloignent les uns des autres, vous
sauriez, chère enfant, que j'ai des filles, des belles-filles, de petites-filles, des petits-enfants. Tout ce monde serait inquiet de ne
pas me voir ce soir, et j'ai dix-huit lieues à faire.

— Vous avez de bien bons chevaux, dit le marquis de Simeuse.

— Oh! je viens de Troyes où j'avais affaire hier.

Après les demandes voulues sur la famille, sur la marquise de
Chargebœuf et sur ces choses réellement indifférentes auxquelles la
politesse veut qu'on s'intéresse vivement, il parut à monsieur
d'Hauteserre que monsieur de Chargebœuf venait engager ses jeunes
parents à ne commettre aucune imprudence. Selon le marquis, les
temps étaient bien changés, et personne ne pouvait plus savoir ce que
deviendrait l'Empereur.

— Oh! dit Laurence, il deviendra Dieu.

Le bon vieillard parla de concessions à faire. En entendant exprimer la nécessité de se soumettre, avec beaucoup plus d'assurance
et d'autorité qu'il n'en mettait à toutes ses doctrines, monsieur
d'Hauteserre regarda ses fils d'un air presque suppliant.

— Vous serviriez cet homme-là ? dit le marquis de Simeuse
marquis de Chargebœuf.

— Mais oui, s'il le fallait dans l'intérêt de ma famille.

Enfin le vieillard fit entrevoir, mais vaguement, des dangers
lointains ; quand Laurence le somma de s'expliquer, il engagea les

quatre gentilshommes à ne plus chasser et à se tenir cois chez eux.

— Vous regardez toujours les domaines de Gondreville comme à vous, dit-il à messieurs de Simeuse, vous ravivez ainsi une haine terrible. Je vois, à votre étonnement, que vous ignorez qu'il existe contre vous de mauvais vouloirs à Troyes, où l'on se souvient de votre courage. Personne ne se gêne pour raconter comment vous avez échappé aux recherches de la Police Générale de l'Empire, les uns en vous louant, les autres en vous regardant comme les ennemis de l'Empereur. Quelques séides s'étonnent de la clémence de Napoléon envers vous. Ceci n'est rien. Vous avez joué des gens qui se croyaient plus fins que vous, et les gens de bas étage ne pardonnent jamais. Tôt ou tard, la Justice, qui dans votre Département procède de votre ennemi le sénateur Malin, car il a placé partout ses créatures, même les officiers ministériels, sa justice donc sera très contente de vous trouver engagés dans une mauvaise affaire. Un paysan vous cherchera querelle sur son champ quand vous y serez, vous aurez des armes chargées, vous êtes vifs, un malheur est alors bientôt arrivé. Dans votre position, il faut avoir cent fois raison pour ne pas avoir tort. Je ne vous parle pas ainsi sans raison. La Police surveille toujours l'Arrondissement où vous êtes et maintient un commissaire dans ce petit trou d'Arcis, exprès pour protéger le sénateur de l'Empire contre vos entreprises. Il a peur de vous, et il le dit.

— Mais il nous calomnie ! s'écria le cadet des Simeuse.

— Il vous calomnie ! je le crois, moi ! Mais que croit le public ? voilà l'important. Michu a mis en joue le sénateur, qui ne l'a pas oublié. Depuis votre retour, la comtesse a pris Michu chez elle. Pour bien des gens, et pour la majeure partie du public, Malin a donc raison. Vous ignorez combien la position des émigrés est délicate en face de ceux qui se trouvent posséder leurs biens. Le Préfet, homme d'esprit, m'a touché deux mots de vous, hier, qui m'ont inquiété. Enfin, je ne voudrais pas vous voir ici.....

Cette réponse fut accueillie par une profonde stupéfaction. Marie Paul sonna vivement.

— Gothard, dit-il au petit bonhomme qui vint, allez chercher Michu.

L'ancien régisseur de Gondreville ne se fit pas attendre.

— Michu, mon ami, dit le marquis de Simeuse, est-il vrai que tu aies voulu tuer Malin ?

— Oui, monsieur le marquis ; et quand il reviendra, je le guetterai.

— Sais-tu que nous sommes soupçonnés de t'avoir apposté ; que notre cousine, en te prenant pour fermier, est accusée d'avoir trempé dans ton dessein ?

— Bonté du ciel ! s'écria Michu, je suis donc maudit ? je ne pourrai donc jamais vous défaire tranquillement de Malin ?

— Non, mon garçon, non, reprit Paul-Marie. Mais il va falloir quitter le pays et notre service, nous aurons soin de toi ; nous te mettrons en position d'augmenter ta fortune. Vends tout ce que tu possèdes ici, réalise tes fonds, nous t'enverrons à Trieste chez un de nos amis qui a de vastes relations, et qui t'emploiera très utilement jusqu'à ce qu'il fasse meilleur ici pour nous tous.

Des larmes vinrent aux yeux de Michu qui resta cloué sur la feuille du parquet où il était.

— Y avait-il des témoins, quand tu t'es embusqué pour tirer sur Malin ? demanda le marquis de Chargebœuf.

— Grévin le notaire causait avec lui, c'est ce qui m'a empêché de le tuer, et bien heureusement ! Madame la comtesse sait le pourquoi, dit Michu en regardant sa maîtresse.

— Ce Grévin n'est pas le seul à le savoir ? dit monsieur de Chargebœuf qui parut contrarié de cet interrogatoire, quoique fait en famille.

— Cet espion qui, dans le temps, est venu pour entortiller mes maîtres, le savait aussi, répondit Michu.

Monsieur de Chargebœuf se leva comme pour regarder les jardins, et dit : — Mais vous avez bien tiré parti de Cinq-Cygne. Puis il sortit, suivi par les deux frères et par Laurence qui devinèrent le sens de cette interrogation.

— Vous êtes francs et généreux, mais toujours imprudents, leur dit le vieillard. Que je vous avertisse d'un bruit public *qui doit être une calomnie*, rien de plus naturel ; mais voilà que vous en faites une vérité pour des gens faibles comme monsieur, madame d'Hauteserre, et pour leurs fils. Oh ! jeunes gens jeunes gens ! Vous devriez laisser Michu ici, et vous en aller, vous ! Mais, en tout cas, si vous restez dans ce pays, écrivez un mot au sénateur au sujet de Michu, dites-lui que vous venez d'apprendre par moi les bruits qui couraient sur votre fermier et que vous l'avez renvoyé.

— Nous ! s'écrièrent les deux frères, écrire à Malin, à l'assassin de notre père et de notre mère, au spoliateur effronté de notre fortune !

— Tout cela est vrai ; mais il est un des plus grands personnages de la cour impériale, et le roi de l'Aube.

— Lui qui a voté la mort de Louis XVI dans le cas où l'armée de Condé entrerait en France, sinon la réclusion perpétuelle, dit la comtesse de Cinq-Cygne.

— Lui qui peut-être a conseillé la mort du duc d'Enghien ! s'écria Paul-Marie.

— Eh ! mais, si vous voulez récapituler ses titres de noblesse, s'écria le marquis, lui qui a tiré Robespierre par le pan de sa redingote pour le faire tomber quand il a vu ceux qui se levaient pour le renverser les plus nombreux, lui qui aurait fait fusiller Bonaparte si le Dix-Huit Brumaire eût manqué, lui qui ramènerait les Bourbons si Napoléon chancelait, lui que le plus fort trouvera toujours à ses côtés pour lui donner l'épée ou le pistolet avec lequel on achève un adversaire qui inspire des craintes ! Mais... raison de plus.

— Nous tombons bien bas, dit Laurence.

— Enfants, dit le vieux marquis de Chargebœuf en les prenant tous trois par la main et les amenant à l'écart vers une des pelouses alors couvertes d'une légère couche de neige, vous allez vous emporter en écoutant les avis d'un homme sage, mais je vous les dois, et voici ce que je ferais : je prendrais pour médiateur un vieux bonhomme, comme qui dirait moi, je le chargerais de demander un million à Malin, contre une ratification de la vente de Gondreville... Oh ! il y consentirait en tenant la chose secrète. Vous auriez, au taux actuel des fonds, cent mille livres de rente, et vous iriez acheter quelque belle terre dans un autre coin de la France, vous laisseriez régir Cinq-Cygne à monsieur d'Hauteserre, et vous tireriez à la courte paille à qui de vous deux serait le mari de cette belle héritière. Mais le parler d'un vieillard est dans l'oreille des jeunes gens ce qu'est le parler des jeunes gens dans l'oreille des vieillards, un bruit dont le sens échappe.

Le vieux marquis fit signe à ses trois parents qu'il ne voulait pas de réponse, et regagna le salon où, pendant leur conversation, l'abbé Goujet et sa sœur étaient venus. La proposition de tirer à la courte paille la main de leur cousine avait révolté les deux Simeuse et Laurence était comme dégoûtée par l'amertume du remède que son parent indiquait. Aussi furent-ils tous trois moins gracieux pour le vieillard, sans cesser d'être polis. L'affection était froissée. Monsieur de Chargebœuf, qui sentit ce froid, jeta sur ces trois charmants êtres, à plusieurs reprises, des regards pleins de compassion. Quoique la conversation devînt générale, il revint sur la nécessité de se soumettre aux événements en louant monsieur d'Hauteserre de sa persistance à vouloir que ses fils prissent du service.

— Bonaparte, dit-il, fait des ducs. Il a créé des fiefs de l'Empire, il fera des comtes. Malin voudrait être comte de Gondreville. C'est une idée qui peut, ajouta-t-il en regardant messieurs de Simeuse, vous être profitable.

— Ou funeste, dit Laurence.

Dès que ses chevaux furent mis, le marquis partit et fut reconduit par tout le monde. Quand il se trouva dans sa voiture, il fit signe à Laurence de venir, et elle se posa sur le marchepied avec une légèreté d'oiseau.

— Vous n'êtes pas une femme ordinaire, et vous devriez me comprendre, lui dit-il à l'oreille. Malin a trop de remords pour vous laisser tranquilles, il vous tendra quelque piége. Au moins prenez bien garde à toutes vos actions, même aux plus légères ! enfin transigez, voilà mon dernier mot.

Les deux frères restèrent debout près de leur cousine, au milieu de la pelouse, regardant dans une profonde immobilité le berlingot qui tournait la grille et s'envolait sur le chemin vers Troyes, car Laurence leur avait répété le dernier mot du bonhomme. L'expérience aura toujours le tort de se montrer en berlingot, en bas chinés, et avec un crapaud sur la nuque. Aucun de ces jeunes cœurs ne pouvait concevoir le changement qui s'opérait en France, l'indignation leur remuait les nerfs et l'honneur bouillonnait dans toutes leurs veines avec leur noble sang.

— Le chef des Chargebœuf! dit le marquis de Simeuse, un homme qui a pour devise : VIENNE UN PLUS FORT! (*Adsit fortior!*) un des plus beaux cris de guerre.

— Il est devenu le bœuf, dit Laurence en souriant avec amertume.

— Nous ne sommes plus au temps de saint Louis, reprit le cadet des Simeuse.

— MOURIR EN CHANTANT! s'écria la comtesse. Ce cri des cinq jeunes filles qui firent notre maison sera le mien.

— Le nôtre n'est-il pas : CY MEURS Ainsi pas de quartier! reprit l'aîné des Simeuse, car en réfléchissant nous trouverions que notre parent le Bœuf a bien sagement ruminé ce qu'il est venu nous dire. Gondreville devenir le nom d'un Malin !

— La demeure! s'écria le cadet.

— Mansard l'a dessiné pour la noblesse, et le Peuple y fera ses petits! dit l'aîné.

— Si cela devait être, j'aimerais mieux voir Gondreville brûlé ! s'écria mademoiselle de Cinq-Cygne.

Un homme du village qui venait voir un veau que lui vendait le bonhomme d'Hauteserre entendit cette phrase en sortant de l'étable.

— Rentrons, dit Laurence en souriant, nous avons failli commettre une imprudence et donner raison au bœuf à propos d'un veau. Mon pauvre Michu! dit-elle en rentrant au salon, j'avais oublié ta frasque, mais nous ne sommes pas en odeur de sainteté dans le pays, ainsi ne nous compromets pas. As-tu quelque autre peccadille à te reprocher ?

— Je me reproche de n'avoir pas tué l'assassin de mes vieux maîtres avant d'accourir au secours de ceux-ci.

— Michu! s'écria le curé.

— Mais je ne quitterai pas le pays, dit-il en continuant sans faire attention à l'exclamation du curé, que je ne sache si vous y êtes en sûreté. J'y vois rôder des gars qui ne me plaisent guère. La dernière fois que nous avons chassé dans la forêt, il est venu à moi cette manière de garde qui m'a remplacé à Gondreville, et qui m'a demandé si nous étions là chez nous. « Oh! mon garçon, lui ai-je dit, il est difficile de se déshabituer en deux mois des choses qu'on fait depuis deux siècles. »

— Tu as tort, Michu, dit en souriant de plaisir le marquis de Simeuse.

— Qu'a-t-il répondu? demanda M. d'Hauteserre.

— Il a dit, reprit Michu, qu'il instruirait le sénateur de nos prétentions.

— Comte de Gondreville ! reprit l'aîné des d'Hauteserre. Ah ! la bonne mascarade ! Au fait, on dit Sa Majesté à Bonaparte.

— Et Son Altesse à monseigneur le Grand-duc de Berg, dit le curé.

— Qui celui-là ? fit monsieur de Simeuse.

— Murat, le beau-frère de Napoléon, dit le vieux d'Hauteserre.

— Bon, reprit mademoiselle de Cinq-Cygne. Et dit-on Sa Majesté à la veuve du marquis de Beauharnais?

— Oui, mademoiselle, dit le curé.

— Nous devrions aller à Paris, voir tout cela! s'écria Laurence.

— Hélas! mademoiselle, dit Michu, j'y suis allé pour mettre Michu au lycée, je puis vous jurer qu'il n'y a pas à badiner avec ce qu'on appelle la Garde impériale. Si toute l'armée est sur ce modèle-là, la chose peut durer plus que nous.

— On parle de familles nobles qui prennent du service, dit monsieur d'Hauteserre.

— Et d'après les lois actuelles, vos enfants, reprit le curé, seront forcés de servir. La loi ne connaît plus ni les rangs, ni les noms.

— Cet homme nous fait plus de mal avec sa cour que la Révolution avec sa hache! s'écria Laurence.

— L'Église prie pour lui, dit le curé.

Ces mots, dits coup sur coup, étaient autant de commentaires sur les sages paroles du vieux marquis de Chargebœuf; mais ces jeunes gens avaient trop de foi, trop d'honneur pour accepter une transaction. Ils se disaient aussi, ce que se sont dit à toutes les époques les partis vaincus : que la prospérité du parti vainqueur finirait, que l'empereur n'était soutenu que par l'armée, que le Fait périssait tôt ou tard devant le Droit, etc. Malgré ces avis, ils tombèrent dans la fosse creusée devant eux, et qu'eussent évitée des gens prudents et dociles comme le bonhomme d'Hauteserre. Si les hommes voulaient être francs, ils reconnaîtraient peut-être que jamais le malheur n'a fondu sur eux sans qu'ils aient reçu quelque avertissement patent ou occulte. Beaucoup n'ont aperçu le sens profond de cet avis mystérieux ou visible, qu'après leur désastre.

— Dans tous les cas, madame la comtesse sait que je ne peux pas quitter le pays sans avoir rendu mes comptes, dit Michu tout bas à mademoiselle de Cinq-Cygne.

Elle fit pour toute réponse un signe d'intelligence au fermier, qui s'en alla. Michu, qui vendit aussitôt ses terres à Beauvisage, le fermier de Bellache, ne put pas être payé avant une vingtaine de jours. Un mois donc après la visite du marquis, Laurence, qui avait appris à ses deux cousins l'existence de leur fortune, leur proposa de prendre le jour de la mi-carême pour retirer le million enterré dans la forêt. La grande quantité de neige tombée avait jusqu'alors empêché Michu d'aller chercher ce trésor; mais il aimait faire cette opération avec ses maîtres. Michu voulait absolument quitter le pays, il se craignait lui-même.

— Malin vient d'arriver brusquement à Gondreville, sans qu'on sache pourquoi, dit-il à sa maîtresse, et je ne résisterais pas à faire mettre Gondreville en vente par suite du décès du propriétaire. Je me crois comme coupable de ne pas suivre mes inspirations!

— Par quelle raison peut-il quitter Paris au milieu de l'hiver

— Tout Arcis en cause, répondit Michu, il a laissé sa famille à Paris, et n'est accompagné que de son valet de chambre. Monsieur Grévin, le notaire d'Arcis, madame Marion, la femme du Receveur général de l'Aube, et belle-sœur du Marion qui a prêté son nom à Malin, lui tiennent compagnie.

Laurence regarda la mi-carême comme un excellent jour, car il permettait de se défaire des gens. Les mascarades attiraient les paysans à la ville, et personne n'était aux champs. Mais le choix du jour servit précisément la fatalité qui s'est rencontrée en beaucoup d'affaires criminelles. Le hasard fit ses calculs avec autant d'habileté que mademoiselle de Cinq-Cygne en mit aux siens. L'inquiétude de monsieur et madame d'Hauteserre devait être si grande de se savoir onze cent mille francs en or dans un château situé sur la lisière d'une forêt, que les d'Hauteserre, consultés, furent eux-mêmes d'avis de ne leur rien dire. Le secret de cette expédition fut concentré entre Gothard, Michu, les quatre gentilshommes et Laurence. Après bien des calculs, il parut possible de mettre quarante-huit mille francs dans un long sac sur la croupe de chaque cheval. Trois voyages suffiraient. Par prudence, on convint donc d'envoyer tous les gens dont la curiosité pouvait être dangereuse, à Troyes, y voir les réjouissances de la mi-carême. Catherine, Marthe et Durieu, sur qui l'on pouvait compter, garderaient le château. Les gens acceptèrent bien volontiers la liberté qu'on leur donnait, et partirent avant le jour. Gothard, aidé par Michu, pansa et sella les chevaux de grand matin. La caravane prit par les jardins de Cinq-Cygne, et de là maîtres et gens gagnèrent la forêt. Au moment où ils montèrent à cheval, car la porte du parc était si basse que chacun fit le parc à pied en tenant son cheval par la bride, le vieux Beauvisage, le fermier de Bellache, vint à passer.

— Allons! s'écria Goulard, voilà quelqu'un.

— Oh! c'est moi, dit l'honnête fermier en débouchant. Salut, messieurs. Vous allez donc à la chasse, malgré les arrêtés de préfecture? Ce n'est pas moi qui me plaindrai, mais prenez garde! Si vous avez des amis, vous avez aussi bien des ennemis.

— Oh! dit en souriant le gros d'Hauteserre, Dieu veuille que notre chasse réussisse et tu retrouveras tes maîtres.

Ces paroles, auxquelles l'événement donna un tout autre sens, valurent un regard sévère de Laurence à Robert. L'aîné des Simeuse croyait que Malin restituerait la terre de Gondreville contre une indemnité. Ces enfants voulaient faire le contraire de ce que le marquis de Chargebœuf leur avait conseillé. Robert, qui partageait leurs espérances, y pensait en disant cette fatale parole.

— Dans tous les cas, motus, mon vieux! dit à Beauvisage Michu qui partit le dernier en prenant la clef de la porte.

Il faisait une de ces belles journées de la fin de mars où l'air est sec, la terre nette, le temps pur, et dont la température forme une espèce de contre-sens avec les arbres sans feuilles. Le temps était si doux, que l'œil apercevait par places des champs de verdure dans la campagne.

— Nous allons chercher un trésor, tandis que vous êtes le vrai trésor de notre maison, cousine, dit en riant l'aîné des Simeuse.

Laurence marchait en avant, ayant de chaque côté de son cheval un de ses cousins. Les deux d'Hauteserre la suivaient, suivis eux-mêmes par Michu. Gothard allait en avant pour éclairer la route.

— Puisque notre fortune va se retrouver, en partie du moins, épousez mon frère, dit le cadet à voix basse. Il vous adore, vous serez aussi riche que doivent l'être les nobles d'aujourd'hui.

— Non, laissez-lui toute sa fortune, et je vous épouserai, moi qui suis assez riche pour deux, répondit-elle.

— Qu'il en soit ainsi, s'écria le marquis de Simeuse. Moi, je vous quitterai pour aller chercher une femme digne d'être votre sœur.

— Vous m'aimez donc moins que je ne le croyais, reprit Laurence en le regardant avec une expression de jalousie.

— Non; je vous aime plus tous les deux que vous ne m'aimez, répondit le marquis.

— Ainsi vous vous sacrifieriez? demanda Laurence à l'aîné des Simeuse en lui jetant un regard plein d'une préférence momentanée.

Le marquis garda le silence.

— Eh bien! moi, je ne penserais alors qu'à vous, et ce serait upportable à mon mari, reprit Laurence à qui ce silence arracha mouvement d'impatience.

— Comment vivrais-je sans toi? s'écria le cadet en regardant son frère.

— Mais cependant vous ne pouvez pas nous épouser tous deux, dit le marquis. Et, ajouta-t-il avec le ton brusque d'un homme atteint au cœur, il est temps de prendre une décision.

Il poussa son cheval en avant pour que les deux d'Hauteserre n'entendissent rien. Le cheval de son frère et celui de Laurence imitèrent ce mouvement. Quand ils eurent mis un intervalle raisonnable entre eux et les trois autres, Laurence voulut parler, mais les larmes furent d'abord son seul langage.

— J'irai dans un cloître, dit-elle enfin.

— Et vous laisseriez finir les Cinq-Cygne? dit le cadet des Simeuse. Et au lieu d'un seul malheureux qui consent à l'être, vous en ferez deux! Non, celui de nous deux qui ne sera que votre frère se résignera. En sachant que nous n'étions pas si pauvres que nous pensions l'être, nous nous sommes expliqués, dit-il en regardant le marquis. Si je suis le préféré, toute notre fortune est à mon frère. Si je suis le malheureux, il me la donne ainsi que les titres de Simeuse, car il deviendra Cinq-Cygne! De toute manière, celui qui ne sera pas heureux aura des chances d'établissement. Enfin, s'il se sent mourir de chagrin, il ira se faire tuer à l'armée, pour ne pas attrister le ménage.

— Nous sommes de vrais chevaliers du moyen âge, nous sommes dignes de nos pères! s'écria l'aîné. Parlez, Laurence?

— Nous ne voulons pas rester ainsi, dit le cadet.

— Ne crois pas, Laurence, que le dévouement soit sans voluptés, dit l'aîné.

— Mes chers aimés, dit-elle, je suis incapable de me prononcer. Je vous aime tous deux comme si vous n'étiez qu'un seul être, et comme vous aimait votre mère! Dieu nous aidera. Je ne choisirai pas. Nous nous en remettrons au hasard, et j'y mets une condition.

— Laquelle?

— Celui de vous qui deviendra mon frère restera près de moi jusqu'à ce que je lui permette de me quitter. Je veux être seule juge de l'opportunité du départ.

— Oui, dirent les deux frères sans s'expliquer la pensée de leur cousine.

— Le premier de vous deux à qui madame d'Hauteserre adressera la parole ce soir à table, après le *Benedicite*, sera mon mari. Mais aucun de vous n'usera de supercherie, et ne la mettra dans le cas de l'interroger.

— Nous jouerons franc jeu, dit le cadet.

Chacun des deux frères embrassa la main de Laurence. La certitude d'un dénoûment que l'un et l'autre pouvait croire lui être favorable rendit les deux jumeaux extrêmement gais.

— De toute manière, chère Laurence, tu feras un comte de Cinq-Cygne, dit l'aîné.

— Et nous jouons à qui ne sera pas Simeuse, dit le cadet.

— Je crois, de ce coup, que madame ne sera pas longtemps fille, dit Michu derrière les deux d'Hauteserre. Mes maîtres sont bien joyeux. Si ma maîtresse fait son choix, je ne pars pas, je veux voir cette noce-là !

Aucun des deux d'Hauteserre ne répondit. Une pie s'envola brusquement entre les d'Hauteserre et Michu, qui, superstitieux comme les gens primitifs, crut entendre sonner les cloches d'un service mortuaire. La journée commença donc gaiement pour les amants, qui voient rarement des pies quand ils sont ensemble dans les bois. Michu, armé de son plan, reconnut les places ; chaque gentilhomme s'était muni d'une pioche : les sommes furent trouvées. La partie de la forêt où elles avaient été cachées était déserte, loin de tout passage et de toute habitation ; ainsi la caravane chargée d'or ne rencontra personne. Ce fut un malheur. En venant de Cinq-Cygne pour chercher les derniers deux cent mille francs, la caravane, enhardie par le succès, prit un chemin plus direct que celui par lequel elle s'était dirigée aux voyages précédents. Ce chemin passait par un point culminant d'où l'on voyait le parc de Gondreville.

— Le feu ! dit Laurence en apercevant une colonne de feu bleuâtre.

— C'est quelque feu de joie, répondit Michu.

Laurence, qui connaissait les moindres sentiers de la forêt, laissa la caravane et piqua des deux jusqu'au pavillon de Cinq-Cygne, l'ancienne habitation de Michu. Quoique le pavillon fût désert et fermé, la grille était ouverte, et les traces du passage de plusieurs chevaux frappèrent les yeux de Laurence. La colonne de fumée s'élevait d'une prairie du parc anglais où elle présuma que 'on brûlait des herbes.

— Ah! vous en êtes aussi, mademoiselle, s'écria Violette qui ortit du parc sur son bidet au grand galop et qui s'arrêta devant Laurence. Mais c'est une farce de carnaval, n'est-ce pas? on ne le tuera pas?

— Qui?

— Vos cousins ne veulent pas sa mort?

— La mort de qui?

— Du sénateur.

— Tu es fou, Violette!

— Eh bien, que faites-vous donc là? demanda-t-il.

A l'idée d'un danger couru par ses cousins, l'intrépide écuyère piqua des deux et arriva sur le terrain au moment où les sacs se chargeaient.

— Alerte! je ne sais ce qui se passe, mais rentrons à Cinq-Cygne!

Pendant que les gentilshommes s'employaient au transport de la fortune sauvée par le vieux marquis, il se passait une étrange scène au château de Gondreville.

A deux heures après midi, le sénateur et son ami Grévin faisaient une partie d'échecs devant le feu, dans le grand salon du rez-de-chaussée. Madame Grévin et madame Marion causaient au coin de la cheminée assises sur un canapé. Tous les gens du château étaient allés voir une curieuse mascarade annoncée depuis longtemps dans l'arrondissement d'Arcis. La famille du garde qui remplaçait Michu au pavillon de Cinq-Cygne y était allée aussi. Le valet de chambre du sénateur et Violette se trouvaient alors seuls au château. Le concierge, deux jardiniers et leurs femmes restaient à leur poste; mais leur pavillon est situé à l'entrée des cours, au bout de l'avenue d'Arcis, et la distance qui existe entre ce tournebride et le château ne permettait pas d'y entendre un coup de fusil. D'ailleurs ces gens se tenaient sur le pas de la porte et regardaient dans la direction d'Arcis, qui est à une demi-lieue, espérant voir arriver la mascarade. Violette attendait dans une vaste antichambre le moment d'être reçu par le sénateur, et Grévin pour traiter l'affaire relative à la prorogation de son bail. En ce moment, cinq ommes masqués et gantés, qui, par la taille, les manières et 'allure, ressemblaient à messieurs d'Hauteserre, de Simeuse et à Michu, fondirent sur le valet de chambre et sur Violette, auxquels ils mirent un mouchoir en forme de bâillon, et qu'ils attachèrent à des chaises dans un office. Malgré la célérité des agresseurs, l'opération ne se fit pas sans que le valet de chambre et Violette eussent poussé chacun un cri. Ce cri fut entendu dans le salon. Les deux femmes voulurent y reconnaître un cri d'alarme.

— Écoutez! dit madame Grévin, voici des voleurs.

— Bah! c'est un cri de mi-carême! dit Grévin, nous allons avoir les masques au château.

Cette discussion donna le temps aux cinq inconnus de fermer les portes du côté de la cour d'honneur, et d'enfermer le valet de chambre et Violette. Madame Grévin, femme assez entêtée, voulut absolument savoir la cause du bruit; elle se leva et donna dans les cinq masques, qui la traitèrent comme ils avaient arrangé Violette et le valet de chambre; puis ils entrèrent avec violence dans le salon, où les deux plus forts s'emparèrent du comte de Gondreville, le bâillonnèrent et l'enlevèrent par le parc, tandis que les trois autres liaient et bâillonnaient également madame Marion et le notaire chacun sur un fauteuil. L'exécution de cet attentat ne prit pas plus d'une demi-heure. Les trois inconnus, bientôt rejoints par ceux qui avaient emporté le sénateur, fouillèrent le château de la cave au grenier. Ils ouvrirent toutes les armoires sans crocheter aucune serrure; ils sondèrent les murs, et furent enfin les maîtres jusqu'à cinq heures du soir. En ce moment, le valet de chambre acheva de déchirer avec ses dents les cordes qui liaient les mains de Violette. Violette, débarrassé de son bâillon, se mit à crier au secours. En entendant ces cris, les cinq inconnus rentrèrent dans les jardins, sautèrent sur des chevaux semblables à ceux de Cinq-Cygne, et se sauvèrent, mais pas assez lestement pour empêcher Violette de les apercevoir. Après avoir détaché le valet de chambre, qui délia les femmes et le notaire, Violette enfourcha son bidet, et courut après les malfaiteurs. En arrivant au pavillon, il fut aussi stupéfait de voir les deux battants de la grille ouverts que de voir mademoiselle de Cinq-Cygne en vedette.

Quand la jeune comtesse eut disparu, Violette fut rejoint par

Grévin à cheval et accompagné du garde champêtre de la commune de Gondreville, à qui le concierge avait donné un cheval des écuries du château. La femme du concierge était allée avertir la gendarmerie d'Arcis. Violette apprit aussitôt à Grévin sa rencontre avec Laurence et la fuite de cette audacieuse jeune fille, dont le caractère profond et décidé leur était connu.

— Elle faisait le guet, dit Violette.

— Est-il possible que ce soient les nobles de Cinq-Cygne qu aient fait le coup ! s'écria Grévin.

— Comment ! répondit Violette, vous n'avez pas reconnu ce gros Michu ? c'est lui qui s'est jeté sur moi ! j'ai bien senti sa *pogne*. D'ailleurs les cinq chevaux étaient bien ceux de Cinq-Cygne.

En voyant la marque du fer des chevaux sur le sable du rond-point et dans le parc, le notaire laissa le garde champêtre en observation à la grille pour veiller à la conservation de ces précieuses empreintes, et envoya Violette chercher le juge de paix d'Arcis pour les constater. Puis il retourna promptement au salon du château de Gondreville, où le lieutenant et le sous-lieutenant de la gendarmerie impériale arrivaient accompagnés de quatre hommes et d'un brigadier. Ce lieutenant était, comme on doit le penser, le brigadier à qui, deux ans auparavant, François avait troué la tête, et à qui Corentin fit alors connaître son malicieux adversaire. Cet homme, appelé Giguet, dont le frère servait et devint un des meilleurs colonels d'artillerie, se recommandait par sa capacité comme officier de gendarmerie. Plus tard il commanda l'escadron de l'Aube. Le sous-lieutenant, nommé Welff, avait autrefois mené Corentin de Cinq-Cygne au pavillon, et du pavillon à Troyes. Pendant la route, le Parisien avait suffisamment édifié l'Égyptien sur ce qu'il nomma la rouerie de Laurence et de Michu. Ces deux officiers devaient donc montrer et montrèrent une grande ardeur contre les habitants de Cinq-Cygne. Malin et Grévin avaient, l'un pour le compte de l'autre, tous deux travaillé au Code dit de Brumaire an IV, l'œuvre judiciaire de la Convention dite nationale, promulguée par le Directoire. Ainsi Grévin, qui connaissait cette législation à fond, put opérer dans cette affaire avec une terrible célérité, mais sous une présomption arrivée à l'état de certitude relativement à la criminalité de Michu, de messieurs d'Hauteserre et de Simeuse. Personne aujourd'hui, si ce n'est quelques vieux magistrats, ne se rappelle l'organisation de cette justice que Napoléon renversait précisément alors par la promulgation de ses Codes et par l'institution de sa magistrature qui régit maintenant la France.

Le Code de Brumaire an IV réservait au directeur du Jury du Département la poursuite immédiate du délit commis à Gondreville. Remarquez, en passant, que la Convention avait rayé de la langue judiciaire le mot crime. Elle n'admettait que des délits contre la loi, délits emportant des amendes, l'emprisonnement, des peines infamantes ou afflictives. La mort était une peine afflictive. Néanmoins, la peine afflictive de la mort devait être supprimée à la paix, et remplacée par vingt-quatre années de travaux forcés. Ainsi la Convention estimait que vingt-quatre années de travaux forcés égalaient la peine de mort. Que dire du Code pénal qui inflige les travaux forcés à perpétuité? L'organisation alors préparée par le Conseil d'État de Napoléon supprimait la magistrature des directeurs du Jury qui réunissaient, en effet, des pouvoirs énormes. Relativement à la poursuite des délits et à la mise en accusation, le directeur du Jury était en quelque sorte à la fois agent de police judiciaire, procureur du roi, juge d'instruction et Cour royale. Seulement, sa procédure et son acte d'accusation étaient soumis au visa d'un commissaire du Pouvoir Exécutif et au verdict de huit jurés auxquels il exposait les faits de son instruction, qui entendaient les témoins, les accusés, et qui prononçaient un premier verdict, dit d'accusation. Le directeur devait exercer sur les jurés, réunis dans son cabinet, une influence telle qu'ils ne pouvaient être que ses coopérateurs. Ces jurés constituaient le jury d'accusation. Il existait d'autres jurés pour composer le jury près le tribunal criminel chargé de juger les accusés. Par opposition aux jurés d'accusation, ceux-là se nommaient jurés de jugement. Le tribunal criminel, à qui Napoléon venait de donner le nom de Cour criminelle, se composait d'un Président, de quatre juges, de l'Accusateur public, et d'un commissaire du Gouvernement. Néanmoins, de 1799 à 1806, il exista des Cours dites spéciales, jugeant sans jurés dans certains Départements certains attentats, composées de juges pris au tribunal civil qui se formait en Cour Spéciale. Ce conflit de la justice spéciale et de la justice criminelle amenait des questions de compétence que jugeait le tribunal de cassation. Si le département de l'Aube avait eu sa Cour Spéciale, le jugement de l'attentat commis sur un sénateur de l'Empire y eût été sans doute déféré; mais ce tranquille département était exempt de cette juridiction exceptionnelle. Grévin dépêcha donc le sous-lieutenant au directeur du jury de Troyes. L'Égyptien y courut bride abattue, et revint à Gondreville, ramenant en poste ce magistrat quasi souverain.

Le directeur du jury de Troyes était un ancien lieutenant de Bailliage, ancien secrétaire appointé d'un des comités de la Convention, ami de Malin, et placé par lui. Ce magistrat, nommé Lechesneau, vrai praticien de la vieille justice criminelle, avait, ainsi que Grévin, beaucoup aidé Malin dans ses travaux judiciaires à la Convention. Aussi Malin le recommanda-t-il à Cambacérès, qui le nomma Procureur général en Italie. Malheureusement pour sa carrière, Lechesneau eut des liaisons avec une grande dame de Turin, et Napoléon fut obligé de le destituer pour le soustraire à un procès correctionnel intenté par le mari à propos de la soustraction d'un enfant adultérin. Lechesneau, devant tout à Malin, et devinant l'importance d'un pareil attentat, avait amené le capitaine de la gendarmerie et un piquet de douze hommes.

Avant de partir, il s'était entendu naturellement avec le préfet, qui, pris par la nuit, ne put se servir du télégraphe. On expédia sur Paris une estafette afin de prévenir le ministre de la Police Générale, le Grand-Juge et l'Empereur de ce crime inouï. Lechesneau trouva dans le salon de Gondreville mesdames Marion et Grévin, Violette, le valet de chambre du sénateur, et le juge de paix assisté de son greffier. Déjà des perquisitions avaient été pratiquées dans le château. Le juge de paix, aidé par Grévin, recueillait soigneusement les premiers éléments de l'instruction. Le magistrat fut tout d'abord frappé des combinaisons profondes que révélaient et le choix du jour et celui de l'heure. L'heure empêchait de chercher immédiatement des indices et des preuves. Dans cette saison, à cinq heures et demie, moment où Violette avait pu poursuivre les délinquants, il faisait presque nuit; et, pour les malfaiteurs, la nuit est souvent l'impunité. Choisir un jour de réjouissances où tout le monde irait voir la mascarade d'Arcis, et où le sénateur devait se trouver seul chez lui, n'était-ce pas éviter les témoins?

— Rendons justice à la perspicacité des agents de la Préfecture de police, dit Lechesneau. Ils n'ont cessé de nous mettre en garde contre les nobles de Cinq-Cygne, et nous ont dit que tôt ou tard ils feraient quelque mauvais coup.

Sûr de l'activité du préfet de l'Aube, qui envoya dans toutes les

Préfectures environnant celle de Troyes des estafettes pour faire chercher les traces des cinq hommes masqués et du sénateur, Lechesneau commença par établir les bases de son instruction. Ce travail se fit rapidement avec deux têtes judiciaires aussi fortes que celles de Grévin et du juge de paix. Le juge de paix, nommé Pigoult, ancien premier clerc de l'étude où Malin et Grévin avaient étudié la chicane à Paris, fut nommé trois mois après Président du tribunal d'Arcis. En ce qui concernait Michu, Lechesneau connaissait les menaces précédemment faites par cet homme à monsieur Marion, et le guet-apens auquel le sénateur avait échappé dans son parc. Ces deux faits, dont l'un était la conséquence de l'autre, devaient être les prémisses de l'attentat actuel, et désignaient d'autant mieux l'ancien garde comme le chef des malfaiteurs, que Grévin, sa femme, Violette, et madame Marion déclaraient avoir reconnu dans les cinq individus masqués un homme entièrement semblable à Michu. La couleur des cheveux, celle des favoris, la taille trapue de l'individu, rendaient son déguisement à peu près inutile. Quel autre que Michu, d'ailleurs, aurait pu ouvrir la grille de Cinq-Cygne avec une clef? Le garde et sa femme, revenus d'Arcis et interrogés, déposèrent avoir fermé les deux grilles à la clef. Les grilles, examinées par le juge de paix, assisté du garde champêtre et de son greffier, n'avaient offert aucune trace d'effraction.

— Quand nous l'avons mis à la porte, il aura gardé des doubles clefs du château, dit Grévin. Mais il doit avoir médité quelque coup désespéré, car il a vendu ses biens en vingt jours, et en a touché le prix dans mon Étude avant-hier.

— Ils lui auront tout mis sur le dos, s'écria Lechesneau frappé de cette circonstance. Il s'est montré leur âme damnée.

Qui pouvait, mieux que messieurs de Simeuse et d'Hauteserre, connaître les êtres du château? Aucun des assaillants ne s'était trompé dans ses recherches, ils étaient allés partout avec une certitude qui prouvait que la troupe savait bien ce qu'elle voulait, et savait surtout où l'aller prendre. Aucune des armoires restées ouvertes n'avait été forcée. Ainsi les délinquants en avaient les clefs; et, chose étrange! ils ne s'étaient pas permis le moindre détournement. Il ne s'agissait donc pas d'un vol. Enfin, Violette, après avoir reconnu les chevaux du château de Cinq-Cygne, avait trouvé la comtesse en embuscade devant le pavillon du garde. De cet ensemble de faits et de dépositions il résultait, pour la justice la moins prévenue, des présomptions de culpabilité relativement à messieurs de Simeuse, d'Hauteserre et Michu, qui dégénéraient en certitude pour un directeur du jury. Maintenant que voulaient-ils faire du futur comte de Gondreville? Le forcer à une rétrocession de sa terre, pour l'acquisition de laquelle le régisseur annonçait, dès 1799, avoir des capitaux? Ici tout changeait d'aspect.

Le savant criminaliste se demanda quel pouvait être le but des recherches actives faites dans le château. S'il se fût agi d'une vengeance, les délinquants eussent pu tuer Malin. Peut-être le sénateur était-il mort et enterré. L'enlèvement accusait néanmoins une séquestration. Pourquoi la séquestration après les recherches accomplies au château? Certes, il y avait folie à croire que l'enlèvement d'un dignitaire de l'Empire resterait longtemps secret! La rapide publicité que devait avoir cet attentat en annulait les bénéfices.

A ces objections, Pigoult répondit que jamais la Justice ne pouvait deviner tous les motifs des scélérats. Dans tous les procès criminels, il existait du juge au criminel, et du criminel au juge, des parties obscures; la conscience avait des abîmes où la lumière humaine ne pénétrait que par la confession des coupables.

Grévin et Lechesneau firent un hochement de tête en signe d'assentiment, sans pour cela cesser d'avoir les yeux sur ces ténèbres qu'ils tenaient à éclairer.

— L'Empereur leur a pourtant fait grâce, dit Pigoult à Grévin et à madame Marion, il les a radiés de la liste, quoiqu'ils fussent de la dernière conspiration ourdie contre lui!

Lechesneau, sans plus tarder, expédia toute sa gendarmerie sur la forêt et la vallée de Cinq-Cygne, en faisant accompagner Giguet par le juge de paix qui devint, aux termes du Code, son officier de police judiciaire auxiliaire; il le chargea de recueillir dans la commune de Cinq-Cygne les éléments de l'instruction, de procéder au besoin à tous interrogatoires, et, pour plus de diligence, il dicta rapidement et signa le mandat d'arrêt de Michu, sur qui les charges paraissaient évidentes. Après le départ des gendarmes et du juge de paix, Lechesneau reprit le travail important des mandats d'arrêt à décerner contre les Simeuse et les d'Hauteserre. D'après le Code, ces actes devaient contenir toutes les charges qui pesaient sur les délinquants. Giguet et le juge de paix se portèrent si rapidement sur Cinq-Cygne, qu'ils rencontrèrent les gens du château revenant de

Troyes. Arrêtés et conduits chez le maire, où ils furent interrogés, chacun d'eux, ignorant l'importance de cette réponse, dit naïvement avoir reçu, la veille, la permission d'aller pendant toute la journée à Troyes. Sur une interpellation du juge de paix, chacun répondit également que mademoiselle leur avait offert de prendre cette distraction à laquelle ils ne songeaient pas. Ces dépositions parurent si graves au juge de paix, qu'il envoya l'Égyptien à Gondreville prier monsieur Lechesneau de venir procéder lui-même à l'arrestation des gentilshommes de Cinq-Cygne, afin d'opérer simultanément, car il se transportait à la ferme de Michu, pour y surprendre le prétendu chef des malfaiteurs. Ces nouveaux éléments parurent si décisifs, que Lechesneau partit aussitôt pour Cinq-Cygne, en recommandant à Grévin de faire soigneusement garder les empreintes laissées par le pied des chevaux dans le parc. Le directeur du jury savait quel plaisir causerait à Troyes sa procédure contre d'anciens nobles, les ennemis du peuple, devenus les ennemis de l'Empereur. En de pareilles dispositions, un magistrat prend facilement de simples présomptions pour des preuves évidentes. Néanmoins, en allant de Gondreville à Cinq-Cygne dans la propre voiture du sénateur, Lechesneau qui, certes, eût fait un grand magistrat sans la passion à laquelle il dut sa disgrâce, car l'Empereur devint prude, trouva l'audace des jeunes gens et de Michu bien folle et peu en harmonie avec l'esprit de mademoiselle de Cinq-Cygne. Il crut en lui-même à des intentions autres que celles d'arracher au sénateur une rétrocession de Gondreville. En toute chose, même en magistrature, il existe ce qu'il faut appeler la conscience du métier. Les perplexités de Lechesneau résultaient de cette conscience que tout homme met à s'acquitter des devoirs qui lui plaisent, et que les savants portent dans la science, les artistes dans l'art, les juges dans la justice. Aussi peut-être les juges offrent-ils aux accusés plus de garanties que les jurés. Le magistrat ne se fie qu'aux lois de la raison, tandis que le juré se laisse entraîner par les ondes du sentiment. Le directeur du jury se posa plusieurs questions à lui-même, en se proposant d'y chercher des solutions satisfaisantes dans l'arrestation même des délinquants. Quoique la nouvelle de l'enlèvement de Malin agitât déjà la ville de Troyes, elle était encore ignorée dans Arcis à huit heures, car tout le monde soupait quand on y vint chercher la gendarmerie et le juge de paix; enfin personne ne la savait à Cinq-Cygne, dont la vallée et le château étaient pour la seconde fois cernés, mais cette fois par la Justice et non par la Police : les transactions, possibles avec l'une, sont souvent impossibles avec l'autre.

Laurence n'avait eu qu'à dire à Marthe, à Catherine et aux Durieu de rester dans le château sans en sortir ni regarder au dehors, pour être strictement obéie par eux. A chaque voyage, les chevaux stationnèrent dans le chemin creux, en face de la brèche, et de là, Robert et Michu, les plus robustes de la troupe, avaient pu transporter secrètememt les sacs par la brèche dans une cave située sous l'escalier de la tour dite de Mademoiselle. En arrivant au château vers cinq heures et demie, les quatre gentilshommes et Michu se mirent aussitôt à y enterrer l'or. Laurence et les d'Hauteserre jugèrent convenable de murer le caveau. Michu se chargea de cette opération en se faisant aider par Gothard, qui courut à la ferme chercher quelques sacs de plâtre restés lors de la construction, et Marthe retourna chez elle pour donner secrètement les sacs à Gothard. La ferme bâtie par Michu se trouvait sur l'éminence d'où jadis il avait aperçu les gendarmes, et l'on y allait par le chemin creux. Michu, très affamé, se dépêcha si bien que, vers sept heures et demie, il eut fini sa besogne. Il revenait d'un pas leste, afin d'empêcher Gothard d'apporter un dernier sac de plâtre dont il avait cru avoir besoin. Sa ferme était déjà cernée par le garde-champêtre de Cinq-Cygne, par le juge de paix, son greffier et trois gendarmes qui se cachèrent et le laissèrent entrer en l'entendant venir.

Michu rencontra Gothard, un sac sur l'épaule, et lui cria de loin :

— C'est fini, petit, reporte-le, et dîne avec nous.

Michu, le front en sueur, les vêtements souillés de plâtre et de débris de pierres meulières boueuses provenant des décombres de la brèche, entra tout joyeux dans la cuisine de sa ferme, où la mère de Marthe et Marthe servaient la soupe en l'attendant.

Au moment où Michu tournait le robinet de la fontaine pour se laver les mains, le juge de paix se présenta, accompagné de son greffier et du garde-champêtre.

— Que nous voulez-vous, monsieur Pigoult ? demanda Michu.

— Au nom de l'Empereur et de la Loi, je vous arrête! dit le juge de paix.

Les trois gendarmes se montrèrent alors amenant Gothard. En voyant les chapeaux bordés, Marthe et sa mère échangèrent un regard de terreur.

— Ah! bah! Et pourquoi? demanda Michu qui s'assit à sa table en disant à sa femme : — Sers-moi, je meurs de faim.

— Vous le savez aussi bien que nous, dit le juge de paix qui fit signe à son greffier de commencer le procès-verbal, après avoir exhibé le mandat d'arrêt au fermier.

— Eh bien! tu fais l'étonné, Gothard. Veux-tu dîner, oui ou non? dit Michu. Laisse-leur écrire leurs bêtises.

— Vous reconnaissez l'état dans lequel sont vos vêtements? dit le juge de paix. Vous ne niez pas non plus les paroles que vous avez dites à Gothard dans votre cour.

Michu, servi par sa femme stupéfaite de son sang-froid, mangeait avec l'avidité que donne la faim, et ne répondait point; il avait la bouche pleine et le cœur innocent. L'appétit de Gothard fut suspendu par une horrible crainte.

— Voyons, dit le garde champêtre à l'oreille de Michu, qu'avez-vous fait du sénateur? Il s'en va, pour vous, à entendre les gens de justice, de la peine de mort.

— Ah! mon Dieu! cria Marthe qui surprit les derniers mots et tomba comme foudroyée.

— Violette nous aura joué quelque vilain tour! s'écria Michu en se souvenant des paroles de Laurence.

— Ah! vous savez donc que Violette vous a vu, dit le juge de paix.

Michu se mordit les lèvres, et résolut de ne plus rien dire. Gothard imita cette réserve. En voyant l'inutilité de ses efforts pour le faire parler, et connaissant d'ailleurs ce qu'on nommait dans le pays la perversité de Michu, le juge de paix ordonna de lui lier les mains ainsi qu'à Gothard, et de les emmener au château de Cinq-Cygne, sur lequel il se dirigea pour y rejoindre le directeur du jury.

Les gentilshommes et Laurence avaient trop appétit, et le dîner leur offrait un trop violent intérêt pour qu'ils le retardassent en faisant leur toilette. Ils vinrent, elle en amazone, eux en culotte de peau blanche, en bottes à l'écuyère et dans leur veste de drap vert retrouver au salon monsieur et madame d'Hauteserre, qui étaient assez inquiets. Le bonhomme avait remarqué les allées et venues, et surtout la défiance dont il fut l'objet, car Laurence n'avait pu le soumettre à la consigne des gens. Donc, à un moment où l'un de ses fils avait évité de lui répondre en s'enfuyant, il était venu dire à sa femme : — Je crains que Laurence ne nous taille encore des croupières !

— Quelle espèce de chasse avez-vous faite aujourd'hui ? demanda madame d'Hauteserre à Laurence.

— Ah ! vous apprendrez quelque jour le mauvais coup auquel vos enfants ont participé, répondit-elle en riant.

Quoique dites par plaisanterie, ces paroles firent frémir la vieille dame. Catherine annonça le dîner. Laurence donna le bras à monsieur d'Hauteserre, et sourit de la malice qu'elle faisait à ses cousins, en forçant l'un d'eux à offrir son bras à la vieille dame, transformée en oracle par leur convention.

Le marquis de Simeuse conduisit madame d'Hauteserre à table. La situation devint alors si solennelle, que le *Benedicite* fini, Laurence et ses deux cousins éprouvèrent au cœur des palpitations violentes. Madame d'Hauteserre, qui servait, fut frappée de l'anxiété peinte sur le visage des deux Simeuse et de l'altération que présentait la figure moutonne de Laurence.

— Mais il s'est passé quelque chose d'extraordinaire ? s'écria-t-elle en les regardant tous.

— A qui parlez-vous ? dit Laurence.

— A vous tous, répondit la vieille dame.

— Quant à ma moi, mère, dit Robert, j'ai une faim de loup.

Madame d'Hauteserre, toujours troublée, offrit au marquis de Simeuse une assiette qu'elle destinait au cadet.

— Je suis comme votre mère, je me trompe toujours, même malgré vos cravates. Je croyais servir votre frère, lui dit-elle.

— Vous le servez mieux que vous ne pensez, dit le cadet en pâlissant. Le voilà comte de Cinq-Cygne.

Ce pauvre enfant si gai devint triste pour toujours ; mais il trouva la force de regarder Laurence en souriant, et de comprimer ses regrets mortels. En un instant, l'amant s'abîma dans le frère.

— Comment ! la comtesse aurait fait son choix ? s'écria la vieille dame.

— Non, dit Laurence, nous avons laissé agir le sort, et vous en étiez l'instrument.

Elle raconta la convention stipulée le matin. L'aîné des Simeuse, qui voyait s'augmenter la pâleur du visage chez son frère, éprouvait de moment en moment le besoin de s'écrier : — Épouse-la, j'irai mourir, moi ! Au moment où l'on servait le dessert, les habitants de Cinq-Cygne entendirent frapper à la croisée de la salle à manger, du côté du jardin. L'aîné des d'Hauteserre, qui alla ouvrir, livra passage au curé dont la culotte s'était déchirée aux treillis en escaladant les murs du parc.

— Fuyez, on vient vous arrêter!
— Pourquoi?
— Je ne sais pas encore, mais on procède contre vous.

Ces paroles furent accueillies par des rires universels.

— Nous sommes innocents, s'écrièrent les gentilshommes.
— Innocents ou coupables, dit le curé, montez à cheval et gagnez la frontière. Là, vous serez à même de prouver votre innocence. On revient sur une condamnation par contumace, on ne revient pas d'une condamnation contradictoire obtenue par les passions populaires, et préparée par les préjugés. Souvenez-vous du mot du président de Harlay: Si l'on m'accusait d'avoir emporté les tours de Notre-Dame, je commencerais par m'enfuir.

— Mais fuir, n'est-ce pas s'avouer coupable? dit le marquis de Simeuse.

— Ne fuyez pas!... dit Laurence.

— Toujours de sublimes sottises, dit le curé au désespoir. Si j'avais la puissance de Dieu, je vous enlèverais. Mais si l'on me trouve ici, dans cet état, ils tourneront contre vous et moi cette singulière visite, je me sauve par la même voie. Songez-y! vous avez encore le temps. Les gens de justice n'ont pas pensé au mur mitoyen du presbytère, et vous êtes cernés de tous côtés.

Le retentissement des pas d'une foule et le bruit des sabres de la gendarmerie, remplirent la cour et parvinrent dans la salle à manger quelques instants après le départ du pauvre curé, qui n'eut pas plus de succès dans ses conseils que le marquis de Chargebœuf dans les siens.

— Notre existence commune, dit mélancoliquement le cadet de Simeuse à Laurence, est une monstruosité et nous éprouvons un monstrueux amour. Cette monstruosité a gagné votre cœur. Peut-être est-ce parce que les lois de la nature sont bouleversées en eux que les jumeaux dont l'histoire nous est conservée ont tous été malheureux. Quant à nous, voyez avec quelle persistance le sort nous poursuit. Voilà votre décision fatalement retardée.

Laurence était hébétée, elle entendit comme un bourdonnement ces paroles, sinistres pour elle, prononcées par le directeur du jury : — Au nom de l'Empereur et de la loi! j'arrête les sieurs Paul-Marie et Marie-Paul Simeuse, Adrien et Robert d'Hauteserre. Ces messieurs, ajouta-t-il en montrant à ceux qui l'accompagnaient des traces de boue sur les vêtements des prévenus, ne nieront pas d'avoir passé une partie de cette journée à cheval ?

— De quoi les accusez-vous ? demanda fièrement mademoise de Cinq-Cygne.

— Vous n'arrêtez pas mademoiselle ? dit Giguet.

— Je la laisse en liberté, sous caution, jusqu'à un plus ample examen des charges qui pèsent sur elle.

Goulard offrit sa caution en demandant simplement à la comtesse sa parole d'honneur de ne pas s'évader. Laurence foudroya l'ancien piqueur de la maison de Simeuse par un regard plein de hauteur qui lui fit de cet homme un ennemi mortel, et une larme sortit de ses yeux, une de ces larmes de rage qui annoncent un enfer de douleurs. Les quatre gentilshommes échangèrent un regard terrible et restèrent immobiles. Monsieur et madame d'Hauteserre, craignant d'avoir été trompés par les quatre jeunes gens et par Laurence, étaient dans un état de stupeur indicible. Cloués dans leurs fauteuils, ces parents, qui se voyaient arracher leurs enfants après avoir tant craint pour eux et les avoir reconquis, regardaient sans voir, écoutaient sans entendre.

— Faut-il vous demander d'être ma caution, monsieur d'Hauteserre ? cria Laurence à son ancien tuteur, qui fut réveillé par ce cri pour lui clair et déchirant comme le son de la trompette du jugement dernier.

Le vieillard essuya les larmes qui lui vinrent aux yeux, il comprit tout et dit à sa parente d'une voix faible : — Pardon, comtesse, vous savez que je vous appartiens corps et âme.

Lechesneau, frappé d'abord de la tranquillité de ces coupables qui dînaient, revint à ses premiers sentiments sur leur culpabilité quand il vit la stupeur des parents et l'air songeur de Laurence, qui cherchait à deviner le piége qu'on lui avait tendu.

— Messieurs, dit-il poliment, vous êtes trop bien élevés pour faire une résistance inutile ; suivez-moi tous les quatre aux écuries où il est nécessaire de détacher en votre présence les fers de vos chevaux, qui deviendront des pièces importantes au procès, et démontreront peut-être votre innocence ou votre culpabilité. Venez aussi, mademoiselle...

Le maréchal ferrant de Cinq-Cygne et son garçon avaient été requis par Lechesneau de venir en qualité d'experts. Pendant l'opération qui se faisait aux écuries, le juge de paix amena Gothard et Michu. L'opération de détacher les fers à chaque cheval, et de les réunir en les désignant, afin de procéder à la confrontation des marques laissées dans le parc par les chevaux des auteurs de l'attentat, prit du temps. Néanmoins Lechesneau, prévenu de l'arrivée de Pigoult, laissa les accusés avec les gendarmes, vint dans la salle à manger pour dicter le procès-verbal, et le juge de paix lui montra l'état des vêtements de Michu en racontant les circonstances de l'arrestation.

— Ils auront tué le sénateur et l'auront plâtré dans quelque muraille, dit en finissant Pigoult à Lechesneau.

— Maintenant, j'en ai peur, répondit le magistrat. — Où as-tu porté le plâtre? dit-il à Gothard.

Gothard se mit à pleurer.

— La justice l'effraie, dit Michu dont les yeux lançaient des flammes comme ceux d'un lion pris dans un filet.

Tous les gens de la maison retenus chez le maire arrivèrent alors, ils encombrèrent l'antichambre où Catherine et les Durieu pleuraient, et leur apprirent l'importance des réponses qu'ils avaient faites. A toutes les questions du directeur et du juge de paix, Gothard répondit par des sanglots; en pleurant il finit par se donner une sorte d'attaque convulsive qui les effraya, et ils le laissèrent. Le petit drôle, ne se voyant plus surveillé, regarda Michu en souriant, et Michu l'approuva par un regard. Lechesneau quitta le juge de paix pour aller presser les experts.

— Monsieur, dit enfin madame d'Hauteserre en s'adressant à Pigoult, pouvez-vous nous expliquer la cause de ces arrestations?

— Ces messieurs sont accusés d'avoir enlevé le sénateur à main armée, et de l'avoir séquestré, car nous ne supposons pas qu'ils l'aient tué, malgré les apparences.

— Et quelles peines encourraient les auteurs de ce crime? demanda le bonhomme.

— Mais comme les lois auxquelles il n'est pas dérogé par le Code actuel resteront en vigueur, il y a peine de mort, reprit le juge de paix.

— Peine de mort! s'écria madame d'Hauteserre qui s'évanouit.

Le curé se présenta dans ce moment avec sa sœur, qui appela Catherine et la Durieu.

— Mais nous ne l'avons seulement pas vu, votre maudit sénateur s'écria Michu.

— Madame Marion, madame Grévin, monsieur Grévin, le valet de chambre du sénateur, Violette, ne peuvent pas en dire autant de vous, répondit Pigoult avec le sourire aigre du magistrat convaincu.

— Je n'y comprends rien, dit Michu, que cette réponse frappa de stupeur et qui commença dès lors à se croire entortillé avec ses maîtres dans quelque trame ourdie contre eux.

En ce moment tout le monde revint des écuries. Laurence accourut à madame d'Hauteserre qui reprit ses sens pour lui dire:

— Il y a peine de mort.

— Peine de mort!... répéta Laurence en regardant les quatre gentilshommes.

Ce mot répandit un effroi dont profita Giguet, en homme instruit par Corentin.

— Tout peut s'arranger encore, dit-il en emmenant le marquis de Simeuse dans un coin de la salle à manger, peut-être n'est-ce qu'une plaisanterie? Que diable! vous avez été militaires. Entre soldats on s'entend. Qu'avez-vous fait du sénateur? Si vous l'avez tué, tout est dit; mais si vous l'avez séquestré, rendez-le, vous voyez bien que votre coup est manqué. Je suis certain que le directeur du jury, d'accord avec le sénateur, étouffera les poursuites.

— Nous ne comprenons absolument rien à vos questions, dit le marquis de Simeuse.

— Si vous le prenez sur ce ton, cela ira loin, dit le lieutenant.

— Chère cousine, dit le marquis de Simeuse, nous allons en prison, mais ne soyez pas inquiète, nous reviendrons dans quelques heures: il y a dans cette affaire des malentendus qui vont s'expliquer.

— Je le souhaite pour vous, messieurs, dit le magistrat en faisant signe à Giguet d'emmener les quatre gentilshommes, Gothard et Michu. — Ne les conduisez pas à Troyes, dit-il au lieutenant, gardez-les à votre poste d'Arcis; ils doivent être présents demain, au jour, à la vérification des fers de leurs chevaux avec les empreintes laissées dans le parc.

Lechesneau et Pigoult ne partirent qu'après avoir interrogé Catherine, monsieur, madame d'Hauteserre et Laurence. Les Durieu, Catherine et Marthe déclarèrent n'avoir vu leurs maîtres qu'au déjeuner; monsieur d'Hauteserre déclara les avoir vus à trois heures. Quand, à minuit, Laurence se vit entre monsieur et madame d'Hauteserre, devant l'abbé Goujet et sa sœur, sans les quatre jeunes gens qui, depuis dix-huit mois, étaient la vie de ce château, son amour et sa joie, elle garda pendant longtemps un silence que personne n'osa rompre. Jamais affliction ne fut plus profonde ni plus complète. Enfin, on entendit un soupir, on regarda.

Marthe, oubliée dans un coin, se leva, disant : — La mort! madame!... on nous les tuera, malgré leur innocence.

— Qu'avez-vous fait! dit le curé.

Laurence sortit sans répondre. Elle avait besoin de la solitude pour retrouver sa force au milieu de ce désastre imprévu.

CHAPITRE III.

UN PROCÈS POLITIQUE SOUS L'EMPIRE.

A trente-quatre ans de distance, pendant lesquels il s'est fait trois grandes révolutions, les vieillards seuls peuvent se rappeler aujourd'hui le tapage inouï produit en Europe par l'enlèvement d'un sénateur de l'Empire français. Aucun procès, si ce n'est ceux de Trumeau, l'épicier de la place Saint-Michel et celui de la veuve Morin, sous l'Empire; ceux de Fualdès et de Castaing, sous la Restauration; ceux de madame Lafarge et Fieschi, sous le gouvernement actuel, n'égala en intérêt et en curiosité celui des jeunes gens accusés de l'enlèvement de Malin. Un pareil attentat contre un membre de son Sénat excita la colère de l'Empereur, à qui l'on apprit l'arrestation des délinquants presque en même temps que la perpétration du délit et le résultat négatif des recherches. La forêt fouillée dans ses profondeurs, l'Aube et les départements environnants parcourus dans toute leur étendue, n'offrirent pas le moindre indice du passage ou de la séquestration du comte de Gondreville. Le grand juge, mandé par Napoléon, vint après avoir pris des renseignements auprès du ministre de la police, et lui expliqua la position de Malin vis-à-vis des Simeuse. L'Empereur, alors occupé de choses graves, trouva la solution de l'affaire dans les faits antérieurs.

— Ces jeunes gens sont fous, dit-il. Un jurisconsulte comme Malin doit revenir sur des actes arrachés par la violence. Surveillez ces nobles pour savoir comment ils s'y prendront pour relâcher le comte de Gondreville.

Il enjoignit de déployer la plus grande célérité dans une affaire où il vit un attentat contre ses institutions, un fatal exemple de résistance aux effets de la Révolution, une atteinte à la grande question des biens nationaux, et un obstacle à cette fusion des partis qui fut la constante occupation de sa politique intérieure. Enfin il se trouvait joué par ces jeunes gens qui lui avaient promis de vivre tranquillement.

— La prédiction de Fouché s'est réalisée, s'écria-t-il en se rappelant la phrase échappée deux ans auparavant à son ministre actuel de la police qui ne l'avait dite que sous l'impression du rapport fait par Corentin sur Laurence.

On ne peut pas se figurer, sous un gouvernement constitutionnel où personne ne s'intéresse à une Chose Publique aveugle et muette, ingrate et froide, le zèle qu'un mot de l'Empereur imprimait à sa machine politique ou administrative. Cette puissante volonté semblait se communiquer aux choses aussi bien qu'aux hommes. Une fois son mot dit, l'Empereur, surpris par la coalition de 1806, oublia l'affaire. Il pensait à de nouvelles batailles à livrer, et s'occupait de masser ses régiments pour frapper un grand coup au cœur de la monarchie prussienne. Mais son désir de voir faire prompte justice trouva un puissant véhicule dans l'incertitude qui affectait la position de tous les magistrats de l'Empire. En ce moment Cambacérès, en sa qualité d'archichancelier, et le grand juge Régnier préparaient l'institution des tribunaux de première instance, des cours impériales et de la cour de cassation ; ils agitaient la question des costumes auxquels Napoléon tenait tant et avec tant de raison ; ils revisaient le personnel et recherchaient les restes des parlements abolis. Naturellement, les magistrats du département de l'Aube pensèrent que donner des preuves de zèle dans l'affaire de l'enlèvement du comte de Gondreville, serait une excellente recommandation. Les suppositions de Napoléon devinrent alors des certitudes pour les courtisans et pour les masses.

La paix régnait encore sur le continent, et l'admiration pour l'Empereur était unanime en France : il cajolait les intérêts, les vanités, les personnes, les choses, enfin tout jusqu'aux souvenirs. Cette entreprise parut donc à tout le monde une atteinte au bonheur public. Ainsi les pauvres gentilshommes innocents furent couverts d'un opprobre général. En petit nombre et confinés dans leurs terres, les nobles déploraient cette affaire entre eux, mais pas un n'osait ouvrir la bouche. Comment, en effet, s'opposer au déchaînement de l'opinion publique? Dans tout le département on exhumait les cadavres des onze personnes tuées en 1792, à travers les persiennes de l'hôtel de Cinq-Cygne, et l'on en accablait les accusés. On craignait que les émigrés enhardis n'exerçassent tous des violences sur les acquéreurs de leurs biens, pour en préparer la restitution en protestant ainsi contre un injuste dépouillement. Ces nobles gens furent donc traités de brigands, de voleurs, d'assassins, et la complicité de Michu leur devint surtout fatale. Cet homme qui avait coupé, lui ou son beau-père, toutes les têtes tombées dans le département pendant la Terreur, était l'objet des contes les plus ridicules. L'exaspération fut d'autant plus vive que Malin avait à peu près placé tous les fonctionnaires de l'Aube. Aucune voix généreuse ne s'éleva pour contredire la voix publique. Enfin les malheureux n'avaient aucun moyen légal de combattre les préventions ; car, en soumettant à des jurés et les éléments de l'accusation et le jugement, le code de Brumaire an IV n'avait pu donner aux accusés l'immense garantie du recours en cassation pour cause de suspicion légitime. Le surlendemain de l'arrestation, les maîtres et les gens du château de Cinq-Cygne furent assignés à comparaître devant le jury d'accusation. On laissa Cinq-Cygne à la garde du fermier, sous l'inspection de l'abbé Goujet et de sa sœur qui s'y établirent. Mademoiselle de Cinq-Cygne, monsieur et madame d'Hauteserre vinrent occuper la petite maison que possédait Durieu dans un de ces longs et larges faubourgs qui s'étalent autour de la ville de Troyes. Laurence eut le cœur serré quand elle reconnut la fureur des masses, la malignité de la bourgeoisie et l'hostilité de l'administration par plusieurs de ces petits événements qui arrivent toujours aux parents des gens impliqués dans une affaire criminelle, dans les villes de province où elles se jugent. C'est, au lieu de mots encourageants et pleins de compassion, des conversations entendues où éclatent d'affreux désirs de vengeance; des témoignages de haine à la place des actes de la stricte politesse ou de la réserve ordonnée par la décence, mais surtout un isolement dont s'affectent les hommes ordinaires, et d'autant plus rapidement senti que le malheur excite la défiance. Laurence, qui avait recouvré toute sa force, comptait sur les clartés de l'innocence et méprisait trop la foule pour s'épouvanter de ce silence désapprobateur par lequel on l'accueillait. Elle soutenait le courage de monsieur et madame d'Hauteserre, tout en pensant à la bataille judiciaire qui, d'après la rapidité de la procédure, devait bientôt se livrer devant la cour criminelle. Mais elle allait recevoir un coup auquel elle ne s'attendait point et qui diminua son courage. Au milieu de ce désastre et par le déchaînement général, au moment où cette famille affligée se voyait comme dans un désert, un homme grandit tout à coup aux yeux de Laurence et montra toute la beauté de son caractère. Le lendemain du jour où l'accusation approuvée par la formule : *Oui, il y a lieu*, que le chef du jury écrivait au bas de l'acte, fut renvoyée à l'accusateur public, et que le mandat d'arrêt décerné contre les accusés eut été converti en une ordonnance de prise de corps, le marquis de Chargebœuf vint courageusement dans sa vieille calèche au secours de sa jeune parente. Prévoyant la promptitude de la justice, le chef de cette grande famille s'était hâté d'aller à Paris, d'où il amenait l'un des plus rusés et des plus honnêtes procureurs du vieux temps, Bordin, qui devint, à Paris, l'avoué de la noblesse pendant dix ans, et dont le successeur fut le célèbre avoué Derville. Ce digne procureur choisit aussitôt pour avocat le petit-fils d'un ancien président du parlement de Normandie qui se destinait à la magistrature et dont les études s'étaient faites sous sa tutelle. Ce jeune avocat, pour employer une dénomination abolie que l'Empereur allait faire revivre, fut en effet nommé substitut du procureur général à Paris après le procès actuel, et devint un de nos plus célèbres magistrats. Monsieur de Grandville accepta cette défense comme une occasion de débuter avec éclat. A cette époque, les avocats étaient remplacés par des défenseurs officieux. Ainsi le droit de défense n'était pas restreint, tous les citoyens pouvaient plaider la cause de l'innocence ; mais les accusés n'en prenaient pas moins d'anciens avocats pour se défendre. Le vieux marquis, effrayé des ravages que la douleur avait faits chez Laurence, fut admirable de bon goût et de convenance. Il ne rappela point ses conseils donnés en pure perte ; il présenta Bordin comme un oracle dont les avis devaient être suivis à la lettre, et le jeune de Grandville comme un défenseur en qui l'on pouvait avoir une entière confiance.

Laurence tendit la main au vieux marquis, et lui serra la sienne avec une vivacité qui le charma.

— Vous aviez raison, lui dit-elle.

— Voulez-vous maintenant écouter mes conseils? demanda-t-il.

La jeune comtesse fit, ainsi que monsieur et madame d'Hauteserre, un signe d'assentiment.

— Eh bien! venez dans ma maison, elle est au centre de la ville près du tribunal; vous et vos avocats, vous vous y trouverez mieux qu'ici où vous êtes entassés, et beaucoup trop loin du champ de bataille. Vous auriez la ville à traverser tous les jours.

Laurence accepta; le vieillard l'emmena ainsi que madame d'Hauteserre à sa maison, qui fut celle des défenseurs et des habitants de Cinq-Cygne tant que dura le procès. Après le dîner, les portes closes, Bordin se fit raconter exactement par Laurence les circonstances de l'affaire en la priant de n'omettre aucun détail; quoique déjà quelques-uns des faits antérieurs eussent été dits à Bordin et au jeune défenseur par le marquis durant leur voyage de Paris à Troyes. Bordin écouta, les pieds au feu, sans se donner la moindre importance. Le jeune avocat, lui, ne put s'empêcher de se partager entre son admiration pour mademoiselle de Cinq-Cygne et l'attention qu'il devait aux éléments de la cause.

— Est-ce bien tout? demanda Bordin quand Laurence eut raconté les événements du drame tels que ce récit les a présentés jusqu'à présent.

— Oui, répondit-elle.

Le silence le plus profond régna pendant quelques instants dans le salon de l'hôtel de Chargebœuf où se passait cette scène, une des plus graves qui aient lieu durant la vie, et une des plus rares aussi. Tout procès est jugé par les avocats avant les juges, de même que la mort du malade est pressentie par les médecins, avant la lutte que les uns soutiendront avec la nature et les autres avec la justice. Laurence, monsieur et madame d'Hauteserre, le marquis avaient les yeux sur la vieille figure noire et profondément labourée par la petite vérole de ce vieux procureur qui allait prononcer des paroles de vie ou de mort. Monsieur d'Hauteserre s'essuya des gouttes de sueur sur le front. Laurence regarda le jeune avocat et lui trouva le visage attristé.

— Eh bien! mon cher Bordin? dit le marquis en lui tendant sa tabatière où le procureur puisa d'une façon distraite.

Bordin frotta le gras de ses jambes vêtues de gros bas de filoselle noire, car il était en culotte de drap noir, et portait un habit qui se rapprochait par sa forme des habits dits à la française; il jeta son regard malicieux sur ses clients en y donnant une expression craintive, mais il les glaça.

— Faut-il vous disséquer cela, dit-il, et vous parler franchement?

— Mais allez donc, monsieur! dit Laurence.

— Tout ce que vous avez fait de bien se tourne en charges contre vous, lui dit alors le vieux praticien. On ne peut pas sauver vos parents, on ne pourra que faire diminuer la peine. La vente que vous avez ordonné à Michu de faire de ses biens, sera prise pour la preuve la plus évidente de vos intentions criminelles sur le sénateur. Vous avez envoyé vos gens exprès à Troyes pour être seuls, et cela sera d'autant plus plausible que c'est la vérité. L'aîné des d'Hauteserre a dit à Beauvisage un mot terrible qui vous perd tous. Vous en avez dit un autre dans votre cour qui prouvait longtemps à l'avance vos mauvais vouloirs contre Gondreville. Quant à vous, vous étiez à la grille en observation au moment du coup; si l'on ne vous poursuit pas, c'est pour ne pas mettre un élément d'intérêt dans l'affaire.

— La cause n'est pas tenable, dit monsieur de Grandville.

— Elle l'est d'autant moins, reprit Bordin, qu'on ne peut plus dire la vérité. Michu, messieurs de Simeuse et d'Hauteserre doivent s'en tenir tout simplement à prétendre qu'ils sont allés dans la forêt avec vous pendant une partie de la journée et qu'ils sont venus déjeuner à Cinq-Cygne. Mais si nous pouvons établir que vous y étiez tous à trois heures pendant que l'attentat avait lieu, quels sont nos témoins? Marthe, la femme d'un accusé, les Durieu, Catherine, gens à votre service, monsieur et madame, père et mère de deux accusés. Ces témoins sont sans valeur, la loi ne les admet pas contre vous, le bon sens les repousse en votre faveur. Si, par malheur, vous disiez être allé chercher onze cent mille francs d'or dans la forêt, vous enverriez tous les accusés aux galères comme voleurs. Accusateur public, jurés, juges, audience, et la France croiraient que vous avez pris cet or à Gondreville, et que vous avez séquestré le sénateur pour faire votre coup. En admettant l'accusation telle qu'elle est en ce moment, l'affaire n'est pas claire : mais, dans sa vérité pure, elle deviendrait limpide : les jurés expliqueraient par le vol toutes les parties ténébreuses, car royaliste aujourd'hui veut dire brigand ! Le cas actuel présente une vengeance admissible dans la situation politique. Les accusés encourent la peine de mort, mais elle n'est pas déshonorante à tous les yeux ; tandis qu'en y mêlant la soustraction des espèces qui ne paraîtra jamais légitime, vous perdrez les bénéfices de l'intérêt qui s'attache à des condamnés à mort, quand leur crime paraît excusable. Dans le premier moment, quand vous pouviez montrer vos cachettes, le plan de la forêt, les tuyaux de fer-blanc, l'or, pour justifier l'emploi de votre journée, il eût été possible de s'en tirer en présence de magistrats impartiaux ; mais dans l'état des choses, il faut se taire. Dieu veuille qu'aucun des six accusés n'ait compromis la cause, mais nous verrons à tirer parti de leurs interrogatoires.

Laurence se tordit les mains de désespoir et leva les yeux au ciel par un regard désolant, car elle aperçut alors dans toute sa profondeur le précipice où ses cousins étaient tombés. Le marquis et le jeune défenseur approuvaient le terrible discours de Bordin. Le bonhomme d'Hauteserre pleurait.

— Pourquoi ne pas avoir écouté l'abbé Goujet qui voulait les faire enfuir ? dit madame d'Hauteserre exaspérée.

— Ah ! s'écria l'ancien procureur, si vous avez pu les faire sauver, et que vous ne l'ayez pas fait, vous les aurez tués vous-mêmes. La contumace donne du temps. Avec le temps, les innocents éclaircissent les affaires. Celle-ci me semble la plus ténébreuse que j'aie vue de ma vie, pendant laquelle j'en ai cependant bien débrouillé.

— Elle est inexplicable pour tout le monde, et même pour nous, dit monsieur de Grandville. Si les accusés sont innocents, le coup a été fait par d'autres. Cinq personnes ne viennent pas dans un pays comme par enchantement, ne se procurent pas des chevaux ferrés comme ceux des accusés, n'empruntent pas leur ressemblance et ne mettent pas Malin dans une fosse, exprès pour perdre Michu, messieurs d'Hauteserre et de Simeuse. Les inconnus, les vrais coupables, avaient un intérêt quelconque à se mettre dans la peau de ces cinq innocents; pour les retrouver, pour chercher leurs traces, nous faudrait, comme au gouvernement, autant d'agents et 'yeux qu'il y a de communes dans un rayon de vingt lieues.

— C'est là chose impossible, dit Bordin. Il n'y faut même pas songer. Depuis que les sociétés ont inventé la justice, elles n'ont jamais trouvé le moyen de donner à l'innocence accusée un pouvoir égal à celui dont le magistrat dispose contre le crime. La justice n'est pas bilatérale. La Défense, qui n'a ni espions, ni police, dispose pas en faveur de ses clients de la puissance sociale. I nocence n'a que le raisonnement pour elle; et le raisonnement, qui peut frapper des juges, est souvent impuissant sur les esprits prévenus des jurés. Le pays est tout entier contre vous. Les huit jurés qui ont sanctionné l'acte d'accusation étaient des propriétaires de biens nationaux. Nous aurons dans nos jurés de jugement des gens qui seront, comme les premiers, acquéreurs, vendeurs de biens nationaux ou employés. Enfin, nous aurons un jury Malin. Aussi faut-il un système complet de défense, n'en sortez pas, et périssez dans votre innocence. Vous serez condamnés. Nous irons au tribunal de cassation, et nous tâcherons d'y rester longtemps. Si, dans l'intervalle, je puis recueillir des preuves en votre faveur, vous aurez le recours en grâce. Voilà l'anatomie de l'affaire et mon avis. Si nous triomphons (car tout est possible en justice), ce serait un miracle; mais votre avocat est, parmi tous ceux que je connais, le plus capable de faire ce miracle, et j'y aiderai.

— Le sénateur doit avoir la clef de cette énigme, dit alors monsieur de Grandville, car on sait toujours qui nous en veut et pourquoi l'on nous en veut. Je le vois quittant Paris à la fin de l'hiver, venant à Gondreville seul, sans suite, s'y enfermant avec son notaire, et se livrant, pour ainsi dire, à cinq hommes qui l'empoignent.

— Certes, dit Bordin, sa conduite est au moins aussi extraordinaire que la nôtre; mais comment, à la face d'un pays soulevé contre nous, devenir accusateurs, d'accusés que nous étions? Il nous faudrait la bienveillance, le secours du Gouvernement, et mille fois plus de preuves que dans une situation ordinaire. J'aperçois là de la préméditation, et de la plus raffinée, chez nos adversaires inconnus, qui connaissaient la situation de Michu et de messieurs de Simeuse à l'égard de Malin. Ne pas parler! ne pas voler! il y a prudence. J'aperçois tout autre chose que des malfaiteurs sous ces masques. Mais dites donc ces choses-là aux jurés qu'on nous donnera !

Cette perspicacité dans les affaires privées qui rend certains avots et certains magistrats si grands, étonnait et confondait Laurence ; elle eut le cœur serré par cette épouvantable logique.

— Sur cent affaires criminelles, dit Bordin, il n'y en a pas dix que la Justice développe dans toute leur étendue, et il y en a peut-être un bon tiers dont le secret lui est inconnu. La vôtre est du nombre de celles qui sont indéchiffrables pour les accusés et pour les accusateurs, pour la Justice et pour le public. Quant au souverain, il a d'autres pois à lier qu'à secourir messieurs de Simeuse, quand même ils n'auraient pas voulu le renverser. Mais qui diable en veut à Malin ? et que lui voulait-on ?

Bordin et monsieur de Grandville se regardèrent, ils eurent l'air de douter de la véracité de Laurence. Ce mouvement fut pour la jeune fille une des plus cuisantes des mille douleurs de cette affaire ; aussi jeta-t-elle aux deux défenseurs un regard qui tua chez eux tout mauvais soupçon.

Le lendemain la procédure fut remise aux défenseurs qui purent communiquer avec les accusés. Bordin apprit à la famille, qu'en gens de bien, les six accusés *s'étaient bien tenus*, pour employer un terme de métier.

— Monsieur de Grandville défendra Michu, dit Bordin.

— Michu ?... s'écria monsieur de Chargebœuf, étonné de ce changement.

— Il est le cœur de l'affaire, et là est le danger, répliqua le vieux procureur.

— S'il est le plus exposé, la chose me semble juste ! s'écria Laurence.

— Nous apercevons des chances, dit monsieur de Grandville, et nous allons bien les étudier. Si nous pouvons les sauver, ce sera parce que monsieur d'Hauteserre a dit à Michu de réparer l'un des poteaux de la barrière du chemin creux, et qu'un loup a été vu dans la forêt, car tout dépend des débats devant une cour criminelle, et les débats rouleront sur de petites choses que vous verrez devenir immenses.

Laurence tomba dans l'abattement intérieur qui doit mortifier l'âme de toutes les personnes d'action et de pensée, quand l'inutilité de l'action et de la pensée leur est démontrée. Il ne s'agissait plus ici de renverser un homme ou le pouvoir à l'aide de gens dévoués, de sympathies fanatiques enveloppées dans les ombres du mystère : elle voyait la société tout entière armée contre elle et ses cousins. On ne prend pas à soi seul une prison d'assaut, on ne délivre pas des prisonniers au sein d'une population hostile et sous les yeux d'une police éveillée par la prétendue audace des accusés. Aussi, quand effrayé de la stupeur de cette noble et courageuse fille que sa physionomie rendait plus stupide encore, le jeune défenseur essaya de relever son courage, lui répondit-elle : — Je me tais, je souffre et j'attends. L'accent, le geste et le regard firent de cette réponse une de ces choses sublimes auxquelles il manque un plus vaste théâtre pour devenir célèbres. Quelques instants après, le bonhomme d'Hauteserre disait au marquis de Chargebœuf : — Me suis-je donné de la peine pour mes deux malheureux enfants ! J'ai déjà refait pour eux près de huit mille livres de rentes sur l'État. S'ils avaient voulu servir, ils auraient gagné des grades supérieurs et pourraient aujourd'hui se marier avantageusement. Voilà tous mes plans à vau-l'eau.

— Comment, lui dit sa femme, pouvez-vous songer à leurs intérêts, quand il s'agit de leur honneur et de leurs têtes.

— Monsieur d'Hauteserre pense à tout, dit le marquis.

Pendant que les habitants de Cinq-Cygne attendaient l'ouverture des débats à la cour criminelle et sollicitaient la permission de voir les prisonniers sans pouvoir l'obtenir, il se passait au château, dans le plus profond secret, un événement de la plus haute gravité. Marthe était revenue à Cinq-Cygne aussitôt après sa déposition devant le jury d'accusation, qui fut tellement insignifiante qu'elle n'en fut pas assignée par l'accusateur public devant la cour criminelle. Comme toutes les personnes d'une excessive sensibilité, la pauvre femme restait assise dans le salon où elle tenait compagnie à mademoiselle Goujet, dans un état de stupeur qui faisait pitié. Pour elle, comme pour le curé d'ailleurs et pour tous ceux qui ne savaient point l'emploi que les accusés avaient fait de la journée, leur innocence paraissait douteuse. Par moments, Marthe croyait que Michu, ses maîtres et Laurence avaient exercé quelque vengeance sur le sénateur. La malheureuse femme connaissait assez le dévouement de Michu pour comprendre qu'il était de tous les accusés le plus en danger, soit à cause de ses antécédents, soit à cause de la part qu'il aurait prise dans l'exécution. L'abbé Goujet, sa sœur et Marthe se perdaient dans les probabilités auxquelles cette opinion donnait lieu; mais, à force de les méditer, ils laissaient leur esprit s'attacher à un sens quelconque. Le doute absolu que demande Descartes ne peut pas plus s'obtenir dans le cerveau de l'homme que le vide dans la nature, et l'opération spirituelle par laquelle il aurait lieu serait, comme l'effet de la machine pneumatique, une situation exceptionnelle et monstrueuse. En quelque matière que ce soit, on croit à quelque chose. Or, Marthe avait si peur de la culpabilité des accusés, que sa crainte équivalait à une croyance; et cette situation d'esprit lui fut fatale. Cinq jours après l'arrestation des gentilshommes, au moment où elle allait se coucher, sur les dix heures du soir, elle fut appelée dans la cour par sa mère qui arrivait à pied de la ferme.

— Un ouvrier de Troyes veut te parler de la part de Michu, et t'attend dans le chemin creux, dit-elle à Marthe.

Toutes deux passèrent par la brèche pour aller au plus court. Dans l'obscurité de la nuit et du chemin, il fut impossible à Marthe de distinguer autre chose que la masse d'une personne qui tranchait sur les ténèbres.

— Parlez, madame, afin que je sache si vous êtes bien madame Michu, dit cette personne d'une voix assez inquiète.

— Certainement, dit Marthe. Et que me voulez-vous?

— Bien, dit l'inconnu. Donnez-moi votre main, n'ayez pas peur de moi. Je viens, ajouta-t-il en se penchant à l'oreille de Marthe, de la part de Michu, vous remettre un petit mot. Je suis un des employés de la prison, et si mes supérieurs s'apercevaient de mon absence, nous serions tous perdus. Fiez-vous à moi. Dans les temps votre brave père m'a placé là. Aussi Michu a-t-il compté sur moi.

Il mit une lettre dans la main de Marthe et disparut vers la forêt sans attendre de réponse. Marthe eut comme un frisson en pensant qu'elle allait sans doute apprendre le secret de l'affaire. Elle courut à la ferme avec sa mère et s'enferma pour lire la lettre suivante :

« Ma chère Marthe, tu peux compter sur la discrétion de l'homme
 qui t'apportera cette lettre, il ne sait ni lire ni écrire, c'est un des
 plus solides républicains de la conspiration de Babœuf;' ton
 » père s'est servi de lui souvent, et il regarde le sénateur comme
 » un traître. Or, ma chère femme, le sénateur a été claquemuré
 » par nous dans le caveau où nous avons déjà caché nos maîtres.

» Le misérable n'a de vivres que pour cinq jours, et comme il est
» de notre intérêt qu'il vive, dès que tu auras lu ce petit mot,
» porte-lui de la nourriture pour au moins cinq jours. La forêt doit
» être surveillée, prends autant de précautions que nous en pre-
» nions pour nos jeunes maîtres. Ne dis pas un mot à Malin, ne lui
» parle point et mets un de nos masques que tu trouveras sur une
» des marches de la cave. Si tu ne veux pas compromettre nos
» têtes, tu garderas le silence le plus entier sur le secret que je
» suis forcé de te confier. N'en dis pas un mot à mademoiselle de
» Cinq-Cygne, qui pourrait caner. Ne crains rien pour moi. Nous
» sommes certains de la bonne issue de cette affaire, et, quand il
» le faudra, Malin sera notre sauveur. Enfin, dès que cette lettre
» sera lue, je n'ai pas besoin de te dire de la brûler, car elle me
» coûterait la tête si l'on en voyait une seule ligne. Je t'embrasse
» tant et plus.

» MICHU. »

L'existence du caveau situé sous l'éminence au milieu de la forêt n'était connue que de Marthe, de son fils, de Michu, des quatre
gentilshommes et de Laurence; du moins Marthe, à qui son mari
n'avait rien dit de sa rencontre avec Peyrade et Corentin, devait
le croire. Ainsi la lettre, qui d'ailleurs lui parut écrite et signée par
Michu, ne pouvait venir que de lui. Certes, si Marthe avait immédiatement consulté sa maîtresse et ses deux conseils, qui connaissaient l'innocence des accusés, le rusé procureur aurait obtenu
quelques lumières sur les perfides combinaisons qui avaient enveloppé ses clients; mais Marthe, tout à son premier mouvement
comme la plupart des femmes, et convaincue par ces considérations
qui lui sautaient aux yeux, jeta la lettre dans la cheminée. Cependant, mue par une singulière illumination de prudence, elle retira
du feu le côté de la lettre qui n'était pas écrit, prit les cinq premières lignes, dont le sens ne pouvait compromettre personne, et
les cousit dans le bas de sa robe. Assez effrayée de savoir que le
patient jeûnait depuis vingt-quatre heures, elle voulut lui porter du
vin, du pain et de la viande dès cette nuit. Sa curiosité ne lui permettait pas plus que l'humanité de remettre au lendemain. Elle
chauffa son four, et fit, aidée par sa mère, un pâté de lièvre et de
canards, un gâteau de riz, rôtit deux poulets, prit trois bouteilles
de vin, et boulangea elle-même deux pains ronds. Vers deux heures

et demie du matin, elle se mit en route vers la forêt, portant le tout dans une hotte, et en compagnie de Couraut qui, dans toutes ces expéditions, servait d'éclaireur avec une admirable intelligence. Il flairait des étrangers à des distances énormes, et quand il avait reconnu leur présence, il revenait auprès de sa maîtresse en grondant tout bas, la regardant et tournant son museau du côté dangereux.

Marthe arriva sur les trois heures du matin à la mare, où elle laissa Couraut en sentinelle. Après une demi-heure de travail pour débarrasser l'entrée, elle vint avec une lanterne sourde à la porte du caveau, le visage couvert d'un masque qu'elle avait en effet trouvé sur une marche. La détention du sénateur semblait avoir été préméditée longtemps à l'avance. Un trou d'un pied carré, que Marthe n'avait pas vu précédemment, se trouvait grossièrement pratiqué dans le haut de la porte de fer qui fermait le caveau; mais pour que Malin ne pût, avec le temps et la patience dont disposent tous les prisonniers, faire jouer la bande de fer qui barrait la porte, on l'avait assujettie par un cadenas. Le sénateur, qui s'était levé de dessus son lit de mousse, poussa un soupir en apercevant une figure masquée, et devina qu'il ne s'agissait pas encore de sa délivrance. Il observa Marthe, autant que le lui permettait la lueur inégale d'une lanterne sourde, et la reconnut à ses vêtements, à sa corpulence et à ses mouvements; quand elle lui passa le pâté par le trou, il laissa tomber le pâté pour lui saisir les mains, et avec une excessive prestesse il essaya de lui ôter du doigt deux anneaux, son alliance et une petite bague donnée par mademoiselle de Cinq-Cygne.

— Vous ne nierez pas que ce ne soit vous, ma chère madame Michu, dit-il.

Marthe ferma le poing aussitôt qu'elle sentit les doigts du sénateur, et lui donna un coup vigoureux dans la poitrine. Puis, sans mot dire, elle alla couper une baguette assez forte, au bout de laquelle elle tendit au sénateur le reste des provisions.

— Que veut-on de moi? dit-il.

Marthe se sauva sans répondre. En revenant chez elle, elle se trouva, sur les cinq heures, à la lisière de la forêt, et fut prévenue par Couraut de la présence d'un importun. Elle rebroussa chemin et se dirigea vers le pavillon qu'elle avait habité si longtemps; mais, quand elle déboucha dans l'avenue, elle fut aperçue de loin par le garde champêtre de Gondreville; elle prit alors le parti d'aller droit à lui.

— Vous êtes bien matinale, madame Michu? lui dit-il en l'accostant.

— Nous sommes si malheureux, répondit-elle, que je suis forcée de faire l'ouvrage d'une servante; je vais à Bellache y chercher des graines.

— Vous n'avez donc point de graines à Cinq-Cygne? dit le garde.

Marthe ne répondit pas. Elle continua sa route, et, en arrivant à la ferme de Bellache, elle pria Beauvisage de lui donner plusieurs graines pour semence, en lui disant que monsieur d'Hauteserre lui avait recommandé de les prendre chez lui pour renouveler ses espèces. Quand Marthe fut partie, le garde de Gondreville vint à la ferme savoir ce que Marthe y était allée chercher. Six jours après, Marthe, devenue prudente, alla dès minuit porter les provisions afin de ne pas être surprise par les gardes qui surveillaient évidemment la forêt. Après avoir porté pour la troisième fois des vivres au sénateur, elle fut saisie d'une sorte de terreur en entendant lire par le curé les interrogatoires publics des accusés, car alors les débats étaient commencés. Elle prit l'abbé Goujet à part, et après lui avoir fait jurer qu'il lui garderait le secret sur ce qu'elle allait lui dire comme s'il s'agissait d'une confession, elle lui montra les fragments de la lettre qu'elle avait reçue de Michu, en lui en disant le contenu, et l'initia au secret de la cachette où se trouvait le sénateur. Le curé demanda sur-le-champ à Marthe si elle avait des lettres de son mari pour pouvoir comparer les écritures. Marthe alla chez elle à la ferme, où elle trouva une assignation pour comparaître comme témoin à la Cour. Quand elle revint au château, l'abbé Goujet et sa sœur étaient également assignés à la requête des accusés. Ils furent donc obligés de se rendre aussitôt à Troyes. Ainsi tous les personnages de ce drame, et même ceux qui n'en étaient en quelque sorte que les comparses, se trouvèrent réunis sur la scène où les destinées des deux familles se jouaient alors.

Il est très peu de localités en France où la Justice emprunte aux choses ce prestige qui devrait toujours l'accompagner. Après la religion et la royauté, n'est-elle pas la plus grande machine des sociétés? Partout, et même à Paris, la mesquinerie du local, la mauvaise disposition des lieux, et le manque de décors chez la nation la plus vaniteuse et la plus théâtrale en fait de monuments qui soit aujourd'hui, diminuent l'action de cet énorme pouvoir. L'arrangement est le même dans presque toutes les villes. Au fond de quelque longue salle carrée, on voit un bureau couvert de serge verte, élevé sur une estrade, derrière lequel s'asseyent les juges dans des fauteuils vulgaires. A gauche, le siége de l'accusateur public, et, de son côté, le long de la muraille, une longue tribune garnie de chaises pour les jurés. En face des jurés s'étend une autre tribune où se trouve un banc pour les accusés et pour les gendarmes qui les gardent. Le greffier se place au bas de l'estrade auprès de la table où se déposent les pièces à conviction. Avant l'institution de la justice impériale, le commissaire du gouvernement et le directeur du jury avaient chacun un siège et une table, l'un à droite et l'autre à gauche du bureau de la cour. Deux huissiers voltigent dans l'espace qu'on laisse devant la cour pour la comparution des témoins. Les défenseurs se tiennent au bas de la tribune des accusés. Une balustrade de bois réunit les deux tribunes vers l'autre bout de la salle, et forme une enceinte où se mettent des bancs pour les témoins entendus et pour les curieux privilégiés. Puis, en face du tribunal, au-dessus de la porte d'entrée, il existe toujours une méchante tribune réservée aux autorités et aux femmes choisies du département par le président, à qui appartient la police de l'audience. Le public non privilégié se tient debout dans l'espace qui reste entre la porte de la salle et la balustrade. Cette physionomie normale des tribunaux français et des cours d'assises actuelles était celle de la cour criminelle de Troyes.

En avril 1806, ni les quatre juges et le président qui composaient la Cour, ni l'accusateur public, ni le directeur du jury, ni le commissaire du gouvernement, ni les huissiers, ni les défenseurs, personne, excepté les gendarmes, n'avait de costume ni de marque distinctive qui relevât la nudité des choses et l'aspect assez maigre des figures. Le crucifix manquait, et ne donnait son exemple ni à la justice, ni aux accusés. Tout était triste et vulgaire. L'appareil, si nécessaire à l'intérêt social, est peut-être une consolation pour le criminel. L'empressement du public fut ce qu'il a été, ce qu'il sera dans toutes les occasions de ce genre, tant que les mœurs ne seront pas réformées, tant que la France n'aura pas reconnu que l'admission du public à l'audience n'emporte pas la publicité, que la publicité donnée aux débats constitue une peine tellement exorbitante, que si le législateur avait pu la soupçonner, il ne l'aurait pas infligée. Les mœurs sont souvent plus cruelles que les lois. Les mœurs, c'est les hommes ; mais la loi, c'est la raison d'un pays. Les mœurs, qui n'ont souvent pas de raison, l'emportent sur la loi. Il se fit des attroupements autour du palais. Comme dans tous les procès célèbres, le président fut obligé de faire garder les portes par des piquets de soldats. L'auditoire, qui restait debout derrière la balustrade, était si pressé qu'on y étouffait. Monsieur de Grandville, qui défendait Michu ; Bordin, le défenseur de messieurs de Simeuse, et un avocat de Troyes qui plaidait pour messieurs d'Hauteserre et Gothard, les moins compromis des six accusés, furent à leur poste avant l'ouverture de la séance, et leurs figures respiraient la confiance. De même que le médecin ne laisse rien voir de ses appréhensions à son malade, de même l'avocat montre toujours une physionomie pleine d'espoir à son client. C'est un de ces cas rares où le mensonge devient vertu. Quand les accusés entrèrent, il s'éleva de favorables murmures à l'aspect des quatre jeunes gens qui, après vingt jours de détention passés dans l'inquiétude, avaient un peu pâli. La parfaite ressemblance des jumeaux excita l'intérêt le plus puissant. Peut-être chacun pensait-il que la nature devait exercer une protection spéciale sur l'une de ses plus curieuses raretés, et tout le monde était tenté de réparer l'oubli du destin envers eux ; leur contenance noble, simple, et sans la moindre marque de honte, mais aussi sans bravade, toucha beaucoup les femmes. Les quatre gentilshommes et Gothard se présentaient avec le costume qu'ils portaient lors de leur arrestation ; mais Michu, dont les habits faisaient partie des pièces à conviction, avait mis ses meilleurs habits, une redingote bleue, un gilet de velours brun à la Robespierre, et une cravate blanche. Le pauvre homme paya le loyer de sa mauvaise mine. Quand il jeta son regard jaune, clair et profond sur l'assemblée, qu'il laissa échapper un mouvement, on lui répondit par un murmure d'horreur. L'audience voulut voir le doigt de Dieu dans sa comparution sur le banc des accusés, où son beau-père avait fait asseoir tant de victimes. Cet homme, vraiment grand, regarda ses maîtres en réprimant un sourire d'ironie. Il eut l'air de leur dire : — Je vous fais tort ! Ces cinq accusés échangèrent des saluts affectueux avec leurs défenseurs. Gothard faisait encore l'idiot.

Après les récusations exercées avec sagacité par les défenseurs, éclairés sur ce point par le marquis de Chargebœuf assis courageusement auprès de Bordin et de monsieur de Grandville, quand le jury fut constitué, l'acte d'accusation lu, les accusés furent séparés pour procéder à leurs interrogatoires. Tous répondirent avec un remarquable ensemble. Après être allés le matin se promener à cheval dans la forêt, ils étaient revenus à une heure pour déjeuner à Cinq-Cygne; après le repas, de trois heures à cinq heures et demie, ils avaient regagné la forêt. Tel fut le fond commun à chaque accusé, dont les variantes découlèrent de leur position spécial à Quand le président pria messieurs de Simeuse de donner les raisons qui les avaient fait sortir de si grand matin, l'un et l'autre déclarèrent que, depuis leur retour, ils pensaient à racheter Gondreville et que, dans l'intention de traiter avec Malin, arrivé la veille, ils étaient sortis avec leur cousine et Michu afin d'examiner la forêt pour baser des offres. Pendant ce temps-là, messieurs d'Hauteserre, leur cousine et Gothard avaient chassé un loup que les paysans avaient aperçu. Si le directeur du jury eût recueilli les traces de leurs chevaux dans la forêt avec autant de soin que celles des chevaux qui avaient traversé le parc de Gondreville, on aurait eu la preuve de leurs courses en des parties bien éloignées du château.

L'interrogatoire de messieurs d'Hauteserre confirma celui de messieurs de Simeuse, et se trouvait en harmonie avec leurs dires, dans l'instruction. La nécessité de justifier leur promenade avait suggéré à chaque accusé l'idée de l'attribuer à la chasse. Des paysans avaient signalé, quelques jours auparavant, un loup dans la forêt, et chacun d'eux s'en fit un prétexte.

Cependant l'accusateur public releva des contradictions entre les premiers interrogatoires où messieurs d'Hauteserre disaient avoir chassé tous ensemble, et le système adopté à l'audience qui laissait messieurs d'Hauteserre et Laurence chassant, tandis que messieurs de Simeuse auraient évalué la forêt.

Monsieur de Grandville fit observer que le délit n'ayant été commis que de deux heures à cinq heures et demie, les accusés devaient être crus quand ils expliquaient la manière dont ils avaient employé la matinée.

L'accusateur répondit que les accusés avaient intérêt à cacher les préparatifs pour séquestrer le sénateur.

L'habileté de la défense apparut alors à tous les yeux. Les juges, les jurés, l'audience comprirent bientôt que la victoire allait être chaudement disputée. Bordin et monsieur de Grandville semblaient avoir tout prévu. L'innocence doit un compte clair et plausible de ses actions. Le devoir de la Défense est donc d'opposer un roman probable au roman improbable de l'Accusation. Pour le défenseur qui regarde son client comme innocent, l'Accusation devient une fable. L'interrogatoire public des quatre gentilshommes expliquait suffisamment les choses en leur faveur. Jusque-là tout allait bien. Mais l'interrogatoire de Michu fut plus grave, et engagea le combat. Chacun comprit alors pourquoi monsieur de Grandville avait préféré la défense du serviteur à celle des maîtres.

Michu avoua ses menaces à Marion, mais il démentit la violence qu'on leur prêtait. Quant au guet-apens sur Malin, il dit qu'il se promenait tout uniment dans le parc; le sénateur et monsieur Grévin pouvaient avoir eu peur en voyant la bouche du canon de son fusil, lui supposer une position hostile quand elle était inoffensive. Il fit observer que le soir un homme qui n'a pas l'habitude de la chasse peut croire le fusil dirigé sur lui, tandis qu'il se trouve sur l'épaule au repos. Pour justifier l'état de ses vêtements lors de son arrestation, il dit s'être laissé tomber dans la brèche en retournant chez lui. — « N'y voyant plus clair pour la gravir, je me suis en quelque sorte, dit-il, colleté avec les pierres qui éboulaient sous moi quand je m'en aidais pour monter le chemin creux. » Quant au plâtre que Gothard lui apportait, il répondit, comme dans tous ses interrogatoires, qu'il avait servi à sceller un des poteaux de la barrière du chemin creux.

L'accusateur public et le président lui demandèrent d'expliquer comment il était à la fois et dans la brèche au château, et en haut du chemin creux à sceller un poteau à la barrière, surtout quand le juge de paix, les gendarmes et le garde-champêtre déclaraient l'avoir entendu venir d'en-bas. Michu dit que monsieur d'Hauteserre lui avait fait des reproches de ne pas avoir exécuté cette petite réparation à laquelle il tenait à cause des difficultés que ce chemin pouvait susciter avec la commune, il était donc allé lui annoncer le rétablissement de la barrière.

Monsieur d'Hauteserre avait effectivement fait poser une barrière en haut du chemin creux pour empêcher que la commune ne s'en emparât. En voyant quelle importance prenait l'état de ses vêtements, et le plâtre dont l'emploi n'était pas niable, Michu avait inventé ce subterfuge. Si, en justice, la vérité ressemble souvent à une fable, la fable aussi ressemble beaucoup à la vérité. Le défenseur et l'accusateur attachèrent l'un et l'autre un grand prix à cette circonstance, qui devint capitale et par les efforts du défenseur et par les soupçons de l'accusateur.

A l'audience, Gothard, sans doute éclairé par monsieur de Grandville, avoua que Michu l'avait prié de lui apporter des sacs de plâtre, car jusqu'alors il s'était toujours mis à pleurer quand on le questionnait.

— Pourquoi ni vous ni Gothard n'avez-vous pas aussitôt mené le juge de paix et le garde champêtre à cette barrière ? demanda l'accusateur public.

— Je n'ai jamais cru qu'il pouvait s'agir contre nous d'une accusation capitale, dit Michu.

On fit sortir tous les accusés, à l'exception de Gothard. Quand Gothard fut seul, le président l'adjura de dire la vérité dans son intérêt, en lui faisant observer que sa prétendue idiotie avait cessé. Aucun des jurés ne le croyait imbécile. En se taisant devant la cour, il pouvait encourir des peines graves ; tandis qu'en disant la vérité, vraisemblablement il serait hors de cause. Gothard pleura, chancela, puis il finit par dire que Michu l'avait prié de lui porter plusieurs sacs de plâtre ; mais, chaque fois, il l'avait rencontré devant la ferme. On lui demanda combien il avait apporté de sacs.

— Trois, répondit-il.

Un débat s'établit entre Gothard et Michu pour savoir si c'était trois en comptant celui qu'il lui apportait au moment de l'arrestation, ce qui réduisait les sacs à deux, ou trois outre le dernier. Ce débat se termina en faveur de Michu. Pour les jurés, il n'y eut que deux sacs employés ; mais ils paraissaient avoir déjà une conviction sur ce point ; Bordin et monsieur de Grandville jugèrent nécessaire de les rassasier de plâtre et de les si bien fatiguer qu'ils n'y comprissent plus rien. Monsieur de Grandville présenta des conclusions tendant à ce que des experts fussent nommés pour examiner l'état de la barrière.

— Le directeur du jury, dit le défenseur, s'est contenté d'aller visiter les lieux, moins pour y faire une expertise sévère que pour y voir un subterfuge de Michu ; mais il a failli, selon nous, à ses devoirs, et sa faute doit nous profiter.

La cour commit, en effet, des experts pour savoir si l'un des poteaux de la barrière avait été récemment scellé. De son côté, l'Accusateur public voulut avoir gain de cause sur cette circonstance avant l'expertise.

— Vous auriez, dit-il à Michu, choisi l'heure à laquelle il ne fait plus clair, de cinq heures et demie à six heures et demie, pour sceller la barrière à vous seul?

— Monsieur d'Hauteserre m'avait grondé!

— Mais, dit l'accusateur public, si vous avez employé le plâtre à la barrière, vous vous êtes servi d'une auge et d'une truelle? Or, si vous êtes venu dire si promptement à monsieur d'Hauteserre que vous aviez exécuté ses ordres, il vous est impossible d'expliquer comment Gothard vous apportait encore du plâtre. Vous avez dû passer devant votre ferme, et alors vous avez dû déposer vos outils et prévenir Gothard.

Ces arguments foudroyants produisirent un silence horrible dans l'auditoire.

— Allons, avouez-le, reprit l'accusateur, ce n'est pas un poteau que vous avez enterré.

— Croyez-vous donc que ce soit le sénateur? dit Michu d'un air profondément ironique.

Monsieur de Grandville demanda formellement à l'accusateur public de s'expliquer sur ce chef. Michu était accusé d'enlèvement, de séquestration et non pas de meurtre. Rien de plus grave que cette interpellation. Le Code de Brumaire an IV défendait à l'accusateur public d'introduire aucun chef nouveau dans les débats: il devait, à peine de nullité, s'en tenir aux termes de l'acte d'accusation.

L'accusateur public répondit que Michu, principal auteur de l'attentat, et qui dans l'intérêt de ses maîtres avait assumé toute la responsabilité sur sa tête, pouvait avoir eu besoin de condamner l'entrée du lieu encore inconnu où gémissait le sénateur.

Pressé de questions, harcelé devant Gothard, mis en contradiction avec lui-même, Michu frappa sur l'appui de la tribune aux accusé un grand coup de poing, et dit: — Je ne suis pour rien dans l'enlèvement du sénateur, j'aime à croire que ses ennemis l'ont simplement enfermé; mais s'il reparaît, vous verrez que le plâtre n'a pu y servir de rien.

— Bien, dit l'avocat en s'adressant à l'accusateur public, vous avez plus fait pour la défense de mon client que tout ce que je pouvais dire.

La première audience fut levée sur cette audacieuse allégation, qui surprit les jurés et donna l'avantage à la défense. Aussi les avocats de la ville et Bordin félicitèrent-ils le jeune défenseur avec enthousiasme. L'accusateur public, inquiet de cette assertion, craignit d'être tombé dans un piége ; et il avait en effet donné dans un panneau très habilement tendu par les défenseurs, et pour lequel Gothard venait de jouer admirablement son rôle. Les plaisants de la ville dirent qu'on avait replâtré l'affaire, que l'accusateur public avait gâché sa position, et que les Simeuse devenaient blancs comme plâtre. En France, tout est du domaine de la plaisanterie, elle y est la reine : on plaisante sur l'échafaud, à la Bérésina, aux barricades, et quelque Français plaisantera sans doute aux grandes assises du jugement dernier.

Le lendemain, on entendit les témoins à charge : madame Marion, madame Grévin, Grévin, le valet de chambre du sénateur, Violette dont les dépositions peuvent être facilement comprises d'après les événements. Tous reconnurent les cinq accusés avec plus ou moins d'hésitation relativement aux quatre gentilshommes, mais avec certitude quant à Michu. Beauvisage répéta le propos échappé à Robert d'Hauteserre. Le paysan venu pour acheter le veau redit la phrase de mademoiselle de Cinq-Cygne. Les experts entendus confirmèrent leurs rapports sur la confrontation de l'empreinte des fers avec ceux des chevaux des quatre gentilshommes qui, selon l'accusation, étaient absolument pareils. Cette circonstance fut naturellement l'objet d'un débat violent entre monsieur de Grandville et l'accusateur public. Le défenseur prit à partie le maréchal ferrant de Cinq-Cygne, et réussit à établir aux débats que des fers semblables avaient été vendus quelques jours auparavant à des individus étrangers au pays. Le maréchal déclara d'ailleurs qu'il ne ferrait pas seulement de cette manière les chevaux du château de Cinq-Cygne, mais beaucoup d'autres dans le canton. Enfin le cheval dont se servait habituellement Michu, par extraordinaire, avait été ferré à Troyes, et l'empreinte de ce fer ne se trouvait point parmi celles constatées dans le parc.

— Le Sosie de Michu ignorait cette circonstance, dit monsie de Grandville en regardant les jurés, et l'accusation n'a pas été que nous nous soyons servis d'un des chevaux du château.

Il foudroya d'ailleurs la déposition de Violette en ce qui concernait la ressemblance des chevaux, vus de loin et par derrière!

Malgré les incroyables efforts du défenseur, la masse des témoignages positifs accabla Michu. L'accusateur, l'auditoire, la cour et les jurés sentaient tous, comme l'avait pressenti la défense, que la culpabilité du serviteur entraînait celle des maîtres. Bordin avait bien deviné le nœud du procès en donnant monsieur de Grandville pour défenseur à Michu; mais la défense avouait ainsi ses secrets. Aussi, tout ce qui concernait l'ancien régisseur de Gondreville était-il d'un intérêt palpitant. La tenue de Michu fut d'ailleurs superbe. Il déploya dans ces débats toute la sagacité dont l'avait doué la nature; et, à force de le voir, le public reconnut sa supériorité; mais, chose étonnante! cet homme en parut plus certainement l'auteur de l'attentat. Les témoins à décharge, moins sérieux que les témoins à charge aux yeux des jurés et de la loi, parurent faire leur devoir, et furent écoutés en manière d'acquit de conscience. D'abord ni Marthe, ni monsieur et madame d'Hauteserre ne prêtèrent serment; puis Catherine et les Durieu, en leur qualité de domestiques, se trouvèrent dans le même cas. Monsieur d'Hauteserre dit effectivement avoir donné l'ordre à Michu de replacer le poteau renversé. La déclaration des experts, qui lurent en ce moment leur rapport, confirma la déposition du vieux gentilhomme, mais ils donnèrent aussi gain de cause au directeur du jury en déclarant qu'il leur était impossible de déterminer l'époque à laquelle ce travail avait été fait : il pouvait, depuis, s'être écoulé plusieurs semaines tout aussi bien que vingt jours. L'apparition de mademoiselle de Cinq-Cygne excita la plus vive curiosité, mais en revoyant ses cousins sur le banc des accusés après vingt-trois jours de séparation, elle éprouva des émotions si violentes qu'elle eut l'air coupable. Elle sentit un effroyable désir d'être à côté des jumeaux, et fut obligée, dit-elle plus tard, d'user de toute sa force pour réprimer la fureur qui la portait à tuer l'accusateur public, afin d'être, aux yeux du monde, criminelle avec eux. Elle raconta naïvement qu'en revenant à Cinq-Cygne, et voyant de la fumée dans le parc, elle avait cru à un incendie. Pendant longtemps elle avait pensé que cette fumée provenait de mauvaises herbes.

— Cependant, dit-elle, je me suis souvenue plus tard d'une particularité que je livre à l'attention de la Justice. J'ai trouvé dans les brandebourgs de mon amazone, et dans les plis de ma collerette, des débris semblables à ceux de papiers brûlés emportés par le vent.

— La fumée était-elle considérable ? demanda Bordin.

— Oui, dit mademoiselle de Cinq-Cygne, je croyais à un incendie.

— Ceci peut changer la face du procès, dit Bordin. Je requiers la cour d'ordonner une enquête immédiate des lieux où l'incendie a eu lieu.

Le président ordonna l'enquête.

Grévin, rappelé sur la demande des défenseurs, et interrogé sur cette circonstance, déclara ne rien savoir à ce sujet. Mais entre Bordin et Grévin, il y eut des regards échangés qui les éclairèrent mutuellement.

— Le procès est là, se dit le vieux procureur.

— Ils y sont ! pensa le notaire.

Mais, de part et d'autre, les deux fins matois pensèrent que l'enquête était inutile. Bordin se dit que Grévin serait discret comme un mur, et Grévin s'applaudit d'avoir fait disparaître les traces de l'incendie. Pour vider ce point, accessoire dans les débats et qui paraît puéril, mais capital dans la justification que l'histoire doit à ces jeunes gens, les experts et Pigoult commis pour la visite du parc déclarèrent n'avoir remarqué aucune place où il existât des marques d'incendie. Bordin fit assigner deux ouvriers qui déposèrent avoir labouré, par les ordres du garde, une portion du pré dont l'herbe était brûlée ; mais ils dirent n'avoir point observé de quelle substance provenaient les cendres. Le garde, rappelé sur l'invitation des défenseurs, dit avoir reçu du sénateur, au moment où il avait passé par le château pour aller voir la mascarade d'Arcis, l'ordre de labourer cette partie du pré que le sénateur avait remarquée le matin en se promenant.

— Y avait-on brûlé des herbes ou des papiers ?

— Je n'ai rien vu qui pût faire croire qu'on ait brûlé des papiers, répondit le garde.

— Enfin, dirent les défenseurs, si l'on y a brûlé des herbes, quelqu'un a dû les y apporter et y mettre le feu.

La déposition du curé de Cinq-Cygne et celle de mademoiselle Goujet firent une impression favorable. En sortant de vêpres et se promenant vers la forêt, ils avaient vu les gentilhommes et Michu à cheval, sortant du château et se dirigeant sur la forêt. La position, la moralité de l'abbé Goujet donnaient du poids à ses paroles.

La plaidoirie de l'accusateur public, qui se croyait certain d'obtenir une condamnation, fut ce que sont ces sortes de réquisitoires. Les accusés étaient d'incorrigibles ennemis de la France, des institutions et des lois. Ils avaient soif de désordres. Quoiqu'ils eussen été mêlés aux attentats contre la vie de l'Empereur, et qu'ils fissen partie de l'armée de Condé, ce magnanime souverain les avait rayés de la liste des émigrés. Voilà le loyer qu'ils payaient à sa clémence. Enfin toutes les déclamations oratoires qui se sont répétées au nom des Bourbons contre les Bonapartistes, qui se répètent aujourd'hui contre les Républicains et les Légitimistes au nom de la branche cadette. Ces lieux communs, qui auraient un sens chez un gouvernement fixe, paraîtront au moins comiques, quand l'histoire les trouvera semblables à toutes époques dans la bouche du ministère public. On peut en dire ce mot fourni par des troubles plus anciens : — L'enseigne est changée, mais le vin est toujours le même ! L'accusateur public, qui fut d'ailleurs un des procureurs généraux les plus distingués de l'Empire, attribua le délit à l'intention prise par les émigrés rentrés de protester contre l'occupation de leurs biens. Il fit assez bien frémir l'auditoire sur la position du sénateur. Puis il massa les preuves, les semi-preuves, les probabilités, avec un talent que stimulait la récompense certaine de son zèle, et il s'assit tranquillement en attendant le feu des défenseurs.

Monsieur de Grandville ne plaida jamais que cette cause criminelle, mais elle lui fit un nom. D'abord, il trouva pour son plaidoyer cet entrain d'éloquence que nous admirons aujourd'hui chez Berryer. Puis il avait la conviction de l'innocence des accusés, ce qui est un des plus puissants véhicules de la parole. Voici les points principaux de sa défense rapportée en entier par les journaux du temps. D'abord il rétablit sous son vrai jour la vie de Michu. Ce fut un beau récit où sonnèrent les plus grands sentiments et qui réveilla bien des sympathies. En se voyant réhabilité par une voix éloquente, il y eut un moment où des pleurs sortirent des yeux jaunes de Michu et coulèrent sur son terrible visage. Il apparut alors ce qu'il était réellement : un homme simple et rusé comme un enfant, mais un homme dont la vie n'avait eu qu'une pensée. Il fut soudain expliqué, surtout par ses pleurs qui produisirent un grand effet sur le jury. L'habile défenseur saisit ce mouvement d'intérêt pour entrer dans la discussion des charges.

— Où est le corps du délit ? où est le sénateur ? demanda-t-il ? Vous nous accusez de l'avoir claquemuré, scellé même avec des pierres et du plâtre ! Mais alors, nous savons seuls où il est, et comme vous nous tenez en prison depuis vingt-trois jours, il est mort faute d'aliments. Nous sommes des meurtriers, et vous ne nous avez pas accusés de meurtre. Mais s'il vit, nous avons des complices ; si nous avions des complices et si le sénateur est vivant, ne le ferions-nous donc point paraître ? Les intentions que vous nous supposez, une fois manquées, aggraverions-nous inutilement notre position ? Nous pourrions nous faire pardonner, par notre repentir, une vengeance manquée ; et nous persisterions à détenir un homme de qui nous ne pouvons rien obtenir ? N'est-ce pas absurde ? Remportez votre plâtre, son effet est manqué, dit-il à l'accusateur public, car nous sommes ou d'imbéciles criminels, ce que vous ne croyez pas, ou des innocents, victimes de circonstances inexplicables pour nous comme pour vous ! Vous devez bien plutôt chercher la masse de papiers qui s'est brûlée chez le sénateur et qui révèle des intérêts plus violents que les vôtres, et qui vous rendraient compte de son enlèvement. Il entra dans ces hypothèses avec une habileté merveilleuse. Il insista sur la moralité des témoins à décharge dont la foi religieuse était vive, qui croyaient à un avenir, à des peines éternelles. Il fut sublime en cet endroit et sut émouvoir profondément. — Hé quoi ! dit-il, ces criminels dînent tranquillement en apprenant par leur cousine l'enlèvement du sénateur. Quand l'officier de gendarmerie leur suggère les moyens de tout finir, ils se refusent à rendre le sénateur, ils ne savent ce qu'on leur veut ! Il fit alors pressentir une affaire mystérieuse dont la clef se trouvait dans les mains du Temps, qui dévoilerait cette injuste accusation. Une fois sur ce terrain, il eut l'audacieuse et ingénieuse adresse de se supposer juré, il raconta sa délibération avec ses collègues, il se représenta comme tellement malheureux, si, ayant été cause de condamnations cruelles, l'erreur venait à être reconnue, il peignit si bien ses remords, et revint sur les doutes que le plaidoyer lui donnerait avec tant de force, qu'il laissa les jurés dans une horrible anxiété.

Les jurés n'étaient pas encore blasés sur ces sortes d'allocutions ; elles eurent alors le charme des choses neuves, et le jury fut ébranlé. Après le chaud plaidoyer de monsieur de Grandville, les jurés eurent à entendre le fin et spécieux procureur qui multiplia les considérations, fit ressortir toutes les parties ténébreuses du procès et le rendit inexplicable. Il s'y prit de manière à frapper l'esprit et la raison, comme monsieur de Grandville avait attaqué le cœur et l'imagination. Enfin, il sut entortiller les jurés avec une conviction si sérieuse que l'accusateur public vit son échafaudage en pièces. Ce fut si clair que l'avocat de messieurs d'Hauteserre et de Gothard s'en remit à la prudence des jurés, en trouvant l'accusation abandonnée à leur égard. L'accusateur demanda de remettre au lendemain pour sa réplique. En vain, Bordin, qui voyait un acquittement dans les yeux des jurés s'ils délibéraient sur le coup de ces plaidoiries, s'opposa-t-il, par des motifs de droit et de fait, à ce qu'une nuit de plus jetât ses anxiétés au cœur de ses innocents clients, la cour délibéra.

— L'intérêt de la société me semble égal à celui des accusés, dit le président. La cour manquerait à toutes les notions d'équité si elle refusait une pareille demande à la Défense; elle doit donc l'accorder à l'Accusation.

— Tout est heur et malheur, dit Bordin en regardant ses clients. Acquittés ce soir, vous pouvez être condamnés demain.

— Dans tous les cas, dit l'aîné des Simeuse, nous ne pouvons que vous admirer.

Mademoiselle de Cinq-Cygne avait des larmes aux yeux. Après les doutes exprimés par les défenseurs, elle ne croyait pas à un pareil succès. On la félicitait, et chacun vint lui promettre l'acquittement de ses cousins. Mais cette affaire allait avoir le coup de théâtre le plus éclatant, le plus sinistre et le plus imprévu qui jamais ait changé la face d'un procès criminel !

A cinq heures du matin, le lendemain de la plaidoirie de monsieur de Grandville, le sénateur fut trouvé sur le grand chemin de Troyes, délivré de ses fers pendant son sommeil par des libérateurs inconnus, allant à Troyes, ignorant le procès, ne sachant pas le retentissement de son nom en Europe, et heureux de respirer l'air. L'homme qui servait de pivot à ce drame fut aussi stupéfait de ce qu'on lui apprit, que ceux qui le rencontrèrent le furent de le voir. On lui donna la voiture d'un fermier, et il arriva rapidement à Troyes chez le préfet. Le préfet prévint aussitôt le directeur du Jury, le commissaire du gouvernement et l'accusateur public, qui, d'après le récit que leur fit le comte de Gondreville, envoyèrent prendre Marthe au lit chez les Durieu, pendant que le directeur du Jury motivait et décernait un mandat d'arrêt contre elle. Mademoiselle de Cinq-Cygne, qui n'était en liberté que sous caution, fut également arrachée à l'un des rares moments de sommeil qu'elle obtenait au milieu de ses constantes angoisses, et fut gardée à la préfecture pour y être interrogée. L'ordre de tenir les accusés sans communication possible, même avec les avocats, fut envoyé au directeur de la prison. A dix heures, la foule assemblée apprit que l'audience était remise à une heure après midi.

Ce changement, qui coïncidait avec la nouvelle de la délivrance du sénateur, l'arrestation de Marthe, celle de mademoiselle de Cinq-Cygne et la défense de communiquer avec les accusés, portèrent la terreur à l'hôtel de Chargebœuf. Toute la ville et les curieux venus à Troyes pour assister au procès, les tachygraphes des journaux, le peuple même fut dans un émoi facile à comprendre. L'abbé Goujet vint sur les dix heures voir monsieur, madame d'Hauteserre et les défenseurs. On déjeunait alors autant qu'on peut déjeuner en de semblables circonstances ; le curé prit Bordin et monsieur de Grandville à part, il leur communiqua la confidence de Marthe et le fragment de la lettre qu'elle avait reçue. Les deux défenseurs échangèrent un regard, après lequel Bordin dit au curé :
— Pas un mot ! tout nous paraît perdu, faisons au moins bonne contenance.

Marthe n'était pas de force à résister au directeur du jury et à l'accusateur public réunis. D'ailleurs les preuves abondaient contre elle. Sur l'indication du sénateur, Lechesneau avait envoyé chercher la croûte de dessous du dernier pain apporté par Marthe, et qu'il avait laissé dans le caveau, ainsi que les bouteilles vides et plusieurs objets. Pendant les longues heures de sa captivité, Malin avait fait des conjectures sur sa situation et cherché les indices qui pouvaient le mettre sur la trace de ses ennemis ; il communiqua naturellement ses observations au magistrat. La ferme de Michu, récemment bâtie, devait avoir un four neuf, les tuiles et les briques sur lesquelles reposait le pain offrant un dessin quelconque de joints, on pouvait avoir la preuve de la préparation de son pain dans ce four, en prenant l'empreinte de l'aire dont les rayures se retrouvaient sur cette croûte. Puis, les bouteilles, cachetées de cire verte, étaient sans doute pareilles aux bouteilles qui se trouvaient dans la cave de Michu. Ces subtiles remarques, dites au juge de paix qui alla faire les perquisitions en présence de Marthe, amenèrent les résultats prévus par le sénateur. Victime de la bonhomie apparente avec laquelle Lechesneau, l'accusateur public et le commissaire du gouvernement lui firent apercevoir que des aveux complets pouvaient seuls sauver la vie à son mari, au moment où elle fut terrassée par ces preuves évidentes, Marthe avoua que la cachette où le sénateur avait été mis n'était connue que de Michu, de messieurs de Simeuse et d'Hauteserre, et qu'elle avait apporté des vivres au sénateur, à trois reprises, pendant la nuit. Laurence, interrogée sur la circonstance de la cachette, fut forcée d'avouer que Michu l'avait découverte, et la lui avait montrée avant l'affaire pour y soustraire les gentilshommes aux recherches de la police.

Aussitôt ces interrogatoires terminés, le jury, les avocats furent avertis de la reprise de l'audience. A trois heures, le président ouvrit la séance en annonçant que les débats allaient recommencer sur de nouveaux éléments. Le président fit voir à Michu trois bouteilles de vin et lui demanda s'il les reconnaissait pour des bouteilles à lui en lui montrant la parité de la cire de deux bouteilles vides avec celles d'une bouteille pleine, prise dans la matinée à la ferme par le juge de paix, en présence de sa femme; Michu ne voulut pas les reconnaître pour siennes; mais ces nouvelles pièces à conviction furent appréciées par les jurés auxquels le président expliqua que les bouteilles vides venaient d'être trouvées dans le lieu où le sénateur avait été détenu. Chaque accusé fut interrogé relativement au caveau situé sous les ruines du monastère. Il fut acquis aux débats après un nouveau témoignage de tous les témoins à charge et à décharge que cette cachette, découverte par Michu, n'était connue que de lui, de Laurence et des quatre gentilshommes. On peut juger de l'effet produit sur l'audience et sur les jurés quand l'accusateur public annonça que ce caveau, connu seulement des accusés et de deux des témoins, avait servi de prison au sénateur. Marthe fut introduite. Son apparition causa les plus vives anxiétés dans l'auditoire et parmi les accusés. Monsieur de Grandville se leva pour s'opposer à l'audition de la femme témoignant contre le mari. L'accusateur public fit observer que d'après ses propres aveux, Marthe était complice du délit : elle n'avait ni à prêter serment, ni à témoigner, elle devait être entendue seulement dans l'intérêt de la vérité.

Nous n'avons d'ailleurs qu'à donner lecture de son interrogatoire devant le directeur du jury, dit le président qui fit lire par le greffier le procès-verbal dressé le matin.

— Confirmez-vous ces aveux? dit le président.

Michu regarda sa femme, et Marthe, qui comprit son erreur, tomba complétement évanouie. On peut dire sans exagération que la foudre éclatait sur le banc des accusés et sur leurs défenseurs.

— Je n'ai jamais écrit de ma prison à ma femme, et je n'y connais aucun des employés, dit Michu.

Bordin lui passa les fragments de la lettre, Michu n'eut qu'à y jeter un coup d'œil. — Mon écriture a été imitée, s'écria-t-il.

— La dénégation est votre dernière ressource, dit l'accusateur public.

On introduisit alors le sénateur avec les cérémonies prescrites pour sa réception. Son entrée fut un coup de théâtre. Malin, nommé par les magistrats comte de Gondreville sans pitié pour les anciens propriétaires de cette belle demeure, regarda, sur l'invitation du président, les accusés avec la plus grande attention et pendant longtemps. Il reconnut que les vêtements de ses ravisseurs étaient bien exactement ceux des gentilshommes; mais il déclara que le trouble de ses sens au moment de son enlèvement l'empêchait de pouvoir affirmer que les accusés fussent les coupables.

— Il y a plus, dit-il, ma conviction est que ces quatre messieurs n'y sont pour rien. Les mains qui m'ont bandé les yeux dans la forêt étaient grossières. Aussi, dit Malin en regardant Michu, croirais-je plutôt volontiers que mon ancien régisseur s'est chargé de ce soin, mais je prie messieurs les jurés de bien peser ma déposition. Mes soupçons à cet égard sont très légers, et je n'ai pas la moindre certitude. Voici pourquoi. Les deux hommes qui se sont emparés de moi m'ont mis à cheval, en croupe derrière celui qui m'avait bandé les yeux, et dont les cheveux étaient roux comme ceux de l'accusé Michu. Quelque singulière que soit mon observation, je dois en parler, car elle fait la base d'une conviction favorable à l'accusé, que je prie de ne point s'en choquer. Attaché au dos d'un inconnu, j'ai dû, malgré la rapidité de la course, être affecté de son odeur. Or, je n'ai point reconnu celle particulière à Michu. Quant à la personne qui m'a, par trois fois, apporté des vivres, je suis certain que cette personne est Marthe, la femme de Michu. La première fois, je l'ai reconnue à une bague que lui a donnée mademoiselle de Cinq-Cygne, et qu'elle n'avait pas songé à ôter. La justice et messieurs les jurés apprécieront les contradictions qui se rencontrent dans ces faits, et que je ne m'explique point encore.

Des murmures favorables et d'unanimes approbations accueillirent la déposition de Malin. Bordin sollicita de la cour la permission d'adresser quelques demandes à ce précieux témoin.

— Monsieur le sénateur croit donc que sa séquestration tient à d'autres causes que les intérêts supposés par l'accusation aux accusés ?

— Certes ! dit le sénateur. Mais j'ignore ces motifs, car je déclare que, pendant mes vingt jours de captivité, je n'ai vu personne.

— Croyez-vous, dit alors l'accusateur public, que votre château de Gondreville pût contenir des renseignements, des titres ou des valeurs qui pussent y nécessiter une perquisition de messieurs de Simeuse ?

— Je ne le pense pas, dit Malin. Je crois ces messieurs incapables, dans ce cas, de s'en mettre en possession par violence. Ils n'auraient eu qu'à me les réclamer pour les obtenir.

— Monsieur le sénateur n'a-t-il pas fait brûler des papiers dans son parc ? dit brusquement monsieur de Grandville.

Le sénateur regarda Grévin. Après avoir rapidement échangé un fin coup d'œil avec le notaire et qui fut saisi par Bordin, il répondit ne point avoir brûlé de papiers. L'acusateur public lui ayant demandé des renseignements sur le guet-apens dont il avait failli être la victime dans le parc, et s'il ne s'était pas mépris sur la position du fusil, le sénateur dit que Michu se trouvait alors au guet sur un arbre. Cette réponse, d'accord avec le témoignage de Grévin, produisit une vive impression. Les gentilshommes demeurèrent impassibles pendant la déposition de leur ennemi qui les accablait de sa générosité. Laurence souffrait la plus horrible agonie ; et, de moments en moments, le marquis de Chargebœuf la retenait par le bras. Le comte de Gondreville se retira en saluant les quatre gentilshommes qui ne lui rendirent pas son salut. Cette petite chose indigna les jurés.

— Ils sont perdus, dit Bordin à l'oreille du marquis.

— Hélas ! toujours par la fierté de leurs sentiments, répondit monsieur de Chargebœuf.

— Notre tâche est devenue trop facile, messieurs, dit l'accusateur public en se levant et regardant les jurés.

Il expliqua l'emploi des deux sacs de plâtre par le scellement de la broche de fer nécessaire pour accrocher le cadenas qui maintenait la barre avec laquelle la porte du caveau était fermée, et dont la description se trouvait au procès-verbal fait le matin par Pigoult. Il prouva facilement que les accusés seuls connaissaient l'existence du caveau. Il mit en évidence les mensonges de la défense, il en pulvérisa tous les arguments sous les nouvelles preuves arrivées si miraculeusement. En 1806, on était encore trop près de l'Être suprême de 1793 pour parler de la justice divine : il fit donc grâce aux jurés de l'intervention du ciel. Enfin il dit que la Justice aurait l'œil sur les complices inconnus qui avaient délivré le sénateur, et il s'assit en attendant avec confiance le verdict.

Les jurés crurent à un mystère ; mais ils étaient tous persuadé que ce mystère venait des accusés qui se taisaient dans un intérêt privé de la plus haute importance.

Monsieur de Grandville, pour qui une machination quelconque devenait évidente, se leva ; mais il parut accablé, quoiqu'il le fût moins des nouveaux témoignages survenus que de la manifeste conviction des jurés. Il surpassa peut-être sa plaidoirie de la veille. Ce second plaidoyer fut plus logique et plus serré peut-être que le premier. Mais il sentit sa chaleur repoussée par la froideur du jury : il parlait inutilement, et il le voyait ! Situation horrible et glaciale. Il fit remarquer combien la délivrance du sénateur opérée comme par magie, et bien certainement sans le secours d'aucun des accusés, ni de Marthe, corroborait ses premiers raisonnements. Assurément hier, les accusés pouvaient croire à leur acquittement ; et s'ils étaient, comme l'accusation le suppose, maîtres de détenir ou de relâcher le sénateur, ils ne l'eussent délivré qu'après le jugment. Il essaya de faire comprendre que des ennemis cachés da l'ombre pouvaient seuls avoir porté ce coup.

Chose étrange ! monsieur de Grandville ne jeta le trouble que dans la conscience de l'accusateur public et dans celle des magistrats, car les jurés l'écoutaient par devoir. L'audience elle-même, toujours si favorable aux accusés, était convaincue de leur culpabilité. Il y a une atmosphère des idées. Dans une cour de justice, les idées de la foule pèsent sur les juges, sur les jurés et réciproquement. En voyant cette disposition des esprits qui se reconnaît ou se sent, le défenseur arriva dans ses dernières paroles à une sorte d'exaltation fébrile causée par sa conviction.

— Au nom des accusés, je vous pardonne d'avance une fatale erreur que rien ne dissipera ! s'écria-t-il. Nous sommes tous le jouet d'une puissance inconnue et machiavélique. Marthe Michu est victime d'une odieuse perfidie, et la société s'en apercevra quand les malheurs seront irréparables.

Bordin s'arma de la déposition du sénateur pour demander l'acquittement des gentilshommes.

Le président résuma les débats avec d'autant plus d'impartialité que les jurés étaient visiblement convaincus. Il fit même pencher la balance en faveur des accusés en appuyant sur la déposition du sénateur. Cette gracieuseté ne compromettait point le succès de l'accusation. A onze heures du soir, d'après les différentes réponses du chef du jury, la cour condamna Michu à la peine de mort, messieurs de Simeuse à vingt-quatre ans, et les deux d'Hauteserre à dix ans de travaux forcés Gothard fut acquitté. Toute la salle voulut voir l'attitude des cinq coupables dans le moment suprême où, amenés libres devant la Cour, ils entendraient leur condamnation. Les quatre gentilshommes regardèrent Laurence qui leur jeta d'un œil sec le regard enflammé des martyrs.

— Elle pleurerait si nous étions acquittés, dit le cadet des Simeuse à son frère.

Jamais accusés n'opposèrent des fronts plus sereins ni une contenance plus digne à une injuste condamnation que ces cinq victimes d'un horrible complot.

— Notre défenseur vous a pardonné! dit l'aîné des Simeuse en s'adressant à la Cour.

Madame d'Hauteserre tomba malade et resta pendant trois mois au lit à l'hôtel de Chargebœuf. Le bonhomme d'Hauteserre retourna paisiblement à Cinq-Cygne; mais, rongé par une de ces douleurs de vieillard qui n'ont aucune des distractions de la jeunesse, il eut souvent des moments d'absence qui prouvaient au curé que ce pauvre père était toujours au lendemain du fatal arrêt. On n'eut pas à juger la belle Marthe, elle mourut en prison, vingt jours après la condamnation de son mari, recommandant son fils à Laurence, entre les bras de laquelle elle expira. Une fois le jugement connu, des événements politiques de la plus haute importance étouffèrent le souvenir de ce procès dont il ne fut plus question. La Société procède comme l'Océan, elle reprend son niveau, son allure après un désastre, et en efface la trace par le mouvement de ses intérêts dévorants.

Sans sa fermeté d'âme et sa conviction de l'innocence de ses cousins, Laurence aurait succombé; mais elle donna des nouvelles preuves de la grandeur de son caractère, elle étonna monsieur de Grandville et Bordin par l'apparente sérénité que les malheurs extrêmes impriment aux belles âmes. Elle veillait et soignait madame d'Hauteserre et allait tous les jours deux heures à la prison. Elle dit qu'elle épouserait un de ses cousins quand ils seraient au bagne.

— Au bagne! s'écria Bordin. Mais, mademoiselle, ne pensons plus qu'à demander leur grâce à l'Empereur.

— Leur grâce, et à un Bonaparte? s'écria Laurence avec horreur.

Les lunettes du vieux digne procureur lui sautèrent du nez, il les saisit avant qu'elles tombassent, regarda la jeune personne qui maintenant ressemblait à une femme; il comprit ce caractère dans toute son étendue, il prit le bras du marquis de Chargebœuf et lui dit : — Monsieur le marquis, courons à Paris les sauver sans elle !

Le pourvoi de messieurs Simeuse, d'Hauteserre et de Michu fut la première affaire que dut juger la Cour de cassation. L'arrêt fut donc heureusement retardé par les cérémonies de l'installation de la cour.

Vers la fin du mois de septembre, après trois audiences prises par les plaidoiries et par le procureur général Merlin qui porta lui-même la parole, le pourvoi fut rejeté. Le Cour impériale de Paris était instituée, monsieur de Grandville y avait été nommé substitut du procureur général, et le département de l'Aube se trouvant dans la juridiction de cette cour, il lui fut possible de faire au cœur de son ministère des démarches en faveur des condamnés; il fatigua Cambacérès, son protecteur; Bordin et monsieur de Chargebœuf vinrent le lendemain matin de l'arrêt dans son hôtel au Marais, où ils le trouvèrent dans la lune de miel de son mariage, car dans l'intervalle il s'était marié. Malgré tous les événements qui s'étaient accomplis dans l'existence de son ancien avocat, monsieur de Chargebœuf vit bien, à l'affliction du jeune substitut, qu'il restait fidèle à ses clients. Certains avocats, les artistes de la profession, font de leurs causes des maîtresses. Le cas est rare, ne vous y fiez pas. Dès que ses anciens clients et lui furent seuls dans son cabinet, monsieur de Grandville dit au marquis : — Je n'ai pas attendu votre visite, j'ai déjà même usé tout mon crédit. N'essayez pas de sauver Michu, vous n'auriez pas la grâce de messieurs de Simeuse. Il faut une victime.

— Mon Dieu! dit Bordin en montrant au jeune magistrat les

trois pourvois en grâce, puis-je prendre sur moi de supprimer la demande de votre ancien client? jeter ce papier au feu, c'est lui couper la tête.

Il présenta le blanc-seing de Michu, monsieur de Grandville le prit et le regarda.

— Nous ne pouvons pas le supprimer; mais, sachez-le! si vous demandez tout, vous n'obtiendrez rien.

— Avons-nous le temps de consulter Michu? dit Bordin.

— Oui. L'ordre d'exécution regarde le Parquet du Procureur-Général, et nous pouvons vous donner quelques jours. On tue les hommes, dit-il avec une sorte d'amertume, mais on y met des formes, surtout à Paris.

Monsieur de Chargebœuf avait eu déjà chez le Grand-Juge des renseignements qui donnaient un poids énorme à ces tristes paroles de monsieur de Grandville.

— Michu est innocent, je le sais, je le dis, reprit le magistrat; mais que peut-on seul contre tous? Et songez que mon rôle est de me taire aujourd'hui. Je dois faire dresser l'échafaud où mon ancien client sera décapité.

Monsieur de Chargebœuf connaissait assez Laurence pour savoir qu'elle ne consentirait pas à sauver ses cousins aux dépens de Michu. Le marquis essaya donc une dernière tentative. Il avait fait demander une audience au ministre des relations extérieures, pour savoir s'il existait un moyen de salut dans la haute diplomatie. Il prit avec lui Bordin qui connaissait le ministre et lui avait rendu quelques services. Les deux vieillards trouvèrent Talleyrand absorbé dans la contemplation de son feu, les pieds en avant, la tête appuyée sur sa main, le coude sur la table, le journal à terre. Le ministre venait de lire l'arrêt de la cour de cassation.

— Veuillez vous asseoir, monsieur le marquis, dit le ministre et vous, Bordin, ajouta-t-il en lui indiquant une place devant lui : sa table, écrivez :

« Sire,

» Quatre gentilshommes innocents, déclarés coupables par le » jury, viennent de voir leur condamnation confirmée par votre » Cour de cassation.

» Votre Majesté Impériale ne peut plus que leur faire grâce. Ces » gentilshommes ne réclament cette grâce de votre auguste clé-

» mence que pour avoir l'occasion d'utiliser leur mort en combat-
» tant sous vos yeux, et se disent, de Votre Majesté Impériale et
» Royale... avec respect, les... » etc.

— Il n'y a que les princes pour savoir obliger ainsi, dit le marquis de Chargebœuf en prenant des mains de Bordin cette précieuse minute de la pétition à faire signer aux quatre gentilshommes et pour laquelle il se promit d'obtenir d'augustes apostilles.

— La vie de vos parents, monsieur la marquis, dit le ministre, est remise au hasard des batailles; tâchez d'arriver le lendemain d'une victoire, ils seront sauvés !

Il prit la plume, il écrivit lui-même une lettre confidentielle à l'Empereur, une de dix lignes au maréchal Duroc, puis il sonna, demanda à son secrétaire un passe-port diplomatique, et dit tranquillement au vieux procureur : — Quelle est votre opinion sérieuse sur ce procès ?

— Ne savez-vous donc pas, monseigneur, qui nous a si bien entortillés ?

— Je le présume, mais j'ai des raisons pour chercher une certitude, répondit le prince. Retournez à Troyes, amenez-moi la comtesse de Cinq-Cygne, demain, ici, à pareille heure, mais secrètement, passez chez madame de Talleyrand que je préviendrai de votre visite. Si mademoiselle de Cinq-Cygne, qui sera placée de manière à voir l'homme que j'aurai debout devant moi, le reconnaît pour être venu chez elle dans le temps de la conspiration de messieurs de Polignac et de Rivière, quoi que je dise, quoi qu'il réponde, pas un geste, pas un mot ! Ne pensez d'ailleurs qu'à sauver messieurs de Simeuse, n'allez pas vous embarrasser de votre mauvais drôle de garde-chasse.

— Un homme sublime, monseigneur ! s'écria Bordin.

— De l'enthousiasme ! et chez vous, Bordin ! cet homme est alors quelque chose. Notre souverain a prodigieusement d'amour-propre, monsieur le marquis, dit-il en changeant de conversation, il va me congédier pour pouvoir faire des folies sans contradiction. C'est un grand soldat qui sait changer les lois de l'espace et du temps; mais il ne saurait changer les hommes, et il voudrait les fondre à son usage. Maintenant, n'oubliez pas que la grâce de vos parents ne sera obtenue que par une seule personne... par mademoiselle de Cinq-Cygne.

Le marquis partit seul pour Troyes, et dit à Laurence l'état des choses. Laurence obtint du Procureur impérial la permission de voir Michu, et le marquis l'accompagna jusqu'à la porte de la prison, où il l'attendit. Elle sortit les yeux baignés de larmes.

— Le pauvre homme, dit-elle, a essayé de se mettre à mes genoux pour me prier de ne plus songer à lui, sans penser qu'il avait les fers aux pieds! Ah! marquis, je plaiderai sa cause. Oui, j'irai baiser la botte de leur empereur. Et si j'échoue, eh bien, cet homme vivra, par mes soins, éternellement dans notre famille. Présentez son pourvoi en grâce pour gagner du temps, je veux avoir son portrait. Partons.

Le lendemain, quand le ministre apprit par un signal convenu que Laurence était à son poste, il sonna, son huissier vint et reçut l'ordre de laisser entrer monsieur Corentin.

— Mon cher, vous êtes un habile homme, lui dit Talleyrand, et je veux vous employer.

— Monseigneur...

— Écoutez. En servant Fouché, vous aurez de l'argent et jamais d'honneur ni de position avouable; mais en me servant toujours comme vous venez de le faire à Berlin, vous aurez de la considération.

— Monseigneur est bien bon...

— Vous avez déployé du génie dans votre dernière affaire à Gondreville...

— De quoi monseigneur parle-t-il? dit Corentin en prenant un air ni trop froid, ni trop surpris.

— Monsieur, répondit sèchement le ministre, vous n'arriverez à rien, vous craignez...

— Quoi, monseigneur?

— La mort! dit le ministre de sa belle voix profonde et creuse. Adieu, mon cher.

— C'est lui, dit le marquis de Chargebœuf en entrant; nous avons failli tuer la comtesse, elle étouffe!

— Il n'y a que lui capable de jouer de pareils tours, répondit le ministre. Monsieur, vous êtes en danger de ne pas réussir, reprit le prince. Prenez ostensiblement la route de Strasbourg, je vais vous envoyer en blanc de doubles passe-ports. Ayez des Sosies, changez de route habilement et surtout de voiture, laissez arrêter à Strasbourg vos Sosies à votre place, gagnez la Prusse par la Suisse et par la Bavière. Pas un mot et de la prudence. Vous avez la Police contre vous, et vous ne savez pas ce que c'est que la Police !...

Mademoiselle de Cinq-Cygne offrit à Robert Lefebvre une somme suffisante pour le déterminer à venir à Troyes faire le portrait de Michu, et monsieur de Grandville promit à ce peintre, alors célèbre, toutes les facilités possibles. Monsieur de Chargebœuf partit dans son vieux berlingot avec Laurence et avec un domestique qui parlait allemand. Mais, vers Nancy, il rejoignit Gothard et mademoiselle Goujet qui les avaient précédés dans une excellente calèche, il leur prit cette calèche et leur donna le berlingot. Le ministre avait raison. A Strasbourg, le Commissaire général de police refusa de viser le passe-port des voyageurs, en leur opposant des ordres absolus. En ce moment même, le marquis et Laurence sortaient de France par Besançon avec les passe-ports diplomatiques. Laurence traversa la Suisse dans les premiers jours du mois d'octobre, sans accorder la moindre attention à ces magnifiques pays. Elle était au fond de la calèche dans l'engourdissement où tombe le criminel quand il sait l'heure de son supplice. Toute la nature se couvre alors d'une vapeur bouillante, et les choses les plus vulgaires prennent une tournure fantastique. Cette pensée : « — Si je ne réussis pas, ils se tuent, » retombait sur son âme comme, dans le supplice de la roue, tombait jadis la barre du bourreau sur les membres du patient. Elle se sentait de plus en plus brisée, elle perdait toute son énergie dans l'attente du cruel moment, décisif et rapide, où elle se trouverait face à face avec l'homme de qui dépendait le sort des quatre gentilshommes. Elle avait pris le parti de se laisser aller à son affaissement pour ne pas dépenser inutilement son énergie. Incapable de comprendre ce calcul des âmes fortes et qui se traduit diversement à l'extérieur, car dans ces attentes suprêmes certains esprits supérieurs s'abandonnent à une gaieté surprenante, le marquis avait peur de ne pas amener Laurence vivante jusqu'à cette rencontre solennelle seulement pour eux, mais qui certes dépassait les proportions ordinaires de la vie privée. Pour Laurence, s'humilier devant cet homme objet de sa haine et de son mépris, emportait la mort de tous ses sentiments généreux.

— Après cela, dit-elle, la Laurence qui survivra ne ressemblera plus à celle qui va périr.

Néanmoins il fut bien difficile aux deux voyageurs de ne pas apercevoir l'immense mouvement d'hommes et de choses dans lequel ils entrèrent, une fois en Prusse. La campagne d'Iéna était commencée. Laurence et le marquis voyaient les magnifiques divisions de l'armée française s'allongeant et paradant comme aux Tuileries. Dans ces déploiements de la splendeur militaire, qui ne peuvent se dépeindre qu'avec les mots et les images de la Bible, l'homme qui animait ces masses prit des proportions gigantesques dans l'imagination de Laurence. Bientôt, les mots de victoire retentirent à son oreille. Les armées impériales venaient de remporter deux avantages signalés. Le prince de Prusse avait été tué la veille du jour où les deux voyageurs arrivèrent à Saalfeld, tâchant de rejoindre Napoléon qui allait avec la rapidité de la foudre. Enfin, le treize octobre, date de mauvais augure, mademoiselle de Cinq-Cygne longeait une rivière au milieu des corps de la Grande-Armée, ne voyant que confusion, renvoyée d'un village à l'autre et de division en division, épouvantée de se voir seule avec un vieillard, ballottée dans un océan de cent cinquante mille hommes, qui en visaient cent cinquante mille autres. Fatiguée de toujours apercevoir cette rivière par-dessus les haies d'un chemin boueux qu'elle suivait sur une colline, elle en demanda le nom à un soldat.

— C'est la Saale, dit-il en lui montrant l'armée prussienne groupée par grandes masses de l'autre côté de ce cours d'eau.

La nuit venait, Laurence voyait s'allumer des feux et briller des armes. Le vieux marquis, dont l'intrépidité fut chevaleresque, conduisait lui-même, à côté de son nouveau domestique, deux bons chevaux achetés la veille. Le vieillard savait bien qu'il ne trouverait ni postillons, ni chevaux, en arrivant sur un champ de bataille. Tout à coup l'audacieuse calèche, objet de l'étonnement de tous les soldats, fut arrêtée par un gendarme de la gendarmerie de l'armée qui vint à bride abattue sur le marquis en lui criant : — Qui êtes-vous ? où allez-vous ? que demandez-vous ?

— L'Empereur, dit le marquis de Chargebœuf, j'ai une dépêche importante des ministres pour le grand-maréchal Duroc.

— Eh bien ! vous ne pouvez pas rester là, dit le gendarme.

Mademoiselle de Cinq-Cygne et le marquis furent d'autant plus obligés de rester là que le jour allait cesser.

— Où sommes-nous ? dit mademoiselle de Cinq-Cygne en arrêtant deux officiers qu'elle vit venir et dont l'uniforme était caché par des surtouts de drap.

— Vous êtes en avant de l'avant-garde de l'armée française, madame, lui répondit un des deux officiers. Vous ne pouvez même rester ici, car si l'ennemi faisait un mouvement et que l'artillerie jouât, vous seriez entre deux feux.

— Ah! dit-elle d'un air indifférent.

Sur ce *ah!* l'autre officier dit : — Comment cette femme se trouve-t-elle là?

— Nous attendons, répondit-elle, un gendarme qui est allé prévenir monsieur Duroc, en qui nous trouverons un protecteur pour pouvoir parler à l'Empereur.

— Parler à l'Empereur?... dit le premier officier. Y pensez-vous? à la veille d'une bataille décisive.

— Ah! vous avez raison, dit-elle, je ne dois lui parler qu'après-demain, la victoire le rendra doux.

Les deux officiers allèrent se placer à vingt pas de distance, sur leurs chevaux immobiles. La calèche fut alors entourée par un escadron de généraux, de maréchaux, d'officiers, tous extrêmement brillants, et qui respectèrent la voiture, précisément parce qu'elle était là.

— Mon Dieu! dit le marquis à mademoiselle de Cinq-Cygne, j'ai peur que nous n'ayons parlé à l'Empereur.

— L'Empereur, dit un colonel-général, mais le voilà!

Laurence aperçut alors à quelques pas, en avant et seul, celui qui s'était écrié : « Comment cette femme se trouve-t-elle là? » L'un des deux officiers, l'Empereur enfin, vêtu de sa célèbre redingote mise par-dessus un uniforme vert, était sur un cheval blanc richement caparaçonné. Il examinait, avec une lorgnette, l'armée prussienne au delà de la Saale. Laurence comprit alors pourquoi la calèche restait là, et pourquoi l'escorte de l'Empereur la respectait. Elle fut saisie d'un mouvement convulsif, l'heure était arrivée. Elle entendit alors le bruit sourd de plusieurs masses d'hommes et de leurs armes s'établissant au pas accéléré sur ce plateau. Les batteries semblaient avoir un langage, les caissons retentissaient et l'airain pétillait.

— Le maréchal Lannes prendra position avec tout son corps en avant, le maréchal Lefebvre et la Garde occuperont ce sommet, dit l'autre officier qui était le major-général Berthier.

L'empereur descendit. Au premier mouvement qu'il fit, on s'empressa de venir tenir son cheval. Laurence était stupide d'étonnement, elle ne croyait pas à tant de simplicité.

— Je passerai la nuit sur ce plateau, dit l'Empereur.

En ce moment le grand-maréchal Duroc, que le gendarme avait enfin trouvé, vint au marquis de Chargebœuf et lui demanda la raison de son arrivée; le marquis lui répondit qu'une lettre écrite par le ministre des relations extérieures lui dirait combien il était urgent qu'ils obtinssent, mademoiselle de Cinq-Cygne et lui, une audience de l'Empereur.

— Sa Majesté va dîner sans doute à son bivouac, dit Duroc en prenant la lettre, et quand j'aurai vu ce dont il s'agit, je vous ferai savoir si cela se peut. — Brigadier, dit-il au gendarme, accompagnez cette voiture et menez-la près de la cabane en arrière.

Monsieur de Chargebœuf suivit le gendarme, et arrêta sa voiture derrière une misérable chaumière bâtie de bois et de terre, entourée de quelques arbres fruitiers, et gardée par des piquets d'infanterie et de cavalerie. On peut dire que la majesté de la guerre éclatait là dans toute sa splendeur. De ce sommet, les lignes des deux armées se voyaient éclairées par la lune. Après une heure d'attente, remplie par le mouvement perpétuel d'aides-de-camp partant et revenant, Duroc vint chercher mademoiselle de Cinq-Cygne et le marquis de Chargebœuf; il les fit entrer dans la chaumière, dont le plancher était de terre battue comme les aires de grange. Devant une table desservie et devant un feu de bois vert qui fumait, Napoléon était assis sur une chaise grossière. Ses bottes, pleines de boue, attestaient ses courses à travers champs. Il avait ôté sa fameuse redingote; son célèbre uniforme vert, traversé par son grand cordon rouge, rehaussé par le dessous blanc de sa culotte de casimir et de son gilet, faisait admirablement bien valoir sa figure césarienne et terrible. Il avait la main sur une carte dépliée, placée sur ses genoux. Berthier se tenait debout dans son brillant costume de vice-connétable de l'Empire. Constant, le valet de chambre, présentait à l'Empereur son café sur un plateau.

— Que voulez-vous? dit-il avec une feinte brusquerie en traversant par le rayon de son regard la tête de Laurence. Vous ne craignez donc plus de me parler avant la bataille? De quoi s'agit-il?

— Sire, dit-elle en le regardant d'un œil non moins fixe, je suis mademoiselle de Cinq-Cygne.

— Hé bien? répondit-il d'une voix colère en se croyant bravé par ce regard.

— Ne comprenez-vous donc pas? je suis la comtesse de Cinq-Cygne, et je vous demande grâce, dit-elle en tombant à genoux et lui tendant le placet rédigé par Talleyrand, apostillé par l'Impératrice, par Cambacérès et par Malin.

L'Empereur releva gracieusement la suppliante en lui jetant un regard fin et lui dit : — Serez-vous sage enfin? Comprenez-vous ce que doit être l'Empire français?...

— Ah! je ne comprends en ce moment que l'Empereur, dit-elle vaincue par la bonhomie avec laquelle l'homme du destin avait dit ces paroles qui faisaient pressentir la grâce.

— Sont-ils innocents? demanda l'Empereur.

— Tous, dit-elle avec enthousiasme.

— Tous? Non, le garde-chasse est un homme dangereux qui tuerait mon sénateur sans prendre votre avis...

— Oh! Sire, dit-elle, si vous aviez un ami qui se fût dévoué pour vous, l'abandonneriez-vous? ne vous...

— Vous êtes une femme, dit-il avec une teinte de raillerie.

— Et vous un homme de fer! lui dit-elle avec une dureté qui lui plut.

— Cet homme a été condamné par la justice du pays, reprit-il.

— Mais il est innocent.

— Enfant!... dit-il. Il sortit, prit mademoiselle de Cinq-Cygne par la main et l'emmena sur le plateau. — Voici, dit-il avec son éloquence à lui qui changeait les lâches en braves, voici trois cent mille hommes, ils sont innocents, eux aussi! Eh bien, demain, trente mille hommes seront morts, morts pour leur pays! Il y a chez les Prussiens, peut-être, un grand mécanicien, un idéologue, un génie qui sera moissonné. De notre côté, nous perdrons certainement des grands hommes inconnus. Enfin, peut-être verrai-je mourir mon meilleur ami! Accuserai-je Dieu? Non. Je me tairai. Sachez, mademoiselle, qu'on doit mourir pour les lois de son pays, comme on meurt ici pour sa gloire, ajouta-t-il en la ramenant dans la cabane.

— Allez, retournez en France, dit-il en regardant le marquis, mes ordres vous y suivront.

Laurence crut à une commutation de peine pour Michu, et, dans l'effusion de sa reconnaissance, elle plia le genou et baisa la main de l'Empereur.

— Vous êtes monsieur de Chargebœuf? dit alors Napoléon en avisant le marquis.

— Oui, Sire.

— Vous avez des enfants?

— Beaucoup d'enfants.

— Pourquoi ne me donneriez-vous pas un de vos petits-fils? il serait un de mes pages...

— Ah! voilà le sous-lieutenant qui perce, pensa Laurence, il veut être payé de sa grâce.

Le marquis s'inclina sans répondre. Heureusement le général Rapp se précipita dans la cabane.

— Sire, la cavalerie de la garde et celle du grand-duc de Berg ne pourront pas rejoindre demain avant midi.

— N'importe, dit Napoléon en se tournant vers Berthier, il est des heures de grâce pour nous aussi, sachons en profiter.

Sur un signe de main, le marquis et Laurence se retirèrent et montèrent en voiture; le brigadier les mit dans leur route et les conduisit jusqu'à un village où ils passèrent la nuit. Le lendemain, tous deux ils s'éloignèrent du champ de bataille au bruit de huit cents pièces de canon qui grondèrent pendant dix heures, et ils apprirent l'étonnante victoire d'Iéna. Huit jours après, ils entraient dans les faubourgs de Troyes. Un ordre du Grand-Juge, transmis au procureur impérial près le Tribunal de première instance de Troyes, ordonnait la mise en liberté sous caution des gentilshommes en attendant la décision de l'Empereur et Roi ; mais en même temps, l'ordre pour l'exécution de Michu fut expédié par le Parquet. Ces ordres étaient arrivés le matin même. Laurence se rendit alors à la prison, sur les deux heures, en habit de voyage. Elle obtint de rester auprès de Michu, à qui l'on faisait la triste cérémonie, appelée la toilette; le bon abbé Goujet, qui avait demandé à l'accompagner jusqu'à l'échafaud, venait de donner l'absolution à cet homme qui se désolait de mourir dans l'incertitude sur le sort de ses maîtres; aussi quand Laurence se montra poussa-t-il un cri de joie.

— Je puis mourir, dit-il.

— Ils sont graciés, je ne sais à quelles conditions, répondit-elle; mais ils le sont, et j'ai tout tenté pour toi, mon ami, malgré leur avis. Je croyais t'avoir sauvé, mais l'Empereur m'a trompée par gracieuseté de souverain.

— Il était écrit là-haut, dit Michu, que le chien de garde devait être tué à la même place que ses vieux maîtres !

La dernière heure se passa rapidement. Michu, au moment de partir, n'osait demander d'autre faveur que de baiser la main de mademoiselle de Cinq-Cygne, mais elle lui tendit ses joues et se laissa saintement embrasser par cette noble victime. Michu refusa de monter en charrette.

— Les innocents doivent aller à pied ! dit-il.

Il ne voulut pas que l'abbé Goujet lui donnât le bras, il marcha dignement et résolûment jusqu'à l'échafaud. Au moment de se coucher sur la planche, il dit à l'exécuteur, en le priant de rabattre sa redingote qui lui montait sur le cou : — Mon habit vous appartient, tâchez de ne pas l'entamer.

A peine les quatre gentilshommes eurent-ils le temps de voir mademoiselle de Cinq-Cygne. Un planton du général commandant la Division militaire leur apporta des brevets de sous-lieutenants dans le même régiment de cavalerie, avec l'ordre de rejoindre aussitôt à Bayonne le dépôt de leur corps. Après des adieux déchirants, car ils eurent tous un pressentiment de l'avenir, mademoiselle de Cinq-Cygne rentra dans son château désert.

Les deux frères moururent ensemble sous les yeux de l'Empereur, à Sommo-Sierra, l'un défendant l'autre, tous deux déjà chefs d'escadron. Leur dernier mot fut : — Laurence, *cy meurs !*

L'aîné des d'Hauteserre mourut colonel à l'attaque de la redoute de la Moscowa, où son frère prit sa place.

Adrien, nommé général de brigade à la bataille de Dresde, y fut grièvement blessé et put revenir se faire soigner à Cinq-Cygne. En essayant de sauver ce débris des quatre gentilshommes qu'elle avait vus un moment autour d'elle, la comtesse, alors âgée de trente-deux ans, l'épousa ; mais elle lui offrit un cœur flétri qu'il accepta : les gens qui aiment ne doutent de rien, ou doutent de tout.

La Restauration trouva Laurence sans enthousiasme, les Bourbons venaient trop tard pour elle ; néanmoins, elle n'eut pas à se plaindre : son mari, nommé pair de France avec le titre de marquis de Cinq-Cygne, devint lieutenant général en 1816, et fut récompensé par le cordon bleu des éminents services qu'il rendit alors.

Le fils de Michu, de qui Laurence prit soin comme de son propre enfant, fut reçu avocat en 1816. Après avoir exercé pendant deux ans sa profession, il fut nommé juge suppléant au tribunal d'Alen çon, et de là passa procureur du roi au tribunal d'Arcis en 1827. Laurence, qui avait surveillé l'emploi des capitaux de Michu, remit à ce jeune homme une inscription de douze mille livres de rentes le jour de sa majorité ; plus tard, elle lui fit épouser la riche mademoiselle Girel de Troyes. Le marquis de Cinq-Cygne mourut en 1829 entre les bras de Laurence, de son père, de sa mère et de ses enfants qui l'adoraient. Lors de sa mort, personne n'avait encore pénétré le secret de l'enlèvement du sénateur. Louis XVIII ne se refusa point à réparer les malheurs de cette affaire ; mais il fut muet sur les causes de ce désastre avec la marquise de Cinq-Cygne, qui le crut alors complice de la catastrophe.

CONCLUSION.

Le feu marquis de Cinq-Cygne avait employé ses épargnes, ainsi que celles de son père et de sa mère, à l'acquisition d'un magnifique hôtel situé rue du Faubourg du Roule, et compris dans le majorat considérable institué pour l'entretien de sa pairie. La sordide économie du marquis et de ses parents, qui souvent affligeait Laurence, fut alors expliquée. Aussi, depuis cette acquisition, la marquise, qui vivait à sa terre en y thésaurisant pour ses enfants, passa-t-elle d'autant plus volontiers ses hivers à Paris, que sa fille Berthe et son fils Paul atteignaient à un âge où leur éducation exigeait les ressources de Paris. Madame de Cinq-Cygne alla peu dans le monde. Son mari ne pouvait ignorer les regrets qui habitaient le cœur de cette femme ; mais il déploya pour elle les délicatesses les plus ingénieuses, et mourut n'ayant aimé qu'elle au monde. Ce noble cœur, méconnu pendant quelque temps, mais à qui la généreuse fille des Cinq-Cygne rendit dans les dernières années autant d'amour qu'elle en recevait, ce mari fut enfin complétement heureux. Laurence vivait surtout par les joies de sa famille. Nulle femme de Paris ne fut plus chérie de ses amis, ni plus respectée. Aller chez elle est un honneur. Douce, indulgente, spirituelle, simple surtout, elle plaît aux âmes d'élite, elle les attire, malgré son attitude empreinte de douleur ; mais chacun semble protéger cette femme si forte, et ce sentiment de protection secrète explique peut-être l'attrait de son amitié. Sa vie, si douloureuse pendant sa jeunesse, est belle et sereine vers le soir. On connaît ses souffrances. Personne n'a jamais demandé quel est l'original du portrait de Robert Lefebvre, qui depuis la mort du garde est le principal et funèbre ornement du salon. La physionomie de Laurence a la maturité des fruits venus difficilement. Une sorte de fierté religieuse orne aujourd'hui ce front éprouvé. Au moment où la marquise vint tenir maison, sa fortune, augmentée par la loi sur les indemnités, allait à deux cent mille livres de rentes, sans compter les traitements de son mari. Laurence avait hérité des onze cent mille francs laissés par les Simeuse. Dès lors, elle dépensa cent mille francs par an, et mit de côté le reste pour faire la dot de Berthe.

Berthe est le portrait vivant de sa mère, mais sans audace guerrière ; c'est sa mère fine, spirituelle : — « et plus femme, » dit Laurence avec mélancolie. La marquise ne voulait pas marier sa fille avant qu'elle eût vingt ans. Les économies de la famille sagement administrées par le vieux d'Hauteserre, et placées dans les fond au moment où les rentes tombèrent en 1830, formaient une do d'environ quatre-vingt mille francs de rentes à Berthe, qui, en 1833, eut vingt ans.

Vers ce temps, la princesse de Cadignan, qui voulait marier son fils, le duc de Maufrigneuse, avait depuis quelques mois lié son fils avec la marquise de Cinq-Cygne. Georges de Maufrigneuse dînait trois fois par semaine chez la marquise, il accompagnait la mère et la fille aux Italiens, il caracolait au Bois autour de leur calèche quand elles s'y promenaient. Il fut alors évident pour le monde du faubourg Saint-Germain que Georges aimait Berthe. Seulement personne ne pouvait savoir si madame de Cinq-Cygne avait le désir de faire sa fille duchesse en attendant qu'elle devînt princesse ; ou si la princesse désirait pour son fils une si belle dot, si la célèbre Diane allait au-devant de la noblesse de province, ou si la noblesse de province était effrayée de la célébrité de madame de Cadignan, de ses goûts et de sa vie ruineuse. Dans le désir de ne point nuire à son fils, la princesse, devenue dévote, avait muré sa vie intime, et passait la belle saison à Genève dans une villa.

Un soir, madame la princesse de Cadignan avait chez elle la marquise d'Espard, et de Marsay, le Président du Conseil. Elle vit ce soir-là cet ancien amant pour la dernière fois ; car il mourut l'année suivante. Rastignac, sous-secrétaire d'État attaché au ministère de Marsay, deux ambassadeurs, deux orateurs célèbres restés à la Chambre des Pairs, les vieux ducs de Lenoncourt et de Navarreins, le comte de Vandenesse et sa jeune femme, d'Arthez s'y trouvaient et formaient un cercle assez bizarre dont la composition s'expliquera facilement : il s'agissait d'obtenir du premier ministre un laissez-passer pour le prince de Cadignan. De Marsay, qui ne voulait pas prendre sur lui cette responsabilité, venait dire à la princesse que l'affaire était entre bonnes mains. Un vieil homme politique devait leur apporter une solution pendant la soirée. On annonça la marquise et mademoiselle de Cinq-Cygne. Laurence, dont les principes étaient intraitables, fut non pas surprise, mais choquée, de voir les représentants les plus illustres de la légitimité, dans l'une et l'autre Chambre, causant avec le premier ministre de celui qu'elle n'appelait jamais que monseigneur le duc d'Orléans, l'écoutant et riant avec lui. De Marsay, comme les lampes près de s'éteindre, brillait d'un dernier éclat. Il oubliait là, volontiers, les soucis de la politique. La marquise de Cinq-Cygne accepta de Marsay, comme on dit que la cour d'Autriche acceptait alors monsieur de Saint-Aulaire : l'homme du monde fit passer le ministre. Mais elle se dressa comme si son siége eût été de fer rougi, quand elle entendit annoncer monsieur le comte de Gondreville.

— Adieu, madame, dit-elle à la princesse d'un ton sec.

Elle sortit avec Berthe en calculant la direction de ses pas de manière à ne pas rencontrer cet homme fatal.

— Vous avez peut-être fait manquer le mariage de Georges, dit à voix basse la princesse à de Marsay.

L'ancien clerc venu d'Arcis, l'ancien Représentant du Peuple, l'ancien Thermidorien, l'ancien Tribun, l'ancien Conseiller d'Etat, l'ancien comte de l'Empire et Sénateur, l'ancien Pair de Louis XVIII, le nouveau Pair de juillet, fit une révérence servile à la belle princesse de Cadignan.

— Ne tremblez plus, belle dame, nous ne faisons pas la guerre aux princes, dit-il en s'asseyant auprès d'elle.

Malin avait eu l'estime de Louis XVIII, à qui sa vieille expérience ne fut pas inutile. Il avait aidé beaucoup à renverser Decazes, et conseillé fortement le ministère Villèle. Reçu froidement par Charles X, il avait épousé les rancunes de Talleyrand. Il était alors en grande faveur sous le douzième gouvernement qu'il a l'avantage de servir depuis 1789, et qu'il desservira sans doute; mais depuis quinze mois, il avait rompu l'amitié qui, pendant trente-six ans, l'avait uni au plus célèbre de nos diplomates. Ce fut dans cette soirée qu'en parlant de ce grand diplomate il dit ce mot : —

» Savez-vous la raison de son hostilité contre le duc de Bordeaux?... le Prétendant est trop jeune... »

— Vous donnez là, lui répondit Rastignac, un singulier conseil aux jeunes gens.

De Marsay, devenu très songeur depuis le mot de la princesse, ne releva pas ces plaisanteries; il regardait sournoisement Gondreville, et attendait évidemment pour parler que le vieillard, qui se couchait de bonne heure, fût parti. Tous ceux qui étaient là, témoins de la sortie de madame de Cinq-Cygne, dont les raisons étaient connues, imitèrent le silence de de Marsay. Gondreville, qui n'avait pas reconnu la marquise, ignorait les motifs de cette réserve générale; mais l'habitude des affaires, les mœurs politiques, lui avaient donné du tact, il était homme d'esprit d'ailleurs: il crut que sa présence gênait, il partit. De Marsay, debout à la cheminée, contempla, de façon à laisser deviner de graves pensées, ce vieillard de soixante-dix ans qui s'en allait lentement.

— J'ai eu tort, madame, de ne pas vous avoir nommé mon négociateur, dit enfin le premier ministre en entendant le roulement de la voiture. Mais je vais racheter ma faute et vous donner les moyens de faire votre paix avec les Cinq-Cygne. Voici plus de trente ans que la chose a eu lieu; c'est aussi vieux que la mort d'Henri IV, qui certes, entre nous, malgré le proverbe, est bien l'histoire la moins connue, comme beaucoup d'autres catastrophes historiques. Je vous jure, d'ailleurs, que si cette affaire ne concernait pas la marquise, elle n'en serait pas moins curieuse. Enfin, elle éclaircit un fameux passage de nos annales modernes, celui du mont Saint-Bernard. Messieurs les ambassadeurs y verront que, sous le rapport de la profondeur, nos hommes politiques d'aujourd'hui sont bien loin des Machiavels que les flots populaires ont élevés, en 1793, au-dessus des tempêtes, et dont quelques-uns ont *trouvé*, comme dit la romance, *un port*. Pour être aujourd'hui quelque chose en France, il faut avoir roulé dans les ouragans de ce temps-là.

— Mais il me semble, dit en souriant la princesse, que, sous ce rapport, votre état de choses n'a rien à désirer...

Un rire de bonne compagnie se joua sur toutes les lèvres, et de Marsay ne put s'empêcher de sourire. Les ambassadeurs parurent impatients, de Marsay fut pris par une quinte, et l'on fit silence.

— Par une nuit de juin 1800, dit le premier ministre vers trois heures du matin, au moment où le jour faisait pâlir les bougies, deux hommes las de jouer à la bouillotte, ou qui n'y jouaient que pour occuper les autres, quittèrent le salon de l'hôtel des Relations Extérieures, alors situé rue du Bac, et allèrent dans un boudoir. Ces deux hommes, dont un est mort, et dont l'autre a un pied dans la tombe, sont, chacun dans leur genre, aussi extraordinair l'un que l'autre. Tous deux ont été prêtres et tous deux ont a juré; tous deux se sont mariés. L'un avait été simple oratorien l'autre avait porté la mitre épiscopale. Le premier s'appelait Fou ché, je ne vous dis pas le nom du second; mais tous deux étaient alors de simples citoyens français, très peu simples. Quand on les vit allant dans le boudoir, les personnes qui se trouvaient encore là manifestèrent un peu de curiosité. Un troisième personnage les suivit. Quant à celui-là, qui se croyait beaucoup plus fort que les deux premiers, il avait nom Sieyès, et vous savez tous qu'il appartenait également à l'Église avant la Révolution. Celui qui marchait difficilement se trouvait alors ministre des Relations Extérieures, Fouché était ministre de la Police générale. Sieyès avait abdiqué le consulat. Un petit homme, froid et sévère, quitta sa place et rejoignit ces trois hommes en disant à haute voix, devant quelqu'un de qui je tiens le mot : « Je crains le brelan des prêtres. » Il était ministre de la guerre. Le mot de Carnot n'inquiéta point les deux consuls qui jouaient dans le salon. Cambacérès et Lebrun étaient alors à la merci de leurs ministres, infiniment plus forts qu'eux. Presque tous ces hommes d'État sont morts, on ne leur doit plus rien : ils appartiennent à l'histoire, et l'histoire de cette nuit a été terrible; je vous la dis, parce que moi seul la sais, parce que Louis XVIII ne l'a pas dite à la pauvre madame de Cinq-Cygne, et qu'il est indifférent au gouvernement actuel qu'elle le sache. Tous quatre, ils s'assirent. Le boiteux dut fermer la porte avant qu'on prononçât un mot, il poussa même, dit-on, un verrou. Il n'y a que les gens bien élevés qui aient de ces petites attentions. Les trois prêtres avaient les figures blêmes et impassibles que vous leur vez connues. Carnot seul offrait un visage coloré. Aussi le militaire parla-t-il le premier. — De quoi s'agit-il ? — De la France, dut dire le Prince, que j'admire comme un des hommes les plus extraordinaires de notre temps. — De la république, a certainement it Fouché. — Du pouvoir, a dit probablement Sieyès.

Tous les assistants se regardèrent. De Marsay, avait, de la voix,

du regard et du geste, admirablement peint les trois hommes.
— Les trois prêtres s'entendirent à merveille, reprit-il. Carnot regarda sans doute ses collègues et l'ex-consul d'un air assez digne. Je crois qu'il a dû se trouver abasourdi en dedans. — Croyez-vous au succès? lui demanda Sieyès. — On peut tout attendre de Bonaparte, répondit le ministre de la guerre, il a passé les Alpes heureusement. — En ce moment, dit le diplomate avec une lenteur calculée, il joue son tout. Enfin, tranchons le mot, dit Fouché, que ferons-nous, si le premier Consul est vaincu? Est-il possible de refaire une armée? Resterons-nous ses humbles serviteurs? — Il n'y a plus de république en ce moment, fit observer Sieyès, il est consul pour dix ans. — Il a plus de pouvoir que n'en avait Cromwell, ajouta l'évêque, et n'a pas voté la mort du roi. — Nous avons un maître, dit Fouché, le conserverons-nous s'il perd la bataille, ou reviendrons-nous à la république pure? — La France, répliqua sentencieusement Carnot, ne pourra résister qu'en revenant à l'énergie conventionnelle. — Je suis de l'avis de Carnot, dit Sieyès. Si Bonaparte revient défait, il faut l'achever; il nous en a trop dit depuis sept mois! — Il a l'Armée, reprit Carnot d'un air penseur.
— Nous aurons le peuple! s'écria Fouché. — Vous êtes prompt, monsieur! répliqua le grand seigneur de cette voix de basse-taille qu'il a conservée et qui fit rentrer l'oratorien en lui-même. — Soyez franc, dit un ancien conventionnel en montrant sa tête, si Bonaparte est vainqueur, nous l'adorerons; vaincu, nous l'enterrerons! — Vous étiez là, Malin, reprit le maître de la maison sans s'émouvoir; vous serez des nôtres. Et il lui fit signe de s'asseoir. Ce fut à cette circonstance que ce personnage, conventionnel assez obscur, dut d'être ce que nous venons de voir qu'il est encore en ce moment. Malin fut discret; et les deux ministres lui furent fidèles; mais il fut aussi le pivot de la machine et l'âme de la machination. — Cet homme n'a point encore été vaincu! s'écria Carnot avec un accent de conviction, et il vient de surpasser Annibal. — En cas de malheur, voici le Directoire, reprit très finement Sieyès en faisant remarquer à chacun qu'ils étaient cinq. — Et, dit le ministre des Affaires Étrangères, nous sommes tous intéressés au maintien de la révolution française, nous avons tous trois jeté le froc aux orties; le général a voté la mort du Roi. Quant à vous, dit-il à Malin, vous avez des biens d'émigré. — Nous avons tous les mêmes intérêts, dit péremptoirement Sieyès, et nos intérêts

sont d'accord avec celui de la patrie. — Chose rare, dit le diplomate en souriant. — Il faut agir, ajouta Fouché; la bataille se livre, et Mélas a des forces supérieures. Gênes est rendue, et Masséna a commis la faute de s'embarquer pour Antibes; il n'est donc pas certain qu'il puisse rejoindre Bonaparte, qui restera réduit à ses seules ressources. — Qui vous a dit cette nouvelle? demanda Carnot. — Elle est sûre, répondit Fouché. Vous aurez le courrier à l'heure de la Bourse.

— Ceux-là n'y faisaient point de façons, dit de Marsay en souriant et s'arrêtant un moment. — Or, ce n'est pas quand la nouvelle du désastre viendra, dit toujours Fouché, que nous pourrons organiser les clubs, réveiller le patriotisme et changer la constitution. Notre dix-huit Brumaire doit être prêt. — Laissons-le faire au ministre de la police, dit le diplomate, et défions-nous de Lucien. (Lucien Bonaparte était alors ministre de l'intérieur.) Je l'arrêterai bien, dit Fouché. — Messieurs, s'écria Sieyès, notre Directoire ne sera plus soumis à des mutations anarchiques. Nous organiserons un pouvoir oligarchique, un sénat à vie, une chambre élective qui sera dans nos mains; car sachons profiter des fautes du passé. — Avec ce système, j'aurai la paix, dit l'évêque. — Trouvez-moi un homme sûr pour correspondre avec Moreau, car l'Armée d'Allemagne deviendra notre seule ressource! s'écria Carnot qui était resté plongé dans une profonde méditation.

— En effet, reprit de Marsay après une pause, ces hommes avaient raison, messieurs! Ils ont été grands dans cette crise et j'eusse fait comme eux.

— Messieurs, s'écria Sieyès d'un ton grave et solennel, dit de Marsay en reprenant son récit. — Ce mot : Messieurs! fut parfaitement compris : tous les regards exprimèrent une même foi, la même promesse, celle d'un silence absolu, d'une solidarité complète au cas où Bonaparte reviendrait triomphant. — Nous savons tous ce que nous avons à faire, ajouta Fouché. Sieyès avait tout doucement dégagé le verrou, son oreille de prêtre l'avait bien servi. Lucien entra. — Bonne nouvelle, messieurs! un courrier apporte à madame Bonaparte un mot du premier Consul : il a débuté par une victoire à Montebello. Les trois ministres se regardèrent. — Est-ce une bataille générale? demanda Carnot. — Non, un combat où Lannes s'est couvert de gloire. L'affaire a été sanglante. Attaqué avec dix mille hommes par dix-huit mille, il a été sauvé par une division envoyée à son secours. Ott est en fuite. Enfin la ligne d'opérations de Mélas est coupée. — De quand le combat? demanda Carnot. — Le huit, dit Lucien. — Nous sommes le treize, reprit le savant ministre ; eh bien, selon toute apparence, les destinées de la France se jouent au moment où nous causons. (En effet, la bataille de Marengo commença le quatorze juin, à l'aube.) — Quatre jours d'attente mortelle ! dit Lucien. — Mortelle ? reprit le ministre des Relations Extérieures froidement et d'un air interrogatif. — Quatre jours, dit Fouché. — Un témoin oculaire m'a certifié que les deux consuls n'apprirent ces détails qu'au moment où les six personnages rentrèrent au salon. Il était alors quatre heures du matin. Fouché partit le premier. Voici ce que fit, avec une infernale et sourde activité, ce génie ténébreux, profond, extraordinaire, peu connu, mais qui avait bien certainement un génie égal à celui de Philippe II, à celui de Tibère et de Borgia. Sa conduite, lors de l'affaire de Walcheren, a été celle d'un militaire consommé, d'un grand politique, d'un administrateur prévoyant. C'est le seul ministre que Napoléon ait eu. Vous savez qu'alors il a épouvanté Napoléon. Fouché, Masséna et le Prince sont les trois plus grands hommes, les plus fortes têtes, comme diplomatie, guerre et gouvernement, que je connaisse ; si Napoléon les avait franchement associés à son œuvre, il n'y aurait plus d'Europe, mais un vaste empire français. Fouché ne s'est détaché de Napoléon qu'en voyant Sieyès et le prince de Talleyrand mis de côté. Dans l'espace de trois jours, Fouché, tout en cachant la main qui remuait les cendres de ce foyer, organisa cette angoisse générale qui pesa sur toute la France et ranima l'énergie républicaine de 1793. Comme il faut éclaircir ce coin obscur de notre histoire, je vous dirai que cette agitation, partie de lui qui tenait tous les fils de l'ancienne Montagne, produisit les complots républicains par lesquels la vie du premier Consul fut menacée après sa victoire de Marengo. Ce fut la conscience qu'il avait du mal dont il était l'auteur qui lui donna la force de signaler à Bonaparte, malgré l'opinion contraire de celui-ci, les républicains comme plus mêlés que les royalistes à ces entreprises. Fouché connaissait admirablement les hommes; il compta sur Sieyès à cause de son ambition trompée, sur monsieur de Talleyrand parce qu'il était un grand seigneur, sur Carnot à cause de sa profonde honnêteté ; mais il redoutait notre homme de ce soir, et voici comment il l'entortilla. Il n'était que Malin dans ce temps-là, Malin, le correspondant de Louis XVIII. Il fut forcé, par le ministre de la Police, de rédiger les proclamations du gouvernement révolutionnaire, ses actes, ses arrêts, la mise hors la loi des factieux du 18 brumaire; et bien plus, ce fut ce complice malgré lui qui les fit imprimer au nombre d'exemplaires nécessaire et qui les tint prêts en ballots dans sa maison. L'imprimeur fut arrêté comme conspirateur, car on fit choix d'un imprimeur révolutionnaire, et la police ne le relâcha que deux mois après. Cet homme est mort en 1816, croyant à une conspiration montagnarde. Une des scènes les plus curieuses jouées par la police de Fouché, est, sans contredit, celle que causa le premier courrier reçu par le plus célèbre banquier de cette époque, et qui annonça la perte de la bataille de Marengo. La fortune, si vous vous le rappelez, ne se déclara pour Napoléon que sur les sept heures du soir. A midi, l'agent envoyé sur le théâtre de la guerre par le roi de la finance d'alors regarda l'armée française comme anéantie et s'empressa de dépêcher un courrier. Le ministre de la Police envoya chercher les afficheurs, les crieurs, et l'un de ses affidés arrivait avec un camion chargé des imprimés, quand le courrier du soir, qui avait fait une excessive diligence, répandit la nouvelle du triomphe qui rendit la France véritablement folle. Il y eut des pertes considérables à la Bourse. Mais le rassemblement des afficheurs et des crieurs qui devaient proclamer la mise hors la loi, la mort politique de Bonaparte, fut tenu en échec et attendit que l'on eût imprimé la proclamation et le placard où la victoire du premier consul était exaltée. Gondreville, sur qui toute la responsabilité du complot pouvait tomber, fut si effrayé, qu'il mit les ballots dans des charrettes et les mena nuitamment à Gondreville, où sans doute il enterra ces sinistres papiers dans les caves du château qu'il avait acheté sous le nom d'un homme... Il l'a fait nommer président d'une cour impériale, il avait nom... Marion! Puis il revint à Paris assez à temps pour complimenter le premier Consul. Napoléon accourut, vous le savez, avec une effrayante célérité d'Italie en France, après la bataille de Marengo; mais il est certain, pour ceux qui connaissent à fond l'histoire secrète de ce temps, que sa promptitude eut pour but un message de Lucien. Le ministre de l'Intérieur avait entrevu l'attitude du parti montagnard, et, sans savoir d'où soufflait le vent, il craignait l'orage. Incapable de soupçonner les trois ministres, il attribuait ce mouvement aux haines excitées par son frère au 18 brumaire et à la ferme croyance où fut alors le reste des hommes de 1793 d'un échec irréparable en Italie. Les mots : Mort au tyran ! criés à Saint-Cloud, retentissaient toujours aux oreilles de Lucien. La bataille de Marengo retint Napoléon sur les champs de la Lombardie jusqu'au 25 juin, il arriva le 2 juillet en France. Or, imaginez les figures des cinq conspirateurs, félicitant aux Tuileries le premier Consul sur sa victoire. Fouché dans le salon même dit au tribun, car ce Malin que vous venez de voir a été un peu tribun, d'attendre encore, et que tout n'était pas fini. En effet, Bonaparte ne semblait pas à monsieur de Talleyrand et à Fouché aussi marié qu'ils l'étaient eux-mêmes à la Révolution, et ils l'y bouclèrent pour leur propre sûreté, par l'affaire du duc d'Enghien. L'exécution du prince tient, par des ramifications saisissables, à ce qui s'était tramé dans l'hôtel des Relations Extérieures pendant la campagne de Marengo. Certes, aujourd'hui pour qui a connu des personnes bien informées, il est clair que Bonaparte fut joué comme un enfant par monsieur de Talleyrand et Fouché, qui voulurent le brouiller irrévocablement avec la maison de Bourbon, dont les ambassadeurs faisaient alors des tentatives auprès du premier Consul.

— Talleyrand faisant son whist chez madame de Luynes, dit alors un des personnages qui écoutaient, à trois heures du matin, tire sa montre, interrompt le jeu et demande tout à coup, sans aucune transition, à ses trois partners, si le prince de Condé avait d'autre enfant que monsieur le duc d'Enghien. Une demande si saugrenue, dans la bouche de monsieur de Talleyrand, causa la plus grande surprise. — Pourquoi nous demandez-vous ce que vous savez si bien ? lui dit-on. — C'est pour vous apprendre que la maison de Condé finit en ce moment. Or, M. de Talleyrand était à l'hôtel de Luynes depuis le commencement de la soirée, et savait sans doute que Bonaparte était dans l'impossibilité de faire grâce.

— Mais, dit Rastignac à de Marsay, je ne vois point dans tout ceci madame de Cinq-Cygne.

— Ah ! vous étiez si jeune, mon cher, que j'oubliais la conclusion ; vous savez l'affaire de l'enlèvement du comte de Gondreville, qui a été la cause de la mort des deux Simeuse et du frère aîné de d'Hauteserre, qui, par son mariage avec mademoiselle de Cinq-Cygne, devint comte et depuis marquis de Cinq-Cygne.

De Marsay, prié par plusieurs personnes à qui cette aventure était inconnue, raconta le procès, en disant que les cinq inconnus étaient des escogriffes de la Police générale de l'Empire, chargés d'anéantir des ballots d'imprimés que le comte de Gondreville était venu précisément brûler en croyant l'Empire affermi. — Je soupçonne Fouché, dit-il, d'y avoir fait chercher en même temps des preuves de la correspondance de Gondreville et de Louis XVIII, avec lequel il s'est toujours entendu, même pendant la Terreur. Mais, dans cette épouvantable affaire, il y a eu de la passion de la part de l'agent principal, qui vit encore, un de ces grands hommes subalternes qu'on ne remplace jamais, et qui s'est fait remarquer par des tours de force étonnants. Il paraît que mademoiselle de Cinq-Cygne l'avait maltraité quand il était venu pour arrêter les Simeuse. Ainsi, madame, vous avez le secret de l'affaire; vous pourrez l'expliquer à la marquise de Cinq-Cygne, et lui faire comprendre pourquoi Louis XVIII a gardé le silence.

Paris, Janvier 1841.

Z. MARCAS.

A MONSEIGNEUR LE COMTE GUILLAUME DE WURTEMBERG,

Comme une marque de la respectueuse gratitude de l'auteur.

DE BALZAC.

Je n'ai jamais vu personne, en comprenant même les hommes remarquables de ce temps, dont l'aspect fût plus saisissant que celui de cet homme ; l'étude de sa physionomie inspirait d'abord un sentiment plein de mélancolie, et finissait par donner une sensation presque douloureuse. Il existait une certaine harmonie entre la personne et le nom. Ce Z qui précédait Marcas, qui se voyait sur l'adresse de ses lettres, et qu'il n'oubliait jamais dans sa signature, cette dernière lettre de l'alphabet offrait à l'esprit je ne sais quoi de fatal.

MARCAS ! Répétez-vous à vous-même ce nom composé de deux syllabes, n'y trouvez-vous pas une sinistre signifiance ? Ne vous semble-t-il pas que l'homme qui le porte doive être martyrisé ? Quoique étrange et sauvage, ce nom a pourtant le droit d'aller à la postérité ; il est bien composé, il se prononce facilement, il a cette brièveté voulue pour les noms célèbres. N'est-il pas aussi doux qu'il est bizarre ? mais aussi ne vous paraît-il pas inachevé ? Je ne voudrais pas prendre sur moi d'affirmer que les noms n'exercent aucune influence sur la destinée. Entre les faits de la vie et le nom des hommes, il est de secrètes et d'inexplicables concordances ou des désaccords visibles qui surprennent ; souvent des corrélations lointaines, mais efficaces, s'y sont révélées. Notre globe est plein, tout s'y tient. Peut-être reviendra-t-on quelque jour aux Sciences Occultes.

Ne voyez-vous pas dans la construction du Z une allure contrariée? ne figure-t-elle pas le zigzag aléatoire et fantasque d'une vie tourmentée? quel vent a soufflé sur cette lettre qui, dans chaque langue où elle est admise, commande à peine à cinquante mots : Marcas s'appelait Zéphirin. Saint Zéphirin est très vénéré en Bretagne. Marcas était Breton.

Examinez encore ce nom : Z. Marcas! Toute la vie de l'homme est dans l'assemblage fantastique de ces sept lettres. Sept! le plus significatif des nombres cabalistiques. L'homme est mort à trente-cinq ans. ainsi sa vie a été composée de sept lustres. Marcas! N'avez-vous pas l'idée de quelque chose de précieux qui se brise par une chute, avec ou sans bruit?

J'achevais mon droit en 1836, à Paris. Je demeurais alors rue Corneille, dans un hôtel entièrement destiné à loger des étudiants, un de ces hôtels où l'escalier tourne au fond, éclairé d'abord par la rue, puis par des jours de souffrance, enfin par un châssis. Il y avait quarante chambres meublées comme se meublent les chambres destinées à des étudiants. Que faut-il à la jeunesse de plus que ce qui s'y trouvait : un lit, quelques chaises, une commode, une glace et une table? Aussitôt que le ciel est bleu, l'étudiant ouvre sa fenêtre. Mais dans cette rue il n'y a point de voisine à courtiser. En face, l'Odéon, fermé depuis longtemps, oppose au regard ses murs qui commencent à noircir, les petites fenêtres de ses loges et son vaste toit d'ardoises. Je n'étais pas assez riche pour avoir une belle chambre, je ne pouvais même pas avoir une chambre. Juste et moi, nous en partagions une à deux lits, située au cinquième étage.

De ce côté de l'escalier, il n'y avait que notre chambre et une autre petite occupée par Z. Marcas, notre voisin. Juste et moi, nous restâmes environ six mois dans une ignorance complète de ce voisinage. Une vieille femme qui gérait l'hôtel nous avait bien dit que la petite chambre était occupée, mais elle avait ajouté que nous ne serions point troublés, la personne étant excessivement tranquille. En effet, pendant six mois, nous ne rencontrâmes point notre voisin et nous n'entendîmes aucun bruit chez lui, malgré le eu d'épaisseur de la cloison qui nous séparait, et qui était une de ces cloisons faites de lattes et enduites de plâtre, si communes dans les maisons de Paris.

Notre chambre, haute de sept pieds, était tendue d'un méchant petit papier bleu semé de bouquets. Le carreau, mis en couleur, ignorait le lustre qu'y donnent les frotteurs. Nous n'avions devant nos lits qu'un maigre tapis de lisière. La cheminée débouchait trop promptement sur le toit, et fumait tant que nous fûmes forcés de faire mettre une gueule de loup à nos frais. Nos lits étaient des couchettes de bois peint, semblables à celles des colléges. Il n'y avait jamais sur la cheminée que deux chandeliers de cuivre, avec ou sans chandelles, nos deux pipes, du tabac éparpillé ou en sac; puis, les petits tas de cendre que déposaient les visiteurs ou que nous amassions nous-mêmes en fumant des cigares. Deux rideaux de calicot glissaient sur des tringles à la fenêtre, de chaque côté de laquelle pendaient deux petits corps de bibliothèque de bois de merisier que connaissent tous ceux qui ont flâné dans le quartier latin, et où nous mettions le peu de livres nécessaires à nos études. L'encre était toujours dans l'encrier comme de la lave figée dans le cratère d'un volcan. Tout encrier ne peut-il pas, aujourd'hui, devenir un Vésuve? Les plumes tortillées servaient à nettoyer la cheminée de nos pipes. Contrairement aux lois du crédit, le papier était chez nous encore plus rare que l'argent.

Comment espère-t-on faire rester les jeunes gens dans de pareils hôtels garnis? Aussi les étudiants étudient-ils dans les cafés, au théâtre, dans les allées du Luxembourg, chez les grisettes, partout, même à l'École de Droit, excepté dans leur horrible chambre, horrible s'il s'agit d'étudier, charmante dès qu'on y babille et qu'on y fume. Mettez une nappe sur cette table, voyez-y le dîner improvisé qu'envoie le meilleur restaurateur du quartier, quatre couverts et deux filles, faites lithographier cette vue d'intérieur, une dévote ne peut s'empêcher d'y sourire.

Nous ne pensions qu'à nous amuser. La raison de nos désordres était une raison prise dans ce que la politique actuelle a de plus sérieux. Juste et moi, nous n'apercevions aucune place à prendre dans les deux professions que nos parents nous forçaient d'embrasser. Il y a cent avocats, cent médecins pour un. La foule obstrue ces deux voies, qui semblent mener à la fortune et qui sont deux arènes : on s'y tue, on s'y combat, non point à l'arme blanche ni à l'arme à feu, mais par l'intrigue et la calomnie, par d'horribles travaux, par des campagnes dans le domaine de l'intelligence, aussi meurtrières que celles d'Italie l'ont été pour les soldats républicains. Aujourd'hui que tout est un combat d'intelligence, il faut savoir rester des quarante-huit heures de suite assis dans son fauteuil et devant une table, comme un général restait deux jours en selle sur son cheval. L'affluence des postulants a forcé la médecine à se diviser en catégories : il y a le médecin qui écrit, le médecin qui professe, le médecin politique et le médecin militant; quatre manières différentes d'être médecin, quatre sections déjà pleines. Quant à la cinquième division, celle des docteurs qui vendent des remèdes, il y a concurrence, et l'on s'y bat à coups d'affiches infâmes sur les murs de Paris. Dans tous les tribunaux, il y a presque autant d'avocats que de causes. L'avocat s'est rejeté sur le journalisme, sur la politique, sur la littérature. Enfin l'État, assailli pour les moindres places de la magistrature, a fini par demander une certaine fortune aux solliciteurs. La tête piriforme du fils d'un épicier riche sera préférée à la tête carrée d'un jeune homme de talent sans le sou. En s'évertuant, en déployant toute son énergie, un jeune homme qui part de zéro peut se trouver, au bout de dix ans, au-dessous du point de départ. Aujourd'hui, le talent doit avoir le bonheur qui fait réussir l'incapacité; bien plus, s'il manque aux basses conditions qui donnent le succès à la rampante médiocrité, il n'arrivera jamais.

Si nous connaissions parfaitement notre époque, nous nous connaissions aussi nous-mêmes, et nous préférions l'oisiveté des penseurs à une activité sans but, la nonchalance et le plaisir à des travaux inutiles qui eussent lassé notre courage et usé le vif de notre intelligence. Nous avions analysé l'état social en riant, en fumant, en nous promenant. Pour se faire ainsi, nos réflexions, nos discours n'en étaient ni moins sages, ni moins profonds.

Tout en remarquant l'ilotisme auquel est condamnée la jeunesse, nous étions étonnés de la brutale indifférence du pouvoir pour tout ce qui tient à l'intelligence, à la pensée, à la poésie. Quels regards, Juste et moi, nous échangions souvent en lisant les journaux, en apprenant les événements de la politique, en parcourant les débats des Chambres, en discutant la conduite d'une cour dont la volontaire ignorance ne peut se comparer qu'à la platitude des courtisans, à la médiocrité des hommes qui forment une haie autour du nouveau trône, tous sans esprit ni portée, sans gloire ni science, sans influence ni grandeur. Quel éloge de la cour de Charles X, que la cour actuelle, si tant est que ce soit une cour! Quelle haine contre le pays dans la naturalisation de vulgaires étrangers sans talent, intronisés à la Chambre des Pairs! Quel déni de justice! quelle insulte faite aux jeunes illustrations, aux ambitions nées sur le sol! Nous regardions toutes ces choses comme un spectacle, et nous en gémissions sans prendre un parti sur nous-mêmes.

Juste, que personne n'est venu chercher, et qui ne serait allé chercher personne, était, à vingt-cinq ans, un profond politique, un homme d'une aptitude merveilleuse à saisir les rapports lointains entre les faits présents et les faits à venir. Il m'a dit en 1831 ce qui devait arriver et ce qui est arrivé : les assassinats, les conspirations, le règne des juifs, la gêne des mouvements de la France, la disette d'intelligences dans la sphère supérieure, et l'abondance de talents dans les bas-fonds où les plus beaux courages s'éteignent sous les cendres du cigare. Que devenir? Sa famille le voulait médecin. Être médecin n'était-ce pas attendre pendant vingt ans une clientèle? Vous savez ce qu'il est devenu? Non. Eh bien, il est médecin; mais il a quitté la France, il est en Asie. En ce moment il succombe peut-être à la fatigue dans un désert, il meurt peut-être sous les coups d'une horde barbare, ou peut-être est-il premier ministre de quelque prince indien. Ma vocation, à moi, est l'action. Sorti à vingt ans d'un collège, il m'était interdit de devenir militaire autrement qu'en me faisant simple soldat; et fatigué de la triste perspective que présente l'état d'avocat, j'ai acquis les connaissances nécessaires à un marin. J'imite Juste, je déserte la France, où l'on dépense à se faire faire place le temps et l'énergie nécessaires aux plus hautes créations. Imitez-moi, mes amis, je vais là où l'on dirige à son gré sa destinée.

Ces grandes résolutions ont été prises froidement dans cette petite chambre de l'hôtel de la rue Corneille, tout en allant au bal Musard, courtisant de joyeuses filles, menant une vie folle, insouciante en apparence. Nos résolutions, nos réflexions ont longtemps flotté. Marcas, notre voisin, fut en quelque sorte le guide qui nous mena sur le bord du précipice ou du torrent, et qui nous le fit mesurer, qui nous montra par avance quelle serait notre destinée si nous nous y laissions choir. Ce fut lui qui nous mit en garde contre les atermoiements que l'on contracte avec la misère et que sanctionne l'espérance, en acceptant des positions précaires d'où l'on lutte, en se laissant aller au mouvement de Paris, cette grande courtisane qui vous prend et vous laisse, vous sourit et vous tourne le dos avec une égale facilité, qui use les plus grandes volontés en des attentes captieuses, et où l'Infortune est entretenue par le Hasard.

Notre première rencontre avec Marcas nous causa comme un éblouissement. En revenant de nos Écoles, avant l'heure du dîner, nous montions toujours chez nous et nous y restions un moment, en nous attendant l'un l'autre, pour savoir si rien n'était changé à nos plans pour la soirée. Un jour, à quatre heures, Juste vit Marcas dans l'escalier; moi, je le trouvai dans la rue. Nous étions alors au mois de novembre et Marcas n'avait point de manteau; il portait des souliers à grosses semelles, un pantalon à pieds en cuir de laine, une redingote bleue boutonnée jusqu'au cou et à col carré, ce qui donnait d'autant plus un air militaire à son buste qu'il avait une cravate noire. Ce costume n'a rien d'extraordinaire, mais il concordait bien à l'allure de l'homme et à sa physionomie. Ma première impression, à son aspect, ne fut ni la surprise, ni l'étonnement, ni la tristesse, ni l'intérêt, ni la pitié, mais une curiosité qui tenait de tous ces sentiments. Il allait lentement, d'un pas qui peignait une mélancolie profonde, la tête inclinée en avant et non baissée à la manière de ceux qui se savent coupables. Sa tête, grosse et forte, qui paraissait contenir les trésors nécessaires à un ambitieux du premier ordre, était comme chargée de pensées; elle succombait sous le poids d'une douleur morale, mais il n'y avait pas le moindre indice de remords dans ses traits. Quant à sa figure, elle sera comprise par un mot. Selon un système assez populaire, chaque face humaine a de la ressemblance avec un animal. L'animal de Marcas était le lion. Ses cheveux ressemblaient à une crinière, son nez était court, écrasé, large et fendu au bout comme celui d'un lion, il avait le front partagé comme celui d'un lion par un sillon puissant, divisé en deux lobes vigoureux. Enfin, ses pommettes velues que la maigreur des joues rendait d'autant plus saillantes, sa bouche énorme et ses joues creuses étaient remuées par des plis d'un dessin fier, et étaient relevées par un coloris plein de tons jaunâtres. Ce visage presque terrible semblait éclairé par deux lumières, deux yeux noirs, mais d'une douceur infinie, calmes, profonds, pleins de pensées. S'il est permis de s'exprimer ainsi, ces yeux étaient humiliés. Marcas avait peur de regarder, moins pour lui que pour ceux sur lesquels il allait arrêter son regard fascinateur; il possédait une puissance, et ne voulait pas l'exercer l ménageait les passants, il tremblait d'être remarqué. Ce n'était pas modestie, mais résignation, non pas la résignation chrétienne qui implique la charité, mais la résignation conseillée par la raison qui a démontré l'inutilité momentanée des talents, l'impossibilité de pénétrer et de vivre dans le milieu qui nous est propre. Ce regard en certains moments pouvait lancer la foudre. De cette bouche devait partir une voix tonnante, elle ressemblait beaucoup à celle de Mirabeau.

— Je viens de voir dans la rue un fameux homme, dis-je à Juste en entrant.

— Ce doit être notre voisin, me répondit Juste, qui dépeignit effectivement l'homme que j'avais rencontré. — Un homme qui vit comme un cloporte devait être ainsi, dit-il en terminant.

— Quel abaissement et quelle grandeur!

— L'un est en raison de l'autre.

— Combien d'espérances ruinées! combien de projets avortés!

— Sept lieues de ruine! des obélisques, des palais, des tours: les ruines de Palmyre au désert, me dit Juste en riant.

Nous appelâmes notre voisin les ruines de Palmyre. Quand nous sortîmes pour aller dîner dans le triste restaurant de la rue de la Harpe où nous étions abonnés, nous demandâmes le nom du numéro 37, et nous apprîmes alors ce nom prestigieux de Z. Marcas. Comme des enfants que nous étions, nous répétâmes plus de cent fois, et avec les réflexions les plus variées, bouffonnes ou mélancoliques, ce nom dont la prononciation se prêtait à notre jeu. Juste arriva par moments à jeter le Z comme une fusée à son départ, et, après avoir déployé la première syllabe du nom brillamment, il peignait une chute par la brièveté sourde avec laquelle il prononçait la dernière.

— Ah çà! où, comment vit-il?

De cette question à l'innocent espionnage que conseille la curiosité, il n'y avait que l'intervalle voulu par l'exécution de notre projet. Au lieu de flâner, nous rentrâmes, munis chacun d'un roman. Et de lire en écoutant. Nous entendîmes dans le silence absolu de nos mansardes le bruit égal et doux produit par la respiration d'un homme endormi.

— Il dort, dis-je à Juste en remarquant ce fait le premier.

— A sept heures, me répondit le docteur.

Tel était le nom que je donnais à Juste, qui m'appelait le garde des sceaux.

— Il faut être bien malheureux pour dormir autant que dort notre voisin, dis-je en sautant sur notre commode avec un énorme couteau dans le manche duquel il y avait un tire-bouchon. Je fis en haut de la cloison un trou rond, de la grandeur d'une pièce de cinq sous. Je n'avais pas songé qu'il n'y avait pas de lumière, et quand j'appliquai l'œil au trou, je ne vis que des ténèbres. Quand vers une heure du matin, ayant achevé de lire nos romans, nous allions nous déshabiller, nous entendîmes du bruit chez notre voisin : il se leva, fit détoner une allumette phosphorique et alluma sa chandelle. Je remontai sur la commode. Je vis alors Marcas assis à sa table et copiant des pièces de procédure. Sa chambre était moitié moins grande que la nôtre, le lit occupait un enfoncement à côté de la porte; car l'espace pris par le corridor, qui finissait à son bouge, se trouvait en plus chez lui ; mais le terrain sur lequel la maison était bâtie devait être tronqué, le mur mitoyen se terminait en trapèze à sa mansarde. Il n'avait pas de cheminée, mais un petit poêle de faïence blanche ondée de taches vertes, et dont le tuyau sortait sur le toit. La fenêtre pratiquée dans le trapèze avait de méchants rideaux roux. Un fauteuil, une table et une misérable table de nuit composaient le mobilier. Il mettait son linge dans un placard. Le papier tendu sur les murs était hideux. Évidemment on n'avait jamais logé là qu'un domestique jusqu'à ce que Marcas y fût venu.

— Qu'as-tu ? me demanda le docteur en me voyant descendre.

— Vois toi-même ! lui répondis-je.

Le lendemain matin, à neuf heures, Marcas était couché. Il avait déjeuné d'un cervelas : nous vîmes sur une assiette, parmi des miettes de pain, les restes de cet aliment qui nous était bien connu. Marcas dormait. Il ne s'éveilla que vers onze heures. Il se remit à la copie faite pendant la nuit, et qui était sur la table. En descendant, nous demandâmes quel était le prix de cette chambre, nous apprîmes qu'elle coûtait quinze francs par mois. En quelques jours, nous connûmes parfaitement le genre d'existence de Z. Marcas. Il faisait des expéditions, à tant le rôle sans doute, pour le compte d'un entrepreneur d'écritures qui demeurait dans la cour de la

Sainte-Chapelle ; il travaillait pendant la moitié de la nuit ; après avoir dormi de six à dix heures, il recommençait en se levant, écrivait jusqu'à trois heures ; il sortait alors pour porter ses copies avant le dîner, et allait manger rue Michel-le-Comte, chez Mizerai, à raison de neuf sous par repas, puis il revenait se coucher à six heures. Il nous fut prouvé que Marcas ne prononçait pas quinze phrases dans un mois ; il ne parlait à personne, il ne se disait pas un mot à lui-même dans son horrible mansarde.

— Décidément, les ruines de Palmyre sont terriblement silencieuses, s'écria Juste.

Ce silence chez un homme dont les dehors étaient si imposants avait quelque chose de profondément significatif. Quelquefois, en nous rencontrant avec lui, nous échangions des regards pleins de pensée de part et d'autre, mais qui ne furent suivis d'aucun protocole. Insensiblement, cet homme devint l'objet d'une intime admiration, sans que nous puissions nous en expliquer la cause. Était-ce ces mœurs secrètement simples, cette régularité monastique, cette frugalité de solitaire, ce travail de niais qui permettait à la pensée de rester neutre ou de s'exercer, et qui accusait l'attente de quelque événement heureux ou quelque parti pris sur la vie? Après nous être longtemps promenés dans les ruines de Palmyre, nous les oubliâmes, nous étions si jeunes ! Puis vint le carnaval, ce carnaval parisien qui, désormais, effacera l'ancien carnaval de Venise, et qui dans quelques années attirera l'Europe à Paris, si de malencontreux préfets de police ne s'y opposent. On devrait tolérer le jeu pendant le carnaval ; mais les niais moralistes qui ont fait supprimer le jeu sont des calculateurs imbéciles qui ne rétabliront cette plaie nécessaire que quand il sera prouvé que la France laisse des millions en Allemagne.

Ce joyeux carnaval amena, comme chez tous les étudiants, une grande misère. Nous nous étions défaits des objets de luxe ; nous avions vendu nos doubles habits, nos doubles bottes, nos doubles gilets, tout ce que nous avions en double, excepté notre ami. Nous mangions du pain et de la charcuterie, nous marchions avec précaution, nous nous étions mis à travailler ; nous devions deux mois à l'hôtel, et nous étions certains d'avoir chez le portier chacun une note composée de plus de soixante ou quatre-vingts lignes dont le total allait à quarante ou cinquante francs. Nous n'étions plus ni brusques ni joyeux en traversant le palier carré qui se trouve au bas de l'escalier, nous le franchissions souvent d'un bond en sautant de la dernière marche dans la rue. Le jour où le tabac manqua pour nos pipes, nous nous aperçûmes que nous mangions depuis quelques jours notre pain sans aucune espèce de beurre. La tristesse fut immense.

— Plus de tabac! dit le docteur.

— Plus de manteau! dit le garde des sceaux.

— Ah! drôles, vous vous êtes vêtus en postillons de Longjumeau! vous avez voulu vous mettre en débardeurs, souper le matin et déjeuner le soir chez Véry, quelquefois au rocher de Cancale! au pain sec, messieurs! Vous devriez, dis-je en grossissant ma voix, vous coucher sous vos lits, vous êtes indignes de vous coucher dessus...

— Oui, mais, garde des sceaux, plus de tabac! dit Juste.

— Il est temps d'écrire à nos tantes, à nos mères, à nos sœurs que nous n'avons plus de linge, que les courses dans Paris useraient du fil de fer tricoté. Nous résoudrons un beau problème de chimie en changeant le linge en argent.

— Il nous faut vivre jusqu'à la réponse.

— Eh bien, je vais aller contracter un emprunt chez ceux de mes amis qui n'auront pas épuisé leurs capitaux.

— Que trouveras-tu?

— Tiens, dix francs! répondis-je avec orgueil.

Marcas avait tout entendu; il était midi, il frappa à notre porte et nous dit : — Messieurs, voici du tabac; vous me le rendrez à la première occasion.

Nous restâmes frappés, non de l'offre, qui fut acceptée, mais de la richesse, de la profondeur et de la plénitude de cet organe, qui ne peut se comparer qu'à la quatrième corde du violon de Paganini. Marcas disparut sans attendre nos remercîments. Nous nous regardâmes, Juste et moi, dans le plus grand silence. Être secourus par quelqu'un évidemment plus pauvre que nous! Juste se mit à écrire à toutes ses familles, et j'allai négocier l'emprunt. Je trouvai vingt francs chez un compatriote. Dans ce malheureux bon temps, le jeu vivait encore, et dans ses veines, dures comme les gangues du Brésil, les jeunes gens couraient, en risquant peu de chose, la chance de gagner quelques pièces d'or. Le compatriote avait du tabac turc rapporté de Constantinople par un marin, il m'en donna tout autant que nous en avions reçu de Z. Marcas. Je rapportai la

riche cargaison au port, et nous allâmes rendre triomphalement au
voisin une voluptueuse, une blonde perruque de tabac turc à la
place de son tabac de caporal.

— Vous n'avez voulu rien me devoir, dit-il; vous me rendez
l'or pour du cuivre, vous êtes des enfants... de bons enfants....

Ces trois phrases, dites sur des tons différents, furent diversement accentuées. Les mots n'étaient rien, mais l'accent.... Ah!
l'accent nous faisait amis de dix ans. Marcas avait caché ses copies
en nous entendant venir, nous comprîmes qu'il eût été indiscret de
lui parler de ses moyens d'existence, et nous fûmes honteux alors
de l'avoir espionné. Son armoire était ouverte, il n'y avait que
deux chemises, une cravate blanche et un rasoir. Le rasoir me fit
frémir. Un miroir qui pouvait valoir cent sous était accroché auprès de la croisée. Les gestes simples et rares de cet homme avaient
une sorte de grandeur sauvage. Nous nous regardâmes, le docteur
et moi, comme pour savoir ce que nous devions répondre. Juste,
me voyant interdit, demanda plaisamment à Marcas : — Monsieur
cultive la littérature ?

— Je m'en suis bien gardé ! répondit Marcas, je ne serais pas si
riche.

— Je croyais, lui dis-je, que la poésie pouvait seule, par le
temps qui court, loger un homme aussi mal que nous.

Ma réflexion fit sourire Marcas, et ce sourire donna de la grâce
à sa face jaune.

— L'ambition n'est pas moins sévère pour ceux qui ne réussissent pas, dit-il. Aussi, vous qui commencez la vie, allez dans les
sentiers battus ! ne pensez pas à devenir supérieurs, vous seriez
perdus !

— Vous nous conseillez de rester ce que nous sommes ? dit en
souriant le docteur.

La jeunesse a dans sa plaisanterie une grâce si communicative et
enfantine, que la phrase de Juste fit encore sourire Marcas.

— Quels événements ont pu vous donner cette horrible philosophie ? lui dis-je.

— J'ai encore une fois oublié que le hasard est le résultat d'un
immense équation dont nous ne connaissons pas toutes les racines.
Quand on part du zéro pour arriver à l'unité, les chances sont incalculables. Pour les ambitieux, Paris est une immense roulette, e
tous les jeunes gens croient avoir une victorieuse martingale.

Il nous présenta le tabac que je lui avais donné pour nous inviter à fumer avec lui; le docteur alla prendre nos pipes, Marcas chargea la sienne, puis il vint s'asseoir chez nous en y apportant le tabac : il n'avait chez lui qu'une chaise et son fauteuil. Léger comme un écureuil, Juste descendit et reparut avec un garçon apportant trois bouteilles de vin de Bordeaux, du fromage de Brie et du pain.

— Bon, dis-je en moi-même et sans me tromper d'un sou, quinze francs !

En effet, Juste posa gravement cent sous sur la cheminée.

Il est des différences incommensurables entre l'homme social et l'homme qui vit au plus près de la Nature. Une fois pris, Toussaint Louverture est mort sans proférer une parole. Napoléon, une fois sur son rocher, a babillé comme une pie ; il a voulu s'expliquer. Z. Marcas commit, mais à notre profit seulement, la même faute. Le silence et toute sa majesté ne se trouvent que chez le Sauvage. Il n'est pas de criminel qui, pouvant laisser tomber ses secrets avec sa tête dans le panier rouge, n'éprouve le besoin purement social de les dire à quelqu'un. Je me trompe. Nous avons vu l'un des Iroquois du faubourg Saint-Marceau mettant la nature parisienne à la hauteur de la nature sauvage : un homme, un républicain, un conspirateur, un Français, un vieillard a surpassé tout ce que nous connaissions de la fermeté nègre, et tout ce que Cooper a prêté aux Peaux-rouges de dédain et de calme au milieu de leurs défaites. Morey, ce Guatimozin de la Montagne, a gardé une attitude inouïe dans les annales de la justice européenne. Voici ce que nous dit Marcas pendant cette matinée, en entremêlant son récit de tartines graissées de fromage et humectées de verres de vin. Tout le tabac y passa. Parfois les fiacres qui traversaient la place de l'Odéon, les omnibus qui la labouraient, jetèrent leurs sourds roulements, comme pour attester que Paris était toujours là.

Sa famille était de Vitré, son père et sa mère vivaient sur quinze cents francs de rente. Il avait fait gratuitement ses études dans un séminaire, et s'était refusé à devenir prêtre : il avait senti en lui-même le foyer d'une excessive ambition, et il était venu, à pied, à Paris, à l'âge de vingt ans, riche de deux cents francs. Il avait fait son Droit, tout en travaillant chez un avoué où il était devenu premier clerc. Il était docteur en Droit, il possédait l'ancienne et la nouvelle législation, il pouvait en remontrer aux plus célèbres avocats. Il savait le Droit des gens et connaissait tous les traités européens, les coutumes internationales. Il avait étudié les hommes et les choses dans cinq capitales : Londres, Berlin, Vienne, Pétersbourg et Constantinople. Nul mieux que lui ne connaissait les précédents de la Chambre. Il avait fait pendant cinq ans les Chambres pour une feuille quotidienne. Il improvisait, il parlait admirablement et pouvait parler longtemps de cette voix gracieuse, profonde qui nous avait frappés dans l'âme. Il nous prouva par le récit de sa vie qu'il était grand orateur, orateur concis, grave et néanmoins d'une éloquence pénétrante : il tenait de Berryer pour la chaleur, pour les mouvements sympathiques aux masses; il tenait de M. Thiers pour la finesse, pour l'habileté; mais il eût été moins diffus, moins embarrassé de conclure : il comptait passer brusquement au pouvoir sans s'être engagé par des doctrines d'abord nécessaires à un homme d'Opposition, et qui plus tard gênent l'homme d'État.

Marcas avait appris tout ce qu'un véritable homme d'État doit savoir; aussi son étonnement fut-il excessif quand il eut occasion de vérifier la profonde ignorance des gens parvenus en France aux affaires publiques. Si chez lui la vocation lui avait conseillé l'étude, la nature s'était montrée prodigue, elle lui avait accordé tout ce que ne peut s'acquérir : une pénétration vive, l'empire sur soi-même, la dextérité de l'esprit, la rapidité du jugement, la décision, et, ce qui est le génie de ces hommes, la fertilité des moyens.

Quand il se crut suffisamment armé, Marcas trouva la France en proie aux divisions intestines nées du triomphe de la branche d'Orléans sur la branche aînée. Évidemment le terrain des luttes politiques est changé. La guerre civile ne peut plus durer longtemps, elle ne se fera plus dans les provinces. En France, il n'y aura plus qu'un combat de courte durée, au siége même du gouvernement, et qui terminera la guerre morale que des intelligences d'élite auront faite auparavant. Cet état de choses durera tant que la France aura son singulier gouvernement, qui n'a d'analogie avec celui d'aucun pays, car il n'y a pas plus de parité entre le gouvernement anglais et le nôtre qu'entre les deux territoires. La place de Marcas était donc dans la presse politique. Pauvre et ne pouvant se faire élire, il devait se manifester subitement. Il se résolut au sacrifice le plus coûteux pour un homme supérieur, à se subordonner à quelque député riche et ambitieux pour lequel il travailla. Nouveau Bonaparte, il chercha son Barras; Colbert espérait trouver

Mazarin. Il rendit des services immenses ; il les rendit, là-dessus il ne se drapait point, il ne se faisait pas grand, il ne criait point à l'ingratitude, il les rendit dans l'espoir que cet homme le mettrait en position d'être élu député : Marcas ne souhaitait pas autre chose que le prêt nécessaire à l'acquisition d'une maison à Paris, afin de satisfaire aux exigences de la loi. Richard III ne voulait que son cheval.

En trois ans, Marcas créa une des cinquante prétendues capacités politiques qui sont les raquettes avec lesquelles deux mains sournoises se renvoient les portefeuilles, absolument comme un directeur de marionnettes heurte l'un contre l'autre le commissaire et Polichinelle dans son théâtre en plein vent, en espérant toujours faire sa recette. Cet homme n'existe que par Marcas ; mais il a précisément assez d'esprit pour apprécier la valeur de son teuturier, pour savoir que Marcas, une fois arrivé, resterait comme un homme nécessaire, tandis que lui serait déporté dans les colonies du Luxembourg. Il résolut donc de mettre des obstacles invincibles à l'avancement de son directeur, et cacha cette pensée sous les formules d'un dévouement absolu. Comme tous les hommes petits, il sut dissimuler à merveille ; puis il gagna du champ dans la carrière de l'ingratitude, car il devait tuer Marcas pour n'être pas tué par lui. Ces deux hommes, si unis en apparence, se haïrent dès que l'un eut une fois trompé l'autre. L'homme d'État fit partie d'un ministère, Marcas demeura dans l'Opposition pour empêcher qu'on n'attaquât son ministre, à qui, par un tour de force, il fit obtenir les éloges de l'Opposition. Pour se dispenser de récompenser son lieutenant, l'homme d'État objecta l'impossibilité de placer brusquement et sans d'habiles ménagements un homme de l'Opposition. Marcas avait compté sur une place pour obtenir par un mariage l'éligibilité tant désirée. Il avait trente-deux ans, il prévoyait la dissolution de la Chambre. Après avoir pris le ministre en flagrant délit de mauvaise foi, il le renversa, ou du moins contribua beaucoup à sa chute, et le roula dans la fange.

Tout ministre tombé doit pour revenir au pouvoir se montrer redoutable ; cet homme, que la faconde royale avait enivré, qui s'était cru ministre pour longtemps, reconnut ses torts ; en les avouant, il rendit un léger service d'argent à Marcas, qui s'était endetté pendant cette lutte. Il soutint le journal auquel travaillait Marcas, et lui en fit donner la direction. Tout en méprisant cet homme,

Marcas, qui recevait en quelque sorte des arrhes, consentit à paraître faire cause commune avec le ministre tombé. Sans démasquer encore toutes les batteries de sa supériorité, Marcas s'avança plus que la première fois, il montra la moitié de son savoir-faire ; le ministère ne dura que cent quatre-vingts jours, il fut dévoré. Marcas, mis en rapport avec quelques députés, les avait maniés comme pâte, en laissant chez tous une haute idée de ses talents. Son mannequin fit de nouveau partie d'un ministère, et le journal devint ministériel. Le ministre réunit ce journal à un autre uniquement pour annuler Marcas, qui, dans cette fusion, dut céder la place à un concurrent riche et insolent, dont le nom était connu et qui avait déjà le pied à l'étrier. Marcas retomba dans la plus profonde misère, son altier protégé savait bien en quel abîme il le plongeait. Où aller ? Les journaux ministériels, avertis sous main, ne voulaient pas de lui. Les journaux de l'Opposition répugnaient à l'admettre dans leurs comptoirs. Marcas ne pouvait passer ni chez les républicains ni chez les légitimistes, deux partis dont le triomphe est le renversement de la chose actuelle.

— Les ambitieux aiment l'actualité, nous dit-il en souriant.

Il vécut de quelques articles relatifs à des entreprises commerciales. Il travailla dans une des encyclopédies que la spéculation, et non la science, a tenté de produire. Enfin, on fonda un journal qui ne devait vivre que deux ans, mais qui rechercha la rédaction de Marcas ; dès lors, il renoua connaissance avec les ennemis du ministre, il put entrer dans la partie qui voulait la chute du ministère ; et une fois que son pic put jouer, l'administration fut renversée.

Le journal de Marcas était mort depuis six mois, il n'avait pu trouver de place nulle part, on le faisait passer pour un homme dangereux, la calomnie mordait sur lui : il venait de tuer une immense opération financière et industrielle par quelques articles et par un pamphlet. On le savait l'organe d'un banquier qui, disait-on, l'avait richement payé, et de qui sans doute il attendait quelques complaisances en retour de son dévouement. Dégoûté des hommes et des choses, lassé par une lutte de cinq années, Marcas, regardé plutôt comme un *condottiere* que comme un grand capitaine, accablé par la nécessité de gagner du pain, ce qui l'empêchait de gagner du terrain, désolé de l'influence des écus sur la pensée, en proie à la plus profonde misère, s'était retiré dans sa mansarde, en gagnant trente sous par jour, la somme strictement nécessaire à ses besoins. La méditation avait étendu comme des déserts autour de lui. Il lisait les journaux pour être au courant des événements. Pozzo di Borgo fut ainsi pendant quelque temps. Sans doute Marcas méditait le plan d'une attaque sérieuse, il s'habituait peut-être à la dissimulation et se punissait de ses fautes par un silence pythagorique. Il ne nous donna pas les raisons de sa conduite.

Il est impossible de vous raconter les scènes de haute comédie qui sont cachées sous cette synthèse algébrique de sa vie : les factions inutiles faites au pied de la fortune qui s'envolait, les longues chasses à travers les broussailles parisiennes, les courses du solliciteur haletant; les tentatives essayées sur des imbéciles, les projets élevés qui avortaient par l'influence d'une femme inepte; les conférences avec des boutiquiers qui voulaient que leurs fonds leur rapportassent et des loges, et la pairie, et de gros intérêts ; les espoirs arrivés au faîte, et qui tombaient à fond sur des brisants; les merveilles opérées dans le rapprochement d'intérêts contraires et qui se séparent après avoir bien marché pendant une semaine ; les déplaisirs mille fois répétés de voir un sot décoré de la Légion-d'Honneur, et ignorant comme un commis, préféré à l'homme de talent; puis ce que Marcas appelait les stratagèmes de la bêtise : on frappe sur un homme, il paraît convaincu, il hoche la tête, tout va s'arranger; le lendemain, cette gomme élastique, un moment comprimée, a repris pendant la nuit sa consistance, elle s'est même gonflée, et tout est à recommencer ; vous retravaillez jusqu'à ce que vous ayez reconnu que vous n'avez pas affaire à un homme, mais à lu mastic qui se sèche au soleil.

Ces mille déconvenues, ces immenses pertes de force humaine versée sur des points stériles, la difficulté d'opérer le bien, l'incroyable facilité de faire le mal ; deux grandes parties jouées, deux fois gagnées, deux fois perdues ; la haine d'un homme d'État, tête de bois à masque peint, à fausse chevelure, mais en qui l'on croyait : toutes ces grandes et ces petites choses avaient non pas découragé, mais abattu momentanément Marcas. Dans les jours où l'argent était entré chez lui, ses mains ne l'avaient pas retenu, il s'était donné le céleste plaisir de tout envoyer à sa famille, à ses sœurs, à ses frères, à son vieux père. Lui, semblable à Napoléon tombé, n'avait besoin que de trente sous par jour, et tout homme d'énergie peut toujours gagner trente sous dans sa journée à Paris.

Quand Marcas nous eut achevé le récit de sa vie, et qui fut entremêlé de réflexions, coupé de maximes et d'observations qui dénotaient le grand politique, il suffit de quelques interrogations, de quelques réponses mutuelles sur la marche des choses en France et en Europe, pour qu'il nous fût démontré que Marcas était un véritable homme d'État, car les hommes peuvent être promptement et facilement jugés dès qu'ils consentent à venir sur le terrain des difficultés : il y a pour les hommes supérieurs des *Shibolet*, et nous étions de la tribu des lévites modernes, sans être encore dans le Temple. Comme je vous l'ai dit, notre vie frivole couvrait les desseins que Juste a exécutés pour sa part et ceux que je vais mettre à fin.

Après nos propos échangés, nous sortîmes tous les trois et nous allâmes, en attendant l'heure du dîner, nous promener, malgré le froid, dans le jardin du Luxembourg. Pendant cette promenade, l'entretien, toujours grave, embrassa les points douloureux de la situation politique. Chacun de nous y apporta sa phrase, son observation ou son mot, sa plaisanterie ou sa maxime. Il n'était plus exclusivement question de la vie à proportions colossales que venait de nous peindre Marcas, le soldat des luttes politiques. Ce fut, non plus l'horrible monologue du navigateur échoué dans la mansarde de l'hôtel Corneille, mais un dialogue où deux jeunes gens instruits, ayant jugé leur époque, cherchaient sous la conduite d'un homme de talent à éclairer leur propre avenir.

— Pourquoi, lui demanda Juste, n'avez-vous pas attendu patiemment une occasion, n'avez-vous pas imité le seul homme qui ait su se produire depuis la révolution de Juillet en se tenant toujours au-dessus du flot?

— Ne vous ai-je pas dit que nous ne connaissons pas toutes les racines du hasard? Carrel était dans une position identique avec celle de cet orateur. Ce sombre jeune homme, cet esprit amer portait tout un gouvernement dans sa tête; celui dont vous me parlez n'a que l'idée de monter en croupe derrière chaque événement; des deux, Carrel était l'homme fort. Eh bien! l'un devient ministre, Carrel reste journaliste; l'homme incomplet mais subtil existe, Carrel meurt. Je vous ferai observer que cet homme a mis quinze ans à faire son chemin et n'a fait encore que du chemin; il peut être pris et broyé entre deux charrettes sur la grande route. Il n'a pas de maison, il n'a pas comme Metternich le palais de la faveur, ou comme Villèle le toit protecteur d'une majorité compacte. Je ne crois pas que dans dix ans la forme actuelle subsiste. Ainsi en me supposant un si triste bonheur, je ne suis plus à temps, car pour ne pas être balayé dans le mouvement que je prévois, je devrais avoir déjà pris une position supérieure.

— Quel mouvement? dit Juste.

— Aout 1830, répondit Marcas d'un ton solennel en étendant la main vers Paris, Aout fait par la jeunesse qui a lié la javelle, fait par l'intelligence qui avait mûri la moisson, a oublié la part de la jeunesse et de l'intelligence. La jeunesse éclatera comme la chaudière d'une machine à vapeur. La jeunesse n'a pas d'issue en France, elle y amasse une avalanche de capacités méconnues, d'ambitions légitimes et inquiètes, elle se marie peu, les familles ne savent que faire de leurs enfants : quel sera le bruit qui ébranlera ces masses, je ne sais ; mais elles se précipiteront dans l'état de choses actuel et le bouleverseront. Il est des lois de fluctuation qui régissent les générations, et que l'empire romain avait méconnues quand les Barbares arrivèrent. Aujourd'hui, les Barbares sont des intelligences. Les lois du trop-plein agissent en ce moment lentement, sourdement au milieu de nous. Le gouvernement est le grand coupable, il méconnaît les deux puissances auxquelles il doit tout, il s'est laissé lier les mains par les absurdités du contrat, il est tout préparé comme une victime. Louis XIV, Napoléon, l'Angleterre, étaient et sont avides de jeunesse intelligente. En France, la jeunesse est condamnée par la légalité nouvelle, par les conditions mauvaises du principe électif, par les vices de la constitution ministérielle. En examinant la composition de la chambre élective, vous n'y trouvez point de député de trente ans : la jeunesse de Richelieu et celle de Mazarin, la jeunesse de Turenne et celle de Colbert, la jeunesse de Pitt et celle de Saint-Just, celle de Napoléon et celle du prince de Metternich, n'y trouveraient point de place. Burke, Sheridan, Fox, ne pourraient s'y asseoir. On aurait pu mettre la majorité politique à vingt et un ans et dégrever l'éligibilité de toute espèce de condition, les départements n'auraient élu que les députés actuels, des gens sans aucun talent politique, incapables de parler sans estropier la grammaire, et parmi lesquels, en dix ans, il s'est à peine rencontré un homme d'État. On devine les motifs d'une circonstance à venir, mais on ne peut pas prévoir la circonstance elle-même. En ce moment, on pousse la jeunesse entière à se faire républicaine, parce qu'elle voudra voir dans la république son émancipation. Elle se souviendra des jeunes représentants du peuple et des jeunes généraux! L'imprudence du gouvernement n'est comparable qu'à son avarice.

Cette journée eut du retentissement dans notre existence; Marcas nous affermit dans nos résolutions de quitter la France, où les supériorités jeunes, pleines d'activité, se trouvent écrasées sous le poids des médiocrités parvenues, envieuses et insatiables. Nous dînâmes ensemble rue de la Harpe. De nous à lui, désormais il y eut la plus respectueuse affection ; de lui sur nous, la protection la plus active dans la sphère des idées. Cet homme savait tout, il avait tout approfondi. Il étudia pour nous le globe politique et chercha le pays où les chances étaient à fois les plus nombreuses et les plus favorables à la réussite de nos plans. Il nous marquait les points vers lesquels devaient tendre nos études ; il nous fit hâter, en nous expliquant la valeur du temps, en nous faisant comprendre que l'émigration aurait lieu, que son effet serait d'enlever à la France la crème de son énergie, de ses jeunes esprits, que ces intelligences nécessairement habiles choisiraient les meilleures places, et qu'il s'agissait d'y arriver les premiers. Nous veillâmes dès lors assez souvent à la lueur d'une lampe. Ce généreux maître nous écrivit quelques mémoires, deux pour Juste et trois pour moi, qui sont d'admirables instructions, de ces renseignements que l'expérience peut seule donner, de ces jalons que le génie seul sait planter. Il y a dans ces pages parfumées de tabac, pleines de caractères d'une cacographie presque hiéroglyphique, des indications de fortune, des prédictions à coup sûr. Il s'y trouve des présomptions sur certains points de l'Amérique et de l'Asie, qui, depuis et avant que Juste et moi ayons pu partir, se sont réalisées.

Marcas était, comme nous d'ailleurs, arrivé à la plus complète misère ; il gagnait bien sa vie journalière, mais il n'avait ni linge, ni habits, ni chaussure. Il ne se faisait pas meilleur qu'il n'était ; il avait rêvé le luxe en rêvant l'exercice du pouvoir. Aussi ne se reconnaissait-il pas pour le Marcas vrai. Sa forme, il l'abandonnait au caprice de la vie réelle. Il vivait par le souffle de son ambition, il rêvait la vengeance et se gourmandait lui-même de s'adonner à un sentiment si creux. Le véritable homme d'État doit être surtout indifférent aux passions vulgaires; il doit, comme le savant, ne se passionner que pour les choses de sa science. Ce fut dans ces jours de misère que Marcas nous parut grand et même terrible; il y avait quelque chose d'effrayant dans son regard qui contemplait un monde de plus que celui qui frappe les yeux des hommes ordinaires. Il était pour nous un sujet d'étude et d'étonnement, car la jeunesse (qui de nous ne l'a pas éprouvé?), la jeunesse ressent un vif besoin d'admiration; elle aime à s'attacher, elle est naturellement portée à se subordonner aux hommes qu'elle croit supérieurs, comme elle se dévoue aux grandes choses. Notre étonnement était surtout excité par son indifférence en fait de sentiment: la femme n'avait jamais troublé sa vie. Quand nous parlâmes de cet éternel sujet de conversation entre Français, il nous dit simplement: — Les robes coûtent trop cher! Il vit le regard que Juste et moi nous avions échangé, et il reprit alors: — Oui, trop cher. La femme qu'on achète, et c'est la moins coûteuse, veut beaucoup d'argent; celle qui se donne prend tout notre temps! La femme éteint toute activité, toute ambition; Napoléon l'avait réduite à ce qu'elle doit être. Sous ce rapport, il a été grand, il n'a pas donné dans les ruineuses fantaisies de Louis XIV et de Louis XV; mais il a néanmoins aimé secrètement.

Nous découvrîmes que semblable à Pitt, qui s'était donné l'Angleterre pour femme, Marcas portait la France dans son cœur; il en était idolâtre; il n'y avait pas une seule de ses pensées qui ne fût pour le pays. Sa rage de tenir dans ses mains le remède au mal dont la vivacité l'attristait, et de ne pouvoir l'appliquer, le rongeait incessamment; mais cette rage était encore augmentée par l'état d'infériorité de la France vis-à-vis de la Russie et de l'Angleterre. La France au troisième rang! Ce cri revenait toujours dans ses conversations. La maladie intestine du pays avait passé dans ses entrailles. Il qualifiait de taquineries de portier les luttes de la Cour avec la Chambre, et que révélaient tant de changements, tant d'agitations incessantes, qui nuisent à la prospérité du pays.

— On nous donne la paix en escomptant l'avenir, disait-il.

Un soir, Juste et moi, nous étions occupés et plongés dans le plus profond silence. Marcas s'était relevé pour travailler à ses copies, car il avait refusé nos services malgré nos plus vives instances. Nous nous étions offerts à copier chacun à tour de rôle sa tâche, afin qu'il n'eût à faire que le tiers de son insipide travail ; il s'était fâché, nous n'avions plus insisté. Nous entendîmes un bruit de bottes fines dans notre corridor, et nous dressâmes la tête en nous regardant. On frappe à la porte de Marcas, qui laissait ujours la clef à la serrure. Nous entendons dire à notre grand mme : Entrez! puis : — Vous ici, monsieur?

— Moi-même, répondit l'ancien ministre, le Dioclétien du martyr inconnu.

Notre voisin et lui se parlèrent pendant quelque temps à voix basse. Tout à coup Marcas, dont la voix s'était fait entendre rarement, comme il arrive dans une conférence où le demandeur commence par exposer les faits, éclata soudain à une proposition qui nous fut inconnue.

— Vous vous moqueriez de moi, dit-il, si je vous croyais. Les jésuites ont passé, mais le jésuitisme est éternel. Vous n'avez de bonne foi ni dans votre machiavélisme ni dans votre générosité. Vous savez compter, vous ; mais on ne sait sur quoi compter avec vous. Votre cour est composée de chouettes qui ont peur de la lumière, de vieillards qui tremblent devant la jeunesse ou qui ne s'en inquiètent pas. Le gouvernement se modèle sur la cour. Vous êtes allés chercher les restes de l'empire, comme la restauration avait enrôlé les voltigeurs de Louis XIV. On a pris jusqu'à présent les réculades de la peur et de la lâcheté pour les manœuvres de l'habileté ; mais les dangers viendront, et la jeunesse surgira comme en 1790. Elle a fait les belles choses de ce temps-là. En ce moment, vous changez de ministres comme un malade change de place dans son lit. Ces oscillations révèlent la décrépitude de votre gouvernement. Vous avez un système de filouterie politique qui sera retourné contre vous, car la France se lassera de ces escobarderies. Elle ne vous dira pas qu'elle est lasse, jamais on ne sait comment on périt, le pourquoi est la tâche de l'historien ; mais vous périrez certes pour ne pas avoir demandé à la jeunesse de la France ses forces et son énergie, ses dévouements et son ardeur ; pour avoir pris en haine les gens capables, pour ne pas les avoir triés avec amour dans cette belle génération, pour avoir choisi en toute chose la médiocrité. Vous venez me demander mon appui ; mais vous appartenez à cette masse décrépite que l'intérêt rend hideuse, qui tremble qui se recroqueville et qui veut rapetisser la France parce qu'elle se rapetisse. Ma forte nature, mes idées seraient pour vous l'équivalent d'un poison ; vous m'avez joué deux fois, deux fois je vous ai renversé, vous le savez. Nous unir pour la troisième fois, ce doit être quelque chose de sérieux. Je me tuerais si je me laissais duper, car je désespérerais de moi-même : le coupable ne serait pas vous, mais moi.

Nous entendîmes alors les paroles les plus humbles, l'adjuration la plus chaude de ne pas priver le pays de talents supérieurs. On parla de patrie, Marcas fit un ouh ! ouh ! significatif, il se moquait de son prétendu patron. L'homme d'État devint plus explicite ; il reconnut la supériorité de son ancien conseiller, il s'engageait à le mettre en mesure de demeurer dans l'administration, de devenir député ; puis il lui proposa une place éminente, en lui disant que désormais, lui, le ministre, se subordonnerait à celui dont il ne pouvait plus qu'être le lieutenant. Il était dans la nouvelle combinaison ministérielle, et ne voulait pas revenir au pouvoir sans que Marcas eût une place convenable à son mérite ; il avait parlé de cette condition, Marcas avait été compris comme une nécessité.

Marcas refusa.

— Je n'ai jamais été mis à même de tenir mes engagements, voici une occasion d'être fidèle à mes promesses, et vous la manquez.

Marcas ne répondit pas à cette dernière phrase. Les bottes firent leur bruit dans le corridor, et le bruit se dirigea vers l'escalier.

— Marcas ! Marcas ! criâmes-nous tous deux en nous précipitant dans sa chambre, pourquoi refuser ? Il était de bonne foi. Ses conditions sont honorables. D'ailleurs, vous verrez les ministres.

En un clin d'œil nous dîmes cent raisons à Marcas. L'accent du futur ministre était vrai : sans le voir nous avions jugé qu'il ne mentait pas.

— Je suis sans habit, nous répondit Marcas.

— Comptez sur nous, lui dit Juste en me regardant.

Marcas eut le courage de se fier à nous, un éclair jaillit de ses yeux, il passa la main dans ses cheveux, se découvrit le front par un de ces gestes qui révèlent une croyance au bonheur, et quand il eut, pour ainsi dire, dévoilé sa face, nous aperçûmes un homme qui nous était parfaitement inconnu : Marcas sublime, Marcas au pouvoir, l'esprit dans son élément, l'oiseau rendu à l'air, le poisson revenu dans l'eau, le cheval galopant dans son steppe. Ce fut passager ; le front se rembrunit, il eut comme une vision de sa destinée. Le Doute boiteux suivit de près l'Espérance aux blanches ailes. Nous le laissâmes.

— Ah çà! dis-je au docteur, nous avons promis, mais comment faire ?

— Pensons-y en nous endormant, me répondit Juste, et demain matin nous nous communiquerons nos idées.

Le lendemain matin nous allâmes faire un tour au Luxembourg.

Nous avions eu le temps de songer à l'événement de la veille, e nous étions aussi surpris l'un que l'autre du peu d'entregent de Marcas dans les petites misères de la vie, lui que rien n'embarrassait dans la solution des problèmes les plus élevés de la politique rationnelle ou de la politique matérielle. Mais ces natures élevées sont toutes susceptibles de se heurter à des grains de sable, de rater les plus belles entreprises, faute de mille francs. C'est l'histoire de Napoléon qui, manquant de bottes, n'est pas parti pour les Indes.

— Qu'as-tu trouvé ? me dit Juste.

— Eh bien ! j'ai le moyen d'avoir à crédit un habillement complet.

— Chez qui ?

— Chez Humann.

— Comment !

— Humann, mon cher, ne va jamais chez ses pratiques, les pratiques vont chez lui, en sorte qu'il ne sait pas si je suis riche ; il sait seulement que je suis élégant et que je porte bien les habits qu'il me fait. Je vais lui dire qu'il m'est tombé de la province un oncle dont l'indifférence en matière d'habillement me fait un tort infini dans les meilleures sociétés où je cherche à me marier : il ne serait pas Humann, s'il envoyait sa facture avant trois mois.

Le docteur trouva cette idée excellente dans un vaudeville, mais détestable dans la réalité de la vie, et il douta du succès. Mais, je vous le jure, Humann habilla Marcas, et, en artiste qu'il est, il sut l'habiller comme un homme politique doit être habillé.

Juste offrit deux cents francs en or à Marcas, le produit de deux montres achetées à crédit et engagées au Mont-de-Piété. Moi je n'avais rien dit de six chemises, de tout ce qui était nécessaire en fait de linge, et qui ne me coûta que le plaisir de les demander à la première demoiselle d'une lingère avec qui j'avais *musardé* pendant le carnaval. Marcas accepta tout sans nous remercier plus qu'il ne le devait. Il s'enquit seulement des moyens par lesquels nous nous étions mis en possession de ces richesses, et nous le fîmes rire pour la dernière fois. Nous regardions notre Marcas comme des armateurs qui ont épuisé tout leur crédit et toutes leurs ressources pour équiper un bâtiment doivent le regarder mettant à la voile.

Ici Charles se tut, il parut oppressé par ses souvenirs.

— Eh bien! lui cria-t-on, qu'est-il arrivé?

— Je vais vous le dire en deux mots, car ce n'est pas un roman, mais une histoire. Nous ne vîmes plus Marcas : le ministère dura trois mois, il périt après la session. Marcas nous revint sans un sou, épuisé de travail. Il avait sondé le cratère du pouvoir; il en revenait avec un commencement de fièvre nerveuse. La maladie fit des progrès rapides, nous le soignâmes. Juste, au début, amena le médecin en chef de l'hôpital où il était entré comme interne. Moi qui habitais alors la chambre tout seul, je fus la plus attentive des gardes-malades; mais les soins, mais la science, tout fut inutile. Dans le mois de janvier 1838, Marcas sentit lui-même qu'il n'avait plus que quelques jours à vivre. L'homme d'État à qui pendant six mois il avait servi d'âme ne vint pas le voir, n'envoya même pas savoir de ses nouvelles. Marcas nous manifesta le plus profond mépris pour le gouvernement; il nous parut douter des destinées de la France, et ce doute avait causé sa maladie. Il avait cru voir la trahison au cœur du pouvoir, non pas une trahison palpable, saisissable, résultant de faits; mais une trahison produite par un système, par une sujétion des intérêts nationaux à un égoïsme. Il suffisait de sa croyance en l'abaissement du pays pour que la maladie s'aggravât. J'ai été témoin des propositions qui lui furent faites par un des chefs du système opposé qu'il avait combattu. Sa haine pour ceux qu'il avait tenté de servir était si violente, qu'il eût consenti joyeusement à entrer dans la coalition qui commençait à se former entre les ambitieux chez lesquels il existait au moins une idée, celle de secouer le joug de la cour. Mais Marcas répondit au négociateur le mot de l'Hôtel-de-Ville : « Il est trop tard! »

Marcas ne laissa pas de quoi se faire enterrer, Juste et moi nous eûmes bien de la peine à lui épargner la honte du char des pauvres, et nous suivîmes tous deux, seuls, le corbillard de Z. Marcas, qui fut jeté dans la fosse commune au cimetière de Mont-Parnasse.

Nous nous regardâmes tous tristement en écoutant ce récit, le dernier de ceux que nous fit Charles Rabourdin, la veille du jour où il s'embarqua sur un brick, au Havre, pour les îles de la Malaisie, car nous connaissions plus d'un Marcas, plus d'une victime de ce dévouement politique récompensé par la trahison ou par l'oubli.

Aux Jardies, mai 1840.

L'ENVERS
DE L'HISTOIRE CONTEMPORAINE.

PREMIER ÉPISODE.

En 1836, par une belle soirée du mois de septembre, un homme d'environ trente ans restait appuyé au parapet de ce quai d'où l'on peut voir à la fois la Seine, en amont, depuis le Jardin des Plantes jusqu'à Notre-Dame, et en aval, la vaste perspective de la rivière jusqu'au Louvre. Il n'existe pas deux semblables points de vue dans la capitale des idées. On se trouve comme à la poupe de ce vaisseau devenu gigantesque. On y rêve Paris depuis les Romains jusqu'aux Francs, depuis les Normands jusqu'aux Bourguignons, le Moyen-Age, les Valois, Henri IV et Louis XIV, Napoléon et Louis-Philippe. De là, toutes ces dominations offrent quelques vestiges ou des monuments qui les rappellent au souvenir. Sainte-Geneviève couvre de sa coupole le quartier latin. Derrière vous, s'élève le magnifique chevet de la cathédrale. L'Hôtel-de-Ville vous parle de toutes les révolutions, et l'Hôtel-Dieu de toutes les misères de Paris. Quand vous avez entrevu les splendeurs du Louvre, en faisant deux pas vous pouvez voir les haillons de cet ignoble pan de maisons situées entre le quai de la Tournelle et l'Hôtel-Dieu, que les modernes échevins s'occupent en ce moment de faire disparaître.

En 1835, ce tableau merveilleux avait un enseignement de plus : entre le Parisien appuyé au parapet et la cathédrale, le Terrain, tel est le vieux nom de ce lieu désert, était encore jonché des ruines de l'archevêché. Lorsque l'on contemple de là tant d'aspects inspirateurs, lorsque l'âme embrasse le passé comme le présent de la ville de Paris, la Religion semble logée là comme pour étendre ses deux mains sur les douleurs de l'une et l'autre rive, aller du faubourg Saint-Antoine au faubourg Saint-Marceau. Espérons que tant de sublimes harmonies seront complétées par la construction d'un palais épiscopal dans le genre gothique, qui remplacera les masures sans caractère assises entre le Terrain, la rue d'Arcole, la cathédrale et le quai de la Cité.

Ce point, le cœur de l'ancien Paris, en est l'endroit le plus solitaire, le plus mélancolique. Les eaux de la Seine s'y brisent à grand bruit, la cathédrale y jette ses ombres au coucher du soleil. On comprend qu'il s'y émeuve de graves pensées chez un homme atteint de quelque maladie morale. Séduit peut-être par un accord entre ses idées du moment et celles qui naissent à la vue de scènes si diverses, le promeneur restait les mains sur le parapet, en proie à une double contemplation : Paris et lui ! Les ombres grandissaient, les lumières s'allumaient au loin, et il ne s'en allait pas, emporté qu'il était au courant d'une de ces méditations grosses de notre avenir, et que le passé rend solennelles.

En ce moment, il entendit venir à lui deux personnes dont la voix l'avait frappé dès le pont de pierre qui réunit l'île de la Cité au quai de la Tournelle. Ces deux personnes se croyaient sans doute seules, et parlaient un peu plus haut qu'elles ne l'eussent fait en des lieux fréquentés, ou si elles se fussent aperçues de la présence d'un étranger. Dès le pont, les voix annonçaient une discussion qui, par quelques paroles apportées à l'oreille du témoin involontaire de cette scène, étaient relatives à un prêt d'argent. En arrivant auprès du promeneur, l'une des deux personnes, mise comme l'est un ouvrier, quitta l'autre par un mouvement de désespoir. L'autre se retourna, rappela l'ouvrier et lui dit : — Vous n'avez pas un sou pour repasser le pont. Tenez, ajouta-t-il en lui donnant une pièce de monnaie, et souvenez-vous, mon ami, que c'est Dieu lui-même qui nous parle quand il nous vient de bonnes pensées !

Cette dernière phrase fit tressaillir le rêveur. L'homme qui parlait ainsi ne se doutait pas que, pour employer une expression proverbiale, il faisait d'une pierre deux coups, qu'il s'adressait à deux misères : une industrie au désespoir, et les souffrances d'une âme sans boussole ; une victime de ce que les moutons de Panurge nomment le Progrès, et une victime de ce que la France appelle l'Égalité. Cette parole, simple en elle-même, fut grande par l'accent de celui qui la disait, et dont la voix possédait comme un charme.

N'est-il pas des voix calmes, douces, en harmonie avec les effets que la vue de l'outre-mer produit sur nous ?

Au costume, le Parisien reconnut un prêtre, et vit aux dernières clartés du crépuscule un visage blanc, auguste, mais ravagé. La vue d'un prêtre sortant de la belle cathédrale de Saint-Étienne, à Vienne, pour aller porter l'extrême-onction à un mourant, détermina le célèbre auteur tragique Werner à se faire catholique. Il en fut presque de même pour le Parisien en apercevant l'homme qui, sans le savoir, venait de le consoler ; il aperçut dans le menaçant horizon de son avenir une longue trace lumineuse où brillait le bleu de l'éther, et il suivit cette clarté, comme les bergers de l'Évangile allèrent dans la direction de la voix qui leur cria d'en haut : — Le Sauveur vient de naître. L'homme à la bienfaisante parole marchait le long de la cathédrale, et se dirigeait, par une conséquence du hasard, qui parfois est conséquent, vers la rue d'où le promeneur venait et où il retournait, amené par les fautes de sa vie.

Ce promeneur avait nom Godefroid. En lisant cette histoire, on comprendra les raisons qui n'y font employer que les prénoms de ceux dont il sera question. Voici donc pourquoi Godefroid, qui demeurait dans le quartier de la Chaussée-d'Antin, se trouvait à une pareille heure au chevet de Notre-Dame.

Fils d'un détaillant à qui l'économie avait fait faire une sorte de fortune, il devint toute l'ambition de son père et de sa mère ; qui le rêvèrent notaire à Paris. Aussi, dès l'âge de sept ans, fut-il mis dans une institution, celle de l'abbé Liautard, parmi les enfants de beaucoup de familles distinguées qui, sous le règne de l'Empereur, avaient, par attachement à la religion un peu trop méconnue dans les lycées, choisi cette maison pour l'éducation de leurs fils. Les inégalités sociales ne pouvaient pas alors être soupçonnées entre camarades ; mais, en 1821, ses études achevées, Godefroid, qu'on plaça chez un notaire, ne tarda pas à reconnaître les distances qui le séparaient de ceux avec lesquels il avait jusqu'alors vécu familièrement.

Obligé de faire son Droit, il se vit confondu dans la foule des fils de la bourgeoisie qui, sans fortune faite ni distinctions héréditaires, devaient tout attendre de leur valeur personnelle ou de leurs travaux obstinés. Les espérances que son père et sa mère, alors retirés du commerce, asseyaient sur sa tête stimulèrent son amour-propre sans lui donner d'orgueil. Ses parents vivaient simplement, en Hollandais, ne dépensant que le quart de douze mille francs de rentes; ils destinaient leurs économies, ainsi que la moitié de leur capital, à l'acquisition d'une charge pour leur fils. Soumis aux lois de cette économie domestique, Godefroid trouvait son état présent si disproportionné avec les rêves de ses parents et les siens, qu'il éprouva du découragement. Chez les natures faibles, le découragement devient de l'envie. Tandis que d'autres, à qui la nécessité, la volonté, la réflexion tenaient lieu de talent, marchaient droit et résolûment dans la voie tracée aux ambitions bourgeoises, Godefroid se révolta, voulut briller, alla vers tous les endroits éclairés, et ses yeux s'y blessèrent. Il essaya de parvenir, mais tous ses efforts aboutirent à la constatation de son impuissance. En s'apercevant enfin d'un manque d'équilibre entre ses désirs et sa fortune, il prit en haine les suprématies sociales, se fit libéral et tenta d'arriver à la célébrité par un livre; mais il apprit à ses dépens à regarder le Talent du même œil que la Noblesse. Le Notariat, le Barreau, la Littérature successivement abordés sans succès, il voulut être magistrat.

En ce moment son père mourut. Sa mère, dont la vieillesse put se contenter de deux mille francs de rente, lui abandonna presque toute la fortune. Possesseur à vingt-cinq ans de dix mille francs de rente, il se crut riche et l'était relativement à son passé. Jusqu'alors sa vie avait été composée d'actes sans volonté, de vouloirs impuissants; et, pour marcher avec son siècle, pour agir, pour jouer un rôle, il tenta d'entrer dans un monde quelconque à l'aide de sa fortune. Il trouva tout d'abord le journalisme, qui tend toujours les bras au premier capital venu. Être propriétaire d'un journal, c'est devenir un personnage : on exploite l'intelligence, on en partage les plaisirs sans en épouser les travaux. Rien n'est plus tentant pour des esprits inférieurs que de s'élever ainsi sur le talent d'autrui. Paris a vu deux ou trois parvenus de ce genre, dont le succès est une honte et pour l'époque et pour ceux qui leur ont prêté leurs épaules.

Dans cette sphère, Godefroid fut primé par le grossier machiavélisme des uns ou par la prodigalité des autres, par la fortune des capitalistes ambitieux ou par l'esprit des rédacteurs; puis il fut entraîné vers les dissipations auxquelles donnent lieu la vie littéraire ou politique, les allures de la critique dans les coulisses, et vers es distractions nécessaires aux intelligences fortement occupées. Il vit alors mauvaise compagnie, mais on lui apprit qu'il avait une figure insignifiante, qu'une de ses épaules était sensiblement plus forte que l'autre, sans que cette inégalité fût rachetée ni par la méchanceté, ni par la bonté de son esprit. Le mauvais ton est le salaire que les artistes prélèvent en disant la vérité.

Petit, mal fait, sans esprit et sans direction soutenue, tout semlait dit pour un jeune homme par un temps où, pour réussir dans toutes les carrières, la réunion des plus hautes qualités de l'esprit ne signifie rien sans le bonheur, ou sans la ténacité qui commande au bonheur.

La révolution de 1830 pansa les blessures de Godefroid, il eut le courage de l'espérance, qui vaut celui du désespoir; il se fit nommer, comme tant de journalistes obscurs, à un poste administratif où ses idées libérales, aux prises avec les exigences d'un nouveau pouvoir, le rendirent un instrument rebelle. Frotté de libéralisme, il ne sut pas, comme plusieurs hommes supérieurs, prendre son parti. Obéir aux ministres, pour lui ce fut changer d'opinion. Le gouvernement lui parut d'ailleurs manquer aux lois de son origine. Godefroid se déclara pour le *Mouvement* quand il était question de *Résistance*, et il revint à Paris presque pauvre, mais fidèle aux doctrines de l'Opposition.

Effrayé par les excès de la Presse, plus effrayé encore par les attentats du parti républicain, il chercha dans la retraite la seule vie qui convînt à un être dont les facultés étaient incomplètes, sans force à opposer au rude mouvement de la vie politique, dont les souffrances et la lutte ne jetaient aucun éclat, fatigué de ses avortements, sans amis parce que l'amitié veut des qualités ou des défauts saillants, mais qui possédait une sensibilité plus rêveuse que profonde. N'était-ce pas le seul parti que dût prendre un jeune homme que le plaisir avait déjà plusieurs fois trompé, et déjà vieilli au contact d'une société aussi remuante que remuée?

Sa mère, qui se mourait dans le paisible village d'Auteuil, rappela son fils près d'elle autant pour l'avoir à ses côtés que pour le mettre dans un chemin où il trouvât le bonheur égal et simple qui doit satisfaire de pareilles âmes. Elle avait fini par juger Godefroid, en trouvant à vingt-huit ans sa fortune réduite à quatre mille francs de rente, ses désirs affaissés, ses prétendues capacités éteintes, son activité nulle, son ambition humiliée, et sa haine contre tout ce qui s'élevait légitimement, accrue de tous ses mécomptes. Elle essaya de marier Godefroid à une jeune personne, fille unique de négociants retirés, et qui pouvait servir de tuteur à l'âme malade de son fils ; mais le père avait cet esprit de calcul qui n'abandonne point un vieux commerçant dans les stipulations matrimoniales, et, après une année de soins et de voisinage, Godefroid ne fut pas agréé. D'abord, aux yeux de ces bourgeois renforcés, ce prétendu devait garder, de son ancienne carrière, une profonde immoralité ; puis, pendant cette année, il avait encore pris sur ses capitaux, autant pour éblouir les parents que pour tâcher de plaire à leur fille. Cette vanité, d'ailleurs assez pardonnable, détermina le refus de la famille, à qui la dissipation était en horreur, dès qu'elle eut appris que Godefroid avait, en six ans, perdu cent cinquante mille francs de capitaux.

Ce coup atteignit d'autant plus profondément ce cœur déjà si meurtri, que la jeune personne était sans beauté. Mais, instruit par sa mère, Godefroid avait reconnu chez sa prétendue la valeur d'une âme sérieuse et les immenses avantages d'un esprit solide ; il s'était accoutumé au visage, il en avait étudié la physionomie, il aimait la voix, les manières, le regard de cette jeune personne. Après avoir mis dans cet attachement le dernier enjeu de sa vie, il éprouva le plus amer des désespoirs. Sa mère mourut, et il se trouva, lui, dont les besoins avaient suivi le mouvement du luxe, avec cinq mille francs de rente pour toute fortune, et avec la certitude de ne jamais pouvoir réparer une perte quelconque en se reconnaissant incapable de l'activité que veut ce mot terrible : *faire fortune!*

La faiblesse impatiente et chagrine ne consent pas tout à coup à s'effacer. Aussi, pendant son deuil, Godefroid chercha-t-il des hasards dans Paris : il dînait à des tables d'hôte, il se liait inconsidérément avec les étrangers, il recherchait le monde et ne rencontrait que des occasions de dépense. En se promenant sur les boulevards, il souffrait tant en lui-même, que la vue d'une mère accompagnée d'une fille à marier lui causait une sensation aussi douloureuse que celle qu'il éprouvait à l'aspect d'un jeune homme allant au Bois à cheval, d'un parvenu dans son élégant équipage, ou d'un employé décoré. Le sentiment de son impuissance lui disait qu'il ne pouvait prétendre ni à la plus honorable des positions secondaires, ni à la plus facile destinée ; et il avait assez de cœur pour en être constam-

ment blessé, assez d'esprit pour faire en lui-même des élégies pleines
le fiel.

Inhabile à lutter contre les choses, ayant le sentiment des facultés supérieures, mais sans le vouloir qui les met en action, se sentant incomplet, sans force pour entreprendre une grande chose, comme sans résistance contre les goûts qu'il tenait de sa vie antérieure, de son éducation ou de son insouciance, il était dévoré par trois maladies, dont une seule suffit à dégoûter de l'existence un jeune homme déshabitué de la foi religieuse. Aussi Godefroid offrait-il ce visage qui se rencontre chez tant d'hommes, qu'il est devenu le type parisien : on y aperçoit des ambitions trompées ou mortes, une misère intérieure, une haine endormie dans l'indolence d'une vie assez occupée par le spectacle extérieur et journalier de Paris, une inappétence qui cherche des irritations, la plainte sans le talent, la grimace de la force, le venin de mécomptes antérieurs qui excite à sourire de toute moquerie, à conspuer tout ce qui grandit, à méconnaître les pouvoirs les plus nécessaires, se réjouir de leurs embarras, et ne tenir à aucune forme sociale. Ce mal parisien est à la conspiration active et permanente des gens d'énergie ce que l'aubier est à la séve de l'arbre : il la conserve, la soutient et la dissimule.

Lassé de lui-même, Godefroid voulut un matin donner un sens à sa vie en rencontrant un de ses camarades qui avait été la tortue de la fable de La Fontaine comme il en était le lièvre. Dans une de ces conversations provoquées par une reconnaissance entre amis de collége et tenue en se promenant au soleil sur le boulevard des Italiens, il fut atterré de trouver tout arrivé celui qui, doué en apparence de moins de moyens, de moins de fortune que lui, s'était mis à vouloir chaque matin ce qu'il voulait la veille. Le malade résolut alors d'imiter cette simplicité d'action.

— La vie sociale est comme la terre, lui avait dit son camarade, elle nous donne en raison de nos efforts.

Godefroid s'était endetté déjà. Pour première punition, pour première tâche, il s'imposa de vivre à l'écart en payant sa dette sur son revenu. Chez un homme habitué à dépenser six mille francs quand il en avait cinq, ce n'était pas une petite entreprise que de se réduire à vivre de deux mille francs. Il lut tous les matins *les Petites-Affiches*, espérant y trouver un asile où ses dépenses pussent être fixées, où il pût jouir de la solitude nécessaire à un

GODEFROID

offrait ce visage qui se rencontre chez tant d'hommes qu'il
est devenu le type parisien

(L'ENVERS DE L'HISTOIRE CONTEMPORAINE.)

homme qui voulait se replier sur lui-même, s'examiner, se donner une vocation. Les mœurs des pensions bourgeoises du quartier latin choquèrent sa délicatesse, les maisons de santé lui parurent malsaines, et il allait retomber dans les fatales irrésolutions des gens sans volonté, lorsqu'il fut frappé par l'annonce suivante.

Petit logement de soixante-dix francs par mois, pouvant convenir à un ecclésiastique. On veut un locataire tranquille; il trouverait la table, et l'on meublerait l'appartement à des prix modérés en cas de convenance mutuelle.

S'adresser rue Chanoinesse, près Notre-Dame, à monsieur Millet, épicier, qui donnera tous les renseignements désirables.

Séduit par la bonhomie cachée sous cette rédaction et par le parfum de bourgeoisie qui s'en exhalait, Godefroid était venu vers quatre heures chez l'épicier, qui lui avait dit que madame de La Chanterie dînait en ce moment et ne recevait personne pendant ses repas. Cette dame était visible le soir après sept heures, ou le matin de dix heures à midi. Tout en parlant, monsieur Millet examinait Godefroid et lui faisait subir, selon l'expression des magistrats, un premier degré d'instruction.

— Monsieur était-il garçon? Madame voulait une personne de mœurs réglées; on fermait la porte à onze heures au plus tard. Monsieur, dit-il en terminant, me paraît d'ailleurs d'un âge à convenir à madame de La Chanterie.

— Quel âge me donnez-vous donc? demanda Godefroid.

— Quelque chose comme quarante ans, répondit l'épicier.

Cette naïve réponse jeta Godefroid dans un accès de misanthropie et de tristesse; il alla dîner sur le quai de la Tournelle, et revint contempler Notre-Dame au moment où les feux du soleil couchant ruisselaient en se brisant dans les arcs-boutants multipliés du chevet. Le quai se trouve alors dans l'ombre quand les tours brillent bordées de lueurs, et ce contraste frappa Godefroid en proie à toutes les amertumes que la cruelle naïveté de l'épicier avait remuées.

Ce jeune homme flottait donc entre les conseils du désespoir et la voix touchante des harmonies religieuses mises en branle par la cloche de la cathédrale, quand, au milieu des ombres, du silence, aux clartés de la lune, il entendit la phrase du prêtre. Quoique peu dévot, comme la plupart des enfants de ce siècle, sa sensibilité s'émut à cette parole, et il revint rue Chanoinesse, où il ne voulait déjà plus aller.

Le prêtre et Godefroid furent aussi étonnés l'un que l'autre d'entrer dans la rue Massillon, qui fait face au petit portail nord de la cathédrale, de tourner ensemble dans la rue Chanoinesse, à l'endroit où, vers la rue de la Colombe, elle finit pour devenir la rue des Marmousets. Quand Godefroid s'arrêta sous le porche cintré de la maison où demeurait madame de La Chanterie, le prêtre se retourna vers Godefroid en l'examinant à la lueur d'un réverbère qui sera sans doute un des derniers à disparaître au cœur du vieux Paris.

— Vous venez voir madame de La Chanterie, monsieur? dit le prêtre.

— Oui, répondit Godefroid. La parole que je viens de vous entendre dire à cet ouvrier m'a prouvé que cette maison, si vous y demeurez, doit être salutaire à l'âme.

— Vous avez donc été témoin de ma défaite? dit le prêtre en levant le marteau, car je n'ai pas réussi.

— Il me semble bien plutôt que c'est l'ouvrier, car il vous demandait de l'argent assez énergiquement.

— Hélas! répondit le prêtre, l'un des plus grands malheurs des révolutions en France, c'est que chacune d'elles est une nouvelle prime donnée à l'ambition des classes inférieures. Pour sortir de sa condition, pour arriver à la fortune, que l'on regarde aujourd'hui comme la seule garantie sociale, cet ouvrier se livre à ces combinaisons monstrueuses qui, si elles ne réussissent pas, doivent amener le spéculateur à rendre des comptes à la justice humaine. Voilà ce que produit quelquefois l'obligeance.

Le portier ouvrit une lourde porte, et le prêtre dit à Godefroid : — Monsieur vient peut-être pour le petit appartement?

— Oui, monsieur.

Le prêtre et Godefroid traversèrent alors une assez vaste cour au fond de laquelle se dessinait en noir une haute maison flanquée d'une tour carrée encore plus élevée que les toits et d'une vétusté remarquable. Quiconque connaît l'histoire de Paris, sait que le sol s'y est tellement exhaussé devant et autour de la cathédrale, qu'il

n'existe pas vestige des douze degrés par lesquels on y montait jadis. Aujourd'hui, la base des colonnes du porche est de niveau avec le pavé. Donc, le rez-de-chaussée primitif de cette maison doit en faire aujourd'hui les caves. Il se trouve un perron de quelques marches à l'entrée de cette tour, où monte en spirale une vieille vis le long d'un arbre sculpté en façon de sarment. Ce style, qui rappelle celui des escaliers du roi Louis XII au château de Blois, remonte au quatorzième siècle. Frappé de mille symptômes d'antiquité, Godefroid ne put s'empêcher de dire en souriant au prêtre :
— Cette tour n'est pas d'hier.

— Elle a soutenu, dit-on, l'attaque des Normands et aurait fait partie d'un premier palais des rois de Paris ; mais, selon les traditions, elle aurait été plus certainement le logis du fameux chanoine Fulbert, l'oncle d'Héloïse.

En achevant ces mots, le prêtre ouvrit la porte de l'appartement qui paraissait être le rez-de-chaussée, et qui, sur la première comme sur la seconde cour, car il existe une petite cour intérieure, se trouve au premier étage.

Dans cette première pièce travaillait, à la lueur d'une petite lampe, une domestique coiffée d'un bonnet de batiste à tuyaux gaufrés pour tout ornement ; elle ficha une de ses aiguilles dans ses cheveux, et garda son tricot à la main, tout en se levant pour ouvrir la porte d'un salon éclairé sur la cour intérieure. Le costume de cette femme rappelait celui des Sœurs-Grises.

— Madame, je vous amène un locataire, dit le prêtre en introduisant Godefroid dans cette pièce où il vit trois personnages assis sur des fauteuils auprès de madame de La Chanterie.

Les trois personnages se levèrent, la maîtresse de la maison se leva ; puis quand le prêtre eut avancé pour Godefroid un fauteuil, quand le futur locataire se fut assis sur un geste de madame de La Chanterie, accompagné de ce vieux mot : « Seyez-vous, monsieur !» le Parisien se crut à une énorme distance de Paris, en basse Bretagne ou au fond du Canada.

Le silence a peut-être ses degrés. Peut-être Godefroid, déjà saisi par le silence des rues Massillon et Chanoinesse où il ne roule pas deux voitures par mois, saisi par le silence de la cour et de la tour, dut-il se trouver comme au cœur du silence, dans ce salon gardé par tant de vieilles rues, de vieilles cours et de vieilles murailles.

Cette partie de l'île qui se nomme le Cloître a conservé le caractère commun à tous les cloîtres, elle semble humide, froide, et demeure dans le silence monastique le plus profond aux heures les plus bruyantes du jour. On doit remarquer, d'ailleurs, que toute cette portion de la Cité, serrée entre le flanc de Notre-Dame et l rivière, est au nord et dans l'ombre de la cathédrale. Les vents d'est s'y engouffrent sans rencontrer d'obstacles, et les brouillards de la Seine y sont en quelque sorte retenus par les noires parois de la vieille église métropolitaine. Ainsi personne ne s'étonnera du sentiment qu'éprouva Godefroid en comparaissant dans ce vieux logis, en présence de quatre personnes silencieuses, et aussi solennelles que l'étaient les choses elles-mêmes. Il ne regarda point autour de lui, pris de curiosité pour madame de La Chanterie dont le nom l'avait intrigué déjà. Cette dame était évidemment une personne de l'autre siècle, pour ne pas dire de l'autre monde. Elle avait un visage douceâtre, à teintes à la fois molles et froides, un nez aquilin, un front plein de douceur, des yeux bruns, un double menton; le tout encadré de boucles de cheveux argentés. On ne pouvait donner à sa robe que le vieux nom de fourreau, tant elle y était serrée selon la mode du dix-huitième siècle. L'étoffe, de soie couleur carmélite à longues raies vertes fines et multipliées, semblait être de ce même temps. Le corsage, fait en corps de jupe, se cachait sous une mantille de pou-de-soie bordée de dentelle noire, et attachée sur la poitrine par une épingle à miniature. Les pieds, chaussés de brodequins de velours noir, reposaient sur un petit coussin. De même que sa servante, madame de La Chanterie tricotait des bas, et avait sous son bonnet de dentelle une aiguille fichée dans ses boucles crêpées.

— Vous avez vu monsieur Millet? dit-elle à Godefroid de cette voix de tête particulière aux douairières du faubourg Saint-Germain, en le voyant presque interdit et comme pour lui donner la parole.

— Oui, madame.

— J'ai peur que l'appartement ne vous convienne guère, reprit elle en remarquant l'élégance, la nouveauté, la fraîcheur de l'habillement de son futur locataire.

Godefroid avait des bottes vernies, des gants jaunes, de riches boutons de chemise et une jolie chaîne de montre passée dans une des boutonnières de son gilet de soie noire à fleurs bleues. Madame

MADAME DE LA CHANTERIE.

Elle avait un visage douceâtre, à teintes à la fois molles
et froides...

(L'ENVERS DE L'HISTOIRE CONTEMPORAINE.)

de La Chanterie prit dans une de ses poches un petit sifflet d'argent et siffla. La domestique entra.

— Manon, ma fille, fais voir l'appartement à monsieur. Voulez-vous, cher vicaire, y accompagner monsieur, reprit-elle en s'adressant au prêtre. Si par hasard, dit-elle en se levant de nouveau et en regardant Godefroid, le logement vous agréait, nous pourrons causer des conditions.

Godefroid salua et sortit. Il entendit le bruit de ferraille causé par les clefs que Manon prenait dans un tiroir, et il lui vit allumer la chandelle d'un grand martinet de cuivre jaune. Manon alla la première sans proférer une parole. Quand Godefroid se retrouva dans l'escalier, montant aux étages supérieurs, il douta de la vie réelle, il rêvait tout éveillé, il voyait le monde fantastique des romans qu'il avait lus dans ses heures de désœuvrement. Tout Parisien échappé, comme lui, du quartier moderne, au luxe des maisons et des ameublements, à l'éclat des restaurants et des théâtres, au mouvement du cœur de Paris, aurait partagé son opinion. Le martinet tenu par la servante éclairait faiblement le vieil escalier tournant, où les araignées avaient étendu leurs draperies pleines de poussière. Manon portait une cotte à gros plis, en grosse étoffe de bure; son corsage était carré par derrière comme par devant, et son habillement se remuait tout d'une pièce. Arrivée au troisième étage, qui passait pour être le second, Manon s'arrêta, fit mouvoir les ressorts d'une antique serrure, et ouvrit une porte peinte en couleur d'acajou ronceux grossièrement imité.

— Voilà, dit-elle en entrant la première.

Était-ce un avare, était-ce un peintre mort d'indigence, était-ce un cynique à qui le monde était indifférent, ou quelque religieux détaché du monde qui avait habité cet appartement? on pouvait se faire cette triple question en y sentant l'odeur de la misère, en voyant des taches grasses sur les papiers couverts d'une teinte de fumée, les plafonds noircis, les fenêtres à petites vitres poudreuses, les briques du plancher brunies, les boiseries enduites d'une espèce de glacis gluant. Un froid humide tombait par les cheminées de pierre sculptée peinte, et dont les glaces avaient des trumeaux du dix-septième siècle. L'appartement était en équerre comme la maison qui encadrait la cour intérieure, que Godefroid ne put voir à la nuit.

— Qui donc a demeuré là? demanda Godefroid au prêtre.

— Un ancien Conseiller au Parlement, grand-oncle de madame, un monsieur de Boisfrelon. En enfance depuis la Révolution, ce vieillard est mort en 1832, à quatre-vingt-seize ans, et madame n'a pu se décider à y mettre aussitôt un étranger, mais elle ne peut plus supporter de non-valeur.

— Oh! madame fera nettoyer l'appartement et le meublera de manière à satisfaire monsieur, reprit Manon.

— Cela dépendra de l'arrangement que vous prendrez, dit le prêtre. On trouverait là-dedans un beau parloir, une grande chambre à coucher et un cabinet; puis les deux petites pièces en retour sur la cour peuvent faire une belle pièce de travail. Telle est la distribution de mon appartement au-dessous et celle de l'appartement au-dessus.

— Oui, dit Manon, l'appartement de monsieur Alain est tout comme le vôtre, mais il a la vue de la tour.

— Je crois qu'il faudrait revoir le logement et la maison au jour..., dit timidement Godefroid.

— C'est possible, dit Manon.

Le prêtre et Godefroid descendirent en laissant refermer les portes par la servante, qui les rejoignit pour les éclairer. En rentrant dans le salon, Godefroid, aguerri, put, en causant avec madame de La Chanterie, examiner les êtres, les personnes et les choses.

Ce salon avait aux fenêtres des rideaux de vieux lampas rouge à lambrequins, et relevés par des cordons de soie. Le carreau rouge bordait un tapis de vieille tapisserie trop petit pour couvrir tout le plancher. La boiserie était peinte en gris. Le plafond, séparé en deux parties par une maîtresse poutre qui partait de la cheminée, semblait une concession tardivement faite au luxe. Les fauteuils, de bois peint en blanc, étaient garnis en tapisserie. Une mesquine pendule, entre deux flambeaux de cuivre doré, décorait le dessus de la cheminée. Madame de La Chanterie avait près d'elle une vieille table à pieds de biche, sur laquelle étaient ses pelotons de laine dans un panier d'osier. Une lampe hydrostatique éclairait cette scène.

Les quatre hommes assis, fixes, immobiles et silencieux comme des bronzes, avaient, ainsi que madame de La Chanterie, évidemment cessé leur conversation en entendant revenir l'étranger. Tous avaient des figures froides et discrètes, en harmonie avec le salon, la maison et le quartier. Madame de La Chanterie convint de la justesse des observations de Godefroid, et lui répondit qu'elle ne voulait rien faire avant de connaître les intentions de son locataire, pour mieux dire, de son pensionnaire. Si le locataire s'arrangeait des mœurs de sa maison, il devait devenir son pensionnaire, et ces mœurs différaient tant de celles de Paris ! On vivait rue Chanoinesse comme en province : il fallait être à l'ordinaire rentré vers les dix heures ; on haïssait le bruit ; on ne voulait ni femmes ni enfants pour ne déranger en rien les habitudes prises. Un ecclésiastique pouvait seul s'accommoder de ce régime. Madame de La Chanterie désirait surtout quelqu'un d'une vie modeste et sans exigence ; elle ne pouvait mettre que le strict nécessaire dans l'appartement. Monsieur Alain (elle désigna l'un des quatre assistants) était d'ailleurs content, et elle ferait pour son nouveau locataire comme pour les anciens.

— Je ne crois pas, dit alors le prêtre, que monsieur soit disposé à venir se mettre dans notre couvent.

— Eh ! pourquoi pas ? dit monsieur Alain ; nous y sommes bien, nous, et nous ne nous en trouvons pas mal.

— Madame, reprit Godefroid en se levant, j'aurai l'honneur de venir vous revoir demain.

Quoiqu'il fût un jeune homme, les quatre vieillards et madame de La Chanterie se levèrent, et le vicaire le reconduisit jusque sur le perron. Un coup de sifflet partit. A ce signal, le portier vint, armé d'une lanterne, prendre Godefroid, le conduisit jusque dans la rue, et referma l'énorme porte jaunâtre, pesante comme celle d'une prison, et décorée de serrureries en arabesques, qui remontaient à une époque difficile à déterminer.

Quand Godefroid eut monté dans un cabriolet et qu'il roula vers les régions du Paris vivant, éclairé, chaud, tout ce qu'il venait de voir lui sembla comme un rêve, et ses impressions, quand il se promena sur le boulevard des Italiens, avaient déjà le lointain du souvenir. Il se demandait : — Demain, retrouverais-je ces gens-là ?...

Le lendemain, en se levant au milieu des décorations du luxe moderne et des recherches du *comfort* anglais, Godefroid se rappela tous les détails de sa visite au cloître Notre-Dame, et retrouva dans son esprit le sens des choses qu'il avait vues. Les quatre inconnus dont la mise, l'attitude et le silence agissaient encore sur lui, devaient être des pensionnaires ainsi que le prêtre. La solennité de madame de La Chanterie lui parut venir de la dignité secrète avec laquelle elle portait de grands malheurs. Mais malgré les explications qu'il se donnait à lui-même, Godefroid ne pouvait s'empêcher de trouver un air de mystère à ces discrètes figures. Il choisissait du regard ceux de ses meubles qui pouvaient être conservés, ceux qui lui étaient indispensables; mais en les transportant par la pensée dans l'horrible logement de la rue Chanoinesse, il se mit à rire du contraste qu'ils y feraient, et résolut de tout vendre pour s'acquitter d'autant, et de se laisser meubler par madame de La Chanterie. Il lui fallait une vie nouvelle, et les objets qui pourraient lui rappeler son ancienne situation devaient être mauvais à voir. Dans son désir de transformation, car il appartenait à ces caractères qui s'avancent du premier bond très avant dans une situation, au lieu d'y aller pas à pas comme certains autres, il fut pris, pendant son déjeuner, par une idée: il voulut réaliser sa fortune, payer ses dettes, et placer le reste de ses capitaux dans la maison de banque où son père avait eu des relations.

Cette maison était la maison Mongenod et compagnie, établie à Paris depuis 1816 ou 1817, et dont la réputation de probité n'avait jamais reçu la moindre atteinte au milieu de la dépravation commerciale qui, plus ou moins, attaquait certaines maisons de Paris. Ainsi, malgré leurs immenses richesses, les maisons Nucingen et du Tillet, Keller frères, Palma et compagnie, sont entachées d'une mésestime secrète, ou, si vous voulez, qui ne s'exprime que d'oreille à oreille. D'affreux moyens avaient eu de si beaux résultats, les succès politiques, les principes dynastiques couvraient si bien de sales origines, que personne, en 1834, ne pense plus à la boue où plongent les racines de ces arbres majestueux, les soutiens de l'État. Néanmoins il n'était pas un seul de ces banquiers pour qui l'éloge de la maison Mongenod ne fût une blessure. A l'instar des banquiers anglais, la maison Mongenod ne déploie aucun luxe extérieur, on y vit dans un profond silence, on se contente de faire la banque avec une prudence, une sagesse, une loyauté qui lui permettent d'opérer avec sécurité d'un bout du monde à l'autre.

Le chef actuel, Frédéric Mongenod, est le beau-frère du vicomte de Fontaine. Ainsi cette nombreuse famille est alliée par le baron de Fontaine à monsieur Grossetête, le receveur général, frère des Grossetête et compagnie de Limoges, aux Vandenesse, à Planat de Baudry, autre receveur général. Cette parenté, après avoir valu à feu Mongenod père de grandes faveurs dans les opérations financières sous la Restauration, lui avait obtenu la confiance des premières maisons de la vieille noblesse, dont les capitaux et les immenses économies allaient dans cette banque. Loin d'ambitionner la pairie comme les Keller, les Nucingen et les du Tillet; les Mongenod restaient éloignés de la politique et n'en savaient que ce que doit en savoir la banque.

La maison Mongenod est établie dans un magnifique hôtel, entre cour et jardin, rue de la Victoire, où demeurent madame Mongenod la mère et ses deux fils, tous trois associés. Madame la vicomtesse de Fontaine avait été remboursée lors de la mort de Mongenod père, en 1827. Frédéric Mongenod, beau jeune homme de trente-cinq ans environ, d'un abord froid, silencieux, réservé comme un Génevois, propret comme un Anglais, avait acquis auprès de son père toutes les qualités nécessaires à sa difficile profession. Plus instruit que ne l'est généralement un banquier, son éducation avait comporté l'universalité de connaissances qui constitue l'enseignement polytechnique; mais, comme beaucoup de banquiers, il avait une prédilection, un goût en dehors de son commerce, il aimait la mécanique et la chimie. Mongenod le jeune, de dix ans moins âgé que Frédéric, se trouvait dans le cabinet de son aîné dans la position d'un premier clerc avec son notaire ou son avoué; Frédéric le formait, comme il avait été lui-même formé par son père à toutes les sciences du vrai banquier, lequel est à l'argent ce que l'écrivain est aux idées : l'un l'autre, ils doivent tout savoir.

En disant son nom de famille, Godefroid reconnut en quelle estime était son père, car il put traverser les bureaux et arriver au cabinet de Mongenod. Ce cabinet ne fermait que par des portes de glace, en sorte que, malgré son désir de ne pas écouter, Godefroid entendit la conversation qui s'y tenait.

— Madame, votre compte s'élève à seize cent mille francs au crédit comme au débit, disait Mongenod le jeune; je ne sais pas quelles sont les intentions de mon frère, et lui seul sait si une avance de cent mille francs est possible?... Vous avez manqué de prudence... On ne confie pas seize cent mille francs au commerce...

— Trop haut, Louis, dit une voix de femme, ton frère t'a recommandé de ne jamais parler qu'à voix basse. Il peut y avoir du monde dans le petit salon à côté.

Frédéric Mongenod ouvrit en ce moment la porte de communication entre ses appartements et son cabinet, il aperçut Godefroid et il traversa son cabinet tout en saluant avec respect la personne à qui parlait son frère.

— A qui ai-je l'honneur... dit-il à Godefroid qu'il avait fait passer le premier.

Dès que Godefroid se fut nommé, Frédéric le fit asseoir, et pendant que le banquier ouvrait son bureau, Louis Mongenod et une dame, qui n'était autre que madame de La Chanterie, se levèrent et allèrent à Frédéric. Tous trois, ils se mirent dans l'embrasure d'une fenêtre et parlèrent à voix basse avec madame Mongenod la mère, à qui les affaires étaient toujours confiées. Cette femme avait depuis trente ans donné, soit à son mari, soit à ses fils, des preuves de capacité qui faisaient d'elle un associé-gérant, car elle avait la signature. Godefroid vit dans un cartonnier des cartons étiquetés : « Affaires de La Chanterie, » avec les numéros de 1 à 7. Quand la conférence fut terminée par un mot du banquier à son frère : « Eh bien ! descends à la caisse, » madame de La Chanterie se retourna, vit Godefroid, retint un geste de surprise, et fit à voix basse des questions à Mongenod, qui répondit en peu de mots également à voix basse.

Madame de La Chanterie était mise en petits souliers de prunelle noire, en bas de soie gris ; elle avait sa robe de la veille et se tenait enveloppée de la *baute* vénitienne, espèce de mantelet qui revenait à la mode. Elle avait une capote de soie verte, dite *à la bonne femme*, et doublée de soie blanche. Sa figure était encadrée par des flots de dentelles. Elle se tenait droit et dans une attitude qui révélait sinon une haute naissance, du moins les habitudes d'une vie aristocratique. Sans son excessive affabilité, peut-être eût-elle paru pleine de hauteur. Enfin, elle était imposante.

— C'est moins un hasard qu'un ordre de la Providence qui nous rassemble ici, monsieur, dit-elle à Godefroid ; car j'étais presque décidée à refuser un pensionnaire dont les mœurs me semblaient antipathiques à celles de ma maison ; mais monsieur Mongenod vient de me donner des renseignements sur votre famille qui me...

— Hé ! madame... — Monsieur, dit Godefroid en s'adressant à la fois à madame de La Chanterie et au banquier, je n'ai plus de famille, et je venais demander un conseil financier à l'ancien banquier de mon père pour accorder ma fortune à un nouveau genre de vie.

Godefroy eut bientôt et en peu de mots raconté son histoire et dit son désir de changer d'existence.

— Autrefois, dit-il, un homme dans ma situation se serait fait moine ; mais nous n'avons plus d'ordres religieux...

— Allez chez madame, si madame veut bien vous accepter pour pensionnaire, dit Frédéric Mongenod après avoir échangé un regard avec madame de La Chanterie, et ne vendez pas vos rentes, laissez-les-moi. Donnez-moi la note exacte de vos obligations, j'assignerai des époques de payement à vos créanciers, et vous aurez pour vous environ cent cinquante francs par mois. Il faudra deux ans pour vous liquider. Pendant ces deux ans, là où vous serez, vous aurez eu tout le loisir de penser à une carrière, surtout au milieu des personnes avec lesquelles vous vivrez et qui sont de bon conseil.

Louis Mongenod arriva tenant à la main cent billets de mille francs qu'il remit à madame de La Chanterie. Godefroid offrit la main à sa future hôtesse et la conduisit à son fiacre.

— A bientôt donc, monsieur, dit-elle d'un son de voix affectueux.

— A quelle heure serez-vous chez vous, madame ? dit Godefroid.

— Dans deux heures.

— J'ai le temps de vendre mon mobilier, dit-il en la saluant.

Pendant le peu de temps qu'il avait tenu le bras de madame de La Chanterie sur le sien et qu'ils avaient marché tous deux, Godefroid n'avait pu dissiper l'auréole que ces mots : « votre compte s'élève à seize cent mille francs », dits par Louis Mongenod, faisaient à cette femme dont la vie se passait au fond du cloître Notre-Dame. Cette pensée : Elle doit être riche ! changeait entièrement sa manière de voir. « Quel âge peut-elle avoir ? » se demandait-il. Et il entrevit un roman dans un séjour rue Chanoinesse. « Elle a l'air noble ! Fait-elle de la banque ? » se disait-il.

A notre époque, sur mille jeunes gens dans la situation de Godefroid, neuf cent quatre-vingt-dix-neuf eussent eu la pensée d'épouser cette femme.

Un marchand de meubles, qui était un peu tapissier et principalement loueur d'appartements garnis, donna trois mille francs environ de tout ce que Godefroid voulait vendre, en le lui laissant encore pendant les quelques jours nécessaires à l'arrangement de l'horrible appartement de la rue Chanoinesse, où ce malade d'esprit se rendit promptement. Il fit venir un peintre dont l'adresse fut donnée par madame de La Chanterie, et qui, pour un prix modique, s'engagea dans la semaine, à blanchir les plafonds, nettoyer les fenêtres, peindre toutes les boiseries en bois de Spa et mettre le carreau en couleur. Godefroid prit la mesure des pièces pour y mettre partout le même tapis, un tapis vert de l'espèce la moins chère. Il voulait l'uniformité la plus simple dans cette cellule. Madame de La Chanterie approuva cette idée. Elle calcula, Manon aidant, ce qu'il fallait de calicot blanc pour les rideaux des fenêtres et pour ceux d'un modeste lit de fer; puis elle se chargea de les faire acheter et confectionner à un prix dont la modicité surprit Godefroid. Avec les meubles qu'il apportait, son appartement restauré ne lui coûterait pas plus de six cents francs.

— Je pourrai donc en porter mille environ chez monsieur Mongenod.

— Nous menons ici, lui dit alors madame de La Chanterie, une vie chrétienne qui, vous le savez, s'accorde mal avec beaucoup de superfluités, et je crois que vous en conservez encore trop.

En donnant un conseil à son futur pensionnaire, elle regardait un diamant qui brillait à l'anneau dans lequel était passée la cravate bleue de Godefroid.

— Je ne vous en parle, reprit-elle, qu'en vous voyant dans l'intention de rompre avec la vie dissipée dont vous vous êtes plaint à monsieur Montgenod.

Godefroid contemplait madame de La Chanterie en savourant les harmonies d'une voix limpide; il examinait ce visage entièrement blanc, digne d'une de ces Hollandaises graves et froides que le pinceau de l'école flamande a si bien reproduites, et chez lesquelles les rides sont impossibles.

— Blanche et grasse! se disait-il en s'en allant; mais elle a bien des cheveux blancs...

Godefroid, comme toutes les natures faibles, s'était fait facilement à une nouvelle vie en la croyant tout heureuse, et il avait hâte de venir rue Chanoinesse; néanmoins il eut une pensée de prudence, ou de défiance si vous voulez. Deux jours avant son installation, il retourna chez monsieur Mongenod pour prendre quelques renseignements sur la maison où il allait entrer. Pendant le peu d'instants qu'il passait dans son futur logement pour examiner les changements qui s'y faisaient, il avait remarqué les allées et venues de plusieurs gens dont la mine et la tournure, sans être mystérieuses, permettaient de croire à l'exercice de quelque profession, à des occupations secrètes chez les habitants de la maison. A cette époque, on s'occupait beaucoup des tentatives de la branche aînée de la maison de Bourbon pour remonter sur le trône, et Godefroid crut à quelque conspiration. Quand il se trouva dans le cabinet du banquier et sous le coup de son regard scrutateur, en lui exprimant sa demande, il eut honte de lui-même, et vit un sourire sardonique dessiné sur les lèvres de Frédéric Mongenond.

— Madame la baronne de La Chanterie, répondit-il, est une des plus obscures personnes de Paris, mais elle en est une des plus honorables. Avez-vous donc des motifs pour me demander des renseignements?

Godefroid se rejeta sur des banalités : il allait vivre pour longtemps avec des étrangers, il fallait savoir avec qui l'on se liait, etc. Mais le sourire du banquier devenait de plus en plus ironique, et Godefroid, de plus en plus embarrassé, eut la honte de la démarche sans en tirer aucun fruit, car il n'osa plus faire de questions ni sur madame de La Chanterie ni sur les commensaux.

Deux jours après, par un lundi soir, après avoir dîné pour la dernière fois au café anglais, et vu les deux premières pièces aux Variétés, il vint, à dix heures, coucher rue Chanoinesse, où il fut conduit à son appartement par Manon.

La solitude a des charmes comparables à ceux de la vie sauvage qu'aucun Européen n'a quittée après y avoir goûté. Ceci peut paraître étrange dans une époque où chacun vit si bien pour autrui que tout le monde s'inquiète de chacun, et que la vie privée n'existera bientôt plus, tant les yeux du journal, argus moderne, gagnent en hardiesse, en avidité; néanmoins cette proposition s'appuie de l'autorité des six premiers siècles du Christianisme, pendant lesquels aucun solitaire ne revint à la vie sociale. Il est peu de plaies morales que la solitude ne guérisse. Aussi tout d'abord Godefroid fut-il saisi par le calme profond et par le silence absolu de sa nouvelle demeure, absolument comme un voyageur fatigué se délasse dans un bain.

Le lendemain même de son entrée en pension chez madame de La Chanterie, il fut forcé de s'examiner, en se trouvant séparé de tout, même de Paris, quoiqu'il fût encore à l'ombre de la cathédrale. Désarmé là de toutes les vanités sociales, il allait ne plus avoir d'autres témoins de ses actes que sa conscience et les commensaux de madame de La Chanterie. C'était quitter le grand chemin du monde et entrer dans une voie inconnue; mais, où cette voie le mènerait-il? à quelle occupation allait-il se vouer?

Il était depuis deux heures livré à ces réflexions, lorsque Manon, l'unique servante du logis, vint frapper à la porte, et lui dit que le second déjeuner était servi, qu'on l'attendait. Midi sonnait. Le nouveau pensionnaire descendit aussitôt, poussé par le désir de juger les cinq personnes au milieu desquelles il devait passer désormais sa vie. En entrant au salon, il aperçut tous les habitants de la maison debout, et habillés des mêmes vêtements qu'ils portaient le jour où il était venu prendre des renseignements.

— Avez-vous bien dormi?... lui demanda madame de La Chanterie.

— Je ne me suis réveillé qu'à dix heures, répondit Godefroid en saluant les quatre commensaux qui lui rendirent tous son salut avec gravité.

— Nous nous y sommes attendus, dit en souriant le vieillard nommé Alain.

— Manon m'a parlé d'un second déjeuner, reprit Godefroid, il paraît que j'ai déjà, sans le vouloir, manqué à la règle... A quelle heure vous levez-vous?

— Nous ne nous levons pas absolument comme les anciens moines, répondit gracieusement madame de La Chanterie, mais comme les ouvriers... à six heures en hiver, à trois heures et demie en été. Notre coucher obéit également à celui du soleil. Nous sommes toujours endormis à neuf heures en été, à onze heures en hiver. Nous prenons tous un peu de lait qui vient de notre ferme, après avoir dit nos prières, à l'exception de monsieur l'abbé de Vèze, qui dit la première messe, celle de six heures en été, celle de sept heures en hiver, à Notre-Dame, à laquelle ces messieurs assistent tous les jours, ainsi que votre très humble servante.

Madame de La Chanterie achevait cette explication à table, où ses cinq convives s'étaient assis.

La salle à manger, entièrement peinte en gris et garnie de boiseries, dont les dessins trahissaient le goût du siècle de Louis XIV, était contiguë à cette espèce d'antichambre où se tenait Manon, et paraissait être parallèle à la chambre de madame de La Chanterie qui communiquait sans doute avec le salon. Cette pièce n'avait pas d'autre ornement qu'un vieux cartel. Le mobilier consistait en six chaises dont le dossier de forme ovale offrait des tapisseries évidemment faites à la main par madame de La Chanterie, en deux buffets et une table d'acajou, sur laquelle Manon ne mettait pas de nappe pour le déjeuner. Ce déjeuner, d'une frugalité monastique, se composait d'un petit turbot accompagné d'une sauce blanche, de pommes de terre, d'une salade et de quatre assiettées de fruits : des pêches, du raisin, des fraises et des amandes fraîches ; puis, pour hors-d'œuvre, du miel dans son gâteau comme en Suisse, du beurre et des radis, des concombres et des sardines. C'était servi dans cette porcelaine fleuretée de bluets et de feuilles vertes et menues qui, sans doute, fut un grand luxe sous Louis XVI, mais que les croissantes exigences de la vie actuelle ont rendue commune.

— Nous faisons maigre, dit monsieur Alain. Si nous allons à la messe tous les matins, vous devez deviner que nous obéissons aveuglément à toutes les pratiques, même les plus sévères, de l'Église.

— Et vous commencerez par nous imiter, dit madame de La Chanterie en jetant un regard de côté sur Godefroid qu'elle avait mis près d'elle.

Des cinq convives, Godefroid connaissait déjà les noms de madame de La Chanterie, de l'abbé de Vèze et de monsieur Alain ; mais il lui restait à savoir les noms des deux autres personnages. Ceux-là gardaient le silence en mangeant avec cette attention que les religieux paraissent prêter aux plus petits détails de leurs repas.

— Ces beaux fruits viennent-ils aussi de votre ferme, madame ? dit Godefroid.

— Oui, monsieur, répondit-elle. Nous avons notre petite ferme-modèle, absolument comme le gouvernement, c'est notre maison de campagne, elle est à trois lieues d'ici, sur la route d'Italie, après Villeneuve-Saint-Georges.

— C'est un bien qui nous appartient à tous et qui doit rester au dernier survivant, dit le bonhomme Alain.

— Oh ! ce n'est pas considérable, ajouta madame de La Chanterie qui parut craindre que Godefroid ne prît ce discours comme une amorce.

— Il y a, dit un des deux personnages inconnus à Godefroid, trente arpents de terres labourables, six arpents de prés et un enclos de quatre arpents au milieu duquel se trouve notre maison, qui est précédée par la ferme.

— Mais ce bien-là, répondit Godefroid, doit valoir plus de cent mille francs.

— Oh! nous n'en tirons pas autre chose que nos provisions, répondit le même personnage.

C'était un homme grand, sec et grave. Au premier aspect, il paraissait avoir servi dans l'armée; ses cheveux blancs disaient assez qu'il avait passé la soixantaine, et son visage trahissait de violents chagrins contenus par la religion.

Le second inconnu, qui semblait tenir à la fois du régent de rhétorique et de l'homme d'affaires, était de taille ordinaire, gras et néanmoins agile; sa figure offrait les apparences de la jovialité particulière aux notaires et aux avoués de Paris.

Le costume de ces quatre personnages présentait le phénomène de la propreté due à des soins égoïstes. On reconnaissait la même main, celle de Manon, dans les plus petits détails. Leurs habits avaient dix ans peut-être, et se conservaient comme se conservent les habits de curés, par la puissance occulte de la servante et d'un usage constant. Ces gens portaient en quelque sorte la livrée d'un système d'existence, ils appartenaient tous à la même pensée, leurs regards disaient le même mot, leurs figures respiraient une douce résignation, une quiétude provocante.

— Est-ce une indiscrétion, madame, dit Godefroid, de demander le nom de ces messieurs? je suis prêt à leur dire ma vie, ne puis-je apprendre de la leur ce que les convenances permettent d'en savoir?

— Monsieur, répondit madame de La Chanterie en montrant le grand homme sec, se nomme monsieur Nicolas; il est colonel de gendarmerie en retraite avec le grade de maréchal de camp. — Monsieur, ajouta-t-elle en désignant le petit homme gras, est un ancien conseiller à la cour royale de Paris, qui s'est retiré de la magistrature en août 1830, il se nomme monsieur Joseph. Quoique vous ne soyez ici que d'hier, je vous dirai que dans le monde, monsieur Nicolas portait le nom de marquis de Montauran, et monsieur Joseph celui de Lecamus, baron de Tresnes; mais, pour nous comme pour tout le monde, ces noms-là n'existent plus, ces messieurs sont sans héritiers, ils devancent l'oubli qui attend leurs familles, et ils sont tout simplement messieurs Nicolas et Joseph, comme vous serez monsieur Godefroid.

En entendant prononcer ces deux noms, l'un si célèbre dans

les fastes du royalisme par la catastrophe qui termina la prise d'armes des Chouans au début du Consulat, l'autre si vénéré dans les fastes du vieux Parlement de Paris, Godefroid ne put retenir un tressaillement; mais en regardant ces deux débris des deux plus grandes choses de la monarchie écroulée, la Noblesse et la Robe, il n'aperçut aucune inflexion dans les traits, aucun changement de physionomie qui révélât en eux une pensée mondaine. Ces deux hommes ne se souvenaient plus ou ne voulaient plus se souvenir de ce qu'ils avaient été. Ce fut une première leçon pour Godefroid.

— Chacun de vos noms, messieurs, est toute une histoire, leur dit-il respectueusement.

— L'histoire de notre temps, répondit monsieur Joseph, des ruines!

— Vous êtes en bonne compagnie, reprit en souriant monsieur Alain.

Celui-là sera dépeint en deux mots : c'était le petit bourgeois de Paris, un bon bourgeois à figure de veau relevée par les cheveux blancs, mais affadie par un sourire éternel.

Quant au prêtre, à l'abbé de Vèze, sa qualité disait tout. Le prêtre qui remplit sa mission est connu par le premier regard qu'il vous jette et qu'on lui jette.

Ce qui frappa Godefroid pendant les premiers moments, ce fut le profond respect que les quatre pensionnaires témoignaient à madame de La Chanterie ; ils semblaient tous, même le prêtre, malgré le caractère sacré que lui donnaient ses fonctions, se trouver devant une reine. Godefroid remarqua la sobriété de tous les convives. Chacun mangea véritablement pour se nourrir. Madame de La Chanterie prit, comme tous ses commensaux, une seule pêche, une demi-grappe de raisin ; mais elle dit à son nouveau pensionnaire de ne pas imiter cette réserve en lui présentant tour à tour chaque plat.

La curiosité de Godefroid fut excitée au plus haut degré par ce début. Après le déjeuner, en rentrant au salon, on le laissa seul, et madame de La Chanterie alla tenir un petit conseil secret dans l'embrasure d'une des croisées avec les quatre amis. Cette conférence, sans aucune animation, dura près d'une demi-heure. On parlait à voix basse, en échangeant des paroles que chacun semblait avoir mûries. De temps en temps, monsieur Alain et monsieur Joseph consultaient un carnet en le feuilletant.

— Voyez le faubourg, dit madame de La Chanterie à monsieur Nicolas qui partit.

Ce fut la première parole que Godefroid put saisir.

— Et vous le quartier Saint-Marceau, reprit-elle en s'adressant à monsieur Joseph. Battez le faubourg Saint-Germain et tâchez d'y trouver ce qu'il nous faut !... ajouta-t-elle en regardant l'abbé de Vèze qui sortit aussitôt.

— Et vous, mon cher Alain ! dit-elle en souriant au dernier, passez la revue... — Voici les affaires d'aujourd'hui décidées, dit-elle en revenant à Godefroid.

Et elle s'assit dans son fauteuil, prit sur une petite table devant elle du linge taillé qu'elle se mit à coudre, comme si elle eût été à la tâche.

Godefroid, perdu dans ses conjectures et croyant à une conspiration royaliste, prit la phrase de son hôtesse pour une ouverture, et il se mit à l'étudier en s'asseyant près d'elle. Il fut frappé de la dextérité singulière avec laquelle travaillait cette femme, en qui tout trahissait la grande dame ; elle avait une prestesse d'ouvrière, car tout le monde peut, à certaines façons, reconnaître le faire de l'ouvrier et celui d'un amateur.

— Vous allez, lui dit Godefroid, comme si vous connaissiez ce métier !...

— Hélas ! répondit-elle sans lever la tête, je l'ai fait jadis par nécessité !...

Deux grosses larmes jaillirent des yeux de cette vieille femme, et tombèrent du bas de ses joues sur le linge qu'elle tenait.

— Pardonnez-moi, madame, s'écria Godefroid.

Madame de La Chanterie regarda son nouveau pensionnaire, et vit sur sa figure une telle expression de regret qu'elle lui fit un signe amical. Après s'être essuyé les yeux, elle reprit aussitôt le calme qui caractérisait sa figure moins froide que froidie.

— Vous êtes ici, monsieur Godefroid, car vous savez déjà qu'on ne vous nommera que par votre nom de baptême, vous êtes au milieu des débris d'une grande tempête. Nous sommes tous meurtris et atteints dans nos cœurs, dans nos intérêts de famille ou dans nos fortunes par cet ouragan de quarante années qui a renversé la royauté, la religion et dispersé les éléments de ce qui faisait la vieille France. Des mots indifférents en apparence nous blessent tous, et telle est la raison du silence qui règne ici. Nous

nous parlons rarement de nous-mêmes ; nous nous sommes oubliés, et nous avons trouvé le moyen de substituer une autre vie à notre vie. Et c'est parce que j'ai cru, d'après votre confidence chez ongenod, à quelque parité entre votre situation et la nôtre, que décidé mes quatre amis à vous recevoir parmi nous ; nous ons besoin d'ailleurs de trouver un moine de plus pour notre uvent. Mais, qu'allez-vous faire ? On n'aborde pas la solitude sans provisions morales.

— Madame, je serais très heureux, en vous entendant parler ainsi, de vous voir devenir l'arbitre de ma destinée.

— Vous parlez en homme du monde, répondit-elle, et vous tâchez de me flatter, moi, femme de soixante ans !... Mon cher enfant, reprit-elle, sachez que vous êtes au milieu de gens qui croient fortement à Dieu, qui tous ont senti sa main, et qui se sont livrés à lui presque aussi entièrement que les trappistes. Avez-vous remarqué la sécurité profonde du vrai prêtre quand il s'est donné au Seigneur, qu'il en écoute la voix et qu'il s'efforce d'être un instrument docile aux doigts de la Providence ?... il n'a plus ni vanité, ni amour-propre, ni rien de ce qui cause aux gens du monde des blessures continuelles ; sa quiétude égale celle du fataliste, sa résignation lui fait tout supporter. Le vrai prêtre, un abbé de Vèze, est alors comme un enfant avec sa mère, car l'Église, mon cher monsieur, est une bonne mère. Eh bien ! on peut se faire prêtre sans tonsure, tous les prêtres ne sont pas dans les Ordres. Se vouer au bien, c'est imiter le bon prêtre, c'est obéir à Dieu ! Je ne vous prêche pas, je ne veux pas vous convertir, je veux vous expliquer notre vie.

— Instruisez-moi, madame, dit Godefroid subjugué, que je ne manque à aucun article de votre règlement.

— Vous auriez trop à faire, vous l'apprendrez par degrés. Avant tout, ici, ne parlez jamais de vos malheurs qui sont des enfantillages comparés aux catastrophes terribles sous lesquelles Dieu a foudroyé ceux avec qui vous êtes en ce moment...

En parlant ainsi, madame de La Chanterie tirait toujours ses points avec une régularité désespérante ; mais là, elle leva la tête et regarda Godefroid, elle le trouva charmé par la pénétrante douceur de sa voix, qui, disons-le, possédait une onction apostolique. Le jeune malade contemplait avec admiration le phénomène vraiment extraordinaire que présentait cette femme dont le visage resplendissait. Des teintes rosées s'étaient répandues sur ses joues d'un blanc de cierge, ses yeux brillaient, la jeunesse de l'âme animait ses légères rides devenues gracieuses, et tout en elle sollicitait l'affection. Godefroid mesurait en ce moment la profondeur de l'abîme qui séparait cette femme des sentiments vulgaires; il la voyait arrivée sur un pic inaccessible où la Religion l'avait conduite, et il était encore trop mondain pour ne pas être piqué au vif, pour ne pas désirer de descendre dans ce fossé, de monter la cime aiguë où madame de La Chanterie était posée, et s'y placer près d'elle. En se livrant à une étude approfondie de cette femme, il lui raconta les déceptions de sa vie et tout ce qu'il n'avait pu dire chez Mongenod, où sa confidence s'était restreinte à l'exposé de sa situation.

— Pauvre enfant!...

Cette exclamation maternelle, tombée des lèvres de madame de La Chanterie, arrivait par moments comme un baume sur le cœur du jeune homme.

— Que puis-je substituer à tant d'espérances trompées, à tant d'affection trahie? demanda-t-il enfin en regardant son hôtesse devenue rêveuse. Je suis venu ici, reprit-il, y réfléchir et prendre un parti. J'ai perdu ma mère, remplacez-la...

— Aurez-vous, dit-elle, l'obéissance d'un fils?...

— Oui, si vous avez toute la tendresse qui la commande.

— Eh bien! nous essayerons, répliqua-t-elle.

Godefroid tendit sa main pour prendre une des mains de son hôtesse qui la lui offrit en devinant son intention, et il la porta respectueusement à ses lèvres. La main de madame de La Chanterie était admirablement belle, sans rides, ni grasse, ni maigre, blanche à faire envie à une jeune femme, et d'une tournure à être copiée par un statuaire. Godefroid avait admiré ces mains en les trouvant en harmonie avec les enchantements de la voix, avec le bleu céleste du regard.

— Restez là! dit madame de La Chanterie en se levant et en rentrant chez elle.

Godefroid éprouva la plus vive émotion, et ne savait à quel ordre d'idées attribuer le mouvement de cette femme; il ne demeura pas pendant longtemps dans ses perplexités, car elle rentra tenant un volume à la main.

— Voici, dit-elle, mon cher enfant, les ordonnances d'un grand médecin des âmes. Quand les choses de la vie ordinaire ne nous ont pas donné le bonheur que nous en attendions, il faut chercher le bonheur dans la vie supérieure, et voici la clef d'un nouveau monde. Lisez, soir et matin, un chapitre de ce livre; mais lisez-le en y prêtant toute votre attention; étudiez-en les paroles comme s'il s'agissait d'une langue étrangère... Au bout d'un mois, vous serez un tout autre homme. Voici vingt ans que je lis tous les jours un chapitre, et mes trois amis, messieurs Nicolas, Alain et Joseph, ne manquent pas plus à cette pratique qu'ils ne manquent à se coucher et à se lever; imitez-les pour l'amour de Dieu, pour l'amour de moi, dit-elle avec une sérénité divine, avec une auguste confiance.

Godefroid retourna le livre et lut au dos, en lettres d'or : Imitation de Jésus-Christ. La naïveté de cette vieille femme, sa candeur juvénile, sa certitude de bienfaisance confondirent l'ex-dandy. Madame de La Chanterie était absolument dans l'attitude et le ravissement d'une femme qui tendrait cent mille francs à un négociant sur le point de faire faillite.

— Je m'en suis servi, dit-elle, depuis vingt-six ans. Dieu veuille que ce livre soit contagieux ! Allez m'en acheter un autre, car voici l'heure à laquelle doivent venir des personnes qui ne doivent pas être vues.

Godefroid salua madame de La Chanterie et remonta dans sa chambre, où il jeta le livre sur une table en s'écriant : — Pauvre bonne femme !... va !...

Le livre, comme tous les livres fréquemment lus, s'ouvrit à un endroit. Godefroid s'assit comme pour mettre ses idées en ordre, car il avait éprouvé plus d'émotion dans cette matinée que durant les mois les plus agités de sa vie, et sa curiosité surtout n'avait jamais été si vivement excitée. En laissant aller ses yeux au hasard, comme il arrive aux gens dont l'âme est lancée dans la méditation, il regarda machinalement les deux pages que présentait le livre, et il lut malgré lui cet intitulé :

CHAPITRE XII.

DU CHEMIN ROYAL DE LA SAINTE CROIX.

Et il prit le livre ! Et cette phrase de ce beau chapitre saisit son retard comme par un flamboiement.

« Il a marché devant vous chargé de sa croix, et il est mort
» pour vous, afin que vous portiez votre croix et que vous désiriez
» y mourir.

» Allez où vous voudrez, faites tant de recherches qu'il vous
» plaira, vous ne trouverez pas de voies plus élevées ni plus sûres
» que le *chemin de la sainte croix.*

» Disposez et réglez toutes choses selon vos désirs et vos vues,
» vous n'y rencontrerez qu'un engagement à souffrir toujours
» quelques peines, soit que vous le vouliez ou non, et ainsi vous
» trouverez toujours la croix ; car vous vous sentirez de la douleur
» dans le corps, ou vous aurez à souffrir des peines dans l'esprit.

» Tantôt vous serez délaissé de Dieu, tantôt les hommes vous
» donneront de l'exercice. Bien plus, vous serez souvent à charge
» à vous-même, sans pouvoir être délivré par aucun remède, ni
» soulagé par aucune consolation ; et jusqu'à ce qu'il plaise à Dieu
» d'y mettre fin, vous serez obligé de souffrir, car Dieu veut que
» vous appreniez à souffrir sans consolations, afin que vous vous
» soumettiez à lui sans réserve, et que vous deveniez plus humble
» par le moyen des tribulations. »

— Quel livre ! se dit-il en feuilletant ce chapitre.

Et il tomba sur ces paroles :

« Quand vous serez parvenu à ce point que de trouver les afflic-
» tions douces et d'y prendre goût pour l'amour de Jésus-Christ,
» alors croyez-vous heureux, parce que vous aurez trouvé le pa-
» radis en ce monde. »

Importuné par cette simplicité, caractère de la force, et furieux
d'être battu par ce livre, il le ferma ; mais trouva ce conseil gravé
en lettres d'or sur le maroquin vert de la couverture :

NE CHERCHEZ QUE CE QUI EST ÉTERNEL !

— Et l'ont-ils trouvé ici !... se demanda-t-il.

Il sortit pour aller chercher un bel exemplaire de l'Imitation de
Jésus-Christ, en pensant que madame de La Chanterie avait à en
lire un chapitre le soir, il descendit et gagna la rue. Il resta pendant quelques instants à deux pas de la porte, indécis sur le chemin
à prendre, en se demandant à quel endroit, dans quelle librairie il
irait acheter son livre, et il entendit alors le bruit lourd de la mas-
sive porte cochère qui se fermait.

Deux hommes sortaient de l'hôtel de la Chanterie, car si l'on a bien saisi le caractère de cette vieille maison, on y aura reconnu celui qui distingue les anciens hôtels. Manon, en venant avertir Godefroid le matin, lui avait demandé comment il avait passé sa première nuit à l'hôtel de La Chanterie, évidemment en riant. Godefroid suivit sans aucune idée d'espionnage les deux hommes qui le prirent pour un passant et qui, dans ces rues désertes, parlèrent assez haut pour qu'il pût entendre leur conversation.

Les deux inconnus retournaient par la rue Massillon, pour longer Notre-Dame et traverser le Parvis.

— Hé bien! tu vois, mon vieux, qu'il est assez facile de leur attraper des sous... Faut dire comme eux... voilà tout.

— Mais nous devons?

— A qui?

— A cette dame...

— Je voudrais bien me voir poursuivi par cette vieille carcasse, je la...

— Tu la... tu la payerais...

— Tu as raison, car en payant j'aurais plus tard encore plus qu'aujourd'hui...

— Ne vaudrait-il pas mieux nous conduire par leurs conseils et arriver à faire un bon établissement...

— Ah! bah!

— Puisqu'ils nous trouveraient des bailleurs de fonds, a-t-elle dit.

— Il faudrait quitter aussi la vie...

— La vie m'ennuie, c'est pas être un homme que d'être toujours dans les vignes...

— Oui, mais l'abbé n'a-t-il pas lâché l'autre jour le père Marin, il lui a tout refusé.

— Ah bah! le père Marin voulait faire des filouteries qui ne peuvent réussir qu'aux millionnaires.

En ce moment, ces deux hommes, dont la tenue indiquait des contre-maîtres d'atelier, retournèrent brusquement sur leurs pas pour aller chercher le quartier de la place Maubert par le pont de l'Hôtel-Dieu; Godefroid s'écarta, mais en se voyant suivis de si près par lui, tous deux échangèrent un regard de défiance et leur visage exprima le regret d'avoir parlé.

Godefroid fut d'autant plus intéressé par cette conversation qu'elle lui rappela la scène de l'abbé de Vèze et de l'ouvrier le jour de sa première visite.

— Que se passe-t-il donc chez madame de La Chanterie? se demanda-t-il encore.

En méditant cette question, il alla jusque chez un libraire de la rue Saint-Jacques et revint avec un exemplaire très riche de la plus belle édition qu'on ait faite en France de l'Imitation de Jésus-Christ. En venant à pas lents pour se trouver à l'heure exacte du dîner, il rappelait en lui-même ses sensations pendant cette matinée, et il en ressentait une extrême fraîcheur d'âme. Il était pris d'une curiosité profonde, mais sa curiosité pâlissait néanmoins sous un désir inexplicable, il était attiré vers madame de La Chanterie, il éprouvait une violente envie de s'attacher à elle, de se dévouer pour elle, de lui plaire, de mériter ses éloges; enfin il était atteint d'amour platonique, il pressentait des grandeurs inouïes dans cette âme, il voulait la connaître dans son entier. Il était impatient de pénétrer les secrets de l'existence de ces purs catholiques. Enfin, dans cette petite réunion de fidèles, la majesté de la religion pratiquée était si bien alliée à ce que la femme française a de majestueux, qu'il résolut de tout faire pour s'y faire agréger. Ces sentiments eussent été bien prompts chez un Parisien occupé ; mais Godefroid était, comme on l'a vu, dans la situation des naufragés qui s'attachent aux plus flexibles branches en les croyant solides, et il avait une âme labourée, prête à recevoir toute semence.

Il trouva les quatre amis au salon, et il présenta le livre à madame de La Chanterie en lui disant : — Je n'ai pas voulu vous en priver pour ce soir...

— Dieu veuille! répondit-elle en regardant le magnifique volume, que ce soit votre dernier accès d'élégance.

En voyant chez ces quatre personnages les moindres choses des vêtements réduites au propre et à l'utile, en trouvant ce système appliqué rigoureusement dans les moindres détails de la maison, Godefroid comprit la valeur de ce reproche si gracieusement exprimé.

— Madame, dit-il, les gens que vous avez obligés ce matin sont des monstres ; j'ai, sans le vouloir, entendu les propos qu'ils tenaient en sortant d'ici, et il y régnait la plus noire ingratitude.

— C'est les deux serruriers de la rue Mouffetard, dit madame de La Chanterie à monsieur Nicolas, cela vous regarde...

— Le poisson se sauve plus d'une fois avant d'être pris, répondit en riant monsieur Alain.

La parfaite insensibilité de madame de La Chanterie en apprenant l'ingratitude immédiate des gens à qui, sans doute, elle avait donné de l'argent, surprit Godefroid qui devint pensif.

Le dîner fut égayé par monsieur Alain et par l'ancien conseiller; mais le militaire resta grave, triste et froid; il portait sur sa figure l'empreinte ineffaçable d'un chagrin amer, d'une douleur éternelle. Madame de La Chanterie avait des attentions égales pour tous. Godefroid se sentit observé par ces gens dont la prudence égalait la piété, sa vanité lui fit imiter leur réserve, et il mesura beaucoup ses paroles.

Cette première journée devait être beaucoup plus animée que les suivantes. Godefroid, qui se vit mis en dehors de toutes les conférences sérieuses, fut obligé, pendant les quelques heures de la matinée et de la soirée, où il était seul chez lui, d'ouvrir l'Imitation de Jésus-Christ, et il finit par étudier ce livre comme on étudie un livre quand on n'en possède qu'un, et qu'on se trouve emprisonné. Il en est alors de ce livre comme d'une femme quand on est avec elle dans la solitude; de même qu'il faut haïr ou adorer la femme, de même on se pénètre de l'esprit de l'auteur ou vous ne lisez pas dix lignes.

Or, il est impossible de ne pas être saisi par l'Imitation qui est au dogme ce que l'action est à la pensée. Le catholicisme y vibre, s'y meut, s'agite, s'y prend corps à corps avec la vie humaine. Ce livre est un ami sûr. Il parle à toutes les passions, à toutes les difficultés, même mondaines; il résout toutes les objections, il est plus éloquent que tous les prédicateurs, car sa voix est la vôtre, elle s'élève dans votre cœur, et vous l'entendez par l'âme. C'est enfin l'Évangile traduit, approprié à tous les temps, superposé à toutes les situations Il est extraordinaire que l'Église n'ait pas canonisé Gerson, car l'Esprit saint animait évidemment sa plume.

Pour Godefroid, l'hôtel de La Chanterie renfermait une femme, outre le livre; et il s'éprenait de jour en jour davantage de cette femme; il découvrait en elle des fleurs ensevelies sous la neige des hivers, il entrevoyait les délices de cette amitié sainte que la religion permet, à laquelle les anges sourient, qui liait d'ailleurs ces cinq personnes, et contre laquelle rien de mauvais ne pouvait prévaloir. Il est un sentiment supérieur à tous les autres un amour d'âme à âme qui ressemble à ces fleurs si rares, nées sur les pics les plus élevés de la terre, et dont un ou deux exemples sont offerts à l'humanité de siècle en siècle, par lequel souvent des amants se sont unis, et qui rendent raison des attachements fidèles, inexplicables par les lois ordinaires du monde. C'est un attachement sans aucun mécompte, sans brouilles, sans vanité, sans luttes, sans contrastes même, tant les natures morales se sont également confondues. Ce sentiment immense, infini, né de la Charité catholique, Godefroid en entrevoyait les délices. Il ne pouvait pas croire par moments au spectacle qu'il avait sous les yeux, et il cherchait des raisons à l'amitié sublime de ces cinq personnes, étonné de trouver de vrais catholiques, des chrétiens du premier temps de l'Église dans le Paris de 1835.

Huit jours après son entrée au logis, Godefroid avait été témoin d'un tel concours de gens, il avait surpris des fragments de conversation où il s'agissait de choses si graves, qu'il entrevit une prodigieuse activité dans la vie de ces cinq personnes. Il s'aperçut que chacune d'elles dormait six heures au plus.

Toutes, elles avaient déjà fait, en quelque sorte, une première journée, lors du second déjeuner. Des étrangers apportaient ou remportaient des sommes, parfois importantes. Le garçon de caisse de Mongenod venait souvent, et toujours de grand matin, de manière à ce que son service ne souffrît pas de ces courses, en dehors des habitudes de la maison de banque.

Monsieur Mongenod lui-même vint un soir, et Godefroid remarqua chez lui, pour monsieur Alain, des nuances de familiarité filiale, mêlées au profond respect qu'il lui témoignait, comme aux trois autres pensionnaires de madame de La Chanterie.

Ce soir-là, le banquier ne fit à Godefroid que des questions banales : — S'il se trouvait bien ici, s'il y resterait, etc., en l'engageant à persévérer dans sa résolution.

— Il ne me manque qu'une seule chose pour être heureux, dit Godefroid.

— Eh, quoi? demanda le banquier.

— Une occupation.

— Une occupation! reprit l'abbé de Vèze. Vous avez donc changé d'avis, vous étiez venu dans notre cloître y chercher le repos...

— Le repos sans la prière qui vivifiait les monastères, sans la méditation qui peuplait les thébaïdes, devient une maladie, dit sentencieusement monsieur Joseph.

— Apprenez la tenue des livres, dit en souriant monsieur Mongenod, vous pourrez devenir dans quelques mois très utile à mes amis...

— Oh! avec bien du plaisir, s'écria Godefroid.

Le lendemain était un dimanche, madame de La Chanterie exigea de son pensionnaire qu'il lui donnât le bras pour aller à la grand'messe.

— C'est, dit-elle, la seule violence que je veuille vous faire. Maintes fois, durant cette semaine, j'ai voulu vous parler de votre salut; mais je ne crois pas le moment venu. Vous seriez bien occupé, si vous partagiez nos croyances, car vous partageriez aussi nos travaux.

A la messe, Godefroid observa la ferveur de messieurs Nicolas, Joseph et Alain; mais, comme, pendant ces quelques jours, il avait pu se convaincre de la supériorité, de la perspicacité, de l'étendue des connaissances, du grand esprit de ces messieurs, il pensa que, s'ils s'humiliaient ainsi, la religion catholique avait des secrets qui jusqu'alors lui avaient échappé.

— C'est, après tout, se dit-il en lui-même, la religion des Bossuet, des Pascal, des Racine, des saint Louis, des Louis XIV, des Raphaël, des Michel-Ange, des Ximenès, des Bayard, des du Guesclin, et je ne saurais, moi chétif, me comparer à ces intelligences, à ces hommes d'État, à ces poëtes, à ces capitaines.

S'il ne devait pas résulter un enseignement profond de ces menus détails, il serait imprudent de s'y arrêter par le temps qui court, mais ils sont indispensables à l'intérêt de cette histoire, à laquelle le public actuel croira déjà difficilement, et qui débute par un fait presque ridicule : l'empire que prenait une femme de soixante ans ur un jeune homme désabusé de tout.

— Vous n'avez pas prié, dit madame de La Chanterie à Godefroid sur la porte de Notre-Dame, pour personne, pas même pour le repos de l'âme de votre mère.

Godefroid rougit et garda le silence.

— Faites-moi le plaisir, lui dit madame de La Chanterie, de monter chez vous et de ne pas descendre au salon avant une heure. Si vous m'aimez, ajouta-t-elle, vous méditerez le chapitre de l'Imiation, le premier du troisième livre, intitulé *De la conversion intérieure.*

Godefroid salua froidement et monta chez lui.

— Que le diable les emporte, se dit-il en se livrant à une colère sérieuse. Que veulent-ils de moi ici? que s'y trafique-t-il?... Bah! toutes les femmes, même les dévotes, ont les mêmes ruses; et, si Madame, dit-il en appelant son hôtesse du nom que lui donnaient ses pensionnaires, ne veut pas de moi, c'est qu'il se trame quelque chose contre moi.

Dans cette pensée, il essaya de regarder par sa fenêtre dans le salon, mais la disposition des lieux ne lui permit pas d'y voir. Il descendit un étage et remonta vivement chez lui; car il pensa que, d'après la rigidité des principes des habitants de la maison, un acte d'espionnage le ferait congédier aussitôt. Perdre l'estime de ces cinq personnes lui sembla tout aussi grave que de se déshonorer publiquement. Il attendit environ trois quarts d'heure et résolut de surprendre madame de La Chanterie, en devançant l'heure indiquée. Il inventa de se justifier par un mensonge, en disant que sa montre allait mal, et il l'avança de vingt minutes. Puis, il descendit en ne faisant pas le moindre bruit. Il arriva jusqu'à la porte du salon et l'ouvrit brusquement.

Il vit alors un homme assez célèbre, jeune encore, un poëte qu'il avait rencontré souvent dans le monde, Victor de Vernisset, un genou en terre devant madame de La Chanterie et lui baisant le bas de sa robe. Le ciel tombant en éclats, comme s'il eût été de cristal, comme le croyaient les anciens, eût moins surpris Godefroid que ce spectacle. Il lui vint les plus affreuses pensées, et il y eut une réaction plus terrible encore quand, au premier sarcasme qu'il lui vint sur les lèvres, et qu'il allait prononcer, il vit dans un coin du salon monsieur Alain comptant des billets de mille francs.

En un moment Vernisset fut sur ses deux pieds, et le bonhomme Alain resta saisi. Madame de La Chanterie, elle, lança sur Godefroid un regard qui le pétrifia, car la double expression du visage de son nouvel hôte ne lui avait pas échappé.

— Monsieur, dit-elle au jeune poëte en me montrant Godefroid, est un des nôtres...

— Vous êtes bien heureux, mon cher, dit Vernisset, vous êtes sauvé! Mais, madame, reprit-il en se tournant vers madame de La Chanterie, quand tout Paris m'aurait vu, j'en serais heureux, rien ne peut m'acquitter envers vous!... Je vous suis acquis à jamais ! je vous appartiens entièrement. Commandez-moi quoi que ce soit, j'obéirai! Ma reconnaissance sera sans bornes. Je vous dois la vie, elle est à vous...

— Allons, dit le bon Alain, jeune homme, soyez sage; seulement, travaillez, et surtout n'attaquez jamais la Religion dans vos œuvres... Enfin, souvenez-vous de votre dette !

Et il lui tendit une enveloppe grossie par les billets de banque qu'il avait comptés.

Victor de Vernisset eut les yeux mouillés de larmes, il baisa respectueusement la main de madame de La Chanterie, et il partit après avoir échangé une poignée de main avec monsieur Alain et Godefroid.

— Vous n'avez pas obéi à madame, dit solennellement le bonhomme dont le visage eut une expression triste que Godefroid ne lui avait pas encore vue, c'est une faute capitale, encore deux et nous nous quitterons... Ce sera bien dur pour vous, après nous avoir paru digne de notre confiance...

— Mon cher Alain, dit madame de La Chanterie, ayez pour moi la bonté de vous taire sur cette étourderie... Il ne faut pas trop demander à un nouvel arrivé, qui n'a pas eu de grands malheurs, qui n'a pas de religion, qui n'a qu'une excessive curiosité pour toute vocation, qui ne croit pas encore en nous.

— Pardonnez-moi, madame, répondit Godefroid, je veux dès ce moment être digne de vous, je me soumets à toutes les épreuves que vous jugerez nécessaires avant de m'initier au secret de vos occupations, et si monsieur l'abbé de Vèze veut entreprendre de m'éclairer, je lui livrerai mon âme et ma raison.

Ces paroles rendirent madame de La Chanterie si heureuse que ses joues se couvrirent d'une petite rougeur; elle saisit la main de Godefroid, la lui serra, puis elle lui dit avec une étrange émotion :
— C'est bien !

Le soir, après le dîner, Godefroid vit venir un vicaire général du diocèse de Paris, deux chanoines, deux anciens maires de Paris, et une dame de charité. On ne joua point, la conversation générale fut gaie sans être futile.

Une visite qui surprit étrangement Godefroid fut celle de la comtesse de Cinq-Cygne, l'une des sommités aristocratiques, et dont le salon était inabordable pour la bourgeoisie et pour les parvenus. La présence de cette grande dame dans le salon de madame de La Chanterie était déjà bien extraordinaire ; mais la manière dont ces deux femmes s'abordèrent et se traitèrent fut pour Godefroid quelque chose d'inexplicable, car elle attestait une intimité, des relations constantes qui donnaient une immense valeur à madame de La Chanterie. Madame de Cinq-Cygne fut gracieuse et affectueuse avec les quatre amis de son amie, et marqua du respect à monsieur Nicolas. On voit que la vanité sociale gouvernait encore Godefroid qui, jusqu'alors assez indécis, résolut de se prêter, avec ou sans conviction, à tout ce que madame de La Chanterie et ses amis exigeraient de lui, pour arriver à se faire affilier par eux à leur Ordre, ou se faire initier à leurs secrets, en se promettant alors seulement de prendre un parti.

Le lendemain, il alla chez le teneur de livre que madame de La Chanterie lui indiqua, convint avec lui des heures auxquelles ils travailleraient ensemble, et il eut ainsi l'emploi de tout son temps, car l'abbé de Vèze le catéchisait le matin, il allait passer tous les jours deux heures chez le teneur de livres, et il travaillait entre le déjeuner et le dîner aux écritures commerciales imaginaires que son maître lui faisait tenir.

Quelques jours se passèrent ainsi, pendant lesquels Godefroid sentit le charme d'une vie où chaque heure a son emploi. Le retour de travaux connus à des moments déterminés, la régularité rend raison de bien des existences heureuses, et prouve combien les fondateurs des ordres religieux avaient profondément médité sur la nature de l'homme. Godefroid, qui s'était promis à lui-même d'écouter l'abbé de Vèze, avait déjà des craintes sur sa vie future, et commençait à trouver qu'il ignorait la gravité des questions religieuses. Enfin, de jour en jour madame de La Chanterie, près de laquelle il restait environ une heure après le second déjeuner, lui laissait découvrir de nouveaux trésors en elle, il n'avait jamais imaginé de bonté si complète ni si étendue. Une femme de l'âge que madame de La Chanterie paraissait avoir n'a plus aucune des petitesses de la jeune femme ; c'est un ami qui vous offre toutes les délicatesses féminines, qui déploie les grâces, les recherches que la nature inspire à la femme pour l'homme, et qui ne les vend plus ; elle est exécrable ou parfaite, car toutes ses prétentions subsistent sous l'épiderme, ou sont mortes ; et madame de La Chanterie était parfaite. Elle semblait n'avoir jamais eu de jeunesse, son regard ne parlait jamais du passé. Loin d'apaiser la curiosité de Godefroid, la connaissance de plus en plus intime de ce sublime caractère, les découvertes de chaque jour redoublaient son désir d'apprendre la vie antérieure de cette femme qu'il trouvait sainte. Avait-elle jamais aimé ? avait-elle été mariée ? avait-elle été mère ? Rien en elle ne trahissait la vieille fille, elle déployait les grâces d'une femme bien née, et l'on devinait dans sa robuste santé, dans le phénomène extraordinaire de sa conservation, une vie céleste, une sorte d'ignorance de la vie. Excepté le gai bonhomme Alain, tous ces êtres avaient souffert; mais monsieur Nicolas lui-même semblait donner la palme du martyre à madame de La Chanterie, et néanmoins le souvenir de ses malheurs était si bien contenu par la résignation catholique, par ses occupations secrètes, qu'elle semblait avoir été toujours heureuse.

— Vous êtes, lui dit un jour Godefroid, la vie de vos amis, vous êtes le lien qui les unit, vous êtes pour ainsi dire la femme de ménage d'une grande œuvre ; et, comme nous sommes tous mortels, je me demande ce que deviendrait votre association sans vous...

— C'est ce qui les effraie ; mais la Providence, à laquelle nous avons dû notre teneur de livres, dit-elle en souriant, y pourvoira. D'ailleurs, je chercherai.

— Votre teneur de livres sera-t-il bientôt au service de votre maison de commerce ? répondit Godefroid en riant.

— Ceci dépend de lui, reprit-elle en souriant. Qu'il soit sincèrement religieux, qu'il soit pieux, qu'il n'ait plus le moindre amour-propre, qu'il ne s'inquiète plus des richesses de notre maison, qu'il songe à s'élever au-dessus des petites considérations sociales en se servant des deux ailes que Dieu nous a données...

— Quoi ?...

— La simplicité, la pureté, répondit madame de La Chanterie Votre ignorance me dit assez que vous négligez la lecture de notre livre, ajouta-t-elle en riant de l'innocent subterfuge auquel elle avait eu recours pour savoir si Godefroid lisait l'*Imitation de Jésus-Christ*. Enfin, pénétrez-vous de l'Épître de saint Paul sur la Charité. Ce n'est pas vous, dit-elle avec une expression sublime, qui serez à nous, c'est nous qui serons à vous, et il vous sera permis de compter les plus immenses richesses qu'aucun souverain ait possédées ; vous en jouirez comme nous en jouissons ; et laissez-moi vous dire, si vous vous souvenez des Mille et une Nuits que les trésors d'Aladin ne sont rien comparés à ce que nous possédons... Aussi, depuis un an, ne savons-nous plus comment faire, nous n'y suffisons plus : il nous fallait un teneur de livres.

En parlant, elle étudiait le visage de Godefroid, qui ne savait que penser de cette étrange confidence ; mais comme la scène de madame de La Chanterie et de madame Mongenod la mère lui revenait souvent dans la mémoire, il restait entre le doute et la croyance.

— Ah ! vous seriez bien heureux, dit-elle.

Godefroid fut tellement dévoré de curiosité que, dès ce moment il résolut de faire fléchir la discrétion des quatre amis et de les interroger sur eux-mêmes.

De tous les commensaux de madame de La Chanterie, celui vers qui Godefroid se sentait le plus entraîné, et qui paraissait aussi devoir exciter le plus de sympathies chez les gens de toute classe, était le bon, le gai, le simple monsieur Alain.

Par quelles voies la Providence avait-elle amené cet être si candide dans ce monastère sans clôture, dont les religieux agissaient sous l'empire d'une règle observée, au milieu de Paris, en toute liberté, comme s'ils eussent eu le supérieur le plus sévère ? Quel drame, quel événement lui avait fait quitter son chemin dans le monde, pour prendre ce sentier si pénible à parcourir à travers les malheurs d'une capitale ?

Un soir, Godefroid voulut faire une visite à son voisin, dans l'intention de satisfaire une curiosité plus éveillée par l'impossibilité de toute catastrophe dans cette existence, qu'elle ne l'eût été par l'attente du récit de quelque terrible épisode dans la vie d'un corsaire.

Au mot, Entrez ! donné comme réponse à deux coups frappés discrètement, Godefroid tourna la clef qui restait toujours dans la serrure, et trouva monsieur Alain assis au coin de son feu, lisant, avant de se coucher, un chapitre de *l'Imitation de Jésus-Christ*, à la lueur de deux bougies coiffées chacune d'un de ces garde-vue verts, mobiles, dont se servent les joueurs de whist.

Le bonhomme était en pantalon à pied, dans sa robe de chambre de molleton grisâtre, et tenait ses pieds à la hauteur du feu, sur un coussin fait, ainsi que ses pantoufles, par madame de La Chanterie, en tapisserie au petit point. Cette belle tête de vieillard, sans autre accompagnement qu'une couronne de cheveux blancs presque semblable à celle d'un vieux moine, se détachait en clair sur le fond brun de la tapisserie de l'immense fauteuil.

Monsieur Alain posa doucement sur la petite table à colonnes torses son livre usé aux quatre coins, et montra de l'autre main son autre fauteuil au jeune homme, en ôtant les lunettes qui lui pinçaient le bout du nez.

— Souffrez-vous, pour être sorti de chez vous à cette heure? demanda-t-il à Godefroid.

— Cher monsieur Alain, répondit franchement Godefroid, je suis tourmenté par une curiosité qu'un seul mot de vous fera très innocente ou très indiscrète, et c'est assez vous dire en quel esprit je vous adresserai ma question.

— Oh! oh! quelle est-elle? fit-il en regardant le jeune homme d'un air presque malicieux.

— Quel est le fait qui vous a conduit à mener la vie que vous menez ici? Car, pour embrasser la doctrine d'un pareil renoncement à tout intérêt, on doit être dégoûté du monde, y avoir été blessé ou y avoir blessé les autres.

— Eh quoi! mon enfant, répondit le vieillard en laissant errer sur ses larges lèvres un de ces sourires qui rendaient sa bouche vermeille une des plus affectueuses que le génie des peintres ait pu rêver, ne peut-on se sentir ému d'une pitié profonde au spectacle des misères que Paris enferme dans ses murs? Saint Vincent de Paul a-t-il eu besoin de l'aiguillon du remords ou de la vanité blessée pour se vouer aux enfants abandonnés?

— Ceci me ferme d'autant plus la bouche, que si jamais une âme a ressemblé à celle de ce héros chrétien, c'est assurément la vôtre, répondit Godefroid.

Malgré la dureté que l'âge avait imprimée à la peau de son visage presque jaune et ridé, le vieillard rougit excessivement; car il semblait avoir provoqué cet éloge, auquel sa modestie bien connue permettait de croire qu'il n'avait pas songé. Godefroid savait bien que les commensaux de madame de La Chanterie étaient sans aucun goût pour cet encens. Néanmoins, l'excessive simplicité du bonhomme Alain fut plus embarrassée de ce scrupule qu'une jeune fille aurait pu l'être d'avoir conçu quelque pensée mauvaise.

— Si je suis encore bien loin de lui au moral, reprit monsieur Alain, je suis bien sûr de lui ressembler au physique....

Godefroid voulut parler, mais il en fut empêché par un geste d......ard, dont le nez avait en effet l'apparence tuberculeuse de c...... du saint, et dont la figure, semblable à celle d'un vieux vigneron, était le vrai duplicata de la grosse figure commune du fondateur des Enfants-Trouvés.

— Quant à moi, vous avez raison, dit-il en continuant ; ma vocation pour notre œuvre fut déterminée par un sentiment de repentir, à cause d'une aventure...

— Vous, une aventure ! s'écria doucement Godefroid à qui ce mot fit oublier ce qu'il voulait répondre d'abord au vieillard.

— Oh, mon Dieu, ce que je vais vous raconter vous paraîtra sans doute une bagatelle, une niaiserie ; mais au tribunal de la conscience, il en fut autrement. Si vous persistez dans votre désir de participer à nos œuvres, après m'avoir écouté, vous comprendrez que les sentiments sont en raison de la force des âmes, et que le fait qui ne tourmente pas un esprit fort peut très bien troubler la conscience d'un faible chrétien.

Après cette espèce de préface, on ne saurait exprimer à quel degré de curiosité le néophyte arriva. Quel était le crime de ce bonhomme, que madame de La Chanterie appelait *son agneau pascal*? C'était aussi intéressant qu'un livre intitulé : *les Crimes d'un mouton*. Les moutons sont peut-être féroces envers les herbes et les fleurs ? A entendre un des plus doux républicains de ce temps-ci, le meilleur des êtres serait encore cruel envers quelque chose. Mais le bonhomme Alain ! lui qui, semblable à l'oncle Tobie de Sterne, n'écrasait pas une mouche après avoir été piqué vingt fois par elle ! cette belle âme, avoir été torturée par un repentir !

Cette réflexion représente le point d'orgue que fit le vieillard après ces mots : Écoutez-moi ! et pendant lequel il avança son coussin sous les pieds de Godefroid pour le partager avec lui.

— J'avais alors un peu plus de trente ans, dit-il, nous étions en 98, autant qu'il m'en souvient, une époque où les jeunes gens devaient avoir l'expérience des gens de soixante ans. Un matin, un peu avant l'heure de mon déjeuner à neuf heures, ma vieille femme de ménage m'annonce un des quelques amis que j'avais conservés au milieu des orages de la Révolution. Aussi mon premier mot fut une invitation à déjeuner. Mon ami, nommé Mongenod, garçon de vingt-huit ans, accepte, mais d'un air gêné ; je ne l'avais pas vu depuis 1793.

— Mongenod?... s'écria Godefroid, le...

— Si vous voulez savoir la fin avant le commencement, reprit le vieillard en souriant, comment vous dire mon histoire ?

Godefroid fit un mouvement qui promettait un silence absolu.

— Quand Mongenod s'assied, reprit le bonhomme Alain, je m'aperçois que ses souliers sont horriblement usés. Ses bas mouchetés avaient été si souvent blanchis, que j'eus de la peine à reconnaître qu'ils étaient de soie. Sa culotte de casimir de couleur abricot, sans aucune fraîcheur, annonçait un long usage, encore attesté par les changements de couleur à des places dangereuses, et les boucles, au lieu d'être d'acier, me parurent être de fer commun : celles des souliers étaient de même métal. Son gilet blanc à fleurs, devenu jaune à force d'être porté, comme sa chemise dont le jabot dormant était fripé, trahissait une horrible mais décente misère. Enfin l'aspect de la houppelande (on nommait ainsi une redingote ornée d'un seul collet en façon de manteau à la Crispin) acheva de me convaincre que mon ami était tombé dans le malheur. Cette houppelande, de drap couleur noisette, excessivement rapée, admirablement bien brossée, avait un col gras de pommade ou de poudre, et des boutons de métal blanc devenu rouge. Enfin, toute cette friperie était si honteuse que je n'osais plus y jeter les yeux. Le claque, une espèce de demi-cercle de feutre qu'on gardait alors sous le bras au lieu de le mettre sur la tête, avait dû voir plusieurs gouvernements. Néanmoins, mon ami venait sans doute de dépenser quelques sous pour sa coiffure chez un barbier, car il était rasé. Ses cheveux ramassés par derrière, attachés par un peigne et poudrés avec luxe, sentaient la pommade. Je vis bien deux chaînes parallèles sur le devant de sa culotte, deux chaînes d'acier terni, mais aucune apparence de montre dans les goussets. Nous étions en hiver, et Mongenod n'avait point de manteau, car quelques larges gouttes de neige fondue et tombées des toits, le long desquels il avait dû marcher, jaspaient le collet de sa houppelande. Lorsqu'il ôta de ses mains ses gants de poil de lapin et que je vis sa main droite, j'y reconnus les traces d'un travail quelconque, mais d'un travail pénible. Or, son père, avocat au grand conseil, lui avait laissé quelque fortune, cinq à six mille livres de rente. Je compris aussitôt que Mongenod venait me faire un emprunt. J'avais dans une cachette deux cents louis d'or, une somme énorme pour ce temps-là, car elle valait je ne sais plus combien de cent mille francs en assignats. Mongenod et moi, nous avions étudié dans le même collége, celui des Grassins, et nous nous étions retrouvés chez le même procureur, un honnête homme, le bonhomme Bordin. Quand on a passé sa jeunesse et fait les folies de son adolescence avec un camarade, il existe entre nous et lui des sympathies presque sacrées; sa voix, ses regards nous remuent au cœur de certaines cordes qui ne vibrent que sous l'effort des souvenirs qu'il ranime. Quand bien même on a eu des motifs de plainte contre un tel camarade, tous les droits de l'amitié ne sont pas prescrits. Mais il n'y avait pas eu la moindre brouille entre nous. A la mort de son père, en 1787, Mongenod s'était trouvé plus riche que moi; quoique je ne lui eusse jamais rien emprunté, parfois je lui avais dû de ces plaisirs que la rigueur paternelle m'interdisait. Sans mon généreux camarade, je n'aurais pas vu la première représentation du *Mariage de Figaro*. Mongenod fut alors ce qu'on appelait un charmant cavalier, il avait des galanteries; je lui reprochais sa facilité à se lier et sa trop grande obligeance; sa bourse s'ouvrait facilement, il vivait à la grande, il vous aurait servi de témoin après vous avoir vu deux fois...

— Mon Dieu! vous me remettez là dans les sentiers de ma jeunesse! s'écria le bonhomme Alain en jetant à Godefroid un gai sourire et faisant une pause.

— M'en voulez-vous?... dit Godefroid.

— Oh non! et à la minutie de mon récit, vous voyez combien cet événement tient de place dans ma vie...

— J'écoute!... fit Godefroid.

— Mongenod, doué d'un cœur excellent et homme de courage, un peu voltairien, fut disposé à faire le gentilhomme, reprit monsieur Alain; son éducation aux Grassins, où se trouvaient des nobles, et ses relations galantes lui avaient donné les mœurs polies des gens de condition, que l'on appelait alors aristocrates. Vous pouvez maintenant imaginer combien fut grande ma surprise en apercevant chez Mongenod les symptômes de misère qui dégradaient pour moi le jeune, l'élégant Mongenod de 1787, quand mes yeux quittèrent son visage pour examiner ses vêtements. Néanmoins, comme à cette époque de misère publique quelques gens rusés prenaient des dehors misérables, et comme il y avait pour d'autres des raisons suffisantes de se déguiser, j'attendis une explication, mais en la sollicitant. — Dans quel équipage te voilà, mon cher Mongenod! lui dis-je en acceptant une prise de tabac qu'il m'offrit dans une tabatière de similor. — Bien triste, répondit-il. Il ne me reste qu'un ami..., et cet ami c'est toi. J'ai fait tout ce que j'ai pu pour éviter d'en arriver là, mais je viens te demander cent louis. La somme est forte, dit-il, en me voyant étonné; mais si tu ne m'en donnais que cinquante, je serais hors d'état de te les rendre jamais; tandis que si j'échoue dans ce que j'entreprends, il me restera cinquante louis pour tenter fortune en d'autres voies; et je ne sais pas encore ce que le désespoir m'inspirera. — Tu n'as rien! fis-je. — J'ai, reprit-il en réprimant une larme, cinq sous de reste sur ma dernière pièce de monnaie. Pour me présenter chez toi, j'ai fait cirer mes souliers et je suis entré chez un coiffeur. J'ai ce que je porte. Mais, reprit-il en faisant un geste, je dois mille écus en assignats à mon hôtesse, et notre gargotier m'a refusé crédit hier. Je suis donc sans aucune ressource! — Et que comptes-tu faire? dis-je en m'immisçant déjà dans son for intérieur. — M'engager comme soldat, si tu me refuses... — Toi, soldat! toi, Mongenod! — Je me ferai tuer, ou je deviendrai le général Mongenod. — Eh bien! lui dis-je tout ému, déjeune en toute tranquillité, j'ai cent louis....

— Là, dit le bonhomme en regardant Godefroid d'un air fin, je crus nécessaire de faire un petit mensonge de prêteur.

— C'est tout ce que je possède au monde, dis-je à Mongenod, j'attendais le moment où les fonds publics arriveraient au plus bas prix possible pour placer cet argent; mais je le mettrai dans tes mains, et tu me considéreras comme ton associé, laissant à ta conscience le soin de me rendre le tout en temps et lieu. La conscience d'un honnête homme, lui dis-je, est le meilleur grand-livre. Mongenod me regardait fixement en m'écoutant, et paraissait s'incruster mes paroles au cœur. Il avança sa main droite, j'y mis ma main gauche, et nous nous serrâmes nos mains, moi très attendri, lui sans retenir cette fois deux grosses larmes qui coulèrent sur ses joues déjà flétries. La vue de ces deux larmes me navra le cœur. Je fus encore plus touché quand, oubliant tout dans ce moment, Mongenod tira pour s'essuyer un mauvais mouchoir des Indes tout déchiré. — Reste là, lui dis-je en me sauvant pour aller à ma cachette le cœur ému comme si j'avais entendu une femme m'avouant qu'elle m'aimait. Je revins avec deux rouleaux de chacun cinquante louis. — Tiens, compte-les... Il ne voulut pas les compter, et regarda tout autour de lui pour trouver une écritoire, afin de me faire, dit-il, une reconnaissance. Je me refusai nettement à prendre aucun papier. — Si je mourais, lui dis , mes héritiers te tourmenteraient. Ceci doit rester entre nous. En me trouvant si bon ami, Mongenod quitta le masque chagrin et crispé par l'inquiétude qu'il avait en entrant, il devint gai. Ma femme de ménage nous servit des huîtres, du vin blanc, une omelette, des rognons à la brochette, un reste de pâté de Chartres que ma vieille mère m'avait envoyé, puis un petit dessert, le café, les liqueurs des îles. Mongenod, à jeun depuis deux jours, se restaura. En parlant de notre vie avant la révolution, nous restâmes attablés jusqu'à trois heures après midi, comme les meilleurs amis du monde. Mongenod me raconta comment il avait perdu sa fortune. D'abord, la réduction des rentes sur l'Hôtel-de-Ville lui avait enlevé les deux tiers de ses revenus, car son père avait placé sur la Ville la plus forte partie de ses capitaux; puis, après avoir vendu sa maison rue de Savoie, il avait été forcé d'en recevoir le prix en assignats; il s'était alors mis en tête de faire un journal, *la Sentinelle*, qui l'avait obligé de fuir après six mois d'existence. En ce moment il fondait tout son espoir sur la réussite d'un opéra comique intitulé : *les Péruviens*. Cette dernière confidence me fit trembler. Mongenod, devenu auteur, ayant mangé son argent dans *la Sentinelle*, et vivant sans doute au théâtre, en relations avec les chanteurs de Feydeau, avec des musiciens et le monde bizarre qui se cache derrière le rideau de scène, ne me sembla plus mon même Mongenod. J'eus un léger frisson. Mais le moyen de reprendre mes cent louis? Je voyais chaque rouleau dans chaque poche de la culotte comme deux canons de pistolet. Mongenod partit. Quand je me trouvai seul, sans le spectacle de cette âpre et cruelle misère, je me mis à réfléchir malgré moi, je me dégrisai : « Mongenod, pensai-je, s'est sans doute dépravé profondément, il m'a joué quelque scène de comédie ! » Sa gaieté, quand il m'avait vu lui donnant débonnairement une somme si énorme, me parut alors être la joie des valets de théâtre attrapant quelque Géronte. Je finis par où j'aurais dû commencer, je me promis de prendre quelques renseignements sur mon ami Mongenod qui m'avait écrit son adresse au dos d'une carte à jouer. Je ne voulus point l'aller voir le lendemain par une espèce de délicatesse, il aurait pu voir de la défiance dans ma promptitude. Deux jours après, quelques préoccupations me prirent tout entier, et ce ne fut qu'au bout de quinze jours que, ne voyant plus Mongenod, je vins un matin de la Croix-Rouge, où je demeurais alors, rue de Moineaux, où il demeurait. Mongenod logeait dans une maison garnie du dernier ordre, mais dont la maîtresse était une fort honnête femme, la veuve d'un fermier général mort sur l'échafaud, et qui, complétement ruinée, commençait avec quelques louis le chanceux métier de locataire principal. Elle a eu depuis sept maisons dans le quartier Saint-Roch, et a fait fortune. — Le citoyen Mongenod n'y est pas, mais il y a du monde, me dit cette dame. Le dernier mot excite ma curiosité. Je monte au cinquième étage. Une charmante personne vient m'ouvrir la porte !... oh ! mais une jeune personne de la plus grande beauté, qui, d'un air assez soupçonneux, resta sur le seuil de la porte entrebâillée. — Je suis Alain, l'ami de Mongenod, dis-je. Aussitôt la porte s'ouvre, et j'entre dans un affreux galetas, où cette jeune personne maintenait néanmoins une grande propreté. Elle m'avance une chaise devant une cheminée pleine de cendres, sans feu, et dans un coin de laquelle j'aperçois un vulgaire réchaud de terre. On gelait. — Je suis bien heureuse, monsieur, me dit-elle en me prenant les mains et en me les serrant avec affection, d'avoir pu vous témoigner ma reconnaissance, car vous êtes notre sauveur. Sans vous, peut-être n'aurais-je jamais revu Mongenod... Il se serait... quoi ?... jeté à la rivière. Il était au désespoir quand il est parti pour vous aller voir... En examinant cette jeune personne, je fus assez étonné de lui voir sur la tête un foulard, et sous le foulard, derrière la tête et le long des tempes, une ombre noire ; mais, à force de regarder, je découvris qu'elle avait la tête rasée. — Êtes-vous malade ? dis-je en regardant cette singularité. Elle jeta un coup d'œil dans la mauvaise glace d'un trumeau crasseux, se mit à rougir, puis des larmes lui vinrent aux yeux. — Oui, monsieur, reprit-elle vivement, j'avais d'horribles douleurs de tête, j'ai été forcée de faire raser mes beaux cheveux qui me tombaient aux talons. — Est-ce à madame Mongenod que j'ai l'honneur de parler ? dis-je. — Oui, monsieur, me répondit-elle en me lançant un regard vraiment céleste. Je saluai cette pauvre petite femme, je descendis dans l'intention de faire causer l'hôtesse, mais elle était sortie. Il me semblait que cette jeune femme avait dû vendre ses cheveux pour avoir du pain. J'allai de ce pas chez un marchand de bois, et j'envoyai une demi-voie de bois en priant le charretier et les scieurs de donner à la petite femme une facture acquittée au nom du citoyen Mongenod.

— Là finit la période de ce que j'ai longtemps appelé *ma bêtise*, fit le bonhomme Alain en joignant les mains et les levant un peu par un mouvement de repentance.

Godefroid ne put s'empêcher de sourire, et il était, comme on va le voir, dans une grande erreur en souriant.

— Deux jours après, reprit le bonhomme, je rencontrai l'une de ces personnes qui ne sont ni amies ni indifférentes et avec lesquelles nous avons des relations de loin en loin, ce qu'on nomme enfin *une connaissance*, un monsieur Barillaud, qui par hasard, propos des *Péruviens*, se dit ami de l'auteur : — Tu connais le citoyen Mongenod ? lui dis-je.

— Dans ce temps-là nous étions encore obligés de nous tutoyer tous, dit-il à Godefroid en façon de parenthèse.

— Ce citoyen me regarde, dit le bonhomme en reprenant son récit, et s'écria : — Je voudrais bien ne pas l'avoir connu, car il m'a plusieurs fois emprunté de l'argent et me témoigne assez d'amitié pour ne pas me le rendre. C'est un drôle de garçon ; un bon enfant, mais des illusions !... oh ! une imagination de feu. Je lui rends justice : il ne veut pas tromper ; mais comme il se trompe lui-même sur toutes choses, il arrive à se conduire en homme de mauvaise foi. — Mais que te doit-il ? — Bah ! quelque cent écus... C'est un panier percé. Personne ne sait où passe son argent, car il ne le sait peut-être pas lui-même. A-t-il — des ressources ? — Eh ! oui, me dit Barillaud en riant. Dans ce moment, il parle d'acheter des terres chez les Sauvages, aux Etats-Unis. J'emportai cette goutte de vinaigre que la médisance m'avait jetée au cœur et qui fit aigrir toutes mes bonnes dispositions. J'allai voir mon ancien patron, qui me servait de conseil. Dès que je lui eus confié le secret de mon prêt à Mongenod et la manière dont j'avais agi : — Comment ! s'écria-t-il, c'est un de mes clercs qui se conduit ainsi ? Mais il fallait remettre au lendemain et venir me voir. Vous auriez appris que j'ai consigné Mongenod à ma porte. Il m'a déjà, depuis un an, emprunté plus de cent écus en argent, une somme énorme ! Et trois jours avant d'aller déjeuner avec vous, il m'a rencontré dans la rue et m'a dépeint sa misère avec des mots si navrants que je lui ai donné deux louis ! — Si je suis la dupe d'un habile comédien, c'est tant pis pour lui, non pour moi ! lui dis-je

Mais que faire? — Au moins faut-il obtenir de lui quelque titre, car un débiteur, quelque mauvais qu'il soit, peut devenir bon, et alors on est payé. Là-dessus Bordin tira d'un carton de son secrétaire une chemise sur laquelle je vis écrit le nom de Mongenod; il me montra trois reconnaissances de cent livres chacune : — La première fois qu'il viendra, je lui ferai joindre les intérêts, les deux louis que je lui ai donnés et ce qu'il me demandera; puis du tout il souscrira une acceptation, en reconnaissant que les intérêts courent depuis le jour du prêt. Au moins serai-je en règle et aurai-je un moyen d'arriver au payement. — Eh bien! dis-je à Bordin, pourriez-vous me mettre en règle comme vous le serez? Car vous êtes un honnête homme, et ce que vous faites est bien. — Je reste ainsi maître du terrain, me répondit l'ex-procureur. Quand on se comporte comme vous l'avez fait, on est à la merci d'un homme qui peut se moquer de vous. Moi! je ne veux pas qu'on se moque de moi! Se moquer d'un ancien procureur au Châtelet?... tarare! Tout homme à qui vous prêtez une somme comme vous avez étourdiment prêté la vôtre à Mongenod finit au bout d'un certain temps par la croire à soi. Ce n'est plus votre argent, mais son argent, et vous devenez son créancier, un homme incommode. Un débiteur cherche alors à se débarrasser de vous en s'arrangeant avec sa conscience; et, sur cent hommes, il y en a soixante-quinze qui tâchent de ne plus vous rencontrer durant le reste de leurs jours... — Vous ne reconnaissez donc que vingt-cinq pour cent d'honnêtes gens? — Ai-je dit cela? reprit-il en souriant avec malice. C'est beaucoup. Quinze jours après, je reçus une lettre par laquelle Bordin me priait de passer chez lui pour retirer mon titre. J'y allai. — J'ai tâché de vous rattraper cinquante louis, me dit-il. (Je lui avais confié ma conversation avec Mongenod.) Mais les oiseaux sont envolés. Dites adieu à vos *jaunets!* Vos serins de Canarie ont regagné les climats chauds. Nous avons affaire à un aigrefin. Ne m'a-t-il pas soutenu que sa femme et son beau-père étaient partis aux États-Unis avec soixante de vos louis pour y acheter des terres, et qu'il comptait les y rejoindre, soi-disant pour faire fortune afin de revenir payer ses dettes, dont l'état, parfaitement en règle, m'a été confié par lui, car il m'a prié de savoir ce que deviendraient ses créanciers. Voici cet état circonstancié, me dit Bordin en me montrant une chemise sur laquelle il lut le total : Dix-sept mille francs en argent, dit-il, une somme avec laquelle on aurait une maison valant deux mille écus de rentes! Et après avoir remis le dossier, il me rendit une lettre de change d'une somme équivalant à cent louis en or, exprimée en assignats, avec une lettre par laquelle Mongenod reconnaissait avoir reçu cent louis en or, et m'en devoir les intérêts. — Me voilà donc en règle, dis-je à Bordin. — Il ne vous niera pas la dette, me répondit mon ancien patron ; mais où il n'y a rien, le roi, c'est-à-dire le Directoire, perd ses droits. Je sortis sur ce mot. Croyant avoir été volé par un moyen qui échappe à la loi, je retirai mon estime à Mongenod et je me résignai très philosophiquement.

— Si je m'appesantis sur ces détails si vulgaires et en apparence si légers, ce n'est pas sans raison, dit le bonhomme en regardant Godefroid ; je cherche à vous expliquer comment je fus conduit à agir comme agissent la plupart des hommes, au hasard et au mépris des règles que les Sauvages observent dans les moindres choses. Bien des gens se justifieraient en s'appuyant sur un homme grave comme Bordin ; mais aujourd'hui, je me trouve inexcusable. Dès qu'il s'agit de condamner un de nos semblables en lui refusant à jamais notre estime, on ne peut s'en rapporter qu'à soi-même, et encore !... Devons-nous faire de notre cœur un tribunal où nous citions notre prochain ? Où serait la loi ? quelle serait notre mesure d'appréciation ? Ce qui chez nous est faiblesse ne sera-t-il pas force chez le voisin ? Autant d'êtres, autant de circonstances différentes pour chaque fait, car il n'est pas deux accidents semblables dans l'humanité. La Société seule a sur ses membres le droit de répression ; car celui de punition, je le lui conteste : réprimer lui suffit, et comporte d'ailleurs assez de cruautés.

— En écoutant les propos en l'air d'un Parisien, et en admirant la sagesse de mon ancien patron, je condamnai donc Mongenod, reprit le bonhomme en continuant son histoire après en avoir tiré ce sublime enseignement. On annonça *les Péruviens*. Je m'attendis à recevoir un billet de Mongenod pour la première représentation, je m'établissais une sorte de supériorité sur lui. Mon ami me semblait, à raison de son emprunt, une sorte de vassal qui me devait une foule de choses, outre les intérêts de mon argent. Nous agissons tous ainsi ! Non-seulement Mongenod ne m'envoya point de billet, mais je le vis venir de loin dans le passage obscur pratiqué sous le théâtre Feydeau, bien mis, élégant presque ; il feignit de ne pas m'avoir aperçu ; puis, quand il m'eut dépassé, lorsque je voulus courir à lui, mon débiteur s'était évadé par un passage transversal. Cette circonstance m'irrita vivement. Mon irritation, loin d'être passagère, s'accrut avec le temps. Voici comment. Quelques jours après cette rencontre, j'écrivis à Mongenod à peu près en ces termes :

« Mon ami, vous ne devez pas me croire indifférent à tout ce qui peut vous arriver d'heureux ou de malheureux. *Les Péruviens* vous donnent-ils de la satisfaction ? Vous m'avez oublié, c'était votre droit pour la première représentation, où je vous aurais tant applaudi. Quoi qu'il en soit, je souhaite que vous y trouviez un Pérou, car j'ai trouvé l'emploi de mes fonds, et compte sur vous à l'échéance. Votre ami, Alain. »

— Après être resté quinze jours sans recevoir de réponse, je vais rue des Moineaux. L'hôtesse m'apprend que la petite femme est effectivement partie avec son père à l'époque où Mongenod avait annoncé ce départ à Bordin. Mongenod quittait son galetas de grand matin, et n'y revenait que tard dans la nuit. Quinze autres jours se passent, nouvelle lettre ainsi conçue :

« Mon cher Mongenod, je ne vous vois point, vous ne répondez point à mes lettres : je ne conçois rien à votre conduite, et si je me comportais ainsi envers vous, que penseriez-vous de moi ? »

— Je ne signe plus votre ami : je mets mille amitiés. Un mois se passe sans que j'aie aucune nouvelle de Mongenod. *Les Péruviens* n'avaient pas obtenu le grand succès sur lequel Mongenod comptait. J'y allai pour mon argent à la vingtième représentation, et j'y vis peu de monde. Madame Scio y était cependant fort belle. On me dit au foyer que la pièce aurait encore quelques représentations. Je vais sept fois à différentes reprises chez Mongenod, je ne le trouve point, et chaque fois je laisse mon nom à l'hôtesse. Je lui écris alors :

« Monsieur, si vous ne voulez pas perdre mon estime après avoir perdu mon amitié, vous me traiterez maintenant comme un étranger, c'est-à-dire avec politesse, et vous me direz si vous serez en mesure à l'échéance de votre lettre de change. Je me conduirai d'après votre réponse. Votre serviteur, Alain. »

— Aucune réponse. Nous étions alors en 1799 ; à deux mois près, un an s'était écoulé. A l'échéance, je vais trouver Bordin. Bordin prend le titre, fait protester et poursuivre. Les désastres éprouvés par les armées françaises avaient produit sur les fonds une dépréciation si forte, qu'on pouvait acheter cinq francs de rente pour sept francs. Ainsi, pour cent louis en or, j'aurais eu près de quinze cents francs de rente. Tous les matins, en prenant ma tasse de café, je disais à la lecture du journal : — « Maudit Mongenod ! Sans lui, je me ferais mille écus de rentes ! » Mongenod était devenu ma bête noire, je tonnais contre lui tout en me promenant par les rues. — « Bordin est là, me disais-je, il le pincera, et ce sera bien fait ! » Ma haine s'exhalait en imprécations, je maudissais cet homme, je lui trouvais tous les vices. Ah ! monsieur Barillaud avait bien raison dans ce qu'il m'en disait. Enfin, un matin, je vois entrer mon débiteur, pas plus embarrassé que s'il ne me devait pas un centime ; en l'apercevant, j'éprouvai toute la honte qu'il aurait dû ressentir. Je fus comme un criminel surpris en flagrant délit. J'étais mal à mon aise. Le Dix-Huit Brumaire avait eu lieu, tout allait au mieux, les fonds montaient, et Bonaparte était parti pour aller livrer la bataille de Marengo. — Il est malheureux, monsieur, dis-je en recevant Mongenod debout, que je ne doive votre visite qu'aux instances d'un huissier. Mongenod prend une chaise et s'assied. — Je viens te dire, me répondit-il, que je suis hors d'état de te payer. — Vous m'avez fait manquer le placement de mon argent avant l'arrivée du premier consul, moment où je me serais fait une petite fortune… — Je le sais, Alain ; me dit-il, je le sais. Mais à quoi bon me poursuivre et m'endetter en m'accablant de frais ? J'ai reçu des nouvelles de mon beau-père et de ma femme, ils ont acheté des terres, et m'ont envoyé la note de choses nécessaires à leur établissement, j'ai dû employer toutes mes ressources à ces acquisitions. Maintenant, sans que personne puisse m'en empêcher, je vais partir sur un vaisseau hollandais, à Flessingue, où j'ai fait parvenir toutes mes petites affaires. Bonaparte a gagné la bataille de Marengo, la paix va se signer, je puis sans crainte rejoindre ma famille, car ma chère petite femme est partie enceinte. — Ainsi, vous m'avez immolé à vos intérêts ?…. lui dis-je. — Oui, me répondit-il, j'ai cru que vous étiez mon ami. En ce moment, je me sentis inférieur à Mongenod, tant il me parut sublime en disant ce simple mot si grand : — Ne vous l'ai-je pas dit ? reprit-il. N'ai-je pas été de la dernière franchise avec vous, là, à cette même place ?

Je suis venu à vous, Alain, comme à la seule personne par laquelle je pusse être apprécié. Cinquante louis, vous ai-je dit, seraient perdus; mais cent, je vous les rendrai. Je n'ai point pris de terme; car puis-je savoir le jour où j'aurai fini ma longue lutte avec la misère? Vous étiez mon dernier ami. Tous mes amis, même notre vieux patron Bordin, me méprisaient par cela même que je leur empruntais de l'argent. Oh! vous ne savez pas, Alain, la cruelle sensation qui étreint le cœur d'un honnête homme aux prises avec le malheur, quand il entre chez quelqu'un pour lui demander secours!... et tout ce qui s'ensuit! je souhaite que vous ne la connaissiez jamais : elle est plus affreuse que l'angoisse de la mort. Vous m'avez écrit des lettres qui, de moi, dans la même situation, vous eussent semblé bien odieuses. Vous avez attendu de moi des choses qui n'étaient point en mon pouvoir. Vous êtes le seul auprès de qui je viens me justifier. Malgré vos rigueurs, et quoique d'ami vous vous soyez métamorphosé en créancier le jour où Bordin m'a demandé un titre pour vous, démentant ainsi le sublime contrat que nous avons fait, là, en nous serrant la main et en échangeant nos larmes; eh bien! je ne me suis souvenu que de cette matinée. A cause de cette heure, je viens vous dire : « Vous ne connaissez pas le malheur, ne l'accusez pas! » Je n'ai eu ni une heure ni une seconde pour écrire et vous répondre! Peut-être auriez-vous désiré que je vinsse vous cajoler?... Autant vaudrait demander à un lièvre fatigué par les chiens et les chasseurs de se reposer dans une clairière et d'y brouter l'herbe! Je n'ai pas eu de billet pour vous, non; je n'en ai pas eu assez pour les exigences de ceux de qui mon sort dépendait. Novice au théâtre, j'ai été la proie des musiciens, des acteurs, des chanteurs, de l'orchestre. Pour pouvoir partir et acheter ce dont ma famille a besoin là-bas, j'ai vendu *les Péruviens* au directeur, avec deux autres pièces que j'avais en portefeuille. Je pars pour la Hollande sans un sou. Je mangerai du pain sur la route, jusqu'à ce que j'aie atteint Flessingue. Mon voyage est payé, voilà tout. Sans la pitié de mon hôtesse, qui a confiance en moi, j'aurais été obligé de voyager à pied, le sac sur le dos. Donc, malgré vos doutes sur moi, comme sans vous je n'aurais pu envoyer mon beau-père et ma femme à New-York, ma reconnaissance reste entière. Non, *monsieur* Alain, je n'oublierai pas que les cent louis que vous m'avez prêtés vous donneraient aujourd'hui quinze cents francs de rentes. — Je voudrais vous croire, Mongenod, dis-je presque ébranlé par l'accent qu'il mit en prononçant cette explication. — Ah! tu ne me dis plus monsieur, dit-il vivement en me regardant d'un air attendri. Mon Dieu! je quitterais la France avec moins de regret si j'y laissais un homme aux yeux de qui je ne serais ni un demi-fripon, ni un dissipateur, ni un homme à illusions. J'ai aimé un ange au milieu de ma misère. Un homme qui aime bien, Alain, n'est jamais tout à fait méprisable... A ces mots, je lui tendis la main, il la prit, me la serra. — Que le ciel te protége, lui dis-je. — Nous sommes toujours amis? demanda-t-il. — Oui, repartis-je. Il ne sera pas dit que mon camarade d'enfance et mon ami de jeunesse sera parti pour l'Amérique sous le poids de ma colère!... Mongenod m'embrassa les larmes aux yeux, et se précipita vers la porte. Quand quelques jours après je rencontrai Bordin, je lui racontai ma dernière entrevue, et il me dit en souriant : — Je souhaite que ce ne soit pas une scène de comédie!... Il ne vous a rien demandé? — Non, répondis-je. — Il est venu de même chez moi, j'ai eu presque autant de faiblesse que vous, et il m'a demandé de quoi vivre en route. Enfin, qui vivra verra! Cette observation de Bordin me fit craindre d'avoir cédé bêtement à un mouvement de sensibilité. — Mais lui aussi, le procureur, a fait comme moi! me dis-je. Je crois inutile de vous expliquer comment je perdis toute ma fortune, à l'exception de mes autres cent louis que je plaçai sur le Grand-Livre quand les fonds furent à un taux si élevé, que j'eus à peine cinq cents francs de rente pour vivre, à l'âge de trente-quatre ans. J'obtins, par le crédit de Bordin, un emploi de huit cents francs d'appointements à la succursale du Mont-de-Piété, rue des Petits-Augustins. Je vécus alors bien modestement. Je me logeai rue des Marais, au troisième, dans un petit appartement composé de deux pièces et d'un cabinet, pour deux cent cinquante francs. J'allais dîner dans une pension bourgeoise, à quarante francs par mois. Je faisais le soir des écritures. Laid comme je suis et pauvre, je dus renoncer à me marier.

En entendant cet arrêt que le pauvre Alain portait sur lui-même avec une adorable résignation, Godefroid fit un mouvement qui prouva mieux qu'une confidence la parité de leurs destinées, et le bonhomme, en réponse à ce geste éloquent, eut l'air d'attendre un mot de son auditeur.

— Vous n'avez jamais été aimé?... demanda Godefroid.

— Jamais! reprit-il, excepté par Madame qui nous rend à tous l'amour que nous avons tous pour elle, un amour que je puis appeler divin... Vous avez pu vous en convaincre, nous vivons de sa vie comme elle vit de la nôtre; nous n'avons qu'une âme à nous tous ; et, pour n'être pas *physiques*, nos plaisirs n'en sont pas moins d'une grande vivacité, car nous n'existons que par le cœur... Que voulez-vous, mon enfant, reprit-il, quand les femmes peuvent apprécier les qualités morales, elles en ont fini avec les dehors, et elles sont vieilles alors.... J'ai beaucoup souffert, allez !...

— Ah ! j'en suis là... dit Godefroid.

— Sous l'Empire, reprit le bonhomme en baissant la tête, les rentes ne se payaient pas exactement, il fallait prévoir les suspensions de paiement. De 1802 à 1814, il ne se passa point de semaine que je n'attribuasse mes chagrins à Mongenod. — Sans Mongenod, me disais-je, j'aurais pu me marier. Sans lui, je ne serais pas obligé de vivre de privations. Mais quelquefois aussi je me disais : — Peut-être le malheureux est-il poursuivi là-bas par un mauvais sort ! En 1806, par un jour où je trouvais ma vie bien lourde à porter, je lui écrivis une longue lettre que je lui fis passer par la Hollande. Je n'eus pas de réponse, et j'attendis pendant trois ans, en fondant sur cette réponse des espérances toujours déçues. Enfin, je me résignai à ma vie. A mes cinq cents francs de rente, à mes douze cents francs au Mont-de-Piété, car je fus augmenté, je joignis une tenue de livres que j'obtins chez monsieur Birotteau, parfumeur, et qui me valut cinq cents francs. Ainsi, non seulement je me tirais d'affaire, mais je mettais huit cents francs de côté par an. Au commencement de 1814, je plaçai neuf mille francs d'économies à quarante francs sur le Grand-Livre et j'eus seize cents francs de rente assurés pour mes vieux jours. J'avais ainsi quinze cents francs au Mont-de-Piété, six cents francs pour ma tenue de livres, seize cents francs sur l'État, en tout trois mille sept cents francs. Je pris un appartement rue de Seine, et je vécus alors un peu mieux. Ma place me mettait en relation avec bien des malheureux. Depuis douze ans, je connaissais mieux que qui que ce soit la misère publique. Une ou deux fois j'obligeai quelques pauvres gens. Je sentis un vif plaisir en trouvant sur dix obligés un ou deux ménages qui se tiraient de peine. Il me vint dans l'esprit que la bienfaisance ne devait pas consister à jeter de l'argent à ceux qui souffraient. Faire la charité, selon l'expression vulgaire, me parut souvent être une espèce de prime donnée au crime. Je me mis à étudier cette question. J'avais alors cinquante ans, et ma vie était à peu près finie. A quoi suis-je bon? me demandai-je. A qui laisserai-je ma fortune? Quand j'aurai meublé richement mon appartement, quand j'aurai une bonne cuisinière, quand mon existence sera bien convenablement assurée, à quoi emploierai-je mon temps? Ainsi, onze ans de révolution et quinze ans de misère avaient dévoré le temps le plus heureux de ma vie! l'avaient usé dans un travail stérile, ou uniquement employé à la conservation de mon individu. Personne ne peut, à cet âge, s'élancer de cette destinée obscure et comprimée par le besoin vers une destinée éclatante; mais on peut toujours se rendre utile. Je compris enfin qu'une surveillance prodigue en conseils décuplait la valeur de l'argent donné, car les malheureux ont surtout besoin de guides; en les faisant profiter du travail qu'ils font pour autrui, l'intelligence du spéculateur n'est pas ce qui leur manque. Quelques beaux résultats que j'obtins me rendirent très fier. J'aperçus à la fois et un but et une occupation, sans parler des jouissances exquises que donne le plaisir de jouer en petit le rôle de la Providence.

— Et vous le jouez aujourd'hui en grand?... demanda vivement Godefroid.

— Oh! vous voulez tout savoir? dit le vieillard; nenni.

— Le croiriez-vous?... reprit-il après cette pause, la faiblesse des moyens que ma petite fortune mettait à ma disposition me ramenait souvent à Mongenod. — Sans Mongenod, j'aurais pu faire bien davantage, disais-je. Si un malhonnête homme ne m'avait pas enlevé quinze cents francs de rentes, ai-je souvent pensé, je sauverais cette famille. Excusant alors mon impuissance par une accusation, ceux à qui je n'offrais que des paroles pour consolation maudissaient Mongenod avec moi. Ces malédictions me soulageaient le cœur. Un matin, en janvier 1816, ma gouvernante m'annonce... qui? Mongenod! monsieur Mongenod! Et qui vois-je entrer?... la belle femme alors âgée de trente-six ans, et accompagnée de trois enfants; puis Mongenod, plus jeune que quand il était parti; car la richesse et le bonheur répandent une auréole autour de leurs favoris. Parti maigre, pâle, jaune, sec, il revenait gros, gras, fleuri comme un prébendier, et bien vêtu. Il se jeta dans mes bras, et se trouvant reçu froidement, il me dit pour première parole : — Ai-je pu venir plus tôt, mon ami? Les mers ne sont libres que depuis

1815, encore m'a-t-il fallu dix-huit mois pour réaliser ma fortune, clore mes comptes et me faire payer. J'ai réussi, mon ami! Quand j'ai reçu ta lettre, en 1806, je suis parti sur un vaisseau hollandais pour t'apporter moi-même une petite fortune; mais la réunion de la Hollande à l'Empire Français m'a fait prendre par les Anglais, qui m'ont conduit à la Jamaïque, d'où je me suis échappé par hasard. De retour à New-York, je me suis trouvé victime de faillites, et, en mon absence, la pauvre Charlotte n'avait pas su se défier des intrigants. J'ai donc été forcé de recommencer l'édifice de ma fortune. Enfin, nous voici de retour. A la manière dont te regardent ces enfants, tu dois bien deviner qu'on leur a souvent parlé du bienfaiteur de la famille! — Oh! oui, monsieur, dit la belle madame Mongenod, nous n'avons pas passé un seul jour sans nous souvenir de vous. Votre part a été faite dans toutes les affaires. Nous avons aspiré tous au bonheur que nous avons en ce moment de vous offrir votre fortune, sans croire que cette *dîme du seigneur* puisse jamais acquitter la dette de la reconnaissance. En achevant ces mots, madame Mongenod me tendit cette magnifique cassette que vous voyez, dans laquelle se trouvaient cent cinquante billets de mille francs. — Tu as bien souffert, mon pauvre Alain, je le sais, mais nous devinions tes souffrances, et nous nous sommes épuisés en combinaisons pour te faire parvenir de l'argent sans y avoir pu réussir, reprit Mongenod. Tu n'as pas pu te marier, tu me l'as dit; mais voici notre fille aînée, elle a été élevée dans l'idée de devenir ta femme, et a cinq cent mille francs de dot... — Dieu me garde de faire son malheur! m'écriai-je vivement en contemplant une fille aussi belle que l'était sa mère à cet âge, et je l'attirai sur moi pour l'embrasser au front. — N'ayez pas peur, ma belle enfant? lui dis-je. Un homme de cinquante ans à une fille de dix-sept ans! et un homme aussi laid que je le suis! m'écriai-je, jamais. — Monsieur, me dit-elle, le bienfaiteur de mon père ne sera jamais laid pour moi. Cette parole, dite spontanément et avec candeur, me fit comprendre que tout était vrai dans le récit de Mongenod; je lui tendis alors la main, et nous nous embrassâmes de nouveau. — Mon ami, lui dis-je, j'ai des torts envers toi, car je t'ai souvent accusé, maudit... — Tu le devais, Alain, me répondit-il en rougissant; tu souffrais, et par moi... Je tirai d'un carton le dossier Mongenod, et je lui rendis les pièces en acquittant sa lettre de change. — Vous allez déjeuner tous avec moi, dis-je à la famille. —

A la condition de venir dîner chez madame, une fois qu'elle sera installée, me dit Mongenod, car nous sommes arrivés d'hier. Nous allons acheter un hôtel, et je vais ouvrir une maison de banque à Paris pour l'Amérique du Nord, afin de la laisser à ce gaillard-là, dit-il en me montrant son fils aîné qui avait quinze ans. Nous passâmes ensemble le reste de la journée et nous allâmes le soir à la comédie, car Mongenod et sa famille étaient affamés de spectacle. Le lendemain, je plaçai la somme sur le Grand-Livre, et j'eus environ quinze mille francs de rentes en tout. Cette fortune me permit de ne plus tenir de livres le soir, et de donner la démission de ma place, au grand contentement des surnuméraires. Après avoir fondé la maison de banque Mongenod et compagnie, qui a fait d'énormes bénéfices dans les premiers emprunts de la Restauration, mon ami est mort en 1827, à soixante-trois ans. Sa fille, à laquelle il a donné plus tard un million de dot, a épousé le vicomte de Fontaine. Le fils, que vous connaissez, n'est pas encore marié; il vit avec sa mère et son jeune frère. Nous trouvons chez eux toutes les sommes dont nous pouvons avoir besoin. Frédéric, car le père lui avait donné mon nom en Amérique, Frédéric Mongenod est, à trente-sept ans, un des plus habiles et des plus probes banquiers de Paris. Il n'y a pas longtemps que madame Mongenod a fini par m'avouer qu'elle avait vendu ses cheveux pour deux écus de six livres, afin d'avoir du pain. Elle donne tous les ans vingt-quatre voies de bois que je distribue aux malheureux, pour la demi-voie que lui ai jadis envoyée.

— Ceci m'explique alors vos relations avec la maison Mongenod, dit Godefroid, et votre fortune...

Le bonhomme regarda Godefroid en souriant toujours avec la même expression de douce malice.

— Continuez... reprit Godefroid en voyant à l'air de monsieur Alain que le bonhomme n'avait pas tout dit.

— Ce dénoûment, mon cher Godefroid, fit sur moi la plus profonde impression. Si l'homme qui avait tant souffert, si mon ami me pardonna mon injustice, moi, je ne me la pardonnai point.

— Oh! fit Godefroid.

— Je résolus de consacrer tout mon superflu, environ dix mille francs par an, à des actes de bienfaisance raisonnés, reprit tranquillement monsieur Alain. Je rencontrai, vers ce temps, un juge du tribunal de première instance de la Seine, nommé Popinot, que nous avons eu le chagrin de perdre il y a trois ans, et qui pendant quinze années exerça la charité la plus active dans le quartier Saint-Marcel. Il eut, avec notre vénérable vicaire de Notre-Dame et Madame, la pensée de fonder l'œuvre à laquelle nous coopérons, et qui, depuis 1825, a secrètement produit quelque bien. Cette œuvre a eu dans madame de La Chanterie une âme, car elle est véritablement l'âme de cette entreprise. Le vicaire a su nous rendre plus religieux que nous ne l'étions d'abord, en nous démontran la nécessité d'être vertueux nous-mêmes pour pouvoir inspirer la vertu, pour enfin prêcher d'exemple. Plus nous avons cheminé dans cette voie, plus nous nous sommes réciproquement trouvés heureux. Ce fut donc le repentir que j'eus d'avoir méconnu le cœur de mon ami d'enfance qui me donna l'idée de consacrer aux pauvres, par moi-même, la fortune qu'il me rapportait et que j'acceptais sans me révolter contre l'énormité de la somme rendue à la place de celle que j'avais prêtée : la destination conciliait tout.

Ce récit, fait sans aucune emphase et avec une touchante bonhomie dans l'accent, dans le geste, dans le regard, aurait inspiré à Godefroid le désir d'entrer dans cette sainte et noble association, si déjà sa résolution n'eût été prise.

— Vous connaissez peu le monde, dit Godefroid, puisque vous avez eu de tels scrupules pour ce qui ne pèserait sur aucune conscience.

— Je ne connais que les malheureux, répondit le bonhomme. Je désire peu connaître un monde où l'on craint si peu de se mal juger les uns les autres. Voici bientôt minuit, et j'ai mon chapitre de l'*Imitation de Jésus-Christ* à méditer. Bonne nuit.

Godefroid prit la main du bonhomme et la lui serra par un mouvement plein d'admiration.

— Pouvez-vous me dire l'histoire de madame de La Chanterie ? demanda Godefroid.

— C'est impossible sans son consentement, répondit le bonhomme, car elle touche à l'un des événements les plus terribles de la politique impériale. Ce fut par mon ami Bordin que j'ai connu Madame, il en a eu tous les secrets, c'est lui qui m'a, pour ainsi dire, amené dans cette maison.

— Quoi qu'il en soit, répondit Godefroid, je vous remercie m'avoir raconté votre vie, il s'y trouve des leçons pour moi.

— Savez-vous quelle en est la morale ?

— Mais, dites, répliqua Godefroid, car je pourrais y voir autre chose que ce que vous y voyez!...

— Eh bien! le plaisir, dit le bonhomme, est un accident dans la vie du chrétien, il n'en est pas le but, et nous comprenons cela trop tard.

— Et qu'arrive-t-il quand on se christianise? demanda Godefroid.

— Tenez! fit le bonhomme.

Il indiqua du doigt à Godefroid une inscription en lettres d'or sur un fond noir que le nouveau pensionnaire n'avait pu voir, puisqu'il entrait pour la première fois dans la chambre du bonhomme. Godefroid, qui se retourna, lut : TRANSIRE BENEFACIENDO.

— Voilà, mon enfant, le sens qu'on donne alors à la vie. C'est notre devise. Si vous devenez un des nôtres, ce sera là tout votre brevet. Nous lisons cet avis que nous nous donnons à nous-mêmes à toute heure, en nous levant, en nous couchant, en nous habillant... Ah! si vous saviez quels immenses plaisirs comporte l'accomplissement de cette devise!...

— Comme quoi?... dit Godefroid, espérant des révélations.

— D'abord, nous sommes aussi riches que le baron de Nucingen... Mais l'Imitation de Jésus-Christ nous défend d'avoir rien à nous, nous ne sommes que dispensateurs, et si nous avions un seul mouvement d'orgueil, nous ne serions pas dignes d'être des dispensateurs. Ce ne serait pas *transire benefaciendo*, ce serait jouir par la pensée. Que vous vous disiez avec un certain gonflement de narines, je joue le rôle de la Providence, comme vous auriez pu le penser si vous eussiez été ce matin à ma place en rendant la vie à une famille, vous devenez un Sardanapale! un mauvais! Aucun de ces messieurs ne pense plus à lui-même en faisant le bien, il faut dépouiller toute vanité, tout orgueil, tout amour-propre, et c'est difficile, allez!...

Godefroid souhaita le bonsoir à monsieur Alain, et revint chez lui vivement touché de ce récit; mais sa curiosité fut plus irritée que satisfaite, car la grande figure du tableau que présentait cet intérieur était madame de La Chanterie. La vie de cette femme avait pour lui tant de prix qu'il faisait de cette information le but de son séjour à l'hôtel de La Chanterie. Il entrevoyait bien déjà dans l'association de ces cinq personnes une vaste entreprise de charité; mais il y pensait beaucoup moins qu'à son héroïne.

Le néophyte passa quelques jours à observer mieux qu'il ne 'avait fait jusqu'alors les gens d'élite au milieu desquels il se trouvait, et il devint l'objet d'un phénomène moral que les philanthropes modernes ont dédaigné, par ignorance peut-être. La sphère où il vivait eut une action positive sur Godefroid. La loi qui régit la nature physique relativement à l'influence des milieux atmosphériques pour les conditions d'existence des êtres qui s'y développent, régit également la nature morale; d'où il suit que la réunion des condamnés est un des plus grands crimes sociaux, et que leur isolement est une expérience d'un succès douteux. Les condamnés devraient être livrés à des institutions religieuses et environnés des prodiges du Bien, au lieu de rester au milieu des miracles du Mal. On peut attendre en ce genre un dévouement entier de la part de l'Église; si elle envoie des missionnaires au milieu des nations sauvages ou barbares, avec quelle joie ne donnerait-elle pas à des ordres religieux la mission de recevoir les Sauvages de la civilisation pour les catéchiser ; car tout criminel est athée, et souvent sans le savoir. Godefroid trouva ces cinq personnes douées des qualités qu'elles exigeaient de lui; toutes étaient sans orgueil, sans vanité, vraiment humbles et pieuses, sans aucune de ces prétentions qui constituent *la dévotion*, en prenant ce mot dans son acception mauvaise. Ces vertus étaient contagieuses; il fut pris du désir d'imiter ces héros inconnus, et il finit par étudier passionnément le livre qu'il avait commencé par dédaigner. En quinze jours il réduisit la vie au simple, à ce qu'elle est réellement quand on la considère au point de vue élevé où vous mène l'esprit religieux. Enfin sa curiosité si mondaine d'abord, excitée par tant de motifs vulgaires, se purifia ; s'il n'y renonça point, c'est qu'il était difficile de se désintéresser à l'endroit de madame de la Chanterie; mais il montra, sans le vouloir, une discrétion qui fut appréciée par ces hommes en qui l'esprit divin développait une profondeur inouïe dans les facultés, comme chez tous les religieux, d'ailleurs. La concentration des forces morales par quelque système que ce soit en décuple la portée.

— Notre ami n'est pas encore converti ; disait le bon abbé de Vèze ; mais il demande à l'être....

Une circonstance imprévue hâta la révélation de l'histoire de madame de La Chanterie à Godefroid, en sorte que l'intérêt capital qu'elle présenta fut satisfait promptement.

Paris s'occupait alors du dénoûment à la barrière Saint-Jacques d'un de ces horribles procès criminels qui marquent dans les annales de nos cours d'assises. Ce procès avait tiré son prodigieux intérêt des criminels eux-mêmes dont l'audace, dont l'esprit supérieur à ceux des accusés ordinaires, dont les cyniques réponses épouvantèrent la société. Chose digne de remarque, aucun journal n'entrait à l'hôtel de La Chanterie, et Godefroid n'entendit parler du rejet du pourvoi en cassation formé par les condamnés que par son maître en tenue de livres, car le procès avait eu lieu bien avant son entrée chez madame de La Chanterie.

— Rencontrez-vous, dit-il à ses futurs amis, des gens comme ces atroces coquins, et, quand vous en rencontrez, comment vous y prenez-vous avec eux ?...

— D'abord, dit monsieur Nicolas, il n'y a pas d'atroces coquins, il y a des natures malades à mettre à Charenton ; mais, en dehors de ces rares exceptions médicales, nous ne voyons que des gens sans religion, ou des gens qui raisonnent mal, et la mission de l'homme charitable est de redresser les âmes, de remettre dans le bon chemin les égarés.

— Et, dit l'abbé de Vèze, tout est possible à l'apôtre, il a Dieu pour lui....

Si l'on vous envoyait à ces deux condamnés, demanda Godefroid, vous n'en obtiendriez rien.

— Le temps manquerait, fit observer le bonhomme Alain.

— En général, dit monsieur Nicolas, on livre à la religion des âmes qui sont dans l'impénitence finale, et pour un temps insuffisant à faire des prodiges. Les gens de qui vous parlez, entre nos mains, seraient devenus des hommes très distingués, ils sont d'une immense énergie ; mais, dès qu'ils ont commis un assassinat, il n'est plus possible de s'en occuper, la justice humaine se les approprie...

— Ainsi, dit Godefroid, vous êtes contre la peine de mort ?...

Monsieur Nicolas se leva vivement, et sortit.

— Ne parlez jamais de la peine de mort devant monsieur Nicolas ; il a reconnu, dans un criminel à l'exécution duquel il avait été chargé de veiller, son enfant naturel...

— Et il était innocent ! reprit M. Joseph.

En ce moment madame de La Chanterie, qui s'était absentée pour quelques instants, revint au salon.

Enfin, avouez, dit Godefroid en s'adressant à monsieur Joseph, que la société ne peut pas subsister sans la peine de mort, et que ceux à qui, demain matin, l'on coupera...

Godefroid se sentit fermer la bouche avec force par une main vigoureuse, et l'abbé de Vèze emmena madame da La Chanterie pâle et quasi-mourante.

— Qu'avez-vous fait?... dit à Godefroid monsieur Joseph. Emmenez-le, Alain? dit-il en retirant la main avec laquelle il avait bâillonné Godefroid. Et il suivit l'abbé de Vèze chez Madame.

— Venez, dit monsieur Alain à Godefroid, vous nous avez obligés à vous confier les secrets de la vie de Madame.

Les deux amis se trouvèrent alors, au bout de quelques instants, dans la chambre du bonhomme Alain, comme ils y étaient lorsque le vieillard avait dit son histoire au jeune homme.

— Eh bien? dit Godefroid dont la figure annonçait son désespoir d'avoir été la cause de ce qui, dans cette sainte maison, pouvait s'appeler une catastrophe.

— J'attends que Manon vienne nous rassurer, répondit le bonhomme en écoutant le bruit des pas de la domestique dans l'escalier.

— Monsieur, Madame va bien, monsieur l'abbé l'a trompée sur ce qu'on disait! dit Manon en jetant un regard presque courroucé sur Godefroid.

— Mon Dieu! s'écria ce pauvre jeune homme à qui des larmes vinrent aux yeux.

— Allons, asseyez-vous, lui dit monsieur Alain en s'asseyant lui-même.

Et il fit une pause en recueillant ses idées.

— Je ne sais pas, dit le bon vieillard, si j'aurai le talent qu'exige une vie si cruellement éprouvée pour être racontée dignement; vous m'excuserez quand vous ne trouverez pas la parole d'un si pauvre orateur à la mesure des actions et des catastrophes. Songez que je suis sorti du collége depuis longtemps, et que je suis l'enfant d'un siècle où l'on s'occupait plus de la pensée que de l'effet, un siècle prosaïque où l'on ne savait dire les choses que par leur nom.

Godefroid fit un mouvement d'adhésion où le bonhomme Alain put voir une admiration sincère et qui voulait dire: j'écoute.

— Vous venez de le voir, mon jeune ami, reprit le vieillard, il était impossible que vous restassiez plus longtemps parmi nous sans connaître quelques-unes des affreuses particularités de la vie de cette sainte femme. Il est des idées, des allusions, des paroles fatales qui sont complétement interdites dans cette maison, sous peine de rouvrir chez Madame des blessures dont les douleurs, une ou deux fois renouvelées, pourraient la tuer...

— Oh! mon Dieu! s'écria Godefroid, qu'ai-je donc fait?...

— Sans monsieur Joseph qui vous a coupé la parole en pressentant que vous alliez vous occuper du fatal instrument de mort, vous alliez foudroyer cette pauvre Madame... Il est temps que vous sachiez tout, car vous nous appartiendrez, nous en avons aujourd'hui tous la conviction.

— Madame de La Chanterie, dit-il après une pause, est issue d'une des premières familles de la basse Normandie. Elle est en son nom mademoiselle Barbe-Philiberte de Champignelles, d'une branche cadette de cette maison. Aussi fut-elle destinée à prendre le voile si son mariage ne pouvait se faire avec les renonciations d'usage à la légitime, comme cela se pratiquait chez les familles pauvres. Un sieur de La Chanterie, dont la famille était tombée dans une profonde obscurité, quoiqu'elle date de la croisade de Philippe-Auguste, voulut remonter au rang que lui méritait cette ancienneté dans la province de Normandie. Ce gentilhomme avait doublement dérogé, car il avait ramassé quelque trois cent mille écus dans les fournitures des armées du roi, lors de la guerre du Hanovre. Trop confiant dans de telles richesses, grossies par les rumeurs de la province, le fils menait à Paris une vie assez inquiétante pour un père de famille. Le mérite de mademoiselle de Champignelles obtenait quelque célébrité dans le Bessin. Le vieillard, dont le petit fief de La Chanterie se trouve entre Caen et Saint-Lô, entendit déplorer devant lui qu'une si parfaite demoiselle, si capable de rendre un homme heureux, allât finir ses jours dans un couvent; et, sur un désir qu'il témoigna de rechercher cette demoiselle, on lui donna l'espoir d'obtenir des Champignelles, pourvu que ce fût sans dot, la main de mademoiselle Philiberte pour son fils. Il se rendit à Bayeux, il se ménagea quelques entrevues avec la famille de Champignelles, et fut séduit par les grandes qualités de la jeune personne. A seize ans, mademoiselle de Champignelles annonçait tout ce qu'elle devait être. On devinait en elle une piété solide, un bon sens inaltérable, une droiture inflexible, et l'une de ces âmes qui ne doivent jamais se détacher d'une affection, fût-elle ordonnée.

Le vieux noble, enrichi par ses maltôtes aux armées, aperçut en cette charmante fille la femme qui pouvait contenir son fils par l'autorité de la vertu, par l'ascendant d'un caractère ferme sans roideur; car, vous l'avez vue? nulle n'est plus douce que madame de La Chanterie; mais aussi nulle ne fut plus confiante qu'elle, elle a jusques au déclin de la vie la candeur de l'innocence, elle ne voulait pas jadis croire au mal, elle a dû le peu de défiance que vous lui connaissez, à ses malheurs. Le vieillard s'engagea, vis-à-vis des Champignelles, à donner quittance au contrat de la légitime de mademoiselle Philiberte; mais, en revanche, les Champignelles, alliés à de grandes maisons, promirent de faire ériger le fief de La Chanterie en baronnie, et ils tinrent parole. La tante du futur époux, madame de Boisfrelon, la femme du Conseiller au Parlement mort dans l'appartement que vous occupez, promit de léguer sa fortune à son neveu. Quand tous ces arrangements furent pris entre les deux familles, le père fit venir son fils. Maître des requêtes au Grand-Conseil, et âgé de vingt-cinq ans au moment de son mariage, le jeune homme avait fait de nombreuses folies avec les jeunes seigneurs de l'époque, en vivant à leur manière; aussi le vieux maltôtier avait-il déjà plusieurs fois payé des dettes considérables. Ce pauvre père, en prévision de nouvelles fautes chez son fils, était assez enchanté de reconnaître à sa future belle-fille une certaine fortune; mais il eut tant de méfiance, qu'il substitua le fief de La Chanterie aux enfants mâles à naître du mariage...

— La Révolution, dit le bonhomme Alain en forme de parenthèse, a rendu la précaution inutile.

— Doué d'une beauté d'ange, d'une adresse merveilleuse à tous les exercices du corps, le jeune maître des requêtes possédait le don de séduction, reprit-il. Mademoiselle de Champignelles devint donc, vous le croirez facilement, très éprise de son mari. Le vieillard, extrêmement heureux des commencements de ce mariage, et croyant à une réforme chez son fils, envoya lui-même les nouveaux mariés à Paris. Ceci se passait au commencement de l'année 1788. Ce fut presque une année de bonheur. Madame de La Chanterie connut les petits soins, les attentions les plus délicates qu'un homme plein d'amour puisse prodiguer à une femme aimée uniquement. Quelque courte qu'elle ait été, la lune de miel a lui sur le cœur de cette si noble et si malheureuse femme. Vous savez qu'alors les mères nourrissaient elles-mêmes leurs enfants, et Madame eut un fille. Cette période, pendant laquelle une femme devait être l'objet d'un redoublement de tendresse, fut au contraire le commencement de malheurs inouïs. Le maître des requêtes fut obligé de vendre tous les biens dont il pouvait disposer pour payer d'anciennes dettes qu'il n'avait pas avouées, et de nouvelles dettes de jeu. Puis, l'Assemblée nationale prononça bientôt la dissolution du Grand-Conseil, du Parlement, de toutes les charges de justice, si chèrement achetées. Le jeune ménage, augmenté d'une fille, fut donc sans autres revenus que ceux des biens substitués et celui de la dot reconnue à madame de La Chanterie. En vingt mois, cette charmante femme, à l'âge de dix-sept ans et demi, se vit obligée de vivre, elle et la fille qu'elle nourrissait, du travail de ses mains, dans un obscur quartier où elle se retira. Elle se vit alors entièrement abandonnée de son mari, qui tomba de degrés en degrés dans la société des créatures de la plus mauvaise espèce. Jamais Madame ne fit un reproche à son mari, jamais elle ne se donna le moindre tort. Elle nous a dit que, pendant ces mauvais jours, elle priait Dieu pour son cher Henri.

— Ce mauvais sujet s'appelait Henri, dit le bonhomme, c'est un nom à ne jamais prononcer, pas plus que celui d'Henriette. Je reprends.

— Ne quittant sa petite chambre de la rue de la Corderie-du-Temple que pour aller chercher sa subsistance ou son ouvrage, madame de La Chanterie suffisait à tout, grâce à cent livres par mois que son beau-père, touché de tant de vertu, lui faisait passer. Néanmoins, en prévoyant que cette ressource pourrait lui manquer, la pauvre jeune femme avait pris la dure profession de faiseuse de corsets, et travaillait pour une célèbre couturière. En effet, le vieux traitant mourut, et sa succession fut dévorée par son fils, à la faveur du renversement des lois de la monarchie. L'ancien maître des requêtes, devenu l'un des plus féroces présidents de tribunal révolutionnaire qui existât, fut la terreur de la Normandie et put ainsi satisfaire toutes ses passions. A son tour emprisonné lors de la chute de Roberspierre, la haine de son Département le vouait à une mort certaine. Madame de La Chanterie apprend par une lettre d'adieu le sort qui attend son mari. Aussitôt, après avoir confié sa petite fille à une voisine, elle se rend dans la ville où le misérable était détenu, munie de quelques louis qui composaient sa fortune; ces louis lui servirent à pénétrer dans la prison, elle réussit à faire sauver son mari, qu'elle habille avec ses vêtements à elle, dans des circonstances presque semblables à celles qui, plus tard, servirent si bien madame de Lavalette. Elle fut condamnée à mort, mais on eut honte de donner suite à cette vengeance, et le tribunal, jadis présidé par son mari, facilita sous main sa sortie de prison. Elle revint à Paris, à pied, sans secours, en couchant dans des fermes et souvent nourrie par charité.

— Mon Dieu ! s'écria Godefroid.

— Attendez !... reprit le bonhomme, ce n'est rien. En huit ans, la pauvre femme revit trois fois son mari. La première fois, monsieur resta deux fois vingt-quatre heures dans le modeste logement de sa femme, et il lui prit tout son argent en la comblant de marques de tendresse et lui faisant croire à une conversion complète : « J'étais, dit-elle, sans force contre un homme pour qui je priais tous les jours et qui occupait exclusivement ma pensée. » La seconde fois, monsieur de La Chanterie arriva mourant, et de quelle maladie !... elle le soigna, le sauva ; puis elle essaya de le rendre à des sentiments et à une vie convenables. Après avoir promis tout ce que cet ange demandait, le révolutionnaire se replongea dans d'effroyables désordres, et n'échappa même à l'action du Ministère Public qu'en venant se réfugier chez sa femme, où il mourut en sûreté.

— Oh ! ce n'est rien, s'écria le bonhomme en voyant l'étonnement peint sur la figure de Godefroid. Personne, dans le monde où il vivait, ne savait cet homme marié. Deux ans après la mort du misérable, madame de La Chanterie apprit qu'il existait une seconde madame de La Chanterie, veuve comme elle et comme elle ruinée. Ce bigame avait trouvé deux anges incapables de le trahir.

— Vers 1803, reprit monsieur Alain après une pause, monsieur de Boisfrelon, oncle de madame de La Chanterie, ayant été rayé de la liste des émigrés, vint à Paris et lui remit une somme de deux cent mille francs, que lui avait jadis confiée le vieux traitant, avec mission de la garder pour les enfants de sa nièce. Il engagea la veuve à revenir en Normandie, où elle acheva l'éducation de sa fille, et où, toujours conseillée par l'ancien magistrat, elle acheta, dans d'excellentes conditions, une terre patrimoniale.

— Ah ! s'écria Godefroid.

— Ce n'est rien encore, dit le bonhomme Alain, vous n'êtes pas arrivé aux ouragans. Je reprends. En 1807, après quatre années de repos, madame de La Chanterie maria sa fille unique à un gentilhomme dont la piété, les antécédents, la fortune offraient des garanties de toute espèce; un homme qui, selon le dicton populaire, *était la coqueluche* de la meilleure compagnie du chef-lieu de préfecture où Madame et sa fille passaient l'hiver. Notez que cette compagnie se composait de sept ou huit familles, comptées dans la haute noblesse de France, les d'Esgrignon, les Troisville, les Casteran, les Nouâtre, etc. Au bout de dix-huit mois, cet homme laissa sa femme et disparut dans Paris, où il changea de nom. Madame de La Chanterie ne put apprendre les causes de cette séparation qu'à la clarté de la foudre et au milieu de la tempête. Sa fille, élevée avec des soins minutieux et dans les sentiments religieux les plus purs, garda sur cet événement un silence absolu. Ce défaut de confiance frappa sensiblement madame de La Chanterie. Déjà plusieurs fois elle avait reconnu dans sa fille quelques indices qui trahissaient le caractère aventureux du père, mais augmenté d'une fermeté presque virile. Ce mari s'en alla de son plein gré, laissant ses affaires dans une situation pitoyable. Madame de La Chanterie est encore étonnée aujourd'hui de cette catastrophe, à laquelle aucune puissance humaine n'aurait pu remédier. Les gens qu'elle consulta prudemment avaient tous dit que la fortune du futur était claire et liquide, en terres, sans hypothèques, alors que le bien se trouvait, depuis dix ans, devoir au delà de sa valeur. Aussi les immeubles furent-ils vendus, et la pauvre mariée, réduite à sa seule fortune, revint-elle chez sa mère. Madame de La Chanterie a su plus tard que cet homme avait été soutenu par les gens plus honorables du pays dans l'intérêt de leur créances; car ce misérable leur devait à tous des sommes plus ou moins considérables. Aussi, dès son arrivée dans la province, madame de La Chanterie avait-elle été regardée comme une proie. Néanmoins il y eut, à cette catastrophe, d'autres raisons qui vous seront révélées par une pièce confidentielle mise sous les yeux de l'empereur. Cet homme avait d'ailleurs depuis longtemps capté la bienveillance des sommités royalistes du département par son dévouement à la cause royale pendant les temps les plus orageux de la Révolution. Un des émissaires les plus actifs de Louis XVIII, il avait trempé, dès 1793, dans toutes les conspirations, en s'en retirant si savamment, avec tant d'adresse, qu'il finit par inspirer des soupçons. Remercié de ses services par Louis XVIII, et mis en dehors de toute affaire, il était revenu dans ses propriétés déjà grevées depuis longtemps. Ces antécédents obscurs alors (les initiés aux secrets du cabinet royal gardèrent le silence sur un si dangereux coopérateur) rendirent cet homme l'objet d'une espèce de culte dans une ville dévouée aux Bourbons, et où les moyens les plus cruels de la chouannerie étaient admis comme de bonne guerre. Les d'Esgrignon, les Casteran, le chevalier de Valois, enfin l'Aristocratie et l'Église ouvrirent leurs bras à ce diplomate royaliste et le mirent dans leur giron. Cette protection fut corroborée du désir que les créanciers eurent d'être payés. Ce misérable, le pendant de feu de La Chanterie, sut se contenir durant trois années, il afficha la plus haute dévotion et imposa silence à ses vices. Pendant les premiers mois que les nouveaux mariés passèrent ensemble, il eut une espèce d'action sur sa femme; il essaya de la corrompre par ses doctrines, si tant est que l'athéisme soit une doctrine, et par le ton plaisant avec lequel il parlait des principes les plus sacrés. Ce diplomate de bas étage eut, dès son retour au pays, une liaison intime avec un jeune homme, criblé de dettes comme lui, mais qui se recommandait par autant de franchise et de courage qu'il a montré, lui, d'hypocrisie et de lâcheté. Cet hôte, dont les agréments e le caractère, la vie aventureuse devaient influencer une jeune fille, fut, entre les mains du mari, comme un instrument, et il s'en servit pour appuyer ses infâmes théories. Jamais la fille ne fit connaître à la mère l'abîme où le hasard l'avait jetée, car il faut renoncer à parler de prudence humaine en songeant aux minutieuses précautions prises par madame de La Chanterie quand il fut question de marier sa fille unique. Ce dernier coup, dans une vie aussi dévouée, aussi pure, aussi religieuse que celle d'une femme éprouvée par tant de malheurs, rendit madame de La Chanterie d'une défiance envers elle-même qui l'isola d'autant plus de sa fille, que sa fille, en échange de sa mauvaise fortune, exigea presque sa liberté, domina sa mère, et la brusqua même quelquefois. Atteinte ainsi dans toutes ses affections, trompée et dans son dévouement et dans son amour pour son mari, à qui elle avait sacrifié sans une plainte son bonheur, sa fortune et sa vie; trompée dans l'éducation exclusivement religieuse qu'elle avait donnée à sa fille, trompée par la Société même dans l'affaire du mariage, et n'obtenant pas justice dans le cœur où elle n'avait semé que de bons sentiments, elle s'unit étroitement à Dieu, dont la main l'atteignait si fortement. Cette quasi-religieuse allait à l'église tous les matins, elle accomplissait les austérités claustrales, et faisait des économies pour soulager les pauvres.

— Y a-t-il jusqu'à présent une vie plus sainte et plus éprouvée que celle de cette noble femme, si douce avec l'infortune, si courageuse dans le danger et toujours si chrétienne? dit le bonhomme en regardant Godefroid étonné. Vous connaissez Madame, vous savez si elle manque de sens, de jugement, de réflexion; elle a toutes ces qualités au plus haut degré: Eh bien! ces malheurs, qui suffiraient à faire dire d'une existence qu'elle surpasse toutes les autres en adversités, ne sont rien en comparaison de ce que Dieu réservait à cette femme. — Occupons-nous exclusivement de la fille de madame de La Chanterie, dit le bonhomme en reprenant son récit.

— A dix-huit ans, époque de son mariage, mademoiselle de La Chanterie, dit-il, était une jeune fille d'une compléxion excessivement délicate, brune, à couleurs éclatantes, svelte, et de la plus jolie figure. Au-dessus d'un front d'une forme élégante, on admirait les plus beaux cheveux noirs en harmonie avec des yeux bruns et d'une expression gaie. Une sorte de mignardise dans la physionomie trompait sur son véritable caractère et sur sa mâle décision. Elle avait de petites mains, de petits pieds, quelque chose de mince, de frêle dans toute sa personne, qui excluait toute idée de force et de vivacité. Ayant toujours vécu près de sa mère, elle était d'une parfaite innocence de mœurs et d'une piété remarquable. Cette jeune personne, de même que madame de La Chanterie, était attachée aux Bourbons jusqu'au fanatisme, ennemie de la révolution française, et ne reconnaissait la domination de Napoléon que comme une plaie que la providence infligeait à la France, en punition des attentats de 1793. Cette conformité d'opinion de la belle-mère et du gendre fut, comme toujours en pareille occurrence, une raison déterminante pour le mariage, auquel s'intéressa d'ailleurs toute l'aristocratie du pays. L'ami de ce misérable avait commandé, lors de la reprise des hostilités en 1799, une bande de Chouans. Il paraît que le baron (le gendre de madame de La Chanterie était baron) n'avait d'autre dessein, en liant sa femme et son ami, que de se servir de cette affection pour leur demander aide et secours. Quoique criblé de dettes et sans moyens d'existence, ce jeune aventurier vivait très bien, et pouvait en effet facilement secourir le fauteur des conspirations royalistes.

— Ceci veut quelques mots sur une association qui fit dans ce temps bien du tapage, dit monsieur Alain en interrompant son récit. Je veux vous parler des Chauffeurs. Chaque province de l'Ouest fut alors plus ou moins atteinte par ces brigandages, dont l'objet était beaucoup moins le pillage qu'une résurrection de la guerre royaliste. On profita, dit-on, du grand nombre de réfractaires à la loi sur la conscription, exécutée alors, comme vous le savez, jusqu'à l'abus. Entre Mortagne et Rennes, au delà même et jusque sur les bords de la Loire, il y eut des expéditions nocturnes, qui, dans cette portion de la Normandie, frappèrent principalement sur les détenteurs de biens nationaux. Ces bandes répandirent une terreur profonde dans les campagnes. Ce n'est pas vous tromper que de vous faire observer que, dans certains départements, l'action de la justice fut pendant longtemps paralysée. Ces derniers retentissements de la guerre civile ne firent pas autant de bruit que vous pourriez le croire, habitués que nous sommes aujourd'hui à l'effrayante publicité donnée par la Presse aux moindres procès politiques ou particuliers. Le système du gouvernement impérial était celui de tous les gouvernements absolus. La censure ne laissait rien publier de tout ce qui concernait la politique, excepté les faits accomplis, et encore étaient-ils travestis. Si vous vous donniez la peine de feuilleter le *Moniteur*, les autres journaux existants, et même ceux de l'Ouest, vous ne trouveriez pas un mot des quatre ou cinq procès criminels qui coûtèrent la vie à soixante ou quatre-vingts brigands. Ce nom, donné, pendant l'époque révolutionnaire, aux Vendéens, aux Chouans et à tous ceux qui prirent les armes pour la maison de Bourbon, fut maintenu judiciairement sous l'Empire aux royalistes victimes de quelques complots isolés. Pour quelques caractères passionnés, l'Empereur et son gouvernement, c'était l'ennemi, tout paraissait être de bonne prise de ce qui se prenait sur lui. Je vous explique ces opinions sans prétendre vous les justifier, et je reprends.

— Maintenant, dit-il après une de ces pauses nécessaires dans les longs récits, admettez de ces Royalistes ruinés par la guerre civile de 1793, soumis à des passions violentes; admettez des natures d'exception dévorées de besoins, comme celles du gendre de madame de La Chanterie et de cet ancien chef, et vous pourrez comprendre comment ils pouvaient se décider à commettre, dans leur intérêt paticulier, les actes de brigandage que leur opinion politique autorisait contre le gouvernement impérial, au profit de la bonne cause. Ce jeune chef s'occupait donc à ranimer les brandons de la chouannerie, pour agir au moment opportun. Il y eut alors une crise terrible pour l'Empereur, quand, enfermé dans l'île de Lobau, il parut devoir succomber à l'attaque simultanée de l'Angleterre et de l'Autriche. La victoire de Wagram rendit la conspiration faite à l'intérieur à peu près inutile. Cette espérance d'allumer la guerre civile en Bretagne, en Vendée et dans une partie de la Normandie, eut une fatale coïncidence avec le dérangement des affaires du baron, qui se flatta de faire entreprendre une expédition dont les profits seraient exclusivement appliqués à sauver ses propriétés. Par un sentiment plein de noblesse, sa femme et son ami refusèrent de détourner, dans un intérêt privé, les sommes à prendre à main armée aux recettes de l'État et destinées à solder les réfractaires et les Chouans, à se procurer des armes et des munitions pour opérer une levée de boucliers. Quand, après des discussions envenimées, le jeune chef, appuyé par la femme, eut refusé positivement au mari de lui réserver une centaine de mille francs en écus, dont le recouvrement allait se faire pour le compte de l'armée royale, sur une des Recettes-générales de l'Ouest, le baron disparut pour éviter les ardentes poursuites de plusieurs prises de corps. Les créanciers en voulaient aux biens de la femme et ce misérable avait tari la source de l'intérêt qui porte une épouse à se sacrifier à son mari. Voilà ce qu'ignorait la pauvre madame de La Chanterie ; mais ceci n'est rien en comparaison de la trame cachée sous cette explication préliminaire.

— Ce soir, dit le bonhomme après avoir regardé l'heure à sa petite pendule, l'heure est déjà trop avancée, et nous en aurions pour trop longtemps si je voulais vous raconter le reste de cette histoire. Le vieux Bordin, mon ami, que la conduite du fameux procès Simeuse avait illustré dans le parti royaliste, et qui plaida dans l'affaire criminelle dite des Chauffeurs de Mortagne, m'a, lors de mon installation ici, communiqué deux pièces que j'ai gardées, car il mourut quelque temps après. Vous y trouverez les faits beaucoup plus succinctement rédigés que je ne pourrais vous les dire. Ces faits sont si nombreux que je me perdrais dans les détails, et j'en aurais pour plus de deux heures à parler ; tandis que là, vous les aurez sous une forme sommaire. Demain matin, je vous achèverai ce qui concerne madame de La Chanterie, car vous serez assez instruit par cette lecture pour que je puisse finir en quelques mots.

Le bonhomme remit des papiers jaunis par le temps à Godefroid, qui, après avoir souhaité le bonsoir à son voisin, se retira dans sa chambre, où il lut avant de s'endormir les deux pièces que voici.

ACTE D'ACCUSATION.

Cour de justice criminelle et spéciale du département de l'Orne.

Le procureur général près la Cour impériale de Caen, nommé pour remplir ses fonctions près la Cour criminelle spéciale établie par décret impérial en date de septembre 1809 et siégeant à Alençon, expose à la Cour les faits suivants, lesquels résultent de la procédure.

Un complot de brigandage, conçu de longue main avec une profondeur inouïe, et qui se rattache à un plan de soulèvement des départements de l'Ouest, a éclaté par plusieurs attentats contre des citoyens et leurs propriétés, mais notamment par l'attaque et le vol à main armée d'une voiture qui transportait, le... mai 180..., la recette de Caen pour le compte de l'État. Cet attentat, qui rappelle les déplorables souvenirs d'une guerre civile si heureusement éteinte, a reproduit les conceptions d'une scélératesse que la flagrance des passions ne justifiait plus.

De l'origine aux résultats, la trame est compliquée, les détails sont nombreux : l'instruction a duré plus d'une année; mais l'évidence, attachée à tous les pas du crime, en a éclairé les préparatifs, l'exécution et les suites.

La pensée du complot appartient au nommé Charles-Amédée-Louis-Joseph Rifoël, se disant chevalier du Vissard, né au Vissard, commune de Saint-Mexme, près Ernée, ancien chef de rebelles.

Ce coupable, à qui S. M. l'Empereur et Roi avait fait grâce lors de la pacification définitive, et qui n'a reconnu la magnanimité du souverain que par de nouveaux crimes, a subi déjà, par le dernier supplice, le châtiment dû à tant de forfaits; mais il est nécessaire de rappeler quelques-unes de ses actions, car il a influé sur les coupables actuellement déférés à la justice, et il se rattache à chaque particularité du procès.

Ce dangereux agitateur, caché, selon l'habitude des rebelles, sous le nom de Pierrot, errait dans les départements de l'Ouest, en y recueillant les éléments d'une nouvelle révolte; mais son asile le plus sûr fut le château de Saint-Savin, résidence d'une dame Lechantre et de sa fille, la dame Bryond, sis commune de Saint-Savin, arrondissement de Mortagne. Ce point stratégique se rattache aux plus affreux souvenirs de la rébellion de 1799. Là, le courrier fut assassiné, sa voiture pillée par une bande de brigands, sous le commandement d'une femme, aidée par le trop fameux Marche-à-terre. Ainsi, dans ces lieux le brigandage est en quelque sorte endémique.

Une intimité que nous n'essaierons pas de qualifier existait depuis plus d'un an entre la dame Bryond et ce nommé Rifoël.

Ce fut dans cette commune qu'eut lieu, dès le mois d'avril 1808, une entrevue entre Rifoël et le nommé Boislaurier, chef supérieur et connu sous le nom d'Auguste dans les funestes rébellions de l'Ouest dont l'esprit a dirigé l'affaire actuellement déférée à la Cour.

Ce point obscur des relations de ces deux chefs, victorieusement établi par de nombreux témoins, a d'ailleurs l'autorité de la chose jugée par l'arrêt de condamnation de Rifoël.

Ce Boislaurier s'entendit dès ce temps avec Rifoël pour agir de concert.

Tous deux, et seuls d'abord, ils se communiquèrent leurs atroces projets, inspirés par l'absence de Sa Majesté impériale et royale qui commandait alors ses armées en Espagne. Dès cette époque, ils durent arrêter, comme base fondamentale de leurs opérations, l'enlèvement des recettes de l'État.

Quelque temps après, le nommé Dubut de Caen expédie au château de Saint-Savin un émissaire, le nommé Hiley, dit le Laboureur, connu depuis longtemps comme voleur de diligences, pour donner des renseignements sur les hommes auxquels on pourrait se fier.

Ce fut ainsi, que, par l'intervention de Hiley, le complot acquit dès l'origine la coopération du nommé Herbomez, surnommé Général-Hardi, ancien rebelle de la même trempe que Rifoël comme lui parjure à l'amnistie.

Herbomez et Hiley recrutèrent alors dans les communes environnantes sept bandits qu'il faut se hâter de faire connaître, et qui sont :

1° Jean Cibot, dit Pille-Miche, l'un des plus hardis brigands du corps formé par Montauran, en l'an VII, l'un des auteurs de l'attaque et de la mort du courrier de Mortagne.

2° François Lisieux, surnommé le Grand-Fils, réfractaire du partement de la Mayenne.

3° Charles Grenier, dit Fleur-de-Genêt, déserteur de la 69ᵉ demi-brigade.

4° Gabriel Bruce, dit Gros-Jean, un des chouans les plus féroces de la division Fontaine.

5° Jacques Horeau, dit le Stuart, ex-lieutenant de la même demi-brigade, l'un des affidés de Tinténiac, assez connu par sa participation à l'expédition de Quiberon.

6° Marie-Anne Cabot, dit Lajeunesse, ancien piqueur du sieur Carol d'Alençon.

7° Louis Minard, réfractaire.

Ces enrôlés furent logés dans trois communes différentes, chez les nommés Binet, Mélin et Laravinière, aubergistes ou cabaretiers, tous dévoués à Rifoël.

Les armes nécessaires furent aussitôt fournies par le sieur Jean-François Léveillé, notaire, incorrigible correspondant des brigands, le lien intermédiaire entre eux et plusieurs chefs cachés, surnommé le Confesseur ; enfin par le nommé Félix Courceuil, ancien chirurgien des armées rebelles de la Vendée, tous deux d'Alençon.

Onze fusils furent cachés dans la maison que possédait le sieur Bryond dans le faubourg d'Alençon, et à son insu ; car il habitait alors sa campagne entre Alençon et Mortagne.

Lorsque le sieur Bryond quitta sa femme en l'abandonnant à elle-même dans la fatale route qu'elle devait parcourir, ces fusils, retirés mystérieusement de la maison, furent transportés par la dame Bryond elle-même dans sa voiture au château de Saint-Savin.

Ce fut alors qu'eurent lieu dans le département de l'Orne et les départements circonvoisins ces faits de brigandage qui ne surprirent pas moins les autorités que les habitants de ces contrées, depuis si longtemps paisibles, et qui prouvent que ces détestables ennemis du gouvernement et de l'Empire français avaient été mis dans le secret de la coalition de 1809 par leurs intelligences avec l'étranger.

Le notaire Léveillé, la dame Bryond, Dubut de Caen, Herbomez de Mayenne, Boislaurier du Mans, et Rifoël furent donc les chefs de l'association, à laquelle adhérèrent les coupables déjà punis par l'arrêt qui les a frappés avec Rifoël, ceux qui sont l'objet de la présente accusation, et plusieurs autres qui se sont dérobés par la fuite ou par le silence de leurs complices à l'action de la vindicte publique.

Ce fut Dubut qui, domicilié près de Caen, signala l'envoi de la recette au notaire Léveillé. Dès lors Dubut fait plusieurs voyages de Caen à Mortagne, et Léveillé se montre également sur les routes.

Il faut remarquer ici que, lors du déplacement des fusils, Léveillé, qui vint voir Bruce, Grenier et Cibot dans la maison de Mélin, les ayant trouvés qui arrangeaient les fusils sous un appentis intérieur, aida lui-même à cette opération.

Un rendez-vous général fut pris à Mortagne, à l'hôtel de l'Écu-de-France. Tous les accusés s'y rencontrèrent sous des déguisements différents. Ce fut alors que Léveillé, la dame Bryond, Dubut, Herbomez, Boislaurier et Hiley, le plus habile des complices secondaires, comme Cibot en est le plus hardi, s'assurèrent de la coopération du nommé Vauthier, dit Vieux-Chêne, ancien domestique du fameux Longuy, valet d'écurie de l'hôtel. Vauthier consentit à prévenir la dame Bryond du passage de la voiture de la recette, qui s'arrête ordinairement à cet hôtel.

Le moment arriva bientôt d'opérer la réunion des brigands recrutés et qu'on avait dispersés dans plusieurs logis, tantôt dans une commune et tantôt dans une autre, par les soins de Courceuil et de Léveillé. Cette réunion s'effectue sous les auspices de la dame Bryond, qui fournit une nouvelle retraite aux brigands dans une partie inhabitée du château de Saint-Savin, où elle demeurait près de sa mère, à quelques lieues de Mortagne, depuis sa séparation d'avec son mari. Les brigands, Hiley à leur tête, s'y établissent, y passent plusieurs jours. La dame Bryond a soin de préparer elle-même, avec la fille Godard, sa femme de chambre, toutes les choses nécessaires au coucher et à la nourriture de pareils hôtes. Elle fait porter à ce dessein des bottes de foin, elle visite les brigands dans l'asile qu'elle leur procure, et y retourne plusieurs fois avec Léveillé. Les provisions et les vivres furent apportés sous la direction et par les soins de Courceuil, qui recevait les ordres de Rifoël et de Boislaurier.

L'expédition principale se caractérise, l'armement est accompli ; es brigands quittent leur retraite de Saint-Savin, ils opèrent nuitamment en attendant le passage de la recette, et le pays est épouvanté de leurs agressions réitérées.

Il est indubitable que les attentats commis à La Sartinière, à Vonay, au château de Saint-Seny furent commis par cette bande, dont l'audace égale la scélératesse, et qui sut imprimer une si grande terreur que leurs victimes gardèrent toutes le silence, en sorte que la justice s'est arrêtée à des présomptions.

Mais tout en mettant à contribution les acquéreurs de biens nationaux, ces brigands exploraient avec soin le bois du Chesnay, choisi pour être le théâtre de leurs crimes.

Non loin de là, se trouve le village de Louvigny. Une auberge y est tenue par les frères Chaussard, anciens gardes-chasse de la terre de Troisville, qui va servir de rendez-vous final aux brigands. Les deux frères connaissaient d'avance le rôle qu'ils devaient jouer ; Courceuil et Boislaurier leur avaient fait depuis longtemps des ouvertures pour ranimer leur haine contre le gouvernement de notre auguste Empereur, en leur annonçant que, parmi les hôtes qui leur viendraient, se trouveraient des hommes de leur connaissance, le redoutable Hiley et le non moins redoutable Cibot.

En effet, le 6, les sept bandits, sous la conduite de Hiley, arrivent chez les frères Chaussard, et ils y passent deux jours. Le chef, le 8, emmène son monde, en disant qu'ils vont à trois lieues, et il commande aux deux frères de leur procurer des subsistances qui furent portées à un embranchement peu distant du village. Hiley revint coucher seul.

Deux hommes à cheval, qui doivent être la dame Bryond et Rifoël, car il est avéré que cette dame accompagnait Rifoël dans ses expéditions, à cheval et déguisée en homme, arrivent dans la soirée, et s'entretiennent avec Hiley.

Le lendemain, Hiley écrit une lettre au notaire Léveillé, que l'un des frères Chaussard porte, et il rapporte aussitôt une réponse.

Deux heures après, la dame Bryond et Rifoël, à cheval, viennent parler à Hiley.

De toutes ces conférences, de ces allées et venues, il résulte la nécessité d'avoir une hache pour briser les caisses. Le notaire reconduit la dame Bryond à Saint-Savin, et l'on y cherche vainement une hache. Le notaire revient, et à moitié route il rencontre Hiley à qui il venait annoncer que l'on n'avait point de hache.

Hiley revient à l'auberge, il y demande un souper pour dix personnes, et il introduit les sept brigands, tous armés cette fois. Hiley fait déposer militairement les armes. On s'assied à table, on soupe à la hâte, et Hiley demande qu'on lui fournisse des aliments en abondance pour les emporter. Puis il prend à part Chaussard l'aîné, pour lui demander une hache. L'aubergiste étonné, s'il faut l'en croire, se refuse à la donner. Courceuil et Boislaurier arrivent, la nuit s'écoule, et ces trois hommes la passèrent à marcher dans la chambre en s'entretenant de leurs complots. Courceuil, dit le Confesseur, le plus subtil de tous ces brigands, s'empare d'une hache ; et, sur les deux heures du matin, tous sortent par des issues différentes.

Les moments acquéraient du prix, l'exécution du forfait était fixée à ce jour fatal. Hiley, Courceuil, Boislaurier amènent et placent leur monde. Hiley s'embusque avec Minard, Cabot et Bruce, à droite du bois du Chesnay. Boislaurier, Grenier et Horeau se mettent au centre. Courceuil, Herbomez et Lisieux se tiennent au défilé de la lisière. Toutes ces positions sont indiquées sur le plan géométral dressé par l'ingénieur du cadastre et joint aux pièces.

Cependant la voiture, partie de Mortagne vers une heure du matin, était conduite par le nommé Rousseau, que les événements accusent assez pour que son arrestation ait paru nécessaire. La voiture, menée lentement, devait arriver vers trois heures dans le bois du Chesnay.

Un seul gendarme escortait la voiture, on devait aller déjeuner à Donnery. Trois voyageurs faisaient par occasion route avec le gendarme.

Le voiturier, qui avait marché très lentement avec eux, arrive au pont de Chesnay, à l'entrée du bois de ce nom, pousse ses chevaux avec une vigueur et une vivacité qui fut remarquée, et il se jette dans un chemin de détour qu'on appelle le chemin de

Senzey. La voiture échappe aux regards, sa direction n'est indiquée que par le bruit des grelots, le gendarme et les jeunes gens hâtent le pas pour la rejoindre. Un cri part. Ce cri, c'est : « Halte-là, coquins ! Quatre coups de fusil sont tirés.

Le gendarme n'étant pas atteint, tire son sabre et court dans la direction qu'il suppose prise par la voiture. Il est arrêté par quatre hommes armés qui font feu sur lui, son ardeur le préserve, car il s'élance pour dire à l'un des jeunes gens d'aller faire sonner le tocsin au Chesnay ; mais deux brigands fondent sur lui et le couchent en joue, il est forcé de faire quelques pas en arrière, et reçoit alors dans l'aisselle gauche, au moment où il veut observer le bois, une balle qui lui a cassé le bras ; il tombe et se trouve soudain hors de combat.

Les cris et la fusillade avaient retenti à Donnery. Le brigadier et un des gendarmes de cette résidence accourent ; un feu de peloton les amène du côté du bois opposé à celui où se passait la scène de pillage. Le gendarme essaie de pousser des cris pour intimider les brigands, et simule par ses clameurs l'arrivée de secours fictifs. Il crie : « En avant ! Par là le premier peloton ! Nous les tenons ! Par là le second peloton ! »

Les brigands de leur côté crient : Aux armes ! Ici, camarades ! des hommes au plus tôt ! »

Le fracas des décharges ne permet pas au brigadier d'entendre les cris du gendarme blessé, ni d'aider à la manœuvre semblable par laquelle l'autre gendarme tenait les brigands en échec ; mais il put distinguer un bruit rapproché de lui, provenant du brisement et de l'enfoncement des caisses. Il s'avance de ce côté, quatre bandits armés le tenant en arrêt, il leur crie : « Rendez-vous, scélérats ! »

Ceux-ci répliquent ; « N'approche pas ou tu es mort ! » Le brigadier s'élance, deux coups d'arme à feu sont tirés, et il est atteint une balle lui traverse la jambe gauche et pénètre dans les flancs de son cheval. Le brave soldat, baigné dans son sang, est forcé de quitter cette lutte inégale, et il crie, mais en vain : « A moi ! les briands sont au Quesnay ! »

Les bandits, restés maîtres du terrain grâce à leur nombre, fouillent la voiture, placée à dessein dans un ravin. Ils avaient voilé, par feinte, la tête au voiturier. On défonce les caisses, les sacs d'argent jonchent le terrain. Les chevaux de la voiture sont dételés, et le numéraire est chargé sur les chevaux. On dédaigne 3,000 francs de billon, et une somme de 103,000 francs est enlevée sur quatre chevaux. On se dirige sur le hameau de Menneville, qui touche au bourg de Saint-Savin. La horde et le butin s'arrêtent à une maison isolée appartenant aux frères Chaussard, et où demeure leur oncle, le nommé Bourget, confident du projet dès l'origine. Ce vieillard, aidé par sa femme, accueille les brigands, leur recommande le silence, décharge l'argent, va leur tirer à boire. La femme était comme en sentinelle auprès du château. Le vieillard dételle les chevaux, les ramène au bois, les rend au voiturier, délivre deux des jeunes gens qu'on avait garrottés, ainsi que le complaisant voiturier. Après s'être reposés à la hâte, les bandits se remettent en route. Courceuil, Hiley, Boislaurier passent leurs complices en revue ; et, après avoir délivré de faibles et modiques rétributions à chacun d'eux, la bande s'enfuit chacun de son côté.

Arrivés à un endroit nommé le Champ-Landry, ces malfaiteurs, obéissant à cette voix qui précipite tous les misérables dans les contradictions et les faux calculs du crime, jettent leurs fusils dans un champ de blé. Cette action, faite en commun, est le dernier signe de leur mutuelle intelligence. Frappés de terreur par la hardiesse de leur attentat et par le succès même, ils se dispersent.

Le vol une fois accompli avec les caractères de l'assassinat et de l'attaque à main armée, l'enchaînement d'autres faits se prépare et d'autres acteurs vont agir à propos du récit du vol et de sa destination.

Rifoël, caché dans Paris d'où sa main dirigeait chaque fil de cette trame, transmet à Léveillé l'ordre de lui faire tenir au plus vite cinquante mille francs.

Courceuil, propre à toutes les combinaisons de ces forfaits, avait déjà dépêché Hiley pour instruire Léveillé de la réussite et de son arrivée à Mortagne. Léveillé s'y rend.

Vauthier, sur la fidélité de qui l'on croit pouvoir compter, se charge d'aller trouver l'oncle des Chaussard, il arrive à cette maison, le vieillard lui dit qu'il faut s'adresser à ses neveux, qui ont remis de fortes sommes à la dame Bryond. Néanmoins il lui dit d'attendre sur la route, et il lui donne un sac de douze cents francs que Vauthier apporte à la dame Lechantre pour sa fille.

Sur l'instance de Léveillé, Courceuil retourne chez Bourget qui, cette fois, l'envoie chez ses neveux directement. Chaussard l'aîné emmène Vauthier dans le bois, lui indique un arbre, et l'on y trouve un sac de mille francs enterré. Enfin, Léveillé, Hiley, Vauthier font de nouveaux voyages, et chaque fois une somme minime, en comparaison de celle à laquelle se monte le vol, est donnée.

Madame Lechantre recevait ces sommes à Mortagne; et, sur une lettre d'avis de sa fille, elle les transporte à Saint-Savin, où la dame Bryond était revenue.

Ce n'est pas ici l'instant d'examiner si la dame Lechantre n'avait pas des connaissances antérieures du complot.

Il suffit pour le moment de remarquer que cette dame quitte Mortagne pour venir à Saint-Savin la veille de l'exécution du crime, et en emmène sa fille; que ces dames se rencontrent au milieu de la route, et reviennent à Mortagne; que le lendemain le notaire, averti par Hiley, se rend d'Alençon à Mortagne, va sur-le-champ chez elles, et les décide plus tard à transporter les fonds si péniblement obtenus des frères Chaussard et de Bourget, dans une maison d'Alençon dont il sera bientôt question, celle du sieur Pannier, négociant.

La dame Lechantre écrit au garde de Saint-Savin de la venir chercher elle et sa fille à Mortagne pour les conduire par la traverse vers Alençon.

Ces fonds, montant en tout à 20,000 francs, sont chargés la nuit, et la fille Godard aide à ce chargement.

Le notaire avait tracé l'itinéraire. On arrive à l'auberge d'un des affidés, le nommé Louis Chargegrain, dans la commune de Littray. Malgré les précautions prises par le notaire, qui vint au-devant de la carriole, il se trouva des témoins, et l'on vit descendre les portemanteaux et les sacoches qui contenaient l'argent.

Mais, au moment où Courceuil et Hiley, déguisés en femmes, se concertaient, sur une place d'Alençon, avec le sieur Pannier, trésorier des rebelles depuis 1794, et tout acquis à Rifoël, pour savoir comment faire passer à Rifoël la somme demandée, la terreur causée par les arrestations commencées, par les perquisitions, fut telle, que la dame Lechantre, troublée, alla de nuit en fugitive, de l'auberge où elle était, emmenant sa fille par les chemins détournés, abandonnant le notaire Léveillé, pour se réfugier dans les cachettes pratiquées au château de Saint-Savin. Les mêmes alarmes assiégeaient les autres coupables. Courceuil, Boislaurier et son parent Dubut changeaient deux mille francs d'écus contre de l'or, chez un négociant et s'enfuyaient par la Bretagne en Angleterre.

En arrivant à Saint-Savin, les dames Lechantre et Bryond apprennent l'arrestation de Bourget, celle du voiturier, celle des réfractaires.

Les magistrats, la gendarmerie, les autorités frappaient des coups si sûrs, qu'il parut urgent de soustraire la dame Bryond aux investigations de la justice, car elle était l'objet du dévouement de tous ces malfaiteurs subjugués par elle. Aussi la dame Bryond quitte-t-elle Saint-Savin, et se cache-t-elle d'abord dans Alençon, où ses fidèles délibèrent et parviennent à la celer dans la cave de Pannier.

Ici, de nouveaux incidents se développent.

Depuis l'arrestation de Bourget et de sa femme, les Chaussard se refusaient à tout nouveau versement, en se prétendant trahis. Cette défection inattendue arrivait au moment où le plus urgent besoin d'argent se déclarait chez tous les complices, ne fût-ce que pour se mettre en sûreté. Rifoël avait soif d'argent. Hiley, Cibot, Léveillé commençaient à soupçonner les frères Chaussard.

Ici se place un nouvel incident qui appelle les rigueurs de la justice.

Deux gendarmes chargés de découvrir la dame Bryond réussissent à pénétrer chez Pannier, ils y assistent à une délibération; mais ces hommes, indignes de la confiance de leurs chefs, au lieu d'arrêter la dame Bryond, succombent à ses séductions. Ces indignes militaires, nommés Ratel et Mallet, prodiguent à cette femme les marques du plus vif intérêt, et s'offrent à la conduire sans danger auprès des Chaussard, pour les forcer à restitution.

La dame Bryond part sur un cheval, déguisée en homme, accompagnée de Ratel, de Mallet, et de la fille Godard. Elle fait la route de nuit. Elle arrive; elle a seule, avec l'un des frères Chaussard, une conférence animée. Elle s'était armée d'un pistolet, décidée à brûler la cervelle à son complice en cas de refus; mais elle se fait conduire dans le bois, et en revient avec une lourde sacoche. Au retour, elle trouve du billon et des pièces de douze sous pour une valeur de quinze cents francs.

On propose alors une descente de tous les complices qui peuvent être réunis chez les Chaussard pour s'emparer d'eux et les soumettre à des tortures.

Pannier, apprenant cet insuccès, entre en fureur, il éclate en menaces; et la dame Bryond, quoique le menaçant à son tour d', la colère de Rifoël, est forcée de fuir.

Tous ces détails sont dus aux aveux de Ratel.

Mallet, touché de cette situation, propose un asile à la dame Bryond. Tous vont coucher dans le bois de Troisville. Puis Mallet et Ratel, accompagnés de Hiley et de Cibot, se rendent la nuit chez les frères Chaussard; mais cette fois ils apprennent que les deux frères ont quitté le pays, que le reste de l'argent est certainement déplacé.

Ce fut le dernier effort du complot pour faire le recouvrement des deniers du vol.

Maintenant il convient d'établir la part caractéristique de chacun des auteurs de cet attentat.

Dubut, Boislaurier, Gentil, Herbomez, Courceuil et Hiley sont les chefs, les uns délibérant, les autres agissant.

Boislaurier, Dubut et Courceuil, tous trois fugitifs et contumaces, sont des habitués de rébellion, des fauteurs de troubles, les implacables ennemis de Napoléon le Grand, de ses victoires, de sa dynastie et de son gouvernement, de nos nouvelles lois, de la constitution de l'Empire.

Herbomez et Hiley ont audacieusement exécuté, comme bras, ce qu'ils avaient conçu comme tête.

La culpabilité des sept instruments du crime, de Cibot, Lisieux, Grenier, Bruce, Horeau, Cabot, Minard, est évidente; elle ressort des aveux de ceux d'entre eux qui sont sous la main de la Justice, car Lisieux est mort pendant l'instruction, et Bruce est contumace.

La conduite tenue par Rousseau le voiturier est empreinte de complicité. Sa lenteur pendant la route, la précipitation avec laquelle il a excité ses chevaux à l'entrée du bois, sa persévérance à soutenir qu'il avait eu la tête voilée, tandis que le chef des brigands lui fit ôter son mouchoir en lui disant de les reconnaître, selon le témoignage des jeunes gens; toutes ces particularités sont de violentes présomptions de connivence.

Quant à la dame Bryond, au notaire Léveillé, quelle complicité fut plus connexe, plus continue que la leur? ils ont constamment fourni les moyens du crime, ils l'ont connu, secouru. Léveillé voyageait à tout propos. La dame Bryond inventait stratagèmes sur stratagèmes, elle a risqué tout, jusqu'à sa vie, pour assurer la rentrée des fonds. Elle prête son château, sa voiture, elle est dans le complot dès l'origine ; elle n'en a pas détourné le principal chef, quand elle pouvait employer sa coupable influence à l'empêcher. Elle a entraîné sa femme de chambre, la fille Godard. Léveillé a si bien trempé dans l'exécution, qu'il a cherché à procurer la hache que demandaient les brigands.

La femme Bourget, Vauthier, les Chaussard, Pannier, la dame Lechantre, Mallet et Ratel ont tous participé au crime à des degrés différents, ainsi que les aubergistes Melin, Binet, Laravinière et Chargegrain.

Bourget est mort pendant l'instruction, après avoir fait des aveux qui ôtent toute incertitude sur la part prise par Vauthier, par la dame Bryond ; et s'il a tâché d'atténuer les charges qui pèsent sur sa femme et sur son neveu Chaussard, les motifs de ses réticences sont faciles à comprendre.

Mais les Chaussard ont sciemment nourri les brigands, ils les ont vus armés, ils ont été témoins de toutes leurs dispositions, et ils ont laissé prendre la hache nécessaire au brisement des caisses, en sachant quel en était l'usage. Enfin ils ont recélé, ont vu porter des sommes provenant du vol, et ils en ont caché, dissipé la plus forte part.

Pannier, ancien trésorier des rebelles, a caché la dame Bryond ; il est l'un des plus dangereux complices de ce crime, il le connaissait dès l'origine. A lui commencent des relations inconnues et qui restent obscures, mais que la justice surveillera. C'est le fidèle de Rifoël, le dépositaire des secrets du parti contre-révolutionnaire dans l'Ouest ; il a regretté que Rifoël ait introduit dans le complot des femmes et se soit confié à elles ; il a envoyé des sommes à Rifoël, et il a recélé l'argent du vol.

Quant à la conduite des deux gendarmes, Ratel et Mallet, elle mérite les dernières rigueurs de la justice, ils ont trahi leurs devoirs. L'un d'eux, prévoyant son sort, s'est suicidé, mais après avoir fait d'importantes révélations. L'autre, Mallet, n'a rien nié ; ses aveux épargnent toute incertitude.

La dame Lechantre, malgré ses constantes dénégations, a tout connu. L'hypocrisie de cette femme, qui tâche d'abriter sa prétendue innocence sous les pratiques d'une menteuse dévotion, a des antécédents qui prouvent sa décision, son intrépidité dans les cas extrêmes. Elle allègue qu'elle a été trompée par sa fille, qu'elle croyait qu'il s'agissait de fonds appartenant au sieur Bryond. Ruse grossière ! Si le sieur Bryond avait eu des fonds, il n'eût pas quitté le pays pour éviter d'être témoin de sa déconfiture. La dame Lechantre fut rassurée contre la honte du vol, quand elle le vit approuvé par son allié Boislaurier. Mais comment explique-t-elle la ésence de Rifoël à Saint-Savin, les courses et les relations de ce une homme avec sa fille, le séjour des brigands servis par la fille odard, par la dame Bryond ? Elle allègue un profond sommeil, elle se retranche dans une prétendue habitude de se coucher à sept heures du soir, et elle ne sait que répondre quand le magistrat instructeur lui fait observer qu'alors elle se levait au jour, et qu'au jour elle devait apercevoir quelques traces du complot et du séjour de tant de gens, s'inquiéter des sorties et des rentrées nocturnes de sa fille. Elle objecte alors qu'elle était en prières. Cette femme est un modèle d'hypocrisie. Enfin son voyage le jour du crime, le soin qu'elle prend d'emmener sa fille à Mortagne, sa course avec l'argent, sa fuite précipitée quand tout est découvert, le soin qu'elle prend de se cacher, les circonstances mêmes de son arrestation, tout prouve une complicité de longue main. Elle n'a pas agi en mère qui veut éclairer sa fille et l'arracher à son danger, mais en complice qui tremble ; et sa complicité n'a pas été l'égarement de la tendresse, elle est le fruit de l'esprit de parti, l'inspiration d'une haine connue contre le gouvernement de Sa Majesté impériale et royale. Un égarement maternel ne l'excuserait pas d'ailleurs : et nous ne devons pas oublier que le consentement de longue date, prémédité, doit être le signe le plus évident de la complicité.

Ainsi que les éléments du crime, ses artisans sont à découvert. On voit le monstrueux assemblage des délires d'une faction avec les amorces de la rapine, l'assassinat conseillé par l'esprit de parti, sous l'égide duquel on essaie de se justifier à soi-même les plus ignobles excès. La voix des chefs donne le signal du pillage des deniers publics pour solder des crimes ultérieurs ; de vils et farouches stipendiaires l'effectuent à bas prix, ne reculent pas devant l'assassinat ; e des fauteurs de rébellion, non moins coupables, aident au partage, au recel du butin. Quelle société tolérerait de pareils attentats ? La justice n'a pas assez de rigueur pour les punir.

Sur quoi la Cour de justice criminelle et spéciale aura à décider si les nommés Herbomez, Hiley, Cibot, Grenier, Horeau, Cabot, Minard, Melin, Binet, Laravinière, Rousseau, femme Bryond, Léveillé, femme Bourget, Vauthier, Chaussard aîné, Pannier, veuve Lechantre, Mallet, tous ci-dessus dénommés et qualifiés, accusés présents, et les nommés Boislaurier, Dubut, Courceuil, Bruce, Chaussard cadet, Chargegrain, fille Godard, ces derniers absents et fugitifs, sont ou ne sont pas coupables des faits mentionnés dans le présent acte d'accusation.

Fait à Caen, au parquet, ce 1ᵉʳ décembre 180...

Signé : baron BOURLAC.

Cette pièce judiciaire, beaucoup plus brève et impérieuse que ne le sont les actes d'accusation d'aujourd'hui, si minutieux, si complets sur les plus légères circonstances et surtout sur la vie antérieure au crime des accusés, agita profondément Godefroid. La sécheresse de cet acte, où la plume officielle narrait à l'encre rouge les détails principaux de l'affaire, fut pour son imagination une cause de travail. Les récits contenus, concis, sont pour certains esprits des textes où ils s'enfoncent en en parcourant les mystérieuses profondeurs.

Au milieu de la nuit, aidé par le silence, par les ténèbres, par la corrélation terrible que le bonhomme Alain venait de lui faire pressentir entre cet écrit et madame de La Chanterie, Godefroid appliqua toutes les forces de son intelligence à développer ce thème terrible.

Évidemment, ce nom de Lechantre devait être le nom patronymique des La Chanterie, à qui, sous la République et sous l'Empire, on avait sans doute retranché leur nom aristocratique.

Il entrevit les paysages où ce drame s'était accompli. Les figures des complices secondaires passèrent sous ses yeux. Il se dessina fantastiquement non pas le nommé Rifoël, mais un chevalier du Vissard, un jeune homme quasi semblable au Fergus de Walter Scott, enfin le jacobite français. Il développa le roman de la passion d'une jeune fille grossièrement trompée par l'infamie d'un mari (roman alors à la mode), et aimant un jeune chef en révolte contre l'Empereur, donnant, comme Diana Vernon, à plein collier dans une conspiration, s'exaltant, et, une fois lancée sur cette pente dangereuse, ne s'arrêtant plus ! Avait-elle donc roulé jusqu'à l'échafaud ?

Godefroid apercevait tout un monde. Il errait sous les bocages normands, il y voyait le chevalier breton et madame Bryond dans les haies ; il habitait le vieux château de Saint-Savin ; il assistait aux scènes diverses de séduction de tant de personnages, en se figurant ce notaire, ce négociant, et tous ces hardis chefs de chouans. Il devinait le concours presque général d'une contrée où vivait le souvenir des expéditions du fameux Marche-à-Terre, des comtes de Bauvan, de Longuy, du massacre de la Vivetière, de la mort du marquis de Montauran, dont les exploits lui avaient été déjà racontés par madame de La Chanterie.

Cette espèce de vision des choses, des hommes, des lieux, fut rapide. En songeant qu'il s'agissait de l'imposante, de la noble et pieuse vieille femme dont les vertus agissaient sur lui au point de le métamorphoser, Godefroid saisit avec un mouvement de terreur la seconde pièce que le bonhomme Alain lui avait donnée, et qui était intitulée :

Précis pour madame Henriette Bryond des Tours-Minières, née Lechantre de La Chanterie.

— Plus de doute ! se dit Godefroid.

Voici la teneur de cette pièce :

« Nous sommes condamnés et coupables ; mais si jamais le souverain a eu raison d'user de son droit de grâce, n'est-ce pas dans les circonstances de cette cause ?

» Il s'agit d'une jeune femme, qui a déclaré être mère, et condamnée à mort.

» Sur le seuil d'une prison, en présence de l'échafaud qui l'attend, cette femme dira la vérité.

» La Vérité plaidera pour elle, elle lui devra sa grâce.

» Le procès jugé par la Cour criminelle d'Alençon a eu comme tous les procès où il se trouve un grand nombre d'accusés réunis par un complot qu'a inspiré l'esprit de parti, des portions sérieusement obscures.

» La chancellerie de Sa Majesté Impériale et Royale sait à quoi s'en tenir aujourd'hui sur le personnage mystérieux nommé

Le Marchand, dont la présence dans le département de l'Orne n'a pas été niée par le Ministère Public pendant le cours des débats, mais que l'Accusation n'a pas jugé convenable de faire comparaître, et que la Défense n'avait ni la faculté d'amener ni le pouvoir de trouver.

» Ce personnage est, comme le Parquet, la Préfecture, la Police de Paris et la Chancellerie de S. M. I. et R. le savent, le sieur Bernard-Polydor Bryond des Tours-Minières, correspondant, depuis 1794, du comte de Lille, connu à l'étranger comme baron des Tours-Minières, et dans les fastes de la police parisienne sous le nom de Contenson.

» C'est un homme qui fait exception, un homme dont la noblesse et la jeunesse ont été déshonorées par des vices si exigeants, par une immoralité si profonde, par des écarts si criminels, que cette infâme vie eût certainement abouti à l'échafaud sans l'art avec lequel il a su se rendre utile par son double rôle, indiqué par son double nom. Mais de plus en plus dominé par ses passions, par ses besoins renaissants, il finira par tomber au-dessous de l'infamie, et servira bientôt dans les derniers rangs, malgré d'incontestables talents et un esprit remarquable.

» Lorsque la perspicacité du comte de Lille n'a plus permis à Bryond de toucher l'or de l'étranger, il a voulu sortir de l'arène ensanglantée où ses besoins l'avaient jeté.

» N'était-elle plus assez féconde, cette carrière? fut-ce donc le remords ou la honte qui ramena cet homme dans le pays où ses propriétés, grevées de dettes à son départ, devaient offrir peu de ressources à son génie? Il est impossible de le croire. Il est plus vraisemblable de lui supposer une mission à remplir dans ces départements où couvaient encore quelques étincelles de nos discordes civiles.

» En observant le pays où sa perfide coopération aux intrigues de l'Angleterre et du comte de Lille lui livra la confiance des familles attachées au parti vaincu par le génie de notre immortel empereur, il rencontra un des anciens chefs de révolte avec qui, lors de l'expédition de Quiberon, et lors du dernier soulèvement des rebelles en l'an VII, il avait eu des rapports comme envoyé de l'étranger. Il favorisa les espérances de ce grand agitateur qui a payé du dernier supplice ses trames contre l'État. Bryond put alors pénétrer les secrets de cet incorrigible parti qui méconnaît à la fois et la gloire de S. M. l'empereur Napoléon I.ᵉʳ et les vrais intérêts du pays, unis dans cette personne sacrée.

» A l'âge de trente-cinq ans, affectant la piété la plus sincère, professant un dévouement sans bornes aux intérêts du comte de Lille et un culte pour les insurgés qui dans l'Ouest ont trouvé la mort dans la lutte, déguisant avec habileté les restes d'une jeunesse épuisée, mais qui se recommandait par quelques dehors, et vivement protégé par le silence de ses créanciers, par une complaisance inouïe chez tous les *ci-devant* du pays, cet homme, vrai sépulcre blanchi, fut introduit, avec tant de titres à la considération, auprès de la dame Lechantre, à qui l'on croyait une grande fortune.

» On complota de faire épouser la fille unique de madame Lechantre, la jeune Henriette, à ce protégé des ci-devant.

» Prêtres, ex-nobles, créanciers, chacun dans un intérêt différent, loyal chez les uns, cupide chez les autres, aveugle chez la plupart, tous enfin conspirèrent l'union de Bernard Bryond avec Henriette Lechantre.

» Le bon sens du notaire chargé des affaires de madame Lechantre, et quelque défiance peut-être, furent cause de la perte de la jeune fille. Le sieur Chesnel, notaire d'Alençon, mit la terre de Saint-Savin, unique bien de la future épouse, sous le régime dotal, en en réservant l'habitation et une modique rente à la mère.

» Les créanciers, qui supposaient à la dame Lechantre, à raison de son esprit d'ordre et d'économie, des capitaux considérables, furent déçus dans leurs espérances; et tous, croyant à l'avarice de cette dame, firent des poursuites qui mirent à nu la situation précaire de Bryond.

» Des dissidences graves éclatèrent alors entre les nouveaux époux, et elles donnèrent lieu à la jeune femme de connaître les mœurs dépravées, l'athéisme religieux et politique, dirai-je le mot? l'infamie de l'homme auquel sa destinée avait été si fatalement unie. Bryond, forcé de mettre sa femme dans le secret des trames odieuses formées contre le gouvernement impérial, donne sa maison pour asile à Rifoël du Vissard.

» Le caractère de Rifoël, aventureux, brave, généreux, exerçait sur tous ceux qui l'approchaient des séductions dont les preuves abondent dans les procès criminels jugés devant trois Cours spéciales criminelles.

» L'influence irrésistible, l'empire absolu qu'il obtint sur une jeune femme qui se voyait au fond d'un abîme, n'est que trop visible par la catastrophe dont l'horreur la jette en suppliante au pieds du trône. Mais ce que la Chancellerie de Sa Majesté Impérial et Royale peut aisément faire vérifier, c'est la complaisance infâm de Bryond, qui, loin de remplir ses devoirs de guide et de consei auprès de l'enfant qu'une pauvre mère abusée lui avait confiée, se plut à serrer les nœuds de l'intimité de la jeune Henriette et du chef des rebelles.

» Le plan de cet odieux personnage, qui se fait gloire de tout mépriser, de ne considérer en toute chose que la satisfaction de ses passions, et qui ne voit que des obstacles vulgaires dans les sentiments dictés par la morale civile ou religieuse, ce plan, le voici.

» C'est ici le lieu de remarquer combien cette combinaison est familière à un homme qui, depuis 1794, joue un double rôle, et qui, pendant huit ans, a pu tromper le comte de Lille et ses adhérents, tromper peut-être aussi la police générale de l'Empire : de tels hommes n'appartiennent-ils pas à qui les paye le plus ?

» Bryond poussait Rifoël au crime, il insistait pour des attaques à main armée sur les recettes de l'État et pour une large contribution levée sur les acquéreurs de biens nationaux, au moyen de tortures affreuses qui portèrent l'effroi dans cinq départements, et qu'il a inventées. Il exigeait que trois cent mille francs lui fussent remis pour liquider ses biens.

» En cas de résistance de la part de sa femme ou de Rifoël, il se proposait de se venger du profond mépris qu'il inspirait à cette âme droite, en les livrant l'un et l'autre à la rigueur des lois dès qu'ils auraient accompli quelque crime capital.

» Quand il vit l'esprit de parti plus fort que ses intérêts chez les deux êtres qu'il avait liés l'un à l'autre, il disparut et revint à Paris muni de renseignements complets sur la situation des départements de l'Ouest.

» Les frères Chaussard et Vauthier furent les correspondants de Bryond, la Chancellerie le sait.

» Revenu secrètement et déguisé dans le pays, aussitôt que l'attentat fut commis sur la recette de Caen, Bryond, sous le nom de Le Marchand, se mit en relation secrète avec monsieur le préfet et les magistrats. Aussi qu'arriva-t-il ? Jamais conspiration plus étendue, et à laquelle participaient tant de personnes et placées à des degrés si différents de l'échelle sociale, ne fut plus promptement connue par la justice que ne l'a été celle dont l'agression éclata par l'attaque de la recette de Caen. Tous les coupables ont été suivis, épiés, six jours après l'attentat, avec une perspicacité qui dénotait la plus entière connaissance des plans et des individus. L'arrestation, le procès, la mort de Rifoël et de ses complices en sont une preuve que nous donnons uniquement pour démontrer notre certitude; la Chancellerie, nous le répétons, en sait plus que nous à ce sujet.

» Si jamais condamné dut recourir à la clémence du souverain, n'est-ce pas Henriette Lechantre?

» Entraînée par la passion, par des idées de rébellion qu'elle a sucées avec le lait, elle est certainement inexcusable aux yeux de la justice; mais, aux yeux du plus magnanime des empereurs, la plus infâme des trahisons, le plus violent de tous les enthousiasmes, ne plaideront-ils pas cette cause?

» Le plus grand capitaine, l'immortel génie qui fit grâce au prince de Hatzfeld et qui sait deviner comme Dieu même les raisons nées de la fatalité du cœur, ne voudra-t-il pas admettre la puissance, invincible au jeune âge, qui milite pour excuser ce crime, quelque grand qu'il soit?

» Vingt-deux têtes sont déjà tombées sous le glaive de la justice, par les arrêts de trois Cours criminelles; il ne reste plus que celle d'une jeune femme de vingt ans, d'une mineure: l'empereur Napoléon le Grand ne la laissera-t-il pas au repentir? N'est-ce pas une part à faire à Dieu?...

» Pour Henriette Le Chantre, épouse de Bryond des Tours-Minières.

» Son défenseur,

» BORDIN,

» *Avoué près le tribunal de première instance du département de la Seine.* »

Ce drame effroyable troubla le peu de sommeil que prit Godefroid. Il rêva du dernier supplice tel que le médecin Guillotin l'a fait dans un but de philanthropie. A travers les chaudes vapeurs d'un cauchemar, il entrevit une jeune femme, belle, exaltée, subissant les derniers apprêts et traînée dans une charrette, montant sur l'échafaud, et criant : Vive le roi!

La curiosité poignait Godefroid. Au petit jour, il se leva, s'habilla, marcha par sa chambre, et finit par se coller à sa croisée, regardant machinalement le ciel en reconstruisant, comme ferait un auteur moderne, ce drame en plusieurs volumes. Et il voyait toujours sur ce fond ténébreux de Chouans, de gens de la campagne, de gentilshommes provinciaux, de chefs, de gens de justice, d'avocats, d'espions, se détacher radieuses les figures de la mère et de la fille; de la fille abusant sa mère, de la fille victime d'un monstre, victime de son entraînement pour un de ces hommes hardis que plus tard on qualifia de héros, et à qui l'imagination de Godefroid prêtait des ressemblances avec les Charette, les Georges Cadoudal, avec les géants de cette lutte entre la république et la monarchie.

Dès que Godefroid entendit le bonhomme Alain se remuant dans sa chambre, il y alla; mais après avoir entr'ouvert la porte il revint chez lui. Le vieillard, agenouillé à son prie-Dieu, faisait ses prières du matin. L'aspect de cette tête blanchie, abîmée dans une pose pleine de piété, ramena Godefroid à ses devoirs oubliés, il se mit à prier fervemment.

— Je vous attendais, lui dit le bonhomme, en voyant entrer Godefroid au bout d'un quart d'heure, je suis allé au-devant de votre impatience en me levant plus tôt qu'à l'ordinaire.

— Madame Henriette?... demanda Godefroid avec une anxiété visible.

— Est la fille de Madame, répondit le vieillard en interrompant Godefroid. Madame s'appelle Lechantre de La Chanterie. Sous l'Empire, on ne reconnaissait ni les titres nobiliaires, ni les noms ajoutés aux noms patronymiques ou primitifs. Ainsi la baronne des Tours-Minières s'appelait la femme Bryond. Le marquis d'Esgrignon reprenait son nom de Carol, il était le citoyen Carol, et plus tard le sieur Carol. Les Troisville devenaient les sieurs Guibelin.

— Mais qu'est-il arrivé? l'Empereur a-t-il fait grâce?

— Hélas! non, répondit Alain. L'infortunée petite femme, à vingt et un ans, a péri sur l'échafaud. Après avoir lu la note de Bordin, l'Empereur répondit à peu près en ces termes à son Grand-Juge:

« Pourquoi s'acharner à l'espion? Un agent n'est plus un homme,
» il ne doit plus en avoir les sentiments; il est un rouage dans une
» machine, Bryond a fait son devoir. Si les instruments de ce genre
» n'étaient pas ce qu'ils sont, des barres d'acier, et intelligents seu-
» lement dans le sens de la domination qu'ils servent, il n'y aurait

« pas de gouvernement possible. Il faut que les arrêts de la justice
» criminelle spéciale s'exécutent, autrement mes magistrats n'au-
» raient plus de confiance en eux ni en moi. D'ailleurs, les soldats
» de ces gens-là sont morts, et ils étaient moins coupables que les
» chefs. Enfin, il faut apprendre aux femmes de l'Ouest à ne pas
» tremper dans les complots. C'est précisément parce que c'est une
» femme que l'arrêt frappe que la justice doit avoir son cours. Il
» n'y a pas d'excuse possible devant les intérêts du pouvoir. » Telle
est la substance de ce que le Grand-Juge voulut bien répéter à Bordin de son entretien avec l'Empereur. En apprenant que la France et la Russie ne tarderaient pas à se mesurer, que l'Empereur serait obligé d'aller à sept cent lieues de Paris attaquer un pays immense et désert, Bordin comprit les véritables motifs de l'inclémence de l'Empereur. Pour obtenir la tranquillité dans l'Ouest, déjà plein de réfractaires, il parut nécessaire à Napoléon d'imprimer une profonde terreur. Aussi le Grand-Juge conseilla à l'avoué de ne plus s'occuper de ses clients.

— De sa cliente, dit Godefroid.

— Madame de La Chanterie était condamnée à vingt-deux ans de réclusion, dit Alain. Déjà transférée à Bicêtre, près de Rouen, pour subir sa peine, on ne devait s'occuper d'elle qu'après avoir sauvé son Henriette qui, depuis les affreux débats, lui était devenue si chère que, sans la promesse de Bordin de lui obtenir grâce de la vie, on ne croit pas que Madame aurait survécu au prononcé de l'arrêt. On trompa donc cette pauvre mère. Elle vit sa fille après l'exécution des condamnés à mort par l'arrêt, sans savoir que ce répit était dû à une fausse déclaration de grossesse.

— Ah ! je comprends tout !... s'écria Godefroid.

— Non, mon cher enfant, il est des choses qu'on ne devine pas. Madame a cru sa fille vivante pendant bien longtemps...

— Comment?

— Voici. Quand madame des Tours-Minières apprit par Bordin le rejet de son recours en grâce, cette sublime petite femme eut le courage d'écrire une vingtaine de lettres datées de six mois en six mois postérieurement à son exécution, afin de faire croire à son existence, et d'y graduer les souffrances d'une maladie imaginaire jusqu'à la mort. Ces lettres embrassaient un laps de temps de deux années. Madame de La Chanterie fut donc préparée à la mort de sa fille, mais à une mort naturelle : elle n'en apprit le supplice qu'en

1814. Elle resta deux années entières détenue, confondue avec les plus infâmes créatures de son sexe, portant l'habillement de la prison; mais, grâce aux instances des Champignelles et des Beauséant, elle fut, dès la seconde année, mise dans une chambre particulière où elle vivait comme une religieuse cloîtrée.

— Et les autres?

— Le notaire Léveillé, d'Herbomez, Hiley, Cibot, Grenier, Hureau, Cabot, Minard, Mallet, furent condamné à mort et exécutés le même jour. Pannier, condamné à vingt ans de travaux forcés, ainsi que Chaussard et Vauthier, furent marqués et envoyés au bagne; mais l'Empereur fit grâce à Chaussard et à Vauthier; Mélin, Laravinière et Binet furent condamnés à cinq ans de réclusion. La femme Bourget fut condamnée à vingt-deux ans de réclusion. Chargegrain et Rousseau furent acquittés. Les contumaces furent tous condamnés à mort; moins la fille Godard, qui n'est autre, vous le devinez, que notre pauvre Manon...

— Manon!... s'écria Godefroid stupéfait.

— Oh! vous ne connaissez pas encore Manon! répliqua le bon Alain. Cette dévouée créature, condamnée à vingt-deux ans de réclusion, se livra pour servir madame de La Chanterie en prison. Notre cher vicaire est le prêtre de Mortagne qui donna les derniers sacrements à madame la baronne des Tours-Minières, qui eut le courage de la conduire à l'échafaud, et à qui elle a donné le dernier baiser d'adieu. Ce courageux et sublime prêtre avait assisté le chevalier du Vissard. Notre cher abbé de Vèze a donc connu tous les secrets de ces conspirateurs...

— Je vois où ses cheveux ont blanchi! dit Godefroid.

— Hélas! reprit Alain, il a reçu d'Amédée du Vissard la miniature de madame des Tours-Minières, la seule image qui reste d'elle; aussi l'abbé devint-il sacré pour madame de La Chanterie, au jour où elle rentra glorieusement dans la vie sociale...

— Et comment?... dit Godefroid étonné.

— Mais à la rentrée de Louis XVIII, en 1814. Boislaurier, le jeune frère de monsieur de Boisfrelon, avait les ordres du roi pour soulever l'Ouest en 1809, et plus tard encore, en 1812. Leur nom est Dubut, le Dubut de Caen est leur parent. Ils étaient trois frères: Dubut de Boisfranc, président à la Cour des aides; Dubut de Boisfrelon, le conseiller au Parlement, et Dubut-Boislaurier, capitaine de dragons. Le père avait donné les noms de trois différentes propriétés à ses fils, en en faisant des savonnettes à vilain, car le grand-père de ces Dubut vendait de la toile. Le Dubut de Caen, qui put se sauver, appartenait aux Dubut restés dans le commerce, et il espérait, par son dévouement à la cause royale, obtenir de succéder au titre de monsieur de Boisfranc. Aussi Louis XVIII a-t-il accompli le vœu de ce fidèle serviteur, qui fut grand prévôt en 1815, et plus tard procureur général sous le nom de Boisfranc; il est mort premier président d'une Cour royale. Le marquis du Vissard, frère aîné du pauvre chevalier, créé pair de France et comblé d'honneurs par le roi, fut nommé lieutenant dans la Maison rouge, et préfet après la dissolution de la Maison rouge. Le frère de monsieur d'Herbomez a été fait comte et receveur général. Le pauvre banquier Pannier est mort de chagrin au bagne. Boislaurier est mort sans enfants, lieutenant-général et gouverneur d'un château royal. Messieurs de Champignelles, de Beauséant, le duc de Verneuil et le Garde des Sceaux ont présenté madame de La Chanterie au roi. — Vous avez bien souffert pour moi, madame la baronne ; vous avez droit à toute ma faveur et à toute ma reconnaissance, a-t-il dit. — Sire, a-t-elle répondu, Votre Majesté a tant de douleurs à consoler, que je ne veux pas faire peser sur elle le poids d'une douleur inconsolable. Vivre dans l'oubli, pleurer ma fille et faire du bien, voilà ma vie. Si quelque chose peut adoucir mon malheur, c'est la bonté de mon roi, c'est le plaisir de voir que la Providence n'a pas rendu tant de dévouement inutile. »

— Et qu'a fait Louis XVIII? demanda Godefroid.

— Le roi fit restituer deux cent mille francs à madame de La Chanterie, car la terre de Saint-Savin a été vendue pour satisfaire le fisc, répondit le bonhomme. Les lettres de grâce expédiées pour madame la baronne et sa servante contiennent le regret du roi des souffrances supportées pour son service, en reconnaissant que *le zèle de ses serviteurs était allé trop loin dans les moyens d'exécution;* mais, chose horrible et qui vous semblera le trait le plus curieux du caractère de ce monarque, il employa Bryond dans sa contre-police pendant tout son règne.

— Oh ! les rois ! les rois ! s'écria Godefroid. Et ce misérable vit-il encore?

— Non. Ce misérable, qui du moins cachait son nom sous celui de Contenson, est mort vers la fin de l'année 1829 ou au commencement de 1830. En arrêtant un criminel qui se sauvait sur le toit d'une maison, il tomba dans la rue. Louis XVIII partageait les idées de Napoléon sur les hommes de police. Madame de La Chanterie est une sainte, elle prie pour l'âme de ce monstre, et fait dire pour lui deux messes par an. Quoique défendue par le père d'un grand orateur et l'un des célèbres avocats du temps, madame de La Chanterie, qui ne connut les dangers de sa fille qu'au moment du transport des fonds, et encore parce qu'elle fut éclairée par son parent Boislaurier, ne put jamais établir son innocence. Le président du Ronceret et le vice-président du tribunal d'Alençon, Blondet, essayèrent vainement de sauver notre pauvre dame ; l'influence du conseiller à la Cour impériale qui présidait la Cour spéciale criminelle, le fameux Mergi, plus tard procureur général, fanatiquement dévoué à l'autel et au trône, et qui fit tomber plus d'une tête bonapartiste, fut telle sur ses deux collègues, qu'il obtint la condamnation de la pauvre baronne de La Chanterie. Messieurs Bourlac et Mergi mirent un acharnement inouï dans les débats. Le président appelait la baronne des Tours femme Bryond, et Madame, femme Lechantre. Les noms des accusés sont tous ramenés au système républicain et presque tous dénaturés. Ce procès eut des détails extraordinaires, et je ne me les rappelle pas tous ; mais il m'est resté dans la mémoire un trait d'audace qui peut servir à vous peindre quels hommes étaient ces Chouans. La foule pour assister aux débats dépassait tout ce que votre imagination s'en figure ; elle remplissait les corridors, et, sur la place, elle ressemblait au rassemblement des jours de marché. Un jour à l'ouverture de l'audience, avant l'arrivée de la Cour, Pille-Miche, le fameux Chouan, saute par-dessus la balustrade, au milieu de la foule, joue des coudes, se mêle à ce monde, et s'enfuit avec le flot de cette foule effrayée, *brochant comme un sanglier*, m'a di Bordin. Les gendarmes, la garde courent sus, et il fut repris sur l'escalier au moment où il gagnait la place. Ce trait d'audace fit doubler la garde. On commanda sur la place un piquet de gendarmerie, car on craignait que, parmi la foule, il ne se trouvât des Chouans prêts à donner aide et secours aux accusés. Il y eut trois personnes écrasées dans la foule par suite de ces tentatives. De-

est un nom de la vieille race), on a su, dis-je, que ce misérable a
soustrait et dissipé soixante mille francs des fonds volés; il en a
donné dix mille au jeune Chaussard, qu'il a embauché dans la
police, en lui inoculant ses goûts et ses vices; mais aucun de ses
complices ne fut heureux. Le Chaussard contumace fut jeté dans
la mer par monsieur de Boislaurier, dès qu'il apprit, par un mot
de Pannier, la trahison de ce drôle à qui Contenson avait conseillé de rejoindre les conspirateurs fugitifs pour les surveiller.
Vauthier fut tué dans Paris sans doute par un des obscurs et dévoués compagnons du chevalier du Vissard. Enfin, le plus jeune des
Chaussard fut assassiné dans une de ces affaires nocturnes particulières à la police; il est à croire que Contenson se débarrassa
de ses réclamations ou de ses remords en le recommandant, comme
on dit, au prône. Madame de La Chanterie plaça ses fonds sur le
Grand-Livre, et acheta cette maison, pour obéir à un désir de son
oncle, le vieux conseiller de Boisfrelon, qui lui donna l'argent
nécessaire à l'acquisition. Ce quartier tranquille était voisin de l'archevêché, où notre cher abbé fut placé près du cardinal. Ce fut la
principale de toutes les raisons de Madame pour ne pas s'opposer
au vœu du vieillard, dont la fortune, après vingt-cinq ans de révolutions, était restreinte à six mille francs de rente. D'ailleurs,
Madame souhaitait terminer par une vie presque claustrale les effroyables malheurs qui, depuis vingt-six ans, l'accablaient. Vous
devez maintenant vous expliquer la majesté, la grandeur de cette
victime, auguste, j'ose le dire...

— Oui, dit Godefroid, l'empreinte de tous les coups qu'elle a
reçus lui donne je ne sais quoi de grand et de majestueux.

— Chaque blessure, chaque nouvelle atteinte a redoublé chez
elle la patience, la résignation, reprit Alain; mais si vous la connaissiez comme nous la connaissons, si vous saviez combien vive
est sa sensibilité, combien est active l'inépuisable tendresse qui
sort de ce cœur, vous seriez effrayé de compter les larmes versées,
les prières ferventes adressées à Dieu. Il a fallu, comme elle, n'avoir
connu qu'une rapide saison de bonheur, pour résister à tant de
secousses! C'est un cœur tendre, une âme douce contenus dans un
corps d'acier, endurci par les privations, par les travaux, par les
austérités.

— Elle explique la longue vie des solitaires, dit Godefroid.

— Par certains jours, je me demande quel est le sens d'une pareiile existence ?... Dieu réserve-t-il ces dernières, ces cruelles épreuves à celles de ses créatures qui doivent s'asseoir près de lui le lendemain de leur mort? dit le bonhomme Alain, sans savoir qu'il exprimait naïvement toute la doctrine de Swedenborg sur les anges.

— Comment, s'écria Godefroid, madame de La Chanterie a été confondue avec...

— Madame a été sublime dans sa prison, répondit Alain. Elle a réalisé pendant trois ans la fiction du vicaire de Wakefield, car elle a converti plusieurs de ces femmes de mauvaise vie qui l'entouraient. Pendant sa détention, on observant les mœurs des recluses, elle a été prise de cette grande pitié pour les douleurs du peuple qui l'oppresse et qui fait d'elle la reine de la charité parisienne. Au milieu de l'affreux Bicêtre de Rouen, elle a conçu le plan à la réalisation duquel nous nous sommes voués. Ce fut, comme elle le dit, un rêve délicieux, une inspiration angélique au milieu de l'enfer ; elle n'imaginait jamais pouvoir le réaliser. Ici, quand, en 1819, le calme parut renaître à Paris, elle revint à son rêve. Madame la duchesse d'Angoulême, depuis la Dauphine, la duchesse de Berry, l'archevêque, plus tard le chancelier, quelques personnes pieuses donnèrent libéralement les premières sommes qui furent nécessaires. Ce fonds s'augmenta de la portion disponible de nos revenus, sur lesquels chacun de nous ne prend que le strict nécessaire.

Des larmes vinrent aux yeux de Godefroid.

— Nous sommes les desservants fidèles d'une Idée chrétienne, et nous appartenons corps et âme à cette OEuvre, dont le génie, dont la fondatrice est la baronne de La Chanterie, que vous nous entendez appeler si respectueusement Madame.

— Ah! je serai tout à vous, dit Godefroid en tendant les mains au bonhomme.

— Comprenez-vous maintenant qu'il est des sujets de conversation interdits absolument ici, même par allusion? reprit le vieillard. Comprenez-vous les obligations de délicatesse que chacun des habitants de cette maison contracte envers celle qui nous semble être une sainte? Comprenez-vous les séductions qu'exerce une femme sacrée par tant de malheurs, qui sait tant de choses, à qui toutes les infortunes ont dit leur dernier mot, qui de chaque adversité garde un enseignement, de qui toutes les vertus ont eu la double sanction des épreuves les plus dures et d'une constante pratique, de qui l'âme est sans tache, sans reproche, qui de la maternité n'a connu que les douleurs, de l'amour conjugal que les amertumes, à qui la vie n'a souri que pendant quelques mois, à qui le Ciel réserve sans doute quelque palme, pour prix de tant de résignation, de douceur dans les chagrins? n'a-t-elle pas sur Job l'avantage de n'avoir jamais murmuré? Ne vous étonnez plus de trouver sa parole si puissante, sa vieillesse si jeune, son âme si communicative, ses regards si convaincants ; elle a reçu des pouvoirs extraordinaires pour confesser les souffrances, car elle a tout souffert. Toute douleur se tait auprès d'elle.

— C'est une vivante image de la Charité! s'écria Godefroid enthousiasmé. Serai-je des vôtres?

— Il vous faut accepter les épreuves, et avant tout CROYEZ! s'écria doucement le vieillard. Tant que vous n'aurez pas la foi, tant que vous n'aurez pas absorbé dans votre cœur et dans votre intelligence le sens divin de l'épître de saint Paul sur la Charité, vous ne pouvez pas participer à nos œuvres.

Godefroid baissa la tête.

Paris, 1843-1845.

LE
DÉPUTÉ D'ARCIS.

I. — TOUTE ÉLECTION COMMENCE PAR DES REMUE-MÉNAGE.

A la fin du mois d'avril 1839, sur les dix heures du matin, le salon de madame Marion, veuve d'un ancien receveur général du département de l'Aube, offrait un coup d'œil étrange. De tous les meubles, il n'y restait que les rideaux aux fenêtres, la garniture de cheminée, le lustre et la table à thé. Le tapis d'Aubusson, décloué quinze jours avant le temps, obstruait les marches du perron, et le parquet venait d'être frotté à outrance, sans en être plus clair. C'était une espèce de présage domestique concernant l'avenir des élections qui se préparaient sur toute la surface de la France. Souvent les choses sont aussi spirituelles que les hommes. C'est un argument en faveur des Sciences Occultes.

Le vieux domestique du colonel Giguet, frère de madame Marion, achevait de chasser la poussière qui s'était glissée dans le parquet pendant l'hiver. La femme de chambre et la cuisinière apportaient, avec une prestesse qui dénotait un enthousiasme égal à leur attachement, les chaises de toutes les chambres de la maison, et les entassaient dans le jardin.

Hâtons-nous de dire que les arbres avaient déjà déplié de larges feuilles à travers lesquelles on voyait un ciel sans nuages. L'air du printemps et le soleil du mois de mai permettaient de tenir ouvertes et la porte-fenêtre et les deux fenêtres de ce salon qui forme un carré long.

En désignant aux deux femmes le fond du salon, la vieille dame ordonna de disposer les chaises sur quatre rangs de profondeur, entre chacun desquels elle fit laisser un passage d'environ trois pieds. Chaque rangée présenta bientôt un front de dix chaises d'espèces diverses. Une ligne de chaises s'étendit le long des fenêtres et de la porte vitrée. A l'autre bout du salon, en face des quarante chaises, madame Marion plaça trois fauteuils derrière la table à thé qui fut recouverte d'un tapis vert, et sur laquelle elle mit une sonnette.

Le vieux colonel Giguet arriva sur ce champ de bataille au moment où sa sœur inventait de remplir les espaces vides de chaque côté de la cheminée en y faisant apporter les deux banquettes de son antichambre, malgré la calvitie du velours qui comptait déjà vingt-quatre ans de service.

— Nous pouvons asseoir soixante-dix personnes, dit-elle triomphalement à son frère.

— Dieu veuille que nous ayons soixante-dix amis! répondit le colonel.

— Si, après avoir reçu pendant vingt-quatre ans, tous les soirs, la société d'Arcis-sur-Aube, il nous manquait, dans cette circonstance, un seul de nos habitués!... dit la vieille dame d'un air de menace.

— Allons, répondit le colonel en haussant les épaules et interrompant sa sœur, je vais vous en nommer dix qui ne peuvent pas, qui ne doivent pas venir. D'abord, dit-il en comptant sur ses doigts : Antonin Goulard, le sous-préfet, et d'un! Le procureur du roi, Frédéric Marest, et de deux! M. Olivier Vinet, son substitut, trois! M. Martener, le juge d'instruction, quatre! Le juge de paix...

— Mais je ne suis pas assez sotte, dit la vieille dame en interrompant son frère à son tour, pour vouloir que les gens en place assistent à une réunion dont le but est de donner un député de plus à l'Opposition... Cependant Antonin Goulard, le camarade d'enfance et de collége de Simon sera très content de le voir député, car...

— Tenez, ma sœur, laissez-nous faire notre besogne, à nous autres hommes... Où donc est Simon?

— Il s'habille, répondit-elle. Il a bien fait de ne pas déjeuner, car il est très nerveux, et quoique notre jeune avocat ait l'habitude de parler au tribunal, il appréhende cette séance comme s'il devait y rencontrer des ennemis.

— Ma foi! j'ai souvent eu à supporter le feu des batteries ennemies; eh bien! mon âme, je ne dis pas mon corps, n'a jamais tremblé; mais, s'il fallait me mettre là, dit le vieux militaire en se plaçant à la table à thé, regarder les quarante bourgeois qui seront assis en face, bouche béante, les yeux braqués sur les miens, et s'attendant à des périodes ronflantes et correctes... j'aurais ma chemise mouillée avant d'avoir trouvé mon premier mot.

— Et il faudra cependant, mon cher père, que vous fassiez cet effort pour moi, dit Simon Giguet en entrant par le petit salon, car s'il existe dans le département de l'Aube un homme dont la parole y soit puissante, c'est assurément vous. En 1815....

— En 1815, dit ce petit vieillard admirablement conservé, je n'ai pas eu à parler, j'ai rédigé tout bonnement une petite proclamation qui a fait lever deux mille hommes en vingt-quatre heures... Et c'est bien différent de mettre son nom au bas d'une page qui sera lue par un département, ou de parler à une assemblée. A ce métier-là Napoléon lui-même a échoué. Lors du dix-huit brumaire, il n'a dit que des sottises aux Cinq-Cents.

— Enfin, mon cher père, reprit Simon, il s'agit de toute ma vie, de ma fortune, de mon bonheur... Tenez, ne regardez qu'une seule personne, et figurez-vous que vous ne parlez qu'à elle... vous vous en tirerez...

— Mon Dieu! je ne suis qu'une vieille femme, dit madame Marion; mais, dans une pareille circonstance, et en sachant de quoi il s'agit, mais... je serai éloquente!

— Trop éloquente peut-être ! dit le colonel. Et dépasser le but, ce n'est pas y atteindre. Mais de quoi s'agit-il donc? reprit-il en regardant son fils. Depuis deux jours vous attachez à cette candidature des idées... Si mon fils n'est pas nommé, tant pis pour Arcis, voilà tout.

Ces paroles, dignes d'un père, étaient en harmonie avec toute la vie de celui qui les disait. Le colonel Giguet, un des officiers les plus estimés qu'il y eût dans la grande armée, se recommandait par un de ces caractères dont le fond est une excessive probité, jointe à une grande délicatesse. Jamais il ne se mit en avant, les faveurs devaient venir le chercher; aussi resta-t-il onze ans simple capitaine d'artillerie dans la Garde, où il ne fut nommé chef de bataillon qu'en 1813, et major en 1814. Son attachement presque fanatique pour Napoléon ne lui permit pas de servir les Bourbons après la première abdication. Enfin, son dévouement en 1815 fut tel, qu'il eût été banni sans le comte de Gondreville qui le fit effacer de l'ordonnance et finit par lui obtenir et une pension de retraite et le grade de colonel.

Madame Marion, née Giguet, avait un autre frère qui devint colonel de gendarmerie à Troyes, et qu'elle avait suivi là dans le temps. Elle y épousa M. Marion, receveur général de l'Aube.

Feu M. Marion, le receveur général, avait pour frère un premier président d'une cour impériale. Simple avocat d'Arcis, ce magistrat avait prêté son nom pendant la Terreur au fameux Malin de l'Aube, représentant du peuple, pour l'acquisition de la terre de Gondreville. Aussi tout le crédit de Malin, devenu sénateur et comte, fut-il au service de la famille Marion. Le frère de l'avocat eut ainsi la recette générale de l'Aube à une époque où, loin d'avoir à choisir entre trente solliciteurs, le gouvernement était fort heureux de trouver un sujet qui voulût accepter de si glissantes places.

Marion, le receveur général, recueillit la succession de son frère le président, et madame Marion celle de son frère le colonel de gendarmerie. En 1814, le receveur général éprouva des revers. Il mourut en même temps que l'Empire, mais sa veuve trouva quinze mille francs de rentes dans les débris de ces diverses fortunes accumulées. Le colonel de gendarmerie Giguet avait laissé son bien à sa sœur, en apprenant le mariage de son frère l'artilleur, qui, vers 1806, épousa l'une des filles d'un riche banquier de Hambourg. On sait quel fut l'engouement de l'Europe pour les sublimes troupiers de l'empereur Napoléon !

En 1814, madame Marion, quasi ruinée, revint habiter Arcis, sa patrie, où elle acheta sur la Grande-Place l'une des plus belles maisons de la ville, et dont la situation indique une ancienne dépendance du château. Habituée à recevoir beaucoup de monde à Troyes, où régnait le receveur général, son salon fut ouvert aux notabilités du parti libéral d'Arcis. Une femme accoutumée aux avantages d'une royauté de salon n'y renonce pas facilement. De toutes les habitudes, celles de la vanité sont les plus tenaces.

Bonapartiste, puis libéral, car, par une des plus étranges métamorphoses, les soldats de Napoléon devinrent presque tous amoureux du système constitutionnel, le colonel Giguet fut pendant la Restauration le président naturel du comité directeur d'Arcis, qui se composa du notaire Grévin, de son gendre Beauvisage, et de Varlet fils, le premier médecin d'Arcis, beau-frère de Grévin, et de quelques autres notabilités libérales.

— Si notre cher enfant n'est pas nommé, dit madame Marion

après avoir regardé dans l'antichambre et dans le jardin pour voir si personne ne pouvait l'écouter, il n'aura pas mademoiselle Beauvisage; car il y a pour lui, dans le succès de sa candidature, un mariage avec Cécile.

— Cécile?... fit le vieillard en ouvrant les yeux et regardant sa sœur d'un air de stupéfaction.

— Il n'y a peut-être que vous dans tout le département, mon frère, qui puissiez oublier la dot et les espérances de mademoiselle Beauvisage.

— C'est la plus riche héritière du département de l'Aube, dit Simon Giguet.

— Mais il me semble que mon fils n'est pas à dédaigner, reprit le vieux militaire : il est votre héritier, il a déjà le bien de sa mère, et je compte lui laisser autre chose que mon nom tout sec.

— Tout cela mis ensemble ne fait pas trente mille francs de rente, et il y a déjà des gens qui se présentaient avec cette fortune-là, sans compter leur position...

— Et..? demanda le colonel.

— Et on les a refusés !

— Que veulent donc les Beauvisage? fit le colonel en regardant alternativement sa sœur et son fils.

On peut trouver extraordinaire que le colonel Giguet, frère de madame Marion, chez qui la société d'Arcis se réunissait tous les jours depuis vingt-quatre ans, dont le salon était l'écho de tous les bruits, de toutes les médisances, de tous les commérages du département de l'Aube, et où peut-être il s'en fabriquait, ignorât des événements et des faits de cette nature ; mais son ignorance paraîtra naturelle dès qu'on aura fait observer que ce noble débris des vieilles phalanges napoléoniennes se couchait et se levait avec les poules, comme tous les vieillards qui veulent vivre toute leur vie. Il n'assistait donc jamais aux conversations intimes. Il existe en province deux conversations intimes, celle qui se tient officiellement quand tout le monde est réuni, joue aux cartes et babille ; puis celle qui *mitonne*, comme un potage bien soigné, lorsqu'il ne reste devant la cheminée que trois ou quatre amis de qui l'on est sûr et qui ne répètent rien de ce qui se dit, que chez eux, quand ils se trouvent avec trois ou quatre autres amis bien sûrs aussi.

Depuis neuf ans, depuis le triomphe de ses idées politiques, le colonel vivait presque en dehors de la société. Levé toujours en même temps que le soleil, il s'adonnait à l'horticulture, il adorait les fleurs, et, de toutes les fleurs, il ne cultivait que les roses. Il avait les mains noires du vrai jardinier, il soignait ses carrés. Ses carrés! ce mot lui rappelait les carrés d'hommes multicolores alignés sur les champs de bataille. Toujours en conférence avec son garçon jardinier, il se mêlait peu, surtout depuis deux ans, à la société, qu'il entrevoyait par échappées. Il ne faisait en famille qu'un repas, le dîner; car il se levait de trop bonne heure pour pouvoir déjeuner avec son fils et sa sœur. On doit aux efforts de ce colonel la fameuse rose-Giguet, que connaissent tous les amateurs. Ce vieillard, passé à l'état de fétiche domestique, était exhibé, comme bien on le pense, dans les grandes circonstances. Certaines familles jouissent d'un demi-dieu de ce genre, et s'en parent comme on se pare d'un titre.

— J'ai cru deviner que, depuis la Révolution de Juillet, répondit madame Marion à son frère, madame Beauvisage aspire à vivre à Paris. Forcée de rester ici tant que vivra son père, elle a reporté son ambition sur la tête de son futur gendre, et la belle dame rêve les splendeurs de la vie politique.

— Aimerais-tu Cécile? dit le colonel à son fils.

— Oui, mon père.

— Lui plais-tu?

— Je le crois, mon père; mais il s'agit aussi de plaire à la mère et au grand-père. Quoique le bonhomme Grévin veuille contrarier mon élection, le succès déterminerait madame Beauvisage à m'accepter, car elle espérera me gouverner à sa guise, être ministre sous mon nom....

— Ah! la bonne plaisanterie! s'écria madame Marion. Et pourquoi nous compte-t-elle?...

— Qui donc a-t-elle refusé? demanda le colonel à sa sœur.

— Mais, depuis trois mois, Antonin Goulard et le procureur du roi, monsieur Frédéric Marest, ont reçu, dit-on, de ces réponses équivoques qui sont tout ce qu'on veut, excepté un *oui!*

— Oh! mon Dieu! fit le vieillard en levant les bras, dans quel temps vivons-nous! Mais Lucie est la fille d'un bonnetier et la petite-fille d'un fermier. Madame Beauvisage veut-elle donc avoir un comte de Cinq-Cygne pour gendre!

— Mon frère, ne vous moquez pas des Beauvisage. Cécile est

assez riche pour pouvoir choisir un mari partout, même dans le parti auquel appartiennent les Cinq-Cygne. Mais j'entends la cloche qui vous annonce des électeurs, je vous laisse, et je regrette bien de ne pouvoir écouter ce qui va se dire.

II. — RÉVOLTE D'UN BOURG-POURRI LIBÉRAL.

Quoique 1839 soit, politiquement parlant, bien éloigné de 1847, on peut encore se rappeler aujourd'hui les élections qui produisirent la coalition, tentative éphémère que fit la chambre des députés pour réaliser la menace d'un gouvernement parlementaire ; menace à la Cromwell qui, sans un Cromwell, ne pouvait aboutir, sous un prince ennemi de la fraude, qu'au triomphe du système actuel où les chambres et les ministres ressemblent aux acteurs de bois que fait jouer le propriétaire du spectacle de Guignolet, à la grande satisfaction des passants toujours ébahis.

L'arrondissement d'Arcis-sur-Aube se trouvait alors dans une singulière situation, il se croyait libre de choisir un député. Depuis 1816 jusqu'en 1836, on y avait toujours nommé l'un des plus lourds orateurs du côté gauche, l'un des dix-sept qui furent tous appelés *grands citoyens* par le parti libéral, enfin l'illustre François Keller, de la maison Keller frères, le gendre du comte de Gondreville. Gondreville, une des plus magnifiques terres de la France, est située à un quart de lieue d'Arcis. Ce banquier, récemment nommé comte et pair de France, comptait sans doute transmettre à son fils, alors âgé de trente ans, sa succession électorale pour le rendre un jour apte à la pairie.

Déjà chef d'escadron dans l'état-major, et l'un des favoris du prince royal, Charles Keller, devenu vicomte, appartenait au parti de la cour citoyenne. Les plus brillantes destinées semblaient promises à un jeune homme puissamment riche, plein de courage, remarqué par son dévouement à la nouvelle dynastie, petit-fils du comte de Gondreville, et neveu de la maréchale de Carigliano; mais cette élection, si nécessaire à son avenir, présentait de grandes difficultés à vaincre.

Depuis l'accession au pouvoir de la classe bourgeoise, Arcis éprouvait un vague désir de se montrer indépendant. Aussi les dernières élections de François Keller avaient-elles été troublées par quelques républicains dont les casquettes rouges et les barbes frétillantes n'avaient pas trop effrayé les gens d'Arcis. En exploitant les dispositions du pays, le candidat radical put réunir trente ou quarante voix. Quelques habitants humiliés de voir leur ville comptée au nombre des bourgs-pourris de l'opposition se joignirent aux démocrates, quoique ennemis de la démocratie. En France, au scrutin des élections, il se forme des produits politico-chimiques où les lois des affinités sont renversées.

Or, nommer le jeune commandant Keller en 1839, après avoir nommé le père pendant vingt ans, accusait une véritable servitude électorale contre laquelle se révoltait l'orgueil de plusieurs bourgeois enrichis qui croyaient bien valoir, et monsieur Malin, comte de Gondreville, et les banquiers Keller frères, et les Cinq-Cygne, et même le roi des Français! Aussi les nombreux partisans du vieux Gondreville, le roi du département de l'Aube, attendaient-ils une nouvelle preuve de son habileté tant de fois éprouvée. Pour ne pas compromettre l'influence de sa famille sans l'arrondissement d'Arcis, ce vieil homme d'État proposerait sans doute pour candidat un homme du pays qui céderait sa place à Charles Keller, en acceptant des fonctions publiques; cas parlementaire qui rend l'élu du peuple sujet à réélection.

Quand Simon Giguet pressentit, au sujet des élections, le fidèle ami du comte, l'ancien notaire Grévin, ce vieillard répondit que sans connaître les intentions du comte de Gondreville, il faisait de Charles Keller son candidat, et emploierait toute son influence à cette nomination. Dès que cette réponse du bonhomme Grévin circula dans Arcis, il y eut une réaction contre lui. Quoique, durant trente ans de notariat, cet Aristide champenois eût possédé la confiance de la ville, qu'il eût été maire d'Arcis de 1804 à 1814, et pendant les Cent-Jours; quoique l'opposition l'eût accepté pour chef jusqu'au triomphe de 1830, époque à laquelle il refusa les honneurs de la mairie en objectant son grand âge; enfin, quoique la ville, pour lui témoigner son affection, eût alors pris pour maire son gendre, monsieur Beauvisage, on se révolta contre lui, et quelques jeunes gens allèrent jusqu'à le taxer de radotage. Les partisans de Simon Giguet se tournèrent vers Philéas Beauvisage, le maire, et le mirent d'autant mieux de leur côté, que, sans être mal avec son beau-père, il affichait une indépendance qui dégénérait en froideur, mais que lui laissait le fin beau-père, en y voyant un excellent moyen d'action sur la ville d'Arcis.

M. le maire, interrogé la veille sur la place publique, avait déclaré qu'il nommerait le premier inscrit sur la liste des éligibles d'Arcis, plutôt que de donner sa voix à Charles Keller, qu'il estimait d'ailleurs infiniment.

— Arcis ne sera plus un bourg-pourri! dit-il, ou j'émigre à Paris.

Flattez les passions du moment, vous devenez partout un héros, même à Arcis-sur-Aube.

— M. le maire, dit-on, vient de mettre le sceau à la fermeté de son caractère.

Rien ne marche plus rapidement qu'une révolte légale. Dans la soirée, madame Marion et ses amis organisèrent pour le lendemain une réunion des *électeurs indépendants*, au profit de Simon Giguet, le fils du colonel. Ce lendemain venait de se lever et de mettre sens dessus dessous toute la maison pour recevoir les amis sur l'indépendance desquels on comptait.

Simon Giguet, candidat-né d'une petite ville jalouse de nommer un de ses enfants, avait, comme on le voit, aussitôt mis à profit ce mouvement des esprits pour devenir le représentant des besoins et des intérêts de la Champagne Pouilleuse. Cependant toute la considération et la fortune de la famille Giguet étaient l'ouvrage du comte de Gondreville. Mais, en matière d'élection, y a-t-il des sentiments?

Cette scène est écrite pour l'enseignement des pays assez malheureux pour ne pas connaître les bienfaits d'une représentation nationale, et qui, par conséquent, ignorent par quelles guerres intestines, au prix de quels sacrifices à la Brutus, une petite ville enfante un député! Spectacle majestueux et naturel auquel on ne peut comparer que celui d'un accouchement : mêmes efforts, mêmes impuretés, mêmes déchirements, même triomphe.

On peut se demander comment un fils unique, dont la fortune était satisfaisante, se trouvait, comme Simon Giguet, simple avocat dans la petite ville d'Arcis, où les avocats sont à peu près inutiles.

Un mot sur le candidat est ici nécessaire. Le colonel avait eu, de 1806 à 1813, de sa femme, qui mourut en 1814, trois enfants dont l'aîné, Simon, survécut à ses cadets, morts tous deux, l'un en 1818, l'autre en 1825. Jusqu'à ce qu'il restât seul, Simon dut être élevé comme un homme à qui l'exercice d'une profession lucrative était nécessaire. Devenu fils unique, Simon fut atteint d'un revers de fortune. Madame Marion comptait beaucoup pour son neveu sur la succession du grand-père, le banquier de Hambourg; mais cet Allemand mourut en 1826, ne laissant à son petit-fils Giguet que deux mille francs de rentes. Ce banquier, doué d'une grande vertu procréatrice, avait combattu les ennuis de son commerce par les plaisirs de la paternité; donc il favorisa les familles de onze autres enfants qui l'entouraient et qui lui firent croire, avec assez de vraisemblance, d'ailleurs, que Simon Giguet serait riche.

Le colonel tint à faire embrasser à son fils une profession indépendante. Voici pourquoi. Les Giguet ne pouvaient attendre aucune faveur du pouvoir sous la Restauration. Quand même Simon n'eût pas été le fils d'un ardent bonapartiste, il appartenait à une famille dont tous les membres avaient, à juste titre, encouru l'animadversion de la famille de Cinq-Cygne, à propos de la part que Giguet, le colonel de gendarmerie, et les Marion, y compris madame Marion, prirent, en qualité de témoins à charge, dans le fameux procès de MM. de Simeuse, condamnés injustement en 1805 comme coupables de la séquestration du comte de Gondreville, alors sénateur et autrefois représentant du peuple, qui avait spolié la fortune de cette maison.

Grévin fut non-seulement l'un des témoins les plus importants, mais encore un des plus ardents meneurs de cette affaire. Ce procès criminel divisait encore l'arrondissement d'Arcis en deux partis, dont l'un tenait pour l'innocence des condamnés, et conséquemment pour la maison de Cinq-Cygne, l'autre pour le comte de Gondreville et pour ses adhérents.

Si, sous la Restauration, la comtesse de Cinq-Cygne usa de l'influence que lui donnait le retour des Bourbons pour ordonner tout à son gré dans le département de l'Aube, le comte de Gondreville sut contre-balancer la royauté des Cinq-Cygne, par l'autorité secrète qu'il exerça sur les libéraux du pays, au moyen du notaire Grévin, du colonel Giguet, de son gendre Keller; toujours nommé député d'Arcis-sur-Aube en dépit des Cinq-Cygne, et enfin par le crédit qu'il conserva dans les conseils de la Couronne, tant que vécut Louis XVIII. Ce ne fut qu'après la mort de ce roi, que la comtesse de Cinq-Cygne put faire nommer Michu président du tribunal de première instance d'Arcis. Elle tenait à mettre à cette place le fils du régisseur qui périt sur l'échafaud à Troyes, victime de son dévouement à la famille Simeuse, et dont le portrait en pied ornait son salon et à Paris et à Cinq-Cygne. Jusqu'en 1823, le comte de Gondreville avait eu le pouvoir d'empêcher la nomination de Michu.

Ce fut par le conseil même du comte de Gondreville que le colonel Giguet fit de son fils un avocat. Simon devait d'autant plus briller dans l'arrondissement d'Arcis, qu'il y fut le seul avocat, les avoués plaidant toujours les causes eux-mêmes dans ces petites localités. Simon avait eu quelques triomphes à la cour d'assises de l'Aube; mais il n'en était pas moins l'objet des plaisanteries de Frédéric-Marest le procureur du roi, d'Olivier Vinet le substitut, du président Michu, les trois plus fortes têtes du tribunal.

Simon Giguet, comme presque tous les hommes d'ailleurs, payait à la grande puissance du ridicule une forte part de contributions. Il s'écoutait parler, il prenait la parole à tout propos, il dévidait solennellement des phrases filandreuses et sèches qui passaient pour de l'éloquence dans la haute bourgeoisie d'Arcis. Ce pauvre garçon appartenait à ce genre d'ennuyeux qui prétendent tout expliquer, même les choses les plus simples. Il expliquait la pluie, il expliquait les causes de la révolution de Juillet. Il expliquait aussi les choses impénétrables : il expliquait Louis-Philippe, il expliquait M. Odilon Barrot, il expliquait M. Thiers, il expliquait les affaires d'Orient; il expliquait la Champagne, il expliquait 1789; il expliquait le tarif des douanes et les humanitaires, le magnétisme et l'économie de la liste civile.

Ce jeune homme maigre, au teint bilieux, d'une taille assez élevée pour justifier sa nullité sonore, car il est rare qu'un homme de haute taille ait des facultés éminentes, outrait le puritanisme des gens de l'extrême gauche, déjà tous si affectés à la manière des prudes qui ont des intrigues à cacher. Toujours vêtu de noir, il portait la cravate blanche qu'il laissait descendre au bas de son cou. Aussi sa figure semblait-elle sortir d'un cornet de papier blanc, car il conservait ce col de chemise haut et empesé que la mode a fort heureusement proscrit. Son pantalon, ses habits, paraissaient toujours être trop larges. Il avait ce qu'on nomme en province de la dignité, c'est-à-dire qu'il se tenait roide et qu'il était ennuyeux. Antonin Goulard, son ami, l'accusait de singer M. Dupin. En effet, l'avocat se chaussait un peu trop de souliers et de gros bas de filoselle noire. Protégé par la considération dont jouissait son vieux père et par l'influence qu'exerçait sa tante sur une petite ville dont les principaux habitants venaient dans son salon depuis vingt-quatre ans,

SIMON GIGUET.

Il avait ce qu'on nomme en province de la dignité.

(LE DÉPUTÉ D'ARCIS.)

Simon Giguet, déjà riche d'environ dix mille francs de rentes, sans compter les honoraires produits par son cabinet et la fortune de sa tante qui ne pouvait manquer de lui revenir un jour, ne mettait pas sa nomination en doute.

Néanmoins le premier coup de cloche, en annonçant l'arrivée des électeurs les plus influents, retentit au cœur de l'ambitieux, en y portant des craintes vagues. Simon ne se dissimulait ni l'habileté ni les immenses ressources du vieux Grévin, ni le prestige de tous les moyens héroïques que le ministère déploierait pour appuyer la candidature d'un jeune et brave officier alors en Afrique, attaché au prince royal, fils d'un des ex-grands citoyens de la France, et neveu d'une maréchale.

— Il me semble, dit-il à son père, que j'ai la colique. Je sens une chaleur douceâtre au-dessous du creux de l'estomac, qui me donne des inquiétudes....

— Les plus vieux soldats, répondit le colonel, avaient une pareille émotion quand le canon commençait à ronfler au début de la bataille.

— Que sera-ce donc à la chambre?.. dit l'avocat.

— Le comte de Gondreville nous disait, répondit le vieux militaire, qu'il arrive à plus d'un orateur quelques-uns des petits inconvénients qui signalaient pour nous, vieilles culottes de peau, le début des batailles. Tout cela pour des paroles oiseuses. Enfin, tu veux être député, fit le vieillard en haussant les épaules : sois-le !

— Mon père, le triomphe, c'est Cécile ! Cécile, c'est une immense fortune ! Aujourd'hui, la grande fortune, c'est le pouvoir.

— Ah ! combien les temps sont changés ! Sous l'Empereur, fallait être brave !

— Chaque époque se résume dans un mot ! dit Simon à son père, en répétant une observation du vieux comte de Gondreville qui peint bien ce vieillard. Sous l'Empire, quand on voulait tuer un homme, on disait : C'est un lâche ! Aujourd'hui on dit : — C'est un escroc !

— Pauvre France ! où t'a-t-on menée ? s'écria le colonel : je vais retourner à mes roses.

— Oh ! restez, mon père ! Vous êtes ici la clef de voûte !

III. — OÙ L'OPPOSITION SE DESSINE.

Le maire, M. Philéas Beauvisage, se présenta le premier, accompagné du successeur de son beau-père, le plus occupé des notaires de la ville, Achille Pigoult, petit-fils d'un vieillard resté juge de paix d'Arcis pendant la Révolution, pendant l'Empire et pendant les premiers jours de la Restauration.

Achille Pigoult, âgé d'environ trente-deux ans, avait été dix-huit ans clerc chez le vieux Grévin, sans avoir l'espérance de devenir notaire. Son père, fils du juge de paix d'Arcis, mort d'une prétendue apoplexie, avait fait de mauvaises affaires.

Le comte de Gondreville, à qui le vieux Pigoult tenait par les liens de 1793, avait prêté l'argent d'un cautionnement, et avait ainsi facilité l'acquisition de l'étude de Grévin au petit-fils du juge de paix qui fit la première instruction du procès Simeuse. Achille s'était établi sur la place de l'Église, dans une maison appartenant au comte de Gondreville, et que le pair de France lui avait louée à si bas prix, qu'il était facile de voir combien le rusé politique tenait à toujours avoir le premier notaire d'Arcis dans sa main.

Ce jeune Pigoult, petit homme sec dont les yeux semblaient percer ses lunettes vertes qui n'atténuaient point la malice de son regard, instruit de tous les intérêts du pays, devant à l'habitude de traiter les affaires une certaine facilité de parole, passait pour être *gouailleur*, et disait tout bonnement les choses avec plus d'esprit que n'en mettaient les indigènes dans leurs conversations. Ce notaire, encore garçon, attendait un riche mariage de la bienveillance de ses deux protecteurs, Grévin et le comte de Gondreville. Aussi l'avocat Giguet laissa-t-il échapper un mouvement de surprise en apercevant Achille à côté de M. Philéas Beauvisage. Ce petit notaire, dont le visage était couturé par tant de marques de petite vérole qu'il s'y trouvait comme un réseau de filets blancs, formait un contraste parfait avec la grosse personne de M. le maire, dont la figure ressemblait à une pleine lune, mais à une lune réjouie.

Ce teint de lis et de rose était encore relevé chez Philéas par un sourire gracieux qui résultait bien moins d'une disposition de l'âme que de cette disposition des lèvres pour lesquelles on a créé le mot *poupin*. Philéas de Beauvisage était doué d'un si grand contentement de lui-même, qu'il souriait toujours à tout le monde, dans toutes les circonstances. Ses lèvres poupines auraient souri à un enterrement. La vie qui abondait dans ses yeux bleus et enfantins ne démentait pas ce perpétuel et insupportable sourire. Cette satisfaction interne passait d'autant plus pour de la bienveillance et de l'affabilité, que Philéas s'était fait un langage à lui, remarquable par un usage immodéré des formules de la politesse. Il avait toujours l'*honneur;* il joignait à toutes ses demandes de santé relatives aux personnes absentes les épithètes de *cher*, de *bon*, d'*excellent*. Il prodiguait les phrases complimenteuses à propos des petites misères ou des petites félicités de la vie humaine. Il cachait ainsi sous un déluge de lieux communs son incapacité, son défaut absolu d'instruction, et une faiblesse de caractère qui ne peut être exprimée que par le mot un peu vieilli de *girouette*.

Rassurez-vous! cette girouette avait pour axe la belle madame Beauvisage, Séverine Grévin, la femme célèbre de l'arrondissement. Aussi quand Séverine apprit ce qu'elle nomma l'équipée de M. Beauvisage à propos de l'élection, lui avait-elle dit le matin même : « Vous n'avez pas mal agi en vous donnant des airs d'indépendance ; mais vous n'irez pas à la réunion des Giguet sans vous y faire accompagner par Achille Pigoult, à qui j'ai dit de venir vous prendre ! » Donner Achille Pigoult pour mentor à Beauvisage, n'était-ce pas faire assister à l'assemblée des Giguet un espion du parti Gondreville ? Aussi chacun peut maintenant se figurer la grimace qui contracta la figure puritaine de Simon, forcé de bien accueillir un habitué du salon de sa tante, un électeur influent dans lequel il vit alors un ennemi.

— Ah! se dit-il à lui-même, j'ai eu bien tort de lui refuser son cautionnement quand il me l'a demandé ! Le vieux Gondreville a eu plus d'esprit que moi...

— Bonjour, Achille, dit-il en prenant un air dégagé, vous allez me tailler des croupières !...

— Je ne crois pas que votre réunion soit une conspiration contre l'indépendance de nos votes, répondit le notaire en souriant. Ne jouons-nous pas franc jeu ?

— Franc jeu ! répéta Beauvisage. Et le maire se mit à rire de ce rire sans expression par lequel certaines personnes finissent toutes leurs phrases, et qu'on devrait appeler la ritournelle de la conversation. Puis M. le maire se mit à ce qu'il faut appeler sa *troisième position*, en se présentant droit, la poitrine effacée, les mains derrière le dos. Il était en habit et pantalon noirs, orné d'un superbe gilet blanc entr'ouvert de manière à laisser voir deux boutons de diamant d'une valeur de plusieurs milliers de francs. — Nous nous combattrons, et nous n'en serons pas moins bons amis, reprit Philéas. C'est là l'essence des mœurs constitutionnelles ! (Hé ! hé ! hé !) Voilà comment je comprends l'alliance de la monarchie et de la liberté... (Ha ! ha ! ha !)

Là, M. le maire prit la main de Simon en lui disant : — Comment vous portez-vous, mon bon ami ? Votre chère tante et notre digne colonel vont sans doute aussi bien ce matin qu'hier... du moins il faut le présumer !... (hé ! hé ! hé !) ajouta-t-il d'un air de parfaite béatitude, — peut-être un peu tourmentés de la cérémonie qui va se passer... Ah ! dame, jeune homme (*sic : jeûne hôme !*), nous entrons dans la carrière politique... (Ah ! ah ! ah !) Voilà notre premier pas... il n'y a pas à reculer... c'est un grand parti, et j'aime mieux que ce soit vous que moi qui vous lanciez dans les orages et les tempêtes de la chambre... (hi ! hi ! hi !) quelque agréable que ce soit de voir résider en sa personne... (hi ! hi ! hi !) le pouvoir souverain de la France pour un quatre-cent-cinquante-troisième !... (Hi ! hi ! hi !)

L'organe de Philéas Beauvisage avait une agréable sonorité tout à fait en harmonie avec les courbes légumineuses de son visage coloré comme un potiron jaune clair, avec son dos épais, avec sa poitrine large et bombée. Cette voix, qui tenait de la basse-taille par son volume, se veloutait comme celle des barytons, et prenait, dans le rire par lequel Philéas accompagnait ses fins de phrases, quelque chose d'argentin. Dieu, dans son paradis terrestre, aurait voulu, pour y compléter les Espèces, y mettre un bourgeois de province, il n'aurait pas fait de ses mains un type plus beau, plus complet que Philéas Beauvisage.

— J'admire le dévouement de ceux qui peuvent se jeter dans les orages de la vie politique... (hé ! hé ! hé !) il faut pour cela des nerfs que je n'ai pas. Qui nous eût dit en 1812, en 1813, qu'on en arriverait là... Moi, je ne doute plus de rien dans un temps où l'asphalte, le caoutchouc, les chemins de fer et la vapeur changent le sol, les redingotes et les distances. (Hé ! hé ! hé !)

Ces derniers mots furent largement assaisonnés de ce rire par lequel Philéas relevait les plaisanteries vulgaires dont se paient les bourgeois; mais il les accompagna d'un geste qu'il s'était rendu propre : il fermait le poing droit et l'insérait dans la paume arrondie de la main gauche en l'y frottant d'une façon joyeuse. Ce manège concordait à ses rires, dans les occasions fréquentes où il croyait avoir dit un trait d'esprit. Peut-être est-il superflu de dire que Philéas passait dans Arcis pour un homme aimable et charmant.

— Je tâcherai, répondit Simon Giguet, de dignement représenter...

— Les moutons de la Champagne, repartit vivement Achille Pigoult en interrompant son ami.

Le candidat dévora l'épigramme sans répondre, car il fut obligé d'aller au-devant de deux nouveaux électeurs.

L'un était le maître du *Mulet*, la meilleure auberge d'Arcis, et qui se trouve sur la Grande-Place, au coin de la rue de Brienne. Ce digne aubergiste, nommé Poupart, avait épousé la sœur d'un domestique attaché à la comtesse de Cinq-Cygne, le fameux Gothard, un des acteurs du procès criminel. Dans le temps, ce Gothard fut acquitté. Poupart, quoique l'un des habitants d'Arcis les plus dévoués aux Cinq-Cygne, avait été sondé depuis deux jours par le domestique du colonel Giguet avec tant de persévérance et d'habileté, qu'il croyait jouer un tour à l'ennemi des Cinq-Cygne en consacrant son influence à la nomination de Simon Giguet, et il venait de causer dans ce sens avec un pharmacien nommé Fromaget, qui, ne fournissant pas le château de Gondreville, ne demandait pas mieux que de cabaler contre les Keller.

Ces deux personnages de la petite bourgeoisie pouvaient, à la faveur de leurs relations, déterminer une certaine quantité de votes flottants, car ils conseillaient une foule de gens auxquels les opinions politiques des candidats étaient indifférentes. Aussi l'avocat s'empara-t-il de Poupart et livra-t-il le pharmacien Fromaget à son père, qui vint saluer les électeurs déjà venus.

Le sous-ingénieur de l'arrondissement, le secrétaire de la mairie, quatre huissiers, trois avoués, le greffier du tribunal et celui de la justice de paix, le receveur de l'enregistrement et celui des contributions, deux médecins rivaux de Varlet, le beau-frère de Grévin, un meunier nommé Laurent Goussard, et chef du parti républicain à Arcis, les deux adjoints à Philéas, le libraire-imprimeur d'Arcis, et une douzaine de bourgeois, entrèrent successivement et se promenèrent dans le jardin par groupes, en attendant que la réunion fût assez nombreuse pour qu'on pût ouvrir la séance. Enfin, à midi, cinquante personnes environ, toutes endimanchées, la plupart venues par curiosité pour voir les beaux salons dont on parlait tant dans tout l'arrondissement, s'assirent sur les siéges que madame Marion leur avait préparés. On laissa les fenêtres ouvertes, et bientôt il se fit un si profond silence, qu'on put entendre crier la robe de soie de madame Marion, qui ne put résister au plaisir de descendre au jardin et de se placer à un endroit d'où elle pouvait entendre les électeurs. La cuisinière, la femme de chambre et le domestique se tinrent dans la salle à manger et partagèrent les émotions de leurs maîtres.

— Messieurs, dit Simon Giguet, quelques-uns d'entre vous veulent faire à mon père l'honneur de lui offrir la présidence de cette réunion ; mais le colonel Giguet me charge de leur présenter ses remercîments, en exprimant toute la gratitude que mérite ce désir, dans lequel il voit une récompense de ses services à la patrie. Nous sommes chez mon père, il croit devoir se récuser pour ces fonctions, et il vous propose un honorable négociant à qui vos suffrages ont conféré la première magistrature de la ville, monsieur Philéas Beauvisage.

— Bravo ! bravo !

— Nous sommes, je crois, tous d'accord d'imiter dans cette réunion — essentiellement amicale... mais entièrement libre — et qui ne préjudicie en rien à la grande réunion préparatoire où vous interpellerez les candidats, où vous pèserez leurs mérites... d'imiter, dis-je, les formes... constitutionnelles de la Chambre... élective.

— Oui ! oui ! cria-t-on d'une seule voix.

— En conséquence, reprit Simon, j'ai l'honneur de prier, d'après le vœu de l'assemblée, monsieur le maire de venir occuper le fauteuil de la présidence. Philéas se leva, traversa le salon, en se sentant devenir rouge comme une cerise. Puis, quand il fut derrière la table, il ne vit pas cent yeux, mais cent mille chandelles. Enfin, le soleil lui parut jouer dans ce salon le rôle d'un incendie, et il eut, selon son expression une gabelle dans la gorge.

— Remerciez ! lui dit Simon à voix basse.

— Messieurs... On fit un si grand silence, que Philéas eut un mouvement de colique.

— Que faut-il dire, Simon ? reprit-il tout bas.

— Eh bien ? dit Achille Pigoult.

— Messieurs, dit l'avocat, saisi par la cruelle interjection du petit notaire, l'honneur que vous faites à monsieur le maire peut le surprendre sans l'étonner.

— C'est cela, dit Beauvisage, je suis trop sensible à cette attention de mes concitoyens, pour ne pas en être excessivement flatté.

— Bravo ! cria le notaire tout seul.

— Que le diable m'emporte, se dit en lui-même Beauvisage, si l'on me reprend jamais à haranguer...

— Messieurs Fromaget et Marcelin veulent-ils accepter les fonctions de scrutateurs ? dit Simon Giguet.

— Il serait plus régulier, dit Achille Pigoult en se levant, que l'assemblée nommât elle-même les deux membres du bureau, toujours pour imiter la Chambre.

— Cela vaut mieux, en effet, dit l'énorme M. Mollot, le greffier du tribunal ; autrement, ce qui se fait en ce moment serait une comédie, et nous ne serions pas libres. Pourquoi ne pas continuer alors à tout faire par la volonté de M. Simon ?

Simon dit quelques mots à Beauvisage, qui se leva pour accoucher d'un : Messieurs !... qui pouvait passer pour être *palpitant d'intérêt*.

— Pardon, monsieur le président, dit Achille Pigoult, mais vous devez présider et non discuter...

— Messieurs, si nous devons... nous conformer... aux usages parlementaires, dit Beauvisage soufflé par Simon, je prierai... l'honorable monsieur Pigoult... de venir parler... à la table que voici...

Pigoult s'élança vers la table à thé, s'y tint debout, les doigts légèrement appuyés sur le bord, et fit preuve d'audace en parlant sans gêne, à peu près comme l'illustre M. Thiers.

— Messieurs, ce n'est pas moi qui ai lancé la proposition d'imiter la Chambre ; car, jusqu'aujourd'hui, les chambres m'ont paru véritablement inimitables ; néanmoins j'ai très bien conçu qu'une assemblée de soixante et quelques notables Champenois devait s'improviser un président, car aucun troupeau ne va sans berger. Si nous avions voté au scrutin secret, je suis certain que le nom de notre estimable maire y aurait obtenu l'unanimité ; son opposition à la candidature soutenue par sa parenté nous prouve qu'il possède le courage civil au plus haut degré, puisqu'il sait s'affranchir des liens les plus forts, ceux de la famille ! Mettre la patrie avant la famille, c'est un si grand effort, que nous sommes toujours forcés, pour y arriver, de nous dire que, du haut de son tribunal, Brutus nous contemple, depuis deux mille cinq cents et quelques années. Il semble naturel à maître Giguet, qui a eu le mérite de deviner nos sentiments relativement au choix d'un président, de nous guider encore pour celui des scrutateurs ; mais, en appuyant mon observation, vous avez pensé que c'était assez d'une fois, et vous avez eu raison ! Notre ami commun, Simon Giguet, qui doit se présenter en candidat, aurait l'air de se présenter en maître, et pourrait alors perdre dans notre esprit les bénéfices de l'attitude modeste qu'a prise son vénérable père. Or, que fait en ce moment notre digne président en acceptant la manière de présider que lui a proposée le candidat ? il nous ôte notre liberté ! Je vous le demande, est-il convenable que le président de notre choix nous dise de nommer par assis et levé les deux scrutateurs ?... Ceci, messieurs, est un choix déjà. Serions-nous libres de choisir ? Peut-on à côté de son voisin rester assis ? On me proposerait, que tout le monde se lèverait, je crois, par politesse ; et comme nous nous lèverions tous pour chacun de nous, il n'y a pas de choix là où tout le monde serait nommé nécessairement par tout le monde.

— Il a raison, dirent les soixante auditeurs.

— Donc, que chacun de nous écrive deux noms sur un bulletin, et ceux qui viendront s'asseoir auprès de M. le président pourront alors se regarder comme deux ornements de la société ; ils auront qualité pour, conjointement avec M. le président, prononcer sur la majorité, quand nous déciderons par assis et levé sur les déterminations à prendre. Nous sommes ici, je crois, pour promettre à un candidat les forces dont chacun de nous dispose à la réunion préparatoire, où viendront tous les électeurs de l'arrondissement. Cet acte, je le déclare, est grave. Ne s'agit-il pas d'un quatre-centième du pouvoir, comme le disait naguère M. le maire avec l'esprit d'à-propos qui le caractérise et que nous apprécions toujours ?

Pendant ces explications, le colonel Giguet coupait en bandes une feuille de papier, et Simon envoya chercher des plumes et une écritoire. La séance fut suspendue. Cette discussion préliminaire sur les formes avait déjà profondément inquiété Simon, et éveillé l'attention des soixante bourgeois convoqués. Bientôt on se mit à écrire les bulletins, et le rusé Pigoult réussit à faire porter M. Mollot, le greffier du tribunal, et M. Godivet, le receveur de l'enregistrement.

Ces deux nominations mécontentèrent nécessairement Fromaget le pharmacien, et Marcelin l'avoué.

— Vous avez servi, leur dit Achille Pigoult, à manifester notre indépendance ; soyez plus fiers d'avoir été rejetés que vous ne le seriez d'avoir été choisis. On se mit à rire.

Simon Giguet fit régner le silence en demandant la parole au président, dont la chemise était déjà mouillée, et qui rassembla tout son courage pour dire : — La parole est à M. Simon Giguet.

IV. — UN PREMIER ORAGE PARLEMENTAIRE.

— Messieurs, dit l'avocat, qu'il me soit permis de remercier M. Achille Pigoult qui, bien que notre réunion soit tout amicale...

— C'est la réunion préparatoire de la grande réunion préparatoire, dit l'avoué Marcelin.

— C'est ce que j'allais expliquer, reprit Simon. Je remercie avant tout M. Achille Pigoult d'y avoir introduit la rigueur des formes parlementaires. Voici la première fois que l'arrondissement d'Arcis usera librement...

— Librement ! dit Pigoult en interrompant l'orateur.

— Librement ! cria l'assemblée.

— Librement, reprit Simon Giguet, de ses droits dans la grande bataille de l'élection générale pour la Chambre des députés ; et comme dans quelques jours nous aurons une réunion à laquelle assisteront tous les électeurs pour juger du mérite des candidats, nous devons-nous estimer très heureux d'avoir pu nous habituer ici, en petit comité, aux usages de ces assemblées ; nous en serons plus forts pour décider de l'avenir politique de la ville d'Arcis, car il s'agit aujourd'hui de substituer une ville à une famille, le pays à un homme...

Simon fit alors l'histoire des élections depuis vingt ans. Tout en approuvant la constante nomination de François Keller, il dit que le moment était venu de secouer le joug de la maison Gondreville. Arcis ne devait pas plus être un fief libéral qu'un fief des Cinq-Cygne. Il s'élevait en France, en ce moment, des opinions avancées que les Keller ne représentaient pas. Charles Keller, devenu vicomte, appartenait à la cour, il n'aurait aucune indépendance ; car, en le présentant ici comme candidat, on pensait bien plus à faire de lui le successeur à la pairie de son père que le successeur d'un député, etc., etc. Enfin, Simon se présentait au choix de ses concitoyens en s'engageant à siéger auprès de l'illustre M. Odilon Barrot, et à ne jamais déserter le glorieux drapeau du progrès.

Le progrès, un de ces mots derrière lesquels on essayait alors de grouper beaucoup plus d'ambitions menteuses que d'idées; car, après 1830, il ne pouvait représenter que les prétentions de quelques démocrates affamés. Néanmoins ce mot faisait encore beaucoup d'effet dans Arcis et donnait de la consistance à qui l'inscrivait sur son drapeau. Se dire un homme de progrès, c'était se proclamer philosophe en toute chose et puritain en politique. On se déclarait ainsi pour les chemins de fer, les mackintosh, les pénitenciers, le pavage de bois, l'indépendance des nègres, les caisses d'épargne, les souliers sans couture, l'éclairage au gaz, les trottoirs d'asphalte, le vote universel, la réduction de la liste civile. Enfin, c'était se prononcer contre les traités de 1815, contre la branche aînée, contre le colosse du Nord, la perfide Albion, contre toutes les entreprises bonnes ou mauvaises du gouvernement. Comme on le voit, le mot *progrès* peut aussi bien signifier : Non! que Oui!... C'était le réchampissage du mot *libéralisme*, un nouveau mot d'ordre pour des ambitions nouvelles.

— Si j'ai bien compris ce que nous venons faire ici, dit Jean Violette, un fabricant de bas qui avait acheté depuis deux ans la maison Beauvisage, il s'agit de nous engager tous à faire nommer, en usant de tous nos moyens, M. Simon Giguet aux élections comme député, à la place du comte François Keller. Si chacun de nous entend se coaliser ainsi, nous n'avons qu'à dire tout bonnement oui ou non là-dessus.

— C'est aller trop promptement au fait! Les affaires politiques ne marchent pas ainsi, car ce ne serait plus de la politique! s'écria Pigoult, dont le grand-père, âgé de quatre-vingt-six ans, entra dans la salle. Le préopinant décide ce qui, selon mes faibles lumières, me paraît devoir être l'objet de la discussion. Je demande la parole.

— La parole est à M. Achille Pigoult, dit Beauvisage, qui put prononcer enfin cette phrase avec sa dignité municipale et constitutionnelle.

— Messieurs, dit le petit notaire, s'il était une maison dans Arcis où l'on ne devait pas s'élever contre l'influence du comte de Gondreville et des Keller, ne devait-ce pas être celle-ci ?... Le digne colonel Giguet est le seul ici qui n'ait pas ressenti les effets du pouvoir sénatorial, car il n'a rien demandé certainement au comte de Gondreville, qui l'a fait rayer de la liste des proscrits de 1815, et lui a fait avoir la pension dont il jouit, sans que le vénérable colonel, notre gloire à tous, ait bougé...

Un murmure flatteur pour le vieillard accueillit cette observation.

— Mais, reprit l'orateur, les Marion sont couverts des bienfaits du comte. Sans cette protection, le feu colonel Giguet n'eût jamais commandé la gendarmerie de l'Aube. Feu M. Marion n'eût jamais présidé de cour impériale sans l'appui du comte, de qui je serai toujours l'obligé, moi!... Vous trouverez donc naturel que je sois son avocat dans cette enceinte!... Enfin il est peu de personnes, dans notre arrondissement, qui n'aient reçu des bienfaits de cette famille... (Il se fit une rumeur.)

— Un candidat se met sur la sellette, et, reprit Achille avec feu, j'ai le droit d'interroger sa vie avant de l'investir de mes pouvoirs. Or, je ne veux pas d'ingratitude chez mon mandataire, car l'ingratitude est comme le malheur : l'une attire l'autre. Nous avons été, dites-vous, le marchepied des Keller : eh bien! ce que je viens d'entendre me fait craindre d'être le marchepied des Giguet. Nous sommes dans le siècle du positif, n'est-ce pas? Eh bien! examinons quels seront, pour l'arrondissement d'Arcis, les résultats de la nomination de Simon Giguet. On vous parle d'indépendance? Simon, que je maltraite comme candidat, est mon ami, comme il est celui de tous ceux qui m'écoutent, et je serai personnellement charmé de le voir devenir un orateur de la gauche, se placer entre Garnier-Pagès et Laffitte; mais qu'en reviendra-t-il à l'arrondissement?... L'arrondissement aura perdu l'appui du comte de Gondreville et celui des Keller... Nous avons tous besoin de l'un et des autres dans une période de cinq ans. On va voir la maréchale de Garigliano pour obtenir la réforme d'un gaillard dont le numéro est mauvais. On a recours au crédit des Keller dans bien des affaires qui se décident sur leur recommandation. On a toujours trouvé le vieux comte de Gondreville prêt à nous rendre service : il suffit d'être d'Arcis pour entrer chez lui sans faire antichambre. Ces trois familles connaissent toutes les familles d'Arcis... Où est la caisse de la maison Giguet, et quelle sera son influence dans les ministères?... De quel crédit jouira-t-elle sur la place de Paris? S'il faut reconstruire en pierre notre méchant pont de bois, obtiendra-t-elle du département et de l'État les fonds nécessaires!... En nommant Charles Keller, nous continuons un pacte d'alliance et d'amitié qui, jusqu'aujourd'hui, ne nous a donné que des bénéfices. En nommant mon bon, mon excellent camarade de collége, mon digne ami Simon Giguet, nous réaliserons des pertes jusqu'au jour où il sera ministre! Je connais assez sa modestie pour croire qu'il ne me démentira pas si je doute de sa nomination très prochaine à ce poste!... (Rires.) Je suis venu dans cette réunion pour m'opposer à un acte que je regarde comme fatal à notre arrondissement. Charles Keller appartient à la cour! me dira-t-on. Eh! tant mieux! nous n'aurons pas à payer les frais de son apprentissage politique; il sait les affaires du pays, il connaît les nécessités parlementaires, il est plus près d'être homme d'État que mon ami Simon, qui n'a pas la prétention de s'être fait Pitt ou Talleyrand, dans notre petite ville d'Arcis...

— Danton en est sorti!... cria le colonel Giguet, furieux de cette improvisation pleine de justesse.

— Bravo!... Ce mot fut une acclamation; soixante personnes battirent des mains.

— Mon père a bien de l'esprit, dit tout bas Simon Giguet à Beauvisage.

— Je ne comprends pas qu'à propos d'une élection, dit le vieux colonel à qui le sang bouillait dans le visage et qui se leva soudain, on tiraille les liens qui nous unissent au comte de Gondreville. Mon fils tient sa fortune de sa mère, il n'a rien demandé au comte de Gondreville. Le comte n'aurait pas existé que Simon serait ce qu'il est : le fils d'un colonel d'artillerie qui doit ses grades à ses services, et un avocat dont les opinions n'ont pas varié. Je dirais tout haut au comte de Gondreville et en face : « Nous avons nommé votre gendre pendant vingt ans; aujourd'hui nous voulons faire voir qu'en le nommant nous agissions volontairement, et nous prenons un homme d'Arcis, afin de montrer que le vieil esprit de 1789, à qui vous avez dû votre fortune, vit toujours dans la patrie des Danton, des Malin, des Grévin, des Pigoult, des Marion... » Et voilà!

Et le vieillard s'assit. Il se fit alors un grand brouhaha. Achille ouvrit la bouche pour répliquer. Beauvisage, qui ne se serait pas cru président s'il n'avait pas agité sa sonnette, augmenta le tapage en réclamant le silence. Il était alors deux heures.

— Je prends la liberté de faire observer à l'honorable colonel Giguet, dont les sentiments sont faciles à comprendre, qu'il a pris de lui-même la parole ; et c'est contre les usages parlementaires, dit Achille Pigoult.

— Je ne crois pas nécessaire de rappeler à l'ordre le colonel, dit Beauvisage. Il est père. (Le silence se rétablit.)

Nous ne sommes pas venus ici, s'écria Fromaget, pour dire *amen* à tout ce que voudraient messieurs Giguet père et fils...

— Non ! non ! cria l'assemblée.

— Ça va mal ! dit madame Marion à sa cuisinière.

— Messieurs, reprit Achille, je me borne à demander catégoriquement à mon ami Simon Giguet ce qu'il compte faire pour nos intérêts !...

— Oui, oui.

— Depuis quand, dit Simon Giguet, de bons citoyens comme ceux d'Arcis voudraient-ils faire métier et marchandise de la sainte mission de député ?

On ne se figure pas l'effet que produisent les beaux sentiments sur les hommes réunis. On applaudit aux grandes maximes, et l'on n'en vote pas moins l'abaissement de son pays, comme le forçat qui souhaite la punition de Robert Macaire, en voyant jouer la pièce, n'en va pas moins assassiner un monsieur Germeuil quelconque.

— Bravo ! crièrent quelques électeurs, Giguet pur sang !

— Vous m'enverrez à la chambre, si vous m'y envoyiez, pour y représenter des principes, les principes de 1789 ! pour être un des chiffres, si vous voulez, de l'opposition, mais pour voter avec elle, éclairer le gouvernement, faire la guerre aux abus, et réclamer le progrès en tout...

— Qu'appelez-vous progrès ? Pour nous, le progrès serait de mettre la Champagne Pouilleuse en culture, dit Fromaget.

— Le progrès ! je vais vous l'expliquer comme je l'entends, cria Giguet, exaspéré par l'interruption.

— C'est la frontière du Rhin pour la France, dit le colonel, et les traités de 1815 déchirés !

— C'est de vendre toujours le blé fort cher et de laisser toujours le pain à bon marché ! cria railleusement Achille Pigoult qui, croyant faire une plaisanterie, exprimait un des non-sens qui règnent en France.

— C'est le bonheur de tous obtenu par le triomphe des doctrines humanitaires.

— Qu'est-ce que je disais?... demanda le fin notaire à ses voisins.

— Chut! silence! écoutons! dirent quelques curieux.

— Messieurs, dit le gros Mollot en souriant, le débat s'élève; donnez votre attention à l'orateur, laissez-le s'expliquer...

— A toutes les époques de transition, messieurs, reprit gravement Simon Giguet, et nous sommes à l'une de ces époques...

— Béééé!... béééé! fit un ami d'Achille Pigoult, qui possédait les facultés (sublimes en matière d'élection) du ventriloque. Un fou rire général s'empara de cette assemblée, champenoise avant tout. Simon Giguet se croisa les bras et attendit que cet orage de rires fût passé.

— Si l'on a prétendu me donner une leçon, reprit-il, et me dire que je marche avec le troupeau des glorieux défenseurs des droits de l'humanité, qui lancent cri sur cri, livre sur livre, du prêtre immortel qui plaide pour la Pologne expirée, du courageux pamphlétaire, le surveillant de la liste civile, des philosophes qui réclament la sincérité dans le jeu de nos institutions, je remercie mon interrupteur inconnu! Pour moi, le progrès, c'est la réalisation de tout ce qui nous fut promis à la Révolution de Juillet, c'est la réforme électorale, c'est...

— Vous êtes démocrate, alors! dit Achille Pigoult.

— Non, reprit le candidat. Est-ce être démocrate que de vouloir le développement régulier, légal, de nos institutions? Pour moi, le progrès, c'est la fraternité rétablie entre les membres de la grande famille française, et nous ne pouvons pas nous dissimuler que beaucoup de souffrances...

A trois heures, Simon Giguet expliquait encore le progrès, et quelques-uns des assistants faisaient entendre des ronflements réguliers qui dénotaient un profond sommeil. Le malicieux Achille Pigoult avait engagé tout le monde à religieusement écouter l'orateur qui se noyait dans ses phrases et périphrases à perte de vue.

V. — LES EMBARRAS DU GOUVERNEMENT D'ARCIS.

En ce moment plusieurs groupes de bourgeois, électeurs ou non, stationnaient devant le château d'Arcis, dont la grille donne sur la place, et en retour de laquelle se trouve la porte de la maison Marion.

Cette place est un terrain auquel aboutissent plusieurs routes et plusieurs rues. Il s'y trouve un marché couvert; puis en face du château, de l'autre côté de la place, qui n'est ni pavée, ni macadamisée, et où la pluie dessine de petites ravines, s'étend une magnifique promenade appelée avenue des Soupirs. Est-ce à l'honneur ou au blâme des femmes de la ville? Cette amphibologie est sans doute un trait d'esprit du pays. Deux belles contre-allées plantées de vieux tilleuls très touffus mènent de la place à un boulevard circulaire qui forme une autre promenade délaissée comme toutes les promenades de province, où l'on aperçoit beaucoup plus d'immondices tranquilles que de promeneurs agités comme ceux de Paris.

Au plus fort de la discussion qu'Achille Pigoult dramatisait avec un sang-froid et un courage dignes d'un orateur du vrai parlement, quatre personnages se promenaient de front sous les tilleuls d'une des contre-allées de l'avenue des Soupirs. Quand ils arrivaient à la place, ils s'arrêtaient d'un commun accord et regardaient les habitants d'Arcis qui bourdonnaient devant le château, comme des abeilles rentrant le soir à leur ruche. Ces quatre promeneurs étaient tout le parti ministériel d'Arcis : le sous-préfet, le procureur du roi, son substitut, et M. Martener, le juge d'instruction. Le président du tribunal est, comme on le sait déjà, partisan de la branche aînée et le dévoué serviteur de la maison de Cinq-Cygne.

— Non, je ne conçois pas le gouvernement, répéta le sous-préfet en montrant les groupes qui épaississaient. En de si graves conjonctures, on me laisse sans instruction !..

— Vous ressemblez en ceci à beaucoup de monde ! répondit Olivier Vinet en souriant.

— Qu'avez-vous à reprocher au gouvernement? demanda le procureur du roi.

— Le ministère est fort embarrassé, reprit le jeune Martener; il sait que cet arrondissement appartient en quelque sorte aux Keller, et il se gardera bien de les contrarier. On a des ménagements à garder avec le seul homme comparable à monsieur de Talleyrand. Ce n'est pas au préfet que vous deviez envoyer le commissaire de police, mais au comte de Gondreville.

— En attendant, dit Frédéric Marest, l'opposition se remue, et vous voyez quelle est l'influence du colonel Giguet. Notre maire, monsieur Beauvisage, préside cette réunion préparatoire...

— Après tout, dit sournoisement Olivier Vinet au sous-préfet,

Simon Giguet est votre ami, votre camarade de collége; il sera du parti de M. Thiers, et vous ne risquez rien à favoriser sa nomination.

— Avant de tomber, le ministère actuel peut me destituer. Si nous savons quand on nous destitue, nous ne savons jamais quand on nous renomme, dit Antonin Goulard.

— Collinet l'épicier !... voilà le soixante-septième électeur entré chez le colonel Giguet, dit M. Martener qui faisait son métier de juge d'instruction en comptant les électeurs.

— Si Charles Keller est le candidat du ministère, reprit Antonin Goulard, on aurait dû me le dire, et ne pas donner le temps à Simon Giguet de s'emparer des esprits?

Ces quatre personnages arrivèrent en marchant lentement jusqu'à l'endroit où cesse le boulevard, et où il devient la place publique.

— Voilà M. Groslier! dit le juge en apercevant un homme à cheval.

Ce cavalier était le commissaire de police; il aperçut le gouvernement d'Arcis réuni sur la voie publique, et se dirigea vers les quatre magistrats.

— Eh bien! monsieur Groslier?... fit le sous-préfet en allant causer avec le commissaire à quelques pas de distance des trois magistrats.

— Monsieur, dit le commissaire de police à voix basse, M. le préfet m'a chargé de vous apprendre une triste nouvelle : M. le vicomte Charles Keller est mort. La nouvelle est arrivée avant-hier à Paris par le télégraphe, et les deux messieurs Keller, le comte de Gondreville, la maréchale de Carigliano, enfin toute la famille est depuis hier à Gondreville. Abd-el-Kader a repris l'offensive en Afrique, et la guerre s'y fait avec acharnement. Ce pauvre jeune homme a été l'une des premières victimes des hostilités. Vous recevrez ici même, m'a dit M. le préfet, relativement à l'élection, des instructions confidentielles...

— Par qui?... demanda le sous-préfet.

— Si je le savais, ce ne serait plus confidentiel, répondit le commissaire. M. le préfet lui-même ne sait rien. Ce sera, m'a-t-il dit, un secret entre vous et le ministre. Et il continua son chemin après avoir vu l'heureux sous-préfet mettant un doigt sur les lèvres pour lui recommander le silence.

— Eh bien ! quelle nouvelle de la préfecture ?... dit le procureur du roi quand Antonin Goulard revint vers le groupe formé par les trois fonctionnaires.

— Rien de plus satisfaisant, répondit d'un air mystérieux Antonin, qui marcha lestement comme s'il voulait quitter les magistrats.

En allant vers le milieu de la place assez silencieusement, car les trois magistrats furent comme piqués de la vitesse affectée par le sous-préfet, M. Martener aperçut la vieille madame Beauvisage, la mère de Philéas, entourée par presque tous les bourgeois de la place, auxquels elle paraissait faire un récit. Un avoué, nommé Sinot, qui avait la clientèle des royalistes de l'arrondissement d'Arcis, et qui s'était abstenu d'aller à la réunion Giguet, se détacha du groupe et courut vers la porte de la maison Marion en sonnant avec force.

— Qu'y a-t-il ? dit Frédéric Marest en laissant tomber son lorgnon et instruisant le sous-préfet et le juge de cette circonstance.

— Il y a, messieurs, répondit Antonin Goulard, ne trouvant plus d'utilité à la garde d'un secret qui allait être dévoilé par un autre côté, que Charles Keller a été tué en Afrique, et que cet événement donne les plus belles chances à Simon Giguet ! Vous connaissez Arcis, il ne pouvait y avoir d'autre candidat ministériel que Charles Keller. Tout autre rencontrera contre lui le patriotisme du clocher...

— Un pareil imbécile serait nommé !... dit Olivier Vinet en riant

Le substitut, âgé d'environ vingt-trois ans, fils aîné d'un des plus fameux procureurs généraux dont l'arrivée au pouvoir date de la Révolution de Juillet, avait dû naturellement à l'influence de son père d'entrer dans la magistrature du parquet. Ce procureur général, toujours nommé député par la ville de Provins, est un des arcs-boutants du centre à la Chambre. Aussi le fils, dont la mère est une demoiselle de Chargebœuf, avait-il une assurance, dans ses fonctions et dans son allure, qui révélait le crédit du père. Il exprimait ses opinions sur les hommes et sur les choses sans trop se gêner ; car il espérait ne pas rester longtemps dans la ville d'Arcis, et passer procureur du roi à Versailles, infaillible marchepied d'un poste à Paris. L'air dégagé de ce petit Vinet, l'espèce de fatuité judiciaire que lui donnait la certitude de faire son chemin, gênaient d'autant plus Frédéric Marest que l'esprit le plus mordant appuyait les allures indisciplinées de son jeune subordonné. Le procureur du roi, homme de quarante ans, qui, sous la Restauration, avait mis six ans à devenir premier substitut, et que la Révolution de Juillet oubliait au parquet d'Arcis, quoiqu'il eût dix-huit mille francs de rente, se trouvait perpétuellement pris entre le désir de se concilier les bonnes grâces d'un procureur général susceptible d'être garde des sceaux tout comme tant d'avocats députés, et la nécessité de garder sa dignité.

Olivier Vinet, mince et fluet, blond, à la figure fade relevée par deux yeux verts pleins de malice, était de ces jeunes gens railleurs, portés au plaisir, qui savent reprendre l'air gourmé, rogue et pédant dont s'arment les magistrats une fois sur leur siége. Le grand, gros, épais et grave procureur du roi venait d'inventer depuis quelques jours un système au moyen duquel il se tirait d'affaires avec le désespérant Vinet, il le traitait comme un père traite un enfant gâté.

— Olivier, répondit-il à son substitut en lui frappant sur l'épaule, un homme qui a autant de portée que vous doit penser que maître Giguet peut devenir député. Vous eussiez dit votre mot tout aussi bien devant des gens d'Arcis qu'entre amis.

— Il a quelque chose contre Giguet, dit alors M. Martener.

Ce bon jeune homme, assez lourd, mais plein de capacité, fils d'un médecin de Provins, devait sa place au procureur généra Vinet, qui fut pendant longtemps avocat à Provins, et qui protégeait les gens de Provins comme le comte de Gondreville protégeait ceux d'Arcis. (Voir *Pierrette*.)

— Quoi? fit Antonin.

— Le patriotisme du clocher est terrible contre un homme qu'on impose à des électeurs, reprit le juge ; mais quand il s'agira pour les bonnes gens d'Arcis d'élever un de leurs égaux, la jalousie, l'envie, seront plus fortes que le patriotisme.

— C'est bien simple, dit le procureur du roi, mais c'est bien vrai... Si vous pouvez réunir cinquante voix ministérielles, vous vous trouverez vraisemblablement le maître des élections ici, ajouta-t-il en regardant Antonin Goulard.

— Il suffit d'opposer un candidat du même genre à Simon Giguet, dit Olivier Vinet.

Le sous-préfet laissa percer sur sa figure un mouvement de satisfaction qui ne pouvait échapper à aucun de ses trois compagnons, avec lesquels il s'entendait d'ailleurs très bien. Garçons tous les quatre, tous assez riches, ils avaient formé sans aucune prémédiration une alliance pour échapper aux ennuis de la province. Les trois fonctionnaires avaient d'ailleurs remarqué déjà l'espèce de jalousie que Giguet inspirait à Goulard, et qu'une notice sur leurs antécédents fera comprendre.

Fils d'un ancien piqueur de la maison de Simeuse, enrichi par un achat de biens nationaux, Antonin Goulard était, comme Simon Giguet, un enfant d'Arcis. Le vieux Goulard son père quitta l'abbaye du Valpreux (corruption du Val des Preux) pour habiter Arcis après la mort de sa femme, et il envoya son fils Antonin au lycée impérial, où le colonel Giguet avait déjà mis son fils Simon. Les deux compatriotes, après s'être trouvés camarades de collège, firent à Paris leur droit ensemble, et leur amitié s'y continua dans les amusements de la jeunesse. Ils se promirent de s'aider l'un l'autre à parvenir en se trouvant tous deux dans des carrières différentes. Mais le sort voulut qu'ils devinssent rivaux. Malgré ses avantages assez positifs, malgré la croix de la Légion d'honneur que le comte de Gondreville, à défaut d'avancement, avait fait obtenir à Goulard et qui fleurissait sa boutonnière, l'offre de son cœur et de sa position avait été honnêtement rejetée, quand six mois avant le jour où cette histoire commence, Antonin s'était présenté lui-même secrètement à madame Beauvisage.

Aucune démarche de ce genre n'est secrète en province. Le procureur du roi, Frédéric Marest, dont la fortune, la boutonnière, la position étaient égales à celles d'Antonin Goulard, avait essuyé, trois ans auparavant, un refus motivé sur la différence des âges.

Aussi le sous-préfet et le procureur du roi se renfermaient-ils dans les bornes d'une exacte politesse avec les Beauvisage, et se moquaient d'eux en petit comité. Tous deux, en se promenant, ils venaient de deviner et de se communiquer le secret de la candidature de Simon Giguet, car ils avaient compris, la veille, les espérances de madame Marion. Possédés l'un et l'autre du sentiment qui anime le *chien du jardinier*, ils étaient pleins d'une secrète bonne volonté pour empêcher l'avocat d'épouser la riche héritière dont la main leur avait été refusée.

— Dieu veuille que je sois le maître des élections, reprit le sous-préfet, et que le comte de Gondreville me fasse nommer préfet, car je n'ai pas plus envie que vous de rester ici, quoique je sois d'Arcis.

— Vous avez une belle occasion de vous faire nommer député, mon cher, dit Olivier Vinet à Marest... Venez voir mon père, qui sans doute arrivera dans quelques heures à Provins, et nous lui demanderons de vous faire prendre pour candidat ministériel...

— Restez ici, reprit Antonin, le ministère a des vues sur la candidature d'Arcis...

— Ah! bah! Mais il y a deux ministères : celui qui croit faire les élections, et celui qui croit en profiter, dit Vinet.

— Ne compliquons pas les embarras d'Antonin, répondit Frédéric Marest en faisant un clignement d'yeux à son substitut.

Les quatre magistrats, alors arrivés bien au delà de l'avenue des Soupirs, sur la place, s'avancèrent jusque devant l'auberge du *Mulet*, en voyant venir Poupart qui sortait de chez madame Marion. En ce moment, la porte cochère de la maison vomissait les soixante-sept conspirateurs.

— Vous êtes donc allé dans cette maison? lui dit Antonin Goulard en lui montrant les murs du jardin Marion qui bordent la route de Brienne en face des écuries du *Mulet*.

— Je n'y retournerai plus, monsieur le sous-préfet, répondit l'aubergiste : le fils de M. Keller est mort, je n'ai plus rien à faire. Dieu s'est chargé de faire la place nette...

— Hé bien! Pigoult?... fit Olivier Vinet en voyant venir toute l'opposition de l'assemblée Marion.

— Eh bien! répondit le notaire sur le front de qui la sueur non séchée témoignait de ses efforts, Sinot est venu nous apprendre une nouvelle qui les a mis tous d'accord! A l'exception de cinq dissidents : Poupart, mon grand-père, Mollot, Sinot et moi, tous ont juré, comme au Jeu de Paume, d'employer leurs moyens au triomphe de Simon Giguet, de qui je me suis fait un ennemi mortel. Oh! nous nous étions bien échauffés! J'ai toujours amené les Giguet à fulminer contre les Gondreville! Ainsi, le vieux comte sera de mon côté. Pas plus tard que demain, il saura tout ce que les soi-disant patriotes d'Arcis ont dit de lui, de sa corruption, de ses infamies, pour se soustraire à sa protection, ou, selon eux, à son joug.

— Ils sont unanimes, dit en souriant Olivier Vinet.

— Aujourd'hui, répondit M. Martener.

— Oh! s'écria Pigoult, le sentiment général des électeurs est de nommer un homme du pays. Qui voulez-vous opposer à Simon Giguet? un homme qui vient de passer deux heures à expliquer le mot *Progrès!*...

— Nous trouverons le vieux Grévin! s'écria le sous-préfet.

— Il est sans ambition, répondit Pigoult ; mais il faut avant tou consulter le comte de Gondreville. Tenez, voyez, ajouta-t-il, avec quels soins Simon reconduit cette ganache dorée de Beauvisage. Et il montrait l'avocat qui tenait le maire par le bras et lui parlait à l'oreille. Beauvisage saluait à droite et à gauche tous les habitants, qui le regardaient avec la déférence que les gens de la province témoignent à l'homme le plus riche de leur ville.

— Il le soigne comme père et maire ! répliqua Vinet.

— Oh ! il aura beau le papelarder, répondit Pigoult qui saisit la pensée cachée dans le calembour du substitut, la main de Cécile ne dépend ni du père ni de la mère.

— Et de qui donc ?...

— De mon ancien patron. Simon serait nommé député d'Arcis, il n'aurait pas ville gagnée...

Quoi que le sous-préfet et Frédéric Marest pussent dire à Pigoult, il refusa d'expliquer cette exclamation qui leur avait justement paru grosse d'événements, et qui révélait une certaine connaissance des projets de la famille Beauvisage.

Tout Arcis était en mouvement, non-seulement à cause de la fatale nouvelle qui venait d'atteindre la famille Gondreville, mais encore à cause de la grande résolution prise chez les Giguet où, dans ce moment, les trois domestiques et madame Marion travaillaient à tout remettre en état pour être en mesure de recevoir pendant la soirée leurs habitués, que la curiosité devait attirer au grand complet.

VI. — LA CAMPAGNE DE 1844 AU POINT DE VUE DE LA BONNETERIE.

La Champagne a l'apparence d'un pays pauvre et n'est qu'un pauvre pays. Son aspect est généralement triste, la campagne y est plate. Si vous traversez les villages et même les villes, vous n'apercevez que de méchantes constructions en bois ou en pisé ; les plus luxueuses sont de briques. La pierre y est à peine employée pour les établissements publics. Aussi le château, le palais de justice d'Arcis, l'église, sont-ils les seuls édifices bâtis de pierre. Néanmoins la Champagne, ou, si vous voulez, les départements de l'Aube, de la Marne et de la Haute-Marne, déjà richement dotés de ces vignobles dont la renommée est universelle, sont encore pleins d'industries florissantes.

Sans parler des manufactures de Reims, presque toute la bonneterie de France, commerce considérable, se fabrique autour de Troyes. La campagne, dans un rayon de dix lieues, est couverte d'ouvriers dont les métiers s'aperçoivent par les portes ouvertes quand on passe dans les villages. Ces ouvriers correspondent à des facteurs, lesquels aboutissent à un spéculateur appelé fabricant. Ce fabricant traite avec des maisons de Paris ou souvent avec de simples bonnetiers au détail qui, les uns et les autres, ont une enseigne où se lisent ces mots : *Fabrique de bonneteries*. Ni les uns ni les autres ne font un bas, ni un bonnet, ni une chaussette. La bonneterie vient de la Champagne en grande partie, car il existe à Paris des ouvriers qui rivalisent avec les Champenois. Cet intermédiaire entre le producteur et le consommateur n'est pas une plaie particulière à la bonneterie. Il existe dans la plupart des commerces, et renchérit la marchandise de tout le bénéfice exigé par l'entrepositaire. Abattre ces consolis coûteuses qui nuisent à la vente des produits, serait une entreprise grandiose qui, par ses résultats, arriverait à la hauteur d'une œuvre politique. En effet, l'industrie tout entière y gagnerait, en établissant à l'intérieur ce bon marché si nécessaire à l'extérieur pour soutenir victorieusement la guerre industrielle avec l'étranger ; bataille tout aussi meurtrière que celle des armes.

Mais la destruction d'un abus de ce genre ne rapporterait pas aux philanthropes modernes la gloire et les avantages d'une polémique soutenue pour les noix creuses de la négrophilie ou du système pénitentiaire ; aussi le commerce interlope de ces *banquiers de marchandises* continuera-t-il à peser pendant longtemps et sur la production et sur la consommation. En France, dans ce pays si spirituel, il semble que simplifier ce soit détruire. La révolution de 1789 y fait encore peur.

On voit, par l'énergie industrielle que déploie un pays pour qui la nature est marâtre, quels progrès y ferait l'agriculture si l'argent consentait à commanditer le sol, qui n'est pas plus ingrat dans la Champagne qu'il l'est en Écosse, où les capitaux ont produit des merveilles. Aussi le jour où l'agriculturel aura vaincu les portions infertiles de ces départements ; quand l'industrie aura semé quelques capitaux sur la craie champenoise, la prospérité triplera-t-elle. En effet, le pays est sans luxe, les habitations y sont dénuées ; le confort des Anglais y pénétrera, l'argent y prendra cette rapide circulation qui est la moitié de la richesse, et qui commence dans beaucoup de contrées inertes de la France.

Les écrivains, les administrateurs, l'Église du haut de ses chaires, la Presse du haut de ses colonnes, tous ceux à qui le hasard donne le pouvoir d'influer sur les masses, doivent le dire et le redire : thésauriser est un crime social. L'économie intelligente de la province arrête la vie du corps industriel et gêne la santé de la nation.

Ainsi, la petite ville d'Arcis, sans transit, sans passage, en apparence vouée à l'immobilité la plus complète, est, relativement, une ville riche et pleine de capitaux lentement amassés dans l'industrie de la bonneterie.

M. Philéas Beauvisage était l'Alexandre, ou, si vous voulez, l'Attila de cette partie. Voici comment cet honorable industriel avait conquis sa suprématie sur le coton. Resté le seul enfant des Beauvisage, anciens fermiers de la magnifique ferme de Bellache, dépendant de la terre de Gondreville, ses parents firent en 1811 un sacrifice pour le sauver de la conscription, en achetant un homme. Depuis, la mère Beauvisage, devenue veuve, avait en 1813 encore soustrait son fils unique à l'enrôlement des Gardes d'Honneur, grâce au crédit du comte de Gondreville. En 1813, Philéas, âgé de vingt et un ans, s'était déjà voué depuis trois ans au commerce pacifique de la bonneterie. En se trouvant alors à la fin du bail de Bellache, la vieille fermière refusa de le continuer. Elle se voyait en effet assez d'ouvrage pour ses vieux jours à faire valoir ses biens. Pour que rien ne troublât sa vieillesse, elle voulut procéder chez M. Grévin, le notaire d'Arcis, à la liquidation de la succession de son mari, quoique son fils ne lui demandât aucun compte ; il en résulta qu'elle lui devait cent cinquante mille francs environ. La bonne femme ne vendit point ses terres, dont la plus grande partie provenait du malheureux Michu, l'ancien régisseur de la maison de Simeuse ; elle remit la somme en argent à son fils, en l'engageant à traiter de la maison de son patron, M. Pigoult, le fils du vieux juge de paix, dont les affaires étaient devenues si mauvaises, qu'on suspecta, comme on l'a dit déjà, sa mort d'être volontaire. Philéas Beauvisage, garçon sage et plein de respect pour sa mère, eut bientôt conclu l'affaire avec son patron ; et comme il tenait de ses parents la bosse que les phrénologistes appellent l'*acquisivité*, son ardeur de jeunesse se porta sur ce commerce qui lui parut magnifique et qu'il voulut agrandir par la spéculation. Ce prénom de Philéas, qui peut paraître extraordinaire, est une des mille bizarreries dues à la Révolution. Attachés à la famille Simeuse, et conséquemment bon catholiques, les Beauvisage avaient voulu faire baptiser leur enfant. Le curé de Cinq-Cygne, l'abbé Goujet, consulté par les fermiers, leur conseilla de donner à leur fils Philéas pour patron, un saint dont le nom grec satisferait la municipalité; car cet enfant naquit à une époque où les enfants s'inscrivaient à l'état civil sous les noms bizarres du calendrier républicain.

En 1814, la bonneterie, commerce peu chanceux en temps ordinaires, était soumise à toutes les variations des prix du coton. Le prix du coton dépendait du triomphe ou de la défaite de l'empereur Napoléon dont les adversaires, les généraux anglais, disaient en Espagne : — La ville est prise, faites avancer les ballots...

Pigoult, l'ex-patron du jeune Philéas, fournissait la matière première à ses ouvriers dans les campagnes. Au moment où il vendit sa maison de commerce au fils Beauvisage, il possédait une forte partie de cotons achetés en pleine hausse, tandis que de Lisbonne on en introduisait des masses dans l'Empire à six sous le kilogramme, en vertu du fameux décret de l'Empereur. La réaction produite en France par l'introduction de ces cotons causa la mort de Pigoult, le père d'Achille, et commença la fortune de Philéas, qui, loin de perdre la tête comme son patron, se fit un prix moyen en achetant du coton à bon marché, en quantité double de celle acquise par son prédécesseur. Cette idée si simple permit à Philéas de tripler la fabrication, de se poser en bienfaiteur des ouvriers, et il put verser ses bonneteries dans Paris et en France, avec des bénéfices, quand les plus heureux vendaient à prix coûtant. Au commencement de 1814, Philéas avait vidé ses magasins. La perspective d'une guerre sur le territoire, et dont les malheurs devaient peser principalement sur la Champagne, le rendit prudent; il ne fit rien fabriquer, et se tint prêt à tout événement avec ses capitaux réalisés en or.

A cette époque, les lignes de Douanes étaient enfoncées. Napoléon n'avait pu se passer de ses trente mille douaniers pour sa lutte sur le territoire. Le coton, introduit par mille trous faits à la haie de nos frontières, se glissait sur tous les marchés de la France. On ne se figure pas combien le coton fut fin et alerte à cette époque, ni avec quelle avidité les Anglais s'emparèrent d'un pays où les bas de coton valaient six francs, et où les chemises de percale étaient un objet de luxe ! Les fabricants du second ordre, les principaux ouvriers, comptant sur le génie de Napoléon, avaient acheté les cotons venus d'Espagne. Ils travaillèrent dans l'espoir de faire la loi plus tard aux négociants de Paris. Philéas observa ces faits. Puis, quand la guerre ravagea la Champagne, il se tint entre l'armée française et Paris. A chaque bataille perdue, il se présentait chez les ouvriers qui avaient enterré leurs produits dans des futailles, les silos de la bonneterie ; puis, l'or à la main, ce cosaque du tricot achetait au-dessous du prix de fabrication, de village en village, les tonneaux de marchandises qui pouvaient du jour au lendemain devenir la proie d'un ennemi dont les pieds avaient autant besoin d'être chaussés que le gosier d'être humecté.

Philéas déploya dans ces circonstances malheureuses une activité presque égale à celle de l'Empereur. Ce général en bonneterie fit commercialement la campagne de 1814 avec un courage ignoré. A une lieue en arrière, là où le général se portait à une lieue en avant, il accaparait des bonnets et des bas de coton dans son succès, là où l'Empereur recueillait dans ses revers des palmes immortelles. Le génie fut égal de part et d'autre, quoiqu'il s'exerçât dans des sphères différentes et que l'un pensât à couvrir les têtes en aussi grand nombre que l'autre en faisait tomber. Obligé de se créer des moyens de transport pour sauver ses tonnes de bonneterie qu'il emmagasina dans un faubourg de Paris, Philéas mit souvent en réquisition des chevaux et des fourgons, comme s'il s'agissait du salut de l'Empire. Mais la majesté du commerce ne valait-elle pas celle de Napoléon ? Les marchands anglais, après avoir soldé l'Europe, n'avaient-ils pas raison du colosse qui menaçait leurs boutiques ?... Au moment où l'Empereur abdiquait à Fontainebleau, Philéas triomphant se trouvait maître de l'article. Il soutint, par suite de ses habiles manœuvres, la dépréciation des cotons, et doubla sa fortune au moment où les plus heureux fabricants étaient ceux qui se défaisaient de leurs marchandises à cinquante pour cent de perte. Il revint à Arcis, riche de trois cent mille francs, dont la moitié, placée sur le Grand-Livre à soixante francs, lui produisit quinze mille livres de rentes. Cent mille francs furent destinés à doubler le capital nécessaire à son commerce. Il employa le reste à bâtir, meubler, orner une belle maison sur la place du Pont, à Arcis.

Au retour du bonnetier triomphant, monsieur Grévin fut naturellement son confident. Le notaire avait alors à marier une fille unique, âgée de vingt ans. Le beau-père de Grévin, qui fut pendant quarante ans médecin d'Arcis, n'était pas encore mort. Grévin, déjà neuf, connaissait la fortune de la mère Beauvisage. Il crut à l'énergie, à la capacité d'un jeune homme assez hardi pour avoir ainsi fait la campagne de 1814. Séverine Grévin avait en dot la fortune de sa mère, soixante mille francs. Que pouvait laisser le vieux bonhomme Varlet à Séverine? tout au plus une pareille somme. Grévin était alors âgé de cinquante ans ; il craignait de mourir ; il ne voyait plus jour, sous la Restauration, à marier sa fille à son goût ; car, pour elle, il avait de l'ambition. Dans ces circonstances, il eut la finesse de se faire demander sa fille en mariage par Philéas.

Séverine Grévin, jeune personne bien élevée, belle, passait alors pour être un des bons partis d'Arcis. D'ailleurs une alliance avec l'ami le plus intime du sénateur, comte de Gondreville, maintenu pair de France, ne pouvait qu'honorer le fils d'un fermier de Gondreville; la veuve Beauvisage eût fait un sacrifice pour l'obtenir ; mais, en apprenant le succès de son fils, elle se dispensa de lui donner une dot, sage réserve qui fut imitée par le notaire. Ainsi fut consommée l'union du fils d'un fermier, jadis si fidèle aux Simeuse, avec la fille d'un de leurs plus cruels ennemis. C'est peut-être la seule application qui se fit du mot de Louis XVIII : *Union et oubli.*

Au second retour des Bourbons, le vieux médecin, monsieur Varlet, mourut à soixante-seize ans, laissant deux cent mille francs en or dans sa cave, outre ses biens évalués à une somme égale. Ainsi Philéas et sa femme eurent, dès 1816, en dehors de leur commerce, trente mille francs de rente; car Grévin voulut placer en immeubles la fortune de sa fille, et Beauvisage ne s'y opposa point. Les sommes recueillies par Séverine Grévin dans la succession de son grand-père donnèrent à peine quinze mille francs de revenu, malgré les belles occasions de placement que rechercha le vieux Grévin.

Ces deux premières années suffirent à madame Beauvisage et à Grévin pour reconnaître la profonde ineptie de Philéas. Le coup d'œil de la rapacité commerciale avait paru l'effet d'une capacité supérieure au vieux notaire, de même qu'il avait pris la jeunesse pour la force, et le bonheur pour le génie des affaires. Mais si Philéas savait lire, écrire et bien compter, jamais il n'avait rien lu. D'une ignorance crasse, on ne pouvait pas avoir avec lui la plus petite conversation, il répondait par un déluge de lieux communs

PHILIAS BEAUVISAGE.

Il souriait toujours à tout le monde. Ses lèvres poupines auraient souri à un enterrement.

agréablement débités. Seulement, en sa qualité de fils de fermier, il ne manquait pas de bon sens commercial. La parole d'autrui devait exprimer des propositions nettes, claires, saisissables, mais il ne rendait jamais la pareille à son adversaire. Philéas, bon et même tendre, pleurait au moindre récit pathétique. Cette bonté lui fit surtout respecter sa femme, dont la supériorité lui causa la plus profonde admiration. Séverine, femme à idées, savait tout, selon Philéas. Puis elle voyait d'autant plus juste, qu'elle consultait son père en toute chose. Enfin elle possédait une grande fermeté qui la rendit chez elle maîtresse absolue. Dès que ce résultat fut obtenu, le vieux notaire eut moins de regret en voyant sa fille heureuse par une domination qui satisfait toujours les femmes de ce caractère ; mais restait la femme ! Voici ce que trouva, dit-on, la femme.

VII. — LA MAISON BEAUVISAGE.

Dans la réaction de 1815 on envoya pour sous-préfet à Arcis un vicomte de Chargebœuf, de la branche pauvre, et qui fut nommé par la protection de la marquise de Cinq-Cygne, à la famille de laquelle il était allié. Ce jeune homme resta sous-préfet pendant cinq ans. La belle madame Beauvisage ne fut pas, dit-on, étrangère au séjour infiniment trop prolongé pour son avancement, que le vicomte fit dans cette sous-préfecture. Néanmoins hâtons-nous de dire que les propos ne furent sanctionnés par aucun de ces scandales qui révèlent en province ces passions si difficiles à cacher aux Argus de petite ville. Si Séverine aima le vicomte de Chargebœuf, si elle fut aimée de lui, ce fut en tout bien, tout honneur, dirent les amis de Grévin et ceux de Marion. Cette double coterie imposa son opinion à tout l'arrondissement ; mais les Marion, les Grévin n'avaient aucune influence sur les royalistes, et les royalistes tinrent le sous-préfet pour très heureux.

Dès que la marquise de Cinq-Cygne apprit ce qui se disait de son parent dans les châteaux, elle le fit venir à Cinq-Cygne ; et telle était son horreur pour tous ceux qui tenaient de loin ou de près aux acteurs du drame judiciaire si fatal à sa famille, qu'elle enjoignit au vicomte de changer de résidence. Elle obtint la nomination de son cousin à la sous-préfecture de Sancerre, en lui promettant une préfecture. Quelques fins observateurs prétendirent que le vicomte avait joué la passion pour devenir préfet, car il connaissait la haine de la marquise pour le nom de Grévin. D'autres remarquèrent des coïncidences entre les apparitions du vicomte de Chargebœuf à Paris et les voyages qu'y faisait madame Beauvisage, sous les prétextes les plus frivoles.

Un historien impartial serait fort embarrassé d'avoir une opinion sur des faits ensevelis dans les mystères de la vie privée. Une seule circonstance a paru donner gain de cause à la médisance. Cécile-Renée Beauvisage était née en 1820, au moment où M. de Chargebœuf quitta sa sous-préfecture, et parmi les noms de l'heureux sous-préfet se trouve celui de René. Ce nom fut donné par le comte de Gondreville, parrain de Cécile. Si la mère s'était opposée à ce que sa fille reçût ce nom, elle aurait en quelque sorte confirmé les soupçons. Comme le monde veut toujours avoir raison, ceci passa pour une malice du vieux pair de France. Madame Keller, fille du comte, et qui avait nom Cécile, était la marraine. Quant à la ressemblance de Cécile-Renée Beauvisage, elle est frappante! Cette jeune personne ne ressemble ni à son père ni à sa mère: et, avec le temps, elle est devenue le portrait vivant du vicomte dont elle a pris les manières aristocratiques. Cette double ressemblance morale et physique ne put jamais être remarquée par les gens d'Arcis, où le vicomte ne revint plus.

Séverine rendit d'ailleurs Philéas heureux à sa manière. Il aimait la bonne chère et les choses aisées de la vie; elle eut pour lui les vins les plus exquis, une table digne d'un évêque et entretenue par la meilleure cuisinière du département, mais sans afficher aucun luxe, car elle maintint sa maison dans les conditions de la vie bourgeoise d'Arcis. Le proverbe d'Arcis est qu'il faut dîner chez madame Beauvisage et passer la soirée chez madame Marion.

La prépondérance que la Restauration donnait à la maison de Cinq-Cygne, dans l'arrondissement d'Arcis, avait naturellement resserré les liens entre toutes les familles du pays qui touchèrent au procès criminel fait à propos de l'enlèvement de Gondreville. Les Marion, les Grévin, les Giguet, furent d'autant plus unis, que le triomphe de leur opinion dite *constitutionnelle* aux élections exigeait une harmonie parfaite.

Par calcul, Séverine occupa Beauvisage au commerce de la bonneterie, auquel tout autre que lui aurait pu renoncer; elle l'envoyait à Paris, dans les campagnes, pour ses affaires. Aussi, jusqu'en 1830,

Philéas, qui trouvait à exercer ainsi sa bosse de l'acquisivité, gagna-t-il chaque année une somme équivalente à celle de ses dépenses, outre l'intérêt de ses capitaux, en faisant son métier en *pantoufles*, pour employer une expression proverbiale. Les intérêts et la fortune de M. et Mme Beauvisage, capitalisés depuis quinze ans par les soins de Grévin, devaient donc donner cinq cent mille francs en 1830. Telle était, en effet, à cette époque, la dote de Cécile, que le vieux notaire fit placer en trois pour cent à cinquante francs, ce qui produisit trente mille livres de rentes. Ainsi personne ne se trompait dans l'appréciation de la fortune des Beauvisage, alors évaluée à quatre-vingt mille francs de rentes. Depuis 1830, ils avaient vendu leur commerce de bonneterie à Jean Violette, un de leurs facteurs, petit-fils d'un des principaux témoins à charge dans l'affaire Simeuse. M. et Mme Beauvisage avaient encore en perspective les deux successions vieux Grévin et de la vieille fermière Beauvisage, estimées chacune de entre quinze et vingt mille francs de rentes. Les grandes fortunes de la province sont le produit du temps multiplié par l'économie. Trente ans de vieillesse y sont toujours un capital.

En donnant à Cécile-Renée cinquante mille francs de rentes en dot, M. et Mme Beauvisage conservaient encore pour eux ces deux successions, trente mille livres de rentes et leur maison d'Arcis. Une fois la marquise de Cinq-Cygne morte, Cécile pouvait assurément épouser le jeune marquis ; mais la santé de cette femme, encore forte et presque belle à soixante ans, tuait cette espérance, si toutefois elle était entrée au cœur de Grévin et de sa fille, comme le prétendaient quelques gens, étonnés des refus essuyés par des gens aussi convenables que le sous-préfet et le procureur du roi.

La maison Beauvisage, une des plus belles d'Arcis, est située sur la place du Pont, dans l'alignement de la rue Vide-Bourse, à l'angle de la rue du Pont qui monte jusqu'à la place de l'Église. Quoique sans cour ni jardin, comme beaucoup de maisons de province, elle y produit un certain effet, malgré des ornements de mauvais goût. La porte bâtarde, mais à deux vantaux, donne sur la place. Les croisées du rez-de-chaussée ont sur la rue la vue de l'auberge de la poste, et sur la place celle du paysage assez pittoresque de l'Aube, dont la navigation commence en aval du pont. Au delà du pont, se trouve une autre petite place, sur laquelle demeure M. Grévin et où commence la route de Sézanne. Sur la rue comme sur la place, la maison Beauvisage, soigneusement peinte en blanc, a l'air d'avoir été bâtie de pierre. La hauteur des persiennes, les moulures extérieures des croisées, tout contribue à donner à cette maison une certaine tournure, que rehausse l'aspect généralement misérable des maisons d'Arcis, construites presque toutes en bois, et couvertes d'un enduit à l'aide duquel on simule la solidité de la pierre. Néanmoins ces maisons ne manquent pas d'une certaine naïveté, par cela même que chaque architecte ou chaque bourgeois s'est ingénié pour résoudre le problème que présente ce mode de bâtisse. On voit, sur chacune des places qui se trouvent de l'un et de l'autre côté du pont, un modèle de ces édifices champenois.

Au milieu de la rangée de maisons située sur la place, à gauche de la maison Beauvisage, on aperçoit, peinte en couleur lie de vin et les bois peints en vert, la frêle boutique de Jean Violette, petit-fils du fameux fermier de Grouage, un des témoins principaux dans l'affaire de l'enlèvement du sénateur, à qui, depuis 1830, Beauvisage avait cédé son fonds de commerce, ses relations, et à qui, dit-on, il prêtait des capitaux.

Le pont d'Arcis est de bois. A cent mètres de ce pont, en remontant l'Aube, la rivière est barrée par un autre pont sur lequel s'élèvent les hautes constructions en bois d'un moulin à plusieurs tournants. Cet espace entre le pont public et le pont particulier forme un grand bassin, sur les rives duquel sont assises de grandes maisons. Par une échancrure et au-dessus des toits, on aperçoit l'éminence sur laquelle sont assis le château d'Arcis, ses jardins, son parc, ses murs de clôture, ses arbres qui dominent le cours supérieur de l'Aube et les maigres prairies de la rive gauche.

Le bruit de l'Aube, qui s'échappe au delà de la chaussée des moulins par-dessus le barrage, la musique des roues contre lesquelles l'eau fouettée retombe dans le bassin en y produisant des cascades, animent la rue du Pont et contrastent avec la tranquillité de la rivière, qui coule en aval entre le jardin de M. Grévin, dont la maison se trouve au coin du pont sur la rive gauche, et le port où, sur la rive droite, les bateaux déchargent leurs marchandises devant une rangée de maisons assez pauvres, mais pittoresques. L'Aube serpente dans le lointain entre des arbres épars ou serrés, grands ou petits, de divers feuillages, au gré des caprices des riverains.

La physionomie des maisons est si variée, qu'un voyageur y trouverait un spécimen des maisons de tous les pays. Ainsi, au nord, sur le bord du bassin, dans les eaux duquel s'ébattent des canards, il y a une maison quasi méridionale, dont le toit plie sous la tuilerie à gouttières en usage dans l'Italie ; elle est flanquée d'un jardinet soutenu par un coin de quai, dans lequel il s'élève des vignes, une treille et deux ou trois arbres. Elle rappelle quelques détails de Rome où, sur la rive du Tibre, quelques maisons offrent des aspects semblables. En face, sur l'autre bord, est une grande maison à toit avancé avec des galeries qui ressemblent à une maison suisse. Pour compléter l'illusion, entre cette construction et le déversoir, on aperçoit une vaste prairie ornée de ses peupliers et que traverse une petite route sablonneuse. Enfin, les constructions du château qui paraît entouré de maisons si frêles, d'autant plus imposant, représentent les splendeurs de l'aristocratie française.

Quoique les deux places du pont soient coupées par le chemin de Sézanne, une affreuse chaussée en mauvais état, et qu'elles soient l'endroit le plus vivant de la ville, car la justice de paix et la mairie d'Arcis sont situées rue Vide-Bourse, un Parisien trouverait ce lieu prodigieusement champêtre et solitaire. Ce paysage a tant de naïveté que, sur la place du Pont, en face de l'auberge de la Poste, vous voyez une pompe de ferme : pendant un demi-siècle on a pu en admirer une à peu près semblable dans la splendide cour du Louvre !

Rien n'explique mieux la vie de province que le silence profond dans lequel est ensevelie cette petite ville et qui règne dans son endroit le plus vivant. On doit facilement imaginer combien la présence d'un étranger, n'y passât-il qu'une demi-journée, y est inquiétante, avec quelle attention des visages se penchent à toutes les croisées pour l'observer, et dans quel état d'espionnage les habitants vivent les uns envers les autres. La vie y devient si conventuelle, qu'à l'exception des dimanches et jours de fêtes, un étranger ne rencontre personne sur les boulevards, ni dans l'avenue des Soupirs, nulle part, pas même par les rues. Chacun peut comprendre maintenant pourquoi le rez-de-chaussée de la maison Beauvisage était de plainpied avec la rue et la place. La place y servait de cour. En se mettant à sa fenêtre, l'ancien bonnetier pouvait embrasser en enfilade la place de l'Église, les deux places du pont, et le chemin de Sézanne. Il voyait arriver les messagers et les voyageurs à l'auberge de la Poste. Enfin il apercevait, les jours d'audience, le mouvement de la justice de paix et celui de la mairie. Aussi Beauvisage n'aurait pas troqué sa maison contre le château, malgré son air seigneurial, ses pierres de taille et sa superbe situation.

VIII. — OÙ PARAIT LA DOT, UNE DES HÉROÏNES DE CETTE HISTOIRE.

En entrant chez Beauvisage, on trouvait devant soi un péristyle où se développait au fond un escalier. A droite, on entrait dans un vaste salon dont les deux fenêtres donnaient sur la place, et à gauche dans une belle salle à manger dont les fenêtres voyaient sur la rue. Le premier étage servait à l'habitation.

Malgré la fortune de Beauvisage, le personnel de leur maison se composait de la cuisinière et d'une femme de chambre, espèce de paysanne qui savonnait, repassait, frottait plus souvent qu'elle n'habillait madame et mademoiselle, habituées à se servir l'une l'autre pour employer le temps. Depuis la vente du fonds de bonneterie, le cheval et le cabriolet de Philéas, logés à l'hôtel de la Poste, avaient été supprimés et vendus.

Au moment où Philéas rentra chez lui, sa femme, qui avait appris la résolution de l'assemblée Giguet, avait mis ses bottines et son châle pour aller chez son père, car elle devinait bien que, le soir, madame Marion lui ferait quelques ouvertures relativement à Cécile pour Simon. Après avoir appris à sa femme la mort de Charles Keller, il lui demanda naïvement son avis par un : — Que dis-tu de cela, ma femme ? — qui peignait son habitude de respecter l'opinion de Séverine en toute chose. Puis il s'assit sur un fauteuil et attendit une réponse.

En 1839, madame Beauvisage, alors âgée de quarante-quatre ans, était si bien conservée, qu'elle aurait pu doubler mademoiselle Mars. En se rappelant la plus charmante Célimène que le Théâtre-Français ait eue, on se fera une idée exacte de la physionomie de Séverine Grévin. C'était la même richesse de formes, la même beauté de visage, la même netteté de contours; mais la femme du bonnetier avait une petite taille qui lui ôtait cette grâce noble, cette coquetterie à la Sévigné par lesquelles la grande actrice se recommande au souvenir des hommes qui ont vu l'Empire et la Restauration.

La vie de province et la mise un peu négligée à laquelle Séverine se laissait aller depuis dix ans donnaient je ne sais quoi de commun à ce beau profil, à ces beaux traits, et l'embonpoint avait détruit ce corps magnifique pendant les douze premières années de mariage. Mais Séverine rachetait ses imperfections par un regard souverain, superbe, impérieux et par une certaine attitude de tête pleine de fierté. Ses cheveux encore noirs, longs et fournis, relevés en hautes tresses sur la tête, lui prêtaient un air jeune. Elle avait une poitrine et des épaules de neige, mais tout cela rebondi, plein, de manière à gêner le mouvement du cou, devenu trop court. Au bout de ses gros bras potelés pendait une jolie petite main trop grasse. Elle était enfin accablée de tant de vie et de santé, que par-dessus ses souliers, la chair, quoique contenue, formait un léger bourrelet. Deux anneaux de nuit, d'une valeur de mille écus chacun, ornaient ses oreilles. Elle portait un bonnet de dentelles à nœuds roses, une robe-redingote de mousseline de laine à raies alternativement roses et gris de lin, bordée de lisérés verts, qui s'ouvrait par en bas pour laisser voir un jupon garni d'une petite valenciennes, et un châle de cachemire vert à palmes dont la pointe traînait jusqu'à terre. Ses pieds ne paraissaient pas à l'aise dans ses brodequins de peau bronzée.

— Vous n'avez pas tellement faim, dit-elle en jetant les yeux sur Beauvisage, que vous ne puissiez attendre une demi-heure. Mon père a fini de dîner, et je ne peux pas manger en repos, sans avoir su ce qu'il pense et si nous devons aller à Gondreville.

— Va, va, ma bonne, je t'attendrai, dit le bonnetier.

— Mon Dieu, je ne vous déshabituerai donc jamais de me tutoyer? dit-elle en faisant un geste d'épaules assez significatif.

— Jamais cela ne m'est arrivé devant le monde depuis 1817, dit Philéas.

— Cela vous arrive constamment devant les domestiques et devant votre fille.

— Comme vous voudrez, Séverine, répondit tristement Beauvisage.

— Surtout, ne dites pas un mot à Cécile de cette détermination des électeurs, ajouta madame Beauvisage qui se mirait dans la glace en arrangeant son châle.

— Veux-tu que j'aille avec toi chez ton père? demanda Philéas.

— Non, restez avec Cécile. D'ailleurs, Jean Violette ne doit-il pas vous payer aujourd'hui le reste de son prix? Il va venir vous apporter ses vingt mille francs. Voilà trois fois qu'il nous remet à trois mois ; ne lui accordez plus de délais ; et s'il n'est pas en mesure, allez porter son billet à Courtet, l'huissier : soyons en règle, prenez jugement. Achille Pigoult vous dira comment faire pour toucher notre argent. Ce Violette est bien le digne petit-fils de son grand-père ! je le crois capable de s'enrichir par une faillite : il n'a ni foi ni loi.

— Il est bien intelligent, dit Beauvisage.

— Vous lui avez donné pour trente mille francs une clientèle et un établissement qui, certes, en valaient cinquante mille, et en huit ans il ne vous a payé que dix mille francs...

— Je n'ai jamais poursuivi personne, répondit Beauvisage, et j'aime mieux perdre mon argent que de tourmenter un pauvre homme...

— Un homme qui se moque de vous !

Beauvisage resta muet. Ne trouvant rien à répondre à cette observation cruelle, il regarda les planches qui formaient le parquet du salon. Peut-être l'abolition progressive de l'intelligence et de la volonté de Beauvisage s'expliquerait-elle par l'abus du sommeil. Couché tous les soirs à huit heures et levé le lendemain à huit heures, il dormait depuis vingt ans ses douze heures sans jamais s'être réveillé la nuit, ou, si ce grave événement arrivait, c'était pour lui le fait le plus extraordinaire : il passait à sa toilette une heure environ, car sa femme l'avait habitué à ne se présenter devant elle, au déjeuner, que rasé, propre et habillé. Quand il était dans le commerce, il partait après le déjeuner, il allait à ses affaires, et ne revenait que pour le dîner. Depuis 1832, il avait remplacé les courses d'affaires par une visite à son beau-père, et par une promenade, ou par des visites en ville. En tout temps il portait des bottes, un pantalon de drap bleu, un gilet blanc et un habit bleu, tenue encore exigée par sa femme. Son linge se recommandait par une blancheur et une finesse d'autant plus remarquée que Séverine l'obligeait à en changer tous les jours. Ces soins pour son extérieur, si rarement pris en province, contribuaient à le faire considérer dans Arcis comme on considère à Paris un homme élégant.

A l'extérieur, ce digne et grave marchand de bonnets de coton paraissait donc un personnage ; car sa femme était assez spirituelle pour n'avoir jamais dit une parole qui mît le public d'Arcis dans la confidence de son désappointement et dans la nullité de son mari, qui, grâce à ses sourires, à ses phrases obséquieuses et à sa tenue d'homme riche, passait pour un des hommes les plus considérables. On disait que Séverine en était si jalouse, qu'elle l'empêchait d'aller en soirée ; tandis que Philéas broyait les roses et les lis sur son teint par la pesanteur d'un heureux sommeil.

Beauvisage qui vivait selon ses goûts, choyé par sa femme, bien servi par ses deux domestiques, cajolé par sa fille, se disait l'homme le plus heureux d'Arcis, et il l'était. Le sentiment de Séverine pour cet homme nul n'allait pas sans la pitié protectrice de la mère pour ses enfants. Elle déguisait la dureté des paroles qu'elle était obligée de lui dire, sous un air de plaisanterie. Aucun ménage n'était plus calme, et l'aversion que Philéas avait pour le monde, où il s'endormait, où il ne pouvait pas jouer, ne sachant aucun jeu de cartes, avait rendu Séverine entièrement maîtresse de ses soirées.

L'arrivée de Cécile mit un terme à l'embarras de Philéas, qui s'écria : — Comme te voilà belle !

Madame Beauvisage se retourna brusquement et jeta sur sa fille un regard perçant qui la fit rougir.

— Ah ! Cécile, qui vous a dit de faire une pareille toilette ?... demanda la mère.

— N'irons-nous pas ce soir chez madame Marion ? Je me suis habillée pour voir comment m'allait ma nouvelle robe.

— Cécile ! Cécile ! fit Séverine, pourquoi vouloir tromper votre mère ?... Ce n'est pas bien, je ne suis pas contente de vous, vous voulez me cacher quelque pensée...

— Qu'a-t-elle donc fait ? demanda Beauvisage, enchanté de voir sa fille si pimpante.

— Ce qu'elle a fait ? je le lui dirai !... fit madame Beauvisage en menaçant du doigt sa fille unique.

Cécile se jeta au cou de sa mère, l'embrassa, la cajola, ce qui, pour les filles uniques, est une manière d'avoir raison.

Cécile Beauvisage, jeune personne de dix-neuf ans, venait de mettre une robe de soie gris de lin, garnie de brandebourgs en gris plus foncé, et qui figurait par devant une redingote. Le corsage à guimpe, orné de boutons et de jokeys, se terminait en pointe par devant, et se laçait par derrière comme un corset. Ce faux corset dessinait parfaitement le dos, les hanches et le buste. La jupe, garnie de trois rangs d'effilés, faisait des plis charmants, et annonçait par sa coupe et sa façon la science d'une couturière de Paris. Un joli fichu, garni de dentelle, retombait sur le corsage. L'héritière avait autour du cou un petit foulard rose noué très élégamment, et sur la tête un chapeau de paille orné d'une rose mousseuse. Ses mains étaient gantées de mitaines de filet noir. Elle était chaussée de brodequins de peau bronzée; enfin, excepté son petit air endimanché, cette tournure de figurine, dessinée dans les journaux de mode, devait ravir le père et la mère de Cécile. Cécile était d'ailleurs bien faite, d'une taille moyenne et parfaitement proportionnée. Elle avait tressé ses cheveux châtains selon la mode de 1839, en deux grosses nattes qui lui accompagnaient le visage et se rattachaient derrière la tête. Sa figure pleine de santé, d'un ovale distingué, se recommandait par cet air aristocratique qu'elle ne tenait ni de son père ni de sa mère. Ses yeux, d'un brun clair, étaient entièrement dépourvus de cette expression douce, calme et presque mélancolique, si naturelle aux jeunes filles.

Vive, animée, bien portante, Cécile gâtait, par une sorte de positif bourgeois, et par la liberté de manières que prennent les enfants gâtés, tout ce que sa physionomie avait de romanesque. Néanmoins un mari capable de refaire son éducation et d'y effacer les traces de la vie de province pouvait encore extraire de ce bloc une femme charmante. En effet, l'orgueil que Séverine mettait en sa fille avait contre-balancé les effets de sa tendresse. Madame Beauvisage avait eu le courage de bien élever sa fille; elle s'était habituée avec elle à une fausse sévérité qui lui permit de se faire obéir et de réprimer le peu de mal qui se trouvait dans cette âme. La mère et la fille ne s'étaient jamais quittées; ainsi Cécile avait, ce qui chez les jeunes filles est plus rare qu'on ne le pense, une pureté de pensée, une fraîcheur de cœur, une naïveté réelles, entières et parfaites.

— Votre toilette me donne à penser, dit madame Beauvisage : Simon Giguet vous aurait-il dit quelque chose hier que vous m'auriez caché?

— Eh bien! dit Philéas, un homme qui va recevoir le mandat de ses concitoyens...

— Ma chère maman, dit Cécile à l'oreille de sa mère, il m'ennuie; mais il n'y a plus que lui pour moi dans Arcis.

— Tu l'as bien jugé : mais attends que ton grand-père ait prononcé, dit madame Beauvisage en embrassant sa fille, dont la réponse annonçait un grand sens tout en révélant une brèche faite danss on innocence par l'idée du mariage.

IX. — HISTOIRE DE DEUX MALINS.

La maison de Grévin, située sur la rive droite de l'Aube, et qui fait le coin de la petite place d'au delà le pont, est une des plus vieilles maisons d'Arcis. Aussi est-elle bâtie de bois, et les intervalles de ces murs si légers sont-ils remplis de cailloux; mais elle est revêtue d'une couche de mortier lissé à la truelle et peint en gris. Malgré ce fard coquet, elle n'en paraît pas moins être une maison de cartes.

Le jardin, situé le long de l'Aube, est protégé par un mur de terrasse couronné de pots de fleurs. Cette humble maison, dont les croisées ont des contrevents solides peints en gris comme le mur, est garnie d'un mobilier en harmonie avec la simplicité de l'extérieur. En entrant, on apercevait, dans une petite cour cailloutée, les treillages verts qui servaient de clôture au jardin. Au rez-de-chaussée, l'ancienne étude, convertie en salon, et dont les fenêtres donnent sur la rivière et sur la place, est meublée de vieux meubles en velours d'Utrecht vert, excessivement passé. L'ancien cabinet est devenu la salle à manger du notaire retiré. Là tout annonce un vieillard profondément philosophe, et une de ces vies qui se sont écoulées comme coule l'eau des ruisseaux champêtres que les arlequins de la vie politique finissent par envier quand ils sont désabusés sur les grandeurs sociales, ou fatigués des luttes insensées avec le cours de l'humanité.

Pendant que Séverine traverse le pont en regardant si son père a fini de dîner, il n'est pas inutile de jeter un coup d'œil sur la personne, sur la vie et les opinions de ce vieillard, que l'amitié du comte Malin de Gondreville recommandait au respect de tout le pays.

Voici la simple et naïve histoire de ce notaire, pendant longtemps, pour ainsi dire, le seul notaire d'Arcis. En 1787, deux jeunes gens d'Arcis allèrent à Paris, recommandés à un avocat au conseil nommé Danton. Cet illustre patriote était d'Arcis. On y voit encore sa maison, et sa famille y existe encore. Ceci pourrait expliquer l'influence que la Révolution exerça sur ce coin de la Champagne. Danton plaça ses compatriotes chez le procureur au Châtelet si fameux par son procès avec le comte Morton de Chabrillant, à propos de sa loge à la première représentation du *Mariage de Figaro*, et pour qui le parlement prit fait et cause en se regardant comme outragé dans la personne de son procureur.

L'un s'appelait Malin, et l'autre Grévin, tous deux fils uniques. Malin avait pour père le propriétaire même de la maison où demeure actuellement Grévin. Tous deux ils eurent l'un pour l'autre une mutuelle, une solide affection. Malin, garçon retors, d'un esprit profond, ambitieux, avait le don de la parole. Grévin, honnête travailleur, eut pour vocation d'admirer Malin. Ils revinrent à leur pays lors de la révolution, l'un pour être avocat à Troyes, l'autre pour être notaire à Arcis. Grévin, l'humble serviteur de Malin, le fit nommer député à la Convention. Malin fit nommer Grévin procureur syndic d'Arcis. Malin fut un obscur conventionnel jusqu'au 9 thermidor, se rangeant toujours du côté du plus puissant, écrasant le faible; mais Tallien lui fit comprendre la nécessité d'abattre Robespierre. Malin se distingua lors de cette terrible bataille parlementaire, il eut du courage à propos. Dès ce moment commença le rôle politique de cet homme, un des héros de la sphère inférieure; il abandonna le parti des Thermidoriens pour celui des Clichyens, et fut alors nommé membre du conseil des Anciens. Devenu l'ami de Talleyrand et de Fouché, conspirant avec eux, contre Bonaparte, il devint, comme eux, un des plus ardents partisans de Bonaparte après la victoire de Marengo. Nommé tribun, il entra l'un des premiers au conseil d'État, fut un des rédacteurs du Code, et fut promu l'un des premiers à la dignité de sénateur, sous le nom de comte de Gondreville. Ceci est le côté politique de cette vie; en voici le côté financier.

Grévin fut dans l'arrondissement d'Arcis l'instrument le plus actif et le plus habile de la fortune du comte de Gondreville. La terre de Gondreville appartenait aux Simeuse, bonne vieille noble famille de province, décimée par l'échafaud et dont les héritiers, deux jeunes gens, servaient dans l'armée de Condé. Cette terre, vendue nationalement, fut acquise pour Malin sous le nom de M. Marion et par les soins de Grévin. Grévin fit acquérir à son ami la meilleure partie des biens ecclésiastiques vendus par la République dans le département de l'Aube. Malin envoyait à Grévin les sommes nécessaires à ces acquisitions, et n'oubliait d'ailleurs point son homme d'affaires. Quand vint le Directoire, époque à laquelle Malin régnait dans les conseils de la République, les ventes furent réalisées au nom de Malin. Grévin fut notaire et Malin fut conseiller d'État.

Grévin fut maire d'Arcis, Malin fut sénateur et comte de Gondreville. Malin épousa la fille d'un fournisseur millionnaire, Grévin épousa la fille unique du bonhomme Varlet, le premier médecin d'Arcis. Le comte de Gondreville eut trois cent mille livres de rentes, un hôtel à Paris, le magnifique château de Gondreville ; il maria l'une de ses filles à l'un des Keller, banquier à Paris, l'autre au maréchal duc de Carigliano.

Grévin lui, riche de quinze mille livres de rentes, possède la maison où il achève sa paisible vie en économisant, et il a géré les affaires de son ami, qui lui a vendu cette maison pour six mille francs.

Le comte de Gondreville a quatre-vingts et Grévin soixante-seize ans. Le pair de France se promène dans son parc, l'ancien notaire dans le jardin du père de Malin. Tous deux, enveloppés de moleton, entassent écus sur écus. Aucun nuage n'a troublé cette amitié de soixante ans. Le notaire a toujours obéi au conventionnel, au conseiller d'État, au sénateur, au pair de France. Après la révolution de Juillet, Malin, en passant par Arcis, dit à Grévin : — Veux-tu la croix ? — Qué que j'en ferais ? répondit Grévin. L'un n'avait jamais failli à l'autre ; tous deux s'étaient toujours mutuellement éclairés, conseillés : l'un sans jalousie, et l'autre sans morgue ni prétention blessante. Malin avait toujours été obligé de faire la part de Grévin, car tout l'orgueil de Grévin était le comte de Gondreville. Grévin était autant comte de Gondreville que le comte de Gondreville lui-même.

Cependant, depuis la Révolution de Juillet, moment où Grévin, se sentant vielli, avait cessé de gérer les biens du comte, et où le comte, affaibli par l'âge et par sa participation aux tempêtes politiques, avait songé à vivre tranquille, les deux vieillards, sûrs d'eux-mêmes, mais n'ayant plus tant besoin l'un de l'autre, ne se voyaient plus guère. En allant à sa terre, ou en retournant à Paris, le comte venait voir Grévin, qui faisait seulement une ou deux visites au comte pendant son séjour à Gondreville ; il n'existait aucun lien entre leurs enfants. Jamais ni madame Keller ni la duchesse de Carigliano n'avaient eu la moindre relation avec mademoiselle Grévin, ni avant ni après son mariage avec le bonnetier Beauvisage. Ce dédain involontaire ou réel surprenait beaucoup Séverine.

Grévin, maire d'Arcis sous l'Empire, serviable pour tout le monde, avait, durant l'exercice de son ministère, concilié, prévenu beaucoup de difficultés. Sa rondeur, sa bonhomie et sa probité lui méritaient l'estime et l'affection de tout l'arrondissement; chacun, d'ailleurs, respectait en lui l'homme qui disposait de la faveur, du pouvoir et du crédit du comte de Gondreville. Néanmoins, depuis que l'activité du notaire et sa participation aux affaires publiques et particulières avaient cessé; depuis huit ans, son souvenir s'était presque aboli dans la ville d'Arcis, où chacun s'attendait, de jour en jour, à le voir mourir. Grévin, à l'instar de son ami Malin, paraissait plus végéter que vivre, il ne se montrait point, il cultivait son jardin, taillait ses arbres, allait examiner ses légumes, ses bourgeons; et, comme les vieillards, il s'essayait à l'état de cadavre. La vie de ce septuagénaire était d'une régularité parfaite. De même que son ami le colonel Giguet, levé au jour, couché avant neuf heures, il avait la frugalité des avares. Il buvait peu de vin, mais ce vin était exquis. Il prenait du café, mais jamais de liqueurs, et le seul exercice auquel il se livrât, était celui qu'exige le jardinage. En tout temps, il portait les mêmes vêtements : de gros souliers huilés, des bas drapés, un pantalon de molleton gris à boucles, sans bretelles, un grand gilet de drap léger bleu de ciel à boutons de corne, et une redingote de molleton gris pareil à celui du pantalon ; il avait sur la tête une petite casquette de loutre ronde, et la gardait au logis. En été, il remplaçait cette casquette par une espèce de calotte de velour noir, et la redingote de molleton par une redingote de drap gris de fer. Sa taille était de cinq pieds quatre pouces ; il avait l'embonpoint des vieillards bien portants, ce qui alourdissait un peu sa démarche, déjà lente, comme celle de tous les gens de cabinet.

Dès le jour, ce bonhomme s'habillait en accomplissant les soins de toilette les plus minutieux ; il se rasait lui-même, puis il faisait le tour de son jardin, il regardait le temps, allait consulter son baromètre, en ouvrant lui-même les volets de son salon. Enfin il binait, il échenillait, il sarclait, il avait toujours quelque chose à faire jusqu'au déjeuner. Après son déjeuner, il restait assis à digérer jusqu'à deux heures, pensant on ne sait à quoi. Sa petite-fille venait presque toujours, conduite par une domestique, quelquefois accompagnée de sa mère, le voir entre deux et cinq heures. A certains jours, cette vie mécanique était interrompue : il y avait à recevoir les fermages et les revenus en nature, aussitôt vendus. Mais ce petit trouble n'arrivait que les jours de marché, et une fois par mois. Que devenait l'argent? Personne, pas même Séverine et Cécile, ne le savait. Grévin était là-dessus d'une discrétion ecclésiastique. Cependant tous les sentiments de ce vieillard avaient fini par se concentrer sur sa fille et sur sa petite-fille ; il les aimait plus que son argent.

Ce septuagénaire propret, à figure toute ronde, au front dégarni, aux yeux bleus et à cheveux blancs, avait quelque chose d'absolu dans le caractère comme tous ceux à qui ni les hommes ni les choses n'ont résisté. Son seul défaut, extrêmement caché d'ailleurs, car il n'avait jamais eu occasion de le manifester, était une rancune persistante, terrible, une susceptibilité que Malin n'avait jamais heurtée. Si Grévin avait toujours servi le comte de Gondreville, il l'avait toujours trouvé reconnaissant ; jamais Malin n'avait ni humilié ni froissé son ami, qu'il connaissait à fond. Les deux amis conservaient encore le tutoiement de leur jeunesse et la même affectueuse poignée de main. Jamais le sénateur n'avait fait sentir à Grévin la différence de leurs situations ; il devançait toujours les désirs de son ami d'enfance, en lui offrant toujours tout, sachant qu'il se contenterait de peu. Grévin, adorateur de la littérature classique, puriste, bon administrateur, possédait de sérieuses et vastes connaissances en législation ; il avait fait pour Malin des travaux qui fondèrent au Conseil d'État la gloire du rédacteur des Codes. Séverine aimait beaucoup son père. Elle et sa fille ne laissaient à personne le soin de faire son linge ; elles lui tricotaient des bas pour l'hiver, elles avaient pour lui les plus petites précautions, et Grévin savait qu'il n'entrait dans leur affection aucune pensée d'intérêt : le million probable de la succession paternelle n'aurait pas séché leurs larmes. Les vieillards sont sensibles à la tendresse désintéressée. Avant de s'en aller chez le bonhomme, tous les jours madame Beauvisage et Cécile s'inquiétaient du dîner de leur père pour le lendemain, et lui envoyaient les primeurs du marché.

Madame Beauvisage avait toujours souhaité que son père la présentât au château de Gondreville, et la liât avec les filles du comte ; mais le sage vieillard lui avait maintes fois expliqué combien il était difficile d'entretenir des relations suivies avec la duchesse de Garigliano, qui habitait Paris, et qui venait rarement à Gondreville, ou avec la brillante madame Keller, quand on tenait une fabrique de bonneterie à Arcis.

— Ta vie est finie, disait Grévin à sa fille, mets toutes tes jouissances en Cécile, qui sera certes assez riche pour te donner, quand tu quitteras le commerce, l'existence grande et large à laquelle tu as droit. Choisis un gendre qui ait de l'ambition, des moyens, tu pourras un jour aller à Paris, et laisser ici ce benêt de Beauvisage. Si je vis assez pour me voir un petit-gendre, je vous piloterai sur la mer des intérêts politiques comme j'ai piloté Malin, et vous arriverez à une position égale à celle des Keller...

Ce peu de paroles, dites avant la révolution de 1830, un an après la retraite du vieux notaire dans cette maison, explique cette attitude végétative. Grévin voulait vivre, il voulait mettre dans la route des grandeurs sa fille, sa petite-fille et ses arrière-petits-enfants. Le vieillard avait de l'ambition à la troisième génération. Quand il parlait ainsi, le vieillard rêvait de marier Cécile à Charles Keller; aussi pleurait-il en ce moment sur ses espérances renversées, il ne savait plus que résoudre. Sans relations dans la société parisienne, ne voyant plus dans le département de l'Aube d'autre mari pour Cécile que le jeune marquis de Cinq-Cygne, il se demandait s'il pouvait surmonter à force d'or les difficultés que la Révolution de Juillet suscitait entre les royalistes fidèles à leurs principes et leurs vainqueurs. Le bonheur de sa petite-fille lui paraissait si compromis en la livrant à l'orgueilleuse marquise de Cinq-Cygne, qu'il se décidait à se confier à l'ami des vieillards, au Temps. Il espérait que son ennemie capitale, la marquise de Cinq-Cygne, mourrait, et il royait pouvoir séduire le fils, en se servant du grand-père du marquis, le vieux d'Hauteserre, qui vivait alors à Cinq-Cygne, et qu'il savait accessible aux calculs de l'avarice.

Si ce plan manquait, quand Cécile Beauvisage atteindrait à vingt-deux ans, en désespoir de cause, Grévin comptait consulter son ami Gondreville, qui lui choisirait à Paris un mari selon son cœur et son ambition, parmi les ducs de l'Empire.

X. — L'INCONNU.

— Séverine trouva son père assis sur un banc de bois, au bout de sa terrasse, sous les lilas en fleur et prenant son café, car il était cinq heures et demie. Elle vit bien, à la douleur gravée sur la figure de son père, qu'il savait la nouvelle. En effet, le vieux pair de France venait d'envoyer un valet de chambre à son ami, en le priant de venir le voir. Jusqu'alors le vieux Grévin n'avait pas voulu trop encourager l'ambition de sa fille ; mais en ce moment, au milieu de réflexions contradictoires qui se heurtaient dans sa triste méditation, son secret lui échappa.

— Ma chère enfant, lui dit-il, j'avais formé pour ton avenir les plus beaux et les plus fiers projets. La mort vient de les renverser. Cécile eût été vicomtesse Keller, car Charles, par mes soins, eût été nommé député d'Arcis, et il eût succédé quelque jour à la pairie de son père. Gondreville, ni sa fille madame Keller, n'auraient refusé les soixante mille francs de rente que Cécile a en dot, surtout avec la perspective de cent autres que vous aurez un jour... Tu aurais habité Paris avec ta fille, et tu y aurais joué ton rôle de belle-mère dans les hautes régions du pouvoir (madame Beauvisage fit un signe de satisfaction). Mais nous sommes atteints ici du coup qui frappe ce charmant jeune homme à qui l'amitié du prince royal était acquise déjà... Maintenant ce Simon Giguet, qui se pousse sur la scène politique, est un sot, un sot de la pire espèce, car il se croit un aigle... Vous êtes trop liés avec les Giguet et la maison Marion pour ne pas mettre beaucoup de formes à votre refus, et il faut refuser...

— Nous sommes, comme toujours, du même avis, mon père.

— Tout ceci m'oblige à voir mon vieux Malin, d'abord pour le consoler, puis pour le consulter. Cécile et toi, vous seriez malheureuse avec une vieille famille du faubourg Saint-Germain, on vous ferait sentir votre origine de mille façons : nous devons chercher quelque duc de la façon de Bonaparte, qui soit ruiné ; nous serons à même d'avoir ainsi pour Cécile un beau titre, et nous la marierons séparée de biens. Tu peux dire que j'ai disposé de la main de Cécile, nous couperons court ainsi à toutes les demandes saugrenues comme celle d'Antonin Goulard. Le petit Vinet ne manquera pas de s'offrir, il serait préférable à tous les épouseurs qui viendront flairer la dot... Il a du talent, de l'intrigue, et il appartient aux Chargebœuf par sa mère ; mais il a trop de caractère pour ne pas dominer sa femme, et il est assez jeune pour se faire aimer : tu périras entre ces deux sentiments-là, car je te sais par cœur, mon enfant !

— Je serai bien embarrassée ce soir, chez les Marion, dit Séverine.

— Eh bien ! mon enfant, répondit Grévin, envoie-moi madame Marion, je lui parlerai, moi !

— Je savais bien, mon père, que vous pensiez à notre avenir, mais je ne m'attendais pas à ce qu'il fût si brillant, dit madame Beauvisage en prenant les mains de son père et les lui baisant.

— J'y avais si profondément pensé, reprit Grévin, qu'en 1831, j'ai acheté un hôtel que tu connais, l'hôtel Beauséant. Madame Beauvisage fit un mouvement de surprise en apprenant ce secret si bien gardé, mais elle n'interrompit point son père. — Ce sera mon présent de noces, dit-il. En 1832, je l'ai loué pour sept ans à des Anglais, à raison de vingt-quatre mille francs; une jolie affaire, car il ne m'a coûté que trois cent vingt-cinq mille francs, et en voici près de deux cent mille de retrouvés. Le bail finit le 15 juillet de cette année.

Séverine embrassa son père au front et sur les deux joues. Cette dernière révélation agrandissait tellement son avenir, qu'elle eut comme un éblouissement. « Mon père, par mon conseil, ne donnera que la nue propriété de cet héritage à ses petits-enfants, se dit-elle en traversant le pont, j'en aurai l'usufruit; je ne veux pas que ma fille et un gendre me chassent de chez eux : ils seront chez moi ! »

Au dessert, quand les deux bonnes furent attablées dans la cuisine, et que madame Beauvisage eut la certitude de n'être pas écoutée, elle jugea nécessaire de faire une petite leçon à Cécile.

— Ma fille, lui dit-elle, conduisez-vous ce soir en personne bien élevée, et, à dater d'aujourd'hui, prenez un air posé, ne causez pas légèrement, ne vous promenez pas seule avec M. Giguet, ni avec M. Olivier Vinet, ni avec le sous-préfet, ni avec M. Martener, avec personne enfin, pas même avec Achille Pigoult. Vous ne vous marierez à aucun des jeunes gens d'Arcis ni du département. Vous êtes destinée à briller à Paris. Aussi, tous les jours, aurez-vous de charmantes toilettes, pour vous habituer à l'élégance. Nous tâcherons de débaucher une femme de chambre à la jeune duchesse de Maufrigneuse; nous saurons ainsi où se fournissent la princesse de Cadignan et la marquise de Cinq-Cygne !... Oh ! je ne veux pas que nous ayons le moindre air provincial. Vous étudierez trois heures par jour le piano ; je ferai venir tous les jours M. Moïse de Troyes, jusqu'à ce qu'on m'ait dit le maître que je puis faire venir de Paris. Il faut perfectionner tous vos talents, car vous n'avez plus qu'un an tout au plus à rester fille. Vous voilà prévenue, je verrai comment vous vous comporterez ce soir. Il s'agit de tenir Simon à une grande distance de vous, sans vous amuser de lui.

— Soyez tranquille, madame, je vais me mettre à adorer l'*inconnu*. Ce mot, qui fit sourire madame Beauvisage, a besoin d'une explication.

— Ah! je ne l'ai point encore vu, dit Philéas; mais tout le monde parle de lui. Quand je voudrai savoir qui c'est, j'enverrai le brigadier ou M. Groslier lui demander son passe-port...

Il n'est pas de petite ville en France où, dans un temps donné, le drame ou la comédie de l'*étranger* ne se joue. Souvent l'étranger est un aventurier qui fait des dupes et qui part, emportant la réputation d'une femme ou l'argent d'une famille. Plus souvent l'étranger est un étranger véritable, dont la vie reste assez longtemps mystérieuse pour que la petite ville soit occupée de ses faits et gestes. Or, l'avénement probable de Simon Giguet au pouvoir n'était pas le seul événement grave. Depuis deux jours, l'attention de la ville d'Arcis avait pour point de mire un personnage arrivé depuis trois jours, qui se trouvait être le *premier inconnu* de la génération actuelle. Aussi l'*inconnu* faisait-il en ce moment les frais de la conversation dans toutes les maisons. C'était le soliveau tombé du ciel dans la ville des grenouilles.

La situation d'Arcis-sur-Aube explique l'effet que devait y produire l'arrivée d'un étranger. A six lieues avant Troyes, sur la grande route de Paris, devant une ferme appelée la Belle-Étoile, commence un chemin départemental qui mène à la ville d'Arcis, en traversant de vastes plaines où la Seine trace une étroite vallée verte ombragée de peupliers, qui tranche sur la blancheur des terres crayeuses de la Champagne. La route qui relie Arcis à Troyes a six lieues de longueur et fait la corde d'un arc dont les extrémités sont Arcis et Troyes, en sorte que le plus court chemin pour aller de Paris à Arcis est cette route départementale qu'on prend à la Belle-Étoile. L'Aube, comme on l'a dit, n'est navigable que depuis Arcis jusqu'à son embouchure. Ainsi cette ville, sise à six lieues de la grande route, séparée de Troyes par des plaines monotones, se trouve perdue au milieu des terres, sans commerce ni transit, soit par eau, soit par terre. En effet, Sézanne, situé à quelques lieues d'Arcis, de l'autre côté de l'Aube, est traversé par une grande route qui économise huit postes sur l'ancienne route d'Allemagne par Troyes. Arcis est donc une ville entièrement isolée où ne passe aucune voiture, et qui ne se rattache à Troyes et à la station de la Belle-Étoile que par des messagers. Tous les habitants se connaissent, ils connaissent même les voyageurs de commerce qui viennent pour les affaires des maisons parisiennes: ainsi, comme toutes les petites villes de province qui sont dans une situation analogue, un étranger doit y mettre en branle toutes les langues et agiter toutes les imaginations, quand il reste plus de deux jours sans qu'on sache ni son nom ni ce qu'il y vient faire.

Or, comme tout Arcis était encore tranquille, trois jours avant la matinée où, par la volonté du créateur de tant d'histoires celle-ci commence, tout le monde avait vu venir par la route de la Belle-Étoile un étranger conduisant un joli tilbury attelé d'un cheval de prix, et accompagné d'un petit domestique gros comme le poing, monté sur un cheval de selle. Le messager en relation avec les diligences de Troyes avait apporté de la Belle-Étoile trois malles venues de Paris, sans adresse, et appartenant à cet inconnu, qui se logea au *Mulet*.

Chacun, dans Arcis, imagina le soir que ce personnage avait l'intention d'acheter la terre d'Arcis, et l'on en parla dans beaucoup de ménages comme du futur propriétaire du château. Le tilbury, le voyageur, ses chevaux, son domestique, tout paraissait appartenir à un homme tombé des plus hautes sphères sociales. L'inconnu, sans doute fatigué, ne se montra pas; peut-être passa-t-il un partie de son temps à s'installer dans les chambres qu'il choisit, en annonçant devoir demeurer un certain temps. Il voulut voir la place que ses chevaux devaient occuper dans l'écurie et se montra très exigeant; il voulut qu'on les séparât de ceux de l'aubergiste et de ceux qui pourraient venir. En présence de tant de prétentions singulières, le maître de l'hôtel du *Mulet* considéra son hôte comme un Anglais. Dès le soir du premier jour, quelques tentatives furent faites par des curieux, au *Mulet*; mais on n'obtint aucune lumière du petit groom, qui refusa de s'expliquer sur son maître, non pas par des défaites ou par le silence, mais par des moqueries qui parurent être au-dessus de son âge et annoncer une grande corruption.

Après avoir fait une toilette soignée et avoir dîné, sur les six heures, il partit à cheval, suivi de son tigre, disparut par la route de Brienne et ne revint que fort tard.

L'hôte, sa femme et ses filles de chambre ne recueillirent, en examinant les malles et les effets de l'inconnu, rien qui pût les éclairer sur le rang, sur le nom, sur la condition ou les projets de cet hôte mystérieux. Ce fut d'un effet incalculable. On fit mille commentaires de nature à nécessiter l'intervention du procureur du roi.

A son retour, l'inconnu laissa monter la maîtresse de la maison, qui lui présenta le livre où, selon les ordonnances de police, il devait inscrire son nom, sa qualité, le but de son voyage et son point de départ.

— Je n'écrirai rien, dit-il à la maîtresse de l'auberge. Si vous étiez tourmentée à ce sujet, vous diriez que je m'y suis refusé, et vous m'enverriez le sous-préfet, car je n'ai point de passe-port. On vous fera sur moi bien des questions, madame, reprit-il, mais répondez-moi comme vous voudrez; je veux que vous ne sachiez rien sur moi, quand même vous apprendriez malgré moi quelque chose. Si vous me tourmentez, j'irai à l'hôtel de la Poste, sur la place du Pont, et remarquez que je compte rester au moins quinze jours ici. Cela me contrarierait beaucoup, car je sais que vous êtes la sœur de Gothard, l'un des héros de l'affaire Simeuse.

— Suffit, monsieur! dit la sœur de Gothard, l'intendant des Cinq-Cygne.

Après un pareil mot, l'inconnu put garder près de lui, pendant deux heures environ, la maîtresse de l'hôtel, et lui fit dire tout ce qu'elle savait sur Arcis, sur toutes les fortunes, sur tous les intérêts et sur les fonctionnaires. Le lendemain, il disparut à cheval, suivi de son tigre, et ne revint qu'à minuit.

On doit comprendre alors la plaisanterie qu'avait faite Cécile, et que madame Beauvisage crut être sans fondement. Beauvisage et Cécile, surpris de l'ordre du jour formulé par Séverine, en furent enchantés. Pendant que sa femme passait une robe pour aller chez madame Marion, le père entendit sa fille faire les suppositions auxquelles il est si naturel aux jeunes personnes de se livrer en pareil cas. Puis, fatigué de sa journée, il alla se coucher lorsque la mère et la fille furent parties.

XI. — UNE VUE DU SALON MARION.

Comme doivent le deviner ceux qui connaissent la France ou la Champagne, ce qui n'est pas la même chose, et, si l'on veut, les petites villes, il y eut un monde fou chez madame Marion le soir de cette journée. Le triomphe du fils Giguet fut considéré comme une victoire remportée sur le comte de Gondreville, et l'indépendance d'Arcis en fait d'élection parut être à jamais assurée. La nouvelle de la mort du pauvre Charles Keller fut regardée comme un arrêt du ciel, et imposa silence à toutes les rivalités. Antonin Goulard, Frédéric Marest, Olivier Vinet, M. Martener, enfin les autorités qui jusqu'alors avaient hanté ce salon dont les opinions ne leur paraissaient pas devoir être contraires au gouvernement créé par la volonté populaire en juillet 1830, vinrent selon leur habitude, mais possédés tous d'une curiosité dont le but était l'attitude de la famille Beauvisage.

Le salon, rétabli dans sa forme, ne portait pas la moindre trace de la séance qui semblait avoir décidé de la destinée de maître Simon. A huit heures, quatre tables de jeu, chacune garnie de quatre joueurs, fonctionnaient. Le petit salon et la salle à manger étaient pleins de monde. Jamais, excepté dans les grandes occasions de bals ou de jours de fête, madame Marion n'avait vu ainsi des groupes à l'entrée du salon et formant comme la queue d'une comète.

— C'est l'aurore de la faveur, lui dit Olivier qui lui montra ce spectacle si réjouissant pour une maîtresse de maison qui aime à recevoir.

— On ne sait pas jusqu'où peut aller Simon, répondit madame Marion. Nous sommes à une époque où les gens qui ont de la persévérance et beaucoup de conduite peuvent prétendre à tout. Cette réponse était beaucoup moins faite pour Vinet que pour madame Beauvisage qui entrait alors avec sa fille et qui vint féliciter son amie.

Afin d'éviter toute demande indirecte, et pour se soustraire à toute interprétation de paroles dites en l'air, la mère de Cécile prit position à une table de whist, et s'enfonça dans une contention d'esprit à gagner cent fiches. Cent fiches font cinquante sous!.. Quand un joueur a perdu cette somme, on en parle pendant deux jours dans Arcis.

Cécile alla causer avec mademoiselle Mollot, une de ses bonnes amies, et sembla prise d'un redoublement d'affection pour elle. Mademoiselle Mollot était la beauté d'Arcis, comme Cécile en était l'héritière.

Monsieur Mollot, le greffier du tribunal d'Arcis, habitait sur la grand'place une maison située dans les mêmes conditions que celle de Beauvisage sur la place du Pont. Madame Mollot, incessamment assise à la fenêtre de son salon, au rez-de-chaussée, était atteinte, par suite de cette situation, d'un cas de curiosité aiguë, chronique, devenue maladie consécutive, invétérée. Madame Mollot s'adonnait à l'espionnage comme une femme nerveuse parle de ses maux imaginaires, avec coquetterie et passion. Dès qu'un paysan débouchait par la route de Brienne sur la place, elle regardait et cherchait ce qu'il pouvait venir faire à Arcis; elle n'avait pas l'esprit en repos, tant que son paysan n'était pas expliqué. Elle passait sa vie à juger les événements, les hommes, les choses et les ménages d'Arcis. Cette grande femme sèche, fille d'un juge de Troyes, avait apporté en dot à M. Mollot, ancien premier clerc de Grévin, une dot assez considérable pour qu'il pût acheter la charge de greffier. On sait que le greffier d'un tribunal a le rang de juge, comme, dans les cours royales, le greffier en chef a celui de conseiller. La position de M. Mollot était due au comte de Gondreville qui, d'un mot, avait arrangé l'affaire du premier clerc de Grévin à la chancellerie. Toute l'ambition de la maison Mollot, du père, de la mère et de la fille, était de marier Ernestine Mollot, fille unique d'ailleurs, à Antonin Goulard. Aussi le refus par lequel les Beauvisage avaient accueilli les tentatives du sous-préfet, avait-il encore resserré les liens d'amitié des Mollot pour la famille Beauvisage.

— Voilà quelqu'un de bien impatienté! dit Ernestine à Cécile en lui montrant Simon Giguet. Oh! il voudrait bien causer avec nous; mais chaque personne qui entre se croit obligée de le féliciter, de l'entretenir. Voilà plus de cinquante fois que je lui entends dire : « C'est, je crois, moins à moi qu'à mon père que se sont adressés les vœux de mes concitoyens; mais, en tout cas, croyez que je serai dévoué non-seulement à nos intérêts généraux, mais encore aux vôtres propres. » Tiens, je devine la phrase au mouvement des lèvres, et chaque fois il te regarde en faisant des yeux de martyr...

— Ernestine, répondit Cécile, ne me quitte pas de toute la soirée, car je ne veux pas avoir à écouter ses propositions cachées sous des phrases à *hélas!* entremêlées de soupirs.

— Tu ne veux donc pas être la femme d'un garde des sceaux?

— Ah! ils n'en sont que là? dit Cécile en riant.

— Je t'assure, reprit Ernestine, que tout à l'heure, avant que tu n'arrivasses, M. Godivet, le receveur de l'enregistrement, dans son enthousiasme, prétendait que Simon serait garde des sceaux avant trois ans.

— Compte-t-on pour cela sur la protection du comte de Gondreville? demanda le sous-préfet, qui vint s'asseoir à côté des deux jeunes filles, en devinant qu'elles se moquaient de son ami Giguet.

— Ah! monsieur Antonin, dit la belle Ernestine Mollot, vous qui avez promis à ma mère de découvrir ce qu'est le bel inconnu, que savez-vous de lui?

— Les événements d'aujourd'hui, mademoiselle, sont bien autrement importants! dit Antonin en s'asseyant près de Cécile, comme un diplomate enchanté d'échapper à l'attention générale en se réfugiant dans une causerie de jeunes filles. Toute ma vie de sous-préfet ou de préfet est en question.

— Comment! vous ne laisserez pas nommer à l'unanimité votre ami Simon?

— Simon est mon ami, mais le gouvernement est mon maître, et je compte tout faire pour empêcher Simon de réussir. Et voilà madame Mollot qui me devra son concours, comme la femme d'un homme que ses fonctions attachent au gouvernement.

— Nous ne demandons pas mieux que d'être avec vous, répliqua la greffière. Mollot m'a raconté, dit-elle à voix basse, ce qui s'est fait ici ce matin... C'est pitoyable! Un seul homme a montré du talent, et c'est Achille Pigoult : tout le monde s'accorde à dire que ce serait un orateur qui brillerait à la Chambre ; aussi, quoiqu'il n'ait rien et que ma fille soit fille unique, qu'elle aura d'abord sa dot, qui sera de soixante mille francs, puis notre succession, dont je ne parle pas, et enfin les héritages de l'oncle à Mollot, le meunier, et de ma tante Lambert, à Troyes ; eh bien! je vous déclare que si M. Achille Pigoult voulait nous faire l'honneur de penser à elle et la demandait pour femme, je la lui donnerai, moi, si toutefois il plaisait à ma fille : mais la petite sotte ne veut se marier qu'à sa fantaisie... C'est mademoiselle Beauvisage qui lui met ces idées-là dans la tête... Le sous-préfet reçut cette double bordée en homme qui se sait trente mille livres de rente et qui attend une préfecture.

— Mademoiselle a raison, répondit-il en regardant Cécile ; elle est bien assez riche pour faire un mariage d'amour...

— Ne parlons pas mariage, dit Ernestine. Vous attristez ma pauvre chère petite Cécile, qui m'avouait tout à l'heure que, pour ne pas être épousée pour sa fortune, mais pour elle-même, elle souhaiterait une aventure avec un inconnu qui ne saurait rien d'Arcis, ni des successions qui doivent faire d'elle une lady Crésus, et voudrait filer un roman où elle serait, au dénoûment, épousée, aimée pour elle-même...

— C'est très joli, cela. Je savais déjà que mademoiselle avait autant d'esprit que d'argent! s'écria Olivier Vinet en se joignant au groupe des demoiselles, en haine des courtisans de Simon Giguet, l'idole du jour.

— Est-ce ainsi, monsieur Goulard, dit Cécile en souriant, que nous sommes arrivés, de fil en aiguille, à parler de l'inconnu?...

— Et, dit Ernestine, elle l'a pris pour le héros de ce roman que je vous ai tracé....

— Oh! dit madame Mollot, un homme de cinquante ans!.. Fi donc!

— Comment savez-vous qu'il a cinquante ans? demanda Olivier Vinet en souriant.

— Ma foi! dit madame Mollot, ce matin j'étais si intriguée, que j'ai pris ma lorgnette!

— Bravo! dit l'ingénieur des ponts et chaussées, qui faisait la cour à la mère pour avoir la fille.

— Donc, reprit madame Mollot, j'ai pu voir l'inconnu se faisant la barbe lui-même avec des rasoirs d'une élégance!... Ils sont montés en or ou en vermeil.

— En or! en or! dit Vinet. Quand les choses sont inconnues, il faut les imaginer de la plus belle qualité. Aussi, moi qui, je vous le déclare, n'ai pas vu ce monsieur, suis-je sûr que c'est au moins un comte... Le mot, pris pour un calembour, fit excessivement rire. Ce petit groupe où l'on riait excita la jalousie du groupe des douairières et l'attention du troupeau d'hommes en habit noir qui entourait Simon Giguet. Quant à l'avocat, il était au désespoir de ne pouvoir mettre sa fortune aux pieds de la riche Cécile. Oh! mon père, pensa le substitut en se voyant complimenté pour ce calembour involontaire, dans quel tribunal m'as-tu fait débuter! — Un comte par un M, mesdames et mesdemoiselles? reprit-il. Un homme aussi distingué par sa naissance, ses manières, par sa fortune et par ses équipages, un lion, un élégant, un *gant jaune!*...

— Il a, monsieur Olivier, dit Ernestine, le plus joli tilbury du monde.

— Comment! Antonin, tu ne m'avais pas dit qu'il avait un tilbury, ce matin, quand nous avons parlé de ce conspirateur; mais le tilbury, c'est une circonstance atténuante; ce ne peut plus être un républicain.

— Mesdemoiselles, il n'est rien que je ne fasse dans l'intérêt de vos plaisirs... dit Antonin Goulard. Nous allons savoir si c'est un conte par un M, afin que vous puissiez continuer votre conte par un N.

— Et ce deviendra peut-être une histoire, dit l'ingénieur de l'arrondissement.

— A l'usage des sous-préfets, dit Olivier Vinet.

— Comment allez-vous vous y prendre! demanda madame Mollot.

— Oh! répliqua le sous-préfet, demandez à mademoiselle Beauvisage qui elle prendrait pour mari si elle était condamnée à choisir parmi les gens ici présents, elle ne vous répondrait jamais!... Laissez au pouvoir sa coquetterie. Soyez tranquilles, mesdemoiselles, vous allez savoir dans dix minutes si l'inconnu est un comte ou un commis voyageur.

XII. — DESCRIPTION D'UNE PARTIE DE L'INCONNU.

Antonin Goulard quitta le petit groupe de demoiselles, car il s'y trouvait, outre mademoiselle Berton, fille du receveur des contributions, jeune personne insignifiante, qui jouait le rôle de satellite auprès de Cécile et d'Ernestine, mademoiselle Herbelot, la sœur du second notaire d'Arcis, vieille fille de trente ans, aigre, pincée et mise comme toutes les vieilles filles : elle portait, sur une robe d'alépine verte, un fichu brodé dont les coins ramassés sur la taille par devant, étaient noués à la mode qui régnait sous la Terreur.

— Julien, dit le sous-préfet dans l'antichambre à son domestique, toi qui as servi pendant six mois à Gondreville, tu sais comment est faite une couronne de comte ?

— Il y a des perles sur les neuf pointes.

— Eh bien ! va-t'en au *Mulet* et tâche d'y donner un coup d'œil au tilbury du monsieur qui y loge ; puis viens me dire ce qui s'y trouvera peint. Enfin, fais bien ton métier, récolte tous les cancans... Si tu vois le petit domestique, demande-lui à quelle heure M. le comte peut recevoir le sous-préfet demain, dans le cas où tu verrais les neuf pointes à perles ; ne bois pas, ne cause pas, reviens promptement, et quand tu seras revenu, fais-moi-le savoir en te montrant à la porte du salon...

— Oui, monsieur le sous-préfet.

L'auberge du *Mulet*, comme on l'a déjà dit, occupe sur la place le coin opposé à l'angle du mur de clôture des jardins de la maison Marion, de l'autre côté de la route de Brienne. Ainsi, la solution du problème devait être immédiate. Antonin Goulard revint prendre sa place auprès de mademoiselle Beauvisage.

— Nous avions tant parlé hier, ici, de l'étranger, disait alors madame Mollot, que j'ai rêvé de lui toute la nuit...

— Ah! ah! dit Vinet, vous rêvez encore aux inconnus, belle dame?

— Vous êtes un impertinent; si je voulais, je vous ferais rêver de moi! répliqua-t-elle. Ce matin donc, en me levant... Il n'est pas inutile de faire observer que madame Mollot passe à Arcis pour une femme d'esprit, c'est-à-dire qu'elle s'exprime si facilement, qu'elle abuse de ses avantages. Un Parisien, égaré dans ces parages comme l'était l'inconnu, l'aurait peut-être trouvée excessivement bavarde... Je fais, comme de raison, ma toilette, et je regarde machinalement devant moi!...

— Par la fenêtre... dit Antonin Goulard.

— Mais oui, mon cabinet de toilette donne sur la place. Or, vous savez que Poupart a mis l'inconnu dans une des chambres dont les fenêtres sont en face des miennes...

— Une chambre, maman! dit Ernestine. Le comte occupe trois chambres! Le petit domestique, habillé tout de noir, est dans la première. On a fait comme un salon de la seconde, et l'inconnu couche dans la troisième.

— Il a donc la moitié des chambres du *Mulet*? dit mademoiselle Herbelot.

— Enfin, mesdemoiselles, qu'est-ce que cela fait à sa personne? dit aigrement madame Mollot, fâchée d'être interrompue par les demoiselles. Il s'agit de sa personne.

— N'interrompez pas l'orateur, dit Olivier Vinet.

— Comme j'étais baissée...

— Assise, dit Antonin Goulard.

— Madame était comme elle devait être, reprit Vinet; elle faisait sa toilette et regardait le *Mulet!* En province, ces plaisanteries sont prisées, car on s'est tout dit depuis trop longtemps pour ne pas avoir recours aux bêtises dont s'amusaient nos pères avant l'introduction de l'hypocrisie anglaise, une de ces marchandises contre lesquelles les douanes sont impuissantes.

— N'interrompez pas l'orateur, dit en souriant mademoiselle Beauvisage à Vinet, avec qui elle échangea ce sourire.

— Mes yeux se sont portés involontairement sur la fenêtre de la chambre où la veille s'était couché l'inconnu, je ne sais pas à quelle heure, par exemple, car je ne me suis endormie que longtemps après minuit... J'ai le malheur d'être unie à un homme qui ronfle à faire trembler les planchers et les murs... Si je m'endors la première, oh! j'ai le sommeil si dur que je n'entends rien; mais si c'est Mollot qui part le premier, ma nuit est flambée...

— Il y a le cas où vous partez ensemble! dit Achille Pigoult qui vint se joindre à ce joyeux groupe. Je vois qu'il s'agit de votre sommeil...

— Taisez-vous, mauvais sujet! répliqua gracieusement madame Mollot.

— Comprends-tu? dit Cécile à l'oreille d'Ernestine.

— Donc, une heure après minuit, il n'était pas encore rentré! dit madame Mollot.

— Il vous a fraudée! Rentrer sans que vous le sachiez! dit Achille Pigoult. Ah! cet homme est très fin, il nous mettra tous dans un sac, nous vendra sur la place du marché!

— A qui? demanda Vinet.

— A une affaire! à une idée! à un système! répondit le notaire à qui le substitut sourit d'un air fin.

— Jugez de ma surprise, reprit madame Mollot, en apercevant une étoffe d'une magnificence, d'une beauté, d'un éclat... Je me dis : Il a sans doute une robe de chambre de cette étoffe de verre que nous sommes allés voir à l'Exposition des produits de l'industrie. Alors je vais chercher ma lorgnette, et j'examine... Mais, bon Dieu! qu'est-ce que je vois?... Au-dessus de la robe de chambre, là où devrait être la tête, je vois une masse énorme, quelque chose comme un genou... Non, je ne peux pas vous dire quelle a été ma curiosité.

— Je le conçois, dit Antonin.

— Non, vous ne le concevez pas, dit madame Mollot, car ce genou...

— Ah! je comprends, dit Olivier Vinet en riant aux éclats, l'inconnu faisait ainsi sa toilette, et vous avez vu ses deux genoux...

— Mais non! s'écria madame Mollot, vous me faites dire des incongruités. L'inconnu était debout, il tenait une éponge au-dessus d'une immense cuvette, et vous en serez pour vos mauvaises plaisanteries, monsieur Olivier. J'aurais bien reconnu ce que vous croyez...

— Oh! reconnu, madame, vous vous compromettez!... dit Antonin Goulard.

— Laissez-moi donc achever, dit madame Mollot. C'était sa tête! il se lavait la tête, et il n'a pas un seul cheveu...

— L'imprudent! dit Antonin Goulard. Il ne vient certes pas ici avec des idées de mariage. Ici, pour se marier, il faut avoir des cheveux... C'est très demandé.

— J'ai donc raison de dire que notre inconnu doit avoir cinquante ans. On ne prend guère perruque qu'à cet âge. Et en effet, de loin, l'inconnu, sa toilette finie, a ouvert sa fenêtre ; je l'ai revu muni d'une superbe chevelure noire, et il m'a lorgnée quand je me suis mise à mon balcon. Ainsi, ma chère Cécile, vous ne prendrez pas ce monsieur-là pour héros de votre roman.

— Pourquoi pas ? les gens de cinquante ans ne sont pas à dédaigner, quand ils sont comtes, reprit Ernestine.

— Il a peut-être des cheveux, dit malicieusement Olivier Vinet, et alors il serait très mariable. La question serait de savoir s'il a montré sa tête nue à madame Mollot, ou...

— Taisez-vous! dit madame Mollot.

Antonin Goulard s'empressa de dépêcher le domestique de madame Marion au *Mulet*, en lui donnant un ordre pour Julien.

— Mon Dieu! que fait l'âge d'un mari ? dit mademoiselle Herbelot.

— Pourvu qu'on en ait un, ajouta le substitut qui se faisait redouter par sa méchanceté froide et ses railleries.

— Mais, répliqua la vieille fille, en sentant l'épigramme, j'aimerais mieux un homme de cinquante ans, indulgent et bon, plein d'attention pour sa femme, qu'un jeune homme de vingt et quelques années qui serait sans cœur, dont l'esprit mordait tout le monde, même sa femme.

— Ceci, dit Olivier Vinet, est bon pour la conversation ; car, pour aimer mieux un quinquagénaire qu'un adulte, il faut les avoir à choisir.

— Oh! dit madame Mollot pour arrêter cette lutte de la vieille fille et du jeune Vinet qui allait toujours trop loin, quand une femme a l'expérience de la vie, elle sait qu'un mari de cinquante ans ou de vingt-cinq ans, c'est absolument la même chose quand il n'est qu'estimé... L'important dans le mariage, c'est les convenances qu'on y cherche. Si mademoiselle Beauvisage veut aller à Paris, y faire figure, et, à sa place, je penserais ainsi, je ne prendrais certainement pas mon mari dans la ville d'Arcis... Si j'avais eu la fortune qu'elle aura, j'aurais très bien accordé ma main à un comte, à un homme qui m'aurait mise dans une haute position sociale, et je n'aurais pas demandé à voir son extrait de naissance.

— Il vous eût suffi de le voir à sa toilette, dit tout bas Vinet à madame Mollot.

— Mais le roi fait des comtes, madame ! vint dire madame Marion, qui depuis un moment surveillait le cercle des jeunes filles.

— Ah ! madame, répliqua Vinet, il y a des jeunes filles qui aiment les comtes faits...

— Eh bien ! monsieur Antonin, dit alors Cécile en riant du sarcasme d'Olivier Vinet, nos dix minutes sont passées, et nous ne savons pas si l'inconnu est comte.

— Le gouvernement doit être infaillible ! dit Olivier Vinet en regardant Antonin.

— Je vais tenir ma promesse, répliqua le sous-préfet en voyant apparaître à la porte du salon la tête de son domestique. Et il quitta de nouveau sa place près de Cécile.

— Vous parlez de l'étranger ? dit madame Marion. Sait-on quelque chose sur lui ?

— Non, madame, répondit Achille Pigoult ; mais il est, sans le savoir, comme un athlète dans un cirque, le centre des regards de deux mille habitants. Moi, je sais quelque chose, ajouta le petit notaire.

— Ah ! dites, monsieur Achille ! demanda vivement Ernestine.

— Son domestique s'appelle Paradis !...

— Paradis ! ripostèrent toutes les personnes qui formaient le cercle.

— Peut-on s'appeler Paradis ? demanda madame Herbelot en venant prendre place à côté de sa belle-sœur.

— Cela tend, reprit le petit notaire, à prouver que son maître est un ange ; car lorsque son domestique le suit... Vous comprenez...

— C'est le chemin du Paradis ! Il est très joli celui-là, dit madame Marion qui tenait à mettre Achille Pigoult dans les intérêts de son neveu.

XIII. — OU L'ÉTRANGER TIENT TOUT CE QUE PROMET L'INCONNU.

— Monsieur, disait dans la salle à manger le domestique d'Antonin à son maître, le tilbury est armorié...
— Armorié !...
— Et, monsieur, allez, les armes sont joliment drôles ! il y a dessus une couronne à neuf pointes, et des perles...
— C'est un comte !
— On y voit un moustre ailé qui court à tout brésiller, absolument comme un postillon qui aurait perdu quelque chose ! Et voilà ce qui est écrit sur la banderole, dit-il, en prenant un papier dans son gousset. Mademoiselle Anicette, la femme de chambre de Cadignan, qui venait d'apporter, en voiture, bien entendu (le chariot de Cinq-Cygne est devant le *Mulet*), une lettre à ce monsieur, m'a copié la chose...
— Donne ! Le sous-préfet lut : QUO ME TRAHIT FORTUNA. S'il n'était pas assez fort en blason français pour connaître la maison qui portait cette devise, Antonin pensa que les Cinq-Cygne ne pouvaient donner leur chariot, et la princesse de Cadignan envoyer un exprès, que pour un personnage de la plus haute noblesse. Ah ! tu connais la femme de chambre de la princesse de Cadignan !... Tu es un homme heureux... dit Antonin à son domestique.

Julien, garçon du pays, après avoir servi six mois à Gondreville, était entré chez M. le sous-préfet, qui voulait avoir un domestique *bien stylé.*

— Mais, monsieur, Anicette est la filleule de mon père. Papa qui voulait du bien à cette petite dont le père est mort, l'a envoyée à Paris pour y être couturière, parce que ma mère ne pouvait la souffrir.
— Est-elle jolie ?
— Assez, monsieur le sous-préfet. A preuve qu'à Paris elle a eu des malheurs ; mais enfin, comme elle a des talents, qu'elle sait faire des robes et coiffer, elle est entrée chez la princesse par la protection de M. Marin, le premier valet de chambre de M. le duc de Maufrigneuse...
— Que t'a-t-elle dit de Cinq-Cygne ? Y a-t-il beaucoup de monde ?

— Beaucoup, monsieur. Il y a la princesse et M. d'Arthez... le duc de Maufrigneuse et la duchesse, le jeune marquis... Enfin, le château est plein... Monseigneur l'évêque de Troyes y est attendu ce soir...

— Monseigneur Troubert?... Ah! je voudrais bien savoir s'il y restera quelque temps...

— Anicette le croit, et elle suppose que monseigneur vient pour le comte qui loge au *Mulet*. On attend encore du monde. Le cocher a dit qu'on parlait beaucoup des élections... Monsieur le président Michu doit y aller passer quelques jours...

— Tâche de faire venir cette femme de chambre en ville, sous prétexte d'y chercher quelque chose... Est-ce que tu as des idées sur elle?...

— Si elle avait quelque chose à elle, je ne dis pas!... Elle est bien finaude.

— Dis-lui de venir te voir à la sous-préfecture.

— Oui, monsieur, j'y vas...

— Ne lui parle pas de moi! elle ne viendrait point, propose-lui une place avantageuse...

— Ah! monsieur... j'ai servi à Gondreville.

— Tu ne sais pas pourquoi ce message de Cinq-Cygne à cette heure, car il est neuf heures et demie...

— Il paraît que c'est quelque chose de bien pressé, car le comte qui revenait de Gondreville...

— L'étranger est allé à Gondreville?

— Il y a dîné! monsieur le sous-préfet. Et, vous allez voir, c'est à faire rire! Le petit domestique est, parlant par respect, sou comme une grive; il a butant de vin de Champagne à l'office, qu'il ne se tient pas sur ses jambes : on l'aura poussé par plaisanterie à boire.

— Eh bien! le comte?

— Le comte qui était couché, quand il a lu la lettre, s'est levé; maintenant il s'habille. On attelait le tilbury. Le comte va passer la soirée à Cinq-Cygne.

— C'est alors un bien grand personnage?

— Oh! oui, monsieur; car Gothard, l'intendant de Cinq-Cygne, est venu ce matin voir son beau-frère Poupart, et lui a recommandé la plus grande discrétion en toute chose sur ce monsieur, et de le servir comme si c'était un roi...

— Vinet aurait-il raison ? se dit le sous-préfet. Y aurait-il quelque conspiration ?...

— C'est le duc Georges de Maufrigneuse qui a envoyé monsieur Gothard au *Mulet*. Si Poupart est venu ce matin ici, à cette assemblée, c'est que ce comte a voulu qu'il y allât. Ce monsieur dirait à M. Poupart d'aller ce soir à Paris, il partirait.. Gothard a dit à son beau-frère de tout confondre pour ce monsieur-là, et de se moquer des curieux.

— Si tu peux avoir Anicette, ne manque pas de m'en prévenir !... dit Antonin.

— Mais je peux bien l'aller voir à Cinq-Cygne, si monsieur veut m'envoyer chez lui au Valpreux.

— C'est une idée. Tu profiteras du chariot pour t'y rendre... Mais qu'as-tu à dire du petit domestique ?

— C'est un crâne que ce petit garçon ! monsieur le sous-préfet. Figurez-vous, monsieur, que, gris comme il l'est, il vient de partir sur le magnifique cheval anglais de son maître, un cheval de race qui fait sept lieues à l'heure, pour porter une lettre à Troyes afin qu'elle soit demain à Paris... Et ça n'a que neuf ans et demi ! Qu'est-ce que ce sera donc à vingt ans ?

Le sous-préfet écouta machinalement ce dernier commérage administratif. Et alors Julien bavarda pendant quelques minutes. Antonin Goulard écoutait Julien tout en pensant à l'inconnu.

— Attends, dit le sous-préfet à son domestique.

— Quel gâchis !... se disait-il en revenant à pas lents. Un homme qui dîne avec le comte de Gondreville et qui passe la nuit à Cinq-Cygne !... En voilà des mystères !...

— Eh bien ! lui cria le cercle de mademoiselle Beauvisage tout entier quand il reparut.

— Eh bien ! c'est un comte et de vieille roche, je vous en réponds !

— Oh ! comme je voudrais le voir ! s'écria Cécile.

— Mademoiselle, dit Antonin en souriant et en regardant avec malice madame Mollot, il est grand et bien fait, et il ne porte pas perruque ! Son... petit domestique était gris comme les vingt-deux cantons; on l'avait abreuvé de vin de Champagne à l'office de Gondreville, et cet enfant de neuf ans a répondu avec la fierté d'un vieux laquais à Julien, qui lui parlait de la perruque de son maître : Mon maître, une perruque ! je le quitterais... Il se teint les cheveux, c'est bien assez !

— Votre lorgnette grossit beaucoup les objets, dit Achille Pigoult à madame Mollot qui se mit à rire.

— Enfin, le tigre du beau comte, gris comme il est, court à Troyes à cheval porter une lettre, et il y va, malgré la nuit, en cinq quarts d'heure.

— Je voudrais voir le tigre, moi, dit Vinet.

— S'il a dîné à Gondreville, dit Cécile, nous saurons qui est ce comte ; car mon grand-papa y va demain matin.

— Ce qui va vous sembler étrange, dit Antonin Goulard, c'est qu'on vient de dépêcher de Cinq-Cygne à l'inconnu mademoiselle Anicette, la femme de chambre de la princesse de Cadignan, et qu'il y va passer la soirée...

— Ah çà ! dit Olivier Vinet, ce n'est pas un homme, c'est un diable, un phénix ! il serait l'ami des deux châteaux, il poculerait...

— Ah ! fi ! monsieur, dit madame Mollot, vous avez des mots...

— Il poculerait est de la plus haute latinité, madame, reprit gravement le substitut... Il poculerait donc chez le roi Louis-Philippe le matin, et banqueterait le soir à Holy-Rood avec Charles X. Il n'y a qu'une raison qui puisse permettre à un chrétien d'aller dans les deux camps, chez les Montecchi et les Capuletti !... Ah ! je sais qui est cet inconnu. C'est...

— Le directeur des chemins de fer de Paris à Lyon, ou de Paris à Dijon, ou de Montereau à Troyes.

— C'est vrai ! dit Antonin, vous y êtes. Il n'y a que la banque, l'industrie ou la spéculation qui puissent être bien accueillies partout.

— Oui, dans ce moment-ci, les grands noms, les grandes familles, la vieille et la jeune pairie, arrivent au pas de charge dans les commandites ! dit Achille Pigoult.

— Les francs attirent les Francs, repartit Olivier Vinet sans rire.

— Vous n'êtes guère l'olivier de la paix, dit madame Mollot en souriant.

— Mais n'est-ce pas démoralisant de voir les noms des Verneuil, des Maufrigneuse et des d'Hérouville accolés à ceux des du Tillet et des Nucingen dans des spéculations cotées à la Bourse ?

— Notre inconnu doit être décidément un chemin de fer en bas âge, dit Olivier Vinet.

— Eh bien ! tout Arcis va demain être sens dessus dessous, dit Achille Pigoult. Je vais voir ce monsieur pour être le notaire de la chose ! Il y aura deux mille actes à faire.

— Notre roman devient une locomotive, dit tristement Ernestine à Cécile.

— Un comte doublé d'un chemin de fer, reprit Achille Pigoult, n'en est que plus conjugal. Mais est-il garçon?

— Eh! je saurai cela demain par grand-papa, dit Cécile avec un enthousiasme de parade.

— Oh! la bonne plaisanterie! s'écria madame Marion avec un rire forcé. Comment, Cécile, ma petite chatte, vous pensez à l'inconnu!...

— Mais le mari, c'est toujours l'inconnu, dit vivement Olivier Vinet en faisant à mademoiselle Beauvisage un signe qu'elle comprit à merveille.

— Pourquoi ne penserais-je pas à lui? demanda Cécile, ce n'est pas compromettant. Puis c'est, disent ces messieurs, ou quelque grand spéculateur, ou quelque grand seigneur... Ma foi! l'un et l'autre me vont. J'aime Paris! Je veux avoir voiture, hôtel, loge aux Italiens, etc.

— C'est cela! dit Olivier Vinet, quand on rêve, il ne faut se rien refuser. D'ailleurs, moi, si j'avais le bonheur d'être votre frère, je vous marierais au jeune marquis de Cinq-Cygne qui me paraît un petit gaillard à faire danser joliment les écus et à se moquer des répugnances de sa mère pour les acteurs du grand drame où le père de notre président a péri si malheureusement.

— Il vous serait plus facile de devenir premier ministre! dit madame Marion: il n'y aura jamais d'alliance entre la petite-fille des Grévin et les Cinq-Cygne!...

— Roméo a bien failli épouser Juliette! dit Achille Pigoult, et mademoiselle est plus belle que...

— Oh! si vous nous citez l'opéra! dit naïvement Herbelot le notaire qui venait de finir son whist.

— Mon confrère, dit Achille Pigoult, n'est pas fort sur l'histoire du moyen âge...

— Viens, Malvina! dit le gros notaire sans rien répondre à son confrère.

— Dites donc, monsieur Antonin, demanda Cécile au sous-préfet, vous avez parlé d'Anicette, la femme de chambre de la princesse Cadignan?... la connaissez-vous?

— Non; mais Julien la connaît: c'est la filleule de son père, et ils sont très bien ensemble.

— Oh! tâchez donc, par Julien, de nous l'avoir; maman ne regarderait pas aux gages...

— Mademoiselle! entendre, c'est obéir, dit-on en Asie aux despotes, répliqua le sous-préfet. Pour vous servir, vous allez voir comme je procède! Il sortit pour donner l'ordre à Julien de rejoindre le chariot qui retournait à Cinq-Cygne, et de séduire à tout prix Anicette.

XIV. — OU LE CANDIDAT PERD UNE VOIX.

En ce moment, Simon Giguet, qui venait d'achever ses courbettes en paroles à tous les gens influents d'Arcis, et qui se regardait comme sûr de son élection, vint se joindre au cercle qui entourait Cécile et mademoiselle Mollot. La soirée était assez avancée. Dix heures sonnaient. Après avoir énormément consommé de gâteaux, de verres d'orgeat, de punch, de limonades et de sirops variés, ceux qui n'étaient venus chez madame Marion, ce jour-là, que pour des raisons politiques, et qui n'avaient pas l'habitude de ces planches, pour eux aristocratiques, s'en allèrent d'autant plus promptement qu'ils ne se couchaient jamais si tard. La soirée allait donc prendre un caractère d'intimité. Simon Giguet espéra pouvoir échanger quelques paroles avec Cécile, et il la regardait en conquérant. Ce regard blessa Cécile.

— Mon cher, dit Antonin à Simon en voyant briller sur la figure de son ami l'auréole du succès, tu viens dans un moment où les gens d'Arcis ont tort...

— Très tort, dit Ernestine à qui Cécile poussa le coude. Nous sommes folles, Cécile et moi, de l'inconnu; nous nous le disputons!

— D'abord ce n'est plus un inconnu, dit Cécile, c'est un comte!

— Quelque farceur! répliqua Simon Giguet d'un air de mépris.

— Diriez-vous cela, monsieur Simon, répondit Cécile piquée, en face à un homme à qui la princesse de Cadignan vient d'envoyer ses gens, qui a dîné à Gondreville aujourd'hui, qui va passer la soirée chez la marquise de Cinq-Cygne. Ce fut dit si vivement et d'un ton si dur, que Simon en fut déconcerté.

— Ah! mademoiselle, dit Olivier Vinet, si l'on se disait en face ce que nous disons tous les uns des autres en arrière, il n'y aurait plus de société possible. Les plaisirs de la société, surtout en province, consistent à se dire du mal les uns des autres...

— M. Simon est jaloux de ton enthousiasme pour le comte inconnu, dit Ernestine..

— Il me semble, dit Cécile, que M. Simon n'a le droit d'être jaloux d'aucune de mes affections.. Sur ce mot accentué de manière à foudroyer Simon, Cécile se leva ; chacun lui laissa le passage libre, et elle alla rejoindre sa mère qui terminait ses comptes au whist.

— Ma petite, s'écria madame Marion en courant après l'héritière, il me semble que vous êtes bien dure pour mon pauvre Simon !

— Qu'a-t-elle fait, cette chère petite chatte ! demanda madame Beauvisage.

— Maman, M. Simon a souffleté mon inconnu du mot *farceur*.

Simon suivit sa tante, et arriva sur le terrain de la table à jouer. Les quatre personnages dont les intérêts étaient si graves se trouvèrent alors réunis au milieu du salon, Cécile et sa mère d'un côté de la table, madame Marion et son neveu de l'autre.

— En vérité, dit Simon Giguet, avouez qu'il faut avoir bien envie de trouver des torts à quelqu'un pour se fâcher de ce que je viens de dire d'un monsieur dont parle tout Arcis et qui loge au *Mulet*...

— Est-ce que vous trouvez qu'il vous fait concurrence ? dit en plaisantant madame Beauvisage.

— Je lui en voudrais certes beaucoup, s'il était cause de la moindre mésintelligence entre mademoiselle Cécile et moi, dit le candidat en regardant la jeune fille d'un air suppliant.

— Vous avez eu, monsieur, un ton tranchant en lançant votre arrêt, qui prouve que vous serez très despote, et vous avez raison ; si vous voulez être ministre, il faut beaucoup trancher...

En ce moment, madame Marion prit madame Beauvisage par le bras et l'emmena sur un canapé. Cécile, se voyant seule, rejoignit le cercle où elle était assise, afin de ne pas écouter la réponse que Simon pouvait faire, et le candidat resta très sot devant la table où il s'occupa machinalement à jouer avec les fiches.

— Il y a des fiches de consolation, dit Olivier Vinet, qui suivait cette petite scène. Ce mot, quoique dit à voix basse, fut entendu de Cécile, qui ne put s'empêcher d'en rire.

— Ma chère amie, disait tout bas madame Marion à madame Beauvisage, vous voyez que rien maintenant ne peut empêcher l'élection de mon neveu.

— J'en suis enchantée pour vous et pour la Chambre des Députés, dit Séverine.

— Mon neveu, ma chère, ira très loin... Voici pourquoi : sa fortune à lui, celle que lui laissera son père, et la mienne, feront environ trente mille francs de rentes. Quand on est député, que l'on a cette fortune, on peut prétendre à tout.

— Madame, il aura notre admiration, et nos vœux le suivront dans sa carrière politique ; mais...

— Je ne vous demande pas de réponse ! dit vivement madame Marion en interrompant son amie. Je vous prie seulement de réfléchir à cette proposition. Nos enfants se conviennent-ils ? pouvons-nous les marier ? Nous habiterons Paris pendant tout le temps des sessions ; et qui sait si le député d'Arcis n'y sera pas fixé par une belle place dans la magistrature ?... Voyez le chemin qu'a fait M. Vinet, de Provins. On blâmait mademoiselle de Chargebœuf de l'avoir épousé ; la voilà bientôt femme d'un garde des sceaux, et M. Vinet sera pair de France quand il le voudra.

— Madame, je ne suis pas maîtresse de marier ma fille à mon goût. D'abord, son père et moi nous lui laissons la pleine liberté de choisir. Elle voudrait épouser l'*inconnu*, que, pourvu que ce soit un homme convenable, nous lui accorderions notre consentement. Puis, Cécile dépend entièrement de son grand-père, qui lui donnera au contrat un hôtel à Paris, l'hôtel de Beauséant, qu'il a depuis dix ans acheté pour nous et qui vaut aujourd'hui huit cent mille francs. C'est l'un des plus beaux du faubourg Saint-Germain. En outre il a deux cent mille francs en réserve pour les frais d'établissement. Un grand-père qui se conduit ainsi et qui déterminera ma belle-mère à faire aussi quelques sacrifices pour sa petite-fille, en vue d'un mariage convenable, a droit de conseil...

— Certainement ! dit madame Marion, stupéfaite de cette confidence qui rendait le mariage de son neveu d'autant plus difficile avec Cécile.

— Cécile n'aurait rien à attendre de son grand-père Grévin, reprit madame Beauvisage, qu'elle ne se marierait pas sans le consulter. Le gendre que mon père avait choisi vient de mourir ; j'ignore ses nouvelles intentions. Si vous avez quelques propositions à faire, allez voir mon père.

— Eh bien ! j'irai, dit madame Marion.

Madame Beauvisage fit un signe à Cécile, et toutes deux elles quittèrent le salon.

Le lendemain, Antonin et Frédéric Marest se trouvèrent, selon leur habitude après dîner, avec M. Martener et Olivier, sous les tilleuls de l'avenue des Soupirs, fumant leurs cigares et se promenant. Cette promenade est un des petits plaisirs des autorités en province, quand elles vivent bien ensemble.

Après que les promeneurs eurent fait quelques tours, Simon Giguet vint se joindre à eux, et d'un air mystérieux :

— Tu dois rester fidèle à un vieux camarade qui veut te faire donner la rosette d'officier et une préfecture, lui dit-il.

— Tu commences déjà ta carrière politique, dit Antonin en riant, tu veux me corrompre, enragé puritain ?

— Veux-tu me seconder ?

— Mon cher, tu sais bien que Bar-sur-Aube vient voter ici. Qui peut garantir une majorité dans ces circonstances-là ? Mon collègue de Bar-sur-Aube se plaindrait de moi si je ne faisais pas les mêmes efforts que lui dans le sens du gouvernement, et ta promesse est conditionnelle, tandis que ma destitution est certaine.

— Mais je n'ai pas de concurrents.

— Tu le crois, dit Antonin ; mais...

Il s'en présentera, garde-toi d'en douter.

— Et ma tante, qui sait que je suis sur des charbons ardents, et qui ne vient pas !... s'écria Giguet. Oh ! voici trois heures qui peuvent compter pour trois années... Et son secret lui échappa ! Il avoua à son ami que madame Marion était allée le proposer au vieux Grévin comme le prétendu de Cécile.

Les deux amis s'étaient avancés jusqu'à la hauteur de la route de Brienne, en face de l'hôtel du *Mulet*. Pendant que l'avocat regardait la rue en pente par laquelle sa tante devait revenir du pont, le sous-préfet examinait les ravins que les pluies avaient tracés sur la place. Arcis n'est pavé ni de grès ni de cailloux, car les plaines de la Champagne ne fournissent aucuns matériaux propres à bâtir, et encore moins de cailloux assez gros pour faire un pavage de cailloutis. Une ou deux rues et quelques endroits ont des chaussées ; mais toutes les autres sont parfaitement macadamisées, et c'est assez dire en quel état elles se trouvent par les temps de pluie. Le sous-préfet se donnait une contenance, en paraissant exercer ses méditations sur cet objet important ; mais il ne perdait pas une des souffrances intimes qui se peignaient sur la figure altérée de son camarade.

En ce moment, l'inconnu revenait du château de Cinq-Cygne où vraisemblablement il avait passé la nuit. Goulard résolut d'éclaircir par lui-même le mystère dans lequel s'enveloppait l'inconnu, qui, physiquement, était enveloppé dans cette petite redingote de gros drap appelée paletot, et alors à la mode ; un manteau, jeté sur les pieds de l'inconnu comme une couverture, empêchait de voir le corps ; enfin un énorme cache-nez de cachemire rouge montait jusque sur les yeux. Le chapeau, crânement mis sur le côté, n'avait cependant rien de ridicule. Jamais un mystère ne fut si mystérieusement emballé, entortillé.

— Gare ! cria le tigre qui précédait à cheval le tilbury. Papa Poupart ! ouvrez ! cria-t-il d'une voix aigrelette.

Les trois domestiques du *Mulet* s'attroupèrent, et le tilbury fila sans que personne pût voir un seul des traits de l'inconnu. Le sous-préfet suivit le tilbury et vint sur le seuil de la porte de l'auberge.

— Madame Poupart, dit Antonin, voulez-vous demander à votre monsieur... monsieur !...

— Je ne sais pas son nom, dit la sœur de Gothard.

— Vous avez tort ! les ordonnances de police sont formelles, et M. Groslier ne badine pas, comme tous les commissaires de police qui n'ont rien à faire.

— Les aubergistes n'ont jamais de tort en temps d'élections, dit le tigre qui descendait de cheval.

— Je vais aller répéter ce mot à Vinet, se dit le sous-préfet. — Va demander à ton maître s'il peut recevoir le sous-préfet d'Arcis. Et Antonin Goulard rejoignit les trois promeneurs, qui s'étaient arrêtés au bout de l'avenue en voyant le sous-préfet en conversation avec le tigre, illustre déjà dans Arcis par son nom et par ses reparties.

— Monsieur prie M. le sous-préfet de monter ; il sera charmé de le recevoir, vint dire Paradis au sous-préfet quelques instants après.

— Mon petit, dit Olivier, combien ton maître donne-t-il par an à un garçon de ton poil et de ton esprit ?

— Donner, monsieur ?... Pour qui nous prenez-vous ? M. le comte se laisse carotter... et je suis content.

— Cet enfant est à bonne école, dit Frédéric Marest.

— La haute école ! monsieur le procureur du roi, répliqua Paradis en laissant les cinq amis étonnés de son aplomb.

— Quel Figaro ! s'écria Vinet.

— Faut pas nous rabaisser, répliqua l'enfant. Mon maître m'appelie petit Robert-Macaire. Depuis que nous savons nous faire des rentes, nous sommes Figaro, plus la caisse d'épargnes.

— Que gagnes-tu donc?

— Il y a des courses où je gagne mille écus.... sans vendre mon maître, monsieur...

— Enfant sublime! dit Vinet! Il connaît le turf.

— Et tous les *gentlemen riders*, dit l'enfant en montrant la langue à Vinet.

— Le chemin de Paradis mène loin! dit Frédéric Marest.

XV. — INTERROGATOIRE SUBI PAR L'INCONNU.

Introduit par l'hôte du *Mulet*, Antonin Goulard trouva l'inconnu dans la pièce de laquelle il avait fait un salon, et il se vit sous le coup d'un lorgnon tenu de la façon la plus impertinente.

— Monsieur, dit Antonin Goulard avec une espèce de hauteur, je viens d'apprendre, par la femme de l'aubergiste, que vous refusez de vous conformer aux ordonnances de police, et comme je ne doute pas que vous ne soyez une personne distinguée, je viens moi-même...

— Vous vous nommez Goulard? demanda l'inconnu d'une voix de tête.

— Je suis le sous-préfet, monsieur... répondit Antonin Goulard.

— Votre père n'appartenait-il pas aux Simeuse?...

— Et moi, monsieur, j'appartiens au gouvernement, voilà la différence des temps.

— Vous avez un domestique nommé Julien, qui veut enlever la femme de chambre de la princesse de Cadignan?...

— Monsieur, je ne permets à personne de me parler ainsi, dit Goulard, vous méconnaissez mon caractère...

— Et vous voulez savoir le mien! riposta l'inconnu. Je me fais donc connaître... On peut mettre sur le livre de l'aubergiste : *Impertinent... venant de Paris... questionneur... âge douteux... voyageant pour son plaisir.* Ce serait une innovation très goûtée en France que d'imiter l'Angleterre dans sa méthode de laisser les gens aller et venir, selon leur bon plaisir, sans les tracasser, sans eur demander à tou moment *des papiers...* Je suis sans passe-port, que ferez-vous ?

— M. le procureur du roi est là, sous les tilleuls... dit le sous-préfet.

— M. Marest!.... vous lui souhaiterez le bonjour de ma part...

— Mais qui êtes-vous?...

— Ce que vous voudrez que je sois, mon cher monsieur Goulard, dit l'inconnu, car c'est vous qui déciderez *en quoi* je serai dans cet arrondissement. Donnez-moi un bon conseil sur ma tenue. Tenez, lisez. Et l'inconnu tendit au sous-préfet une lettre ainsi conçue :

(Cabinet.)   PRÉFECTURE DE L'AUBE.

« Monsieur le sous-préfet,

» Vous vous concerterez avec le porteur de la présente pour
» l'élection d'Arcis, et vous vous conformerez à tout ce qu'il pourra
» vous demander. Je vous engage à garder la plus entière discrétion
» et à le traiter avec les égards dus à son rang. »

Cette lettre était écrite, signée par le préfet.

— Vous avez fait de la prose sans le savoir! dit l'inconnu en reprenant la lettre.

Antonin Goulard, déjà frappé par l'air gentilhomme et les manières de ce personnage, devint respectueux.

— Et comment, monsieur? demanda le sous-préfet.

— En voulant débaucher Anicette... Elle est venue nous dire les tentatives de corruption de Julien, que vous pourriez nommer Julien l'Apostat, car il a été vaincu par le jeune Paradis, mon tigre, et il a fini par avouer que vous souhaitiez faire entrer Anicette au service de la plus riche maison d'Arcis. Or, comme la plus riche maison d'Arcis est celle des Beauvisage, je ne doute pas que ce ne soit mademoiselle Cécile qui veut jouir de ce trésor.

— Oui, monsieur...

— Eh bien! Anicette entrera ce matin au service de Beauvisage! Il siffla. Paradis se présenta si rapidement, que l'inconnu lui dit : Tu écoutais!

— Malgré moi, monsieur le comte ; les cloisons sont de papier... Si monsieur le comte le veut, j'irai dans une chambre en haut...

— Non, tu peux écouter, c'est ton droit. C'est à moi de parler bas quand je ne veux pas que tu connaisses mes affaires... Tu vas retourner à Cinq-Cygne, et tu remettras de ma part cette pièce de vingt francs à la petite Anicette... — Julien aura l'air de l'avoir séduite pour votre compte. Cette pièce d'or signifie qu'elle peut suivre Julien, dit l'inconnu en se tournant vers Goulard. Anicette pourra bien ne pas être inutile au succès de notre candidat.

— Anicette ?...

— Voici, monsieur le sous-préfet, trente-deux ans que les femmes de chambre me servent... J'ai eu ma première aventure à treize ans, absolument comme le régent, le trisaïeul de notre roi... Connaissez-vous la fortune de cette demoiselle Beauvisage?

— On ne peut pas la connaître, monsieur; car hier, chez madame Marion, madame Séverine a dit que M. Grévin, le grand-père de Cécile, donnerait à sa petite-fille l'hôtel de Beauséant et deux cent mille francs en cadeau de noces...

Les yeux de l'inconnu n'exprimèrent aucune surprise; il eut l'air de trouver cette fortune très médiocre.

— Connaissez-vous bien Arcis? demanda-t-il à Goulard.

— Je suis le sous-préfet et je suis né dans le pays.

— Eh bien! comment peut-on y déjouer la curiosité?

— Mais en y satisfaisant. Ainsi, monsieur le comte a son nom de baptême, qu'il le mette sur les registres avec son titre.

— Bien : le comte Maxime...

— Et si monsieur veut prendre la qualité d'administrateur du chemin de fer, Arcis sera content, et l'on peut l'amuser avec ce bâton flottant pendant quinze jours.

— Non, je préfère la condition d'irrigateur, c'est moins commun... Je viens pour mettre les terres de Champagne en valeur. Ce sera, mon cher monsieur Goulard, une raison de m'inviter à dîner chez vous avec les Beauvisage, demain... je tiens à les voir, à les étudier.

— Je suis trop heureux de vous recevoir, dit le sous-préfet; mais je vous demande de l'indulgence pour les misères de ma maison...

— Si je réussis dans l'élection d'Arcis, au gré des vœux de ceux qui m'envoient, vous serez préfet, mon cher ami, dit l'inconnu. Tenez, lisez, dit-il en tendant deux autres lettres à Antonin.

— C'est bien, monsieur le comte, dit Goulard en rendant les lettres.

— Récapitulez toutes les voix dont peut disposer le ministère, et surtout n'ayons pas l'air de nous entendre. Je suis un spéculateur et je me moque des élections!...

— Je vais vous envoyer le commissaire de police pour vous forcer à vous faire inscrire sur le livre de Poupart.

— C'est très bien... Adieu, monsieur. Quel pays que celui-ci! dit le comte à haute voix. On ne peut pas y faire un pas sans que tout le monde, jusqu'au sous-préfet, soit sur votre dos.

— Vous aurez affaire au commissaire de police, monsieur, dit Antonin.

On parla vingt minutes après, chez madame Mollot, d'une altercation survenue entre le sous-préfet et l'inconnu.

— Eh bien! de quel bois est le soliveau tombé dans notre marais? dit Olivier Vinet à Goulard en le voyant revenir du *Mulet*.

— Un comte Maxime qui vient étudier le système géologique de la Champagne dans l'intention d'y trouver des sources minérales, répondit le sous-préfet d'un air dégagé.

— Dites des ressources, répondit Olivier.

— Il espère réunir des capitaux dans le pays?... dit monsieur Martener.

— Je doute que nos royalistes donnent dans ces mines-là, répondit Olivier Vinet en souriant.

— Que présumez-vous, d'après l'air et les gestes de madame Marion, dit le sous-préfet qui brisa la conversation en montrant Simon et sa tante en conférence.

Simon était allé au-devant de sa tante et causait avec elle sur la place.

— Mais, s'il était accepté, je crois qu'un mot suffirait pour le lui dire, répliqua le substitut.

— Eh bien? dirent à la fois les deux fonctionnaires à Simon qui venait sous les tilleuls.

— Eh bien! ma tante a bon espoir. Madame Beauvisage et le vieux Grévin, qui partaient pour Gondreville, n'ont pas été surpris de notre demande; on a causé des fortunes respectives, on veut laisser Cécile entièrement libre de faire un choix. Enfin, madame Beauvisage a dit que, quant à elle, elle ne voyait pas d'objections contre une alliance de laquelle elle se trouvait très honorée, qu'ell subordonnerait néanmoins sa réponse à ma nomination et peut-être à mon début à la Chambre, et le vieux Grévin a parlé de consulter le comte de Gondreville, sans l'avis de qui jamais il ne prenait de décision importante.

— Ainsi, dit nettement Goulard, tu n'épouseras pas Cécile, mon vieux!

— Et pourquoi? s'écria Giguet ironiquement.

— Mon cher, madame Beauvisage va passer avec sa fille et son mari quatre soirées par semaine dans le salon de ta tante; ta tante est la femme la plus comme il faut d'Arcis; elle est, quoiqu'il y ait vingt ans de différence entre elle et madame Beauvisage, l'objet de son envie, et tu crois que l'on ne doit pas envelopper un refus de quelques façons...?

— Ne dire ni oui, ni non, reprit Vinet, c'est dire non, eu égard aux relations intimes de vos deux familles. Si madame Beauvisage est la plus grande fortune d'Arcis, madame Marion en est la femme la plus considérée; car, à l'exception de la femme de notre président, qui ne voit personne, elle est la seule qui sache tenir un salon; elle est la reine d'Arcis. Madame Beauvisage paraît vouloir mettre de la politesse à son refus, voilà tout.

— Il me semble que le vieux Grévin s'est moqué de votre tante, mon cher, dit Frédéric Marest.

— Vous avez attaqué hier le comte de Gondreville, vous l'avez blessé, vous l'avez grièvement offensé, car Achille Pigoult l'a vaillamment défendu... et l'on veut le consulter sur votre mariage avec Cécile!..

— Il est impossible d'être plus narquois que le vieux père Grévin, dit Vinet.

— Madame Beauvisage est ambitieuse, répondit Goulard, et sait très bien que sa fille aura deux millions; elle veut être la belle-mère d'un ministre ou d'un ambassadeur, afin de trôner à Paris.

— Eh bien! pourquoi pas? dit Simon Giguet.

— Je te le souhaite, répondit le sous-préfet en regardant le substitut avec lequel il se mit à rire quand ils furent à quelques pas. Il ne sera pas seulement député! dit-il à Olivier, le ministère a des intentions. Vous trouverez chez vous une lettre de votre père qui vous enjoint de vous assurer des personnes de votre ressort, dont les votes appartiennent au ministère, il y va de votre avancement, et il vous recommande la plus entière discrétion.

— Et pour qui devront voter nos huissiers, nos avoués, nos juges de paix, nos notaires? fit le substitut.

— Pour le candidat que je vous nommerai...

— Mais comment savez-vous que mon père m'écrit, et ce qu'il m'écrit?...

— Par l'inconnu...

— L'homme des mines!

— Mon cher Vinet, nous ne devons pas le connaître, traitons-le comme un étranger... Il a vu votre père à Provins, en y passant. Tout à l'heure ce personnage m'a salué par un mot du préfet qui me dit de suivre, pour les élections d'Arcis, toutes les instructions que me donnera le comte Maxime. Je ne pouvais pas ne point avoir une bataille à livrer, je le savais bien! Allons dîner ensemble et dressons nos batteries : il s'agit pour vous de devenir procureur du roi à Mantes, pour moi d'être préfet, et nous ne devons pas avoir l'air de nous mêler des élections, car nous sommes entre l'enclume et le marteau. Simon est le candidat d'un parti qui veut renverser le ministère actuel et qui peut réussir; mais pour des gens aussi intelligents que nous, il n'y a qu'un parti à prendre...

— Lequel ?

— Servir ceux qui font et défont les ministères... Et la lettre qu'on m'a montrée est d'un des personnages qui sont les compères de la pensée immuable.

Avant d'aller plus loin, il est nécessaire d'expliquer quel était ce mineur, et ce qu'il venait extraire de la Champagne.

XVI. — CHEZ MADAME D'ESPARD.

Environ deux mois avant le triomphe de Simon Giguet comme candidat, à onze heures, dans un hôtel du faubourg Saint-Honoré, au moment où l'on servit le thé chez la marquise d'Espard, le chevalier d'Espard, son beau-frère, dit en posant sa tasse et en regardant le cercle formé autour de la cheminée : — Maxime était bien triste ce soir, ne trouvez-vous pas ?...

— Mais, répondit Rastignac, sa tristesse est assez explicable, il a quarante-huit ans; à cet âge, on ne se fait plus d'amis ; et quand nous avons enterré de Marsay, Maxime a perdu le seul homme capable de le comprendre, de le servir et de se servir de lui...

— Il a sans doute quelques dettes pressantes, ne pourriez-vous pas le mettre à même de les payer? dit la marquise à Rastignac.

En ce moment Rastignac était pour la seconde fois ministre, il venait d'être fait comte presque malgré lui; son beau-père, le baron de Nucingen, avait été nommé pair de France; son frère était évêque ; le comte de la Roche-Hugon, son beau-frère, était ambassadeur, et il passait pour être indispensable dans les combinaisons ministérielles à venir.

— Vous oubliez toujours, chère marquise, répondit Rastignac, que notre gouvernement n'échange son argent que contre de l'or; il ne comprend rien aux hommes.

— Maxime est-il homme à se brûler la cervelle? demanda banquier du Tillet.

— Ah! tu le voudrais bien, nous serions quittes, répondit a banquier le comte Maxime de Trailles que chacun croyait parti.

Et le comte se dressa comme une apparition du fond d'un fauteuil placé derrière celui du chevalier d'Espard. Tout le monde se mit à rire.

— Voulez-vous une tasse de thé? lui dit la jeune comtesse de Rastignac que la marquise avait priée de faire les honneurs à sa place.

— Volontiers, répondit le comte en venant se mettre devant la cheminée.

Cet homme, le prince des mauvais sujets de Paris, s'était jusqu'à ce jour soutenu dans la position supérieure qu'occupaient les dandys, alors appelés *Gants jaunes*, et depuis des *Lions*. Il est assez inutile de raconter l'histoire de sa jeunesse pleine d'aventures galantes et marquée par des drames horribles où il avait toujours su garder les convenances. Pour cet homme, les femmes ne furent jamais que des moyens, il ne croyait pas plus à leurs douleurs qu'à leurs plaisirs; il les prenait, comme feu de Marsay, pour des enfants méchants. Après avoir mangé sa propre fortune, il avait dévoré celle d'une fille célèbre, nommée la *Belle Hollandaise*, mère de la fameuse Esther Gobseck. Puis il avait causé les malheurs de madame Restaud, la sœur de madame Delphine de Nucingen, mère de la jeune comtesse de Rastignac.

Le monde de Paris offre des bizarreries inimaginables. La baronne de Nucingen se trouvait en ce moment dans le salon de madame d'Espard, devant l'auteur de tous les maux de sa sœur, devant un assassin qui n'avait tué que le bonheur d'une femme. Voilà pourquoi, sans doute, il était là. Madame de Nucingen avait dîné chez la marquise avec sa fille, mariée depuis un an au comte de Rastignac, qui avait commencé sa carrière politique en occupant une place de sous-secrétaire d'État dans le célèbre ministère de feu de Marsay, le seul grand homme d'État qu'ait produit la Révolution de Juillet.

Le comte Maxime de Trailles savait seul combien de désastres il avait causés; mais il s'est toujours mis à l'abri du blâme en obéissant aux lois du *Code-Homme*. Quoiqu'il eût dissipé dans sa vie plus de sommes que les quatre bagnes de France n'en ont volé durant le même temps, la Justice était respectueuse pour lui. Jamais il n'avait manqué à l'honneur, il payait scrupuleusement ses dettes de jeu. Joueur admirable, il faisait la partie des plus grands seigneurs et des ambassadeurs. Il dînait chez tous les membres du corps diplomatique. Il se battait; il avait tué deux ou trois hommes en sa vie, les avait à peu près assassinés, car il était d'une adresse et d'un sang-froid sans pareils. Aucun jeune homme ne l'égalait dans sa mise, ni dans sa distinction de manières, dans l'élégance des mots, dans la désinvolture, ce qu'on appelait autrefois *avoir un grand air*. En sa qualité de page de l'Empereur, formé dès l'âge de douze ans aux exercices du manége, il passait pour un des plus habiles écuyers. Ayant toujours eu cinq chevaux dans son écurie, il faisait alors courir, il dominait toujours la mode. Enfin, personne ne se tirait mieux que lui d'un souper de jeunes gens, il buvait mieux que le plus aguerri d'entre eux, et sortait frais, prêt à recommencer, comme si la débauche était son élément. Maxime, un de ces hommes méprisés qui savent comprimer le mépris qu'ils inspirent par l'insolence de leur attitude et la peur qu'ils causent, ne s'abusait jamais sur sa situation. De là venait sa force. Les gens forts sont toujours leurs propres critiques.

Sous la Restauration, il avait assez bien exploité son état de page de l'Empereur; il attribuait à ses prétendues opinions bonapartistes la répulsion qu'il avait rencontrée chez les différents ministères quand il demandait à servir les Bourbons; car, malgré ses liaisons, sa naissance, et ses dangereuses aptitudes, il ne put rien obtenir; alors il entra dans la conspiration sourde sous laquelle succombèrent les Bourbons de la branche aînée. Quand la branche cadette eut marché, précédée du peuple parisien, sur la branche aînée, et se fut assise sur le trône, Maxime réexploita son attachement à Napoléon, de qui il se souciait comme de sa première amourette. Il rendit alors de grands services que l'on fut extrêmement embarrassé de reconnaître, car il voulait être trop souvent payé par des gens qui savent compter. Au premier refus, Maxime se mit en état d'hostilité, menaçant de révéler certains détails peu agréables, car les dynasties qui commencent ont, comme les enfants, des langes tachés.

Pendant son ministère, de Marsay répara les fautes de ceux qui avaient méconnu l'utilité de ce personnage ; il lui donna de ces missions secrètes pour lesquelles il faut des consciences battues par le marteau de la nécessité, une adresse qui ne recule devant aucune mesure, de l'impudence, et surtout ce sang-froid, cet aplomb, ce coup d'œil qui constitue les *bravi* de la pensée et de la haute politique. De semblables instruments sont à la fois rares et nécessaires. Par calcul, de Marsay ancra Maxime de Trailles dans la société la plus élevée ; il le peignit comme un homme mûri par les passions, instruit par l'expérience, qui savait les choses et les hommes, à qui les voyages et une certaine faculté d'observation avaient donné la connaissance des intérêts européens, des cabinets étrangers et des alliances de toutes les familles continentales. De Marsay convainquit Maxime de la nécessité de se faire un honneur à lui ; il lui montra la discrétion moins comme une vertu que comme une spéculation ; il lui prouva que le pouvoir n'abandonnerait jamais un instrument solide et sûr, élégant et poli.

— En politique, on ne fait *chanter* qu'une fois ! lui dit-il en le blâmant d'avoir fait une menace.

Maxime était homme à sonder la profondeur de ce mot.

De Marsay mort, le comte Maxime de Trailles était retombé dans sa vie antérieure. Il allait jouer tous les ans aux eaux, il revenait passer l'hiver à Paris ; mais, s'il recevait quelques sommes importantes, venues des profondeurs de certaines caisses extrêmement avares, cette demi-solde due à l'homme intrépide qu'on pouvait employer d'un moment à l'autre, et qui avait la confidence de bien des mystères de la contre-diplomatie, était insuffisante pour les dissipations d'une vie aussi splendide que celle du roi des dandys, du tyran de quatre ou cinq clubs parisiens. Aussi le comte Maxime avait-il souvent des inquiétudes sur la question financière. Sans propriété, il n'avait jamais pu consolider sa position en se faisant nommer député ; puis, sans fonctions ostensibles, il lui était impossible de mettre le couteau sous la gorge à quelque ministère pour se faire nommer pair de France. Or, il se voyait gagné par le temps, car ses profusions avaient entamé sa personne aussi bien que ses diverses fortunes. Malgré ses beaux dehors, il se connaissait et ne pouvait se tromper sur lui-même, il pensait à faire une fin, à se marier.

Homme d'esprit, il ne s'abusait pas sur sa considération ; il savait bien qu'elle était mensongère. Il ne devait donc y avoir de femmes pour lui ni dans la haute société de Paris, ni dans la bourgeoisie ; il lui fallait prodigieusement de méchanceté, de bonhomie apparente et de services rendus pour se faire supporter, car chacun désirait sa chute, et une mauvaise veine pouvait le perdre. Une fois envoyé à la prison de Clichy ou à l'étranger par quelques lettres de change intraitables, il tombait dans le précipice où l'on peut voir tant de carcasses politiques qui ne se consolent pas entre elles. En ce moment même, il craignait les éboulements de quelques portions de cette voûte menaçante que les dettes élèvent au-dessus de plus d'une tête parisienne. Il avait laissé les soucis apparaître sur son front, il venait de refuser de jouer chez madame d'Espard, il avait causé avec les femmes en donnant des preuves de distraction, et il avait fini par rester muet et absorbé dans le fauteuil d'où il venait de se lever comme le spectre de *Banquo*. Le comte Maxime de Trailles se trouva l'objet de tous les regards, directs ou indirects, placé comme il l'était au milieu de la cheminée, illuminé par les feux croisés de deux candélabres. Le peu de mots dits sur lui l'obligeaient en quelque sorte à se poser fièrement, et il se tenait en homme d'esprit, sans arrogance, mais avec l'intention de se montrer au-dessus des soupçons.

Un peintre n'aurait jamais pu rencontrer un meilleur moment pour saisir le portrait de cet homme certainement extraordinaire. Ne faut-il pas être doué de facultés rares pour jouer un pareil rôle, pour avoir toujours séduit les femmes pendant trente ans, pour se résoudre à n'employer ses dons que dans une sphère cachée, en incitant un peuple à la révolte, en surprenant les secrets d'une politique astucieuse, en ne triomphant que dans les boudoirs ou dans les cabinets. N'y a-t-il pas je ne sais quoi de grand à s'élever aux plus hauts calculs de la politique, et à retomber froidement dans le néant d'une vie frivole ? Quel homme de fer que celui qui résiste aux alternatives du jeu, aux rapides voyages de la politique, au pied de guerre de l'élégance et du monde, aux dissipations des galanteries nécessaires ; qui fait de sa mémoire une bibliothèque de ruses et de mensonges ; qui enveloppe tant de pensées diverses, tant de manéges sous une impénétrable élégance de manières ! Si le vent de la faveur avait soufflé dans ces voiles toujours tendues, si le hasard des circonstances avait servi Maxime, il eût été Mazarin, le maréchal de Richelieu, Potemkin, ou peut-être plus justement Lauzun, sans Pignerol.

XVII. — PORTRAIT AVEC NOTICE.

Le comte, quoique d'une taille assez élevée et d'une constitution sèche, avait pris un peu de ventre, mais il le contenait au majestueux, suivant l'expression de Brillat-Savarin. Ses habits étaient d'ailleurs si bien faits, qu'il conservait dans toute sa personne un air de jeunesse, quelque chose de leste, de découplé, dû sans doute à ses exercices soutenus, à l'habitude de faire des armes, de monter à cheval et de chasser. Maxime possédait toutes les grâces et les noblesses physiques de l'aristocratie, encore rehaussées par sa tenue supérieure. Son visage, long et bourbonien, était encadré par des favoris, par un collier de barbe soigneusement frisés, élégamment coupés, et noirs comme du jais. Cette couleur, pareille à celle de sa chevelure abondante, s'obtenait par un cosmétique indien fort cher, en usage dans la Perse, et sur lequel Maxime gardait le secret. Il trompait ainsi les regards les plus exercés sur le blanc qui, depuis longtemps, avait envahi ses cheveux. Le propre de cette teinture, dont se servent les Persans pour leurs barbes, est de ne pas rendre les traits durs; elle peut se nuancer par le plus ou le moins d'indigo, et s'harmonie alors à la couleur de la peau. C'était sans doute cette opération que madame Mollot avait vu faire; mais on continue encore par certaines soirées la plaisanterie de se demander ce que madame Mollot a vu.

Maxime avait un très beau front, les yeux bleus, un nez grec, une bouche agréable et le menton bien coupé; mais le tour de ses yeux était cerné par de nombreuses lignes fines comme si elles eussent été tracées avec un rasoir, et au point de n'être plus vues à une certaine distance. Ses tempes portaient des traces semblables. Le visage était aussi passablement rayé. Les yeux, comme ceux des joueurs qui ont passé des nuits innombrables, étaient couverts comme d'un glacis; mais, quoique affaibli, le regard n'en était que plus terrible, il épouvantait. On sentait là-dessous une chaleur couvée, une lave de passions mal éteinte. Cette bouche, autrefois si fraîche et si rouge, avait également des teintes froides; elle n'était plus droite. Cette sinuosité semblait indiquer le mensonge. Le vice avait tordu ses lèvres; mais ses dents étaient encore belles et blanches.

Ces flétrissures disparaissaient dans l'ensemble de la physionomie et de la personne. Les formes étaient toujours si séduisantes, qu'aucun jeune homme ne pouvait lutter au bois de Boulogne avec Maxime à cheval, où il se montrait plus jeune, plus gracieux que le plus jeune et le plus gracieux d'entre eux. Ce privilége de jeunesse éternelle a été possédé par quelques hommes de ce temps.

Le comte était d'autant plus dangereux, qu'il paraissait souple, indolent, et ne laissait pas voir l'épouvantable parti pris qu'il avait sur toutes choses. Cette effroyable indifférence, qui lui permettait de seconder une sédition populaire avec autant d'habileté qu'il pouvait en mettre à une intrigue de cour, dans le but de raffermir l'autorité d'un prince, avait une sorte de grâce. Jamais on ne se défie du calme, de l'uni, surtout en France, où nous sommes habitués à beaucoup de mouvement pour les moindres choses.

Vêtu selon la mode de 1839, le comte était en habit noir, en gilet de cachemire bleu foncé, brodé de petites fleurs d'un bleu clair, en pantalon noir, en bas de soie gris, en souliers vernis. Sa montre, contenue dans une des poches du gilet, se rattachait par une chaîne élégante à l'une des boutonnières.

— Rastignac, dit-il en acceptant la tasse de thé que la jolie madame de Rastignac lui tendit, voulez-vous venir avec moi à l'ambassade d'Autriche?

— Mon cher, je suis trop nouvellement marié pour ne pas rentrer avec ma femme!

— C'est-à-dire que plus tard?... dit la jeune comtesse en se retournant et regardant son mari.

— Plus tard, c'est la fin du monde, répondit Maxime. Mais n'est-ce pas me faire gagner mon procès que de me donner madame pour juge?

Le comte, par un geste gracieux, amena la jolie comtesse auprès de lui; elle écouta quelques mots, regarda sa mère et dit à Rastignac : — Si vous voulez aller avec M. de Trailles à l'ambassade, ma mère me ramènera.

Quelques instants après, la baronne de Nucingen et la comtesse de Rastignac sortirent ensemble. Maxime et Rastignac descendirent bientôt, et quand ils furent assis tous deux dans la voiture du baron : — Que me voulez-vous, Maxime? dit le nouveau marié. Qu'y a-t-il de si pressé pour me prendre à la gorge? Qu'avez-vous dit à ma femme?

— Que j'avais à vous parler, répondit M. de Trailles. Vous êtes heureux, vous! Vous avez fini par épouser l'unique héritière des millions de Nucingen, et vous l'avez bien gagné... vingt ans de travaux forcés!

— Maxime!

— Mais moi, me voici mis en question par tout le monde, dit-il en continuant et tenant compte de l'interruption. Un misérable, un du Tillet, se demande si j'ai le courage de me tuer! Il est temps de se ranger. Veut-on ou ne veut-on pas se défaire de moi? vous pouvez le savoir, vous le saurez, dit Maxime en faisant un geste pour imposer silence à Rastignac. Voici mon plan, écoutez-le. Vous devez me servir, je vous ai déjà servi, je puis vous servir encore. La vie que je mène m'ennuie et je veux une retraite. Voyez à me seconder dans la conclusion d'un mariage qui me donne un demi-million; une fois marié, nommez-moi ministre auprès de quelque méchante république d'Amérique. Je resterai dans ce poste aussi longtemps qu'il le faudra pour légitimer ma nomination à un poste du même genre en Allemagne. Si je vaux quelque chose, on m'en tirera; si je ne vaux rien, on me remerciera. J'aurai peut-être un enfant, je serai sévère pour lui; sa mère sera riche, j'en ferai un diplomate, il pourra être ambassadeur.

— Voici ma réponse, dit Rastignac. Il y a un combat, plus violent que le vulgaire ne le croit, entre une puissance au maillot et une puissance enfant. La puissance au maillot, c'est la Chambre des Députés, qui, n'étant pas contenue par une chambre héréditaire...

— Ah! ah! dit Maxime, vous êtes pair de France.

— Ne serais-je pas maintenant sous tous les régimes?... dit le nouveau pair. Mais ne m'interrompez pas, il s'agit de vous dans tout ce gâchis. La Chambre des Députés deviendra fatalement tout le gouvernement, comme nous le disait de Marsay, le seul homme par qui la France eût pu être sauvée, car les peuples ne meurent pas, ils sont esclaves ou libres, voilà tout. La puissance enfant est la royauté couronnée au mois d'août 1830. Le ministère actuel est vaincu, il a dissous la Chambre et veut faire les élections pour que le ministère qui viendra ne les fasse pas; mais il ne croit pas à une victoire. S'il était victorieux dans les élections, la dynastie serait en danger; tandis que, si le ministère est vaincu, le parti dynastique pourra lutter avec avantage pendant longtemps. Les fautes de la Chambre profiteront à une volonté qui, malheureusement, est tout dans la politique. Quand on est tout, comme fut Napoléon, il vient un moment où il faut se faire suppléer, et comme on a écarté les gens supérieurs, le grand tout ne trouve pas de suppléant. Le suppléant, c'est ce qu'on nomme un cabinet, et il n'y a pas de cabinet en France, il n'y a qu'une volonté viagère. En France, il n'y a que les gouvernants qui fassent des fautes, l'opposition ne peut pas en faire, elle peut perdre autant de batailles qu'elle en livre, il lui suffit, comme les alliés en 1814, de vaincre une seule fois. Avec *trois glorieuses journées*, enfin, elle détruit tout. Aussi est-ce se porter héritier du pouvoir que de ne pas gouverner et d'attendre. J'appartiens par mes opinions personnelles à l'aristocratie, et par mes opinions publiques à la royauté de Juillet. La maison d'Orléans m'a servi à relever la fortune de ma maison, et je lui reste attaché à jamais.

— Le jamais de M. de Talleyrand, bien entendu! dit Maxime.

— Dans ce moment je ne peux donc rien pour vous, reprit Rastignac; nous n'aurons pas le pouvoir dans six mois. Oui, ces six mois vont être une agonie, je le savais; nous connaissons notre sort en nous formant, nous sommes un ministère bouche-trou. Mais si vous vous distinguez au milieu de la bataille électorale qui va se livrer, si vous apportez une voix, un député fidèle à la cause dynastique, on accomplira votre désir. Je puis parler de votre bonne volonté, je puis mettre le nez dans les documents secrets, dans les rapports confidentiels, et vous trouver quelque rude tâche. Si vous réussissez, je puis insister sur vos talents, sur votre dévouement, et réclamer une récompense. Votre mariage, mon cher, ne se fera que dans une famille d'industriels ambitieux et en province. A Paris vous êtes trop connu. Il s'agit donc de trouver un millionnaire, un parvenu doné d'une fille, et possédé de l'envie de parader au château des Tuileries.

— Faites-moi prêter, par votre beau-père, vingt-cinq mille francs pour attendre jusque-là; il sera intéressé à ce qu'on ne me paie pas en eau bénite de cour après le succès, et il poussera au mariage.

— Vous êtes fin, Maxime, vous vous défiez de moi; mais j'aime les gens d'esprit, j'arrangerai votre affaire.

Ils étaient arrivés. Le baron de Rastignac vit dans le salon le ministre de l'intérieur et alla causer avec lui dans un coin. Le comte Maxime de Trailles était, en apparence, occupé de la vieille comtesse de Listomère; mais il suivait, en réalité, le cours de la conversation des deux pairs de France; il épiait leurs gestes, il interprétait leurs regards, et finit par saisir un favorable coup d'œil jeté sur lui par le ministre.

Maxime et Rastignac sortirent ensemble à une heure du matin, et, avant de monter chacun dans sa voiture, Rastignac dit à de Trailles, sur les marches de l'escalier : — Venez me voir à l'approche des élections. D'ici là j'aurai vu dans quelle localité les chances de l'opposition sont les plus mauvaises, et quelles ressources y trouveront deux esprits comme les nôtres.

— Les vingt-cinq mille francs sont pressés! lui répondit de Trailles.

— Eh bien! cachez-vous.

Cinquante jours après, un matin avant le jour, le comte de Trailles vint rue de Varennes, mystérieusement, dans un cabriolet de place. A la porte de l'hôtel du ministre des travaux publics, il renvoya le cabriolet, regarda s'il n'était pas suivi, puis attendit dans un petit salon du premier que Rastignac se levât. Quelques instants après, le valet de chambre qui avait porté la carte de Maxime l'introduisit dans la chambre à coucher, où l'homme d'État achevait sa toilette du matin.

— Mon cher, lui dit le ministre, je puis vous dire un secret qui sera divulgué dans deux jours par les journaux et que vous pouvez mettre à profit. Ce pauvre Charles Keller, qui dansait si bien la mazurka, a été tué en Afrique, et il était notre candidat dans l'arrondissement d'Arcis. Cette mort laisse un vide. Voici la copie de deux rapports, l'un du sous-préfet, l'autre du commissaire de police, qui prévenaient le ministre que l'élection de notre pauvre ami rencontrerait des difficultés. Il se trouve dans celui du commissaire de police des renseignements sur l'état de la ville, qui suffiront à un homme de votre habileté, car l'ambition du concurrent du pauvre feu Charles Keller vient de son désir d'épouser une héritière. A un entendeur tel que vous, ce mot suffit. Les Cinq-Cygne, la princesse de Cadignan et Georges de Maufrigneuse sont à deux pas d'Arcis; vous saurez avoir au besoin les votes légitimistes... Ainsi...

— N'use pas ta langue, dit Maxime. Le commissaire de police est encore là?

— Oui.

— Fais-moi donner un mot pour lui.

— Mon cher, dit Rastignac en remettant à Maxime tout un dossier, vous trouverez là deux lettres écrites à Gondreville pour vous. Vous avez été page, il a été sénateur, vous vous entendrez. Madame François Keller est dévote, voici pour elle une lettre de la maréchale de Carigliano. La maréchale est devenue dynastique, elle vous recommande chaudement et vous rejoindra d'ailleurs. Je ne vous ajouterai qu'un mot : défiez-vous du sous-préfet, que je crois capable de se ménager dans ce Simon Giguet un appui auprès de l'ex-président du conseil. S'il vous faut des lettres, des pouvoirs, des recommandations, écrivez-moi.

— Et les vingt-cinq mille francs? demanda Maxime.

— Signez cette lettre de change à l'ordre de du Tillet, voici les fonds.

— Je réussirai, dit le comte, et vous pouvez promettre au château que le député d'Arcis leur appartiendra corps et âme. Si j'échoue, qu'on m'abandonne!

Maxime de Trailles était en tilbury sur la route de Troyes une heure après.

XVIII. — PRÉFACE AVANT LA LETTRE.

Une fois en possession des renseignements fournis par l'hôtesse du *Mulet* et par le sous-préfet Antonin Goulard, M. de Trailles eut bientôt fait de disposer tout le plan de sa bataille électorale, et ce plan s'indique trop facilement de lui-même pour que le lecteur ne l'ait pas déjà pressenti. A la candidature de Simon Giguet, l'habile agent de la politique personnelle opposait brusquement la candidature de Philéas; et en dépit de la nullité et de l'invraisemblance du personnage, cette combinaison, il faut le reconnaître, avait pour elle d'incontestables chances de succès. Mis en évidence par l'auréole municipale auprès de la masse des électeurs indifférents, Beauvisage avait une avance énorme : son nom était connu d'eux.

La logique, bien plus qu'elle n'en a l'air, préside à la conduite des choses d'ici-bas; elle est comme la femme à laquelle, après beaucoup d'infidélités, on retourne toujours.

Ce que le bon sens voudrait, c'est qu'appelés à choisir un représentant de la chose publique, les électeurs fussent toujours parfaitement édifiés sur son aptitude, sa probité, son caractère. Trop souvent, sans doute, dans la pratique, de terribles entorses sont données à cette théorie ; mais toutes les fois que le troupeau électoral, laissé à l'instinct de son mandat, peut se persuader qu'il vote avec son intelligence et avec ses lumières, on peut être assuré de le voir mettre de l'empressement et de l'amour-propre à se décider dans ce sens ; or, quand il s'agit de connaître un homme, savoir au moins comment il s'appelle, électoralement parlant, n'est-ce pas un joli commencement ?

Des électeurs indifférents en allant aux plus passionnés, Philéas était d'abord assuré de rallier le parti Gondreville. Quand il s'agissait de châtier l'outrecuidance de Simon Giguet, quel candidat n'eût été appuyé par *le vice-roi d'Arcis ?* La nomination d'un homme placé vis-à-vis de lui en flagrant délit d'hostilité et d'ingratitude, c'était pour son importance provinciale un de ces échecs qu'il faut conjurer à tout prix.

Pourtant, à la première nouvelle de son ambition parlementaire, du côté de Grévin, son beau-père, Beauvisage devait s'attendre à un étonnement peu flatteur et peu encourageant. Une fois pour toutes, l'ancien notaire avait jaugé son gendre, et, à son esprit juste et exact, l'idée de Philéas homme d'État devait produire quelque chose du désagréable effet que produit à l'oreille la surprise d'une dissonance mal préparée. Si d'ailleurs il est vrai de dire qu'en son pays nul n'est prophète, on l'est bien moins, ce semble, dans sa famille, où la reconnaissance des succès les moins contestables continue encore d'être marchandée longtemps après que, dans le public, ils ont cessé de faire une question. Mais, la première impression passée, Grévin devait finir par s'acclimater à la pensée d'un expédient qui, en somme, s'ajustait assez avec la manière dont lui-même entendait arranger l'avenir de Séverine. D'ailleurs, pour le salut de l'influence Gondreville, si sérieusement menacée, quel sacrifice n'eût-il pas compris ?

Auprès des partis légitimiste et républicain, qui tous deux ne pouvaient peser dans l'élection qu'à l'état d'appoint, le candidat de M. de Trailles avait une recommandation étrange, à savoir, celle de son ineptie bien constatée. Ne se sentant pas la force de faire un député, les deux fractions de l'opposition antidynastique devaient embrasser avec ardeur une occasion de faire une niche à ce qu'elles appelaient dédaigneusement l'*ordre de choses*, et l'on pouvait compter que dans leur joyeux désespoir elles s'attelleraient de tout cœur au succès d'un candidat assez éclatant de ridicule pour en refléter un large rayon sur le gouvernement qui lui aurait prêté son appui.

Enfin, dans l'opinion centre-gauche qui provisoirement avait adopté Simon Giguet pour son candidat, Beauvisage était en mesure d'opérer une grave scission; car, lui aussi, se donnait pour un homme de l'opposition dynastique, et jusqu'à nouvel ordre, tout en lui assurant le concours de l'influence ministérielle, M. de Trailles comptait bien lui garder cette teinte politique qui, dans le milieu où l'on opérait, était incontestablement la plus populaire. Mais quel que fût le bagage de convictions que l'incorruptible mandataire emporterait à Paris, son horoscope était tiré : on pouvait être assuré que dès sa première apparition dans les salons des Tuileries une auguste séduction ferait de lui un séide, si déjà même les simples enlacements de l'embauchage ministériel n'avaient pas suffi à ce résultat. L'intérêt de la chose publique ainsi bien réglé, restait, pour le courtier électoral, la question personnelle, celle de savoir si dans la façon du député il trouverait à tailler, de surcroît, l'étoffe d'un beau-père.

Premier point, la dot;

Deuxième point, la fille

lui convenaient : l'une sans l'éblouir; l'autre sans qu'il se dissimulât les imperfections d'une éducation provinciale qu'il aurait tout entière à refaire, mais qui ne devait point offrir de résistance sérieuse à sa savante pédagogie conjugale.

De plein saut madame Beauvisage emportait son mari; c'était une ambitieuse qui, malgré ses quarante-quatre ans sonnés, avait encore l'air de sentir son cœur. Dès lors le jeu était peut-être de commencer sur elle le feu d'une fausse attaque, qu'ensuite on rabattrait du côté de la fille. Jusqu'où l'on irait dans l'occupation de l'ouvrage avancé, question à résoudre selon les circonstances. Dans tous les cas, auprès des deux femmes, Maxime se sentait d'avance puissamment patronné par son titre, par sa réputation d'homme à la mode, par son aptitude magistrale à leur servir d'initiateur dans tous les difficiles et élégants mystères de la vie parisienne; enfin, auteur de la fortune politique de Beauvisage, qui promettait une si heureuse révolution dans l'existence des deux exilées champenoises, monsieur de Trailles ne devait-il pas s'attendre de leur part à la plus chaude reconnaissance?

Toutefois au succès de sa campagne matrimoniale ne laissait pas de se rencontrer une difficulté sérieuse. Il fallait obtenir la ratification du vieux Grévin, qui n'était point homme à marier Cécile sans s'être d'abord renseigné à fond sur tout le passé du prétendant. Or, cette enquête faite, n'était-il pas à craindre que dans l'orageuse biographie d'un roué quinquagénaire n'apparût pas pour le pointilleux vieillard la somme entière des sûretés et des convenances que sa prudence pouvait réclamer.

Toutefois dans l'espèce de mission gouvernementale dont M. de Trailles arrivait chargé à Arcis, pouvait être trouvée l'apparence d'une gravité et d'un amendement très propre à neutraliser la portée de certains renseignements. Avant que cette mission fût ébruitée, en en faisant faire, sous le plus grand secret, la confidence par Gondreville, on flatterait l'amour-propre de Grévin et l'on se ménagerait auprès de lui un certain relief. Ensuite la très ancienne habileté attribuée à *Gribouille*, et qui consiste à se jeter dans l'eau pour éviter d'être mouillé, dans ce cas difficile, Maxime était décidé à l'employer. Allant au-devant des défiances du vieux notaire, il avait arrangé que lui-même aurait l'air de douter de sa propre sagesse, et en manière de précaution contre l'influence de ses vieux entraînements, il se proposait de demander que dans les stipulations matrimoniales fût introduite la clause expresse de séparation de biens. De cette façon, on se croirait bien garanti contre toute rechute de ses anciennes habitudes de prodigalité. Quant à lui, c'était son affaire de prendre sur sa jeune femme assez d'empire pour rattraper, par la puissance du sentiment, la part d'autorité conjugale dont le contrat l'aurait dépossédé.

D'abord, rien ne vint contredire la sagesse et la lucidité de tous ces aperçus. Aussitôt mise en avant, la candidature de Beauvisage ayant pris feu comme une traînée de poudre, M. de Trailles dut voir, au succès de tous ses efforts, des chances si probables, qu'il se crut autorisé à écrire à Rastignac, et à lui cautionner l'heureuse et entière exécution de son mandat. Mais tout à coup devant le triomphateur Beauvisage vint se dresser une contre-candidature, et, soit dit en passant, pour l'heur et fortune de notre histoire, cette concurrence se présentait dans des conditions si exceptionnelles et si imprévues, qu'à la peinture d'abord attendue des petites misères d'une lutte électorale, elle pourrait bien finir par substituer l'intérêt d'un drame plus fortement accidenté.

L'homme qui, dans ce récit, survient chargé d'une mission si haute, est appelé à y jouer un rôle trop considérable pour qu'il ne devienne pas nécessaire de l'y installer par des explications rétrospectives assez étendues. Mais au point où en est parvenue la narration, en suspendre inopinément la marche par une sorte de tardive exposition, ne serait-ce point procéder contre toutes les règles de l'art et s'exposer aux colères de la critique, ce pieux sergent de ville de l'orthodoxie littéraire? En présence de cette difficulté, l'auteur serait resté grandement empêché, si la faveur de son étoile n'eût mis à sa disposition une correspondance où avec une vie et une animation que jamais il n'aurait su leur communiquer, se trouvent réunis et exposés tous les détails qu'il devient indispensable de faire passer sous les yeux du lecteur. Ces lettres doivent être lues avec attention. En remettant en scène bien des acteurs déjà connus de la COMÉDIE HUMAINE, elles produisent une foule de faits nécessaires à l'intelligence et à l'avenir du présent drame. Leur défilé opéré et le récit ramené au point où nous semblons l'abandonner aujourd'hui, sans secousse et de lui-même, il reprendra son cours; et nous aimons à nous persuader qu'à l'introduction transitoire de la forme épistolaire, l'unité, qui aurait pu en paraître un moment contrariée, n'aura fait que trouver son profit.

LETTRES ÉDIFIANTES

I. — LE COMTE DE L'ESTORADE A MARIE-GASTON.

(Voir les *Mémoires de deux jeunes mariés*.)

Cher monsieur, suivant votre désir, j'ai vu M. le préfet de police, afin de savoir si le pieux dessein dont vous m'entretenez dans votre lettre datée de Carrare n'aurait pas à souffrir quelque opposition du fait de l'autorité.

M. le préfet m'a répondu que le décret impérial du 23 prairial an XII, par lequel se règle encore toute la matière des inhumations, établissait, de la manière la moins équivoque, le droit pour toute personne de se faire enterrer sur sa propriété. Il vous suffirait donc de vous pourvoir d'un permis à la préfecture de Seine-et-Oise, et, sans autre formalité, vous pourriez faire opérer la translation des restes mortels de madame Marie-Gaston dans le monument que vous vous proposez de lui élever au milieu de votre parc de Ville-d'Avray.

Maintenant j'oserai, moi, vous faire quelques objections.

Êtes-vous bien sûr que, de la part des Chaulieu, avec lesquels vous ne vivez pas en très bonne intelligence, vous ne serez pas exposé à de certaines difficultés? Jusqu'à un certain point, en effet, ne pourraient-ils pas être admis à se plaindre qu'en transportant du cimetière communal dans une propriété close et fermée une sépulture qui comme à vous leur est chère, vous soumettez entièrement à votre bon plaisir les visites qu'il peut leur convenir de faire à cette tombe? car enfin, cela est évident, il vous sera toujours loisible de leur interdire l'accès de votre propriété. Je sais bien qu'en droit rigoureux, morte ou vivante, la femme appartient à son mari, et cela à l'exclusion de sa parenté, même la plus proche; mais que, sous l'inspiration du mauvais vouloir dont ils vous ont déjà donné plus d'une preuve, les parents de madame Marie-Gaston aient la fâcheuse idée de porter leur opposition sur le terrain judiciaire, quel affligeant débat!

Vous gagnerez le procès, je veux bien ne pas en douter, l'influence du duc de Chaulieu n'étant plus ce qu'elle a été sous la Restauration; mais avez-vous pensé à tout le venin que la parole d'un avocat peut répandre sur une pareille question, quand après tout il se fera l'écho d'une réclamation respectable, celle d'un père, d'une mère et de deux frères demandant à ne pas être dépossédés du douloureux bonheur d'aller prier sur un cercueil? S'il faut d'ailleurs vous dire toute ma pensée, ce n'est pas sans un vif regret que je vous vois occupé à créer un nouvel aliment à votre douleur, trop longtemps inconsolable.

Nous avions espéré qu'après deux ans passés en Italie, vous nous reviendriez plus résigné, et qu'enfin vous prendriez sur vous de demander à la vie active quelques-unes de ses distractions. Évidemment, cette espèce de temple que vous vous proposez d'élever à la ferveur de vos souvenirs, dans un lieu où ils ne se pressent déjà que trop nombreux, ne peut servir qu'à en éterniser l'amertume, et je ne saurais vous louer du rajeunissement que vous vous proposez ainsi de leur ménager. Cependant, comme il faut servir ses amis un peu à leur mode, j'ai fait votre commission auprès de M. Dorlange; mais, je dois me hâter de vous le dire, je n'ai trouvé chez lui aucun empressement à entrer dans votre pensée.

Son premier mot, quand je me suis annoncé chez lui de votre part, a été qu'il n'avait pas l'honneur de vous connaître, et cette réponse, toute singulière qu'elle puisse vous paraître, m'a été faite avec tant de naturel, que d'abord j'ai cru à quelque méprise, résultant d'une confusion de noms. Néanmoins comme, un peu après, votre oublieux ami voulut bien convenir qu'il avait fait ses études au collège de Tours, et comme encore, de son aveu, il se trouve bien être le même M. Dorlange qui, en 1831, dans des circonstances tout à fait exceptionnelles, remporta le grand prix de sculpture, aucun doute ne pouvait me rester sur son identité. Je m'expliquai alors son défaut de mémoire par cette longue interruption que vous-même m'aviez signalée dans vos relations. Votre procédé l'aura blessé plus vivement que vous ne vous l'étiez figuré, et quand il s'est donné l'air d'avoir oublié jusqu'à votre nom, c'était tout simplement une revanche dont il n'était pas fâché de saisir l'occasion.

Mais là n'est pas l'obstacle réel. En me rappelant la fraternelle intimité qui vous a unis à une autre époque, je ne pouvais croire la mauvaise humeur de M. Dorlange inexorable. Aussi, après lui avoir exposé la nature du travail dont il serait question de le charger, me disposais-je à entrer avec lui dans quelques explications, relativement aux griefs qu'il pouvait nourrir contre vous, quand tout à coup je me suis trouvé face à face avec un obstacle de la nature la plus imprévue.

« Mon Dieu, me dit-il, l'importance de la commande que vous voulez bien m'offrir; cette assurance qu'on entend bien ne rien épargner pour la grandeur et la perfection de l'œuvre; cette invitation qui m'est faite de me rendre à Carrare pour présider moi-même au choix et à l'extraction des marbres, tout cela constitue une vraie bonne fortune d'artiste, et à une autre époque je l'aurais acceptée avec empressement. Mais au moment où j'ai l'honneur de vous recevoir, sans avoir encore le dessein arrêté de quitter la carrière des arts, je suis peut-être sur le point d'aborder la vie politique. Mes amis me pressent de me présenter aux élections prochaines, et vous le comprenez, monsieur, si je venais à être nommé, la complication de mes devoirs parlementaires, mon initiation à une vie toute nouvelle deviendraient, pour longtemps au moins, un obstacle à ce que je pusse aborder avec le recueillement nécessaire l'œuvre dont vous m'entretenez. J'aurais d'ailleurs affaire, ajouta M. Dorlange, à une grande douleur qui, dans ce monument projeté, se cherche à grands frais une consolation. Cette douleur, naturellement, serait impatiente; moi, je serais lent, distrait, empêché : le mieux est donc que l'on s'adresse ailleurs; ce qui ne m'empêchera pas d'être, comme je le dois, reconnaissant et honoré de la confiance qu'on a bien voulu me témoigner. »

A la suite de ce petit *speech* assez bien tourné, comme vous pouvez voir, et par lequel il me parut seulement que votre ami préludait peut-être un peu trop complaisamment à ses futurs succès de tribune, j'eus un moment la pensée de lui poser l'hypothèse de l'insuccès de sa candidature et de lui demander si, le cas échéant, il n'y aurait pas apparence de revenir à lui. Mais il n'est jamais bienséant de mettre en doute un triomphe électoral; et comme j'étais en présence d'un homme profondément ulcéré, je ne voulus point, par une curiosité qui pouvait être mal prise, m'exposer à jeter de l'huile sur le feu. Je me contentai donc d'exprimer un regret et de dire que je vous ferais connaître le résultat de ma démarche. Inutile d'ajouter que, d'ici à quelques jours, je saurai à quoi m'en tenir sur la portée de cette ambition parlementaire qui s'est si mal à propos rencontrée sur notre chemin. Pour moi, il y a mille raisons de croire que cette candidature est une visée. Dans cette donnée, peut-être feriez-vous bien d'écrire à M. Dorlange; car toute son attitude, d'ailleurs parfaitement polie et convenable, m'a paru accuser un souvenir encore bien vivant des torts apparents que vous aurez à vous faire pardonner.

Je sais qu'il en pourra coûter à votre sensibilité pour expliquer l'entourage des circonstances vraiment exceptionnelles dans lesquelles s'est fait votre mariage; car vous serez par là même entraîné à repasser sur la trace de vos jours de bonheur devenus pour vous aujourd'hui de si poignants souvenirs. Mais après ce que j'ai pu entrevoir des dispositions de votre ancien ami, si vous tenez expressément à ce qu'il vous prête le concours de son talent, ne pas insister vous-même et procéder encore par mandataire, serait continuer une allure qui déjà lui a semblé désobligeante, et s'exposer à un nouveau refus. Après cela, si la démarche à laquelle je vous sollicite se trouvait décidément au-dessus de vos forces, peut-être y aurait-il encore un moyen. En toute affaire où je l'ai vue s'entremettre, madame de l'Estorade m'a toujours semblé une habile négociatrice; mais, pour le cas particulier, j'aurais dans son intervention une confiance absolue. Elle-même a eu à souffrir de la part de madame Marie-Gaston des égoïsmes de passions assez semblables au traitement dont se plaint M. Dorlange. Mieux que personne elle serait donc en mesure de lui expliquer les entraînements de cette absorbante vie conjugale, que vous aviez si étroitement repliée sur elle-même, et il me paraîtrait très difficile que l'exemple de la longanimité et de la clémence dont elle a toujours usé avec celle qu'elle appelait *sa chère égarée*, ne devînt pas contagieux pour votre ami.

Vous avez, du reste, tout le loisir de penser à l'usage qu'il vous conviendra faire de cette ouverture. Madame de l'Estorade, en ce moment, est encore souffrante d'une grave indisposition, suite d'une terreur maternelle. Il y a huit jours, notre chère Naïs faillit être écrasée sous ses yeux, et sans la courageuse intervention d'un inconnu qui se jeta à la tête des chevaux et les arrêta court, Dieu sait l'affreux malheur qui nous atteignait. De cette cruelle émotion est résultée pour madame de l'Estorade une excitation nerveuse qui nous a si sérieusement inquiétés un moment. Quoiqu'elle soit beaucoup mieux aujourd'hui, ce n'est pas avant quelques jours qu'elle pourra être en état de recevoir M. Dorlange, étant admis que sa médiation féminine vous paraît désirable et utile.

Mais encore un coup, cher monsieur, ne vaudrait-il pas mieux couper court à votre idée? Une dépense énorme, de fâcheux démêlés avec les Chaulieu, et pour nous un renouvellement de vos douleurs, voilà ce que j'y entrevois. Ce qui ne veut pas dire, cependant, qu'en tout et pour tout je ne continue pas d'être à vos ordres, ainsi que le commandent les sentiments d'estime et d'amitié que je vous ai voués.

II. — LA COMTESSE DE L'ESTORADE A MADAME OCTAVE DE CAMPS.

Paris, février 1839.

Chère madame, de tous les témoignages de sympathie que m'a valus le terrible accident arrivé à ma pauvre enfant, pas un ne m'a autant touchée que votre excellente lettre.

Pour répondre à votre affectueuse sollicitude, je dois dire que, dans cette terrible rencontre, Naïs a été merveilleuse de calme et de sang-froid. Il n'est pas, je crois, possible de voir la mort de plus près; mais, pas plus pendant qu'après l'événement, cette vaillante petite fille n'a sourcillé, et tout en elle annonce le caractère le plus résolu; aussi, dans sa santé, Dieu merci! pas l'ombre d'un dérangement.

Quant à moi, par suite de mon immense terreur, tombée en proie à des mouvements spasmodiques, j'ai, à ce qu'il paraît, pendant plusieurs jours, assez vivement inquiété le médecin, qui un moment aurait craint pour ma raison. Grâce à la force de mon tempérament, me voilà pourtant à peu près remise, et, de cette cruelle commotion, ne resterait aucune trace, si, par une fatalité singulière, elle n'était venue se relier à une autre préoccupation désagréable, qui, depuis quelque temps, avait jugé convenable de s'installer dans ma vie.

Avant même la nouvelle assurance que vous voulez bien me donner de vos dispositions pour moi, si bienveillantes déjà, j'avais pensé à invoquer le secours de votre amitié et de vos conseils;

aujourd'hui, quand vous voulez bien m'écrire que vous seriez heureuse et fière si, à quelque degré que ce fût, il vous était donné de me rappeler la pauvre Louise de Chaulieu, cette précieuse et incomparable amie dont la mort m'a dépossédée, comment pourrais-je hésiter encore? Je vous prends au mot, chère madame, et cette exquise habileté qui autrefois vous aidait à dérouter les sots commentaires quand l'impossibilité où vous étiez de déclarer votre mariage avec M. de Camps vous laissait livrée à des curiosités si insolentes et si perfides (voir *Madame Firmiani*); ce tact singulier qu'à cette époque on vous vit mettre à vous démêler d'une situation où tout était embarras et péril; en un mot, cet art merveilleux qui vous permit, en gardant votre secret, de garder toute votre dignité de femme, je viens résolûment vous demander de les mettre au service de ce souci dont je vous parlais il n'y a qu'un moment.

Malheureusement, pour avoir la consultation du médecin, il faut dire la maladie, et c'est ici qu'avec son génie industriel, M. de Camps me paraît un abominable homme. Grâce à ces vilaines forges dont il lui a pris l'idée de faire l'acquisition, vous voilà à peu près morte à Paris et au monde. Jadis, quand on vous avait là sous la main, en un quart d'heure de causerie, sans embarras, sans préparation, on vous eût tout conté; aujourd'hui, il s'agit de prendre sur soi, de se recueillir, de passer, en un mot, par toute la solennité d'une confidence écrite. Mais, après tout, peut-être vaut-il mieux payer d'effronterie, et puisque, nonobstant les circonlocutions et les préambules, force serait toujours d'en venir là, pourquoi ne pas tout naïvement vous avouer qu'il va être question de cet inconnu par lequel ma pauvre et chère enfant a été sauvée.

Inconnu ! Entendons-nous bien : inconnu pour M. de l'Estorade; inconnu pour tous ceux qui ont pu vous parler de l'accident; inconnu, si vous le voulez, pour le monde entier, mais non pas inconnu pour votre humble servante que, depuis près de trois mois, cet homme daigne honorer de l'attention la plus obstinée. Qu'à trente-deux ans passés, mère de trois enfants, dont un grand fils de quinze ans, j'aie pu devenir l'objet d'une recherche passionnée, pas plus à vous qu'à moi, chère madame, le fait ne paraîtra vraisemblable, et pourtant c'est là le ridicule malheur contre lequel j'ai à me défendre aujourd'hui.

Et quand je dis que cet inconnu m'est connu, encore faut-il bien distinguer : car je ne sais ni son nom, ni sa demeure, ni rien de ce qui le regarde; car je ne l'ai jamais rencontré dans le monde, et j'ajoute, quoiqu'il porte le ruban de la Légion d'honneur, que rien dans sa tournure, absolument dépourvue d'élégance, ne me donne à penser que jamais j'aie la chance de l'y rencontrer. C'est à Saint-Thomas-d'Aquin, où vous savez que tous les jours j'avais l'habitude d'aller entendre la messe, que cette fatigante obsession a commencé de se dessiner. Presque tous les jours aussi, je menais mes enfants prendre l'air aux Tuileries, M. de l'Estorade nous ayant installés dans une maison sans jardin. Cette habitude, bientôt remarquée, a d'autant animé mon persécuteur, et partout où je pouvais être rencontrée hors de chez moi, il a fallu me résigner à le retrouver sur mon chemin. Discret d'ailleurs autant qu'audacieux, ce singulier soupirant, j'en ai fait la remarque, évitait toujours de me convoyer jusqu'à ma porte, et il manœuvrait d'assez loin et avec assez de réserve pour que je puisse avoir du moins une consolante certitude, celle que sa sotte assiduité n'a dû frapper l'attention d'aucun de ceux par lesquels je pouvais être accompagnée.

Cependant, pour lui faire perdre ma trace, Dieu sait mes sacrifices et les entraves que je me suis imposés! L'Église ne m'a plus vue que le dimanche; mes chers enfants, au péril de leur santé, je les ai souvent retenus à la maison, ou bien j'ai forgé des prétextes pour ne les point accompagner; et contre tous mes principes d'éducation et de prudence, je les ai laissés livrés aux soins des domestiques. Visites, emplettes, je n'ai plus rien fait qu'en voiture, ce qui n'a pas empêché qu'au moment où je croyais avoir dérouté mon fâcheux et lassé sa patience, il ne se soit trouvé là pour prendre, dans l'accident arrivé à Naïs, un rôle si honorable et si providentiel.

Mais justement, cette grande obligation que je vais maintenant lui avoir, n'est-ce pas, dans une situation déjà empêchée, une complication déplorable? Quand j'eusse vraiment été trop excédée de son insistance, par un moyen quelconque, fût-ce un procédé violent, je pouvais couper court à ces empressements; aujourd'hui, qu'il vienne à se retrouver sur mon chemin, comment me conduire, quel parti prendre avec lui? L'aborder pour le remercier? Mais alors je l'encourage, et n'essayât-il pas de profiter de ma démarche pour modifier la nature de nos relations, cela est clair, plus solidement que jamais je le couds à mes jupes. Alors, ne l'aborder point, faire semblant de ne pas le connaître. Mais pensez donc, madame, une mère! une mère qui lui doit la vie de sa fille et qui n'aura pas l'air de s'en apercevoir, et qui n'aura pas pour lui une parole de gratitude!

Voilà pourtant l'alternative insupportable dans laquelle je suis placée, et vous pouvez voir maintenant si j'ai besoin des conseils de votre prudence. Que faire pour rompre la désagréable habitude qu'a prise ce monsieur d'être mon ombre? Comment le remercier sans surexciter sa fantaisie, et ne pas le remercier sans que ma conscience me fasse mille reproches? Tel est le problème soumis à votre sagesse. Si vous me rendez le service de me le résoudre, et je ne connais personne qui en soit plus capable, j'aurai à joindre ma reconnaissance à tous les sentiments affectueux dont vous me savez, chère madame, déjà animée pour vous...

III. — LE COMTE DE L'ESTORADE A MARIE-GASTON.

Paris, février 1839.

Peut-être avant moi, cher monsieur, les feuilles publiques vous porteront la nouvelle d'une rencontre qui a eu lieu entre votre ami, M. Dorlange, et le duc de Rhétoré. Mais en vous annonçant le fait tout sec, car l'usage et les convenances ne leur permettent pas de déduire au long les motifs de la querelle, les journaux ne feront qu'exciter votre curiosité sans la satisfaire. J'ai su heureusement, de très bonne source, tous les détails de l'affaire, et je m'empresse de vous les transmettre; ils sont de nature à vous intéresser au plus haut degré.

Il y a trois jours, c'est-à-dire le soir même de celui où je m'étais rendu chez M. Dorlange, le duc de Rhétoré occupait à l'Opéra une stalle d'orchestre. Près de lui vint se placer M. de Ronquerolles, arrivé tout récemment d'une mission diplomatique qui le tenait éloigné de Paris depuis plusieurs années. Pendant l'entr'acte, ces messieurs ne quittèrent pas la salle pour aller au foyer; mais, comme on fait volontiers au théâtre, ils se tinrent debout, le dos tourné à la scène, faisant face par conséquent à M. Dorlange qui, assis derrière eux, paraissait fort absorbé par la lecture du journal du soir. Il y avait eu ce jour-là une séance très scandaleuse, ce qu'on appelle une séance intéressante, à la Chambre des Députés. La conversation ayant naturellement roulé sur les événements du monde parisien, accomplis pendant l'absence de M. de Ronquerolles, celui-ci jeta cette parole qui était de nature à éveiller l'attention de M. Dorlange :

— Comment cette pauvre madame de Macumer, une si triste fin et un mariage si singulier !

— Ah! vous savez, répondit M. de Rhétoré, de ce verbe haut monté dont il a l'habitude, ma sœur avait trop d'imagination pour ne pas être un peu chimérique et romanesque. Elle avait aimé à la passion M. de Macumer, son premier mari ; mais à la longue on se lasse de tout, même du veuvage. Ce M. Marie-Gaston se trouva sur son chemin. Il est agréable de sa personne ; ma sœur était riche, lui fort endetté ; il se montra donc aimable et empressé à proportion, et, par ma foi ! le drôle a si bien manœuvré, qu'après avoir succédé à M. de Macumer et fait mourir sa femme de jalousie, il a tiré d'elle tout ce dont la loi permettait à cette pauvre affolée de disposer. La succession de Louise se montait au moins à douze cent mille francs, sans compter un magnifique mobilier et une délicieuse villa qu'elle s'était fait construire à Ville-d'Avray. La moitié de l'hoirie a été à ce monsieur, l'autre au duc et à la duchesse de Chaulieu, ses père et mère, qui, en leur qualité d'ascendants, avaient droit à ce partage. Quant à mon frère Lenoncourt et à moi, notre part a été d'être purement et simplement déshérités.

Aussitôt que votre nom, cher monsieur, eut été prononcé, M. Dorlange avait mis de côté son journal, puis, comme M. de Rhétoré achevait sa phrase, il se leva et lui dit :

— Pardon, monsieur le duc, si j'ose m'entremettre dans vos renseignements ; mais, en conscience, je dois vous avertir que vous êtes tout ce qu'il y a au monde de plus mal informé.

— Vous dites ?... repartit le duc en clignant des yeux et avec ce ton de dédain suprême que l'on peut imaginer :

— Je dis, monsieur le duc, que Marie-Gaston est mon ami d'enfance, que jamais il n'a passé pour un *drôle* ; qu'au contraire c'est un homme plein d'honneur et de talent, et que, loin d'avoir fait mourir sa femme de jalousie, il l'a rendue parfaitement heureuse pendant les trois années qu'a duré leur mariage. Quant à la succession...

— Vous avez mesuré, monsieur, dit le duc de Rhétoré en interrompant, la portée de votre procédé ?

— Parfaitement, monsieur, et je répète que pour la succession recueillie par Marie-Gaston, en vertu d'une volonté solennellement exprimée dans le testament de sa femme, il l'a si peu convoitée, qu'à ma connaissance, il est sur le point de distraire une somme de deux à trois cent mille francs pour faire élever un monument à celle qu'il n'a pas cessé de pleurer.

— Mais enfin, monsieur, qui êtes-vous? interrompit de nouveau le duc de Rhétoré avec une impatience de moins en moins contenue.

— Tout à l'heure, reprit M. Dorlange, j'aurai l'honneur de vous le dire; seulement vous me permettrez d'ajouter que cette succession dont vous avez été dépossédé, madame Marie-Gaston a pu en disposer sans le moindre remords de conscience; toute sa fortune en effet lui venait de M. le baron de Macumer, son premier mari; et, précédemment, elle avait fait abandon de sa légitime pour constituer un établissement à monsieur votre frère, le duc de Lenoncourt-Givry qui, en sa qualité de cadet de famille, n'avait pas comme vous, monsieur le duc, eu le bonheur d'être avantagé. Cela dit, M. Dorlange chercha dans sa poche son portefeuille, qui ne s'y trouva pas. — Je n'ai pas de cartes sur moi, finit-il par dire; mais je m'appelle Dorlange, un nom de comédie, facile à retenir, 42, rue de l'Ouest.

— Le quartier n'est pas très central, remarqua ironiquement M. de Rhétoré. En même temps, se tournant vers M. de Ronquerolles, qui constituait ainsi l'un de ses témoins : Je vous demande pardon, mon cher, lui dit-il, du voyage de découverte que vous aurez à entreprendre demain dans la matinée. Et presque aussitôt il ajouta: Venez-vous au foyer? nous y causerons plus tranquillement et surtout plus *sûrement*. Par sa manière d'accentuer ce dernier mot, il était impossible de se méprendre sur le sens désobligeant qu'il entendait y attacher.

Ces messieurs sortis, sans que cette scène eût causé le moindre esclandre, attendu le vide que l'entr'acte avait fait dans les stalles environnantes, M. Dorlange avisa à l'autre bout de l'orchestre M. Stidmann, le célèbre sculpteur. Allant à lui :

— Auriez-vous sur vous, lui demanda-t-il, un agenda, un album de poche?

— Oui, toujours.

— Voulez-vous bien me le prêter et me permettre d'en détacher une feuille? Il vient de me passer par l'esprit une idée que je ne voudrais pas perdre. Si je ne vous retrouve pas à la fin du spectacle pour vous faire restitution, l'objet sera chez vous, sans faute, demain matin.

De retour à sa place, M. Dorlange esquissa rapidement quelque chose, et, au lever de rideau, quand MM. de Rhétoré et de Ronquerolles vinrent prendre leurs stalles, touchant légèrement l'épaule du duc, et lui faisant passer son dessin : — Ma carte, dit-il, que j'ai l'honneur d'offrir à votre seigneurie.

Cette carte était une charmante esquisse d'architecture sculpturale, encadrée d'un paysage. Au bas était écrit : *Projet d'un monument à élever à la mémoire de madame Marie-Gaston, née Chaulieu, par son mari, sur les dessins de Charles Dorlange, statuaire, rue de l'Ouest, 42.*

Il était impossible de faire savoir plus finement à M. de Rhétoré qu'il aurait affaire à un adversaire sortable, et vous remarquerez d'ailleurs, cher monsieur, que M. Dorlange trouvait ainsi le moyen de peser sur son démenti, en donnant, pour ainsi parler, un corps à son affirmation touchant votre désintéressement et la sincérité de votre douleur conjugale. Le spectacle finit sans autre incident, M. de Rhétoré se sépara de M. de Ronquerolles. Alors, celui-ci aborda avec beaucoup de courtoisie M. Dorlange, et essayant de quelque conciliation, il lui fit remarquer qu'eût-il raison au fond, son procédé avait été blessant, insolite; M. de Rhétoré, d'ailleurs, avait fait preuve d'une grande modération, et certainement il se contenterait de la plus simple expression de regret; enfin, tout ce qui peut se dire en pareille occasion.

M. Dorlange ne voulut entendre parler de rien qui ressemblât à une soumission, et le lendemain, il recevait la visite de M. de Ronquerolles et du général Montriveau venus de la part de M. de Rhétoré. Ici nouvelles instances pour que M. Dorlange consentît à donner une autre tournure à ses paroles. Mais votre ami ne sortit pas de cet ultimatum : — M. de Rhétoré veut-il retirer les paroles que je me suis vu dans la nécessité de relever? alors, moi, je retirerai les miennes.

— Mais c'est impossible, lui objectait-on : M. de Rhétoré est personnellement offensé; vous, au contraire, vous ne l'êtes pas. A tort ou à raison, il a la conviction que M. Marie-Gaston lui a porté un dommage. Il faut toujours une certaine indulgence pour les intérêts blessés ; jamais on n'obtient d'eux une justice absolue.

— De telle sorte, reprenait M. Dorlange, que M. le duc continuera de calomnier mon ami tout à son aise : d'abord parce qu'il est en Italie, et ensuite parce que Marie-Gaston aura toujours une extrême répugnance à en venir avec le frère de sa femme à de certaines extrémités. C'est justement, ajoutait-il, cette impuissance relative où il est de se défendre, qui constitue mon droit, je dis plus, mon devoir d'intervenir. Ce n'est pas sans une permission particulière de la Providence que j'ai été à même de saisir au passage quelques-uns de ces méchants propos qui circulaient sourdement, et puisque M. le duc de Rhétoré ne voit rien à modifier dans ses dires, nous irons jusqu'au bout, si vous le voulez bien.

Le débat s'étant constamment tenu dans ces termes, le duel devenait inévitable, et dans la journée, les conditions en furent réglées entre les témoins des deux parties. La rencontre, arrêtée pour le lendemain, devait avoir lieu au pistolet.

Sur le terrain, M. Dorlange fut parfait de sang-froid. Après un coup de feu échangé sans résultat, comme les témoins parlaient de mettre fin au combat :

— Allons ! encore un coup ! dit il avec gaieté, comme s'il se fût agit d'abattre des poupées dans un tir. A cette reprise, il fut atteint dans la partie charnue de la cuisse, blessure en réalité peu dangereuse, mais qui lui fit perdre beaucoup de sang. Pendant qu'on le transportait à la voiture qui l'avait amené, comme M. de Rhétoré, s'empressant à lui donner des soins, se trouvait à sa portée : — Ce qui n'empêche pas, lui dit-il, que Marie-Gaston ne soit homme d'honneur et un cœur d'or ; et presque en même temps il s'évanouit.

Ce duel, comme vous vous imaginez, cher monsieur, a fait un bruit énorme, et pour recueillir sur M. Dorlange beaucoup de renseignements, je n'ai eu vraiment qu'à écouter, car pendant toute la journée d'hier il a été le lion du moment, et impossible d'entrer dans une maison sans le trouver sur le tapis. Ma récolte s'est principalement faite chez madame de Montcornet. Elle reçoit, vous le savez, beaucoup d'artistes et de gens de lettres, et, pour vous donner une idée de la manière dont votre ami est posé, je ne ferai que sténographier une conversation à laquelle j'ai assisté hier soir dans le salon de la comtesse.

Les interlocuteurs étaient M. Émile Blondet des *Débats*, M. Bixiou, le caricaturiste, l'un des furets les mieux informés de Paris; l'un et l'autre, je crois, sont de votre connaissance, mais dans tous les cas, je suis sûr de votre intimité avec Joseph Bridau, notre grand peintre, qui venait en tiers dans cette causerie, car je me rappelle que Daniel Darthez et lui furent les témoins de votre mariage.

— Les débuts de Dorlange, disait Joseph Bridau au moment où je m'approchai pour écouter, ont été magnifiques. Il y avait déjà un grand maître dans sa sculpture de concours que l'Académie, sous la pression de l'opinion, se décida à couronner, quoiqu'il se fût assez plaisamment moqué de son programme.

— C'est vrai, répondit M. Bixiou, et *la Pandore* qu'il exposa en 1837, à son retour de Rome, est également une figure très remarquable. Mais comme elle lui a tout donné du premier coup, la croix, des commandes du gouvernement et de la ville, et dans les journaux une trentaine d'articles ébouriffants, il me paraît très difficile qu'il se relève de ce succès-là.

— Ça, dit Émile Blondel, c'est une opinion à la Bixiou.

— Sans doute, et très motivée. Connais-tu l'homme?

— Non; on ne le voit nulle part.

— Justement, le lieu où il fréquente le plus. C'est un ours, mais un ours avec préméditation; un ours prétentieux et réfléchi.

— Je ne vois pas, reprit Joseph Bridau, que cette sauvagerie soit une très mauvaise disposition pour un artiste. Qu'est-ce qu'un sculpteur surtout a tant à gagner dans les salons où les messieurs et les dames ont pris l'habitude d'aller vêtus?

— Dans les salons, d'abord, un sculpteur se distrait, ce qui l'empêche de tourner à la manie et au songe creux; ensuite il y voit comment le monde est fait, et que 1839 n'est ni le quinzième ni le seizième siècle.

— Comment, dit Émile Blondet, est-ce que le pauvre garçon a de ces illusions-là?

— Lui? il vous parle couramment de recommencer la vie des grands artistes du moyen âge avec l'universalité de leurs études et de leurs connaissances, et cette effrayante vie de labeur que peuvent faire comprendre les mœurs d'une société à demi barbare, mais que la nôtre ne comporte plus. Il ne remarque pas, le naïf rêveur, que la civilisation, en compliquant d'étrange sorte les rapports sociaux, absorbe pour les affaires, pour les intérêts, pour les plaisirs, trois fois plus de temps que n'en dépense, pour le même objet, une société moins avancée. Voyez le sauvage dans sa hutte, il n'a jamais rien à faire. Mais nous, avec la Bourse, l'Opéra, les journaux, les discussions parlementaires, les salons, les élections, les chemins de fer, le Café de Paris et la garde nationale, à quel moment, s'il vous plaît, veut-on que nous travaillions ?

— Belle théorie de fainéant ! dit en riant Émile Blondet.

— Mais non, mon cher, je suis dans le vrai. Le couvre-feu, que diable ! ne sonne plus à neuf heures, et hier encore, jusque chez mon concierge Ravenouillet, il y avait une soirée (voir les *Comédiens sans le savoir*); peut-être même ai-je commis une lourde faute en déclinant l'invitation indirecte qu'il m'avait faite d'y assister.

— Pourtant, dit Joseph Bridau, il est clair que si l'on ne se mêle ni aux affaires, ni aux intérêts, ni aux plaisirs de son époque, on arrive à se faire, ce temps épargné, un joli capital. Indépendamment de ses commandes, Dorlange a, je crois, personnellement quelque aisance : rien ne l'empêche donc d'arranger sa vie comme il l'entend.

— Mais vous voyez bien que lui-même va à l'Opéra, puisque c'est là qu'il a récolté son duel ! Vous tombez bien, d'ailleurs, en nous le représentant comme isolé de tout le milieu contemporain, quand je le sais, moi, tout près de s'y relier par le plus tapageur et le plus absorbant engrenage de la machine sociale, à savoir l'intérêt politique.

— Il veut se faire homme politique ? demanda dédaigneusement Émile Blondet.

— Sans doute, cela rentre dans son fameux programme d'universalité, et il faut voir la suite et la persévérance qu'il met à cette idée ! L'an dernier deux cent cinquante mille francs lui tombent du ciel, et aussitôt mon homme d'acquérir dans la rue Saint-Martin une masure pour se constituer le cens électoral ; puis, autre jolie spéculation, avec le reste de la somme il se fait actionnaire du journal *le National*, où je le rencontre toutes les fois qu'il me prend envie d'aller rire de l'utopie républicaine. Là il a ses flatteurs ; ils lui ont persuadé qu'il était né orateur et qu'à la Chambre il ferait le plus grand effet. On parle même de lui organiser une candidature, et dans les jours d'enthousiasme, on va jusqu'à lui trouver une lointaine ressemblance avec Danton.

— Ceci, dit Émile Blondet, devient du plus haut burlesque.

— Je ne sais si vous avez remarqué, cher monsieur, que chez les hommes d'un vrai talent il y a pour toutes choses un grand fond d'indulgence. Ici Joseph Bridau en fut la preuve.

— Je crois comme vous, dit-il, que si Dorlange se met dans cette voie, il est à peu près perdu pour l'art. Mais, après tout, pourquoi ne réussirait-il pas à la Chambre? Il s'énonce avec une grande facilité et me semble avoir à sa disposition beaucoup d'idées. Voyez Canalis, quand il s'est fait nommer député! Allons donc, un poëte! disait-on de tout côté : ce qui ne l'a pas empêché de se faire une belle renommée oratoire et de devenir ministre.

— Mais, d'abord, la question est d'y arriver, à la Chambre, dit Émile Blondet; où Dorlange compte-t-il se porter?

— Naturellement, répondit Bixiou, dans l'un des bourgs-pourris du *National*. Je ne sache pas pourtant que le collége soit encore désigné.

— Règle générale, dit le publiciste des *Débats*, pour arriver à la députation, même avec l'appui le plus ardent d'un parti, il faut une notoriété publique un peu étendue, ou au moins, quelque part, une consistance provinciale de famille, de fortune. Connaît-on, chez Dorlange, quelqu'un de ces éléments de succès?

— Pour de la consistance de famille, celle-là en particulier lui serait difficile, car, pour lui, la famille est absente à un degré désespérant.

— Vraiment, dit Émile Blondet, c'est un enfant naturel?

— Tout ce qu'il y a de plus naturel, père et mère inconnus. Mais je veux admettre, moi, qu'il soit nommé; c'est le défilé de ses idées politiques qui sera une curiosité!

— Il est républicain, puisqu'il est l'ami de messieurs du *National* et qu'il ressemble à Danton.

— Sans doute, mais il méprise souverainement ses coreligionnaires, disant qu'ils ne sont bons qu'au coup de main, à la violence et à faire la grosse voix. Provisoirement, donc, il s'arrangerait d'une monarchie entourée d'institutions républicaines, mais il prétend que notre royauté citoyenne doit infailliblement se perdre par l'abus des influences, qu'il appelle brutalement la corruption. Ceci le mènerait à se rapprocher de la petite Église du centre gauche; mais là encore, car il y a toujours des mais, il ne voit qu'une réunion d'ambitieux et d'eunuques, aplanissant à leur insu le chemin à une révolution que, pour son compte, il voit poindre à l'horizon, avec le plus grand regret, parce que dit-il, les masses sont trop peu préparées et trop peu intelligentes pour ne la point laisser échapper de leurs mains. La légitimité, il en rit ; il n'admet d'aucune façon qu'elle soit un principe. Pour lui, c'est tout simplement une forme plus arrêtée et plus parfaite de l'hérédité monarchique, et il ne lui reconnaît pas d'autre supériorité que celle du vin vieux sur le vin nouveau. En même temps qu'il n'est pas légitimiste, pas conservateur, pas centre gauche, et qu'il est républicain sans vouloir de la république, il se pose intrépidement en catholique, et il chevauche sur le dada de ce parti, la liberté d'enseignement ; mais cet homme, qui veut l'enseignement libre, a peur, d'autre côté, des jésuites, et il en est encore, comme en 1829, aux empiétements du parti prêtre et de la congrégation. Savez-vous, enfin, le grand parti qu'il se propose de créer dans la Chambre, et dont il entend bien être le chef? Celui du juste, de l'impartial, de l'honnête ; comme si rien de pareil pouvait se rencontrer dans la caverne et dans la *popote* parlementaires, et comme si, d'ailleurs, toutes les opinions, pour dissimuler leurs laides nullités, n'avaient pas de temps immémorial accaparé ce drapeau.

— De telle sorte, demanda Joseph Bridau, qu'il renonce absolument à la sculpture ?

— Pas encore ; il termine en ce moment une statue de je ne sais quelle sainte, mais il ne la laisse voir à personne et ne compte pas la mettre à l'exposition de cette année ; il a encore ses idées là-dessus.

— Qui sont? dit Émile Blondet.

— Que les œuvres catholiques ne doivent pas être livrées au jugement d'une critique et aux regards d'un public également pourris de scepticisme ; qu'elles doivent, sans passer par les bruits du monde, aller pieusement et modestement s'installer à la place pour laquelle elles sont destinées.

— Ah çà mais! fit remarquer Émile Blondet, un catholique si fervent et qui se bat en duel !

— Il y a bien mieux que cela. Il est catholique et vit avec une femme qu'il a ramenée d'Italie, une espèce de déesse de la Liberté, qui lui sert à la fois de modèle et de gouvernante...

— Quelle langue et quel bureau de renseignements que ce Bixiou ! se dirent en se séparant ses interlocuteurs. Ils venaient d'être conviés par madame de Montcornet à prendre de sa main une tasse de thé.

Vous voyez, cher monsieur, que les aspirations politiques de M. Dorlange ne sont guère prises au sérieux et qu'on en pense à peu près ce que j'en augure moi-même. Je ne doute pas que vous lui écriviez prochainement pour le remercier de sa chaleur à vous protéger contre la calomnie. Ce courageux dévoûment m'a donné pour lui une vraie sympathie, et je vous verrai avec bien de la joie user de l'influence de votre ancienne amitié pour le détourner de la voie déplorable dans laquelle il est sur le point de s'engager. Je ne juge pas les autres travers que lui a prêtés Bixiou, qui est un homme bien tranchant et bien léger, et, comme Joseph Bridau, je serais disposé à les trouver assez véniels; mais une faute à jamais regrettable, c'est, selon moi, celle qu'il commettrait en abandonnant une carrière où il est déjà bien placé, pour aller se jeter dans la mêlée politique. Prêchez-le donc de toutes vos forces, de manière à le rattacher à son art. Vous êtes d'ailleurs vous-même intéressé à ce qu'il prenne ce parti, si vous tenez toujours à lui confier le travail dont il a jusqu'ici refusé de se charger.

Au sujet de l'explication que je vous conseillais d'avoir avec lui, je puis dire que votre tâche s'est singulièrement simplifiée. Je ne vous vois tenu à entrer dans aucun des détails qui pourraient être pour vous trop douloureux. Madame de l'Estorade, à laquelle j'ai parlé du rôle de médiatrice dont j'avais eu l'idée pour elle, accepte ce rôle très volontiers, et elle se fait fort, en une demi-heure de conversation, de dissiper tous les nuages qui peuvent exister de vous à votre ami.

Pendant que je vous écrivais cette longue lettre, j'avais envoyé prendre de ses nouvelles; on me les rapporte aussi bonnes que possible, et les médecins, à moins d'accidents extraordinaires et tout à fait imprévus, n'ont pas la moindre inquiétude sur son état. Il paraît d'ailleurs qu'il est l'objet d'un intérêt général, car, selon l'expression de mon domestique, *on fait queue* pour s'inscrire chez lui. Il faut dire aussi que M. de Rhétoré n'est pas aimé. Il a beaucoup de roideur avec très peu d'esprit. Quelle différence avec celle que nous avons tous dans nos plus chers souvenirs ! Elle était simple et bonne, sans jamais déroger, et rien n'était comparable aux aimables qualités de son cœur, si ce n'est les grâces de son esprit.

IV. — LA COMTESSE RENÉE DE L'ESTORADE A MADAME OCTAVE DE CAMPS.

Paris, février 1839.

Rien de mieux vu que tout ce que vous m'écrivez, chère madame; ce qui était en effet très probable, c'est qu'à la prochaine rencontre, mon fâcheux ne marchanderait pas à m'aborder. Son héroïsme lui en donnait le droit, et la plus simple politesse lui en faisait un devoir. Sous peine d'être tenu pour le plus gauche des soupirants, il devait venir s'enquérir auprès de moi des suites qu'avait pu avoir pour la santé de Naïs et pour la mienne l'accident dans lequel il était intervenu. Mais, contre toutes les prévisions, s'obstinât-il à ne pas descendre de son nuage, sous l'inspiration de votre judicieux conseil, mon parti était résolûment pris. La montagne ne venant pas à moi, je m'en allais à la montagne; comme Hippolyte dans le récit de Théramène, *je poussais* droit *au monstre* et lui tirais à bout portant ma reconnaissance.

Comme vous, chère madame, j'en étais venue à comprendre que le côté vraiment dangereux de cette sotte obsession, c'était sa durée et l'éclat tôt ou tard inévitable dont elle me menaçait. Mes domestiques, mes enfants pouvant d'un moment à l'autre être mis dans le secret; les fâcheux commentaires auxquels il m'exposait s'il était surpris par des étrangers; mais par-dessus tout, l'idée de cette ridicule intrigue venant à être éventée par M. de l'Estorade, et le poussant à des extrémités que sa tête méridionale et les souvenirs de son passé militaire ne me faisaient que trop deviner; tout cela m'avait animée à un tel point que je ne saurais dire, et votre programme lui-même eût été dépassé.

Non-seulement j'acceptais la nécessité de parler à ce monsieur la première; mais sous le spécieux prétexte que mon mari entendait bien aller le remercier chez lui, je le mettais dans la nécessité de me décliner son nom et sa demeure; puis, pour peu qu'il fût un personnage sortable, dès le lendemain je lui adressais une invitation à dîner, décidée que j'étais ainsi à enfermer le loup dans la bergerie. Après tout, où était le danger? S'il avait seulement l'ombre du sens commun, en voyant toute ma façon d'être avec M. de l'Estorade, ma passion *forcenée* pour mes enfants, comme vous l'appelez plaisamment; en un mot, toute la sage économie de mon intérieur, ne devait-il pas reconnaître la vanité de son insistance? Dans tous les cas, qu'il s'acharnât ou non, ses ardeurs perdaient toujours leur dangereux caractère de *plein vent*. Si je devais être encore obsédée, je le serais du moins à domicile et n'aurais plus affaire qu'à une de ces entreprises courantes auxquelles, du plus au moins, nous sommes toutes exposées; et, au fait, ces pas glissants on finit toujours par en sortir à son honneur pour peu que l'on soit sérieusement honnête femme et que l'on ait quelque ressource dans l'esprit.

Ce n'est pas qu'en réalité ce parti ne me coûtât beaucoup. Le moment critique arrivé, je n'étais pas du tout sûre d'être pourvue de l'aplomb nécessaire pour prendre la situation de très haut, ainsi qu'il la fallait prendre. Néanmoins j'étais fermement résolue; et, vous me connaissez, ce que j'ai une fois arrêté, je l'exécute. Eh bien! chère madame, tout ce beau plan, tous mes frais de courage, tous vos frais de prévision, auront été en pure perte. Depuis votre dernière lettre, le médecin m'a mis la bride sur le cou; je suis donc sortie plusieurs fois, toujours majestueusement flanquée de mes enfants, pour que leur présence, dans le cas où j'aurais été forcée d'aborder la première, servît à corriger la crudité de ma démarche; mais, du coin de l'œil, j'ai eu beau regarder à tous les points de l'horizon, rien, absolument rien, ne m'est apparu qui ressemblât à un sauveur ou à un amoureux.

Que vous semble, madame, de cette nouvelle attitude? Tout à l'heure je parlais de pousser au monstre. Ce monsieur, en effet, voudrait-il se donner les airs d'en être un, et de l'espèce la plus dangereuse? Cette absence, comment l'interpréter? Admirable de clairvoyance et de perspicacité, aurait-il flairé le piège où nous comptions le prendre, et se tiendrait-il prudemment à distance? Serait-ce plus profond que cela? Cet homme, dans lequel je ne voulais pas reconnaître une ombre d'élégance, pousserait-il le raffinement et la délicatesse jusqu'à sacrifier sa fantaisie à la crainte de gâter sa belle action? Mais, sur ce pied, il y aurait vraiment à compter avec lui, et, mon cher monsieur de l'Estorade, il faudrait bien y prendre garde! Savez-vous que la rivalité d'un homme à si beaux sentiments finirait par être plus menaçante qu'elle n'en avait l'air au premier coup d'œil?

Vous le voyez, chère madame, je tâche à être gaie, mais je crois qu'au fond je chante parce que j'ai peur. Cette retraite si habile et si peu attendue me jette dans des rêveries infinies ; ces rêveries confinent à d'autres idées et à d'autres remarques que d'abord j'avais traitées légèrement et dont il faut bien pourtant vous entretenir, puisqu'on ne peut voir la fin de ce souci.

Le sentiment que je puis avoir pour cet homme, vous ne le mettez pas en doute. Il a sauvé ma fille, cela est vrai, mais uniquement pour que je lui eusse une obligation. En attendant, il bouleverse mes plus chères habitudes : il faut que je laisse sortir sans moi mes pauvres enfants ; je ne vais plus à l'église quand je veux, car, jusqu'au pied des autels, il a l'insolence de s'interposer entre Dieu et moi ; enfin, il a altéré cette sérénité absolue d'idées et de sentiments qui jusqu'ici avait été la joie et l'orgueil de ma vie. Mais tout en m'étant insupportable et odieux, ce persécuteur exerce sur moi une sorte de magnétisme qui me trouble. Avant de l'avoir aperçu, je le sens à mes côtés. Son regard pèse sur moi sans rencontrer mes yeux. Il est laid, mais sa laideur a quelque chose d'énergique et de puissamment accentué qui fait qu'on se souvient de lui, et qu'on se sent disposé à lui prêter de fortes et énergiques facultés. Aussi, quoi qu'on fasse, ne peut-on s'empêcher de l'avoir dans sa pensée. Maintenant il semble m'avoir dégrevée de sa présence. Eh bien ! cela est-il à dire ? j'éprouve comme un vide, vous savez, ce vide qui se fait à l'oreille quand vient à cesser un bruit aigu et pénétrant par lequel elle a été longtemps tourmentée.

Ce que je vais ajouter vous paraîtra une grande enfance ; mais est-on maîtresse de ces mirages de l'imagination ? Je vous ai bien souvent parlé de mes grands débats avec Louise de Chaulieu, relativement à la manière dont les femmes doivent prendre la vie. Je lui disais, moi, que la passion dont elle ne cessait de poursuivre l'infini, était quelque chose de désordonné et de mortel au bonheur. Et elle de me répondre : « Tu n'as pas aimé, ma chérie ; l'amour
» comporte un phénomène si rare qu'on peut vivre toute sa vie sans
» rencontrer l'être auquel la nature a départi le pouvoir de nous
» rendre heureuses. Dans un jour de splendeur, vienne à se trou-
» ver un être qui réveille ton cœur de son sommeil, que tu parle-
» ras alors sur un autre ton ! » (Voir les *Mémoires de deux jeunes mariées.*)

Chère madame, les paroles de ceux qui vont mourir sont devenues prophétiques. Si cet homme, mon Dieu ! allait être le tardif serpent dont Louise avait l'air de me menacer ! Que jamais il puisse m'être tout à fait dangereux ; qu'il lui soit donné de me faire manquer à mes devoirs, ce n'est pas là sans doute ce qui est à craindre, et je me sens forte contre de telles extrémités. Mais je n'ai pas, comme vous, chère madame, épousé un homme que mon cœur ait choisi. Ce fut seulement à force de patience, de volonté et de raison que je parvins à édifier l'austère et solide attachement qui m'unit à M. de l'Estorade. Ne dois-je donc pas m'épouvanter même de l'idée d'une distraction menaçant de porter atteinte à ce sentiment, et n'est-ce point une vraie misère que ma pensée incessamment divertie sur un autre homme, fût-ce même pour le détester ?

Je vous dirai, comme Monsieur, frère de Louis XIV, qui souvent apportait à sa femme ce qu'il venait d'écrire en la priant de le lui déchiffrer. Voyez clair pour moi, chère madame, dans mon cœur et dans mon esprit ; dissipez les brouillards, calmez les tiraillements contraires, flux et reflux de volonté, que cette aventure ne cesse de soulever en moi. N'est-ce pas, ma pauvre Louise se trompait ? et je ne suis pas une femme sur laquelle il y ait prise du côté de l'amour. *L'homme qui, dans un jour de splendeur, peut prétendre à me rendre heureuse,* c'est mon Armand, c'est mon René, c'est ma Naïs, ces trois anges pour lesquels et par lesquels j'ai vécu jusqu'ici, et il n'y aura jamais pour moi, je le sens bien, d'autre passion !

V. — LA COMTESSE DE L'ESTORADE A MADAME OCTAVE DE CAMPS.

Paris, mars 1839.

Vers 1820, dans la même semaine, le collége de Tours, pour parler le langage technique de mon fils Armand, se recruta de deux *nouveaux*. L'un était d'une charmante figure ; l'autre aurait pu passer pour laid, si la santé, la franchise et l'intelligence épanouies sur son visage n'y avaient compensé l'inélégance et l'irrégularité des traits.

Ici vous m'arrêtez, chère madame, et me demandez si j'ai donc vu la fin de ma grande préoccupation, que je sois ainsi en humeur de vous adresser un roman-feuilleton ? Au contraire, et sans en avoir l'air, le début qui vous étonne n'est qu'une suite et continuation de mon aventure. Veuillez donc me prêter attention et ne pas m'interrompre ; cela dit, je reprends.

Presque aussitôt engagés, ces deux enfants se lièrent d'une étroite amitié ; il y avait à leur intimité plus d'une bonne raison.

L'un, le plus beau, était rêveur, contemplatif et même un peu élégiaque ; l'autre, ardent, impétueux et toujours prêt à l'action. C'étaient donc deux natures qui se complétaient l'une par l'autre ; combinaison sans prix pour toute liaison qui prétend à durer. Tous deux d'ailleurs avaient un même accroc à leur naissance. Fils de la fameuse lady Brandon, le rêveur était un enfant adultérin ; il s'appelait Marie-Gaston, ce qui n'est presque pas un nom. Né de père et de mère inconnus, l'autre s'appelait Dorlange, ce qui n'est pas un nom du tout. Dorlange, Valmon, Volmar, Derfeuil, Melcourt, on ne trouve des gens pour s'appeler ainsi qu'au théâtre, et encore dans le vieux répertoire, où ils sont allés rejoindre Arnolphe, Alceste, Clitandre, Damis, Eraste, Philinte et Arsinoé.

Une autre raison pour ces pauvres malnés de se serrer chaudement l'un contre l'autre, c'était le cruel abandon auquel ils se sentaient livrés. Pendant sept mortelles années que durèrent leurs études, pas un seul jour, même à l'époque des vacances, la porte de leur prison ne s'ouvrit pour eux. De loin en loin Marie-Gaston recevait la visite d'une vieille domestique qui avait servi sa mère. C'était par les mains de cette femme que se payaient les quartiers de sa pension. Celle de Dorlange s'acquittait au moyen de fonds très régulièrement faits chaque trimestre par une voie inconnue chez un banquier de Tours. Une chose à noter, c'est que les semaines du jeune écolier avaient été fixées au chiffre le plus élevé que permît le règlement du collège ; d'où la conclusion que ses parents anonymes devaient être des gens aisés. Grâce à cette supposition, mais surtout grâce à l'emploi généreux qu'il faisait de son argent, Dorlange, parmi ses camarades, était arrivé à une certaine considération, que d'ailleurs il aurait bien su, au besoin, se ménager à la force du poignet ; mais, tout bas, on n'en faisait pas moins la remarque que jamais personne ne l'avait fait demander au parloir, et que, hors de l'enceinte de la maison, pas une âme n'avait paru s'intéresser à lui.

Ces deux enfants, qui devaient être un jour des hommes distingués, furent des écoliers médiocres. Sans se montrer indociles ou paresseux, comme ils ne se savaient pas de mères à faire heureuses de leurs succès, que leur importaient les couronnes de la fin de l'année? Ils avaient leur manière d'étudier à eux. Dès l'âge de quinze ans, Marie-Gaston était à la tête d'un volume de vers, satires, élégies, méditations, plus deux tragédies. Les études de Dorlange, lui, le poussaient à voler des bûches; avec son couteau il y taillait des vierges, des grotesques, des maîtres d'étude, des saints, des grenadiers de la vieille garde, et, plus secrètement, des Napoléons.

En 1827, leurs classes achevées, les deux amis quittèrent ensemble le collége et furent dirigés sur Paris. D'avance une place avait été ménagée à Dorlange dans l'atelier de Bosio, et, à dater de ce moment, une allure peu fantastique va se marquer dans l'occulte protection qui planait sur lui. En débarquant dans la maison dont, au moment de son départ, le proviseur du collége lui avait remis l'adresse, il trouva un petit appartement coquettement meublé. Sous la cage de la pendule, une grande enveloppe portant son nom avait été placée de manière à frapper tout d'abord ses yeux. Sous cette enveloppe, il trouva un billet écrit au crayon, qui portait ces seuls mots:

« Le lendemain de l'arrivée à Paris, se rendre à huit heures pré-
» cises du matin au jardin du Luxembourg, allée de l'Observatoire,
» quatrième banc à droite à partir de la grille. Cette prescription
» est de rigueur. »

Exact, on peut le croire, à ce rendez-vous, Dorlange n'y fut pas longtemps sans être abordé par un petit homme de deux pieds de haut, qu'à son énorme tête couronnée d'une immense chevelure, à son nez, à son menton et à ses jambes crochues, on pouvait prendre pour un échappé des *Contes d'Hoffmann*. Sans mot dire, car, à tous ses autres avantages physiques, ce galant messager joignait celui d'être muet et sourd, il remit au jeune homme une lettre et une bourse. La lettre disait que la famille de Dorlange le voyait avec plaisir se destiner aux beaux-arts. On l'engageait à travailler vaillamment et à bien profiter des leçons du grand maître sous la direction duquel il était placé. On espérait qu'il vivrait sagement; dans tous les cas, on aurait l'œil sur sa conduite. Mais on voulait aussi qu'il ne fût privé d'aucun des amusements honnêtes qui convenaient à son âge. Pour ses besoins, comme pour ses plaisirs, il pouvait compter sur une somme de vingt-cinq louis qui, tous les trois mois, lui serait remise au même lieu par le même homme. Au sujet de cet intermédiaire, défense expresse de le suivre quand il se retirerait après sa commission faite. Pour le cas de manquement direct ou indirect à cette injonction, la pénalité était très grave : elle n'allait rien moins qu'à la suppression de tout subside et à la menace d'un abandon absolu.

Vous souvient-il, chère madame, qu'en 1831 je vous entraînai à l'école des Beaux-Arts, où se faisait alors l'exposition du concours pour le grand prix de sculpture. Le sujet de ce concours m'avait été au cœur : *Niobé pleurant ses enfants.* Vous souvient-il aussi de mon indignation en présence de l'œuvre d'un des concurrents, autour de laquelle la foule se pressait si compacte qu'à peine nous pûmes nous en approcher ? L'insolent ! il avait osé prendre le sujet en moquerie ! Sa Niobé, il fallut bien en convenir avec vous et avec le public, était admirablement touchante de beauté et de douleur ; mais avoir imaginé de représenter les enfants sous la forme de petits singes, étendus sur le sol dans les attitudes les plus variées et les plus grotesques, quel déplorable abus du talent ! Vous aviez beau me faire remarquer que ces petits singes étaient ravissants de grâce et d'esprit, et qu'on ne pouvait se railler plus ingénieusement de l'aveuglement et de l'idolâtrie de ces mères qui, dans une affreuse laideron, découvrent un chef-d'œuvre accompli de la nature, je n'en tenais pas moins la conception pour monstrueuse, et la colère des vieux académiciens demandant que cette impertinente sculpture fût solennellement écartée du concours me paraissait, de tout point, justifiée.

Poussée par le public et par les journaux qui parlaient d'ouvrir une souscription pour envoyer à Rome le jeune concurrent, dans le cas où le prix ne lui serait pas décerné, l'Académie ne fut ni de mon sentiment, ni de celui des anciens. L'insigne beauté de la Niobé fit passer sur tout le reste, et moyennant une sévère admonestation que M. le secrétaire perpétuel fut chargé de lui adresser le jour de la distribution des prix, le diffamateur des mères vit son œuvre couronnée. Le malheureux ! maintenant je l'excuse, il n'avait pas connu la sienne ! C'était Dorlange, le pauvre abandonné du collège de Tours, l'ami de Marie-Gaston.

Pendant quatre ans, de 1827 à 1831, époque à laquelle Dorlange partit pour Rome, les deux amis ne s'étaient pas quittés. Avec sa pension de deux mille quatre cents francs, toujours exactement payée par les soins du nain mystérieux, Dorlange était une sorte de marquis d'Aligre. Réduit à ses seules ressources, au contraire, Marie-Gaston eût vécu dans une gêne extrême; mais entre gens qui s'aiment, et l'espèce est plus rare qu'on ne l'imagine, tout d'un côté et rien de l'autre, est une raison déterminante pour une association. Sans compter, nos deux pigeons mirent en société leur avoir : logis, argent, peines, plaisirs, espérances, tout entre eux fut commun; ils n'eurent en quelque sorte qu'une vie à deux.

Malheureusement pour Marie-Gaston, ses efforts ne furent pas, comme ceux de Dorlange, couronnés de succès. Son volume de vers, soigneusement retouché et refondu, beaucoup d'autres poésies tombées de sa plume, deux ou trois pièces de théâtre dont il enrichit son portefeuille; tout cela, faute de bonne volonté dans les directeurs de spectacle et dans les éditeurs, demeura impitoyablement inédit. L'association, sur les instances de Dorlange, prit alors un parti violent : elle fit des économies, et sur ces économies trouva la somme nécessaire à l'impression d'un volume. Le titre était charmant : *les Perce-Neige*; la couverture du plus joli gris-perle, les blancs à profusion, plus une délicieuse vignette dessinée par Dorlange. Mais le public fit comme les éditeurs et les directeurs de théâtres : il ne voulut ni acheter, ni lire; si bien qu'un jour de loyer, dans un accès de désespoir, Marie-Gaston fit venir un bouquiniste et lui livra l'édition tout entière au prix de trois sous le volume, d'où bientôt une inondation de *Perce-Neige* s'étendant le long des quais, à tous les étages, depuis le pont Royal jusqu'au pont Marie. Cette blessure était encore saignante au cœur du poëte, lorsqu'il fut question que Dorlange se mît en route pour l'Italie.

Dès lors, plus de communauté possible. Averti par l'entremise du nain mystérieux que la subvention de sa famille continuerait à lui être payée à Rome, chez le banquier Torlonia, Dorlange eut une prétention, celle d'affecter à l'existence de Marie-Gaston, pendant les cinq années qu'allait durer leur séparation, les quinze cents francs qui lui étaient alloués comme pensionnaire du roi. Mais le bon cœur qui sait recevoir est peut-être encore plus rare que le bon cœur qui sait donner. Ulcéré d'ailleurs de ses échecs continus, Marie-Gaston n'eut pas le courage du sacrifice qui lui était demandé. La dissolution de la société mettait trop à nu la situation d'obligé qu'il avait acceptée jusque-là. Quelques travaux que lui avait confiés Daniel Darthez, notre grand écrivain, joints à son petit avoir, devaient, dit-il, suffire à le faire vivre. Il refusa donc péremptoirement ce que son amour-propre lui faisait appeler une aumône. Cette fierté mal entendue amena une nuance de refroidissement entre les deux amis.

Jusqu'en 1833, leur intimité fut néanmoins entretenue par une correspondance assez active, mais du côté de Marie-Gaston la confiance et l'abandon n'étaient plus absolus. Il avait à cacher quelque chose ; son orgueilleuse prétention de se suffire à lui-même avait été un dur mécompte. Chaque jour avait vu croître sa gêne, et sous les entraînements de cette détestable conseillère, il avait imprimé à sa vie une direction déplorable. Jouant le tout pour le tout, il avait essayé d'en finir avec cette incessante pression du besoin par laquelle son essor lui semblait paralysé. Imprudemment mêlé à une affaire de journal, pour s'y créer une situation prépondérante, il avait assumé sur lui presque toutes les charges de l'entreprise, et tombé sous le coup d'engagements qui n'allaient pas à moins de trente mille francs, déjà il pouvait entrevoir la prison de la dette ouvrant sa large gueule pour le dévorer.

Ce fut à ce moment qu'eut lieu sa rencontre avec Louise de Chaulieu. Pendant neuf mois que dura la floraison de leur mariage, les lettres de Marie-Gaston allèrent de plus en plus s'espaçant ; et pas une, encore, qui ne fût entachée du crime de lèse-amitié ! Dorlange aurait dû être le premier à tout savoir, et rien ne lui était confié. Très haute et très puissante dame Louise de Chaulieu, baronne de Macumer, avait exigé qu'il en fût ainsi.

Le moment du mariage arrivé, la passion du secret s'était poussée chez madame de Macumer jusqu'à une sorte de frénésie. A peine, moi, son amie la plus chère, m'avisa-t-elle de l'événement, et personne ne fut admis à la cérémonie. Pour satisfaire au vœu de la loi, il fallut bien pourtant des témoins. Mais en même temps que, de son côté, Marie-Gaston conviait deux amis à lui rendre ce service, il leur signifiait une amiable et complète rupture. Pour tout autre que pour sa femme, passée à l'état d'une pure abstraction, « l'amitié, écrivait-il à Daniel Darthez, subsistera sans l'ami. » Louise, je pense, pour plus de discrétion, eût fait égorger les témoins au sortir de la mairie, n'était un peu de respect qu'elle conservait pour monsieur le procureur du roi.

Dorlange était absent ; chance trop heureuse pour ne pas tout lui cacher. Entré au couvent de la Trappe, Marie-Gaston eût été moins pour lui. A force d'écrire à des amis communs et de se renseigner, l'abandonné finit pourtant par apprendre que Marie-Gaston n'habitait plus la terre, et que, comme Tithon, une divinité jalouse l'avait mythologiquement ravi dans un Olympe champêtre qu'elle avait fait tout exprès disposer au milieu des bois de Ville-d'Avray. En 1836, quand il revint de Rome, le séquestre mis sur la personne de Marie-Gaston durait plus que jamais étroit et inexorable. Dorlange avait trop d'amour-propre pour s'introduire furtivement ou de vive force dans le sanctuaire élevé par Louise et ses folles amours; pour rompre son ban et s'échapper des jardins d'Armide, Marie-Gaston était trop cruellement épris. Les deux amis, chose presque incroyable, ne se virent pas et n'échangèrent même pas un billet.

Mais à la nouvelle de la mort de madame Marie-Gaston, Dorlange a tout oublié et le voilà courant à Ville-d'Avray pour y porter des consolations. Empressement inutile : deux heures après la triste cérémonie, Marie-Gaston s'était jeté dans une chaise de poste qui l'emportait vers l'Italie. Dorlange trouva que cet égoïsme de douleur comblait la mesure, et il crut avoir effacé de son cœur jusqu'au dernier souvenir d'une amitié qui, même au souffle du malheur, n'avait pas reverdi.

Mon mari et moi avions trop tendrement aimé Louise de Chaulieu pour ne pas continuer à celui qui, trois années durant, avait été toute sa vie, quelque chose de ce sentiment. En partant, Marie-Gaston avait prié M. de l'Estorade de vouloir bien rester chargé de tous ses intérêts, et plus tard il lui avait fait parvenir une procuration dans ce sens. Il y a quelques semaines, sa douleur, toujours active et vivante, lui suggéra une pensée. Au milieu du fameux parc de Ville-d'Avray a été ménagé un petit lac, et au milieu de ce lac s'élève une île que Louise affectionnait. Dans cette île, ombreux et calme réduit, Marie-Gaston voulait faire transporter le tombeau de sa femme, et de Carrare, où il s'était rendu pour mieux évaluer la dépense des marbres, il nous écrivit pour nous communiquer son idée. Cette fois, ayant mémoire de Dorlange, il pria mon mari de passer chez lui pour savoir s'il consentirait à se charger de ce monument. Dorlange feignit d'abord de ne pas même se rappeler le nom de Marie-Gaston, et, sous un prétexte poli, il refusa la commande. Mais chez ceux qui aiment, admirez la solidité des partis pris ! Le soir même du jour où il avait éconduit M. de l'Estorade, se trouvant à l'Opéra, il entend le duc de Rhétoré parler légèrement de son ancien ami, et relève avec la dernière vivacité ses paroles. De là, un duel où il est blessé et dont le bruit est certainement arrivé jusqu'à vous : en sorte que voilà un homme se mettant en passe de se faire tuer pour celui que, le matin même, il reniai désespérément.

Comment, chère madame, ce long exposé se relie à ma ridicule aventure, c'est ce que je vous dirais si déjà ma lettre n'était démesurément longue. D'ailleurs, puisque j'ai parlé du roman-feuilleton, le moment ne vous paraît-il pas merveilleusement choisi pour suspendre l'intérêt? J'ai, à ce qu'il me semble, assez savamment excité votre curiosité pour avoir conquis le droit de ne pas la satisfaire. La suite donc, que cela vous agrée ou non, au prochain courrier.

VI. — LA COMTESSE DE L'ESTORADE A MADAME OCTAVE DE CAMPS.

Paris, mars 1839.

L'immense digression biographique par laquelle je vous ai fait passer, chère madame, j'en avais puisé les éléments dans une lettre toute récente de M. Marie-Gaston.

En apprenant l'héroïque dévouement dont il venait d'être l'objet, son premier mouvement avait été d'accourir à Paris pour serrer la main de l'ami incomparable qui se vengeait si noblement de son oubli. Malheureusement, la veille de son départ, un cruel empêchement lui était survenu. Par le coup d'une sympathie singulière, tandis que, pour lui, M. Dorlange se faisait blesser à Paris; à Savarezza, en visitant l'une des plus belles carrières de marbre qui s'exploitent aux environs de Carrare, lui-même faisait une dangereuse chute et se luxait une jambe. Obligé d'ajourner son voyage, de son lit de douleur il avait écrit à M. Dorlange pour lui exprimer sa vive gratitude; mais par le même courrier me parvenait aussi une volumineuse lettre : en m'y racontant tout le passé de leur liaison, M. Marie-Gaston me suppliait de voir son ancien ami de collége et de me faire auprès de lui son avocat.

Il ne lui suffisait pas, en effet, d'avoir pu constater par un éclatant témoignage la place qu'il occupait encore dans les affections de M. Dorlange : sa prétention est de lui démontrer que cette place, malgré toutes les apparences contraires, jamais il n'a cessé de la mériter. Cette démonstration pour M. Marie-Gaston devenait difficile parce que, à aucun prix, il n'aurait consenti à faire remonter jusqu'à leur véritable auteur les torts qu'il a semblé se donner.

Là, pourtant, est tout le nœud de sa conduite avec M. Dorlange. Sa femme l'avait voulu à elle seule et avait mis à l'isoler de toute autre affection un acharnement singulier. Mais rien ne saurait le décider à reconnaître et à avouer l'espèce d'infériorité morale que révélait cette jalousie désordonnée et furieuse. Louise de Chaulieu, pour lui, a été la perfection même, et, par les côtés les plus excessifs de son imagination et de son caractère, elle lui paraissait encore adorable. Tout ce qu'il pourrait concéder, c'est que la personnalité et les actions de cette chère despote ne peuvent pas être pesées à la même balance que les actions et la personnalité des autres femmes. Il tient que Louise a été dans son sexe une exception glorieuse, et qu'à ce compte, pour être comprise, elle peut avoir besoin d'être expliquée. Or, qui, mieux que moi, pour laquelle elle n'eut jamais de secret, pouvait se charger de ce soin? J'étais donc priée de vouloir bien faire, à l'usage de M. Dorlange, cette espèce de travail d'*illustration*; car, une fois l'influence de madame Marie-Gaston justifiée et admise, tout le procédé de son mari se trouvait naturellement amnistié.

Pour entrer dans le désir de M. Marie-Gaston, ma première idée fut d'écrire un mot à son ami le sculpteur et de l'engager à passer chez moi. Mais, tout bien réfléchi, il était à peine remis de sa blessure, et puis, dans cette convocation qui aurait d'avance un but déterminé, mon rôle de médiatrice ne prenait-il pas une solennité étrange? Je m'avisai d'une autre forme. Tous les jours on va visiter l'atelier d'un artiste. Accompagnée de Naïs et de mon mari, je pouvais, sans être annoncée, arriver chez M. Dorlange, sous le spécieux prétexte de renouveler les instances qui déjà lui avaient été faites pour obtenir le concours de son talent. En ayant l'air de vouloir peser dans ce sens du poids de mon influence féminine, j'avais une transition toute faite pour arriver au sujet véritable de ma visite : ne m'approuvez-vous pas, chère madame, et les choses, comme cela, ne paraissaient-elles pas très bien arrangées? En conséquence, moi et l'escorte que je viens de vous dire, le lendemain de ma belle résolution prise, nous arrivons à une petite maison d'agréable apparence, située rue de l'Ouest, derrière le jardin du Luxembourg, dans un des quartiers les plus retirés de Paris.

Dès l'entrée, des fragments de sculpture, des bas-reliefs, des inscriptions gracieusement enchâssées dans les murs, témoignaient du bon goût en même temps que des occupations habituelles du propriétaire. Sur le perron, décoré de deux beaux vases antiques, nous sommes reçus par une femme dont déjà M. de l'Estorade m'avait touché un mot. Le lauréat de Rome, à ce qu'il paraît, n'aurait pas voulu quitter l'Italie sans en ramener avec lui quelque agréable souvenir.

Espèce de Galathée bourgeoise, tantôt gouvernante et tantôt modèle, représentant ainsi le pot-au-feu et l'art, cette belle Italienne, si l'on en croit certains propos indiscrets, serait appelée à réaliser dans le ménage de M. Dorlange l'idéal le plus complet de la fameuse femme *pour tout faire*, sans cesse annoncée par les *Petites-Affiches*. Pourtant, je dois me hâter de le dire, rien absolument dans l'apparence extérieure qui donne à deviner cet étrange cumul! Une politesse sérieuse et un peu froide; de grands yeux noirs veloutés, un teint légèrement orangé, une coiffure en bandeaux qui, par l'ampleur et le savant agencement de tresses luxuriantes, donne à deviner la plus magnifique chevelure; des mains un peu fortes, mais d'une forme élégante et dont la blancheur dorée ressort sur le fond noir de la robe; celle-ci simple, mais ajustée de façon à faire valoir la remarquable beauté de la taille; enfin, planant sur tout cet ensemble, un je ne sais quoi de fier et presque de sauvage, auquel on m'a toujours dit qu'à Rome se reconnaissent les femmes du Transtevère : tel est le portrait de notre introductrice, qui nous fait pénétrer dans une galerie encombrée d'objets d'art par laquelle est précédé l'atelier.

Pendant que la belle gouvernante annonçait monsieur le comte et madame la comtesse de l'Estorade, M. Dorlange, dans un costume d'atelier assez pittoresque et nous tournant le dos, se hâtait de ramener un ample rideau de serge verte sur une statue à laquelle il travaillait avant notre venue. Au moment où il se retourne et avant que j'aie eu le temps de l'envisager, imaginez mon étonnement en voyant Naïs se précipiter vers lui et avec une naïveté tout enfantine se jeter presque à son cou en s'écriant :

— Ah! c'est vous le monsieur qui m'a sauvée!

— Comment! le monsieur qui l'a sauvée? Mais à ce compte M. Dorlange se trouverait donc être ce fameux inconnu? —
Oui, madame. Et tout d'abord, comme Naïs, je constatai que c'était

lui. — Mais, s'il était l'inconnu, il était aussi le fâcheux. — Oui, madame : le hasard, qui est bien souvent le plus habile des romanciers, avait voulu que M. Dorlange fût tout cela, et dès ma dernière lettre, à ce qu'il me semble, vous auriez dû vous en douter, rien qu'à la manière un peu prolixe dont je vous déduisais sa vie.

— Mais alors vous, ma chère comtesse, tombée ainsi dans son atelier!... — Moi! madame, ne m'en parlez pas, émue, tremblante, rougissant, pâlissant, un moment je dus offrir le spectacle du dernier désordre qui se puisse imaginer. Heureusement mon mari se lança dans un compliment assez compliqué de père heureux et reconnaissant. Pendant ce temps, j'eus le loisir de me remettre, et quand à mon tour je dus prendre la parole, j'avais installé sur mon visage un de mes plus beaux airs de l'Estorade, comme il vous plaît les appeler; vous savez, je marque alors vingt-cinq degrés au-dessous de zéro et ferais geler la parole sur les lèvres du plus ardent des amoureux. J'espérais ainsi tenir monsieur l'artiste à distance et faire obstacle à ce qu'il s'avisât de prendre avantage de ma sotte présence chez lui.

Quant à M. Dorlange, il me parut bien moins troublé que surpris de la rencontre; puis, comme si, au gré de sa modestie, nous le tenions trop longtemps sur le chapitre de notre gratitude, pour couper court, changeant brusquement de propos :

— Mon Dieu! madame, me dit-il, puisque nous sommes plus que nous ne l'avions pensé en pays de connaissance, oserai-je me permettre une curiosité!

Je crus sentir la griffe du chat s'apprêtant à jouer avec sa proie; aussi répondis-je :

— Les artistes, si je suis bien informée, ont souvent des curiosités assez indiscrètes. Et je mis, à accentuer cette allusion, une nuance bien marquée de sécheresse qui me sembla devoir en compléter le sens. Je ne vis pas que notre homme se démontât.

— J'espère, reprit-il, qu'il n'en sera pas ainsi de ma question; je voulais seulement savoir si vous aviez une sœur?

Bon, pensais-je, une porte de sortie! faire passer sur le compte d'une ressemblance l'audacieuse continuité de son obsession; voilà le jeu que nous allons jouer. Mais m'eût-il convenu de lui laisser cette échappatoire, en présence de M. de l'Estorade la liberté de mentir ne m'était pas laissée.

— Non, monsieur, repartis-je donc, je n'ai pas de sœur; pas

que je sache, du moins. Et cette réponse, je la laissai tomber d'un petit air narquois, de manière à bien constater qu'on ne me prenait pas pour une dupe.

— Il n'était pas impossible, reprit cependant M. Dorlange de l'air du monde le plus naturel, que ma visée eût quelque réalité. La famille dans laquelle j'ai rencontré une personne qui avait avec vous bien de la ressemblance est entourée d'une certaine atmosphère mystérieuse qui rend à son endroit toutes les suppositions possibles.

— Et votre famille, y a-t-il quelque indiscrétion à vous demander son nom?

— Pas la moindre : ce sont des gens que vous avez pu connaître à Paris de 1829 à 1830 ; ils tenaient un grand état de maison et donnaient de très belles fêtes ; moi, je les ai rencontrés en Italie.

— Mais, leur nom? demandai-je avec une instance qui certes n'avait rien de charitable.

— La famille de Lanty, me répondit M. Dorlange sans embarras et sans hésitation.

Et dans le fait, chère madame, il y a eu à Paris, à l'époque où je ne l'habitais pas encore, une famille de ce nom, et vous devez, comme moi, vous rappeler avoir ouï sur son compte de bien étranges histoires. Tout en répondant à ma question, l'artiste s'était dirigé du côté de sa statue voilée.

— La sœur que vous n'aviez pas, me dit-il brusquement, je me suis permis, madame, de vous la donner, et j'ose vous prier de voir si vous vous trouverez avec elle un peu d'air de famille. En même temps, il enlève l'étoffe sous laquelle étais recélée son œuvre, et alors, chère madame, je m'apparais, sous la figure d'une sainte, ayant autour de ma tête une auréole. Le moyen, je vous prie, de se fâcher.

En présence de la prodigieuse ressemblance qu'ils avaient sous les yeux, mon mari et Naïs n'avaient jeté qu'un cri d'admiration. Quant à M. Dorlange, entreprenant sans plus tarder l'apologie de ce coup de théâtre :

— Cette statue, nous dit-il, est une sainte Ursule, commandée pour un couvent de province. Par des circonstances qu'il serait trop long de vous raconter, le type de cette personne, dont je vous parlais il n'y a qu'un moment, était resté profondément gravé dans mon souvenir. Vainement j'eusse essayé, par l'imagination, d'en créer un autre qui fût plus complétement l'expression de ma pensée. J'avais donc commencé de modeler avec ma mémoire; mais un jour, madame, à Saint-Thomas d'Aquin, je vous aperçus, et j'eus la superstition de vous prendre pour une contre-épreuve que m'envoyait la Providence. Dès lors, je ne travaillai plus que d'après vous; et comme je ne pouvais penser à vous prier de venir poser dans mon atelier, du mieux qu'il me fut possible, je multipliai mes chances de vous rencontrer. J'évitai d'ailleurs avec soin de savoir votre nom et rien de votre position sociale : c'eût été vous matérialiser et vous descendre de l'idéal. Si le malheur eût voulu que mon assiduité à me trouver sous vos pas eût été remarquée par vous, vous m'eussiez pris pour un de ces oisifs qui s'en vont par les rues, courant les aventures, et pourtant je n'étais qu'un artiste consciencieux, prenant, comme dit Molière, son bien où il le trouve, et tâchant à ne m'inspirer que de la nature, ce qui donne toujours des résultats bien plus complets.

— Oh! moi, j'avais bien remarqué que vous nous suiviez, dit alors Naïs d'un petit air capable.

Les enfants, chère madame, quelqu'un y comprend-il quelque chose? Naïs avait tout vu; lors de son accident, il eût été tout naturel qu'elle parlât à son père ou à moi de ce monsieur dont l'assiduité ne lui avait pas échappé, et pourtant pas un mot! Élevée par moi avec tant de soin et ne m'ayant presque jamais quittée d'un moment, la plénitude de son innocence ne fait pas pour moi un doute. Il faudrait donc croire que la nature seule, dès l'âge de treize ans, donne aux petites filles l'instinct de certains secrets : cela n'est-il pas vraiment effrayant à penser?

Mais les maris, chère madame, ce sont eux surtout qui vous épouvantent, quand par moments on les voit livrés à une sorte de stupide prédestination! Le mien, ce semble, aurait dû vivement dresser l'oreille au récit de la manière osée dont ce monsieur avait fait de moi un modèle; M. de l'Estorade, d'ailleurs, ne passe pas pour un sot : en toute rencontre, il a au plus haut degré le sentiment des convenances, et je le crois très disposé, si jamais je lui en donnais le moindre sujet, à se montrer ridiculement jaloux; mais d'avoir vu *sa belle Renée*, comme il m'appelle, exécutée en marbre blanc sous la figure d'une sainte, l'avait jeté, à ce qu'il paraît, dans une admiration à ne se plus connaître. Avec Naïs, il n'était occupé qu'à bien inventorier la fidélité de la coupe; que c'était bien ma pose, bien mes yeux, bien ma bouche et bien aussi les deux fossettes de mes joues. Enfin, je crus devoir prendre à mon compte le rôle dont M. de l'Estorade semblait tout à fait donner sa démission, et d'un air très sérieux :

— Ne pensez-vous pas, monsieur, dis-je à l'impertinent artiste, que s'approprier sans permission, tranchons le mot, que voler ainsi la figure des gens, pourrait bien leur paraître un procédé un peu étrange ?

— Aussi, madame, me répondit-il d'un ton respectueux, ma soustraction fauduleuse n'aurait-elle été poussée que jusqu'au point où vous l'auriez soufferte. Bien que ma statue soit destinée à aller s'enfouir dans un oratoire de religieuses, je ne l'eusse pas mise en route sans avoir obtenu de vous l'agrément de la laisser dans l'état où elle était venue. J'aurais su, quand je l'aurais voulu, votre adresse, et vous confessant l'entraînement auquel j'avais cédé, je vous aurais supplié de venir visiter mon œuvre. Une fois en sa présence, dans le cas où une ressemblance trop exacte eût paru vous désobliger, je vous aurais dit ce que je dis encore aujourd'hui : qu'avec quelques coups de ciseau, je me charge de dérouter les yeux les plus exercés.

Il s'agissait bien, vraiment, d'atténuer la ressemblance ! Mon mari, apparemment, trouvait qu'on ne l'avait pas serrée d'assez près, car, en ce moment, s'adressant à M. Dorlange :

— Monsieur, lui dit-il béatement, ne trouvez-vous pas que dans le nez de madame de l'Estorade, il y a quelque chose de plus fin ?

Bouleversée que j'étais par tout cet imprévu, j'aurais, je crois, très mal plaidé la cause de M. Marie-Gaston; mais, dès les premiers mots que j'en touchai à M. Dorlange :

— Je sais, madame, me répondit-il, tout ce que vous pourriez me dire à la décharge de mon *infidèle*. Je ne lui pardonne pas, mais j'oublie. Les choses ayant tourné à ce que je manquasse de me faire tuer pour lui, il y aurait vraiment trop peu de logique à vouloir garder rancune. Néanmoins, pour ce qui est du monument de Ville-d'Avray, rien ne me décidera à m'en charger. J'ai déjà dit à M. de l'Estorade un empêchement qui, de jour en jour, se dessine pour moi plus absolu; je trouve d'ailleurs misérable que Marie-Gaston s'étudie ainsi à ruminer sa douleur, et je lui ai écrit dans ce sens. Il faut enfin qu'il soit homme, et qu'il demande à l'étude et au travail les consolations qui toujours peuvent en être attendues.

Le sujet de ma visite était épuisé, et je n'avais pas, pour le présent, l'espérance d'aller au fond de toutes les obscurités qu'il me faudra pourtant pénétrer. Au moment où je me levais pour partir :

— Puis-je compter, me demanda M. Dorlange, que vous n'exigerez pas à ma statue des *dégradations* trop considérables ?

— C'est à mon mari, bien plus qu'à moi, à vous répondre; d'ailleurs, nous en reparlerons, car M. de l'Estorade espère bien que vous nous ferez l'honneur de votre visite.

M. Dorlange s'inclina en signe d'acquiescement respectueux, et nous sortîmes. Comme il nous reconduisait jusqu'à notre voiture, sans avoir osé, je pense, m'offrir son bras, je vins à me retourner pour appeler Naïs qui s'approchait imprudemment d'un chien des Pyrénées, couché dans la cour. J'aperçus alors, derrière le rideau d'une des fenêtres, la belle gouvernante, avidement occupée à me suivre des yeux. En se voyant surprise dans cette curiosité, elle ferma le rideau avec une brusquerie marquée.

— Allons, pensai-je, voilà cette fille jalouse de moi; craindrait-elle, par hasard, qu'au moins comme modèle, je ne lui fasse concurrence? En somme, je sortis d'une humeur massacrante; j'étais outrée contre Naïs, contre mon mari, et je fus sur le point de lui faire une scène à laquelle, bien certainement, il n'eût rien compris.

Qu'en pensez-vous, chère madame? Cet homme est-il un des fourbes les plus adroits que l'on puisse rencontrer, ayant su, tout d'un coup, pour se retirer d'un mauvais pas, inventer la fable la plus ingénieuse, ou bien n'est-ce réellement qu'un artiste m'ayant prise en toute naïveté pour la vivante réalisation de son idéal? C'est ce que je saurai, du reste, d'ici à quelques jours, car, plus que jamais, voilà le cas de rentrer dans mon programme, et demain, pas plus tard, M. le comte et madame la comtesse de l'Estorade auront l'honneur de prier M. Dorlange à dîner.

VII. — LA COMTESSE DE L'ESTORADE A MADAME OCTAVE DE CAMPS.

Paris, mars 1839.

Chère madame, M. Dorlange dîna hier chez moi.

Ma pensée à moi avait été de l'avoir en famille, afin de le tenir mieux sous mon œil, et de lui donner tout à mon aise la question.

Mais M. de l'Estorade, que je n'avais pu mettre dans la confidence de ma disposition charitable, me fit remarquer que cette invitation en tête-à-tête pourrait avoir quelque chose de blessant : M. le comte de l'Estorade, pair de France, aurait l'air de trouver que le sculpteur Dorlange n'est pas d'assez bon lieu pour être admis dans son monde. Nous ne pouvons, ajouta gaiement mon mari, le traiter comme le fils d'un de nos fermiers, qui viendrait nous voir avec l'épaulette de sous-lieutenant et que nous inviterions à huis clos, faute d'oser l'envoyer à l'office.

Nous eûmes donc avec notre convive principal, M. Joseph Bridau, le peintre, le chevalier d'Espard, M. et madame de la Bastie, et M. de Ronquerolles. En invitant ce dernier, mon mari lui avait demandé s'il ne lui serait pas désagréable de se rencontrer avec l'adversaire de M. de Rhétoré ? Vous avez su sans doute que, dans son duel, le duc avait choisi pour ses témoins le général de Montrivau et M. de Ronquerolles.

— Loin que cette rencontre, répondit ce dernier, me soit désagréable, c'est avec empressement que je saisis cette occasion de me rapprocher d'un homme de talent qui, dans l'affaire à laquelle j'ai été mêlé, s'est montré du dernier bien. — Et comme mon mari lui apprenait la grande obligation que nous avions à M. Dorlange : — Mais c'est donc un héros, ajouta-t-il, que cet artiste ! Pour peu qu'il continue, nous ne lui irons pas à la cheville.

Dans son atelier, le cou nu, ce qui lui dégage la tête, qu'il a un peu forte pour le reste du corps, et vêtu d'une façon de costume oriental, dont il s'est assez heureusement avisé, M. Dorlange m'avait paru beaucoup mieux que dans ses habits de ville. Il faut dire pourtant que lorsqu'il s'anime en parlant, son visage semble s'illuminer, et alors de ses yeux s'échappe un flot de ces effluves magnétiques que déjà j'avais remarqués dans nos précédentes rencontres; comme moi, madame de la Bastie en a été très frappée.

Je ne sais si je vous ai dit l'ambition de M. Dorlange, et qu'il compte se porter candidat aux prochaines élections. Ce fut là sa raison pour décliner la commande que mon mari avait été chargé de lui faire de la part de M. Marie-Gaston. Ce que M. de l'Estorade et moi avions d'abord pris pour une défaite ou pour un dessein en l'air, serait, à ce qu'il paraît, une prétention sérieuse. A table, sommé par M. Joseph Bridau de s'expliquer sur la créance qui devait être donnée à la réalité de ses projets parlementaires, M. Dorrange les a formellement maintenus. De là, pendant presque toute la durée du dîner, une allure exclusivement politique donnée à la conversation. En des questions jusqu'ici très étrangères à ses études, je m'attendais à trouver notre artiste, sinon absolument novice, au moins d'une très courante médiocrité. Point du tout : sur les hommes, sur les choses, sur le passé comme sur l'avenir des partis, il eut des aperçus vraiment neufs, où rien évidemment n'était emprunté à la phraséologie quotidienne des journaux ; et tout cela dit d'une parole vive, facile, élégante ; de telle sorte qu'après son départ, M. de Ronquerolles et M. de l'Estorade se déclarèrent positivement surpris de la forte et puissante aptitude politique qui venait de se révéler à eux. L'aveu est d'autant plus remarquable, que ces messieurs, par tempérament autant que par position, se trouvent être de zélés conservateurs, tandis que la pente de M. Dorlange l'entraîne d'une façon marquée vers les idées démocratiques.

Par le côté de cette supériorité inattendue qui se déclarait chez mon problématique amoureux, il commença de me rassurer un peu. La politique, en effet, est à elle seule une passion absorbante et dominatrice qui n'en laisse pas facilement une autre s'épanouir à ses côtés. Néanmoins, j'étais décidée à aller au fond de notre situation, et, après le dîner, j'attirai insidieusement notre homme dans un de ces tête-à-tête qu'il est toujours si facile à une maîtresse de maison de ménager. Après avoir un peu parlé de M. Marie-Gaston, notre ami commun, des exaltations de ma pauvre Louise et de mes inutiles et constants efforts pour les tempérer, ne marchandant pas à le placer sur le terrain où il eût toute commodité pour engager l'attaque, je lui demandai si bientôt sa sainte Ursule se mettrait en route ?

— Tout est prêt, me répondit-il, pour son départ ; mais j'ai besoin, madame, de votre *exeat* et que vous vouliez bien me dire si je dois ou non modifier quelque chose à son expression.

— Une question d'abord, répliquai-je. Votre œuvre, en supposant que j'y désirasse quelque changement, doit-elle beaucoup perdre à être ainsi remaniée ?

— C'est probable : pour si peu qu'on lui rogne les ailes, l'oiseau est toujours empêché dans son vol.

— Autre curiosité. Est-ce moi ou l'*autre personne* que votre statue reproduit avec le plus de fidélité ?

— Vous, madame, cela va sans dire : vous êtes le présent, et elle le passé.

— Mais laisser là le passé pour le présent, cela, monsieur, le savez-vous? s'appelle d'un assez vilain nom, et de mauvais entraînement, vous l'avouez avec une naïveté et avec une aisance qui ont quelque chose d'effrayant.

— C'est vrai, me répondit en riant M. Dorlange, l'art est féroce : quelque part que lui apparaisse la matière de ses créations, il se précipite dessus en désespéré.

— L'art, repartis-je, est un grand mot sous lequel un monde de choses peut s'abriter. L'autre jour, vous me disiez que des circonstances trop longues à raconter avaient contribué à vous rendre toujours présente cette forme dont je suis un reflet, et qui a laissé une trace si vive dans votre mémoire : n'était-ce pas assez clairement me dire qu'en vous ce n'était pas seulement le sculpteur qui se souvenait?

— Réellement, madame, le temps m'eût manqué pour mieux m'expliquer; mais, dans tous les cas, ayant l'honneur de vous voir pour la première fois, ne m'eussiez-vous pas trouvé bien étrange de prétendre en être avec vous aux confidences?

— Mais aujourd'hui? répliquai-je effrontément.

— Aujourd'hui... à moins d'un encouragement exprès, j'aurais encore quelque peine à me persuader que rien de mon passé puisse bien vivement vous intéresser.

— Pourquoi cela? il y a des connaissances qui mûrissent vite. Votre dévouement pour ma Naïs est, dans la nôtre, une grande avance. D'ailleurs, ajoutai-je avec une étourderie jouée, j'aime à la folie les histoires.

— Outre que la mienne a le malheur de manquer de dénoûment, pour moi-même elle est restée une énigme.

— Raison de plus : à deux, peut-être, nous en trouverons le mot.

M. Dorlange parut un moment se consulter; puis, après un court silence :

— C'est vrai, dit-il, les femmes sont admirables à saisir dans les faits et dans les sentiments des nuances où nous autres hommes ne savons rien démêler. Mais cette confidence ne m'intéresse pas seul, et j'aurais besoin d'espérer qu'elle restera expressément entre nous; je n'excepte pas même M. de l'Estorade de cette réserve : au delà de celui qui le confie et de celui qui l'écoute, un secret est déjà entamé.

En vérité, j'étais fort intriguée de ce qui allait suivre; dans cette dernière phrase n'y avait-il pas toute la préparation d'un homme qui se dispose à chasser sur les terres d'autrui? Néanmoins, continuant mon système d'encouragements éhontés :

— M. de l'Estorade, répliquai-je, est si peu habitué avec moi à tout savoir, que, de ma correspondance avec madame Marie-Gaston, jamais il n'a vu une ligne.

Ce qui n'empêchait pas qu'avec vous, chère madame, je ne me réservasse de ne garder qu'une discrétion relative; car enfin, n'êtes-vous pas mon directeur? et à son directeur il faut tout dire, si l'on veut être pertinemment conseillé.

Jusque-là M. Dorlange s'était tenu debout devant la cheminée, au coin de laquelle j'étais assise ; il prit alors auprès de moi un fauteuil, puis en manière de préambule :

— Je vous ai parlé, madame, me dit-il, de la famille de Lanty?..

A ce moment, fâcheuse comme la pluie dans une partie de campagne, madame de la Bastie s'approcha pour me demander si j'avais vu le dernier drame de Nathan? Il s'agissait bien de la comédie des autres en présence de celle dans laquelle, ce me semble, j'avais joué un rôle passablement éveillé. Force fut néanmoins à M. Dorlange de céder la place qu'il occupait à mes côtés, et impossible de renouer notre tête-à-tête de toute la soirée.

Comme vous pouvez le voir, chère madame, de toutes mes provocations et de tous mes enlacements, n'est sortie, à vrai dire, aucune lumière; mais à défaut des paroles de M. Dorlange, quand je me rappelle toute son attitude que j'ai soigneusement étudiée, c'est vraiment du côté de sa parfaite innocence que ma pensée incline le plus volontiers. Au fait, rien ne prouve que, dans cette histoire interrompue, l'amour joue le rôle que j'avais insinué. Il y a mille autres manières d'installer fortement les gens dans son souvenir, et si M. Dorlange n'a réellement pas aimé celle que je lui rappelle, pourquoi donc en voudrait-il à moi, qui ne viens là que de la seconde main? N'oublions-nous pas, d'ailleurs, un peu trop sa belle gouvernante, et à supposer même dans cette habitude beaucoup plus de sens que de cœur, ne faut-il pas admettre qu'au moins, relativement, cette fille doit être pour moi une sorte de garde-fou? A ce compte, chère madame, avec toutes mes terreurs, dont je vous ai rebattue, je serais passablement ridicule, et j'aurais quelque peu l'air de Bélise des *Femmes savantes*, aheurtée à l'idée que tout ce qui la voit tombe fatalement amoureux d'elle. Je m'abandonnerais pourtant de grand cœur à ce plat dénoûment. Amoureux ou non, M. Dorlange est un caractère élevé et un esprit d'une distinction rare, et si, par des prétentions déplacées, il n'arrivait pas à se rendre impossible, on aurait assurément plaisir et honneur à le compter au nombre de ses amis. Le service qu'il nous a rendu le prédestine d'ailleurs à ce rôle, et je serais vraiment aux regrets d'avoir à le traiter avec dureté. Dans ce cas je me brouillerais avec Naïs, qui, chose bien naturelle, raffole de son sauveur. Le soir quand il fut parti :

— Maman, comme il parle bien, M. Dorlange! me dit-elle avec un petit air d'approbation tout à fait amusant. A propos de Naïs, voilà l'explication qu'elle m'a donnée de cette réticence dont je m'étais si fort émue. — Dame! maman, je croyais que tu l'avais remarqué aussi. Mais après qu'il a eu arrêté les chevaux, comme tu n'as pas eu l'air de le connaître, et qu'il n'a pas une figure trop distinguée, j'ai cru que c'était un homme.

— Comment! un homme?

— Eh bien, oui! un de ces gens auxquels on ne fait pas attention. Mais quel bonheur, quand j'ai su que c'était un monsieur! tu m'as bien entendue, comme je me suis écriée : *Ah! c'est vous le monsieur qui m'a sauvée!*

Si l'innocence est entière, il y a dans cette explication un vilain côté de vanité, sur lequel vous pensez bien que j'ai fait une grande morale. Cette distinction de l'homme et du monsieur est affreuse; mais, en somme, l'enfant n'est-elle pas dans le vrai? Seulement elle dit avec une naïveté toute crue ce que nos mœurs démocratiques nous permettent très bien encore de pratiquer, mais ce qu'elles ne nous permettent plus d'avouer hautement. La fameuse révolution de 89 a du moins servi à installer dans notre société cette vertueuse hypocrisie... Mais me voilà tournant aussi à la politique, et, si je poussais plus loin mes aperçus, vous me diriez de prendre garde, et que déjà M. Dorlange a commencé de déteindre sur moi.

VIII. — LA COMTESSE DE L'ESTORADE A MADAME OCTAVE DE CAMPS.

Paris, avril 1839.

Pendant près de deux semaines, chère madame, on n'a plus entendu parler de M. Dorlange. Non-seulement il n'a pas jugé convenable de venir reprendre la confidence si malencontreusement interrompue par madame de la Bastie; mais il n'a pas même paru se souvenir qu'à la suite d'un dîner chez les gens, on leur doit, pour le moins, une carte à huitaine.

Nous étions hier matin à déjeuner, et, sans aigreur, en manière de conversation, je venais de faire cette remarque, quand notre Lucas, qui, en sa qualité de vieux domestique, se permet parfois des familiarités un peu hasardées, se fait ouvrir triomphalement la porte de la salle à manger, et en même temps qu'il remet un billet à M. de l'Estorade, il dépose au milieu de la table un je ne sais quoi, soigneusement enveloppé de papier de soie, et que d'abord je prends pour un plat monté.

— Qu'est-ce que c'est que cela? dis-je à Lucas, sur le visage duquel je lisais l'annonce d'une surprise, et en même temps j'avance la main pour dégager l'inconnu.

— Oh! que madame prenne garde! s'écrie Lucas, c'est fragile.

Pendant ce temps, mon mari avait lu le billet, qu'il me passa en disant :

— Tenez, l'excuse de M. Dorlange!

Voilà ce que monsieur l'artiste écrivait :

« Monsieur le comte, j'ai cru entrevoir que madame de l'Esto-
» rade ne m'autorisait qu'à regret à profiter de l'audacieux larcin
» pratiqué à son préjudice. J'ai donc pris courageusement mon
» parti de modifier en ce sens mon œuvre, et, à l'heure qu'il est,
» les *deux sœurs* ne se ressemblent presque plus. Je n'ai pas voulu
» cependant que *tout* fût perdu pour tout le monde, et, après avoir
» fait mouler la tête de la sainte Ursule avant les retouches, j'en ai
» fait faire une réduction que j'ai placée sur les épaules d'une char-
» mante comtesse, non encore canonisée, Dieu merci! le moule
» a été brisé aussitôt après le tirage de l'exemplaire unique que j'ai

» l'honneur de vous adresser. Ce procédé, qui était de haute con-
» venance, donne peut-être un peu plus de valeur à l'objet.

» Veuillez agréer, monsieur le comte, etc. »

Tandis que je lisais, mon mari, Lucas, Naïs et René avaient à l'envi travaillé à m'extraire de mon enveloppe, et, en effet, de sainte que j'avais été, j'étais devenue une femme du monde, en la forme d'une ravissante statuette délicieusement ajustée. J'ai cru que M. de l'Estorade, Naïs et René allaient devenir fous de bonheur et d'admiration. La nouvelle du chef-d'œuvre s'était bientôt répandue dans la maison : tous nos domestiques, qu'en réalité nous gâtons un peu, d'arriver les uns après les autres, comme s'ils eussent été conviés, et tous de s'écrier : *Ah! que c'est bien madame!* Je vous dis là le thème général, sans me rappeler les variations plus ou moins saugrenues.

Moi seule ne partageais pas l'enivrement universel. Servir éternellement de matière aux élucubrations sculpturales de M. Dorlange me semblait un bonheur médiocrement enviable, et, pour toutes les raisons que vous savez, chère madame, j'aurais beaucoup mieux aimé ne pas me trouver si souvent dans sa pensée et sous son ciseau. Quant à M. de l'Estorade, après avoir travaillé pendant une heure à trouver dans son cabinet la place où le chef-d'œuvre serait le mieux dans son jour :

— En allant à la Cour des comptes, vint-il me dire, je passerai chez M. Dorlange ; s'il est libre ce soir, je le prierai de venir dîner avec nous : Armand, qu'il ne connaît pas encore, sort aujourd'hui ; il verra ainsi toute la famille réunie, et vous pourrez lui faire vos remercîments.

Je n'approuvais pas l'idée de cette invitation en famille. Il me parut qu'elle installait M. Dorlange sur un pied d'intimité que sa nouvelle galanterie recommençait à me faire trouver dangereuse. A quelques objections que je fis :

— Mais, ma chère, me répondit M. de l'Estorade, la première fois que nous le reçûmes, vous vouliez que ce fût en petit comité, ce qui eût été parfaitement maladroit ; et aujourd'hui que cela devient convenable, vous y voyez des difficultés.

A un si bel argument, qui me prenait en flagrant délit de contradiction, je n'avais pas un mot à dire, si ce n'est, à part moi, que les maris n'ont vraiment pas la main heureuse.

M. Dorlange consentit à être des nôtres. Il dut me trouver un peu froide dans l'expression de ma reconnaissance. J'allai même jusqu'à lui dire qu'il avait mal interprété ma pensée et que je ne lui aurais pas demandé de modifier sa statue, ce qui était lui créer un regret, et implicitement ne pas donner une grande approbation à son envoi de la matinée. Il eut d'ailleurs le talent de me déplaire par un autre côté sur lequel, vous le savez, je ne suis pas fort traitable. A dîner, M. de l'Estorade revint sur sa cadidature à laquelle il donna moins que jamais son approbation, tout en ayant cessé de la trouver ridicule. Cela menait droit à la politique. Armand, qui est un esprit grave et réfléchi, et qui lit les journaux, se mêla de la conversation. Contre l'usage de la jeunesse actuelle, il est de l'opinion de son père, c'est-à-dire très conservateur, mais peut-être un peu hors de cette juste et sage mesure qu'il est bien difficile d'avoir à quinze ans. Il fut donc amené à contredire M. Dorlange dont je vous ai dit la pente un peu jacobine. Et vraiment, je ne trouvais pas que les arguments de mon petit homme fussent très mauvais et exprimés en trop méchants termes.

Sans cesser d'être poli, M. Dorlange eut l'air de dédaigner d'entrer en discussion avec le pauvre enfant, et il lui rappela assez durement son habit de collége, si bien que je vis Armand près de perdre patience et de tourner à l'aigre. Comme il est bien élevé, je n'eus qu'à lui faire un signe, et il se contint; mais en le voyant, devenu rouge pourpre, se renfermer dans un silence absolu, je sentis à son amour-propre une profonde blessure et trouvai peu généreux à M. Dorlange de l'avoir ainsi écrasé de sa supériorité. Je sais bien que les enfants d'aujourd'hui ont le tort de vouloir trop tôt être des personnages, et que de temps à autre il n'y a pas grand mal à se mettre en travers pour les empêcher d'avoir de si bonne heure quarante ans. Mais vrai, Armand a un développement intellectuel et une raison au-dessus de son âge. En voulez-vous la preuve? Jusqu'à l'année dernière, je n'avais pas voulu consentir à me séparer de lui, et c'était comme externe qu'il suivait les cours du collège Henri IV. Eh bien! lui-même, dans l'intérêt de ses études, que les allées et venues de l'externat ne laissaient pas de contrarier un peu, a demandé à être cloîtré, et pour obtenir la faveur d'aller s'enfermer sous la ferrule d'un proviseur, il a dépensé plus d'arguments et a fait auprès de moi plus d'intrigues que n'en eût employé un enfant ordinaire pour parvenir à un résultat tout opposé. Aussi, cette allure d'homme fait, qui, chez beaucoup de collégiens, est un insupportable ridicule, ne paraît-elle chez lui que le résultat d'une précocité naturelle ; or, cette précocité, il faut bien la lui pardonner, puisque après tout, elle lui vient de Dieu.

Grâce au malheur de sa naissance, M. Dorlange, moins que tout autre, est en mesure de savoir ce que c'est que les enfants, et nécessairement il doit, pour eux, manquer d'indulgence. Qu'il y prenne garde pourtant, c'est là un mauvais moyen de me faire sa cour, même sur le pied de la plus simple amitié. La soirée en famille ne prêtait guère à ce que je pusse le remettre sur le chapitre de son histoire ; mais il ne me sembla pas que lui-même eût un grand empressement à reprendre ce point. Il s'occupa vraiment beaucoup moins de moi que de Naïs, à laquelle, pendant plus d'une heure, il découpa des silhouettes. Il faut dire aussi que madame de Rastignac vint se jeter à la traverse, et que, de mon côté, je dus me donner tout entière à cette visite. Pendant que je lui tenais conversation au coin de la cheminée, à l'autre bout de l'appartement, M. Dorlange faisait poser Naïs et René, qui vinrent en triomphe m'apporter leur profil très ressemblant, exécuté en quelques coups de ciseaux.

— Tu ne sais pas, me dit tout bas Naïs, M. Dorlange qui veut faire mon buste en marbre !

Tout cela me parut d'assez mauvais goût. Je n'aime pas, qu'admis dans un salon, les artistes aient l'air d'y continuer encore leur métier. Ils semblent par là autoriser cette morgue aristocratique qui souvent ne les trouve pas bons à être reçus pour eux-mêmes.

M. Dorlange nous quitta de bonne heure, et M. de l'Estorade, comme il lui est arrivé bien des fois dans sa vie, me donna sur les nerfs, lorsqu'en reconduisant notre convive qui avait voulu s'échapper sans être aperçu, je l'entendis lui dire d'être moins rare, et que je passais chez moi presque toutes mes soirées.

De cette fameuse invitation en famille est résulté, entre mes enfants, une sorte de guerre civile. Naïs porte aux nues son cher sauveur, et étant soutenue dans son opinion par René qui s'est livré corps et âme, moyennant un superbe lancier à cheval que M. Dorlange lui a découpé. Armand, au contraire, le trouve laid, ce qui est incontestable : il dit qu'il ressemble aux portraits de Danton qu'il a vus dans les histoires de la Révolution illustrées, ce qui a quelque chose de vrai. Il dit encore que dans ma statuette, il m'a donné un air de grisette, ce qui n'est pas exact le moins du monde. De là, entre ces chers chéris, des débats qui ne finissent pas.

Tout à l'heure encore, j'ai été obligée d'intervenir en leur disant qu'ils me fatiguaient avec leur M. Dorlange. N'en dites-vous pas autant de moi, chère madame, qui, à son sujet, vous ai déjà tant écrit, sans savoir vous apprendre rien de précis?

IX. — DORLANGE A MARIE-GASTON.

Paris, avril 1839.

Pourquoi je déserte mon art et ce que j'entends aller faire dans cette maudite galère de la politique? Voilà ce que c'est, mon cher amoureux, que de s'enfermer pendant des années dans des chartreuses conjugales! Durant ce temps, le monde a marché. Pour ceux qu'on a oubliés à la porte, la vie a amené des combinaisons nouvelles, et plus on les ignore, plus on est disposé à jeter à cet inconnu son blâme. On est toujours si grands docteurs dans les choses d'autrui! Apprends donc, cher curieux, que je n'ai pas pris de mon crû le parti dont tu me demandes compte. En me présentant d'une manière si imprévue sur la brèche électorale, je ne fais que céder à une inspiration venue de haut lieu. Laissant enfin glisser un rayon de lumière au milieu de mes éternelles ténèbres, un père s'est aux trois quarts révélé à moi, et, si j'en crois les apparences, il serait posé dans le monde de manière à satisfaire l'amour-propre le plus exigeant. Du reste, suivant la donnée ordinaire de ma vie, à cette révélation s'est rencontré un entourage de circonstances assez bizarres et assez romanesques pour mériter de t'être contées avec quelque détail.

Puisque depuis deux ans tu habites l'Italie, en visitant les villes les plus intéressantes, il me paraît très inutile de t'expliquer ce que c'est que le fameux café *Greco*, rendez-vous ordinaire des élèves de l'Académie de tous les pays pendant leur séjour à Rome. A Paris, rue du Coq-Saint-Honoré, existe un lointain équivalent de cette institution dans un café très anciennement connu sous le nom de Café des Arts.

Deux ou trois fois par semaine, je vais y passer une soirée. Là je retrouve plusieurs pensionnaires de Rome, mes contemporains. Eux-mêmes m'ont fait faire la connaissance de quelques journalistes et hommes de lettres, tous gens aimables et distingués, avec lesquels il y a profit et plaisir à échanger ses idées. Dans un certain coin où nous nous groupons, s'agitent et se débattent toutes les questions qui sont de nature à intéresser des esprits sérieux; la politique a surtout le privilége de passionner nos discussions. Dans notre petit club, l'opinion démocratique est la tendance dominante : elle se trouve représentée dans ses nuances les plus diverses, l'utopie phalanstérienne comprise. C'est assez te dire qu'à ce tribunal, la marche du gouvernement est souvent jugée avec sévérité, et que dans nos appréciations règne la liberté la plus illimitée de langage.

Il y a de cela un peu plus d'un an, le garçon qui seul est admis à l'honneur de nous servir, me prit un jour à part, ayant, prétendait-il, à me donner un avis important.

— Vous êtes, monsieur, me dit-il, surveillé par la police, et vous feriez bien de ne pas toujours parler comme saint Paul, la bouche ouverte.

— La police! mon pauvre ami, mais que diable surveillerait-elle? Ce que je dis, et bien d'autres choses, s'impriment tous les matins dans les journaux.

— C'est égal, on vous guette. Je l'ai bien observé; il y a un petit vieux qui prend beaucoup de tabac et qui se place toujours à portée de vous entendre : quand vous parlez, il a l'air de prêter l'oreille avec bien plus d'attention que pour les autres, et même une fois je l'ai vu écrire quelque chose sur son agenda en signes qui n'étaient pas de l'écriture.

— C'est bien! la première fois qu'il viendra, tu me le feras remarquer.

Cette première fois ne tarda pas plus que le lendemain. Le personnage qui me fut signalé était un petit homme à cheveux gris, d'un extérieur assez négligé et dont le visage, très gravé de la petite vérole, me parut accuser la cinquantaine. Très fréquemment, en effet, il puisait dans une large tabatière et semblait honorer tous mes discours d'une attention qu'à mon choix je pouvais tenir pour très obligeante ou pour très indiscrète. Mais entre ces deux interprétations, ce qui semblait devoir conseiller la plus bienveillante, c'était un air de douceur et de probité répandu dans toute la personne de ce prétendu suppôt de la police. Comme j'objectais cette rassurante apparence à celui qui se flattait d'avoir éventé un agent secret :

— Parbleu! me dit-il, ce sont des airs mielleux qu'ils se donnent pour mieux déguiser leur jeu.

Deux jours plus tard, un dimanche, à l'heure des vêpres, dans une de ces promenades à travers le vieux Paris, dont tu te rappelles que j'ai toujours eu le goût et l'habitude, le hasard me conduisit à l'église de Saint-Louis-en-l'Ile, paroisse du quartier perdu qui porte ce nom. Cette église est un monument d'un très médiocre intérêt, quoi qu'en disent plusieurs historiens et après eux tous les *Conducteurs de l'étranger à Paris*. Je n'eusse donc fait que la traverser en courant, si le remarquable talent de l'organiste qui touchait l'office ne m'eût retenu d'autorité.

Te dire que le jeu de cet homme réalisait mon idéal, c'est t'en faire un immense éloge; car tu te souviens sans doute de ma subtile distinction entre les *toucheurs* d'orgue et les organistes, noblesse d'un ordre supérieur et dont je ne délivre les titres qu'à bon escient. L'office achevé, j'eus la curiosité de voir la figure d'un artiste si éminent, déporté en pareil lieu. J'allai donc me poser en embuscade à la porte de la tribune, afin d'apercevoir le virtuose à sa sortie. Je n'en eusse pas plus fait pour une tête couronnée; mais les grands artistes, après tout, ne sont-ce pas là les vrais rois du droit divin?

Représente-toi mon étonnement quand après quelques minutes d'attente, au lieu d'un visage entièrement nouveau pour moi, je vois paraître un homme qui d'abord éveille dans mon esprit un vague souvenir, et qu'à un second coup d'œil je reconnais pour mon auditeur acharné du *Café des Arts*. Ce n'est pas tout : à sa suite, marche un à peu près de créature humaine, et dans cette informe ébauche, à ses jambes torses, à son immense et inculte chevelure, je démêle notre ancienne Providence trimestrielle, mon banquier, ou *apporteur d'argent*, en un mot, notre estimable ami, le nain mystérieux.

De mon côté, je n'échappe pas à son œil vigilant, et, d'un geste animé, je le vois me signalant à l'organiste. Celui-ci, par un mouvement dont il n'a sans doute pas calculé toute la portée, se retourne précipitamment pour me regarder; mais, sans plus de démonstration, il continue son chemin. Pendant ce temps, le bancroche qu'à ce détail je dois reconnaître pour un employé de la *maison*, s'approche familièrement du donneur d'eau bénite et lui offre une prise de tabac, puis, clopinant, sans plus m'honorer de son attention, il gagne une porte dérobée qui s'ouvre dans un des bas-côtés de l'église, et disparaît.

Le soin que cet homme avait pris de faire remarquer ma présence à l'organiste devenait pour moi une révélation. Évidemment le maëstro était au courant du bizarre procédé employé pour me faire parvenir ma pension, laquelle, à mon retour de Rome, et jusqu'au moment où je fus mis au-dessus du besoin par quelques commandes, avait continué de m'être religieusement servie. Quelque chose de non moins probable, c'est que l'homme initié à ce mystère financier était dépositaire de bien d'autres secrets; je devais être d'autant plus ardent à me procurer avec lui une explication, qu'arrivé à vivre de mes propres ressources, je n'avais plus à craindre de voir ma curiosité punie par ce retranchement de subsides dont j'avais été menacé dans un autre temps.

Prenant donc aussitôt mon parti, je m'élance sur les traces de l'organiste; au moment où je dépasse la porte de l'église, il était déjà hors de vue; mais, secondé par le hasard qui me mène du côté où il a tourné, comme je débouche sur le quai de Béthune, de loin j'ai le bonheur de l'apercevoir frappant à la porte d'une maison. Entré résolûment après lui, je demande au portier, monsieur l'organiste de Saint-Louis-en-l'Ile:

— M. Jacques Bricheteau?

— Oui, M. Jacques Bricheteau, c'est bien ici qu'il demeure?

— Au quatrième au-dessus de l'entresol, la porte à gauche. D'ailleurs, le voilà qui rentre; vous pouvez le rattraper sur l'escalier.

Quelque diligence que j'eusse faite au moment où je rejoignis mon homme, déjà sa clef était dans la serrure.

— C'est à M. Jacques Bricheteau, m'empressai-je de lui dire, que j'ai l'honneur de parler?

— Connais pas, me répondit-il effrontément en faisant jouer le double tour.

— Je dis peut-être mal le nom, mais monsieur l'organiste de Saint-Louis-en-l'Ile.

— Je n'ai jamais ouï dire qu'il y eût d'organiste dans la maison.

— Je vous demande pardon, monsieur: il y en a un, le concierge vient de me l'affirmer. D'ailleurs, c'est bien vous que tout à l'heure j'ai vu sortir de la tribune de l'orgue, escorté, parbleu! d'un individu...

Avant même que j'eusse achevé ma phrase, ce singulier interlocuteur m'avait faussé compagnie en refermant sa porte sur lui. Un moment je crus à une méprise ; mais, réflexion faite, toute erreur était impossible. N'avais-je pas d'ailleurs affaire à un homme qui depuis des années faisait ses preuves d'une discrétion à outrance? c'était donc lui qui déclinait désespérément ma rencontre, et non pas moi qui me trompais. Je me mets alors à tirer vigoureusement sa sonnette, bien décidé à avoir raison par mon instance de la fin de non-recevoir qui m'est opposée. Pendant quelque temps, l'assiégé a patience du tapage que je fais à sa porte ; mais tout à coup je remarque que la sonnette a cessé de tinter. Évidemment elle venait d'être tamponnée : dès lors mon obstiné n'ouvrirait plus, et le seul moyen d'entrer avec lui en communication c'était d'enfoncer sa porte, mais cela ne se fait pas trop.

Descendu chez le portier, sans lui dire les raisons qui m'expliquaient ma mésaventure, je la lui raconte ; par là je provoquais sa confiance et me faisais une ouverture à obtenir quelques renseignements sur l'impénétrable M. Jacques Bricheteau. Quoique fournies avec tout l'empressement que je pouvais désirer, ces informations n'apportèrent à la situation aucune lumière. En résumé, M. Bricheteau était un locataire tranquille, poli, mais point communicatif ; quoique fort exact à payer son terme, il paraissait peu aisé, n'avait pas même une femme de ménage pour le servir et ne prenait pas ses repas chez lui. Sorti tous les matins avant dix heures, et ne rentrant que dans la soirée, il devait être employé dans un bureau ou donner en ville des leçons de musique. Un détail au milieu de toute cette récolte de renseignements vains et vagues aurait pu présenter de l'intérêt. Depuis quelques mois, M. Jacques Bricheteau avait assez fréquemment reçu de volumineuses lettres, qu'attendu l'élévation de leur port, on pouvait supposer adressées de pays lointains ; mais malgré sa bonne volonté, le digne concierge n'était jamais parvenu à bien déchiffrer le timbre indiquant le point de départ, et, dans tous les cas, le nom du pays, qu'il avait très incomplétement entrevu, était entièrement sorti de sa mémoire ; ainsi pour le moment, cette remarque, qui aurait pu devenir instructive, n'éclaircissait absolument rien.

Rentré chez moi, je me persuadai qu'une épître pathétique

adressée à mon réfractaire aurait pour effet de l'engager à me recevoir. Mêlant à mes formes suppliantes une pointe d'intimidation, je ne lui laissai pas ignorer mon dessein très arrêté de pénétrer à tout prix le mystère qui pesait sur ma vie, et dont il paraissait savoir le mot. Maintenant que j'avais une entrée dans ce secret, c'était à lui de voir si mes efforts désespérés, se ruant à l'aveugle sur tout cet inconnu, n'entraîneraient pas après eux beaucoup plus d'inconvénients qu'une franche explication dans laquelle je le conjurais de vouloir bien entrer avec moi. Mon ultimatum ainsi formulé, afin qu'il parvînt aux mains de M. Jacques Bricheteau dans le moindre délai possible, le lendemain matin, avant neuf heures, je me présentai à son domicile. Mais, enragé de discrétion, ou ayant à éviter ma rencontre un intérêt vraiment inexplicable, dès le petit jour, le maëstro, après avoir payé le terme courant et le terme à échoir, avait fait enlever son mobilier, et il faut croire que le silence des gens employés à ce brusque déménagement avait été largement payé, car jamais le concierge n'avait pu savoir d'eux le nom de la rue vers laquelle son locataire émigrait. Ces gens, d'ailleurs, n'étaient point du quartier ; aucune chance, par conséquent, de les retrouver plus tard et de les faire parler.

Possédé d'une curiosité qui avait fini par être aussi excitée que la mienne, le portier s'était bien avisé d'un moyen de la contenter. Ce moyen, peu délicat, consistait à suivre de loin la charrette sur laquelle le ménage du musicien s'en allait empilé. Mais ce diable d'homme pensait à tout ; et gardant à vue le trop zélé concierge, il était resté en croisière devant la porte de la maison jusqu'au moment où ses commissionnaires avaient pris assez d'avance pour ne plus courir la chance d'être dépistés. Toutefois, malgré l'entêtement et l'habileté de cet insaisissable adversaire, je ne me tenais pas pour battu.

Par l'orgue de Saint-Louis, je me sentais toujours avec lui un lien, et, dès le dimanche suivant, avant la fin de la grand'messe, j'étais posté à la porte de la tribune, bien décidé à ne pas lâcher le sphinx que je ne l'eusse fait parler.

Mais là, nouveau désappointement : M. Jacques Bricheteau s'était fait remplacer par un de ses élèves, et, pendant trois dimanches de suite, même substitution. Le quatrième, je pris le parti d'aborder le suppléant et de lui demander si le maëstro était malade.

— Non, monsieur. M. Bricheteau a pris un congé ; il est absent pour quelque temps, par suite d'un voyage d'affaires.

— Alors, où pourrait-on lui écrire?

— Je ne sais pas au juste; il me semble pourtant qu'en adressant votre lettre à son domicile, à deux pas d'ici, quai de Béthune...

— Mais il a déménagé; vous ne le savez donc pas?

— Non, vraiment; et où demeure-t-il?

J'étais bien chanceux : je demandais des renseignements à un homme qui me priait de l'instruire quand je l'interrogeais. Comme pour achever de me mettre hors de moi, pendant que je prenais mes informations en si bon lieu, de loin j'aperçus le damné sourd et muet qui faisait mine de rire en me regardant.

Heureusement pour mon impatience et ma curiosité qui, s'exaltant de chaque délai, se montaient peu à peu à un diapason vraiment inquiétant, un peu de lumière se fit. Quelques jours après ma dernière déconvenue, une lettre me parvint, et plus habile que le concierge du quai de Béthune, tout d'abord je sus voir qu'elle était timbrée de *Stockholm*, SUÈDE, ce qui ne me surprit pas autrement. A Rome, j'avais été honoré de la bienveillance de Thorwaldsen, le grand sculpteur suédois, et souvent dans son atelier j'avais vu de ses compatriotes; c'était peut-être quelque commande qui m'arrivait par son intermédiaire; mais la lettre décachetée, juge un peu et de ma surprise et de mon émotion, en présence de ces premiers mots : *Monsieur mon fils*.

La lettre était longue et je n'eus pas la patience de la lire avant de savoir le nom que je portais. Je courus donc d'abord à la signature; cette forme : *Monsieur mon fils*, que j'ai vue plusieurs fois dans l'histoire employée par les rois pour écrire à leurs rejetons, ne semblait-elle pas m'annoncer la plus aristocratique origine? Mais mon désappointement fut complet; de signature, point. «Monsieur mon fils, me disait mon père anonyme, je ne regrette pas que, par votre insistance passionnée pour connaître le secret de votre naissance, vous ayez forcé la personne qui a eu soin de votre jeunesse de venir ici conférer avec moi touchant le parti que pouvait nous commander cette dangereuse et turbulente curiosité. Depuis longtemps, je nourrissais une pensée qui arrive aujourd'hui à maturité, et de vive voix, l'exécution en a été bien plus sûrement réglée qu'elle n'eût pu l'être par correspondance. Presque aussitôt après votre naissance, qui coûta la vie à votre mère, forcé de m'expatrier, j'ai fait dans un pays étranger une belle fortune, et dans le gouvernement de ce pays j'occupe un poste éminent.

» J'entrevois le moment où, libre de vous restituer mon nom, je pourrai en même temps vous procurer la survivance de la haute situation à laquelle je suis arrivé. Mais, pour parvenir à ce sommet, la notoriété que, de mon aveu, vous vous êtes mis en mesure d'acquérir dans les arts, ne serait pas une recommandation suffisante; j'ai donc le désir que vous abordiez la vie politique ; et dans cette voie, sous les institutions actuelles de la France, il n'y a pas deux manières de devenir un homme considérable : il faut être député. Je sais que vous n'avez pas l'âge légal et que vous ne payez pas le cens. Mais dans un an vous aurez trente ans, et c'est juste le délai nécessaire pour que, devenu propriétaire, vous soyez en mesure de justifier de la possession annale. Dès demain, vous pouvez vous présenter chez les frères Mongenod, banquiers, rue de la Victoire; une somme de deux cent cinquante mille francs vous sera comptée; vous devrez l'employer immédiatement à l'acquisition d'un immeuble, affectant le surplus à prendre des intérêts dans quelque journal qui, le moment venu, appuiera votre candidature, et à une autre dépense qui vous sera expliquée plus bas.

» Votre aptitude politique m'est cautionnée par la personne qui, avec un zèle et un désintéressement que je ne saurai jamais reconnaître, a veillé sur votre abandon. Depuis quelque temps, elle vous a suivi, écouté, et elle est sûre que vous pourrez paraître dignement à la tribune. Vos opinions, d'un libéralisme ardent à la fois et modéré, me conviennent, et, sans le savoir, jusqu'ici vous avez très habilement joué dans mon jeu. Je ne vous dis pas encore le lieu de votre élection probable; l'habileté occulte et profonde qui la prépare a d'autant plus de chances de réussir, qu'elle marchera plus sourdement et plus entourée de ténèbres ; mais son succès peut être en partie assuré par l'exécution d'un travail que je vous recommande et dont je vous engage à accepter l'apparente étrangeté sans étonnement et sans commentaire.

» Provisoirement, vous continuerez d'être sculpteur et, avec le talent dont vous avez donné des preuves, vous nous ferez une statue de sainte Ursule. C'est un sujet qui ne manque ni de poésie, ni d'intérêt; sainte Ursule, vierge et martyre, était, à ce qu'on croit généralement, fille d'un prince de la Grande-Bretagne. Martyrisée vers le cinquième siècle, à Cologne, elle était supérieure d'un couvent de filles que la naïveté populaire a appelées *les Onze mille Vierges;* plus tard, elle est devenue la patronne de l'ordre des

Ursulines, auxquelles elle a donné son nom, et aussi la patronne de la fameuse maison de Sorbonne. Un artiste habile comme vous peut, à ce qu'il me semble, tirer parti de tous ces détails.

» Sans savoir la localité dont vous devez devenir le représentant, il sera convenable que, dès à présent, vous rendiez extérieures vos velléités politiques et fassiez connaître votre dessein d'arriver à la députation. Mais ce que je ne saurais trop vous recommander, c'est le secret sur la communication qui vous est faite aujourd'hui, aussi bien que la patience de votre position présente. Laissez, de grâce, en paix mon mandataire, et sans une curiosité qui pourrait, je vous en préviens, entraîner pour vous les plus grands malheurs, attendez le développement lent et calme du brillant avenir auquel vous êtes destiné. En refusant d'entrer dans mes desseins, vous vous ôteriez toute chance de jamais être initié au mystère que vous vous êtes montré si ardent à pénétrer ; mais je ne veux pas même admettre la supposition de votre résistance, et j'aime mieux croire à votre déférence absolue pour les vœux d'un père, qui regardera comme le plus beau jour de sa vie celui où il lui sera enfin donné de se révéler à vous.

» *P. S.* Destinée à une chapelle de religieuses Ursulines, votre statue sera de marbre. Hauteur, un mètre sept cent six millimètres ; autrement dit, cinq pieds trois pouces. Comme elle ne doit pas être placée dans une niche, n'en négligez aucun des aspects. Les frais en seront pris sur la somme de deux cent cinquante mille francs annoncée par la présente lettre. »

La *présente* lettre me laissa froid et mécontent ; elle me dépossédait d'un espoir longtemps caressé, celui de retrouver une mère bonne comme la tienne, dont tu m'as si souvent, cher ami, conté la tendresse adorable. Ce n'était après tout qu'un demi-jour qui se faisait dans les brumes de mon existence, sans même me laisser connaître si j'étais ou non le fruit d'une union légitime. Il me parut d'ailleurs qu'adressées à un homme de mon âge, les intimations paternelles avaient des airs bien impérieux et bien despotiques. N'était-ce pas quelque chose d'étrange de retourner ma vie, comme au collège, en manière de punition, on nous faisait retourner notre habit ? De premier mouvement, les arguments qui, par toi ou par d'autres, ont pu être formulés contre ma vocation politique, je me les adressai. Cependant la curiosité me fit passer chez les banquiers Mongenod, et en trouvant là, bien effectifs et bien vivants, les deux cent cinquante mille francs qui m'étaient annoncés, je fus conduit à raisonner d'autre façon.

Je pensai qu'une volonté qui se mettait d'abord en frais de telles avances devait avoir quelque chose de sérieux, quand elle savait tout et moi rien; il me sembla que vouloir entamer avec elle une lutte, n'était ni très raisonnable ni très opportun. En somme, avais-je de la répugnance pour la direction qui m'était insinuée? Non, les intérêts politiques m'ont toujours passionné dans un certain degré, et si ma tentative électorale n'aboutissait pas, je retournerais à mon art sans être plus ridicule que toutes les ambitions mort-nés que l'on voit se produire à chaque législature nouvelle. J'ai donc acheté l'immeuble, et, devenu actionnaire du *National*, j'y ai trouvé des encouragements à mes prétentions politiques, en même temps que la certitude d'un ardent concours, quand j'aurai révélé le lieu de ma candidature, sur lequel jusqu'ici il ne m'a pas été difficile de garder un silence absolu.

J'ai également terminé la sainte Ursule, et maintenant j'attends des instructions nouvelles, qui ne laissent pas de me paraître longues à venir, aujourd'hui que j'ai fort ébruité mon ambition parlementaire, et que le mouvement d'une prochaine élection générale, pour laquelle je me trouve de tout point en mesure, est déjà commencé.

Je n'ai pas besoin, pour entrer dans les recommandations de la prudence paternelle, de te demander sur toute cette confidence une discrétion sans réserve. C'est une vertu qu'à ma connaissance tu pratiques d'une manière trop distinguée pour que j'aie besoin de te la prêcher. Mais j'ai vraiment tort, cher ami, de me permettre de ces méchantes allusions à notre passé, car en ce moment, plus que tu ne penses, je me trouve ton obligé. Un peu par intérêt pour moi, et beaucoup par l'aversion assez générale qu'inspira la morgue de ton ex-beau-frère lors de ma blessure, le parti démocratique est venu en masse s'inscrire chez moi, et par le tapage de ce duel qui m'a vraiment beaucoup ébruité, nul doute que ma candidature n'ait gagné beaucoup de terrain. Trêve donc à tes éternelles reconnaissances, ne vois-tu pas que c'est moi qui te redois!

X. — DORLANGE A MARIE-GASTON.

Paris, avril 1839.

Cher ami, tant bien que mal je continue mon rôle de candidat sans collège ; mes amis s'en étonnent et moi je m'en inquiète ; car quelques semaines à peine nous séparent de l'élection générale, et s'il devait arriver que toute cette mystérieuse préparation aboutît à néant, la belle figure, je te prie, que je ferais en face de M. Bixiou, dont tu m'écrivais il y a quelque temps les malicieux aperçus.

Une pensée pourtant me rassure : il me paraît difficile qu'on ait ainsi semé deux cent cinquante mille francs dans mon sillon électoral, sans prétendre, en définitive, y récolter quelque chose ; peut-être même, à bien prendre la chose, chez ceux qui travaillent pour moi d'une façon si peu pressée et si souterraine, cette lenteur doit-elle faire supposer une grande confiance du succès.

Quoi qu'il en soit, je suis tenu par cette longue attente dans un désœuvrement qui me pèse ; à cheval en quelque sorte sur deux existences, celle dans laquelle je n'ai pas le pied encore et celle dont je ne suis pas tout à fait sorti, je n'ai le cœur à entreprendre aucun travail et ne ressemble pas mal à un voyageur qui, ayant devancé l'heure de la diligence, ne sait plus que faire de sa personne et à quoi dépenser son temps. Tu ne te plaindras pas, je pense, que je fasse tourner ce *far niente* au profit de notre correspondance, et, ma foi ! puisque je suis de loisir, je reviendrai sur deux articles de ta dernière lettre, auxquels je n'avais pas d'abord trouvé utile de donner une grande attention. D'une part, tu m'avertissais que mes prétentions parlementaires n'avaient pas le suffrage de M. Bixiou ; d'autre part tu m'insinuais que je pourrais bien être exposé à tomber amoureux de madame de l'Estorade, si même je ne l'étais déjà. Parlons d'abord de la grande désapprobation de M. Bixiou, comme on disait autrefois la grande trahison de M. de Mirabeau.

D'un seul mot je te peindrai l'homme : M. Bixiou est un envieux. Chez lui, il y avait incontestablement l'étoffe d'un grand artiste ; mais, dans l'économie de son existence, le ventre a tué le cœur et la tête, et à tout jamais, par la domination des appétits sensuels, il s'est rivé à la condition de *caricaturiste*, c'est-à-dire à la condition d'un homme qui, au jour le jour, s'escompte en menus produits, vrais travaux de forçat, faisant gaiement vivre leur homme, mais n'ayant après eux ni considération ni lendemain. Talent avorté et à jamais impuissant, il a dans l'esprit, comme sur le visage, ce grimacement éternel et désespéré que d'instinct la pensée humaine a toujours prêté aux anges déchus. De même que l'esprit des ténèbres s'attaque de préférence aux grands saints, qui lui rappellent le plus durement la nature angélique du haut de laquelle il est tombé, de même M. Bixiou se plaît à baver sur les talents et sur les caractères chez lesquels il pressent de la force, de la séve et le dessein courageusement pris de ne se point gaspiller comme lui.

Mais ce qui doit te rassurer un peu sur la portée de ses calomnies et de ses médisances, car, au récit que t'a fait M. de l'Estorade, je m'aperçois qu'il entreprend l'une et l'autre *partie*, c'est que, dans le temps même où il se croit le plus savamment occupé à faire de moi une autopsie burlesque, il n'est entre mes mains qu'une marionnette obéissante, un pantin dont je tiens les fils, et que je fais babiller à ma volonté. Étant convenu qu'un peu d'ébruitement devait être d'avance donné à ma vocation d'homme d'État, je pensai à me procurer quelques crieurs publics, *forts en gueule*, comme dit madame Pernelle, et sachant bien donner de la voix. Entre ces trompettes de foire, si j'en avais connu une au son plus criard et au jeu plus assourdissant que mons Bixiou, c'est à celle-là de préférence que je me fusse adressé. J'ai profité de la curiosité malveillante qui sans cesse pousse cette aimable teigne à s'insinuer dans toutes les existences et dans tous les ateliers, pour l'inonder de ma confiance ; je lui ai tout communiqué : ma bonne fortune, les deux cent cinquante mille francs que j'ai seulement attribués à un coup de Bourse, tous mes plans de conduite parlementaire, et jusqu'au numéro de la maison dont je suis devenu propriétaire. Je serais bien trompé si ce numéro, il ne l'avait pas quelque part écrit sur son agenda. Voilà, ce semble, de quoi rabattre un peu l'admiration des auditeurs du salon Montcornet, et comment ce terrible causeur ne serait plus tout à fait un *bureau de renseignements miraculeux !* Quant à mon horoscope politique, qu'il a bien voulu se donner la peine de tirer, je ne puis pas dire qu'absolument parlant, cette astrologie manque de vérité.

Il est bien certain qu'avec ma prétention de ne marcher au pas d'aucune opinion, je dois arriver à cette situation si bien résumée par un avocat continuateur de M. de la Palisse, lorsqu'il s'écriait avec une burlesque emphase : Que faites-vous, messieurs, quand vous placez un homme dans la solitude ? Vous l'isolez. L'isolement en effet, au début, doit être mon lot, et la vie artiste où l'on vit seul, où l'on tire tout de soi-même, comme l'éternel Créateur dont on travaille à imiter l'œuvre, ne m'a que trop prédisposé à caresser cette situation. Mais si, par elle, en commençant surtout, je dois être destitué de toute influence de couloirs, peut-être me servira-t-elle à la tribune, car là, je parlerai dans ma force et dans ma liberté. N'ayant à compter avec aucun engagement, avec aucune petite misère des partis, rien ne m'empêchera d'être l'homme que je suis et d'exprimer dans leur sainte crudité toutes les idées que je croirai saines et justes. Je sais bien que devant les hommes assemblés, ce n'est pas toujours leur tour, à ces pauvres vérités vraies, de devenir contagieuses ou seulement de se voir gracieusement accueillies. Mais n'as-tu pas remarqué aussi qu'en sachant prendre ses occasions, on finit par rencontrer de ces journées qui sont en quelque sorte les fêtes de la morale et de l'intelligence, et où naturellement, presque sans effort, triomphe la pensée du bien ? Ces jours-là, écouté des plus mal prévenus, on les fait bons de sa propre honnêteté et sympathiques, au moins à la passade, pour tout ce qui est droit, vrai et élevé.

Je ne me le dissimule pas pourtant, si par mon procédé on peut prétendre à quelque considération et à quelque notoriété oratoire, on ne fait pas très utilement la chasse aux portefeuilles, et l'on n'acquiert pas cette réputation d'homme pratique à laquelle il est devenu de mode de tant sacrifier aujourd'hui. Mais si à la longueur de mon bras je n'ai pas d'influence, à distance j'aurai ma portée, parce que la plupart du temps je parlerai par la fenêtre, hors de la sphère étouffée et rétrécie de la vie parlementaire, par-dessus la tête de ses passions mesquines et de ses petits intérêts. Or ce succès suffit aux desseins que paraît avoir sur moi la bienveillance paternelle. Ce que l'on semble désirer, c'est que je résonne et que je retentisse. Prise de ce point de vue, la politique a, ma foi ! encore un côté artiste qui ne sera pas dans un désaccord trop apparent avec mon passé.

Maintenant venons à un autre propos, celui de ma passion née ou à naître pour madame de l'Estorade. Voici à ce sujet ta très judicieuse déduction. En 1837, lorsque tu partis pour l'Italie, madame de l'Estorade était encore en pleine fleur de beauté. Avec cette existence calme et abritée contre toute passion, qui a toujours été la sienne, il paraît peu probable que le travail de deux années ait pu beaucoup marquer sur elle, et la preuve que, pour cette privilégiée, le temps n'a pas dû marcher, c'est la bizarre et audacieuse insistance que j'ai mise à m'inspirer d'elle. Donc, si le mal n'est déjà fait, au moins faut-il m'en donner de garde ; de l'admiration de l'artiste à celle de l'homme il n'y a qu'un pas, et l'histoire de feu Pygmalion se recommande à toute ma prudence.

D'abord, savant docteur et mythologue, on pourrait vous faire remarquer ceci. Sur place et beaucoup mieux posé que vous pour apprécier les dangers de la situation, le principal intéressé ne semble pas en prendre le moindre souci. M. de l'Estorade ne me fait qu'une querelle : il trouve mes visites trop rares, et ma discrétion, pour lui, c'est pure sauvagerie. Parbleu ! un mari, vas-tu t'écrier, il est dans son rôle d'être le dernier à savoir qu'on courtise sa femme ! Soit ! Mais la haute renommée de vertu de madame de l'Estorade, mais cette raison froide et presque calculatrice qui, si souvent en elle, servit à pondérer la pétulance ardente et passionnée d'une autre personne qui te fut connue ? Ne m'accorderas-tu pas d'ailleurs que poussé au degré de ferveur, j'ai presque dit de fanatisme, où il apparaît chez cette femme, l'amour des enfants doit être pour elle un préservatif infaillible ?

Pour elle, bien. Mais ce n'est pas de sa tranquillité, c'est de la mienne que ton amitié s'occupe, et si Pygmalion n'était pas parvenu à animer sa statue, la belle vie que son amour lui faisait ! A ta charitable sollicitude je pourrais répondre par mes principes, quoique le mot et la chose soient furieusement passés de mode ; par un certain respect bête que j'ai toujours professé pour la foi conjugale ; par la diversion bien naturelle que la grave entreprise où je suis sur le point de m'engager doit faire dans ma tête à toutes les légèretés d'imagination. Je pourrais te dire encore que, sinon par la hauteur du génie, au moins par toutes les tendances de mon esprit et de mon caractère, j'appartiens à cette forte et sérieuse école des artistes d'une autre époque, qui trouvant que l'art est long et la vie courte, *ars longa et vita brevis*, ne faisaient pas la faute de jeter à de sottes et plates intrigues leur temps et leur puissance de création. Mais j'ai mieux que tout cela à t'offrir. Puisque M. de l'Estorade ne t'a rien laissé ignorer des circonstances vraiment romanesques dans lesquelles ma rencontre s'est faite avec sa femme, tu dois savoir qu'un souvenir m'a jeté sur les pas de ce beau modèle. Eh bien ! ce souvenir, en même temps qu'il m'attirait vers la belle comtesse, se trouve être tout ce que l'on peut supposer de plus efficace pour m'en tenir à distance. Ceci te paraît, n'est-ce pas, cruellement alambiqué et énigmatique, mais laisse un peu faire, je vais m'expliquer.

Si tu n'avais pas jugé convenable de rompre le fil qui pendant longtemps avait rattaché l'une à l'autre nos deux existences, je n'aurais pas aujourd'hui tant d'arriéré à reprendre ; mais puisque, entre nous, tu as rendu une liquidation nécessaire, il faut, mon cher garçon, prendre ton parti de toutes mes histoires et savoir bravement écouter. En 1835, dernière année de mon séjour à Rome, je m'étais lié d'une intimité assez étroite avec un camarade de l'Académie nommé Desroziers. C'était un musicien, esprit distingué et observateur, qui probablement aurait été loin dans son art, s'il n'eût été enlevé par une fièvre typhoïde, l'année qui suivit mon départ. Un jour que l'idée nous avait pris de pousser jusqu'en Sicile une de ces excursions permises par le règlement de l'école, nous nous trouvâmes radicalement à sec, et comme nous nous promenions par les rues de Rome, occupés à chercher un moyen de remettre un peu de prospérité dans nos finances, nous vînmes à passer devant le palais Braschi. Ses portes grandes ouvertes donnaient accès à un va-et-vient de gens de toute sorte qui ne cessaient de sortir et d'entrer.
— Parbleu! me dit Desroziers, c'est juste notre affaire ! Et sans qu'il veuille m'expliquer où il me mène, nous voilà suivant cette foule et pénétrant avec elle dans le palais. Après avoir monté un magnifique escalier de marbre, et traversé une longue enfilade d'appartements assez pauvrement meublés, suivant la mode des palais romains qui ont tout leur luxe en plafonds, tableaux, statues et autres objets d'art, nous parvenons à une pièce entièrement tendue de noir et illuminée par quantité de cierges. C'était, tu l'as déjà compris, une chambre ardente ; au milieu, sur une estrade couronnée d'un riche baldaquin, reposait une *chose* à la fois la plus hideuse et la plus grotesque que tu puisses te figurer. Imagine un petit vieillard dont les mains et le visage sont arrivés à un tel état de dessiccation, qu'auprès de lui une momie t'eût semblé étaler un appétissant embonpoint. Vêtu d'une culotte de satin noir, d'un habit de velours violet coupé *à la française*, d'un gilet blanc brodé d'or d'où s'échappe un énorme jabot de point d'Angleterre, ce squelette a les joues couvertes d'une couche épaisse de carmin qui fait d'autant ressortir le ton parcheminé du reste de la peau ; puis, par-dessus une perruque blonde frisée à petites boucles, il est affublé d'un immense chapeau à plumes posé crânement sur l'oreille, de manière à provoquer, quoi qu'ils en aient, l'hilarité des visiteurs les plus respectueux

Après un coup d'œil donné à cette ridicule et lamentable exhibition, préliminaire obligé des funérailles dans l'étiquette de l'aristocratie romaine :

— Voilà la fin ! me dit Desroziers ; maintenant viens-t'en voir le commencement. Cela dit, sans répondre à aucune de mes questions, parce qu'il avait à économiser un effet dramatique, il me mène au musée Albani, et me plaçant devant une statue qui représente Adonis couché sur une peau de lion : — Que te semble de cela ? me dit-il.

— Ça ? répondis-je après un premier coup d'œil, c'est beau comme l'antique.

— Antique comme moi ! reprend Desroziers. Et sur un coin du socle il me fait ire la signature : *Sarrasine* 1758. (Voir *Sarrasine*.)

— Antique ou non, c'est un chef-d'œuvre, repris-je quand j'eus fini de contempler sous tous les aspects cette délicieuse création ; mais ce chef-d'œuvre et la hideuse caricature que tu m'as mené voir tout à l'heure, comment cela nous conduit-il en Sicile ?

— Moi, j'eusse d'abord commencé par demander ce que c'est que Sarrasine.

— Inutile, répondis-je ; on m'avait déjà parlé de cette statue : elle m'était sortie de la mémoire, parce qu'à l'époque où j'étais venu pour la visiter, le musée Albani était fermé, comme disent les affiches de théâtre, pour cause de réparation. Sarrasine, on me l'a aussi expliqué, était un élève de Bouchardon, comme nous, pensionnaire du roi de Rome, où il mourut dans les six premiers mois qui suivirent son arrivée.

— Mais par qui, comment mourut-il ?

— Probablement de maladie, repartis-je, sans me douter que je faisais là une sorte de réponse prophétique à l'adresse de celui auquel je parlais.

— Point du tout, répliqua Desroziers, les artistes n'ont pas une manière si bête de mourir, et il me donna les détails suivants :

« Garçon de génie, mais homme de passions ardentes, Sarrasine, presque aussitôt après son arrivée à Rome, était tombé amoureux fou de la première cantatrice du théâtre d'Argentina, nommée la *Zambinella*. A l'époque où il s'était pris de cette passion, le pape ne permettait pas qu'à Rome les femmes parussent sur le théâtre ; mais, par une opération chirurgicale également très connue et pratiquée en Orient, on tournait la difficulté. La Zambinella était un des plus merveilleux produits de cette industrie. Furieux d'apprendre où il avait fourvoyé son amour, Sarrasine, qui avant cette terrible lumière avait fait d'imagination la statue de sa maîtresse apocryphe, avait été sur le point de la tuer ; mais elle était protégée par un haut personnage qui, prenant les devants, avait rafraîchi le sang du farouche sculpteur par deux ou trois coups de stylet sûrement dirigés. La Zambinella n'avait pas approuvé cette violence, mais elle n'en avait pas moins continué de chanter au théâtre d'Argentina et sur tous les théâtres de l'Europe en amassant une fortune princière.

» L'âge arrivé pour elle de quitter la scène, elle était devenue un petit vieillard coquet, timide, mais volontaire et capricieux comme une femme. Donnant toute l'affection dont il était capable à une nièce merveilleusement belle, il l'avait mise à la tête de sa maison : c'était la madame Denis de cet étrange Voltaire, et il la destinait à recueillir son immense héritage. Éprise d'un Français nommé le comte de Lanty, qui passait pour un chimiste très habile, sans que d'ailleurs on sût trop rien de ses antécédents, la belle héritière n'avait qu'à grand'peine obtenu de son oncle la permission d'épouser l'homme qu'elle avait distingué. Mais en donnant de guerre lasse les mains à ce mariage, l'oncle avait stipulé que sa nièce ne se séparerait pas de lui. Pour mieux assurer l'exécution de cet engagement, ne lui constituant pas de dot, il ne s'était point dessaisi de la moindre partie de sa fortune dont, au reste, il faisait jouir son entourage avec une grande générosité. Ennuyé partout, et sans cesse poussé par un invincible besoin de locomotion, le fantasque vieillard, traînant à sa suite le ménage dont, au moins viagèrement, il s'était ménagé le respect et l'affection, avait été successivement s'établir sur les points les plus éloignés du globe.

» En 1829, presque centenaire et tombé dans une sorte d'idiotisme qui néanmoins le laissait encore lucide quand il entendait de la musique, ou avait à traiter une question d'intérêt, avec les Lanty et deux enfants nés de leur mariage, il était venu s'installer dans un splendide hôtel du faubourg Saint-Honoré. Là tout Paris était venu, attiré par la beauté toujours éclatante de madame de Lanty, par les grâces naïves de sa fille Marianina, par la splendeur de fêtes vraiment royales, et par une incroyable senteur d'inconnu qu'exhalait l'atmosphère de ces mystérieux étrangers. Les commentaires surtout étaient infinis à l'endroit de ce petit vieillard qui, à la fois entouré de soins et d'égards et ayant l'air d'être tenu en chartre privée, se glissait parfois comme un spectre au milieu des routs somptueux dont on s'efforçait de le faire absent, et qu'il semblait prendre un malicieux plaisir à effarer de ses apparitions.

» Les coups de fusil de juillet 1830 avaient mis en fuite le fantôme, et en quittant Paris, au grand désespoir des Lanty, il avait voulu obstinément revoir Rome, sa ville natale, où sa présence avait ravivé tous les humiliants souvenirs de son passé. Mais Rome avait été sa dernière étape ; il venait d'y mourir, et c'était lui que nous avions vu si ridiculement attifé dans la chambre ardente du palais Braschi, et lui encore que nous avions sous les yeux représenté dans tout l'éclat de sa jeunesse au musée Albani. »

Les détails que venait de me donner Desroziers étaient curieux sans doute, et d'ailleurs impossible de mieux dramatiser un contraste ; mais comment cela nous menait-il en Sicile ? Là était toujours la question.

— Tu as bien, me dit Desroziers, tout le talent qu'il faut pour faire une copie de cette statue ?

— J'aime à le croire, au moins.

— Et moi, j'en suis sûr. Obtiens donc la permission du conservateur, et aussitôt mets-toi à l'œuvre ; j'ai marchand pour cette copie.

— Et qui nous l'achètera ?

— Parbleu, le comte de Lanty ; je donne des leçons d'harmonie à sa fille, et quand j'aurai annoncé dans sa maison qu'il se prépare une belle copie de l'*Adonis*, on n'aura pas de repos qu'on n'en ait fait l'acquisition.

— Mais ceci n'aura-t-il pas l'air d'un *chantage* ?

— Point du tout : dans le temps, les Lanty eux-mêmes ont fait faire par Vien une copie peinte, faute d'avoir pu acheter le marbre dont le musée Albani n'a voulu se dessaisir à aucun prix. Plusieurs essais de reproduction ont de même été demandés à la sculpture ; tous ont échoué. Réussis, et tu seras payé de manière à faire quarante fois le voyage de Sicile, car tu auras contenté une fantaisie qui désespérait d'elle-même, et qui, l'argent donné, se croira encore ton obligée.

Deux jours après, le travail était commencé, et comme il était de mon goût, je le poussai assez chaudement pour qu'au bout de trois semaines, faisant, sous la conduite de Desroziers, invasion dans mon atelier, la famille de Lanty, en grand deuil, pût donner son attention à une esquisse très avancée. M. de Lanty dut me paraître bon connaisseur ; il se déclara satisfait de mon œuvre. Favorite de son grand-oncle, et ayant eu dans son testament une mention particulière, Marianina, plus que tous les autres, parut heureuse du succès de ma tentative. Marianina était alors une fille de vingt et un ans ; je ne t'en fais pas le portrait puisque tu connais madame de l'Estorade, avec laquelle sa ressemblance est frappante. Déjà musicienne accomplie, cette charmante fille avait pour tous les arts de remarquables dispositions. En venant de temps à autre dans mon atelier pour suivre les progrès de mon travail, qui, du reste, par suite d'un accident, ne fut pas terminé, il lui prit, comme à la princesse Marie d'Orléans, un goût de sculpture, et jusqu'au départ de la famille, qui eut lieu quelques mois avant qu'à mon tour je dusse quitter Rome, mademoiselle de Lanty reçut de moi des leçons.

J'étais à mille lieues de recommencer Saint-Preux ou Abeilard ; mais, je dois le dire, c'était avec un rare bonheur que je communiquais ma science. Il y avait dans l'élève tant d'intelligence, tant de promptitude à profiter des moindres indications ; Marianina était à la fois d'une humeur si enjouée et d'un jugement si mûr ; sa voix, quand elle chantait, allait si profondément à l'âme, et à chaque instant, par les domestiques dont elle était adorée m'arrivait la connaissance de tant d'actions nobles, élevées, charitables, que, sans l'avertissement de son immense fortune qui me tenait à distance, j'aurais pu courir quelque chose de ce danger contre lequel tu entends me prémunir aujourd'hui. D'autre part, Marianina trouvait mon enseignement lumineux. Bientôt accepté dans la maison sur le pied d'une certaine familiarité, je pus m'apercevoir que ma belle élève ne paraissait pas se déplaire à ma conversation. Lorsque, pour elle et pour sa famille, il fut question d'aller de nouveau habiter Paris, tout à coup, découvrant au séjour de Rome des agréments infinis, elle témoigna un vrai regret de le quitter, et je crois, Dieu me le pardonne, qu'au moment où je pris congé d'elle, quelque chose comme une larme vint briller dans ses yeux.

Lors de mon retour à Paris, ma première visite fut pour l'hôtel de Lanty. Marianina était trop bien élevée et d'une nature trop bienveillante pour aller jamais avec personne jusqu'à la désobligeance et jusqu'au dédain ; mais tout d'abord je m'aperçus qu'une allure singulièrement froide et contenue s'était substituée à la gracieuse et amicale liberté de ses manières. Ce qui me parut probable, c'est que le goût qu'elle avait pu montrer, je ne dis pas pour ma personne, mais pour ma conversation et pour mon esprit, avait été remarqué par son entourage. On devait lui en avoir fait la leçon, et elle me parut exécuter une sévère consigne, que d'ailleurs les façons rêches et peu accueillantes de monsieur et de madame de Lanty me laissèrent facilement supposer.

Quelques mois plus tard, au Salon de 1837, je crus avoir la confirmation de cet aperçu. J'avais exposé une statue qui fit quelque sensation. Autour de ma *Pandore*, constamment il y avait foule. Souvent perdu dans cette presse, je venais incognito savourer ma gloire et récolter mon succès comptant. Un vendredi, jour du beau monde, je vois de loin venir la famille de Lanty. La mère donnait le bras à un lion très connu, le comte Maxime de Trailles; Marianina avait pour cavalier son frère; quant à M. de Lanty qui, à son ordinaire, me parut assez soucieux, il était l'homme de la chanson de Marlborough, tu sais, celui qui ne porte rien. Par une habile manœuvre, pendant que mes gens travaillaient à percer la foule, je me glisse derrière eux de manière à pouvoir recueillir leur impression sans être aperçu. *Nil admirari*, ne trouver rien de beau, est l'instinct naturel de tout homme à la mode; aussi, après un examen très sommaire de mon œuvre, M. de Trailles commença-t-il à lui trouver les défauts les plus choquants; l'arrêt d'ailleurs fut rendu à voix haute et intelligible, de telle sorte que rien de son dispositif ne devait être perdu pour personne, dans l'étendue d'un certain rayon. Sentant d'autre manière, Marianina écouta le profond discoureur avec quelques haussements d'épaules; puis quand il eut fini:

— Quel bonheur! lui dit-elle, que vous soyez venu avec nous! Sans votre jugement si éclairé, j'étais capable, avec tout le bon public, de trouver cette statue admirable; vraiment c'est dommage que l'auteur ne soit pas là pour apprendre de vous son métier.

— Mais c'est que justement il est là, derrière vous, dit en riant à gorge déployée une grosse femme que je venais de saluer, une ancienne carrossière qui me loue la maison où est établi mon atelier.

L'instinct l'emporta sur la réflexion, et involontairement Marianina se retourna; quand elle m'aperçut, un pied de rouge s'étendit sur son visage, moi je n'eus que le temps de m'esquiver. Une fille qui prenait si vertement mon parti, et qui ensuite se montrait si troublée d'être surprise en cette bienveillance, ne devait pas décidément me voir avec déplaisir ; et comme, en définitive, lors de ma première visite, je n'avais été que froidement accueilli, à la suite de l'exposition, nommé chevalier de la Légion d'honneur, je résolus de faire une nouvelle épreuve. Peut-être la distinction dont je venais d'être l'objet me vaudrait-elle cette fois un traitement meilleur du fier M. de Lanty. Reçu par un vieux domestique que Marianina affectionnait :

— Ah! monsieur, me dit-il, il s'est passé ici des choses bien tristes !

— Mais quoi donc? demandai-je vivement. — Je vais annoncer monsieur, fut sa seule réponse, et, un instant après, j'étais introduit dans le cabinet de M. de Lanty. Cet homme me reçut sans se lever et me salua de cette apostrophe :

— Je vous trouve courageux, monsieur, d'avoir eu la pensée de vous présenter ici.

— Mais je n'y avais pas encore été reçu de manière à croire que j'eusse besoin d'un si grand courage.

— Vous venez sans doute, continua M. de Lanty, chercher ce que vous avez eu la maladresse de laisser dans nos mains ; je vais vous rendre, monsieur, cet objet galant. Et s'étant levé, il alla prendre dans un tiroir de son bureau un petit portefeuille élégant qu'il me présenta.

Comme je marquais une sorte de stupéfaction : — Ah ! par exemple, ajouta-t-il, les lettres n'y sont pas ; j'ai pensé que vous me permettriez de les garder.

— Ce portefeuille, des lettres, tout ceci, monsieur, est une énigme pour moi.

En ce moment entra madame de Lanty. — Que voulez-vous ? lui demanda brusquement son mari.

— J'ai su, répondit-elle, que monsieur était ici, et comme je devais prévoir entre lui et vous une explication désagréable, je fais mon devoir de femme en venant pour m'interposer.

— Votre présence, madame, dis-je alors, n'aura pas de peine à me conseiller la plus parfaite modération, car évidemment ce qui se passe est le résultat de quelque malentendu.

— Ah ! c'est trop fort ! dit M. de Lanty en retournant au tiroir dont précédemment le portefeuille était sorti. Et un peu après, quand, avec brusquerie, il m'eut mis dans les mains un petit paquet de lettres liées par une faveur rose. Je pense, continua-t-il, qu'à ce coup le malentendu va cesser.

Je regardai ces lettres, elles n'étaient point timbrées de la poste et portaient toutes pour suscription : *A monsieur Dorlange :* ces trois mots écrits d'une main de femme qui m'était inconnue.

— Vous êtes, monsieur, repris-je froidement, plus avancé que moi ; vous avez en votre possession des lettres qui semblent m'appartenir, sans m'être jamais parvenues.

— Ma foi, s'écria M. de Lanty, il faut convenir que vous êtes un comédien admirable ; jamais je n'ai vu jouer avec autant de naturel l'innocence et l'étonnement. Mais pendant qu'il prononçait cette phrase, madame de Lanty s'était adroitement placée derrière son mari, et par une pantomime suppliante et parfaitement significative, elle me conjurait d'accepter la position contre laquelle je me défendais.

Mon honneur était trop engagé, et je voyais vraiment trop peu clair à ce que je faisais, pour être disposé à me rendre du premier coup. Cherchant donc à m'orienter un peu : — Mais, monsieur, demandai-je, les lettres, de qui sont-elles donc ? qui me les aurait adressées ?

— De qui sont ces lettres ? s'écria M. de Lanty, d'un accent qui quittait l'ironie pour tourner à l'indignation.

— Inutile de nier, monsieur, dit alors madame de Lanty, Marianina a tout avoué.

— Mademoiselle Marianina, répondis-je, m'aurait écrit ces lettres ? Il y a alors quelque chose de bien simple : qu'on veuille me mettre en sa présence ; de sa bouche, l'affirmation des faits les plus improbables sera tenue par moi pour la vérité.

— Le tour est galant, répliqua M. de Lanty, mais Marianina n'est plus ici, elle est dans un couvent, pour jamais à l'abri de vos entreprises et des entraînements de sa ridicule passion. Si c'est cela que vous êtes venu savoir, vous voilà renseigné. Maintenant brisons là, car je ne vous cache pas que ma patience, ma modération ont un terme si votre impudence n'en a pas.

— Monsieur ! m'écriai-je avec émotion. Mais en voyant madame de Lanty faire le geste de me supplier à genoux, je pensai que peut-être l'avenir de Marianina était intéressé à l'attitude que je prendrais. M. de Lanty était d'ailleurs grêle, chétif ; il approchait de la soixantaine et paraissait très consciencieusement convaincu de son outrage imaginaire : je ne relevai donc pas sa dure parole et me retirai sans autre incident. J'avais espéré que le vieux domestique, par lequel j'avais eu comme un avant-goût de cette scène pourrait, à ma sortie, se trouver sur mon passage et me donner quelques explications ; mais je ne le vis pas et restai livré sans lumière aucune à l'infini de mes suppositions.

Le lendemain matin, j'étais levé à peine, quand on vint m'annoncer M. l'abbé Fontanon (voir *Une double famille*). J'ordonne qu'on l'introduise, et bientôt je me trouve en présence d'un grand vieillard au teint bilieux, à la mine sombre et sévère, qui, ayant sans doute la conscience de son mauvais aspect, tâche de le racheter par tout le raffinement de la plus exquise politesse et par une apparence de doucereuse mais glaciale obséquiosité. Une fois qu'il eut pris place :

— Monsieur, me dit-il, madame la comtesse de Lanty m'a fait l'honneur de me donner la direction de sa conscience. J'ai su par elle une scène qui s'est passée hier entre vous et son mari. La prudence ne lui permettant pas de vous donner elle-même quelques explications auxquelles vous avez un droit incontestable, je me suis chargé de vous les transmettre, et c'est dans cet intérêt que vous me voyez ici.

— Je vous écoute, monsieur, me contentai-je de répondre.

— Il y a quelques semaines, reprit l'abbé, M. de Lanty fit l'acquisition d'une terre dans les environs de Paris, et, profitant des premiers beaux jours du printemps, il alla aussitôt s'y installer avec toute sa famille. M. de Lanty dort peu ; et une nuit qu'il était éveillé sans avoir chez lui de lumière, il crut entendre un bruit de pas sous sa fenêtre, qu'il ouvrit aussitôt, en interpellant d'un : Qui va là ? bien accentué, le visiteur nocturne, dont il croyait s'être avisé. Il ne s'était pas trompé ; il y avait quelqu'un, quelqu'un qui ne répondit pas, et qui prit aussitôt la fuite, sans que deux coups de pistolet que lâcha aussitôt M. de Lanty produisissent aucun effet. D'abord on crut à une tentative de vol ; mais cette version était peu probable ; le château n'était pas meublé, les nouveaux propriétaires étaient venus y camper pour très peu de temps ; les voleurs, qui d'ordinaire prennent langue, ne devaient donc pas s'attendre à y trouver beaucoup d'objets de valeur. D'ailleurs, un autre renseignement vint donner aux soupçons de M. de Lanty une direction tout autre. Il apprit que deux jours après son arrivée, *un beau monsieur* était venu prendre une chambre dans un cabaret du village avoisinant le château ; que ce monsieur paraissait se cacher, et que plusieurs fois il était sorti la nuit ; dès lors il ne s'agissait plus d'un voleur, mais bien d'un amoureux.

— Je ne sache pas, monsieur l'abbé, dis-je, en interrompant, de romancier qui conte mieux que vous.

J'espérais, par cette assimilation peu édifiante, décider le conteur à précipiter son allure, car tu comprends mon impatience d'arriver au fait.

— Il s'agit malheureusement, reprit l'abbé, d'une réalité sérieuse. Vous allez en juger. M. de Lanty depuis longtemps observait sa fille, chez laquelle des passions ardentes lui paraissaient prochainement devoir faire explosion. Vous-même, monsieur, d'abord à Rome, lui aviez donné quelques inquiétudes...

— Bien gratuites, monsieur l'abbé, interrompis-je.

— Oui, je sais que dans vos rapports avec mademoiselle de Lanty vous n'avez pas cessé d'être parfaitement convenable. D'ailleurs, le départ de Rome coupa court à cette première sollicitude ; mais à Paris une autre personne parut vivement occuper notre jeune tête, et, d'un instant à l'autre, M. de Lanty se proposait d'avoir avec elle, à ce sujet, une explication. Or l'homme dont elle semblait éprise est un personnage audacieux, entreprenant, très capable de tout risquer pour compromettre une héritière. Interrogée sur la question de savoir si, par quelques légèretés, elle avait encouragé, ou du moins fait naître l'idée de l'insolente démarche dont on recherchait l'auteur, mademoiselle de Lanty eut une attitude à éloigner tous les soupçons.

— Je l'aurais juré ! m'écriai-je.

— Attendez, reprit l'abbé. Une femme de chambre fut alors accusée, et aussitôt elle reçut ordre de quitter la maison. Le père de cette fille est un homme violent, et en rentrant chez lui, chargée de cette honte, elle devait s'attendre au traitement le plus rigoureux. Mademoiselle de Lanty, il faut lui rendre cette justice, eut un mouvement chrétien ; elle ne voulut pas qu'une innocente payât pour elle : allant se jeter aux pieds de son père, elle lui avoua que la visite nocturne était réellement à son adresse, et sans l'avoir positivement autorisée, jusqu'à un certain point, elle ne s'en étonnait pas. Le nom de l'audacieux, aussitôt M. de Lanty le prononça, mais la coupable ne voulut pas convenir que son père fût dans la vérité, et en même temps elle refusa de substituer un autre nom à celui qu'elle désavouait. La journée passée dans cette lutte, M. de Lanty espéra la finir en chargeant sa femme de le remplacer là où il avait échoué. Il pensait avec raison que de mère à fille il y aurait plus d'expansion et de franchise. En effet, seule à seule avec madame de Lanty, Marianina finit par avouer que les soupçons de son père avaient porté juste ; mais en même temps elle donna de sa réticence obstinée un motif qui ne laissait pas de mériter grande considération. L'homme dont elle avait encouragé les entreprises a eu dans sa vie plusieurs duels heureux. Il est posé par sa naissance sur un pied de parfaite égalité avec MM. de Lanty, vit dans le même monde, a, par conséquent, la chance continuelle de se rencontrer avec eux. De grands malheurs dès lors n'étaient-ils pas à craindre ; le moyen que le père ou le fils supportassent sa présence sans lui demander compte d'une conduite si insultante à l'honneur de leur maison ? Que faire alors ? C'est à la jeune imprudente que vint cette idée : jeter à M. de Lanty un nom qui, en lui laissant toute sa colère, ne lui fît pas une nécessité de la vengeance.

— J'entends, interrompis-je, le nom d'un homme qui ne fût pas *né*, un personnage sans conséquence ; un artiste, par exemple, un sculpteur ou autre faquin de cette espèce.

— Je crois, monsieur, reprit l'abbé, que vous prêtez à mademoiselle de Lanty un sentiment qui lui est bien étranger. Elle n'a, à mon avis, que trop d'entraînement vers les arts, et c'est peut-être ce qui a amené chez elle ce fatal bouillonnement de l'imagination. Ce qui la décida à se réfugier dans votre nom contre les désastres qu'elle entrevoyait, ce fut le souvenir des doutes que précédemment M. de Lanty avait eus à votre sujet ; vous étiez pour elle un complice plus vraisemblable, je crois pouvoir assurer qu'elle ne vit rien au-delà.

— Mais enfin, monsieur l'abbé, ce portefeuille, ces lettres qui, dans la scène d'hier, ont joué un rôle si étrange ?

— Tout cela est encore une invention de Marianina ; et quoique dans la circonstance, les singulières ressources de son esprit aient été tournées à bien, c'est surtout par ce côté, si elle était restée dans le monde, que son avenir m'eût paru effrayant. Une fois convenu avec madame de Lanty que vous seriez donné pour le promeneur nocturne, il fallait entourer cet aveu des conditions les plus favorables pour en assurer le succès. Au lieu de le parler, cette terrible fille imagina de le mettre en action. Elle passa la nuit à écrire les lettres qui vous ont été montrées. Des papiers différents, l'écriture diversifiée avec soin, jusqu'à l'encre dont elle eut soin de modifier les teintes, rien ne fut oublié par elle. Ces lettres écrites, elles furent placées dans ce portefeuille que M. de Lanty ne lui connaissait pas; puis, après avoir fait flairer le tout à un chien de chasse que sa rare intelligence a investi du privilége de paraître dans les appartements, elle alla jeter ce singulier dépôt dans un des massifs du parc, et revint d'elle-même s'offrir aux impatientes investigations de son père. Pendant qu'entre eux recommençait un vif débat, paraît le chien, rapportant à sa jeune maîtresse le portefeuille; en voyant un émoi admirablement bien joué, M. de Lanty s'empare de l'objet suspect, et tout alors lui paraît clair dans le sens de l'illusion qu'on a pris soin de lui ménager.

— Tous ces détails, demandai-je d'un air de très médiocre crédulité, vous ont été contés par madame de Lanty?

— Confiés, monsieur, et vous en avez vous-même hier éprouvé la vérité. Par votre résistance à en accepter la donnée, vous pouvez tout compromettre, et c'est pour cela que madame de Lanty est intervenue. Je suis chargé par elle de vous remercier de votre connivence, au moins passive, dans ce pieux mensonge; elle n'a pas cru pouvoir mieux vous témoigner sa profonde gratitude qu'en vous faisant connaître tout le secret et en le remettant à votre discrétion.

— Et mademoiselle Marianina? demandai-je.

— Ainsi que vous l'a dit M. de Lanty, elle a été immédiatement dirigée sur un couvent d'Italie. Afin d'éviter tout scandale, on lui a prêté la grâce d'une vocation subite pour la vie religieuse. Elle-même décidera de son avenir par l'attitude qu'elle gardera.

Quand mon amour-propre n'aurait pas eu tant à souffrir de la vérité de cette histoire, je l'eusse encore mise en doute, car ne te semble-t-elle pas bien romanesque? Depuis, une explication est survenue qui à toute force pourrait en donner la clef. Dernièrement le frère de Marianina a épousé une Allemande d'une famille grand-ducale. D'énormes sacrifices ont dû être demandés aux Lanty pour rendre possible une pareille alliance, et Marianina, avantagée par le testament de son grand-oncle, et ensuite exhérédée au moyen du couvent, n'aurait-elle pas fait les frais de cette union princière? Autre version : Marianina éprouverait réellement pour moi le sentiment qu'exprimaient ses lettres; elle aurait fait l'enfantillage de les écrire, sans toutefois les envoyer. Quelque fâcheux hasard les aurait fait découvrir dans ses mains ; alors, pour la punir, non pas de les avoir écrites, mais de les avoir pensées, on l'aurait confinée dans un couvent, et moi, pour me dégoûter d'elle, on m'aurait bâti l'histoire de cet autre amour, où je joue le rôle peu agréable de paratonnerre.

Avec ces Lanty, tout est croyable ; outre que le chef de cette famille m'a toujours paru un caractère d'une grande profondeur et capable au besoin des conceptions les plus noires, imagine ces gens ayant toute leur vie couché, pour ainsi dire, avec le secret d'une fortune dont l'origine est ignoble, ne doivent-ils pas s'être à la longue rompus à toute espèce d'intrigues, et crois-tu, de leur part, à quelque vergogne dans l'emploi des moyens ? J'ajoute que l'officieuse intervention de l'abbé Fontanon autorise toutes les pensées mauvaises. J'ai pris mes renseignements sur lui : c'est un de ces méchants prêtres toujours empressés de s'ingérer dans les intérêts secrets des familles, et qui jadis brouilla le ménage de M. de Grandville, procureur général près la cour royale de Paris, sous la Restauration. Quoi qu'il en soit, le vrai et le faux de mes suppositions, je l'ignore, et, selon toute apparence, je l'ignorerai longtemps. Mais, tu le comprends, planant sur toutes ces ténèbres, la pensée de Marianina doit être pour moi un point lumineux qui, malgré moi, attire mon œil. Faut-il l'aimer ? Faut-il la haïr et la mépriser ? Voilà ce que je me demande tous les jours, et à ce régime d'incertitude, le souvenir d'une femme a bien plutôt, je crois, la chance de s'installer que celle de se perdre.

Maintenant, n'est-ce pas une diabolique combinaison que justement à mon ciseau on vienne demander une pâle fille des cloîtres ?

Ma mémoire, en ce cas, ne devenait-elle pas de nécessité mon imagination, et pouvais-je inventer autre chose que l'obsédante image si profondément gravée dans mon esprit ? Sur ce, survient une Marianina en chair et en os, et parce que, pour la plus grande commodité de son travail, l'artiste profite de cette faveur du hasard, il devra du même coup avoir opéré le transport de son cœur, et de plain-pied, à ma charmante élève mise encore en relief par la double auréole du fruit défendu et du mystère, se substituerait la glaciale madame de l'Estorade.

D'un mot il faut en finir avec toutes tes suppositions. L'autre jour, à rien n'a tenu qu'à sa prétendue rivale je contasse tout le roman de mademoiselle de Lanty. Si j'avais quelque prétention sur cette femme, qui ne sait rien aimer que ses enfants, c'était une belle cour, il faut en convenir, que je lui faisais avec mon récit!

Donc, pour nous résumer, l'opinion de M. Bixiou, je m'en soucie à peu près comme des roses de l'an passé. Donc, je ne sais pas si j'aime Marianina ; mais je suis bien sûr de n'aimer point madame de l'Estorade. Voilà, ce semble, répondre franc et clair. Maintenant laissons faire l'avenir, qui est notre maître à tous.

XI. — LA COMTESSE DE L'ESTORADE A MADAME OCTAVE DE CAMPS.

Paris, mai 1839.

Chère madame, M. Dorlange vint hier soir pour nous faire ses adieux. Il part aujourd'hui pour Arcis-sur-Aube où il va faire l'inauguration de *sa* statue. C'est là aussi que les journaux de l'opposition le portent candidat. M. de l'Estorade prétend que la localité ne pouvait pas être plus mal choisie et qu'elle ne laisse à sa nomination aucune chance ; mais ce n'est pas là la question.

M. Dorlange arriva chez moi de bonne heure ; j'étais seule : M. de l'Estorade dînait chez le ministre de l'intérieur, et les enfants, qui dans la journée avaient fait une grande promenade, avaient eux-mêmes demandé à devancer l'heure habituelle de leur coucher. Le tête-à-tête interrompu par madame de la Bastie se trouvait donc tout naturellement renoué, et j'allais demander à M. Dorlange la continuation de l'histoire dont il ne m'a encore dit que les derniers mots, quand survint notre vieux Lucas m'apportant une lettre. Elle était de mon Armand ; il me faisait savoir que depuis le matin il était très souffrant à l'infirmerie.

— Faites atteler, dis-je à Lucas, avec l'émoi que vous supposez.

— Mais, madame, me répond Lucas, monsieur a demandé la voiture pour huit heures et demie, et Tony est déjà parti.

— Alors ayez-moi une citadine.

— Je ne sais pas si j'en trouverai, me dit notre vieux serviteur, qui est l'homme aux difficultés ; depuis un moment il tombe de l'eau.

Sans tenir aucun compte de cette remarque et sans plus penser à M. Dorlange, que je laisse assez empêché de se retirer avant d'avoir pris congé, je passe dans ma chambre à coucher pour mettre mon châle et mon chapeau. Ma toilette lestement faite, je reviens au salon, où je retrouve mon visiteur.

— Vous m'excuserez, monsieur, lui dis-je alors, de vous quitter si brusquement : je cours au collége Henri IV. Jamais je ne saurais passer une nuit dans l'anxiété où vient de me jeter une lettre de mon fils, m'annonçant que depuis ce matin il est à l'infirmerie.

— Mais, me répond M. Dorlange, vous ne vous rendez pas seule, en voiture de louage, dans un quartier perdu ?

— Lucas m'accompagnera.

A ce moment rentre Lucas. Sa prédiction s'était réalisée ; pas une voiture sur les places, il pleuvait à torrents. Le temps s'écoulait ; déjà il était presque une heure indue pour se présenter au collége, où, après neuf heures, tout le monde est couché.

— Il faut prendre un parti, dis-je à Lucas ; allez mettre des chaussures un peu fortes, et vous m'accompagnerez avec un parapluie.

Aussitôt je vis la figure de Lucas s'allonger ; il n'est plus jeune, aime ses aises, et tous les hivers se plaint d'un rhumatisme. A plusieurs objections dont il s'avise coup sur coup, qu'il est bien tard, que nous allons *révolutionner* le collége, que je m'expose à prendre un rhume, que M. Armand ne doit pas être bien malade puisqu'il a pu écrire lui-même, il est clair que mon plan de campagne n'agrée pas du tout à mon vieux compagnon. M. Dorlange offre alors obligeamment de faire la course à ma place, et de venir me rendre compte ; mais ce terme moyen n'arrangeait rien, j'avais besoin de voir moi-même pour être rassurée. L'ayant donc remercié :

— Voyons, Lucas, dis-je avec autorité, allez vous disposer, et revenez vite, car une chose est vraie dans toutes vos remarques : il se fait tard.

Mais, se voyant ainsi acculé, Lucas lève résolûment l'étendard de la révolte : — Il n'est pas possible, dit-il, que madame sorte à pied par un temps pareil, et je n'ai pas envie que monsieur me fasse une scène pour m'être prêté à une si singulière idée.

— Ainsi vous ne jugez pas à propos de m'obéir ?

— Madame sait bien que pour quelque chose d'utile et de raisonnable je serais à ses ordres, fallût-il passer au milieu du feu !

— Sans doute, la chaleur est recommandée pour les rhumatismes, mais la pluie leur est contraire. Me tournant alors vers M. Dorlange, sans écouter la réponse du vieux réfractaire : — Puisque, lui dis-je, vous vous offriez à entreprendre seul ce voyage, j'ose espérer que vous voudrez bien ne pas me refuser votre bras.

— Je suis comme Lucas, répondit-il, je ne trouve pas cette promenade absolument indispensable ; mais moi je n'ai pas peur d'être grondé par M. de l'Estorade, j'aurai donc l'honneur de vous accompagner.

Nous sortons ; et tout en descendant l'escalier, je pensais, à part moi, que la vie est pleine d'occurrences singulières. Voilà un homme dont je ne suis pas sûre, qui, deux mois avant, manœuvrait autour de moi avec tout l'air d'un forban, et auquel je suis amenée à me livrer en toute confiance et dans des conditions qu'oserait à peine rêver l'amant le plus favorisé. La vérité est qu'il faisait un temps effroyable ; nous n'avions pas marché cinquante pas que, malgré le vaste parapluie de Lucas, tenu par M. Dorlange de manière à m'abriter à ses dépens, nous étions inondés. Ici nouvelle quoique heureuse complication. Une voiture vient à passer ; M. Dorlange interpelle le cocher, elle était vide. Dire à mon cavalier que je n'entendais pas permettre qu'il y montât avec moi était presque impossible. Outre que cette défiance eût été du dernier désobligeant, n'était-ce pas moi-même, beaucoup me descendre que de la témoigner ! Voyez pourtant, chère madame, comme il y a des pentes glissantes, et comme on peut dire que, depuis Énée et Didon, les averses ont toujours fait les affaires des amoureux ! En voiture, on cause mal ; le bruit des roues et des glaces fait qu'on est obligé d'élever la voix. D'ailleurs M. Dorlange me savait sous le coup d'une vive préoccupation ; il eut donc le bon goût de ne pas prétendre à une conversation réglée, et de rompre seulement de temps à autre, par quelques phrases, un silence que la situation ne comportait pas non plus trop absolu.

Arrivés au collège, M. Dorlange, après être descendu pour me donner la main, comprend de lui-même qu'il ne doit pas entrer avec moi, et il remonte dans la voiture pour m'attendre. M. Armand m'avait fait la grâce d'une sorte de mystification. Sa grande indisposition se réduisait à un mal de tête qui, depuis le moment où il m'avait écrit, s'était même dissipé. Pour ordonner quelque chose, le médecin, qui l'avait vu dans la journée, avait prescrit une infusion de tilleul en lui disant que le lendemain il serait en état de retourner à ses études. J'avais pris une massue pour tuer une puce, et commis une manière d'énormité pour venir, à l'heure où tout le personnel bien portant était au lit depuis longtemps; voir monsieur mon fils encore debout, et faisant gravement, avec un des infirmiers, une partie d'échecs.

Au sortir de ma belle expédition, la pluie avait entièrement cessé, et un beau clair de lune argentait le pavé des rues lavées à grande eau et ne conservant plus trace de boue. J'avais eu le cœur si serré, que j'éprouvais le besoin de respirer le grand air. J'engageai donc M. Dorlange à renvoyer la voiture, et nous revînmes à pied. C'était lui faire la partie belle : du Panthéon à la rue de Varennes on a le temps de se dire bien des choses ; mais M. Dorlange parut si peu disposé à abuser de la situation, que, prenant son texte de la frasque de M. Armand, il entama une dissertation sur le danger de gâter les enfants. Ce sujet ne m'est point agréable ; il aurait dû s'en apercevoir à la façon un peu rêche dont je me prêtais à la conversation. Voyons, pensai-je, il faut pourtant en finir avec cette histoire toujours interrompue et qui ressemble à la fameuse histoire du chevrier de Sancho, laquelle avait pour spécialité de ne pouvoir être contée. Coupant donc court aux théories d'éducation :

— La confidence que vous aviez commencé de me faire, dis-je à mon grave interlocuteur, le moment, il me semble, ne serait pas mal choisi pour la reprendre. Ici nous sommes sûrs que personne ne viendra se jeter à la traverse.

— J'ai peur, me répondit M. Dorlange, d'être mauvais conteur ; l'autre jour, j'ai dépensé toute ma verve à faire à Marie-Gaston le même récit.

— Mais cela, remarquai-je en riant, est contre votre théorie du secret, où un tiers seulement est de trop.

— Oh ! Marie-Gaston et moi ne comptons que pour un ; d'ailleurs il fallait bien répondre aux bizarres idées qu'il s'était faites à votre sujet et au mien.

— Comment ! à mon sujet ?

— Oui, il prétendait qu'à trop regarder le soleil, on reste ébloui de ses rayons.

— Ce qui veut dire, en parlant d'une manière moins métaphorique.

— Qu'attendu les étrangetés dont a été entouré pour moi l'honneur de votre connaissance, je pourrais bien être exposé à ne pas garder auprès de vous, madame, toute ma raison et tout mon sang-froid.

— Et votre histoire répond à cette visée de M. Marie-Gaston ?
— Vous allez en juger, repartit M. Dorlange.

Alors, sans plus de préambule, il me fit un assez long récit que je ne vous transmets pas, chère madame, parce que, d'une part, il me paraît tout à fait indifférent à vos fonctions directoriales, et que, d'une autre, il implique un secret de famille qui engage ma discrétion beaucoup plus sérieusement que je ne l'avais d'abord supposé. En somme, ce qui résulte de cette histoire, c'est que M. Dorlange est amoureux de la femme qui avait posé dans son imagination pour la sainte Ursule; mais comme il faut ajouter que cette femme a bien l'air d'être à tout jamais perdue pour lui, il ne me sembla pas du tout impossible qu'à la longue il ne vînt à me transporter le sentiment qu'il paraît lui garder encore aujourd'hui. Aussi, quand après avoir fini son récit, il me demanda si je ne trouvais pas qu'il fût une réponse bien victorieuse aux appréhensions ridicules de notre ami :

— La modestie, lui répondis-je, me fait un devoir de partager votre sécurité; cependant on prétend qu'à l'armée beaucoup de projectiles tuent les gens par ricochet.

— Ainsi, vous me croyez coupable de l'impertinence que Marie-Gaston me fait l'honneur de redouter pour moi ?

— Je ne sais pas si vous seriez un impertinent, repartis-je avec une pointe de sécheresse ; mais pour peu que cette fantaisie vous tînt fort au cœur, je vous trouverais, je vous l'avoue, un homme fort à plaindre. La riposte fut vive :

— Eh bien ! madame, me répondit M. Dorlange, ne me plaignez pas : selon moi, un premier amour est une vaccine qui dispense d'en gagner un second.

La conversation en resta là ; le récit avait pris du temps et nous étions arrivés à ma porte. Je dus engager M. Dorlange à monter, politesse qu'il accepta en remarquant que M. de l'Estorade serait sans doute rentré et qu'il pourrait prendre congé de lui. Mon mari était en effet de retour. Je ne sais si, prenant les devants contre les reproches que j'étais en droit de lui adresser, Lucas s'était étudié à envenimer ma démarche, ou si, pour la première fois de sa vie, en présence de mon escapade maternelle, éprouvant un mouvement de jalousie, M. de l'Estorade se trouva d'autant moins maître de le cacher, que ce sentiment lui était moins familier. Toujours est-il qu'il nous fit la réception la plus verte, me disant qu'il était inouï qu'on eût l'idée de sortir à une pareille heure, par un pareil temps, pour aller prendre des nouvelles d'un malade, qui, annonçant lui-même sa maladie, montrait par là même que son indisposition n'avait pas la moindre gravité. Après l'avoir laissé pendant quelque temps être parfaitement inconvenant, trouvant qu'il était temps de couper court à cette scène :

— Enfin, lui dis-je d'un ton péremptoire, je voulais dormir cette nuit ; je suis donc allée au collége par une pluie battante ; m'en voilà revenue par un magnifique clair de lune et je vous prie de remarquer qu'après avoir bien voulu prendre la peine de m'accompagner, monsieur, qui nous quitte demain, a pris celle de remonter jusqu'ici afin de vous faire ses adieux.

J'ai habituellement trop d'empire sur M. de l'Estorade pour que ce rappel à l'ordre ne fît pas son effet ; mais décidément je vis qu'il y avait dans son fait du mari mécontent, car ayant voulu faire de M. Dorlange une diversion, bientôt je m'aperçus que j'en avais fait une proie pour la mauvaise humeur de mon ogre de mari qui se tourna tout entière de son côté. Après lui avoir dit que chez le ministre où il venait de dîner il avait été fort question de sa candidature, M. de l'Estorade commença par lui distiller avec amour toutes les raisons qu'il avait de craindre pour lui un éclatant échec ; que le collége d'Arcis-sur-Aube était un de ceux où le ministère était le plus sûr de son fait ; qu'on avait envoyé là un homme d'une habileté rare, qui déjà, depuis plusieurs jours, *travaillait* l'élection et avait fait passer au gouvernement les nouvelles les plus triomphantes. Mais ce n'était là que des généralités auxquelles d'ailleurs M. Dorlange répondit avec une grande modestie et avec toute l'apparence d'un homme ayant d'avance pris son parti des fortunes diverses auxquelles pouvait être exposée son élection. M. de l'Estorade lui gardait un dernier trait qui, dans la situation donnée, devenait d'un effet merveilleux, puisque, du même coup, il atteignait le candidat et le galant, en supposant que galant il y eût.

— Écoutez, mon cher monsieur, dit M. de l'Estorade à sa victime, quand on court la carrière électorale, il faut se représenter qu'on met tout en jeu : sa vie publique comme sa vie privée. Dans votre présent, dans votre passé, les adversaires fouillent d'une main impitoyable, et malheur ma foi ! à qui se présente avec le moindre côté véreux ! Eh bien ! je ne dois pas vous le cacher : ce soir chez le ministre, il a été fort question d'un petit scandale qui, très véniel dans la vie d'un artiste, prend tout à coup dans celle d'un mandataire du pays une proportion beaucoup plus grave. Vous me comprenez : je veux parler de cette belle Italienne installée dans votre maison ; prenez-y garde, il pourrait bien vous être demandé compte par quelque électeur puritain de la moralité plus ou moins problématique de sa présence chez vous.

La réplique de M. Dorlange fut très digne.

— A ceux, répondit-il, qui pourraient avoir la pensée de m'interroger sur ce détail de ma vie privée, je ne souhaite qu'une chose : c'est de n'avoir pas dans la leur un plus mauvais souvenir. Si déjà durant notre trajet du collège ici, je n'avais pas assommé madame d'une interminable histoire, je vous conterais, monsieur le comte, celle de ma belle Italienne, et vous verriez que sa présence chez moi ne doit rien me faire perdre de l'estime que jusqu'ici vous avez bien voulu me témoigner.

— Mais, repartit M. de l'Estorade se radoucissant tout à coup en apprenant que notre longue course s'était employée à raconter des histoires, vous prenez mon observation bien au tragique ! Moi-même, je vous le disais tout à l'heure : qu'un artiste ait chez lui un beau modèle, il n'y a rien là que de très naturel, mais ce n'est pas un meuble à l'usage de messieurs les hommes politiques.

— Ce qui paraît être mieux à leur usage, reprit avec une certaine animation M. Dorlange, c'est le parti que l'on peut tirer d'une calomnie acceptée avec un mauvais empressement et avant toute vérification. Du reste, loin de craindre une explication sur le sujet dont vous m'entretenez, je la désire, et le ministère me rendrait grand service en chargeant cet agent si merveilleusement habile, qu'il a placé sur mon chemin, de soulever devant les électeurs cette délicate question.

— Enfin, vous partez demain ? demanda M. de l'Estorade, voyant qu'il s'était engagé dans une voie où, au lieu de ménager de la confusion à M. Dorlange, il lui avait au contraire fourni l'occasion de répondre avec une certaine hauteur de ton et de paroles.

— Oui, et d'assez bonne heure, en sorte que je vais avoir l'honneur de prendre congé de vous, car j'ai encore quelques préparatifs à terminer.

Là-dessus M. Dorlange se leva, et après m'avoir adressé un salut assez cérémonieux, sans donner la main à M. de l'Estorade qui, de son côté, ne la lui tendit pas, il sortit de l'appartement.

Pour éviter une explication qui entre nous était inévitable : — Ah çà! qu'avait donc Armand? demanda M. de l'Estorade.

— Ce qu'avait Armand importe peu, répondis-je, et vous vous en êtes douté en me voyant revenir sans lui, et ne pas témoigner la moindre émotion. Mais ce qui serait plus intéressant à savoir, c'est ce que vous-même avez ce soir, car jamais je ne vous vis si à contre-temps, si aigre et si désobligeant.

— Quoi! parce que j'ai dit à un candidat ridicule qu'il devait prendre le deuil de sa députation?

— D'abord ce n'était pas un compliment à faire, et dans tous les cas, le moment était mal choisi avec un homme auquel mon émoi maternel venait d'imposer une atroce corvée.

— Je n'aime pas les officieux, répliqua M. de l'Estorade en haussant beaucoup plus le ton qu'il ne le fait d'ordinaire avec moi. Après tout, si ce monsieur ne s'était pas trouvé là pour vous offrir son bras, vous n'eussiez pas fait cette inconvenante promenade.

— Vous vous trompez, et je l'eusse faite d'une façon plus inconvenante encore, car j'eusse été seule au collége, vos gens étant ici les maîtres et ayant refusé de m'accompagner.

— Mais enfin, vous admettez bien que si quelqu'un vous eût rencontrée à neuf heures et demie du soir, dans le quartier du Panthéon, bras dessus, bras dessous, avec M. Dorlange, la chose eût au moins paru singulière.

Ayant l'air de découvrir ce que je savais depuis une heure : — Mon Dieu, monsieur, m'écriai-je, après quinze ans de mariage me feriez-vous pour la première fois l'honneur d'être jaloux? Alors je m'explique que, malgré votre respect pour les convenances, vous ayez profité de ma présence pour entreprendre M. Dorlange sur le sujet assez peu convenable de cette femme que l'on croit sa maîtresse; c'était de la bonne perfidie bien noire, et vous jouiez à le ruiner dans mon esprit.

Ainsi percé à jour, mon pauvre mari battit la campagne et n'eut enfin d'autre ressource que celle de sonner Lucas, auquel il fit une rude semonce; cela mit fin à l'explication. Toutefois, quoique ayant remporté cette facile victoire, les grands petits événements de cette soirée ne me laissent pas moins sous une détestable impression. Je revenais contente, je croyais savoir enfin à quoi m'en tenir avec M. Dorlange. Pour être franche, je ne dois pas vous cacher qu'au moment où il me jeta son fameux : *Ne me plaignez pas*, comme les femmes sont toujours un peu femmes, j'avais senti comme un petit froissement à mon amour-propre; mais, tout en montant l'escalier, je m'étais dit que la manière vive et accentuée dont était partie cette parole devait lui prêter grande créance. C'était bien la naïve et franche explosion d'un sentiment vrai; ce sentiment ne s'adressait pas à moi, il se portait énergiquement ailleurs. Je devais donc être pleinement rassurée.

Mais que pensez-vous de cette habileté conjugale qui, en voulant compromettre auprès de moi un homme dont je ne m'étais que trop occupée, lui fournit l'occasion de paraître dans un plus beau jour, et de s'y donner un nouveau relief? Car, il n'y avait pas à s'y méprendre, l'espèce d'émotion avec laquelle M. Dorlange a repoussé l'insinuation dont il se voyait l'objet, était le cri d'une conscience qui vit en paix avec elle-même, et qui sent le moyen de confondre la calomnie. Alors, chère madame, je vous le demande, quel est donc cet homme dont on ne peut trouver le côté vulnérable, et qu'en deux ou trois circonstances nous avons vu héroïque, et cela presque sans qu'il ait l'air de s'en apercevoir, comme s'il n'habitait jamais que les hauteurs, et que la grandeur fût son élément? Comment, en dépit de toutes les apparences contraires, cette Italienne ne lui serait rien? Ainsi, au milieu de nos petites mœurs étiolées, il se trouverait encore des caractères assez forts, pour courir sur le penchant des occasions les plus périlleuses, sans jamais y tomber! Quelle nature que celle qui peut ainsi traverser tous les buissons sans y rien laisser de sa laine! Et de cet homme si exceptionnel, je pensais à faire un ami!

Oh! que je ne m'y jouerai pas! qu'il vienne enfin à s'assurer, ce Dante Alighieri de la sculpture, que sa Béatrice ne lui sera jamais rendue et que, tout à coup, comme déjà il l'a fait une fois, il se retourne de mon côté; mais que deviendrai-je? Est-on jamais assurée contre la puissance de fascination que doivent exercer de pareils hommes? Comme disait M. de Montiveau à la pauvre duchesse de Langeais, non-seulement: *il ne faut pas toucher à la hache*, mais il faut encore soigneusement s'en tenir à distance, de peur qu'un des rayons de ce fer poli et brillant ne vienne à vous frapper dans les yeux. Heureusement voilà M. de l'Estorade déjà mal disposé pour ce dangereux homme; mais qu'il soit tranquille, M. le comte, j'aurai soin d'entretenir et de cultiver ce germe d'hostilité naissante. Après cela, si M. Dorlange venait à être nommé, lui et mon mari seront dans deux camps opposés, et la passion politique, Dieu merci! a souvent coupé court à des intimités plus anciennes et mieux installées que celle-ci. Mais il est le sauveur de votre fille; mais vous aviez peur d'être aimée, et il ne songe pas à vous; mais c'est un homme distingué par l'esprit et par la hauteur des sentiments, et auquel vous n'avez pas un reproche à adresser? Des raisons que tout cela! chère madame, suffit qu'il me fait peur. Or, quand j'ai peur, je ne discute, ni ne raisonne, je regarde seulement si j'ai encore assez de jambes et d'haleine, et tout naïvement je me mets à fuir jusqu'à ce que je me sente en sûreté.

XII. — DORLANGE A MARIE-GASTON.

Paris, avril 1839.

En rentrant de chez les l'Estorade, auxquels j'étais allé faire mes adieux, je trouve, cher ami, la lettre par laquelle tu m'annonces ta très prochaine arrivée.

Je t'attendrai toute la journée de demain, mais le soir, sans plus de remise, je me mets en route pour Arcis-sur-Aube, où d'ici à une huitaine se sera fait le dénoûment de mon imbroglio politique.

Quels tenants et aboutissants je puis avoir dans cette cité champenoise que j'aspire, à ce qu'il paraît, à représenter; sur quel concours et sur quel appui je dois compter; en un mot, qui s'est occupé de faire mon lit électoral? tout cela, je l'ignore aussi parfaitement que l'an passé, à l'époque où, pour la première fois, je reçus la nouvelle de ma vocation parlementaire. Il y a quelques jours seulement, j'ai reçu, timbrée de Paris, cette fois, et non plus de Stockholm, une communication émanant de la chancellerie paternelle. A voir la teneur de ce document, je ne serais pas étonné quand les éminentes fonctions remplies dans une cour du Nord par le mystérieux auteur de mes jours seraient tout simplement celles de caporal prussien; car il est impossible de faire passer des instructions sur un ton plus impératif, plus péremptoire, et en s'ingéniant aussi désespérément des plus minutieux détails.

La note porte pour titre, en vedette :

CE QUE DOIT FAIRE MONSIEUR MON FILS.

Au reçu *de la présente*, je dois mettre en route la sainte-Ursule, *présider moi-même à l'emballage et à la mise en caisse*, et ensuite adresser par le roulage accéléré, à la mère Marie-des-Anges, supérieure de la communauté des dames Ursulines d'Arcis-sur-Aube (Aube). Tu comprends : en effet, sans cette indication supplémentaire, on pourrait croire qu'Arcis-*sur-Aube* est situé dans le département de la Gironde ou dans le département du Finistère. Je dois ensuite faire un marché avec le commissionnaire expéditeur, pour que le colis (ma sainte Ursule devient un colis) soit déchargé expressément à la porte de la chapelle du couvent. Puis, ordre m'est intimé de suivre à très peu de jours de distance, de manière à être rendu pour le plus tard, le 2 mai, audit Arcis-sur-Aube. Tu vois : la chose se traite militairement, si bien qu'au lieu de demander un passe-port, j'eus un moment l'idée de passer au bureau de l'intendance militaire, afin de me faire délivrer une feuille de route, et de voyager par étapes à trois sous par lieue.

L'hôtel où je dois descendre est prévu et indiqué. Je suis attendu à l'*Hôtel de la Poste ;* ainsi, j'aurais eu plus de goût pour les *Trois Maures* ou le *Lion d'argent* qui doivent se trouver à Arcis comme ailleurs, impossible de me passer cette fantaisie. Enfin, j'ai commandement, la veille de mon départ, de faire annoncer dans les journaux dont je dispose, que je me présente comme candidat dans l'arrondissement électoral d'Arcis-sur-Aube (Aube), mais en évitant de faire une profession de foi qui serait à la fois inutile et *prématurée*. Reste une injonction qui, tout en m'humiliant un peu, ne laisse pas de me donner quelque foi dans tout ce qui m'arrive. *Le matin même* de mon départ, je passerai chez les frères Mongenod et j'y retirerai une nouvelle somme de deux cent cinquante mille francs, qui *doit* y être déposée à mon nom : *mettre le plus grand soin*, ajoutent mes instructions, *en transportant cet argent de Paris à Arcis-sur-Aube, à ce qu'il ne soit ni perdu ni volé.*

Que penses-tu, cher ami, de ce dernier article ? Cette somme *doit* être déposée : elle pourrait donc ne pas l'être, et si elle n'y était pas ? Et puis qu'en ferai-je à Arcis ? Je vais donc aborder mon élection à la façon anglaise, c'est pour cela sans doute qu'une profession de foi serait *inutile et prématurée.* Quant à la recommandation de ne perdre, ni de ne me laisser voler la somme dont je serai porteur, ne trouves-tu pas qu'elle me rajeunit d'une façon bien extraordinaire ? Depuis que je l'ai vue écrite, il me prend comme des envies de teter mon pouce et de me commander un bourrelet; mais, *monsieur* mon père a beau, par toutes ses façons singulières, me mettre l'esprit à la torture, n'était le respect que je lui dois, je m'écrierais, comme Bazile, en parlant du comte Almaviva : « Ce diable d'homme a toujours les poches pleines d'arguments irrésistibles. » Je me laisse donc aller, les yeux fermés, au courant qui m'entraîne et, nonobstant la nouvelle de ta venue prochaine, demain matin, après être passé chez les frères Mongenod, je me mets vaillamment en route, me représentant la stupéfaction des gens d'Arcis, quand ils vont me voir tout à coup tomber au milieu d'eux à peu près comme ces diablotins qu'un ressort fait jaillir d'une boîte à surprise.

A Paris, j'ai déjà produit mon effet. le *National*, hier matin, annonçait ma candidature dans des termes les plus ardents, et il paraît que ce soir, chez le ministre de l'intérieur, où dînait M. de l'Estorade, j'aurais été fort longuement tenu sur le tapis. Il faut se hâter d'ajouter, toujours selon M. de l'Estorade, que l'impression générale aurait été la certitude de mon insuccès. Tout au plus, dans l'arrondissement d'Arcis, le ministère aurait pu craindre une nomination centre-gauche; quant au parti démocratique que je prétends représenter, on ne peut pas même dire que là il existe; mais au candidat centre-gauche il a été mis bon ordre par l'envoi d'un courtier de l'espèce la plus alerte et la plus déliée, et au moment où je lance mon nom en ballon perdu, l'élection dans le sens conservateur serait déjà assurée. Au nombre des éléments de ma défaite inévitable, M. de l'Estorade a daigné mentionner un détail relativement auquel, cher ami, je m'étonne bien que tu ne m'aies pas adressé un peu de morale; car c'était une des plus agréables calomnies mises en circulation dans le salon Montcornet par le très honoré et très honorable M. Bixiou. Il s'agit d'une superbe Italienne que j'aurais ramenée d'Italie, et avec laquelle je vivrais dans la situation du monde la moins canonique. Voyons, qui t'a empêché de me demander les explications que semblait comporter la matière? As-tu trouvé le cas tellement honteux que tu aies craint d'offenser ma pudeur, en m'en disant seulement un mot? ou bien as-tu dans ma moralité une confiance assez entière pour n'avoir pas même besoin d'être édifié à cet endroit? Je n'ai pas eu le loisir d'entrer avec M. de l'Estorade dans les explications qui eussent été nécessaires, et je n'ai de même pas le temps de te les offrir ici spontanément. Si donc je te parle de ce petit incident, c'est pour arriver à une remarque que je crois avoir faite, et dont je te charge de vérifier le bien jugé une fois que tu seras ici. J'ai comme une idée qu'il ne serait pas agréable à M. de l'Estorade de me voir réussir dans ma campagne électorale. Jamais il n'avait donné grande approbation à mes projets de ce sens, et toujours par des considérations, toutes prises, il est vrai, du point de vue de mon intérêt, il s'était efforcé de m'en détourner. Mais aujourd'hui que l'idée a gagné de la consistance et qu'il va jusqu'à en être parlé dans les salons ministériels, notre gentilhomme tourne à l'aigre, et en même temps qu'il se fait une maligne joie d'augurer pour moi un échec, le voilà m'accostant avec une charmante petite infamie, sous laquelle il entend m'enterrer d'amitié.

Pourquoi cela? Je vais te le dire : c'est que, tout en étant mon obligé, le cher homme, de par la hauteur de sa position sociale, se sentait sur moi une supériorité dont mon entrée à la Chambre le déposséderait aussitôt, et, cette supériorité, il ne lui est pas agréable d'y renoncer. Après tout, qu'est-ce qu'un artiste, fût-il homme de génie, auprès d'un pair de France, d'un personnage qui met la main à la direction de la grande chose politique et sociale, d'un homme qui approche le roi et les ministres, et qui aurait le droit, si, par impossible, une telle audace pouvait lui prendre, de déposer une boule noire contre le budget? Eh bien! cet homme, ce privilégié, comprend-on que je veuille l'être à mon tour et avec plus d'importance et d'autorité dans cette insolente Chambre élective? Cela n'est-il pas criant de fatuité et d'outrecuidance? et dès lors voilà M. le comte furieux.

Ce n'est pas tout. MM. les hommes politiques patentés ont une marotte, celle d'avoir été initiés par une longue étude à une certaine science soi-disant ardue qu'ils appellent la science des affaires, et qu'eux seuls, comme les médecins la médecine, ont le droit de savoir et de pratiquer. Ils ne souffrent donc pas volontiers que, sans avoir pris ses licences, un faquin de premier venu, un journaliste, par exemple, moins que cela, un artiste, un *tailleur d'images*, ait la prétention de se glisser dans leur domaine et d'y prendre la parole à leur côté. Un poëte, un artiste, un écrivain, peuvent être doués de facultés éminentes, on veut bien en convenir; le métier même de tous ces gens les suppose, mais ce ne sont pas des hommes d'État. Chateaubriand lui-même, quoique posé mieux qu'aucun d'entre nous, pour se faire faire une place dans cet olympe gouvernemental, s'est vu néanmoins mis à la porte, et un matin, un petit billet très concis, signé Joseph de Villèle, l'a renvoyé comme il convenait à René, Atala, et autres futilités littéraires. Je sais bien que le temps et cette grande fille posthume de nous-mêmes que nous appelons la Postérité, finissent, en résultat, par faire bonne justice et par remettre chaque chose en son lieu. Vers l'an 2039, si le monde daigne durer jusque-là, on saura bien encore, je crois, ce qu'en 1839 étaient Canalis, Joseph Bridau, Daniel Darthez, Stidman et Léon de Lora; tandis qu'un nombre infiniment petit de gens saura qu'à cette même époque, M. le comte de l'Estorade était pair de France et président de Chambre à la Cour des comptes; M. le comte de Rastignac, ministre des travaux publics; et M. le baron Martial de la Roche-Hugon, son beau-frère, diplomate et conseiller d'État en service plus ou moins extraordinaire.

Mais en attendant cette classification tardive et ce lointain redressement, je ne trouve pas mauvais que de temps à autre on fasse connaître à ces grands hommes de gouvernement, qu'à moins de s'appeler Richelieu ou Colbert, on est exposé à toutes les concurrences et forcé de les accepter. Aussi, par ce côté taquin, je prends goût à mon entreprise, et si je viens à être nommé, à moins que tu m'affirmes que, ce soir, j'ai pris de travers le procédé Estorade, je trouverai bien l'occasion de lui faire sentir à lui et aux autres, qu'on peut, quand on le veut bien, enjamber les clôtures de leur petit parc de réserve et s'y carrer comme leur égal.

Mais c'est beaucoup, cher ami, te bavarder de moi et ne point penser aux tristes émotions qui t'attendent à ton retour ici. Comment les supporteras-tu? au lieu de les détourner de toi, n'iras-tu pas complaisamment à leur rencontre, et ne prendras-tu pas un triste plaisir à raviver leur âcreté? Mon Dieu! je te dirai de ces grandes douleurs ce que je te disais, il n'y a qu'un moment, de nos grands hommes de gouvernement: qu'il faut les considérer dans le temps et dans l'espace où elles deviennent insaisissables, imperceptibles, et où il n'est pas plus tenu compte à l'homme, quand la biographie s'empare de lui, que des cheveux tombés de sa tête, à sa toilette de chaque matin.

L'adorable insensée, avec laquelle tu as passé conjugalement trois années d'ivresse, avait cru mettre la main où était la mort qui, riant de ses arrangements, de ses projets, de ses raffinements, de ses habiletés à parer la vie, l'a brutalement et brusquement saisie. Toi, tu es resté, avec la jeunesse, les dons de l'intelligence, et ce qui est une force, ne t'y trompe pas, un désillusionnement profond et prématuré. Que ne fais-tu comme moi, que ne viens-tu me rejoindre dans l'arène politique? Nous serions deux alors pour le dessein que je médite, et l'on verrait ce que c'est que deux hommes décidés et énergiques formant en quelque sorte un attelage, et tirant ensemble au rude collier de la justice et de la vérité.

Mais trouves-tu que j'aie par trop la prétention de devenir épidémique et d'inoculer à tout venant ma fièvre jaune parlementaire, reviens au moins à la carrière des lettres où déjà tu avais marqué ta place, et demande à ton imagination de te faire oublier ton cœur qui te parle trop du passé. Pour mon compte, je ferai autour de toi tout le bruit que je pourrai, et dût la continuation de notre correspondance prendre sur mon sommeil, pour te distraire bon gré mal gré, je te tiendrai avec soin au courant de toutes les péripéties du drame dans lequel je vais m'engager.

Arrivant à Paris sans logement arrêté d'avance, tu serais bien l'homme du temps d'autrefois, si tu voulais prendre chez moi ton gîte, au lieu d'aller t'installer à Ville-d'Avray, dont je trouve le séjour mauvais et dangereux pour toi. Tu jugerais toi-même de ma belle gouvernante et verrais à quel point elle a été calomniée et méconnue. Tu serais aussi plus près de l'Estorade, dont j'attends pour toi de grandes consolations; enfin, ce serait là une charmante expiation de tous les torts involontaires que tu as pu avoir avec moi. A tout hasard, j'ai donné mes instructions en conséquence, et ta chambre t'attend. Le quartier perdu où je loge te sera une transition avec le Paris bruyant et infernal auquel je me doute bien que tu auras de la peine à te réhabituer. Je ne loge pas loin de cette rue d'Enfer où nous demeurions jadis de compagnie, et où nous avons eu de si bons moments. Que de rêves, que de projets alors et combien peu la vie réelle en a ratifié! Notre songe le plus habituel, c'était la gloire, et celui-là seul dont elle ait paru ne pas vouloir nous faire banqueroute, nous le désertons nous-mêmes : toi pour souffrir et pleurer, moi pour courir après une vaporeuse filiation dont je ne sais si j'aurai un jour beaucoup à me féliciter. Pendant que le flot toujours changeant de l'existence a tout emporté, nos digues, nos jardinets, nos rosiers en boutons, nos maisonnettes, une seule chose est restée à l'ancre : notre vieille et sainte amitié;

n'y fais plus d'avarie, je t'en conjure, mon cher enfant prodigue, et ne t'expose pas à te brouiller avec la cour du Nord, dont je serai peut-être un jour le Suger ou le Sully.

P. S. Tu n'es pas encore arrivé, cher ami, et je ferme ma lettre qui te sera remise par ma gouvernante, quand tu te présenteras à mon domicile, car je compte bien que ta première visite sera pour moi; tu ne sauras pas encore, par conséquent, que je suis absent. Je suis allé ce matin chez les frères Mongenod; les deux cent cinquante mille francs y étaient, mais avec l'accompagnement d'une circonstance bien extraordinaire : l'argent était au nom de *M. le comte de Sallenauve*, dit Dorlange, statuaire, rue de l'Ouest, 42. Ainsi, malgré une désignation qui jusqu'ici n'avait jamais été la mienne, la somme en mes mains était bien à destination, et elle m'a été payée sans difficulté. J'ai eu assez de présence d'esprit en face du caissier pour ne pas paraître trop stupéfait de mon nouveau nom et de mon nouveau titre; mais j'ai vu en particulier M. Mongenod l'aîné, homme qui jouit dans la Banque de la plus belle réputation, et avec lui je me suis ouvert de mon étonnement, en lui demandant les explications qu'il serait en mesure de me donner. Il n'a pu m'en fournir aucune : l'argent lui est venu par un banquier hollandais, son correspondant à Rotterdam, et il n'en sait pas plus long. Ah çà ! que se passe-t-il ! Vais-je être noble maintenant ? le moment est-il venu pour mon père de se manifester ? Je pars dans un émoi et dans une anxiété que tu comprends. Jusqu'à nouvel ordre, je t'adresserai tes lettres chez moi; si tu ne te décide pas à y loger, fais-moi bientôt connaître ton adresse, car il me semble que nous allons avoir beaucoup de choses à nous dire. Aucune confidence, je te prie, aux l'Estorade, et tout ceci bien entre nous.

XIII. — DORLANGE A MARIE-GASTON.

Arcis-sur-Aube, 3 mai 1839.

Cher ami, hier soir, à sept heures, par-devant maître Achille Pigoult, notaire royal à la résidence d'Arcis-sur-Aube, ont eu lieu les obsèques et enterrement de Charles Dorlange, qui bientôt après, comme un papillon sorti de sa nymphe, s'est élancé dans le monde sous le nom et la figure de Charles de Sallenauve, fils de François-Henri-Pantaléon Dumirail, marquis de Sallenauve. Suit l'historique des faits qui ont précédé cette brillante et glorieuse transformation.

Parti dans la soirée du 1ᵉʳ mai de Paris que je laissais livré à toutes les joies officielles de la saint Philippe, le lendemain dans l'après-midi, conformément à la prescription paternelle, je faisais mon entrée dans la ville d'Arcis. A la descente du coupé, tu penses bien que mon étonnement ne fut pas médiocre, en apercevant dans la rue, où venait de s'arrêter la diligence, cet insaisissable Jacques Bricheteau que je n'avais pas entrevu depuis notre fatale rencontre de l'île Saint-Louis. Cette fois, au lieu de procéder à la manière du chien de Jean de Nivelle, je le vois venir à moi, le sourire sur les lèvres, et il me tend la main en disant :

— Enfin, cher monsieur, nous sommes à peu près au bout des mystères, et bientôt, je l'espère, vous ne croirez plus avoir à vous plaindre de moi. En même temps, ayant l'air de céder à une pressante sollicitude :

— Vous apportez l'argent? me demande-t-il.

— Oui, répondis-je, ni perdu, ni volé. Et je tire de ma poche un portefeuille contenant les deux cent cinquante mille francs en billets de banque.

— Très bien! dit Jacques Bricheteau. Maintenant nous allons à l'hôtel de la Poste où vous savez sans doute par qui vous êtes attendu?

— Mais non, vraiment, repartis-je.

— Vous n'avez donc pas remarqué la qualification sous laquelle la somme vous est parvenue ?

— Au contraire, cette étrangeté m'a tout d'abord frappé, et j'avoue qu'elle a beaucoup fait travailler mon imagination.

— Eh bien! tout à l'heure nous allons complétement déchirer le voile dont nous avions eu soin de vous lever un coin pour que vous n'alliez pas trop brusquement vous heurter contre le grand et heureux événement près de s'accomplir dans votre vie.

— Mon père serait ici? Je fis cette question avec vivacité, mais sans pourtant ressentir le trouble profond dont l'idée d'aller embrasser une mère m'eût probablement pénétré.

— Oui, répondit Jacques Bricheteau, votre père vous attend, mais je dois vous prémunir contre une nuance probable de son accueil. Le marquis a beaucoup souffert; la vie de cour que depuis il a menée, l'a habitué à rendre peu extérieures ses impressions; d'ailleurs, en tout, il a horreur de ce qui peut rappeler l'allure bourgeoise; ne vous étonnez donc pas de la réception froidement digne et aristocratique, qu'il pourrait être disposé à vous faire : c'est un bon homme au fond et que vous apprécierez mieux quand vous le connaîtrez.

Voilà, pensais-je, des préparations tout juste rassurantes, et comme déjà, de moi-même, je ne me sentais pas très ardemment disposé, j'augurai que cette première entrevue allait se passer tout entière au-dessous de zéro.

En entrant dans la pièce où m'attendait le marquis, je vis un homme fort grand, fort maigre et fort chauve, assis à une table, sur laquelle il mettait en ordre des papiers. Au bruit que nous fîmes en ouvrant la porte, il remonta ses lunettes sur son front, appuya ses deux mains sur les bras de son fauteuil, et, le visage tourné vers nous, il attendit.

— M. le comte de Sallenauve! dit Jacques Bricheteau en donnant à cette annonce toute la solennité qu'y eût mise un introducteur des ambassadeurs ou un chambellan. Cependant la présence de l'homme auquel je devais la vie, avait en un moment fondu ma glace, et en m'avançant vers lui d'un mouvement vif et empressé, je me sentais monter des larmes dans les yeux.

Lui ne se leva pas. Sur sa figure, de cette distinction remarquable qu'autrefois on appelait un grand air, ne parut pas la trace de la moindre émotion; il se contenta de me tendre la main, serra mollement la mienne, puis me dit : — Prenez un siége, monsieur, car je n'ai pas encore le droit de vous appeler mon fils.

Quand Jacques Bricheteau et moi fûmes assis :

— Vous n'avez donc, me dit ce singulier père, aucune répugnance à accepter la situation politique dont nous sommes occupés pour vous?

— Au contraire, répondis-je, l'idée m'en avait d'abord étonné; mais je m'y suis rapidement fait, et j'ai exécuté avec soin, pour assurer le succès, toutes les prescriptions qui m'avaient été transmises.

— A merveille, fit le marquis en prenant sur sa table une tabatière d'or qu'il se mit à faire tourner dans ses doigts; puis, après un moment de silence : maintenant, ajouta-t-il, je vous dois quelques explications; notre ami Bricheteau, s'il veut bien l'avoir pour agréable, va vous les donner. Ce qui équivalait à l'ancienne formule royale : *Mon chancelier vous dira le reste.*

— Pour reprendre les choses à leur origine, dit Jacques Bricheteau, en acceptant la procuration qui venait de lui être passée, je dois d'abord, mon cher monsieur, vous faire savoir que vous n'êtes pas un Sallenauve direct. Revenu de l'émigration, aux alentours de 1808, M. le marquis, ici présent, fit, vers la même époque, la connaissance de votre mère, et, au commencement de 1809, vous deveniez le fruit de cette liaison. Votre naissance, vous le savez déjà, coûta la vie à votre mère, et, comme un malheur n'arrive jamais seul, peu après cette perte cruelle, M. de Sallenauve, compromis dans une conspiration contre le trône impérial, était forcé de s'expatrier. Enfant d'Arcis comme moi, M. le marquis voulait bien m'honorer de quelque amitié, et, au moment de son expatriation nouvelle, il me confia le soin de votre enfance; ce soin, je l'acceptai, je ne dirai pas avec empressement, mais avec la plus vive reconnaissance.

A ce mot, le marquis tendit la main à Jacques Bricheteau qui était assis à sa portée, et, après une étreinte silencieuse, qui ne me parut pas d'ailleurs les émouvoir prodigieusement, Jacques Bricheteau ajouta :

— L'appareil de précautions mystérieuses dont je m'étudiai à entourer le mandat que j'avais accepté s'explique par beaucoup de raisons, et je puis dire qu'en quelque sorte, vous avez eu le contre-coup de tous les régimes qui, en France, se sont succédé depuis votre naissance. Sous l'Empire, je craignais qu'un gouvernement, qui n'avait pas la réputation d'être indulgent pour les agressions dont il pouvait devenir l'objet, n'étendît jusqu'à vous les rigueurs de la prescription paternelle, et c'est de cette façon que l'idée de vous ménager une sorte d'existence anonyme commença à prendre pied dans mon esprit. Sous la Restauration, j'eus à redouter pour vous une autre nature d'ennemis. La famille de Sallenauve, qui n'a plus aujourd'hui d'autre représentant que monsieur le marquis, ici présent, était alors toute puissante. Elle avait eu vent de votre naissance, et il ne lui avait pas échappé que celui de qui vous teniez le jour, avait eu la précaution de ne vous point reconnaître, afin d'être en mesure de vous laisser la totalité de sa fortune, dont la loi, comme enfant naturel, vous eût disputé une partie. L'ombre dans laquelle je vous avais tenu jusque-là me parut le meilleur asile contre les persécutions de parents avides, et, venues de ce côté, quelques démarches suspectes, faites à plusieurs reprises dans mes entours, témoignèrent de la justesse de mes prévisions. Enfin, sous le gouvernement de Juillet, ce fut moi-même que je craignis pour vous. J'avais vu établir cet ordre de choses avec un profond regret, et comme on fait volontiers de tous les gouvernements qui arrivent et qui ne vous sont pas sympathiques, ne croyant pas à sa durée, je m'étais laissé entraîner contre lui à quelques hostilités actives qui me mirent à l'index de la police...

Ici le souvenir du soupçon tout contraire, dont Jacques Bricheteau avait été l'objet au *Café des Arts*, ayant fait passer un sourire sur mon visage, le *chancelier* s'arrêta, et avec un sérieux très marqué :

— Les explications que j'ai l'honneur de vous donner, me demanda-t-il, auraient-elles le malheur de vous sembler invraisemblables ?

Lorsque j'eus donné le sens de mon mouvement de physionomie :

— Ce garçon limonadier, dit Jacques Bricheteau, ne se trompait pas absolument, car depuis de longues années je suis employé à la préfecture de police, au service de la salubrité, mais je n'entreprends pas l'espionnage, et au contraire, plus d'une fois je faillis en être la victime. Maintenant, pour en venir au secret dont je continuai d'entourer notre relation, sans appréhender pour vous comme résultat de cette accointance connue, des persécutions positives, il me parut que son ébruitement pouvait nuire à votre carrière. Les sculpteurs, me disais-je, ne peuvent vivre sans l'appui du gouvernement; je serai peut-être cause qu'on lui marchandera des commandes. Je dois ajouter d'ailleurs, qu'à l'époque où je vous fis savoir que votre pension cesserait de vous être servie, déjà depuis plusieurs années j'avais entièrement perdu la trace de monsieur le marquis. A quoi bon alors vous faire la confidence d'un passé qui ne paraissait plus avoir d'ouverture sur aucun avenir ? Je résolus donc de vous laisser dans votre entière ignorance, et m'occupai de trouver une fable qui, en trompant votre curiosité, pût me relever de la longue privation que je m'étais imposée en évitant jusque-là tout rapport direct avec vous...

— L'homme que vous aviez chargé de vous représenter, dis-je alors en interrompant, pouvait être habilement choisi au point de vue du mystère; mais convenez que de sa personne il n'était pas attrayant.

— Ce pauvre Gorenflot, répondit en riant l'organiste, c'est tout bonnement un des sonneurs de la paroisse et l'homme qui pousse le vent dans mon orgue. Je ne sais s'il était connu de l'auteur de *Notre-Dame-de-Paris* quand il a inventé son *Quasimodo*.

Pendant cette parenthèse de Jacques Bricheteau, un bruit assez ridicule vint frapper notre oreille; un ronflement très accentué de mon père nous donnait à connaître ou qu'il ne prenait pas grand intérêt aux explications fournies en son nom ou qu'il les trouvait d'une certaine prolixité. Je ne sais si l'amour-propre d'orateur offensé donna à Jacque Bricheteau ce mouvement de vivacité; mais, se levant avec impatience, il secoua rudement le bras du dormeur en lui criant :

— Eh! marquis, si vous dormez ainsi au conseil des ministres, voilà, sur ma parole, un pays bien gouverné!

M. de Sallenauve ouvrit les yeux, se secoua, puis s'adressant à moi : — Pardon, monsieur le comte, me dit-il, mais voilà dix nuits que je voyage en poste, sans m'arrêter, afin de me trouver au rendez-vous que je vous avais fait donner ici; quoique j'aie passé dans un lit la nuit dernière, je me sens encore un peu fatigué. Cela dit, il se leva, aspira une forte prise de tabac, et se mit à se promener dans l'appartement pendant que Jacques Bricheteau continuait ainsi :

— Il y a un peu plus d'un an, je reçois enfin une lettre de votre père; il m'expliquait son long silence, les projets qu'il avait sur vous, et la nécessité où, encore pour quelques années peut-être, il était de garder avec vous le plus sévère incognito. C'est justement à cette époque que le hasard vous conduit sur mon chemin; alors je vous vois prêt à vous jeter dans les folies pour pénétrer un secret dont l'existence était devenue manifeste pour vous.

— Vous êtes preste à déménager, dis-je en riant à l'ex-habitant du quai de Béthune.

— Je fis mieux que cela : horriblement tourmenté de l'idée qu'au moment précis où M. le marquis en déclarait la continuation nécessaire, vous viendriez à pénétrer malgré moi les ténèbres dont je vous avais si savamment environné...

— Vous partites pour Stockholm?

— Non : pour la résidence de votre père, et à Stockholm, je mis à la poste la lettre dont il m'avait chargé pour vous.

— Mais je ne saisis pas bien...

— Rien pourtant n'est plus facile à comprendre, dit le marquis d'un ton capable, ce n'est pas en Suède que je réside, et nous voulions vous dépayser.

— Vous plaît-il de poursuivre à ma place, dit Jacques Bricheteau, ne paraissant pas très disposé à se laisser déposséder de la parole, dont, tu as pu remarquer, cher ami, qu'il use avec élégance et facilité.

— Non pas, non pas, continuez, repartit le marquis, vous vous en acquittez à merveille.

— La présence de M. le marquis, dit Jacques Bricheteau en poursuivant, n'aura pas pour résultat, je dois vous en prévenir, de mettre immédiatement un terme à toutes les obscurités dont ses rapports avec vous ont été compliqués jusqu'ici. Pour le soin de son avenir et pour celui du vôtre, il se réserve de vous laisser ignorer quelque temps encore le nom du pays au gouvernement duquel il espère vous voir un jour appelé après lui, aussi bien que quelques autres particularités de sa vie. Si même aujourd'hui il est ici présent, c'est surtout dans le but de n'avoir pas à s'expliquer davantage et de demander un nouveau bail à votre curiosité.

M'étant avisé que votre position de famille équivoque était de nature, dans la vie politique où vous allez entrer, à vous créer, sinon des difficultés, au moins certains déboires, sur l'observation qu'une de mes lettres en faisait à monsieur votre père, il se résolut à hâter le moment d'une reconnaissance officielle et légale que l'extinction de toute sa famille rendait désormais très désirable pour vous; et du pays lointain qu'il habite, il se mit en devoir d'y procéder. Mais la reconnaissance d'un enfant naturel est un acte grave que la loi a entouré de précautions étroites. Il faut un acte authentique passé devant notaire, et, à supposer qu'une procuration spéciale eût pu remplacer le consentement oral du père, M. le marquis pensa bientôt que les légalisations devenues indispensables pour donner à cette procuration toute sa valeur ébruiteraient, non-seulement pour vous, mais pour le pays où il est marié et naturalisé en quelque sorte, ce secret de son individualité, qu'il est tenu à économiser encore pendant quelque temps. Alors, son parti fut pris: trouvant le moyen de s'échapper pour quelques semaines, il arriva en toute diligence, vint me surprendre, et vous donna rendez-vous ici. Mais dans le voyage à la fois long et rapide qu'il entreprenait, il devait craindre que la somme importante destinée à préparer le succès de votre élection ne courût quelque risque; alors il la fit passer par le canal des banquiers, en exigeant qu'elle pût être touchée à jour fixe. Voilà pourquoi, à votre arrivée ici, je vous ai fait une question qui a pu vous surprendre. Maintenant, je vous en adresse une autre, et celle-ci a plus de gravité : Consentez-vous à prendre le nom de M. de Sallenauve et à être reconnu pour son fils ?

— Je ne suis pas légiste, répondis-je ; mais il me semble que cette reconnaissance, en supposant que je ne dusse pas m'en trouver très honoré, il ne dépendrait pas tout à fait de moi de la décliner.

— Pardonnez-moi, repartit Jacques Bricheteau, vous pourriez être le fils d'un père peu recommandable, avoir par conséquent intérêt à contester sa paternité, et dans le cas particulier où nous nous trouvons, vous pourriez probablement plaider avec avantage contre la faveur que l'on veut vous faire. Je dois d'ailleurs vous le dire ; et, en parlant ainsi, je suis sûr d'exprimer les intentions de monsieur votre père, si vous pensiez qu'un homme qui déjà, dans l'intérêt de votre élection, a mis un demi-million dehors, n'est pas un père tout à fait convenable, nous vous laisserions tout à fait libre, et n'insisterions d'aucune façon.

— Parfaitement, parfaitement, dit M. de Sallenauve en mettant à cette affirmation un accent bref et un son de voix clair et particulier aux débris de la vieille aristocratie.

La politesse, pour le moins, me forçait à dire que j'acceptais avec empressement la paternité qui s'offrait à moi. A quelques mots que je prononçai dans ce sens :

— Du reste, répondit gaiement Jacques Bricheteau, notre pensée n'est pas de vous faire acheter *père en poche*. Moins pour provoquer une confiance que dès à présent il se croit acquise, que pour vous mettre à même de connaître la famille dont vous allez porter le nom, M. le marquis fera passer sous vos yeux tous les titres et tous les papiers dont il est détenteur ; de plus, quoique depuis bien longtemps il ait quitté ce pays, il sera en mesure de faire affirmer son identité par plusieurs de ses contemporains encore existants, ce qui, du reste, ne pourra que profiter à la validité de l'acte à intervenir. Par exemple, au nombre des personnes honorables par lesquelles il a déjà été reconnu, je puis vous citer la respectueuse supérieure de la communauté des dames Ursulines, la mère Marie-des-Anges, pour laquelle, soit dit en passant, vous avez fait un chef-d'œuvre.

— Oui, ma foi, oui, c'est un joli morceau, dit le marquis, et si vous êtes un politique de cette force !...

— Eh bien ! marquis, dit Jacques Bricheteau, qui me parut le mener un peu, voulez-vous procéder, avec notre jeune ami, à la vérification des papiers de famille?

— Mais c'est inutile, répliquai-je. Et vraiment, par ce refus d'examen, il ne me paraissait pas que j'engageasse beaucoup ma foi; car, après tout, que signifient des papiers entre les mains d'un homme qui peut les avoir fabriqués ou se les être appropriés? Mais mon père ne me tint pas pour quitte, et pendant plus de deux heures, il fit passer sous mes yeux des parchemins, des arbres généalogiques, des contrats, des brevets, toutes pièces desquelles il résulte que la famille de Sallenauve est, après les Cinq-Cygne, une des plus anciennes familles de la Champagne en général, et du département de l'Aube en particulier. Je dois ajouter que l'exhibition de toutes ces archives fut accompagnée d'un nombre infini de détails parlés, qui donnaient à l'identité du dernier marquis de Sallenauve la plus incontestable vraisemblance. Sur tout autre sujet, mon père est assez laconique; son ouverture d'esprit ne me paraît pas extraordinaire, et volontiers il passe la parole à son *chancelier* ; mais là, sur le fait de ses parchemins, il fut étourdissant d'anecdotes, de souvenirs, de savoir héraldique; bref, ce fut bien le vieux gentilhomme ignorant et superficiel sur toute chose, mais devenu d'une érudition bénédictine quand il s'agit de la science de sa maison.

La séance, je crois, durerait encore, sans l'intervention de Jacques Bricheteau : comme il vit le marquis prêt à couronner ses immenses commentaires oraux par la lecture d'un volumineux mémoire où il s'est proposé de réfuter un chapitre des *Historiettes* de Tallemant des Réaux, qui n'a pas été écrit pour la plus grande gloire des Sallenauve, le judicieux organiste fit remarquer qu'il était l'heure de se mettre à table, si l'on voulait être exactement rendu, à sept heures, en l'étude de maître Achille Pigoult, où rendez-vous était pris. Nous dînâmes donc, non pas à table d'hôte, mais dans notre appartement, et le dîner n'eut rien de remarquable, si ce n'est sa longueur excessive, due au recueillement silencieux et à la lenteur que le marquis, par suite de la perte de toutes ses dents, met à avaler ses morceaux.

A sept heures, nous étions rendus chez maître Achille Pigoult... Mais il est bientôt deux heures du matin, et le sommeil me gagne : à demain donc, si j'en ai le loisir, la continuation de cette lettre et la relation circonstanciée de ce qui s'est passé dans l'étude du notaire royal. Tu sais, d'ailleurs, en gros, le résultat, comme un homme qui a couru au dernier chapitre d'un roman pour voir si *Evelina épouse Arthur*, et tu peux bien me faire crédit des détails. Tout à l'heure, en me couchant, je me dirai : Bonsoir, monsieur de Sallenauve. Au fait, en m'affublant de ce nom de Dorlange, ce diable de Bricheteau n'avait pas eu la main heureuse ; j'avais l'air de quelque héros de roman du temps de l'Empire, ou bien d'un de ces ténors de province qui attendent un engagement sous les maigres ombrages du Palais-Royal. Tu ne m'en veux point, n'est-ce pas, de te quitter pour mon lit où je vais m'assoupir au doux murmure de l'Aube? D'ici, au milieu de l'indescriptible silence de la nuit, dans une petite ville de province, j'entends mélancoliquement clapoter ses flots.

4 mai, cinq heures du matin.

J'avais compté sur un sommeil embelli par les plus beaux songes ; je n'ai pas dormi plus d'une heure, et je me réveille mordu au cœur par une idée détestable ; mais avant de te la transmettre, car elle n'a pas le sens commun, que d'abord je te dise un peu ce qui s'est passé hier soir chez le notaire : certains détails de cette scène ne sont peut-être pas étrangers au mouvement fantasmagorique qui vient de se faire dans mon esprit.

Après que la domestique de maître Pigoult, Champenoise pur sang, nous eut fait traverser une étude de l'aspect le plus antique et le plus vénérable, où l'on ne voit pas de clercs travaillant le soir, comme on fait à Paris, cette fille nous introduisit dans le cabinet du patron, grande pièce froide et humide qu'éclairaient très imparfaitement deux bougies stéariques placées sur le bureau.

Malgré une bise assez piquante qui soufflait au dehors, sur la foi du mois de mai des poëtes et du printemps légalement déclaré à cette époque de l'année, il n'y avait point de feu allumé à l'âtre ; mais tous les préparatifs d'une joyeuse flambée étaient faits dans la cheminée. Maître Achille Pigoult, petit homme chétif, horriblement grêlé et affligé de lunettes vertes, par-dessus lesquelles, d'ailleurs, il darde un regard plein de vivacité et d'intelligence, nous demanda si nous trouvions qu'il fît assez chaud dans l'appartement. Sur notre réponse affirmative, qu'il dut bien entrevoir un peu dictée par la politesse, il avait déjà développé ses dispositions incendiaires jusqu'à faire flamber une allumette, quand, partant d'un des coins les plus obscurs de la pièce, une voix cassée et décrépite, dont nous n'avions pas encore aperçu le propriétaire, intervint pour s'opposer à cette prodigalité.

— Mais non ! Achille, n'allume pas de feu, lui cria le vieillard ; nous sommes cinq ici, les lumières donnent beaucoup de chaleur, et tout à l'heure ce sera à n'y plus tenir.

Aux paroles de ce Nestor si réchauffé, exclamation du marquis :

— Mais c'est ce bon M. Pigoult, l'ancien juge de paix !

Ainsi reconnu, le vieillard de se lever et d'aller à mon père qu'il envisage curieusement :

— Parbleu, dit-il, je vous reconnais bien aussi pour un Champenois de la vieille roche, et Achille ne m'a pas trompé en m'annonçant que j'allais voir deux personnes de ma connaissance. Vous, ajouta-t-il en s'adressant à l'organiste, vous êtes le petit Bricheteau, le neveu de notre bonne supérieure la mère Marie-des-Anges ; mais ce grand maigre-là, avec sa figure de duc et de pair, je ne puis pas mettre le nom dessus. Après ça, il ne faut pas trop en vouloir à ma mémoire : quatre-vingt-six ans de service ! elle peut bien s'être un peu rouillée.

— Voyons, grand-père, dit alors Achille Pigoult, recueillez bien tous vos souvenirs, et vous, messieurs, pas un mot, pas un geste, car il s'agit d'éclairer ma religion. Je n'ai pas l'honneur de connaître le client pour lequel je suis sur le point d'instrumenter, et il faut, pour la régularité des choses, que son individualité me soit constatée. L'ordonnance de Louis XII, rendue en 1498, et celle de François 1er, renouvelée en 1535, faisaient une loi de cette précaution aux notaires *gardes-notes*, pour éviter dans les actes les suppositions de personnes. Cette disposition est trop fondée en raison pour avoir pu être abrogée par le temps, et je le sais bien, moi, je n'aurais pas la moindre confiance dans la validité d'un acte où l'on pourrait établir qu'elle a été méconnue.

Pendant que son fils parlait, le vieux Pigoult avait donné la torture à sa mémoire. Mon père, par bonheur, a dans la face un tic nerveux qui, sous la continuité du regard attaché sur lui par son *certificateur*, ne pouvait manquer de s'exaspérer. A ce signe, fonctionnant dans toute son énergie, l'ancien juge de paix acheva de retrouver son homme :

— Eh ! parbleu ! j'y suis, s'écria-t-il, monsieur est le marquis de Sallenauve, celui que l'on appelait *le Grimacier*, et qui serait aujourd'hui le propriétaire du château d'Arcis, si, au lieu d'épouser sa jolie cousine qui le lui apportait en dot, il n'était, comme tous les autres fous, parti pour l'émigration.

— Toujours un peu sans-culotte, à ce qu'il paraît, repartit en riant le marquis.

— Messieurs, dit alors le notaire avec une certaine solennité, l'épreuve que j'avais ménagée est pour moi décisive. Cette épreuve, les titres dont M. le marquis a bien voulu me donner communication et qu'il laisse en dépôt dans mon étude, plus, ce certificat de son identité que m'a fait parvenir la mère Marie-des-Anges, empêchée par la règle de sa maison de venir témoigner dans mon étude, nous mettent certainement en mesure de parfaire les actes que j'ai là, déjà préparés. La présence de deux témoins est exigée par l'un d'eux. Voici M. Bricheteau d'une part, de l'autre mon père, si vous le voulez bien; c'est, il me semble, un honneur qui lui revient de droit, car on peut dire qu'il vient de le gagner à la pointe de sa mémoire.

— Eh bien! messieurs, prenons place, dit Jacques Bricheteau avec entrain. Le notaire alla s'asseoir à son bureau; nous fîmes cercle à l'entour, et la lecture de l'un des actes commença.

Son but était de constater authentiquement la reconnaissance que faisait de moi pour son fils, François-Henri-Pantaléon Dumirail, marquis de Sallenauve; mais dans le cours de la lecture survint une difficulté.

Les actes notariés, à peine de nullité, doivent exprimer le domicile des contractants. Or, quel était le domicile de mon père? La désignation en avait été laissée en blanc par le notaire, qui voulut combler cette lacune avant de pousser plus loin.

— D'abord, de domicile, dit Achille Pigoult, M. le marquis ne paraît pas en avoir en France puisqu'il n'y réside pas, et que, depuis longtemps, il n'y possède plus aucune propriété.

— C'est pourtant vrai, dit le marquis avec un accent où il me parut mettre plus de sérieux que n'en comportait la remarque: en France, je suis un vagabond.

— Ah! reprit Jacques Bricheteau, des vagabonds comme vous qui, de la main à la main, peuvent faire cadeau à leur fils de la somme nécessaire pour acheter des châteaux, ne me semblent pas des mendiants très à plaindre. Cependant la remarque est juste, non-seulement pour la France, mais aussi pour l'étranger; car avec votre éternelle manie de pérégrinations, un domicile ne me paraît pas très facile à vous assigner.

— Voyons, dit Achille Pigoult, nous ne serons pas arrêtés pour si peu. Dès à présent, continua-t-il en me désignant, monsieur est propriétaire du château d'Arcis, car promesse de vente vaut vente, du moment qu'entre les parties on est convenu de la chose et du prix. Eh bien! quoi de plus naturel que le domicile du père soit assigné dans une des propriétés de son fils, quand surtout, cette propriété est un bien de famille, rentré dans la famille par l'acquisition faite au profit du fils, mais payé des deniers du père; quand, en outre, ce père est né dans le pays où est situé le bien que j'appellerai *domiciliaire*, et qu'il y est connu et reconnu par de notables habitants toutes les fois que dans l'intervalle de ses longues absences il lui convient de s'y représenter?

— C'est juste, dit le vieux Pigoult en se rangeant sans hésiter à l'opinion que son fils venait d'exprimer avec cet accent d'animation particulier aux hommes d'affaires qui croient avoir mis la main sur un argument décisif.

— Enfin, dit Jacques Bricheteau, si vous croyez que les choses puissent aller ainsi!

— Vous voyez bien que mon père, vieux praticien, n'a pas hésité un moment à être de mon avis. Nous disons donc, continua le notaire en prenant sa plume : « François-Henri-Pantaléon Dumi-
» rail, marquis de Sallenauve, domicilié chez M. Charles de Salle-
» nauve, son fils naturel, par lui légalement reconnu, au lieu dit le
» château d'Arcis, arrondissement d'Arcis-sur-Aube, département
» de l'Aube. »

Le reste de l'acte fut lu et arriva jusqu'au bout sans encombre. Suivit une scène passablement ridicule. Les signatures apposées, pendant que nous étions encore debout :

— Maintenant, monsieur le comte, dit Jacques Bricheteau, embrassez votre père.

Mon père m'ouvrit ses bras assez négligemment, et je m'y précipitai à froid, m'en voulant de n'être pas plus profondément remué et de ne pas entendre plus haut dans mon cœur la voix du sang. Cette sécheresse et cette aridité d'émotions tenaient-elles au rapide accroissement de ma fortune? Toujours est-il qu'un moment plus tard, en suite de l'autre acte dont nous entendîmes la lecture, moyennant la somme de cent quatre-vingt mille francs payables comptant, j'étais devenu possesseur du château d'Arcis, grand édifice de bonne apparence, qu'à mon entrée dans la ville, sans être mieux averti par l'instinct du propriétaire que par la voix du sang, j'avais aperçu de loin, dominant le pays d'un air assez féodal.

L'intérêt électoral de cette acquisition, si je ne l'avais pressenti, m'aurait été révélé par quelques mots qui ensuite s'échangèrent entre le notaire et Jacques Bricheteau.

Suivant la mode de tous les vendeurs qui font encore valoir leur marchandise même après qu'elle est sortie de leurs mains :

— Vous pouvez vous flatter, dit Achille Pigoult, que vous avez cette terre pour un morceau de pain.

— Allons donc! reprit Jacques Bricheteau, combien y avait-il de temps que vous l'aviez sur les bras? A d'autres qu'à nous, votre client l'eût laissée à cinquante mille écus; mais, comme bien de famille, vous nous avez fait payer la convenance. Il y a vingt mille francs à dépenser pour rendre le château habitable; la terre rend à peine quatre mille francs de rente : ainsi, notre argent, avec les frais, n'est pas placé à deux et demi pour cent.

— De quoi vous plaignez-vous? reprit Achille Pigoult; vous allez avoir à faire travailler, vous jetterez de l'argent dans le pays, ce qui n'est déjà pas une si mauvaise chance pour un candidat.

— Ah! la question électorale, dit Jacques Bricheteau, nous la traiterons en venant demain matin verser dans vos mains le prix de la vente et régler vos honoraires.

Là-dessus on se sépara, et nous rentrâmes à l'hôtel de la Poste, où, après avoir souhaité le bonsoir à mon père et à son porte-parole, je me retirai dans ma chambre pour causer avec toi.

A présent cette terrible idée qui, chassant pour moi le sommeil, m'a remis la plume à la main, il faut bien te la dire; quoique maintenant, m'en trouvant un peu distrait par les deux pages que je viens de t'écrire, je n'y trouve plus tout à fait la même évidence qu'il y a un moment. Ce qu'il y a de sûr, c'est que tout ce qui se passe depuis un an dans ma vie a quelque chose de prodigieusement romanesque. Tu me diras que l'aventure paraît être dans la logique courante de ma vie ; que ma naissance, le hasard qui nous a rapprochés avec une conformité de destinées si singulière, mes rapports avec Mariana et ma belle gouvernante, mon histoire même avec madame de l'Estorade, semblent accuser pour moi l'étoile la plus chanceuse, et que c'est encore un de ses caprices auxquels je suis livré en cet instant. Rien de plus juste; mais si, dans le même moment, par l'influence de cette étoile, j'étais impliqué, à mon insu, dans quelque trame infernale et qu'on m'en fît le passif instrument !

Pour mettre un peu d'ordre dans mes idées, je commence par ce demi-million dépensé pour un intérêt, tu en conviendras, assez nébuleux : celui de me rendre un jour le ministre possible de je ne sais quel pays imaginaire dont on me cache soigneusement le nom. Et qui dépense pour moi ces sommes fabuleuses? Est-ce un père tendrement épris d'un enfant de l'amour? Non, c'est un père qui me témoigne la plus grande froideur, qui s'endort pendant qu'on est occupé à me dresser, sous ses yeux, le bilan de notre mutuelle existence; pour lequel, de mon côté, j'ai le malheur de ne rien éprouver, et que, pour trancher le mot, je regarderais comme une parfaite gauche d'émigré, n'était le respect et la piété filiale que je m'efforce d'avoir pour lui.

Mais, dis donc ! si cet homme n'était pas mon père; s'il n'était pas le marquis de Sallenauve, pour lequel il se donne; si, comme le malheureux Lucien de Rubempré (voir *Un grand homme de province*, et *Splendeurs et misères*) dont l'histoire a eu un si effroyable retentissement, j'étais enlacé par quelque serpent à la façon du faux prêtre Carlos Herrera et exposé à un si terrible réveil ?

Quelle vraisemblance? vas-tu me dire : Carlos Herrera avait un intérêt à fasciner Lucien de Rubempré; mais sur toi, homme de principes solides, qui n'as jamais rêvé le luxe, qui t'es fait une vie de recueillement et de travail, quelle prise pourrait-on avoir, et enfin que te voudrait-on ? Soit. Mais ce que l'on *paraît* vouloir est-il beaucoup plus clair? Pourquoi celui qui me reconnaît pour son fils me cache-t-il le lieu qu'il habite, le nom sous lequel il est connu dans cet occulte pays du Nord qu'il est censé administrer? A côté de si grands sacrifices faits à mon profit, pourquoi si peu de confiance? Et le mystère dont jusqu'à aujourd'hui Jacques Bricheteau a entouré ma vie, trouves-tu que, malgré la longueur de ses explications, il me l'ait suffisamment justifié? Pourquoi son nain? pourquoi son impudence à se nier lui-même la première fois que je le rencontre? pourquoi ce déménagement furieux? Tout cela, cher ami, roulant dans ma tête, et rapproché des cinq cent mille francs que j'ai touchés chez les frères Mongenod, a semblé donner un corps à une idée bizarre, dont tu vas rire, peut-être, et qui pourtant, dans les annales judiciaires, ne serait pas sans précédent.

 Je te le disais tout à l'heure, c'est une pensée dont j'ai été tout à coup comme envahi, et qui par cela même a pris pour moi la valeur d'un instinct. Certes, si j'en eusse eu hier au soir la plus lointaine atteinte, je me fusse fait plutôt couper le poing que de signer cet acte, qui désormais enchaîne ma destinée à celle d'un inconnu dont l'avenir peut être sombre comme un chapitre de l'Enfer du Dante, et qui peut m'entraîner avec lui dans ses profondeurs les plus sombres. Enfin, cette idée autour de laquelle je te fais tourner sans me décider à t'y laisser pénétrer, la voici dans toute sa crudité la plus naïve : j'ai peur, vois-tu, d'être, à mon insu, l'agent d'une de ces associations de faux monnayeurs qui, pour mettre en circulation les valeurs fabriquées par eux, ont été vus souvent, dans les fastes des cours d'assises, se livrant à des combinaisons et à des pratiques aussi compliquées et aussi inextricables que celle dans laquelle je me vois engagé aujourd'hui. Dans ces sortes de procès, on voit toujours de grandes allées et venues des complices ; des traites tirées à distance lointaine, sur les banquiers des places de commerce importantes et des capitales telles que peuvent être Paris, Stockholm, Rotterdam. Souvent aussi on y voit de pauvres dupes compromises. Bref, dans les mystérieuses allures de ce Bricheteau, ne remarques-tu pas comme une imitation et un reflet de toutes les manœuvres auxquelles ces grands industriels sont forcés de recourir, en les disposant avec un talent et une richesse d'imagination auxquels n'atteignent pas même les romanciers ?

 Tous les arguments qui peuvent infirmer ma sombre visée, tu penses bien que je me les suis faits, et si je ne te les reproduis pas ici, c'est que je veux les laisser venir de ta bouche, et leur garder ainsi une autorité qu'ils n'auraient plus pour moi du moment que je les aurais inspirés. Ce qu'il y a de certain, si je ne me trompe, c'est qu'au moins, autour de moi, il y a une atmosphère épaisse, malsaine, sans limpidité, dans laquelle je sens que l'air me manque et que je ne respire plus. Enfin, si tu en as l'habileté, rassure-moi, persuade-moi ; je ne demande pas mieux, comme tu l'imagines, que d'avoir rêvé creux ; mais, dans tous les cas, pas plus tard que

demain, je veux avoir avec mes deux hommes une explication, et obtenir, quoique déjà il soit bien tard, un peu plus de lumière que celle qui m'a été mesurée. . . . .
. . . .

Voilà bien une autre histoire! pendant que je t'écris, un bruit de chevaux se fait dans la rue. Devenu méfiant et prenant tout en griève sollicitude, j'ouvre ma fenêtre, et, à la clarté du jour naissant, je vois à la porte de l'hôtel une voiture de poste attelée, le postillon en selle, et Jacques Bricheteau parlant à une personne assise dans l'intérieur, mais dont je ne puis distinguer le visage ombragé par la visière d'une casquette de voyage. Prenant aussitôt mon parti, je descends rapidement; mais, avant que je sois au bas des degrés, j'entends le roulement sourd de la voiture et les claquements répétés du fouet agité dans l'air, espèce de *chant de départ* des postillons. Au pied de l'escalier, je me trouve nez à nez avec Jacques Bricheteau. Sans paraître embarrassé et de l'air le plus naturel :

— Comment! me dit-il, mon cher élève déjà levé!

— Sans doute : c'était bien le moins que je fisse mes adieux à mon excellent père.

— Il ne l'a pas voulu, me répond le damné musicien avec un sérieux et un flegme à se faire battre, il aura craint l'émotion des adieux.

— Mais il est donc terriblement pressé, qu'il n'ait pu donner même une journée à sa paternité flambanteneuve.

— Que voulez-vous? c'est un original : ce qu'il était venu faire, il l'a fait; dès lors, pour lui plus de raisons de rester.

— Ah! je comprends, les hautes fonctions qu'il remplit dans cette cour du Nord !... Il n'y avait pas moyen de se méprendre à l'accent profondément ironique avec lequel cette dernière phrase avait été prononcée.

— Jusqu'ici, me dit Bricheteau, vous aviez montré plus de foi.

— Oui, mais j'avoue que cette foi commence à broncher sous le poids des mystères dont on la charge sans merci ni relâche.

— En vous voyant, dans un moment décisif pour votre avenir, livré à des doutes que tout le procédé dont on use avec vous depuis tant d'années peut assurément justifier, je serais vraiment désespéré, me répondit Jacques Bricheteau, si je n'avais que des raisonnements ou affirmations personnelles à y opposer. Mais vous vous rappelez qu'hier, le vieux Pigoult parla d'une tante que j'ai dans le pays, où bientôt, je l'espère, vous apercevrez qu'elle occupe une situation assez considérable. J'ajoute que le caractère sacré dont elle est revêtue doit donner à sa parole une complète autorité. Dans tous les cas, j'avais arrangé que nous la verrions dans la journée; mais, dans un instant, seulement le temps de me raser, nous allons nous rendre, malgré l'heure matinale, au couvent des Ursulines. Là, vous interrogerez la mère Marie-des-Anges, qui, dans tout le département de l'Aube, a la réputation d'une sainte, et je pense qu'à la suite de notre entrevue avec elle, aucun nuage n'existera plus entre nous.

A mesure que ce diable d'homme parlait, il y avait dans sa physionomie un air si parfait de probité et de bienveillance; sa parole, toujours calme, élégante et maîtresse d'elle-même, s'insinuait si bien dans l'esprit de son auditeur, que je sentais baisser le flot de ma colère et renaître ma sécurité. Au fait, sa réponse est irrésistible : la maison des dames Ursulines, que diable ! ne peut pas être un atelier de fausse monnaie, et, si la mère Marie-des-Anges me cautionne mon père comme il paraît déjà qu'elle l'avait cautionné au notaire, je serais fou de persister dans mes doutes.

— Eh bien ! dis-je à Jacques Bricheteau, je vais remonter prendre mon chapeau et vous attendre en me promenant sur les bords de l'Aube.

— C'est ça ! et surveillez la porte de l'hôtel, que je n'aille pas déménager brusquement, comme autrefois au quai de Béthune.

On n'est pas plus intelligent que cet homme; il a l'air de deviner vos pensées. J'eus honte de cette dernière défiance et lui dis que, réflexion faite, j'aimais mieux en l'attendant aller terminer une lettre. C'est celle-ci, cher ami, que je suis obligé de fermer et de jeter à la poste tout à l'heure, si je veux qu'elle parte. A un autre jour la relation de notre visite au couvent.

XIV. — MARIE-GASTON A MADAME LA COMTESSE DE L'ESTORADE.

Arcis-sur-Aube, 6 mai 1839.

Madame,

Dans tous les cas, j'aurais profité avec bonheur de la recommandation que vous avez bien voulu me faire de vous écrire pendant mon séjour ici; mais en m'accordant cette précieuse faveur, vous ne pouvez vraiment savoir toute l'étendue de votre charité.

Sans vous, madame, et l'honneur que j'aurai de vous entretenir quelquefois, que deviendrais-je, livré à la domination habituelle de mes tristes pensées, dans une ville qui n'a ni monde, ni commerce, ni curiosités, ni environs, et où toute l'activité intellectuelle se résume à la confection du petit-salé, du savon gras et des bas et bonnets de coton.

Dorlange, que je n'appellerai pas toujours de ce nom, vous saurez tout à l'heure pourquoi, est tellement absorbé par les soins de sa brigue électorale, qu'à peine je l'entrevois. Je vous avais dis, madame, que je me décidais à aller rejoindre notre ami par la considération d'un certain trouble d'esprit qu'accusait une de ses lettres où il me faisait part d'une grande révolution arrivée dans sa vie.

Aujourd'hui, il m'est permis d'être plus explicite : Dorlange connaît enfin son père. Il est fils naturel du marquis de Sallenauve, dernier rejeton vivant d'une des meilleures familles de la Champagne. Sans s'expliquer sur les raisons qui l'avaient décidé à tenir si secrète la naissance de son fils, le marquis vient légalement de le reconnaître. En même temps, il a fait pour lui l'acquisition d'une terre qui avait cessé depuis longtemps d'appartenir à la famille Sallenauve, et qui va se rattacher de cette manière au nom. Cette terre est située à Arcis même, et il est donc à penser que sa possession ne sera point inutile aux projets de députation mis aujourd'hui sur le tapis. Ces projets datent de plus loin que nous ne l'avions pensé, et ce n'est pas dans la fantaisie de Dorlange qu'ils ont pris naissance.

Il y a un an, le marquis commençait à les préparer en faisant passer à son fils une somme considérable pour qu'il pût se constituer par l'achat d'un immeuble un cens d'éligibilité, et c'est également pour faciliter au candidat l'accès de la carrière politique, qu'il vient de le mettre en possession d'un état civil et de le faire une seconde fois propriétaire. La fin réelle de tous ces sacrifices n'a pas été très nettement expliquée à Charles de Sallenauve, par le marquis son père, et c'est au sujet de cette portion brumeuse qui reste encore dans son ciel que le pauvre garçon avait conçu les appréhensions auxquelles mon amitié s'est empressée d'aller porter remède. Somme toute, le marquis paraît être un homme aussi bizarre qu'opulent, car, au lieu de rester à Arcis, où sa présence et son nom auraient pu contribuer au succès de l'élection qu'il désire, le lendemain même du jour où toutes les formalités de la reconnaissance ont été accomplies, il s'est remis furtivement en route pour des pays lointains où il dit avoir de pressants intérêts, et n'a pas même laissé le temps à son fils de lui adresser ses adieux. Cette froideur a bien empoisonné le bonheur de Charles ; mais il faut prendre les pères comme ils sont, car Dorlange et moi, nous sommes là tous les deux pour prouver que n'en a pas qui veut.

Une autre bizarrerie de notre gentilhomme, c'est le choix qu'il a fait, comme grand électeur de son fils, d'une vieille religieuse Ursuline, en passant avec elle un marché à l'exécution duquel il s'est trouvé que, plus tard, vous n'avez pas été tout à fait étrangère. Oui, madame, cette sainte Ursule, pour laquelle vous avez posé de loin et sans le savoir, aura, selon toute apparence, dans l'élection de notre ami, une influence assez considérable.

Voici ce qui s'est passé. Depuis de longues années, la mère Marie-des-Anges, supérieure des dames Ursulines d'Arcis-sur-Aube, rêvait d'installer dans la chapelle de sa communauté une image de sa sainte patronne. Mais cette abbesse, femme de tête et de goût, ne voulait point entendre parler d'une de ces saintes de pacotille qu'on se procure toutes faites chez les marchands d'ornements d'église. Et d'autre part, elle se serait reproché de dérober à ses pauvres la somme assez élevée à laquelle devait se monter la commande d'une œuvre d'art. La sainte dame a pour neveu un des organistes de Paris, et le marquis de Sallenauve, pendant qu'il courait le monde, avait confié son fils à cet homme, qui, pendant de longues années, a mis un soin particulier à tenir le pauvre enfant dans la plus complète ignorance de son origine. Lorsqu'il fut question de faire de Sallenauve un député, naturellement on pensa à l'arrondissement d'Arcis, où sa famille a laissé beaucoup de souvenirs, et l'on s'ingénia en toutes manières des accointances et facilités électorales qu'on pourrait y rencontrer. L'organiste se souvint alors de l'éternelle ambition de sa tante ; il la savait influente dans le pays où elle est en grande odeur de sainteté, et ayant une pointe de cet esprit d'intrigue qui volontiers se passionne pour les choses d'une exécution difficile et ardue ; il alla donc la trouver, d'accord avec le marquis de Sallenauve, et lui fit savoir qu'un des habiles sculpteurs de Paris était prêt à lui faire hommage d'une statue traitée de main de maître, si de son côté elle voulait s'engager à procurer la nomination de l'artiste comme député de l'arrondissement d'Arcis à l'une des prochaines élections. La vieille nonne ne trouva pas l'entreprise au-dessus de ses forces. Aujourd'hui la voilà nantie de l'objet de sa pieuse convoitise, arrivé à bon port, il y a quelques jours, et déjà installé dans la chapelle du couvent, où prochainement il en sera fait une solennelle inauguration. Reste maintenant à savoir comment, de son côté, la bonne dame s'exécutera. Eh bien! madame, cela est singulier à dire, mais toutes choses bien sues et bien examinées, je ne m'étonnerais pas quand cette étrange femme réussirait.

D'après le portrait que m'en a fait notre ami, la mère Marie-des-Anges est une petite femme, courte, ramassée dans sa petite taille, dont le visage trouve encore le moyen d'être avenant et agréable sous les rides et la couche de pâleur safranée qu'y ont concurremment amassées le temps et les austérités du cloître. Portant lestement le poids de son embonpoint et celui de ses soixante-dix-sept années, elle est vive, alerte et frétillante à défier les plus jeunes. Depuis près de cinquante ans, en maîtresse femme, elle gouverne sa communauté, qui a toujours été la plus régulière, la mieux ordonnée, en même temps que la plus riche de tout le diocèse de Troyes. Admirablement douée pour l'éducation de la jeunesse, but, vous le savez, de l'institut des Ursulines; depuis la même époque, avec des fortunes diverses, elle n'a pas cessé de diriger un pensionnat renommé dans le département de l'Aube et autres pays environnants. Ayant ainsi présidé à l'éducation de presque toutes les filles des meilleures maisons de la province, on conçoit qu'au moyen des rapports qui, à la suite des éducations bien conduites, se perpétuent entre l'institutrice et ses élèves, elle se soit créé auprès de l'aristocratie champenoise une sorte d'influence ubiquitaire; probablement elle entend bien mettre ces relations à profit dans la lutte où elle s'est engagée à intervenir.

D'autre part, il paraît que cette étrange femme, dans tout l'arrondissement d'Arcis, dispose souverainement des votes de l'opinion démocratique. Jusqu'ici, sans doute, au lieu où se livrera la bataille, l'existence de ce parti est assez souffreteuse et problématique; mais de sa nature aussi il est actif et remuant, et c'est d'ailleurs à peu de chose près sous cette bannière que se présente notre candidat. Évidemment donc, l'apport qui lui est assuré de ce côté a son utilité et son importance. Ainsi que je l'ai fait d'abord, vous admirerez, madame, l'habileté en quelque sorte bicéphale de cette vieille religieuse trouvant le moyen d'être en bonne posture auprès de la noblesse et du clergé séculier, et d'autre part, menant à la baguette le parti radical, leur éternel ennemi. Admirable de charité et de lumières, considérée dans tout le pays comme une sainte, et pendant la révolution, exposée à une terrible persécution qu'elle a supportée avec un rare courage, on s'explique parfaitement ses bons rapports avec les classes élevées et conservatrices; mais qu'elle soit de même la bienvenue auprès des démocrates et des démolisseurs, cela ne passe-t-il pas toute idée?

La haute domination qu'elle exerce sur le parti révolutionnaire tient, madame, à un petit démêlé qu'ils ont eu jadis ensemble. Vers 93, cet aimable parti avait comploté de lui couper le cou. Chassée du couvent, et convaincue d'avoir donné asile à un prêtre réfractaire, elle avait été incarcérée, traduite au tribunal révolutionnaire, et condamnée à monter sur l'échafaud. Il fut référé de *la chose* à Danton qui siégeait alors à la Convention.

Danton avait connu la mère Marie-des-Anges; il la tenait pour la femme la plus vertueuse et la plus éclairée qu'il eût jamais rencontrée. En apprenant sa condamnation, il entra dans une effroyable colère, écrivit, comme on disait alors, une lettre *à cheval* à la municipalité révolutionnaire, et, d'une autorité que personne à Arcis ne se serait imaginé de contester, ordonna un sursis. Le même jour, il monta à la tribune, et après avoir parlé d'une manière générale de quelques *sanglants imbéciles* qui, par leurs sottes fureurs, compromettaient l'avenir de la révolution, il dit ce qu'était la mère Marie-des-Anges, insista sur sa merveilleuse aptitude à élever la jeunesse, et présenta un projet de décret en vertu duquel elle était placée à la tête d'un *grand Gynécée national*, dont l'organisation serait ultérieurement réglée par un autre décret.

Robespierre, qui, dans la haute intelligence de l'Ursuline, n'aurait vu qu'une désignation plus immédiate à la hache révolutionnaire, n'assistait pas ce jour-là à la séance; la motion fut donc votée d'enthousiasme. La tête de la mère Marie-des-Anges lui étant indispensablement nécessaire pour l'exécution du décret qui venait d'être rendu, elle la garda, et le bourreau démonta sa machine.

Quoique l'autre décret organisant le *grand Gynécée national* eût été perdu de vue au milieu de bien d'autres soins qui occupaient la

Convention, la bonne religieuse l'exécuta à sa manière, et, au lieu de quelque chose de grand, de grec et de national, avec le concours de quelques-unes de ses anciennes compagnes, elle monta à Arcis un simple pensionnat laïque, où, aussitôt qu'un peu d'ordre eut été remis dans les affaires et dans les esprits, les élèves affluèrent de tous les pays environnants. Sous l'Empire, la mère Marie-des-Anges put reconstituer sa communauté, et le premier acte de son gouvernement restauré fut un acte de reconnaissance. Elle décida que tous les ans, le 5 avril, jour anniversaire de la mort de Danton, un service serait fait dans la chapelle du couvent pour le repos de son âme. A ceux qui firent quelques objections contre cet obit : — Connaissez-vous beaucoup de gens, répondait-elle, pour lesquels il soit plus nécessaire d'implorer la miséricorde divine ?

Sous la Restauration, la célébration de ce service devint une affaire ; mais jamais la mère Marie-des-Anges ne voulut en démordre, et l'immense vénération dont elle est entourée fit que les plus montés contre ce qu'ils appelaient ce scandale, durent en prendre leur parti. On comprend que, sous le gouvernement de Juillet, cette orageuse obstination eut sa récompense. Aujourd'hui, la mère Marie-des-Anges est admirablement bien en cour, et il n'est rien qu'elle n'obtînt dans les plus augustes régions du pouvoir ; mais il est juste d'ajouter qu'elle ne demande rien, pas même pour ses aumônes, auxquelles elle trouve le moyen de subvenir largement par la bonne administration qu'elle a su introduire dans la gérance des biens de la communauté.

Ce qui s'explique mieux encore, c'est que sa reconnaissance pour le grand révolutionnaire lui ait été, auprès du parti de la révolution, une recommandation puissante, mais là encore n'est pas tout le secret de son crédit dans ce parti. A Arcis, le chef de la gauche avancée est un riche meunier, nommé Laurent Goussard, qui possède sur la rivière d'Aube deux ou trois moulins. Cet homme, ancien membre de la municipalité révolutionnaire d'Arcis et ami particulier de Danton, fut celui qui écrivit au terrible Cordelier pour l'aviser du couteau suspendu sur la tête de l'ancienne supérieure des Ursulines, ce qui n'avait pas empêché le digne sans-culotte de se rendre acquéreur d'une grande partie des biens de leur maison, lorsque ceux-ci vinrent à être vendus nationalement.

A l'époque où la mère Marie-des-Anges fut autorisée à reconstituer sa communauté, Laurent Goussard, qui ne se trouvait pas avoir tiré grand parti de son acquisition, vint trouver la bonne abbesse et lui proposa de la faire rentrer dans les anciennes appartenances de l'abbaye. Très rusé en affaires, Laurent Goussard, dont la mère Marie-des-Anges avait gratuitement élevé une nièce morte plus tard à Paris, vers 1809, eut l'air de se piquer avec elle de ce procédé, et il offrit de rendre le bien dont il était devenu révolutionnairement propriétaire, si la communauté consentait à le rembourser sur le pied de son prix d'acquisition. Le cher homme ne faisait pas un mauvais marché, et la différence de l'argent aux assignats avec lesquels il avait payé lui constituait déjà un joli bénéfice. Mais se souvenant que, sans son intervention, Danton n'eût pas été averti, la mère Marie-des-Anges voulut faire mieux pour son sauveur de la première main. La communauté des Ursulines, au moment où Laurent Goussard offrait d'entrer avec elle en arrangement, était, financièrement parlant, dans une position excellente. Ayant, depuis sa restauration, recueilli d'assez importantes libéralités, elle s'était, de plus, enrichie de toutes les épargnes que sa supérieure avait faites pendant la durée assez longue de son pensionnat laïque, et qu'elle avait généreusement versées à l'économat du couvent. Laurent Goussard dut donc demeurer stupéfait quand il s'entendit répondre :

« Vos propositions ne me vont pas. Je ne puis pas acheter au
» rabais ; ma conscience me le défend. Avant la révolution, les biens
» de notre abbaye étaient estimés à tant ; c'est ce prix que je veux
» en donner et non celui auquel ils étaient tombés en suite de la
» dépréciation subie par toutes les propriétés dites nationales. En
» un mot, mon ami, je veux payer plus cher, voyez si cela vous
» convient. »

Laurent Goussard crut d'abord mal comprendre ou avoir été mal compris ; mais quand il fut bien expliqué qu'aux prétendus scrupules de conscience de la mère Marie-des-Anges il gagnait environ une somme de cinquante mille francs, il ne voulut pas faire violence à cette conscience si délicate, et en mettant la main sur ce bénéfice, qui réellement lui tombait du ciel, il alla conter partout ce merveilleux procédé qui, vous le sentez bien, madame, auprès de tous les acquéreurs de biens nationaux, mit aussitôt la mère Marie-des-Anges dans une estime à n'avoir jamais plus rien à craindre d'une révolution nouvelle. Personnellement, Laurent Goussard devint pour elle une espèce de séide ; il ne fait plus maintenant une affaire, ne remue pas un sac de farine sans aller la consulter, et, comme elle le disait plaisamment l'autre jour, elle aurait la fantaisie de faire de M. le sous-préfet un saint Jean-Baptiste, qu'un quart d'heure après, Laurent Goussard lui apporterait dans un sac la tête de ce fonctionnaire. N'est-ce pas vous dire, madame, qu'au premier signe de notre supérieure, il apportera au candidat désigné par elle son vote et celui de tous ses amis ?

Dans le clergé, la mère Marie-des-Anges a naturellement bien des ramifications, tant à cause de sa robe que de sa réputation de haute vertu ; mais elle compte surtout au nombre de ses plus zélés serviteurs, monseigneur Troubert, évêque du diocèse, et qui, ancien familier de la congrégation (voir *Le curé de Tours*), s'arrangerait néanmoins assez bien, sous la dynastie de Juillet, d'un archevêché menant au cardinalat. Or, pour peu que cette ambition justifiée, il faut en convenir, par une haute et incontestable capacité, la mère Marie-des-Anges voulût écrire quelque chose à la reine, il est à croire que son succès pourrait bien ne pas être trop longtemps ajourné. Mais donnant donnant, et si la supérieure des Ursulines travaille à l'archevêché, Monseigneur de Troyes travaillera à l'élection ; la tâche, pour lui, ne saurait d'ailleurs être bien rude, puisque le candidat auquel il s'agit de s'intéresser est partisan déclaré du principe de la liberté d'enseignement, le seul côté de la chose politique dont le clergé se préoccupe dans le moment. Quand on a le clergé, on est bien près d'avoir le parti légitimiste qui, passionné aussi pour l'enseignement libre, en haine du trône de Juillet, n'est pas trop effrayé, toutes les fois que l'occasion s'en présente, de son monstrueux accouplement avec le parti radical.

Du reste, la tête de ce parti, dans le pays, est la maison de Cinq-Cygne. Jamais la vieille marquise, dont vous connaissez, madame, le caractère hautain et la volonté énergique (voir *Une ténébreuse affaire*), ne vient à son château de Cinq-Cygne sans rendre une visite à la mère Marie-des-Anges qui a eu autrefois pour élève sa fille Berthe, devenue depuis duchesse de Maufrigneuse. Quant au mari de celle-ci, il ne peut nous échapper, car vous savez que Daniel Darthez est mon ami, et que par Darthez on a à coup sûr la princesse de Cadignan, mère de ce joli duc, sur lequel nous complotons de mettre la main.

Maintenant, si nous arrivons à un côté plus résistant, au parti dit conservateur, qu'il ne faut pas confondre avec le parti ministériel nous y trouverons pour chef le comte de Gondreville, collègue de votre mari à la Chambre des pairs. Avec lui, marche un électeur très influent, son vieil ami, ancien maire et ancien notaire à Arcis, lequel à son tour entraîne dans son orbite un électeur également considérable, maître Achille Pigoult, auquel, en se retirant d'affaires, il a vendu son étude. Mais la mère Marie-des-Anges a une puissante entrée auprès du comte de Gondreville par sa fille la maréchale de Carigliano. Lancée, comme vous le savez, dans la plus haute dévotion, cette grande dame, presque tous les ans, vient faire aux Ursulines une humble retraite. De plus, la mère Marie-des-Anges, sans s'expliquer davantage, prétend qu'elle a barres par un certain côté qui n'est connu que d'elle sur le vieux Gondreville ; et en effet, la vie de cet ancien régicide devenu sénateur, comte de l'Empire, et depuis pair de France sous deux dynasties, a serpenté par d'assez tortueux souterrains pour qu'on puisse y supposer des entrées secrètes qu'il ne lui serait pas agréable de voir démasquer. Or, Gondreville, c'est Grévin, son confident, et, comme on dit, son âme damnée depuis cinquante ans ; mais à supposer que, par impossible, leur éternelle union, dans la circonstance présente, vînt à se démancher, au moins est-on sûr d'Achille Pigoult, le successeur de Grévin, comme lui, notaire de la communauté, et auquel, lors de la vente faite dans son étude du domaine acheté par le marquis de Sallenauve, on a eu le soin d'attribuer un chiffre d'honoraires tellement inusité et tellement *électoral*, que l'accepter, c'était s'en ager.

Quant à la plèbe des électeurs, on ne peut manquer d'y faire des recrues importantes, par les grands travaux que notre ami va se donner à exécuter dans le château dont le voilà propriétaire, ledit château ayant le bonheur de menacer ruine sur plusieurs points. Il faut aussi compter sur l'effet d'une magnifique profession de foi que Charles de Sallenauve vient de faire imprimer, et dans laquelle il déclare hautement ne vouloir accepter ni emplois ni faveur aucune du gouvernement. Enfin, l'habileté oratoire qui peut être attendue de lui, dans la réunion préparatoire déjà annoncée ; le concours des journaux de l'opposition tant à Paris que dans la localité ; les injures et les calomnies dont les journaux ministériels ont déjà commencé le feu, tout me donne bonne espérance, et je m'arrête sur une dernière considération. Serait-il bien merveilleux qu'en vue de contredire leur réputation un peu béotienne, les Champenois eussent à cœur de nommer un homme distingué dans les arts, dont ils ont sous les yeux un chef-d'œuvre, qui vient volontairement se faire leur compatriote en achetant chez eux un domaine resté depuis près de dix ans sans acquéreur, et qui, d'une main généreuse et prodigue, est près de restituer à cette demeure, l'une des gloires du pays, son aspect de grandeur passé?

A la suite de cet immense exposé de nos ressources et opérations militaires, serai-je encore bien venu, madame, à me plaindre de mon manque absolu de distractions? Je ne sais si c'est pour l'intérêt que je porte à notre ami, mais il me semble qu'un peu de la fièvre électorale qui règne partout ici, en ce moment, a fini par me gagner, et peut-être trouverez-vous que cette lettre, encombrée de détails locaux auxquels, avec la plus grande complaisance du monde, vous ne sauriez trouver un grand intérêt, révèle chez moi un terrible accès de la maladie régnante. Me sauriez-vous gré d'ailleurs de vous présenter comme prochainement resplendissant de l'auréole parlementaire un homme dont, me disiez-vous l'autre jour, on ne saurait faire sûrement son ami, attendu l'élévation surhumaine et par conséquent un peu impertinente de sa personnalité? A vous dire vrai, madame, à quelques succès que soit réservé dans la vie politique Charles de Sallenauve, j'ai peur qu'il ne regrette un jour la gloire plus calme qui lui était assurée dans la carrière des arts; mais ni lui ni moi ne sommes nés sous une étoile facile et commode; naître seulement, nous a été vendu cher, et c'est être deux fois plus cruel que de ne pas nous aimer. Vous avez pour moi quelque bienveillance, parce qu'il vous paraît que j'exhale encore un reste de parfum de notre Louise aimée; ayez donc aussi quelque chose de ce sentiment pour celui que, durant tout le cours de cette lettre, je n'ai pas hésité à nommer notre ami. Si, de quel côté qu'il se tourne, apparaît en lui une sorte de grandeur importune, ne faut-il pas plutôt l'en plaindre que lui en demander un compte soucieux et sévère? et ne savons-nous pas tous les deux, par une cruelle expérience, que les plus nobles choses et les plus resplendissantes sont aussi les plus promptes à descendre et à s'éteindre dans l'éternelle nuit.

XV. — MARIE-GASTON A LA COMTESSE DE L'ESTORADE.

Arcis-sur-Aube, 9 mai 1839.

Madame,

La fièvre électorale vous a gagnée aussi, et vous voulez bien vous charger de nous faire passer de la part de M. de l'Estorade un certain nombre de *découragements* qui, à coup sûr, méritent d'être pris en considération. Je dois le dire cependant, ces confidences ne me paraissent pas avoir toute la portée que l'on pourrait croire, et, même avant votre officieux avis, les difficultés de notre situation n'avaient pas manqué de nous être révélées.

Nous savions la mission de haute confiance dont s'est chargé M. Maxime de Trailles, mission que pendant quelques jours il a assez malheureusement essayé de dissimuler sous le semblant d'un intérêt industriel. Nous savions même, et vous, madame, semblez l'ignorer, que cet habile agent de la pensée ministérielle a trouvé le moyen de combiner avec les soins de la politique générale ceux de sa politique particulière. M. Maxime de Trailles, si nous sommes bien informés, aurait été récemment sur le point de succomber à un dernier et redoutable accès de la maladie chronique dont il est affligé depuis longtemps. Cette maladie, c'est sa dette ; car on ne dit pas les dettes, on dit la dette de M. de Trailles, comme on dit la dette de l'Angleterre. Dans cette extrémité, ce gentilhomme, décidé aux remèdes les plus désespérés, se serait arrêté à la ressource d'un mariage qu'on pourrait bien qualifier de mariage *in extremis*, puisque ledit gentilhomme côtoie, dit-on, d'extrêmement près la cinquantaine. Fort connu, ce qui pour lui veut dire fort décrié, à Paris, il aurait fait comme les marchands dont les articles sont démodés, il se serait expédié en province et aurait déballé à Arcis-sur-Aube, juste au moment de la foire électorale, estimant avec raison que le mouvement toujours un peu tumultueux de ces sortes de *Beaucaires* politiques ne pouvait qu'être favorable à la nature légèrement ténébreuse de ses opérations.

Le calcul était bon ; la mort inopinée du jeune Charles Keller, candidat sur le choix duquel s'était d'abord arrêté la pensée du gouvernement, avait jeté dans tout l'électorat d'Arcis une perturbation profonde. Pêchant dans cette eau trouble M. Maxime de

Trailles est parvenu à y harponner un candidat que recommandent deux natures de mérites et de convenances bien distinctes. Au point de vue de la chose publique, M. Beauvisage, dont vous vous êtes, madame, très bien rappelé le nom, a l'inestimable avantage d'avoir battu en brèche et fait crouler la candidature d'un petit avocat du nom de Simon Giguet, qui, au grand scandale du gouvernement, aurait eu l'audace d'aller s'asseoir au centre gauche. Cette exclusion donnée à un impertinent de l'opposition dynastique a paru d'un prix tellement inestimable, qu'elle fait passer sur l'ineptie bien notoire et bien caractérisée du sieur Beauvisage, en même temps que sur la considération du ridicule dont sa nomination ne pourrait manquer de couvrir ceux qui se seront prêtés à la patronner.

Au point de vue de la chose privée, j'entends celle de M. de Trailles, M. Beauvisage a le mérite d'avoir une fille unique, passablement jolie, laquelle, sans exagération aucune de ses avantages, paraît devoir apporter à son mari une dot de cinq cent mille francs, amassée dans le commerce de ces bonnets de coton dont ma dernière lettre se permettait de parler si peu respectueusement. Maintenant, le mécanisme de l'affaire se comprend de lui-même. Faire naître et attiser chez le père qui jamais ne s'en serait avisé lui-même, l'ambition et l'espérance d'être envoyé à la Chambre; pour prix de ses soins et *débours*, insinuer qu'on vous donne la fille et la dot, cela s'entend; éblouir la première par un restant de jeunesse teinte, par une suprême élégance de manières et par le titre de comtesse; commencer fort habilement par avoir l'air d'hésiter entre la fille et la mère ; enfin donner de son désintéressement et de la solidité de sa réforme une rassurante idée, en demandant contre soi-même, dans le contrat, toutes les garanties les plus extrêmes dont la loi dispose : voilà quel était le jeu, et aussi le travail vraiment herculéen accompli par M. de Trailles en moins de deux semaines ; — mais, sur ce, nous intervenons.

Par le nom qui nous tombe un matin des nues, nous sommes Champenois; nous nous faisons Champenois, plus encore : en nous rendant propriétaires dans le pays; et il se trouve justement que le pays s'est butté, pour l'élection qui se prépare, à n'envoyer à la Chambre qu'un enfant du cru. Justement! me direz-vous, à ce titre, Beauvisage ne peut manquer d'être préféré; c'est un produit local plus franc, plus direct. Cela vous semble ainsi, madame; mais nous ne sommes pas tout à fait si bêtes que Beauvisage, nous ne prêtons pas à rire de nous ; nous ne faisons pas de bonnets de coton, il est vrai, mais nous faisons des statues ; des statues pour lesquelles nous avons été décorés de la Légion d'honneur ; des statues religieuses, que l'on inaugure en grande pompe, devant monseigneur l'évêque, qui daigne prendre la parole, et devant les autorités constituées ; des statues que toute la population de la ville, j'entends celle qui n'a pu être admise à la cérémonie, s'empresse d'aller admirer chez mesdames les Ursulines, assez coquettes du magnifique ornement ajouté à leur bijou de chapelle, pour tenir, pendant une journée entière, leur maison et leur oratoire ouverts à tout venant : et tout ceci ne laisse pas de nous populariser un peu.

Ce qui nous popularise encore mieux, c'est de n'être pas des ladres comme Beauvisage, de ne pas thésauriser notre revenu sou sur sou, d'occuper dans notre château trente ouvriers, peintres, maçons, vitriers, jardiniers, treillageurs ; et tandis que le maire de la ville s'en va piètrement à pied, de nous montrer tout à coup, dans Arcis, avec une calèche élégante et deux chevaux fringants que notre père, qui n'est pas aux cieux, mais à Paris, voulant se montrer plus aimable de loin que de près, nous a envoyés d'urgence, pour en écraser, je pense, le tigre et le tilbury de M. de Trailles : deux choses dont, avant notre venue, il avait été énormément parlé. Ce soir, madame, pour couronner la cérémonie de l'inauguration de notre sainte Ursule, nous donnons en notre château un repas de cinquante couverts, où nous avons eu la malice de convier, avec les notables habitants du pays, tous les fonctionnaires inamovibles et amovibles indistinctement. Vu notre candidature déclarée, nous sommes bien assurés d'avance que cette dernière classe de convives ne répondra pas à notre appel. Tant mieux, vraiment ! il y aura d'autant de places pour d'autres, et les défaillants dont les noms seront tous connus demain, seront constitués dans un flagrant délit de servilisme et de dépendance qui portera, nous l'espérons bien, un terrible coup à leur influence sur la population.

Hier, madame, nous sommes allés, dans notre calèche, au château de Cinq-Cygne, où Darthez nous a d'abord présentés à la princesse de Cadignan. Cette femme est vraiment merveilleuse de conservation, et il semble qu'elle soit embaumée par le bonheur de sa liaison avec le grand écrivain. (voir *Les secrets de la princesse de Cadignan*). « C'est le plus joli bonheur que j'aie jamais vu, » disiez-vous, madame, en parlant de M. et madame de Portenduère ;

ce, mot il faut le répéter à l'adresse de Darthez et de la princesse, en modifiant toutefois l'épithète de *joli* qui serait peut-être un peu jeune, appliquée à leur été de la Saint-Martin. Avec ce que j'ai su d'une scène qui eut lieu, il y a déjà longtemps, chez madame d'Espard, à l'époque où commença cette liaison, j'étais bien sûr de ne pas trouver M. Maxime de Trailles très bien installé à Cinq Cygne; car, dans la scène à laquelle je fais allusion, il s'était efforcé d'être blessant pour Darthez, et Darthez, en se contentant de le faire ridicule, le trouva méprisable : or, c'est un sentiment dont il n'y a pas à revenir avec cette intelligence noble et élevée.

A son début dans le pays, muni de quelques lettres d'introduction, l'agent de la politique ministérielle commença par recevoir une ou deux politesses à Cinq-Cygne; mais c'était un bâton flottant, et, de près, Darthez eut bientôt fait de le couler à fond. Notre homme, qui se flattait de trouver à Cinq-Cygne de l'appui pour son intrigue, est aujourd'hui si loin de compte, que c'est de la bouche du duc de Maufrigneuse, auquel M. de Trailles s'était ouvert assez effrontément de tous ses projets, comme à son camarade du Jockey-Club, que nous avons recueilli les renseignements consignés au commencement de cette lettre, pour être retournés à M. de l'Estorade, si vous voulez bien vous charger de ce soin. Madame de Maufrigneuse et la vieille marquise de Cinq-Cygne ont été, madame, d'un accueil merveilleux pour Dorlange, pour Sallenauve, voulais-je dire, mais j'ai de la peine à m'y habituer; comme elles n'ont pas votre humilité, elles n'ont pas, ainsi que vous, été effrayées de ce qui peut se rencontrer de haut chez notre ami, et lui, de son côté, dans cette rencontre vraiment difficile, a été d'une convenance parfaite. On ne sait vraiment comment, ayant vécu si seul, il a pu, du premier coup, se faire si complètement présentable. Serait-ce que *le beau*, dont il a fait jusqu'ici l'étude de sa vie, comprend le joli, l'élégant, le convenable, qui s'apprennent en quelque sorte d'occasion et par-dessus le marché? Mais cela ne doit pas être vrai, car j'ai vu des artistes très éminents et des sculpteurs surtout, une fois sortis de leur atelier, n'être pas des hommes seulement supportables.

J'interromps ici ma lettre, madame : les faits me manquent et je me sens tomber dans le bavardage; demain j'aurai à vous faire le compte rendu de notre grand banquet, qui sera peut-être plus intéressant que mes aperçus philosophiques et moraux.

10 mai.

Le dîner a eu lieu, madame ; il était magnifiquement servi, et il en sera, je pense, parlé longtemps à Arcis.

Sallenauve a dans cet organiste, qui, par parenthèse, hier, à la cérémonie de l'inauguration, avait fait preuve, sur l'orgue de ces dames, d'un talent admirable, une façon d'intendant et de factotum qui laisse bien loin de lui tous les Vatels du monde. Ce n'est pas là un homme qui se passerait son épée au travers du corps pour un peu de marée en retard. Lampions, verres de couleur, guirlandes et draperies pour décorer la salle du banquet, voire même un joli petit feu d'artifice que nous avions trouvé emballé dans les coffres de la calèche, par le soin de ce père bourru et invisible, mais qui pourtant a du bon, rien n'a manqué à la fête : elle s'est prolongée jusqu'à une heure assez avancée, dans les jardins du château, où la plèbe avait été admise à danser et à s'abreuver très abondamment.

Nous avions presque tous nos convives, moins ceux que nous avions voulu seulement compromettre. Les invitations ayant été faites à très bref délai, brièveté qui du reste était excusée par la circonstance, c'était chose plaisante de voir, jusqu'au moment de se mettre à table, défiler les lettres d'excuses que Sallenauve avait ordonné de lui apporter au salon, à mesure de leur arrivée. A chaque lettre qu'il décachetait, il avait soin de dire à haute voix : C'est M. le sous-préfet, c'est M. le procureur du roi, c'est M. son substitut qui m'expriment leur regret de ne pouvoir se rendre à mon invitation. Tous ces *refus de concours* étaient accueillis par les sourires et chuchotements de l'assistance, mais quand parut la lettre de Beauvisage, et que Dorlange annonça l'impossibilité où se trouvait M. le maire de *correspondre* à sa politesse, autant pour le fond que pour la forme, l'hilarité devint bruyante et générale, et elle ne fut suspendue que par l'entrée d'un M. Martener, juge d'instruction, qui faisait, en venant dîner, un acte de haut courage. Il faut remarquer cependant que, de sa nature, un juge d'instruction est quelque chose de divisible. Par le côté du juge il est inamovible, et il n'y a en lui de sujet au changement que son titre, le léger supplément de traitement qui lui est alloué et le privilége de décerner des mandats et d'interroger les voleurs, *droits superbes* qui, d'un trait de plume, peuvent lui être retirés par la chancellerie. Enfin, mettons qu'au moins M. Martener est un demi-brave ; du reste il fut accueilli comme une *lune tout entière*.

A côté de la présence du duc de Maufrigneuse, de celle de Darthez et de celle surtout de Monseigneur l'évêque, qui est pour quelques jours au château de Cinq-Cygne, une absence qui fit une sensation profonde, quoique l'excuse, envoyée dès le matin, n'ait pas été proclamée en séance publique, ce fut celle de l'ancien notaire Grévin. Pour le comte de Gondreville, aussi délinquant, il n'y avait rien à dire : la perte toute récente de son petit-fils, Charles Keller, ne lui permettait pas de se trouver à la réunion, et en lui adressant une invitation conditionnelle, Sallenauve avait eu soin dans sa lettre de se faire à lui-même le refus. Mais Grévin, le bras droit du comte de Gondreville pour lequel il a eu des dévouements, certes plus compromettants et plus difficiles que celui de dîner en ville ; Grévin ne venant pas, ne semblait-il pas témoigner par là que son patron tenait encore pour la candidature aujourd'hui à peu près désertée de Beauvisage ? et cette influence qui se dérobait, comme on dit dans la langue du *sport*, était vraiment pour nous d'assez grande considération. Maître Achille Pigoult, le successeur de Grévin, essaya bien d'objecter que le vieillard vivait dans une retraite absolue et qu'à grand'peine, deux ou trois fois par an, on pouvait l'avoir à dîner chez son gendre. Mais on rétorqua vivement l'argument, en faisant remarquer qu'à un dîner donné par le sous-préfet, pour mettre en rapport la famille Beauvisage avec M. Maxime de Trailles, Grévin avait parfaitement accepté d'être l'un des convives. Nous aurons donc encore, du côté du château de Gondreville, un certain tirage, et il faudra, je crois, que la mère Marie-des-Anges se décide à user de sa botte secrète.

Le dîner ayant pour prétexte l'inauguration de la sainte Ursule, qui, chez les dames Ursulines, ne pouvait être célébrée par un banquet, Sallenauve l'avait belle, au dessert, pour porter un toast : « A la mère des pauvres ; à la sainte et noble intelligence qui, de- » puis cinquante ans, rayonne sur toute la Champagne, et à laquelle » doit être attribué le nombre prodigieux de femmes distinguées » et accomplies qui font l'ornement de cette belle contrée ! » Si vous saviez comme moi, madame, quelle contrée c'est que la Champagne Pouilleuse, vous vous diriez, en lisant la phrase que je vous reproduis, ou à peu près, que Sallenauve est un grand misérable, et que la passion d'être député peut rendre un homme capable des plus effroyables énormités. Est-ce donc la peine, pour un homme qui ordinairement se respecte, d'assumer sur lui le courage d'un mensonge assez gros pour arriver à la dimension d'un crime, quand, mieux que son infâme toast, une petite chose à laquelle il n'a pas pensé, qui n'est pas de son fait, et dont tout l'honneur doit être reporté à la capricieuse agrégation des atomes crochus, allait, mieux que tous les discours du monde, le recommander à la sympathie des électeurs !

Vous-même m'avez dit, madame, que votre fils Armand trouvait à Sallenauve une grande ressemblance avec les portraits de Danton ; mais c'est qu'il paraît que cette remarque est juste, car elle était faite aussi autour de moi, non pas sur des portraits, mais sur le vivant, par plusieurs des convives qui avaient connu et pratiqué le grand révolutionnaire. Laurent Goussard, comme chef de parti, n'avait pas manqué d'être convié. Il n'a pas seulement, ainsi que je vous le disais l'autre jour, été l'ami de Danton ; il aurait été aussi quelque peu son beau-frère : Danton, qui fut assez vert galant, ayant pendant quelques années courtisé une sœur de l'honnête meunier, et, comme dit la chanson, *vu la meunière*. Eh bien ! il faut que la ressemblance soit très frappante, car, après le dîner, pendant qu'on prenait le café, comme le digne homme avait la tête un peu échauffée par les fumées du vin du pays qui n'avait pas été ménagé, vous l'imaginez bien, il s'approche de Sallenauve et lui demande tout cru s'il ne se serait pas par hasard trompé de père et s'il pourrait affirmer que Danton ne fût pas pour quelque chose dans sa façon ?

Sallenauve prit gaiement la chose, et fit simplement ce calcul « Danton est mort le 5 avril 1793. Pour être son fils il faudrait que je fusse né au plus tard en 94, j'aurais donc aujourd'hui quarante-cinq ans. Or, l'acte de l'état civil où j'étais inscrit comme né de père et mère inconnus, et j'espère aussi un peu mon visage, me font naître en 1809, et ne m'accordent que juste trente ans. »

— Vous avez raison, répondit Laurent Goussard, les chiffres aplatissent mon idée ; mais c'est égal, nous vous nommerons tout de même.

Et je crois que cet homme a raison ; ce caprice de ressemblance sera dans l'élection d'un poids immense. Il ne faut pas croire, en effet, madame, que, malgré les funestes souvenirs qui entourent sa

mémoire, Danton soit pour les gens d'Arcis un objet d'horreur et
d'exécration. D'abord le temps l'a épuré; alors est resté un grand
caractère et une forte intelligence dont on est fier d'être le compatriote: à Arcis, les raretés et les curiosités sont rares, et l'on vous y
parle de Danton comme à Marseille on vous parle de la Canebière.
Heureuse donc la ressemblance avec ce Dieu, dont le culte n'est
pas borné à l'enceinte de la ville, mais s'étend aussi à sa banlieue
et environs! Ces élections *extra muros* sont parfois d'une naïveté
curieuse, et les contradictions ne les gênent guère. Quelques
agents, dépêchés dans le pays circonvoisin, ont déjà exploité cette
lointaine parité de traits; et comme, dans la propagande champêtre, la question est bien moins de frapper juste, que de frapper
fort, la version de Laurent Goussard, tout apocryphe qu'elle soit, est
colportée dans les communes rurales avec un aplomb qui ne trouve
pas un contradicteur. Pendant que cette prétendue origine révolutionnaire fait les affaires de notre ami, on les fait encore, d'un autre
côté, en disant aux braves électeurs qu'on veut embaucher, quelque chose de plus vrai et qui ne frappe pas moins leurs esprits.
C'est ce monsieur, va-t-on leur répétant, qui a acheté le *château
d'Arcis;* et comme le château d'Arcis, qui plane au-dessus de la
ville, est connu de toute la contrée, c'est à ces bonnes gens comme
un point de repère; mais, en même temps, toujours prêts à retourner aux vieux souvenirs du passé, bien moins morts et enterrés
qu'on ne pourrait se le figurer: *Ah! c'est le seigneur du château,*
disent-ils, en donnant de l'idée qu'on leur présente une traduction
respectueuse et libre.

Et voilà, madame, sauf votre respect, comment se traite la cuisine électorale et la manière dont s'opère la cuisson d'un député.

XVI. — MARIE-GASTON A MADAME DE L'ESTORADE.

Arcis-sur-Aube, 11 mai 1839.

Madame,

Vous me faites l'honneur de me dire que mes lettres vous amu-
sent, et vous m'engagez à ne pas craindre de les multiplier. Cela
n'est-il pas pour moi bien humiliant, et après l'affreux malheur

qui a été le premier lien de notre connaissance, m'est-il encore permis, dans tout le reste de ma vie, de me montrer un homme amusant? Mais, je vous l'ai dit, je suis ici dans une atmosphère qui me grise. Il m'a pris comme une passion du succès de Sallenauve, et, en ma qualité d'esprit sombre et chagrin, peut-être encore une passion plus forte d'empêcher le triomphe de l'ineptie et de la sottise patronnée par le vil intérêt et l'intrigue. Merci donc, monsieur de Trailles, de l'exhibition que vous nous avez faite de votre burlesque beau-père! Vous êtes parvenu à m'intéresser à quelque chose : par moments, je ris plus souvent que je m'indigne, mais pendant ce temps-là j'oublie.

Aujourd'hui, madame, c'est plus que jamais le tour du grotesque, et nous voilà en pleine parade.

Nonobstant les découragements de M. de l'Estorade, nous sommes induits à penser que le ministère a reçu de son agent des nouvelles peu rassurantes, et voici ce qui semble autoriser cette supposition. Nous n'habitons plus l'hôtel de la Poste, nous l'avons quitté pour notre château ; mais, grâce à la rivalité qui de tout temps a existé entre la *Poste* et le *Mulet* où M. de Trailles a installé son quartier général, nous avons gardé dans notre ancienne résidence des intelligences d'autant plus zélées et d'autant plus bienveillantes, que notre hôtelier n'est pas resté étranger à l'organisation pour lui, je pense, assez fructueuse, du grand banquet dont j'ai eu l'honneur de vous faire parvenir la relation. Or, par cet homme, nous avons appris que presque aussitôt après notre départ, est descendu à son hôtel un journaliste arrivant de Paris. Ce monsieur, dont je ne sais plus le nom et pour son honneur, attendu la glorieuse mission dont il est chargé, autant vaut que je l'aie oublié, ce monsieur, disais-je donc, s'est aussitôt annoncé comme un pourfendeur qui venait apporter le renfort de sa verve parisienne à la polémique que la presse locale, subventionnée par le *bureau de l'esprit public*, avait été chargée de diriger contre nous.

Jusque-là il n'y a rien de très gai, ni rien non plus de très attristant ; depuis que le monde est monde, les gouvernements ont toujours trouvé des plumes à vendre, et jamais ils ne se sont fait faut d'en acheter ; mais là où commence la comédie, c'est dans la co-arrivée et dans la coprésence à l'hôtel de la Poste d'une demoiselle de vertu très problématique, dont Son Excellence Monseigneur le journaliste ministériel se présenterait accompagné.

Le nom de la demoiselle, par exemple, ne m'est pas échappé; sur son passeport, elle s'appelle mademoiselle Chocardelle, rentière; mais le journaliste, en parlant d'elle, ne dit jamais qu'Antonia tout court, et quand il veut la traiter avec plus de respect, mademoiselle ou miss Antonia. Mais que vient faire à Arcis mademoiselle Chocardelle ? Un voyage d'agrément, sans doute; ou la conduite à M. le journaliste, qui, probablement, aura voulu lui donner part au crédit que l'entreprise à forfait de notre diffamation quotidienne va lui ouvrir sur la caisse des fonds secrets? Non, madame. Mademoiselle Chocardelle vient à Arcis pour affaire, pour des rentrées.

Il paraîtrait qu'avant son départ pour l'Afrique, où il vient de trouver une mort glorieuse, le jeune Charles Keller aurait fait à mademoiselle Antonia ou *ordre* un billet de la somme de dix mille francs *valeur reçue en meubles*, ce qui constitue une charmante équivoque, les meubles n'ayant pu être *reçus* que par mademoiselle Chocardelle, qui ainsi aurait estimé à la somme de dix mille francs le sacrifice qu'elle faisait de les accepter. Quoi qu'il en soit, peu de jours après la nouvelle du décès de son débiteur, le billet étant près d'arriver à l'échéance, mademoiselle Antonia aurait fait passer à la caisse des frères Keller pour savoir s'il serait acquitté. Le caissier, qui est un bourru, comme tous les caissiers, aurait répondu qu'il ne s'expliquait pas que mademoiselle Antonia eût le front de faire présenter un pareil titre, mais que, dans tous les cas, les frères Keller ses patrons, étaient dans le moment à Gondreville, où la fatale nouvelle avait réuni toute la famille, et qu'il ne paierait pas sans leur en avoir référé. — Eh bien ! j'en référerai moi-même, aurait répondu mademoiselle Antonia, qui ne voulait pas laisser périmer son titre. Là-dessus, comme elle méditait de partir seule pour Arcis, le gouvernement éprouve le besoin de nous faire dire des injures, sinon plus grossières, du moins plus spirituelles qu'on ne les dit en province, et le soin de les aiguiser est confié à un journaliste entre deux âges, pour lequel mademoiselle Antonia, en l'absence de Charles Keller, avait eu des bontés ! « Je pars pour Arcis, » se seraient dit au même instant l'écrivain et la demoiselle : la vie la plus ordinaire et la plus courante a de ces rencontres. Est-il maintenant bien merveilleux que, partis de compagnie, on arrive ensemble, et qu'on descende au même endroit ?

Maintenant, madame, admirez l'enchaînement des choses ! Débarquée ici dans un intérêt purement financier, ne voilà-t-il pas tout à coup mademoiselle Chocardelle arrivée à prendre une portée électorale immense ! et vous allez voir si sa bonne influence n'est pas de nature à nous compenser les piquantes étrivières qu'est venu nous cingler son galant compagnon. D'abord il se trouve qu'en apprenant la présence à Arcis de M. Maxime de Trailles, mademoiselle Chocardelle s'écrie :

— Comment ! il est ici, cette affreuse crapule ! Le mot n'a rien de parlementaire, et je ne l'écris qu'en rougissant. Mais il tiendrai à des relations antérieures, et toujours d'affaires, que mademoiselle Antonia aurait eues avec l'illustre confident de la politique ministérielle. Habitué à ne courtiser que de grandes dames, lesquelles l'aidaient plutôt dans l'amortissement de sa dette, qu'elles ne travaillaient à l'accroître, une fois dans sa vie M. de Trailles aurait eu la fantaisie de ne pas être aimé tout à fait pour lui-même, et de se montrer un homme moins coûteux qu'utile. En conséquence, il aurait acheté à mademoiselle Antonia un cabinet de lecture, situé rue Coquenard, où elle aurait trôné pendant quelque temps. Mais l'entreprise n'aurait pas bien tourné ; une liquidation serait devenue nécessaire, et M. Maxime de Trailles, avec son esprit toujours tourné aux affaires, aurait compliqué cette liquidation de l'achat d'un mobilier qui, par le fait d'un drôle infiniment plus retors que lui, aurait subtilement glissé de ses mains. (voir *Une esquisse d'homme d'affaires*). De cette manière, mademoiselle Antonia aurait vu s'évanouir le mobilier que déjà les voitures de déménagement attendaient à la porte, et une autre demoiselle Hortense, également rentière et maîtresse du vieux lord Dudley, aurait gagné vingt-cinq louis à sa déconvenue. Vous comprenez, madame, que je n'ai pas la prétention de faire pénétrer dans tous ces détails une clarté absolue, d'autant qu'ils nous sont parvenus seulement de la seconde main par l'hôtesse de la Poste, à laquelle ils ont été confiés par mademoiselle Antonia d'une manière sans doute plus cohérente et plus lumineuse. Toujours est-il que M. de Trailles et mademoiselle Chocardelle se sont séparés brouillés, et qu'à présent la dernière se croit en droit de parler de lui avec la légèreté et le manque absolu de mesure dont vous aurez été frappée ainsi que moi.

Les choses, même depuis la première explosion de mademoiselle Antonia, semblent avoir été poussées à ce point que M. de Trailles, par suite de ce propos ou autres équivalents, voyant sa considération gravement compromise, aurait prié le journaliste avec qui naturellement il a des relations fréquentes, de morigéner un peu son indiscrète compagne; mais celle-ci n'en a tenu compte, et par l'action incessante d'une foule de mots et d'anecdotes, elle produit à notre profit, je ne dirai pas l'effet d'une contre-mine, mais l'effet continu d'une *contre-Maxime* au moyen de laquelle l'action vénéneuse de notre terrible adversaire se trouve constamment paralysée. Ce n'est pas tout, et voici un autre service que nous aura rendu la présence de mademoiselle Chocardelle à Arcis. L'affaire de la rentrée traîne en longueur; deux fois elle s'est présentée à Gondreville; jamais elle n'y a été reçue. Le journaliste a beaucoup à faire : d'abord ses articles et ensuite un certain nombre de démarches que demande de lui M. de Trailles, à la disposition duquel il a été mis.

Mademoiselle Antonia est donc souvent seule, et dans le désœuvrement et l'ennui que lui causent sa solitude aussi bien que l'absence de tout Opéra, de tout Ranelagh et de tout boulevard Italien, elle a été induite à se créer une distraction vraiment désespérée. Ressource presque incroyable, ce passe-temps toutefois n'a rien d'impossible à comprendre, dans l'existence d'une Parisienne de son espèce, déportée à Arcis. A deux pas de l'hôtel de la Poste existe un pont jeté sur l'Aube. En aval de ce pont, par une pente assez rapide, mais dans laquelle a été pratiqué un sentier, on arrive jusque sur le bord de la rivière, qui, se trouvant en contre-bas du chemin public, d'ailleurs peu fréquenté, promet des trésors de calme et de solitude à qui veut venir en cet endroit rêver au bruit de ses eaux. Mademoiselle Antonia commença par aller s'asseoir là avec un livre; mais peut-être en souvenir du mauvais succès de son cabinet de lecture, les livres, comme elle dit, ne sont pas à sa main; si bien que la voyant toujours plus empêchée d'elle-même, la maîtresse de l'hôtel de la Poste eut l'idée de mettre à sa disposition un équipage de pêche très complet, formé par son mari, mais qu'à raison de ses occupations multipliées, celui-ci laisse presque constamment sans emploi.

Assez heureuse dans ses premiers essais, la jolie déportée a pris goût à cette occupation qui doit être vraiment très attachante, vu les nombreux fanatiques qu'elle fait, et, depuis ce moment, pendant la journée presque entière, les rares passants qui traversent le pont peuvent, malgré les variations de la température encore incertaine admirer sur le bord de l'Aube une charmante naïade en robe à volants et en chapeau de paille à grands bords, pêchant à la ligne avec la consciencieuse gravité du gamin de Paris le plus passionné. Jusque-là tout est bien, et avec cette pêcherie, notre élection n'a encore trop rien à faire; mais si, dans l'histoire de don Quichotte, que vous aimez, madame, à cause du bon sens et de la joyeuse raison qui débordent dans ce livre, vous voulez bien vous rappeler une aventure assez désagréable arrivée à Rossinante avec des muletiers Yanguois, vous aurez, avant que je vous l'aie contée, un avant-goût de la bonne fortune que nous a value la passion tout à coup développée chez mademoiselle Antonia.

Notre concurrent Beauvisage n'est pas seulement un ancien fabricant de bas et maintenant un maître exemplaire, il est aussi le modèle des époux, n'ayant jamais bronché devant sa femme qu'il respecte et admire. Tous les soirs, par ses ordres, il est couché avant dix heures, pendant que madame Beauvisage et sa fille vont dans ce qu'on est convenu d'appeler le monde à Arcis. Mais il n'est pire eau, comme on dit, que l'eau qui dort, de même que rien de moins chaste et de moins ordonné que la calme et tranquille Rossinante dans la rencontre rappelée il n'y a qu'un moment.

Tant il y a qu'en faisant dans *sa* ville la ronde dont chaque jour il a la louable habitude, Beauvisage, du haut du pont, vint à remarquer la Parisienne qui, le bras virilement tendu et le corps cambré gracieusement, se livrait à son occupation favorite. Un petit mouvement, d'une charmante impatience avec laquelle la jolie pêcheuse tirait sa ligne hors de l'eau quand le poisson n'avait pas mordu, fut peut-être le choc électrique qui retentit au cœur de ce magistrat jusqu'à ce jour irréprochable. Nul ne peut dire d'ailleurs comment la chose se fit et à quel moment précis. Je dois faire remarquer seulement qu'entre sa retraite du commerce des bonnets de coton et sa mairie, Beauvisage avait lui-même pratiqué l'*art* de la pêche à la ligne avec un talent distingué, et aujourd'hui il le pratiquerait certainement encore, n'était sa grandeur, qui, au rebours de Louis XIV, *l'éloigne du rivage*. Sans doute, il lui parut que la pauvre enfant ayant plus de bonne volonté que de science, ne s'y prenait pas comme il faut, et il n'est pas impossible, toute son administrée temporaire qu'elle soit, que l'idée de la remettre dans la bonne voie ait été la cause de son apparent désordre. Ce qu'il y a de certain, c'est que, venant à passer sur le pont, dans la compagnie de sa mère, mademoiselle Beauvisage s'écrie en véritable enfant terrible :

— Tiens, papa qui cause avec la Parisienne !

S'assurer, par un regard, de la monstruosité du fait, d'un pas précipité descendre la berge; arriver à portée de son mari qu'elle trouve la bouche riante avec un air heureux de mouton qui broute, le foudroyer d'un *Que faites-vous donc là?* à ne lui laisser d'autre refuge que l'Aube, et d'un air de reine lui intimer l'ordre de retraite, pendant que, d'abord étonnée, mademoiselle Chocardelle, devinant ce dont il s'agit, se livre aux éclats de la gaîté la moins mesurée; tel fut, madame, le procédé de madame Beauvisage, née Grévin, et si le procédé pouvait passer pour justifié, au moins ne fut-il pas habile, car, le soir même, la ville entière savait la catastrophe, et atteint et convaincu de mœurs déplorables, M. Beauvisage voyait une désertion nouvelle s'opérer dans la phalange déjà bien éclaircie de ses partisans.

Toutefois, le côté de Gondreville et Grévin tenait encore, et croiriez-vous, madame, que c'est encore à mademoiselle Antonia que nous devons le renversement de ce dernier rempart. Voici la marche du phénomène : la mère Marie-des-Anges voulait avoir avec le comte de Gondreville un entretien. Mais elle ne savait comment s'y prendre : le demander ne lui paraissait pas convenable. Ayant, à ce qu'il paraît, de dures choses à dire, elle ne voulait pas avoir fait venir exprès ce vieillard chez elle; ce procédé lui paraissait blesser trop cruellement la charité. D'ailleurs, dites à bout portant, les choses comminatoires cabrent aussi souvent qu'elles effrayent, tandis que, glissées, comme on dit, en douceur, elles sont bien autrement sûres de leur effet. Cependant, le temps s'écoulait, car l'élection est pour demain dimanche, et ce soir la réunion préparatoire. La pauvre chère dame ne savait vraiment à quel parti s'arrêter quand elle apprend quelque chose d'assez flatteur pour son amour-propre. Une jolie pécheresse, venue à Arcis dans la pensée de faire financer Keller, le gendre de Gondreville, a entendu parler des vertus, de la bonté inépuisable, de la verte vieillesse de la mère Marie-des-Anges, enfin de tout ce qu'on dit d'elle dans le pays dont elle est, après Danton, la seconde curiosité; et le plus grand regret de cette fille c'est de n'oser point demander à être admise en sa présence. Une heure après, le mot suivant était remis à l'hôtel de la Poste : « Mademoiselle, on dit que vous désirez me voir et

» que vous ne savez comment vous y prendre. Rien pourtant n'est
» plus facile : sonner à la porte de ma grave maison, me demander à
» la sœur tourière, n'avoir pas trop peur de ma robe noire et de ma
» vieille figure, et ne pas croire que j'impose mes conseils aux jolies
» filles qui ne me les demandent pas, et qui peuvent être un jour
» de bien plus grandes saintes que moi. Voilà tout le mystère d'une
» entrevue avec la mère Marie-des-Anges, qui vous salue en Notre-
» Seigneur Jésus-Christ.   †. »

Vous comprenez, madame, qu'à une invitation si gracieusement faite, on ne résiste pas : et bientôt, dans la toilette la plus sévère qu'elle eût pu imaginer, mademoiselle Antonia était rendue au couvent. Je voudrais bien pouvoir vous dire tout le détail de cette entrevue, qui, à coup sûr, dut être curieuse ; mais personne n'y assistait, et l'on n'a rien pu en savoir que ce qui a été conté par la brebis égarée, laquelle en revint émue et touchée jusqu'aux larmes. Comme le journaliste voulait la plaisanter sur ses airs de nouvelle convertie :

— Tiens ! tais-toi, lui répondit mademoiselle Antonia, tu n'as jamais de ta vie écrit une phrase pareille.

— Voyons la phrase !

— Allez, mon enfant, m'a dit cette bonne vieille, les voies de Dieu sont bien belles et bien peu connues, et souvent dans une Madeleine il y a plus l'étoffe d'une sainte que dans une religieuse.

Et je dois constater, madame, qu'en répétant ces belles paroles, la voix de la pauvre fille s'altéra et qu'elle fut forcée de porter son mouchoir à ses yeux. Le journaliste, lui, un de ces misérables, la honte de la presse, qui ne doivent pas être plus confondus avec elle qu'un mauvais prêtre avec la religion, le journaliste se mit à rire, et, avisant aussitôt un danger :

— Ah çà ! quand définitivement retournes-tu à Gondreville pour parler à ce Keller, que je finirai par *éreinter* dans le coin de quelque article, nonobstant toutes les recommandations contraires de Maxime ?

— Est-ce que je fais de ces saletés-là ! répondit Antonia avec dignité.

— Comment ! maintenant tu ne présentes plus ton billet ?

— Moi ! répondit l'admiratrice, et probablement l'écho de la mère Marie-des-Anges, mais, dans sa langue à elle, aller faire *chanter* une famille au désespoir ; mais, à mon lit de mort, ce souvenir me poignarderait, et jamais je ne pourrais croire pour moi à la miséricorde de Dieu.

— Alors, fais-toi Ursuline pendant que nous y sommes.

— Si j'en avais le courage, je serais peut-être plus heureuse; mais, dans tous les cas, je n'irai pas à Gondreville, la mère Marie-des-Anges s'est chargée de tout arranger.

— Comment, malheureuse, tu lui as laissé ton billet!

— Je voulais le déchirer; c'est elle qui m'en a empêchée en me disant de le lui remettre et qu'elle s'arrangerait pour m'en tirer honnêtement pied ou aile.

— Très bien! tu étais créancière, et tu seras mendiante.

— Non, car l'aumône, c'est moi qui la fais; j'ai dit à madame la supérieure de tout garder pour ses pauvres.

— Oh! alors maintenant si tu deviens bienfaitrice de couvents, avec ton autre vice de pêcher à la ligne, tu vas être une fille agréable à fréquenter.

— Tu ne me fréquenteras toujours pas longtemps, car je pars ce soir, et je te laisse à ton joli métier.

— Tiens! tu te retires aux Carmélites?

— Les Carmélites, répondit spirituellement Antonia, c'est bon, mon vieux, quand on quitte des Louis XIV.

Ces filles, même les plus ignorantes, savent toute l'histoire de La Vallière, dont elles eussent à coup sûr fait leur patronne si *sœur Louise de la Miséricorde* eût été canonisée.

Je ne sais comment s'y prit la mère Marie-des-Anges; mais ce matin, on a vu la voiture du comte de Gondreville arrêtée à la porte du couvent; le miracle, entendons-nous bien, ne consiste pas à avoir évoqué ce vieux singe : car du moment qu'il avait été avisé d'une somme de dix mille francs à payer, quoique la somme ne dût pas sortir de sa bourse, mais bien de celle de Keller, il avait dû se presser d'accourir; c'était de l'argent de famille; et puis les avares comme lui se passionnent même pour la perte du bien d'autrui quand ils ne le trouvent pas bien dépensé.

Mais la mère Marie-des-Anges ne s'était pas contentée de l'attirer à la communauté; apparemment aussi elle fit nos affaires. En sortant, le pair de France se rendit chez son ami Grévin : et, dans la journée, celui-ci dit à plusieurs personnes que, décidément, son gendre était par trop stupide; qu'il venait encore de se compromettre avec l'histoire de cette Parisienne, et qu'il n'y aurait jamais rien à faire de lui. En même temps on a été informé que les curés des deux paroisses avaient reçu, par les mains de la mère Marie-des-Anges, une somme de mille écus à se partager entre leurs pauvres et à elle remise par un bienfaiteur qui désirait ne pas être connu.

Sallenauve est furieux parce que quelques-uns de nos agents s'en vont disant partout qu'il est ce bienfaiteur anonyme, et bien des gens le croient, quoique l'histoire du billet Keller ait beaucoup couru et que l'honneur de cette générosité pût être facilement reporté à son auteur véritable. Mais quand on a une fois le vent en poupe, on ne peut le mesurer mathématiquement à chaque voile et souvent il faut en prendre plus qu'on n'en veut. M. Maxime de Trailles ne décolère pas, il y a tout lieu de croire que l'échec qu'il doit voir maintenant inévitable, enterre avec lui son mariage. Il faut dire de sa mésaventure la phrase consacrée pour les auteurs malheureux, que c'est un homme d'esprit qui prendra sa revanche.

Quel curieux homme, madame, que cet organiste, qui, comme un de nos grands médecins, dont il n'est pourtant pas parent, s'appelle Bricheteau. On n'a pas plus d'activité, plus de présence d'esprit, plus de dévouement et plus d'intelligence, et il n'y a pas deux hommes en Europe qui touchent de l'orgue comme lui. Vous qui ne voulez pas que Naïs soit une *pianoteuse*, vous devriez bien le lui donner pour maître. Voilà un homme qui lui apprendrait vraiment la musique, et celui-ci ne vous paraîtrait pas d'une grandeur inquiétante, car il a autant de modestie que de talent : auprès de Sallenauve, c'est un caniche, aussi adroit, aussi fidèle, et je dirais aussi laid, si avec une physionomie bonne et ouverte, comme la sienne, on pouvait ne pas être tenu pour beau.

A ce chapitre s'arrête le manuscrit laissé par M. de Balzac. Après sa mort, ce roman a été continué par un autre auteur ; mais les œuvres de M. de Balzac ne devant contenir que ce qui fut écrit par lui, nous n'avons pas joint cette continuation qui, d'ailleurs fort longue, eût nécessité tout un volume de plus.

(*Note de l'Éditeur.*)

Il est inutile de faire observer que la ville d'Arcis-sur-Aube n'a pas été le théâtre des événements qui sont le sujet de la peinture des élections en province.

L'arrondissement d'Arcis va voter à Bar-sur-Aube, qui se trouve à quinze lieues d'Arcis; il n'existe donc pas de député d'Arcis à la Chambre.

Des ménagements exigés par l'histoire des mœurs contemporaines ont dicté ces précautions. Peut-être est-ce une ingénieuse combinaison que de donner la peinture d'une ville pour cadre à des faits qui se sont passés ailleurs. Plusieurs fois déjà, dans le cours de la COMÉDIE HUMAINE, ce moyen fut employé, malgré son inconvénient, qui consiste à rendre la bordure souvent aussi considérable que la toile.

(1) *Voir la note à la fin des Paysans.*

TABLE DES MATIÈRES.

SCÈNES DE LA VIE PARISIENNE.

Splendeurs et Misères des Courtisans (troisième partie : Où mènent les mauvais chemins).................................. 1
Un Prince de la bohème.................................. 97
Esquisse d'Homme d'affaires d'après nature.................................. 127
Gaudissart II.................................. 145
Les Comédiens sans le savoir.................................. 15ᴇ

SCÈNES DE LA VIE POLITIQUE.

Un Épisode sous la Terreur.................................. 209
Une Ténébreuse Affaire.................................. 226
Z. Marcas.................................. 409
L'Envers de l'Histoire contemporaine (premier épisode).......... 434
Le Député d'Arcis.................................. 532

FIN DE LA TABLE.

PARIS, IMPRIMERIE DE E. MARTINET, RUE MIGNON, 2.

H. DE BALZAC

OEUVRES COMPLÈTES

20 VOLUMES IN-8° ORNÉS DE 140 GRAVURES

PRIX : 120 FRANCS

SCÈNES DE LA VIE PRIVÉE
La Vendetta, Double famille,
Paix du ménage,
Albert Savarus, etc., etc.

La Femme de trente ans,
Le Contrat de mariage,
Béatrix.

Deux jeunes mariées,
Une fille d'Ève, La Grenadière,
Gobseck, etc., etc.

Grande Bretèche,
Modeste Mignon, Honorine,
Un début.

SCÈNES DE LA VIE DE PROVINCE
Ursule Mirouet,
Eugénie Grandet, Pierrette.

Le curé de Tours,
Un Ménage de garçon,
Gaudissart, La Muse.

La vieille fille,
Le cabinet des antiques,
Le Lys dans la vallée.

Les deux poëtes,
Un grand homme de province,
Ève et David.

SCÈNES DE LA VIE PARISIENNE
Histoire des Treize,
Ferragus, etc.,
Le père Goriot.

Colonel Chabert, Sarrasine,
L'interdiction,
César Biroteau, etc., etc.

Nucingen, Les employés,
Splendeurs et Misères.

Prince Bohême,
Homme d'affaire,
Vie politique,
La femme de 60 ans,
Le député d'Arcis.

Les parents pauvres.

Vautrin.
Vie politique, L'initié,
Vie de campagne, Les paysans,
Petites misères.

SCÈNES DE LA VIE MILITAIRE
Les Chouans, etc.,
Vie de campagne,
Médecin de campagne,
Curé de village.

ÉTUDES PHILOSOPHIQUES
Peau de chagrin,
Recherche de l'absolu, etc.

Gambara, L'enfant maudit,
L'auberge rouge,
Cornélius, etc.

Les Ruggieri,
Louis Lambert, Séraphita,
Physiologie du mariage.

THÉATRE — CONTES DROLATIQUES

PARIS. — IMPRIMERIE DE E. MARTINET, RUE MIGNON, 2